迈向人民的社会学

TOWARDS PEOPLE'S SOCIOLOGY

中国社会科学院社会学研究所四十年学术集萃

Collected Works of the Institute of Sociology CASS

中国社会科学院社会学研究所 / 编

前言

1979年3月，邓小平同志在中央理论工作务虚会议上郑重指出，“实现四个现代化是一项复杂繁重的任务，思想理论工作者当然不能限于讨论它的一些基本原则。……政治学、法学、社会学以及世界政治的研究，我们过去多年忽视了，现在也需要赶快补课。”1952年社会学因为种种原因在中国被取消，到此时已经过去27个年头，终于，社会学重新获得在中国生存发展的机遇，这是改革开放后中国社会学的第一个春天。世界知名社会学家、中国社会学界德高望重的费孝通先生，扛起恢复重建中国社会学的重担，南北奔走，国内外穿梭，联系相关学者，思考恢复重建社会学的当务之急，提出了“五脏六腑”方略，其中之一就是组建改革开放后第一个社会学研究所。1980年1月18日，中国社会科学院社会学研究所正式挂牌成立。从此，中国社会科学院社会学研究所的整体发展与中国改革开放发展同步，社会学研究所的科研工作见证了改革开放以来中国社会发生的快速转型和巨大变迁，社会学研究所的科研成果努力反映着中国改革开放发展稳定的伟大实践、伟大经验和精彩故事。

在这40年里，社会学研究所从建所之初仅有的两个研究组，发展到今日有了11个研究室，2个期刊编辑部，2个职能部门，成为中国社会学界学科门类比较齐全、人员规模最大的社会学科研教学机构，发挥着新型智库的重要作用，在国内外社会学界具有重要的影响力。在这40年里，在党和国家以及中国社会科学院的关心、指导和支持下，费孝通等老一辈社会学家披肝沥胆，社会学研究所全体职工共同努力，牢记初心，不忘使命，以富民强国为职志，以构建人民的社会学为方向，致力于深入研究中国社会改革开放发展稳定的重大理论和现实问题，形成了一系列重大学术议题，产出了大量具有学术和社会价值的科研成果，积累了丰富的社会调研资料。

四十载砥砺奋进，四十载春华秋实。建所以来，社会学研究所秉承第一任所长费孝通先生制定的“从实求知，美美与共”的所训，弘扬“高尚的学术信誉，深厚的学术修养，端正的学术作风，高雅的学术品质”的学术理念，开风气，育人才。几代学人在理论和实践的结合上孜孜探索，在学科建设、人才培养、组织建设、思想建设等方面均取得了长足的发展和进步，特别是在社会学理论、历史与方法研究，社会分层与流动研究，社会组织与群体研究，文化、家庭与性别研究，青少年问题研究，社会心理学研究，社会保障、社会福利和社会政策研究，城乡社会变迁研究，社会发展与社会问题研究，廉政建设与社会评价等领域取得了丰硕的成果。

值此40年所庆之际，我们从众多成果中选取了1980年至2018年期间，社会学研究所几十位学者发表在《中国社会科学》《社会学研究》《社会》《民族研究》等四大期刊上的400余篇学术文章，按成果发表年份编排，集成此套《迈向人民的社会学——中国社会科学院社会学研究所四十年学术集萃》（十卷本）。此套文集是对社会学研究所40岁生日的献礼，是对40年发展历程的回顾与总结，我们希冀以此促进学科发展和学术进步，为中国的社会现代化建设提供更多的学术思想和智慧。

当前，进入“不惑之年”的中国社会科学院社会学研究所，同整个中国社会学一样，站在了新的历史起点，开始新的征程，迈向人民的社会学是新时代中国社会学的使命与方向。展望未来，中国社会科学院社会学研究所将坚持“推动社会学研究中国化，实现社会学所建设国际化”的办所理念，继续秉承历史责任和学者使命，为实现把我国建设成为富强民主文明和谐的社会主义现代化国家，为努力构建中国特色社会学的学科体系、学术体系和话语体系，不懈努力，继续开拓创新，再创新的辉煌！

编者

2020年1月

凡　例

一　文集以时间为序编排，同一时间发表的文章顺序不分先后。

二　文集以学术性论文为主，保留著名学者的专题性学术讲话稿，学者的考察报告、出访报告、书的序言、参访记录不再编入文集。

三　参考文献原则上遵照《社会学研究》的体例，早年论文中文献标注项目有缺失的，遵原文。经典著作无法确认版本的，引文遵原文。

四　原则上正文中的数据应与图表中的数据对应，图表中的数据疑似有误但不能确认者，遵原文。

五　专业术语、人名、地名等不统一之处，遵原文。

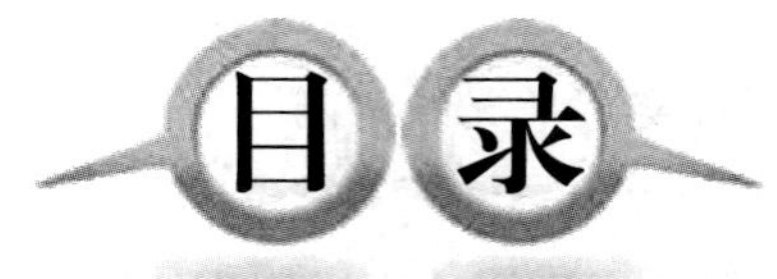

1991 年

1992 年

1993年

1991 年

重访云南三村*

费孝通

摘　要：半个世纪前，本文作者为了解内地农村的社会经济结构，寻找改革内地农民生活状况的办法，曾同张之毅在云南滇池周围的三村（禄村、易村、玉村）进行了社区调查，前不久，作者重返旧地，对其50年来的社会变迁作追踪调查。本文概述了作者在这一调查中的所闻、所见和所感。从本文的概述中可以看出，半个世纪中，这些村子走过了艰难曲折的发展道路。改革开放以来，这些村子的社会经济状况较之过去发生了显著的变化，这种变化既反映出时代前进的步伐，又带有各自的特点，并且在今后的发展中面临着各自不同的问题。从某种意义上可以说，云南三村的变化，也是中国农村社会变迁的一个缩影。

1938~1942年，抗战初、中期，我和张之毅同志在云南滇池周围调查了三个农村。这三个农村当时分别属于三个县——禄丰、易门、玉溪，因此我们分别称它们为禄村、易村、玉村。在商务印书馆出版的土纸本，有我的《禄村农田》（1942）和张之毅的《易村手工业》（1943）。张之毅的《玉村商业和农业》只有油行本。1943年我初访美国，在访问期间把这几篇论文编译成 *Earthbound China*（《土地缚束下的中国》，美国芝加哥大学出版社1945年版）一书。1987年张之毅同志去世后，由我汇编成《云南三村》一书，因出版困难，至今还没有问世。

《云南三村》编成后，我常想去云南追踪调查。估计所需时间较长，不易安排。直到今年5月底6月初，硬抽出了20天去云南和三村打了个照面。这样匆促的走马看花，谈不上调查研究。到了昆明才知道禄丰县现隶

* 原文发表于《中国社会科学》1991年第1期。

楚雄彝族自治州，易村已划归禄丰，而且楚雄州的研究机关从 1983 年起已有钱成润、史岳灵、杜晋宏三位同志在禄村和易村进行了追踪调查，调查结果部分已在 1984 年《彝族文化》发表。他们听说我要重访三村，特地赶来作我的向导。本文中所引用有关 40 年代后的资料除这次访问所取得的之外都是由他们提供的。不敢掠美，深表感激。有了他们的帮助，我对禄村和易村半个世纪里的变化有了一些概括的认识，对当前的发展情况易于体会。

至于玉村，由于张之毅同志业已去世，我又记不起该村原来的名称，只能在玉溪郊区按我记得的方向找了一个乡进行访问。玉溪农村变化太大，旧的面貌几乎全都改观了。在当地问了一些老乡，都已不记得我们 50 年前来调查的这回事了。

下面把我这次重访三村作一简单的报导。

一

50 年前我们去云南三村调查的目的是想了解当时受现代工商业城市经济影响较浅的内地农村的社会经济结构，进而研究怎样提高内地农民的生活。

云南三村代表抗战前云南东部滇池周围坝子里三种不同模式的农村，给了我们比较研究的根据。

禄村给我们提供了一个农业之外，副业很少，根本没有手工业的自给自足的农村模式。它的特色是众多人口挤在狭小的坝子里，用着简单的技术，靠农业的生产维持生计。

内地这样的农村和沿海较发达地区的农村一样是人多地少。当时禄村有 122 户 611 人，人均占有耕地 1.8 亩。因为处在坝子中心，全部是保水田，可种水稻和蚕豆两熟，人均粮 1538 斤。如果分配均匀，全村人口可以解决温饱问题。但是禄村各户占有土地差别很大，无田和少田（6 亩以下）户占 66%，他们所有农田只占全部农田的 1/4。这部分贫困户只有靠租田或卖工活命。依靠卖工维持生活的有 250 人，约占全村劳动力的 60%。占有较多土地的男人自己不劳动，住在村子里指挥雇佣劳动，经营农事。我们称这种人为雇工自营的小土地所有者。

禄村这种情形和我1936年在江苏太湖附近调查的江村是不同的。江村靠近上海和苏州这样的大中城市，又有发达的传统手工业，在早年原是比较富裕的。但当时由于所产蚕丝丢失了国际市场，传统手工业一蹶不振，农民收入陡降，先是受高利贷的盘剥，最终出卖土地，成为佃户。这里放债和买田的人大多住在城镇上，所以对农村来说发生了土地权外流的现象。这里的土地所有者既不劳动，又不经营农事，根本不住在村里，所以我们称他们为“不在田地主”或“离地地主”。禄村和江村当时虽同属封建体制，但形式是不同的。

当我们把禄村和江村对比时，发生了一个问题：内地有没有手工业比较发达的农村。它们的情况又是怎样的？带着这个问题，我们从禄丰城骑马走了6天，在易门县境内的绿叶江畔找到了一个传统手工业比较发达的村子，我们叫它易村，张之毅同志住下进行了调查。

这个村子就在江边上，绿叶江两岸长满了茂密的竹林。用竹子作原料，这个村子发展了两种手工业，一是编织篾器，一是制造土纸。

易村同样是人口密集的村子。全村有57户，236人，212亩耕地，人均9分。一眼看去，易村比禄村更穷。几乎有2/3的人家耕种小块土地不足养家，需靠编篾器补贴。另外1/3的人家靠了土纸制造生活较好，其中少数积累了资金，在附近彝族地区买地收租。

在易村我们看到了两种不同的手工业。一种是贫穷户利用多余劳动力编织篾器借以贴补生活的副业。这种副业并不需要投资，江边可以自植竹林作为原料，工具也较简单，一把劈削竹子的扁刀就足够了。门前空场就是工作场所。技术是祖上传下的，一般人通过实习，不难熟练。产品是农家的日用品，箩箩筐筐类别也不多。因之这种副业性质的手工业比较普遍。

另一种手工业是制造土纸，实质是作坊工业。产品要经过一定的制作过程，先把竹子劈细，经过几番泡、晒之后碾成纸浆，然后用竹帘舀成湿纸，在灶壁上烘干。这套制造过程，除了舀纸和烘纸需要专门技术外，一般都无需特殊训练。但是需要一套泡井、烘灶等作坊设备。还要一笔资金：原料要购买，设备要建造，还要出工资请有技术的工人来劳动。据估计在当时建造一个纸坊的设备要1000多元，维持一个作坊全年开工的流动资金需5000多元，利润是8.8分。坊主一般按自己有多少资本造多少纸，闲下的作坊出租给别人去利用。易村一共有9个纸坊，没有一个是全年开工的。租坊造纸的户数每年不同，1939年有10户。这项手工业虽则规模不大，但已经属资本主义性质，只是在经营上还带着封建关系的尾巴，如亲戚关系、师徒关系等。

引起我们注意的是，易村的作坊工业所集中的资本并不像江村一样引起土地权的集中，原因是全村一姓，户户都是宗亲，土地流动受到封建关系的约束。坊主挣得了钱自己消费不完，不能向村内买地，只有向附近彝族村子买地出租。对本村来说土地权没有向外流动，而是外村土地向内集中。结果却在村里出现了地主兼资本家的人物。

张之毅同志接着去跟踪农村发展的轨迹，更上一个层次，从易门来到玉溪。玉溪在当时已经是云南的一个工商业中心。它是滇缅交通大道上马帮运输的大站，而且在抗战时期发展了木机纺织的工业。他在玉溪市镇的附近找到一个受这类市镇影响较深的农村，用来与禄村、易村相比较。

玉村基本上还是以农业为主，家家户户种水稻。但已产生一部分菜农，种植蔬菜供应市镇。同时家家户户的妇女几乎都参与纺织，纺织成为重要的家庭副业。木制织机是自备的，向玉溪的布商赊棉纱在家织布，然后用布换纱，差值就是她们的工资。在工农相辅这一点上和江村类似，但是经营方式各异。

在玉村还看到一种独特情况，就是有一些通过运输而起家致富的人家。当时内地的马帮中混杂着不少贩运鸦片的走私贩子。玉村处在马帮运输大站的附近，产生了一些从这种非法活动中暴发的人家。他们中大多发了财就从玉村搬到市镇上去住，把土地租给本村的人经营，本人脱离了土地也脱离了农村，是一种“离地地主”，但为数不多。

以上简单地回顾了一下云南三村50年前的基本情况，为我们观察它们在这半个世纪里的变化准备一点背景资料。

二

上面所述有关云南三村抗战初、中期的一些情况是根据我们自己的调查摘录的。1942年调查结束后，我们并没有机会去追踪观察。下面要继续叙述的是上述钱、史、杜三位同志提供的他们在1983年调查的资料。由于他们的调查只限于现属楚雄州境内的禄村和易村，没有到过玉村，所以我们对于玉村在这段时期的情形并没有可据的资料，只能留待以后补写。

从我们调查时到解放后实行土改这段时期，即 1942 ~ 1952 年这 10 年里，禄村和易村已发生了很大的变化。先说禄村。由于抗战和内战期间的通货膨胀、苛捐杂税和政治上的腐败，农民的生活日益贫困。贫穷的农民开始把土地卖给城镇里的富户。到 1950 年全村耕地已有 20% 属于“外籍地主”（即不住在本村的地主）所有。禄村过去这种“雇工自营”的特点逐渐丧失，而走上了和江村一般土地外流的道路。据土改时县委工作组调查，地主（不包括外籍地主）占人口的 11.5%，占 51% 的土地。贫农占人口的 38%，只占 1.8% 的土地。村内贫富分化已十分严重。土改时清算的一家恶霸地主每年吸食的鸦片折合 64800 斤大米。

跟着农民贫困到来的是农业萎缩。粮食产量在这 10 年里下降了 30%。在这期间，耕地面积只增加 18%，而人口却增加 44.5%。吸鸦片的人也成倍增长，据估计解放时全村已有 2/5 的人吸毒。禄村衰败的景象是很显然的。

禄村是 1951 年解放的，经过清匪反霸、减租退押，1952 年作为全县试点，进行土改，结束了封建土地所有制。土改中农民都分到了土地，人均 1.8 亩。农民的生产积极性空前提高，1953 年粮食总产量比 1949 年增加 83%。1954 年实行合作化，1958 年成立人民公社。由于人民公社制不够完善，吃大锅饭，搞大呼隆，大大挫伤了农民的积极性，生产大幅度下降。1958 年粮食总产比 1953 年下降 35%。其后经过多次反复，到 1978 年才恢复到 1939 年我们调查时的水平，但仍低于 1953 年的纪录，等到 1980 年实行了家庭承包生产责任制，农业徘徊不前的状况才扭转过来。1982 年粮食产量才比 1978 年增长 14%，人均占有粮食超过千斤。

禄村地处坝子中心，农业得天独厚。但是耕地有限，人口不断增长，20 世纪 70 年代末全村已超过 1000 人，80 年代后期达到了 1200 人。单靠农业禄村是富不起来的，抗战初期全村农业之外的收入不及农业收入的 1/10。解放后由于公路建设，运盐的路线有了改变，处在原来运输线上的禄村，依靠运输的服务业，如马店等，已无法继续。“文革”时期原来赶小街做小买卖的人也被视作资本主义尾巴而停业。副业只剩下一些自给性的饲养，如养猪和鸡。

人多地少的农村怎样利用农业里的剩余劳动力来从事生产，一直是个严重的问题。禄村在70年代“文革”后期已经不得不以集体名义在劳动输出和兴建如小砖瓦窑等建材企业上谋出路。据1978年估计，非农的集体收入占总收入的23.4%，家庭副业占15.4%，比40年前略有增长。

80年代初公社制改革后，禄村的经济结构发生了较大的变化。1982年全村工副业收入占总收入的48.5%，比1978年增加了10%。1983年全村有130人参加了5个自愿组合的基建队。这对禄村来说是一件大事。当时全村一共有477个劳动力，而全村耕地只需要270个劳动力就足够经营了。多余的200多个劳动力中竟有130人进入了劳动输出的队伍。原因是清楚的：80年代初正是小城镇高速发展的开始，大搞基本建设扩大了对建筑材料和基建劳动的需求。这两项都不需大量投资和复杂的技术，因此缺乏资金积累的农村也有条件提供砖瓦和建筑工人。禄村靠近禄丰县城的金山镇，近水楼台，抓住了这个机会。

30年代我们已看到像禄村一样的封闭经济中劳动力过剩的基本情况。公社制度并没有解决这个问题，它不过以吃大锅饭的方式把这种现象掩盖了起来。土地承包到了家庭，各家各户都自觉地要为剩余的劳动力找出路了。这是80年代农村经济发展的一个内在的动力。禄村大量劳动力被吸收到建筑队去充分表明这个动力所起的作用。

农村经济结构也开始解冻。除了劳动输出外，留在村里的人也在农业之外寻找各式各样的活路。村子里工副业很快发展了起来。1982年，除了原来的马匹运输、修理打铁、编织等之外，开始有加工豆腐、米线、卷粉、冰棍等家庭作坊和饭店、小百货店、冷饮店等服务业。总计有51人参加16种行业，加上其他从事家庭副业的共有171人，占劳动力的35.8%。这样成长起来的专业户和重点户，逐步改变了禄村几乎全部生活取自农业的传统特点。

禄村居民的生活相应地有了改善。1978年全村还有49个入不敷出的“超支户”，约占全村20%。4年后除了一个懒散的人之外，再没有人家叫不够吃的了。这4年总收入增长26%，人均从204元增加到333元。温饱问题基本解决。家家户户有了自来水。全村246户中有99台缝纫机，150辆自行车，138部收音机，8台电视机。

我们这次重访禄村特别想了解1982年以后的情况。由于时间短只能听村里负责人的汇报。从产业结构上说，农业和工副业的比例：1978 年是 7 ∶ 3，1985 年是 5.5 ∶ 4.5，1989 年是 4 ∶ 6。这些数字都没有经过考核，但也能帮助我们看到最近 10 年里禄村有较大发展的轮廓。

禄村经济的发展现场也是容易看到的。50 年前我们从禄丰县城到禄村去要走近一里的石板道，道的两边全是稻田。路上行人少，人们还常劝我们晚上不要单独进城。现在禄丰县城已改称金山镇，镇上几乎全是新建的房屋，而且扩大了很多，和禄村村口连上了。这大批的建筑也具体告诉了我们禄村为什么有 100 多人在这几年里变成了建筑工人。

但是走进禄村，除了石板路变成了水泥路，沿路有自来水管外，基本面貌却改变不大。大部分弄巷门面还是旧时相识。我可以找到调查时寄居的房屋。主人是早去世了，第 5 代的孩子都已经出生。但我到堂屋里一看，还是当年本色，甚至还认得我当年的铺位。不同的是当时的院子在我印象中还要宽敞得多。在这半个世纪里，已增建了几间小屋，空地就显得狭小了。出门来在街头转角上，一位老人还高兴地向我说，当时他还是个孩子，就在这里带我去找那位吹洞经的人。所以我的印象，禄村的外貌改变得不大。村子里新造的房子还不多。但当我闯进当年的中药铺里，才看见室内已经刷新。主人招待我坐沙发，房角里还有电视机。

由于老乡听说我提倡乡镇企业，所以兴冲冲地邀我去参观他们引以为骄傲的塑料厂。厂在村西的边缘上，新造了厂房，厂中场地上堆满了各处购来的破烂塑料。一看就知道这是个塑料再生厂，把废品加工制成各种用具，也能翻造农用薄膜。我看了有点面熟，想起了 1984 年在江苏淮阴市的耿车乡曾经看到过这种厂，而耿车的厂后来听说已发展得相当大，成了苏北的一个废品利用业中心，相当有名。我因而想到这两个地方确有相同之处，它们都是从农业单一经济开始走上工业化最初的一步。它们都是从成本便宜的废品入手，从塑料鞋底做起，翻造出多种农民需要的日用品。既有原料又有市场，初生的企业容易站住脚。计算一下时间，苏北先于云南五六年。这也给我找到了一个比较两地农村发展时差的指标。

第二天我把兴办这个塑料厂的农村企业家请了来面谈。他是我初次调查禄村时寄寓主人的侄孙，名字叫王兴国，现在有 30 多岁。初中毕业后在禄村种田。全家 12 口人，6 个劳动力。1979 年一次即向国家出售大米 6000 斤，一连 3 年，成为有名的大户，同时也积累了 1 万多元。他有了这点本钱，在村子里把多余的劳动力组织成基建队，到金山镇上去承包建筑，营业相当顺利。基建队后来发展到100多人。他说他原来不懂建筑，通过在实际工作中学习，后来已能设计、施工，盖4层的楼房。他是个自学成才的人物。

基建队按劳动时间和强度发放工资。结余多了，他想如果分给大家，不是一下花完了吗，不如用这笔钱组织一次外出参观，开开眼界。后来，他自己买回了一套制造冰棒的设备，在村口另建新屋，办起了一个冷饮厂。他和妻子一起在晚上制造冰棒，第二天一早分发给小贩，到附近几个学校门口出售。这个厂由他的妻子经营，每年收入在万元以上。随后他自己找到了昆明塑料厂里的熟人，挂上了钩，购备机器，又开办了这个塑料厂，营业额一年有几十万元。

经过近10年的锻炼，他已经由一个农民变成了一个脱离农业的企业家。由于他新造的住宅里有烤箱、洗衣机等十多部“机器”，在禄村被称作“十机部长”，在农民里成了个惹眼的人物。因之他的心情不得安宁，既有扩大企业之心，又怕政策不稳。他出名之后就和父亲分了家，怕有一天倒算，拖累家人。又把基建队让给弟弟去经营，自己搞塑料厂。去年他看到金山镇处在川滇铁路和滇缅公路交叉点上，商业相当繁荣，所以又在镇上租房子办了个旅馆。他确有眼光，有魄力，既精于计算，又懂得拉拢关系，是个企业家人才。但是心头的矛盾至今未消。在和我谈话时，还是一再表示愿意把塑料厂归村里集体经营，他可以做个经理，不要当老板。他又说，他一家的生活有一个冰棒厂就够维持，其余的都愿意归公。这可能是农民企业家在发展初期多少带点普遍性的思想状态。实际上是表明他们对私人企业还是新手，社会四周的气氛还对走这条路子有怀疑。何况禄村基层干部又缺乏这类人才，集体企业没有发展起来。他这样的人是太突出了。

像王兴国这样的尖子在禄村是仅有的，但这10年家庭工副业在禄村普遍地有了发展，全村的总收入据报1982年是18万元，1985年是37万元，1989年是123万元，如果化成可比价值，5年里翻了一番以上是可信的。至于集体企业还有待创办，与苏南的江村相比时差总在10年以上。

三

我到了禄丰就提出要到已划归禄丰境内的易村去，而且钱、史、杜三位同志 1983 年已找到我们调查过的村子，进行了调查，1985 年发表了调查报告。但是问题是易村还没有通公路，离村最近的公路有 3 公里的山路，我这年纪已经不容易步行这点路程了，可是我还是在想办法，想亲自去看一看。到了我们打算起程的前几天，下了大雨。这 3 公里山路对我成了难于克服的障碍了。于是经过商量，我只能坐车到附近的一个名叫川街的小镇。同时到易村去请了几位认识我的老人在川街面谈，算是了却一番心意，连登门拜望也做不到了。

幸亏有钱、史、杜三位同志陪同前去，通过他们，易村在 40 年代初期到 80 年代初期的 40 年变化大体上可以了解到一些。下面主要是根据他们提供的资料写的。

在这 40 年里，易村在经济上的变化是一部有反复的历史，钱、史、杜三位同志归结为“三起三落”。我在上面所叙述的 40 年代初的情况在易村说是第一个兴盛时期。当时易村的土纸运销到姚安、楚雄、禄丰一带的街子上，在村子里出现了不少赖以发财的作坊主人，土改时划出的地主和富农即有 14 户，约占全村户数的 30%，他们都是和纸坊工业有联系的。

第一次衰落是出于自然灾害。1942 年发生了霍乱，几个月间死亡相藉，人口减少了。1939 年有 54 户 236 人，经过 10 年，到 1950 年解放初，还只有 48 户 241 人。在这段时期里土地和竹林维持原状，土纸作坊还有所增加。所谓衰落，主要是指人口减少和劳动力不足。土改时土地重行分配。易村地主在村内的土地原来就不多，但他们占有大量村外土地，约占所有土地的三分之二。所以土改时由于地少人多，把 8 户地主 54 人迁到外村，余下的人平均分得 1.3 亩。在农民生产积极性提高的情况下，人均收粮 600 多斤，口粮可以自给。土纸和织篾器等工副业没有受到影响。农业加上工副业使易村发展成当时的富裕村。易村老人说，就数这两年好过。

1958 年成立人民公社，村外抽调了四五十人到易村来“发展”编织业，吃住在易村，实际上增加了人口，而这些新手根本不懂得手艺，所编成的篾器质量下降，影响了销路。到了“大跃进”中，为了“放卫星”乱编乱织，又滥砍竹子，糟蹋原料。半年多时间砍掉易村五六年所需的竹料，而所编的篾器根本销不出去，废品堆积成山。易村篾器中最著名也最值钱的海簸，因为要推行打谷机，上边命令禁止使用，因而停止生产。这样易村经济进入了第二个衰落期。

1962 年，中央政策改变后，易村分为两个生产队，生产得到了恢复。由于农村解散了集体食堂，家家户户都要补充厨房用品，篾器畅销。海簸的禁令也取消了，市集上大受欢迎，价格从 30 元涨到 70 元。易村为此组织了三四十人专业从事篾器生产，质量有所提高，评比中名列第一。在调整生产过程中，许多乡村的土纸作坊停了业。1960 ~ 1964 年土纸供不应求，价格也高涨。易村留下的两个土纸坊没有停，得到了好处。这是易村经济第三个兴盛期。1964 年人口 63 户 246 人，人均产粮 500 斤，收入 132 元，全村工副业收入占全部收入的 61.9%，超过了农业。这是自从公社化以来经济收入最好的一年。

好景不长，70 年代初开始“以粮为纲”，退回到单一经济的路上，像易村这样靠工副业支持的经济受到的影响特别严重，因而又进入衰落期。1980 年易村落实联产承包责任制，只把田地包到了户，没有把竹林同时包到户。群众贪图当前的利益，趁着还姓公不姓包的时候，一窝蜂地去砍竹子。会编篾器的砍了编篾器卖，不会编的抬了竹子到川街市上去卖，卖不掉用来编篱笆拦鸡和猪，甚至堆在门前当柴烧。男女老少齐动手，在一个多月里，祖上多年留下的竹林，连根都挖了起来。等到干部腾出手来干预时，易村原来在绿叶江两岸密密的竹林，所剩无几。竹林事实上是易村几度衰落后得以恢复的命根子，这是他们手工业的原料基地。这一下子摧毁掉，影响就深远了。土纸作坊从此倒闭，直到现在没有恢复。有编织技艺的老手只能到街子上去买原料编篾器，成本高了，挣不了多少钱。有些只能到有竹林的村子里去帮别人编篾器。这时后悔已来不及，要重新长出茂密的竹林来不是短时间办得到的。

我这次由于年迈天雨，到了川街再前进不了，没有能亲自去看一看易村当前的面貌。几位老人赶来川街和我会面，旧话讲得多，新话讲得少。据他们告诉我，易村人口现在是 69 户 333 人。人口比 1984 年的 331 人只多 2 人，原因不清。

我问他们，现在易村比我们当年去调查时有什么变化。他们想了一会儿，回答说河边的“天车”已经没有了。天车是他们用来向河里提水灌溉的用竹木做成的大飞轮水车。红色的河水，碧绿的竹林，加上几十个圆形的天车确是当年我们觉得十分动人的易村风情。大约在 10 年前，易村通了电，已可以用抽水机提水，天车被淘汰了。

我问他们的生活，他们起先都说靠党的政策好，现在已经好多了。接着说大约还有不到十几家人，温饱问题还没有解决。十几家就占了全村的七分之一。从这几个老人的衣着上看，我感到这些人生活变化不大。我回到北京后，这几位老人中有一位还来信要我帮助他申请政府补助，大概就属于这十几家贫困户。

因为我记得我们去调查时，他们村子里住得很挤，所以问他们现在怎么样了。他们说，最近10年来有30户人家盖了新房，大小有70多间。即是说，这村子里有大约超过一半人家居住的条件已有所改善。

谈起他们有什么要求时，他们说他们村里的小学房子已列入危房，所以现在只能在私人房屋里临时上课，希望能早些修盖新校舍。

听来，易村的农业有了发展，特别是这几年培植了烟草，卖得起价钱。但是绿叶江水质污染，本地的秧苗栽不活，要到外地去背秧苗回来栽种，有时要栽2～3次才活，玉米也很难出芽，因而要求修一个水库。更严重的是竹林似乎还没有恢复，土纸作坊至今没有重办，编织业还停留在当年的水平。经常编织的只有20多人，而所编织的还是老产品，技术没有变化。加上交通条件改进不大，公路至今没有通到村里。这是发展的主要障碍。

短短的半天相聚，对易村只有一些间接的印象。像易村这样的偏僻山村，在发挥它有竹林特产的优势时，农民曾经有过比较好的日子。后来由于种种历史原因，他们的原料基地被摧毁了，赖以提高生活的工副业恢复不易。单靠土地显然是不容易使这样的村子富起来的。

易村父老的热情是感动人的。这几位老人在当年还是青少年，他们至今还记得我们当时在村子里的活动。有一位说，我曾给他一些“洋糖”，到家里还挨了父亲一顿骂，说“洋糖”是吃不得的。这样偏僻的一个小山村，半世纪后已经能利用水泵进行灌溉，有电灯照明，从这样的起点看，不能不说是有了极大的进步了。但和外界相比，未免差距拉大了。

四

云南三村由于所处的条件不同，显出了发展上的差距。易村最偏僻，至今未通公路，在曲折的发展过程中，断伤了自己的命根子，丧失了原料基地，不仅没有在原来工副业的基础上向前迈进，在和其他农村对比下也是落后了。禄村在这几十年里，虽则同样也丧失了一些原来的优势，如由于公路运输的发展，失去了成为运盐驿站的地位，但是它适应得较快，依托金山镇的发展，大量劳动力通过组成基建队而得到了利用，积累了资金和培养了人才，开始向个体办的小型加工业迈进，虽则还属于创办阶段，但毕竟已经起步。

变化得最大的是玉村。我这次去访问没有能找到原来调查的村子，固然主要是因为我自己当时没有亲自去实地调查过，现在又忘记了这个村子的名称，而当时深入调查的张之毅同志不幸已经去世；但是从当地附近的许多村子里已经没有人再记得我们那次调查这一点上看，也能意味到这地区农村的变化。它和禄村、易村显然不同，在禄村和易村我们都见到熟人，村子里的群众也大多记得我们的名字。玉溪却没有遇到这种人的机会了。玉溪这个地区变化太大，它四周的农村连古老的房屋留下来的都已经极少。外貌变了，人也不同了。用我的话来说，“乡土气息”已经大大地冲淡了。50 年前的旧事，在滚滚的时流里已留不下多大印象了。

玉溪现在是全国卷烟业的中心之一。玉溪卷烟厂出产的红塔山牌香烟在国内名牌中居于前列。全市工农业总产值 49.1 亿元，其中工业产值 37.2 亿元（卷烟 23.9 亿元），工农业比例是 8∶2。这在云南是突出的，在全国内地也是少有的。

玉溪市工业迅速成长必然影响到四周的农村。以农业说，烤烟成了重要的经济作物，1989 年市郊农村产量已达 5636 万公斤，比 1980 年增加 5 倍。大工业的兴起还带动了乡镇企业的兴起。我们参观了一个制造水松纸的工厂。水松纸用来包在纸烟的过滤嘴上，是直接为卷烟厂配套的产品。1989 年玉溪全市乡镇企业产值 6.97 亿元，如果把卷烟厂除外，占全市工业产值的一半。这些乡镇企业分布在玉溪市四周的农村里，正在改变农村的面貌。农村里从事工业的人有 15.3 万人。农民人均收入 937 元，比 1980 年增加 3.5 倍。

从我们所举的这些数字足以看到这 10 年里玉溪农村变化之大。可惜我们访问的时间太短，又没有找到原来调查过的村子。我对玉村的变化不能多说了，只希望今后还有机会在玉溪市和它周围的农村里做一次调查，比较深入地了解内地工业的发展对农村的影响；现在我只能提出这个课题，即使我此生得不到这个调查的机会，相信会后继有人的。

关于社会结构的问题*

——兼论中国传统社会的特征

李培林

一　理解社会结构的三个层面

什么是社会结构？概括地说，我们可以下这样的定义：社会结构就是社会诸要素及其相互关系按照一定的秩序所构成的相对稳定的网络。对于这个定义，我们可以从三个层面上来理解。这三个层面是要素构成形式的层面、规范体系的层面和关系网络的层面。根据这三个理解层面，我们可以划分出实体性社会结构、规范性社会结构和关系性社会结构。

（一）实体性社会结构

所谓实体性社会结构是指，社会结构是由一些作为社会实体的基本单元和要素构成的。这些社会实体一般是看得见、摸得着、感觉得到的，它们最能体现社会结构的客观性和实在性。实体性社会结构包括两个方面。

（1）社会要素作为单元实体组成的社会结构。例如，我们所说的群体、阶级阶层、组织、社区、制度等都是社会基本构成要素，这些基本单元按照一定的秩序和布局统合在一起就是社会结构。同时，每个社会基本单元本身也是具有内部结构的，它们也是作为结构实体而存在的，因而还必须从另一个方面来把握实体性社会结构。

（2）社会要素作为结构实体组成的社会结构。例如，从社会结构的内容看，可以包括社会的人口结构、群体结构、阶级阶层结构、组织结构、

---

* 原文发表于《社会学研究》1991 年第 1 期。

社区结构、制度结构等；人口结构又可包括人口的性别结构、年龄结构、文化水平结构等；群体结构则可包括亲缘群体结构、职业群体结构、利益群体结构，诸此等等。这些结构都是作为社会实体存在的，社会结构也就是所有这些结构的统合。

实体性社会结构可以说是社会结构的现象层面，它也是人们在日常生活中和社会学经验研究中最经常接触到和谈到的。

（二）规范性社会结构

如果我们变换一下理解和观察的角度，就会看到，我们所说的群体、组织、阶级阶层、社区、制度等，既作为社会实体而存在，同时也作为社会规范而存在。人们的社会行动不是在真空中随心所欲地进行的，而是要受他们所在的群体、组织、社区和制度体系的制约。这些社会实体同时作为社会规范从不同的维度和方面规定着人们的社会行动，从而形成一定的社会秩序，使社会成其为社会。

当然，这些同时作为社会基本单元的社会规范并不是可有可无、杂乱无章、毫无内在联系的，它们的存在是必然的，体现了社会结构不同的功能要求。首先，社会要存在，必须适应自然生存环境并通过群体形式从事一定的生产，以保障社会行动者的行动资源供应，换句话说，社会生活共同体是社会存在的基本单位，人们先要通过群体活动来满足吃、穿、住的需求，因而必须有一定的经济规范来规定人们的活动。其次，社会要发展就要有一定的行动目标，而行动目标通常是由社会组织来确定的，同时也就要求有一定的政治规范协调社会组织的活动，从而控制社会行动以达到既定目标。再次，社会的生存和发展要求社会均衡有序，因此必须有文化规范从多方面整合人们的社会行动，而文化的最基本地域单位就是社区。最后，社会的有序发展还有赖于通过制度保证社会结构的适度稳定和人们相互关系的协调，因而需要一定的社会关系规范维持稳定，调节社会关系。

由此我们可以看到，社会结构一般来说有四种功能要求，因而就有相应的四种社会规范体系，而这四种社会规范体系同时又是作为四种主要社会实体而存在（参见下表）。

	实体要素	规范类别	功能要求
社会结构	群体	经济规范	生存适应
	组织	政治规范	发展达标
	社区	文化规范	有序整合
	制度	社会关系规范	维持稳定

如前所述，每一个社会实体要素都是具有自身结构的，它们既作为单元实体也作为结构实体而存在，所以，每个社会基本单元的结构也都是由经济规范（Economical norms）、政治规范（Political norms）、文化规范（Cultural norms）和社会关系规范（Social relation norms）组成的，也都有相应的社会实体来实现生存适应、发展达标、有序整合和维持稳定的功能要求。如在群体结构中，实现生存适应要求的是职业群体，同时作为经济规范的主要载体；实现发展达标要求的是利益群体，同时作为政治规范的主要载体；实现有序整合要求的是大众群体，同时作为文化规范的主要载体；实现维持稳定要求的是亲缘群体，同时作为社会关系规范的主要载体。以此类推，还可以勾画出更微观层次的结构和功能分化状况（参见图 1）。

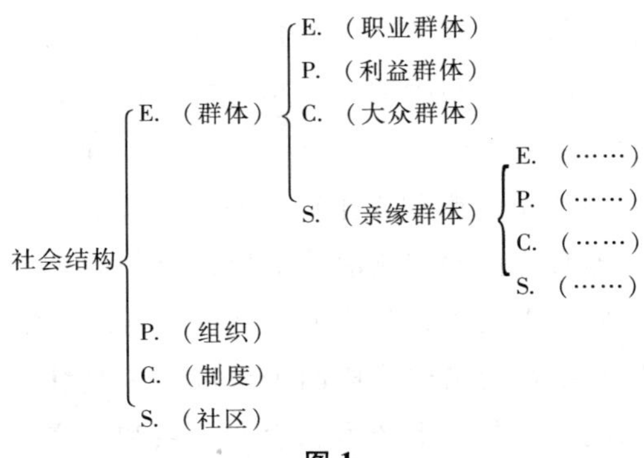

图 1

规范性社会结构属于功能层次上的社会结构，因为它实际上主要是从功能分化的角度对社会结构的考察结果。

（三）关系性社会结构

社会结构是一个有机的整体，整体之所以大于部分之和，是因为整体不是构成要素和基本单元的简单相加和堆积，而是按照一定的秩序和一定的相互关系组合的，这种相互关系是社会结构更加本质的层面。

最早把社会学确立为一门学科的法国社会学家杜尔凯姆（Emile Durkheim，1858～1917）曾把社会结构分成两种不同的类型，一是以低度分工为基础，以强烈集体意识为纽带结成的社会关系整合形式，他称之为“机械团结”类型；二是以高度分工和广泛的相互依赖为基础构成的社会关系整合形式，他称之为“有机团结”类型。在这里，杜尔凯姆显然是把社会结构看作社会关系的组合形式，而且他认为对社会结构的分析是理解一切社会现象的出发点。杜尔凯姆的社会结构理论后来受到两方面的批评，一是韦伯（Max Weber，1864～1920）等人的理解社会学，即主张社会学分析的基本单位是有意义的个体活动，而不是超越个体的社会结构，这种批评成为当代社会学方法论方面个体主义和整体主义之争的渊源所在；二是莱维－斯特劳斯等人的现代结构主义，即认为思维的深层结构决定着社会关系的结构，社会结构不是外在于个体，而是体现在行动者的认识中。尽管如此，杜尔凯姆的关系性社会结构理论对社会学理论后来的发展具有深远的影响。

在杜尔凯姆和韦伯之前，真正从本质上对社会结构进行剖析的是马克思。马克思在对黑格尔的法哲学进行批判性分析时得出，对法的关系以及国家的形式不能从它们本身和所谓人类精神的一般发展来理解，因为它们根源于物质的生活关系，亦即人们在自己的生活和社会生产中发生的、不以人们意志为转移的关系，概称为生产关系，“这些生产关系的总和构成社会的经济结构，即有法律的和政治的上层建筑竖立其上并有一定的社会意识形式与之相适应的现实基础”（《马克思恩格斯选集》第2卷：82）。可以看出，马克思是把社会结构分成两个层次，一是社会物质存在的决定层次，即经济基础层次，包括生产力、生产关系和生产方式；二是受其制约的上层建筑层次，主要是指政治、法律制度以及与之相适应的思想、道德、哲学、宗教、艺术等社会意识形态。在这里，马克思有三个关于社会结构的重要思想。一是把“结构”看作“关系总和”。经济结构是生产关系的总和，社会整体结构则是人们的物质生活关系和精神生活关系的总和，一切对“物与物”的关系的分析都是旨在理解“人与人”的关系。二是把社会结构视为矛盾关系体。社会结构是经济基础和上层建筑构成的矛盾关系体，经济结构则是生产力和生产关系构成的矛盾关系体。三是认为社会结构变化的动力来源于社会内部的矛盾运动。在社会结构中起决定作用的是经济基础，而在经济结构中起决定作用的是生产力（参见图2）。

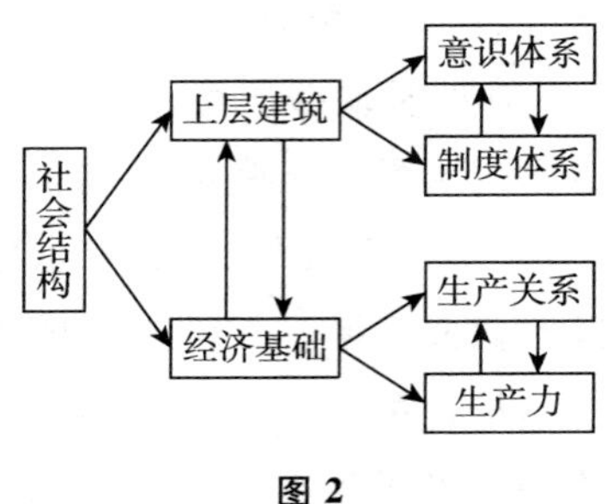

图2

应当指出，我们在前面所阐述的实体性社会结构、规范性社会结构和关系性社会结构并不是社会结构的三种不同类型，而是理解和认识社会结构的三个不同层面，即现象的层面、功能的层面和本质的层面，因为我们所说的社会结构要素，既作为社会实体存在，同时也作为社会规范和社会关系而存在。因此，要想全面地把握社会结构，这三个层面的认识无疑都是非常重要的。但是，在目前我国关于社会结构的研究中，人们的注意力较多地集中在现象层次的结构上，大部分论述社会结构的社会学文章都是在描述社会分层结构、社会职业群体或利益群体结构、社会组织结构、社区结构等，而从功能结构和关系结构的角度进行探讨的人较少。这一方面是由于目前的社会正处于转型时期，很多社会结构性要素之间的关系是变动不居的，一时还难于从本质上把握；另一方面也是由于社会学研究中经验研究与理论研究的脱节，经验研究上升不到理论，理论研究又深入不到变动的现实。

二 中国传统社会结构的基本特征

本文所说的中国传统社会主要是指由秦以降到辛亥革命持续两千余年的中国封建社会。中国传统社会结构的特征大致可以概括为五点：稳定性、封闭性、刚性、整合性和二元一体性。

（一）稳定性

中国由秦以降的两千多年，一直滞留在封建社会阶段。在此阶段，历史表现为同一形式的不同王朝的更迭和同一社会制度的“复制”。虽然政治上已从贵族统治转变为高度集中的官僚专制统治，经济上已从分田制禄的领主经济（Landlord economy）转变为“履亩而税”、佃田而租的地主经济（Landowner economy），但本质未变。虽然有频繁的战乱和规模宏大的农民起义，却始终维持着一个再生力极强的专制帝国。这种结构稳定性在社会学理论中是相对于结构变迁而言的，它与物理学或经济学中相对于“非平衡”的“平衡”概念含义不同，在不平衡的社会发展中，社会结构也可能是高度稳定的。从这里也可以看出，结构稳定和社会稳定也有一定区别，在稳定的社会结构中，虽然蕴含着一定结构振荡和结构冲突，而在社会结构的变革和转型过程中，也仍然可以保持一定的社会稳定。

笔者认为，中国传统社会结构的高度稳定性首先应当从经济基础上寻找根源。马克思曾依据有关东方社会的文献，指出自给自足的小农经济是理解亚细亚社会结构高度稳定的钥匙，他说：“这种简单的生产机体，为揭示下面这个秘密提供了一把钥匙：亚洲各国不断瓦解、不断重建和经常改朝换代，与此截然相反，亚洲的社会却没有变化。这种社会的基本经济要素的结构，不为政治领域中的风暴所触动。”（《马克思恩格斯全集》第23卷，1972：367）

毛泽东也认为，中国自从脱离奴隶社会进到封建社会以后，就长期地陷入发展迟缓的状态中，这是由中国封建社会的特点所决定的，而最重要的特点就是“自给自足的自然经济占主要地位。农民不但生产自己需要的农产品，而且生产自己需要的大部分手工业品。地主和贵族对于从农民剥削来的地租，也主要地是自己享用，而不是用于交换。那时虽有交换的发展，但在整个经济中不起决定的作用”（《毛泽东选集》第2卷，1952：618）。由此可以看到，自给自足的小农经济和交换的不发展是互为因果的，而交换的不发展与中国社会结构的封闭性密切相关。

（二）封闭性

社会结构可以分成封闭结构和开放结构。封闭结构由于缺乏新要素导入，所以自身的维持能力和惰性极强，而开放结构由于处在经常地物质交换和信息流通之中，结构分化和产生新结构的可能性（不是必然性）极大。中国传统社会结构的封闭性当然和自然地理环境有关，中国西面有高山阻隔，东南面虽临近大海，但在航行工具极不发达的时候，无疑也是天然屏障，而北面在秦朝就修筑的万里长城，在抵御游牧民族侵略的同时，也切断了牧农结合的通道。但是，自然地理原因并不能说明一切。中国社会结构的封闭性有其更深刻的经济原因。

中国由于多山少地，很早就感到耕地不足的威胁，从而开始毁林开荒和向精耕细作发展，加之人口增长和维持霸业所需的庞大军备，粮食需求变得异常重要。中国历代的重农抑商政策，是有它功能上的要求的。朱元璋把“广积粮”当作称王之本，也自有他的道理。历代帝王重视兴修水利和屯田，都与粮食需求有关，而粮食的极大需求是促成封闭的单一小农经济的重要原因。精耕细作的生产方式把社会经济单位划分成最小的家庭，把土地分割成无数碎块，造成一个个封闭的、自我变革能力极差的自给自足生产系统，生产率和生活水平都很低，但由于自给自足状态得以勉强维持和交通与贸易的地形限制，社会对外来经济的需求和对外贸易的机会都极少，从而强化了单一农业的封闭体系；而中国封建社会的历次战争不同于西方社会历史之处在于其目的都是夺取土地和扩展疆域，实质上都是土地战争，而很难形成出于商业目的的经济行为。

（三）刚性

社会结构的刚性特征是相对于弹性特征而言的。所谓刚性结构，是指社会结构的应变性和可塑性较差，它有三个规定性：其一，结构内部不易萌生和生长新要素；其二，结构倾向于抗拒和抵制外来的新事物；其三，即使在外力的作用下，也不易改变结构以适应新环境，结构要么维持原型，要么解体。可见结构刚性的特点和高度稳定性及封闭性的特点是紧密相连的。

中国传统社会在其历史发展当中，从 16 世纪中叶到 19 世纪初，曾有两次新要素的萌生和改变自身结构的机遇，但都被高度集中的官僚专制统治扼杀和阻碍了。第一次机遇是商业的萌生，由于中国各地经济的差异性及其发展的不平衡，在农业经济较发展的地区，有一部分农业剩余产品可用于交换并进而转化为商品，从而直接或间接地拓展市场，促进市场经济的发展。但是，由于这种转化的媒介在中国主要是赋税和地租，所以使商业和官吏、地主结成一体，加之官本位体制和抑商政策的限制，步入宦途或买宦位成为社会升迁的唯一途径，这样本来可以积累起来的商业资本多半转化为官场贿赂和购置地产的资金，交通、市场、税制、货币等商业手段也都首先成为政治统治手段，阻断了小农经济走向农商结合的通道。第二次机遇是手工业向工业转化的可能性。在中国历史上的一些繁荣鼎盛时期，手工业作为农民的副业获得极大的发展。手工业向制造业的转化本来是一条合理的发展道路，西欧近代初期的制造业就多半是从农村手工业转化而来的。但在中国，这条发展的“通路”又一次遇到集权专制官僚的阻碍。中国过去较为普遍和较为发展的盐、铁、酒、碾米、印刷等业，都在不同程度上逐步转化为官业或官僚垄断之业，从而使这些手工业的盈余更多是转用于官僚们非生产的消费，而不是变成扩展生产的资本，这是中国产业资本不发达的重要原因之一。这正是由于官僚统治扼杀了社会孕育的一切新事物的萌芽，所以作为小农经济对立物的商工市民阶层始终未能在中国过去历史上扮演重要的政治角色；人民的反叛都是农民起义，而不是市民起义，都止于促成王朝的崩溃，而没有导致社会革命。

此外，中国传统社会结构的刚性特征还可以从技术传播的角度考察。科学技术是社会结构变迁和发展的关键因素，但在传统中国，技术往往仅是个人的技艺，是保障个人生活来源的手段。技术多是通过父子或家庭单系传授，祖传绝技或祖传秘方的说法是很普遍的，很多技术发明都因单系传授道路的阻断而被埋没，这在考古发现中已屡见不鲜。由于技术得不到广泛而快速的传播，科学知识的积累和总结甚为困难，技术往往上不能形成系统的科学理论，下不能得到普遍的应用。可见中国系统科学理论的难产是不能仅用中国人缺乏抽象思维来解释的。另外，由于官僚阶级的主要兴趣并不在生产上，所以新技术一经出现或公开，就首先成为他们手中的玩物，罗盘用于看风水，火药用来造鞭炮，外国来使送入宫内的众多机械钟，在官僚们的眼里其先进技术的内涵被观赏价值所替代。

由此看来，中国传统社会结构的刚性特征首先表现在对内生的和外来的新要素的固有排斥上，一切新事物都只有在不对原有社会结构形成威胁的情况下才能存在。

（四）整合性

社会结构的整合本来是相对于结构分化而言的，但在传统中国，社会结构的整合性特征具体表现为民族同化、文化触合和社会一统。

就民族而言，中国古有“五胡”“四夷”之说，系指匈奴、鲜卑、女真、契丹等民族；在稍近的时期又有七族四裔之说，七族指汉、满、蒙、回、藏、苗和东部沿海居民，四裔则是指汉族之外的东夷、西戎、南蛮、北狄，其实是对汉族四周少数民族的蔑称。但是，众多的少数民族以汉族为地域和文化中心融合为一个统一的中华民族，却是事实。中国实乃中央之国。汉族之所以在民族融合中处于中心位置，是因为它是以稳固的小农经济为基础并处于中央平原的农业民族，游牧民族虽在军事上征服过它，却无法在经济上超越自给自足的小农体系，为了统治的需要，也就不得不采用与这些基础相适应的汉代的宗法组织形式、儒家文化和道德伦理。

就思想体系上的文化而言，儒家学说以其伦理－政治哲学，发挥着文化融合的社会功能。这其中的奥秘，在于孔孟学说的一体三用：上可成为官僚统治阶级“替天行道”的理论依据，中可成为教化万民、维系社会的治国之本，下则成为修身养性的伦理手段。孔孟之道不事鬼神，不是迷信；不信奉上帝真主，不是宗教；不言万物之道以无为本，不是玄学；不追索自然本源、“自然法”，也不是“元物理学”意义上的形而上学（Metaphysics）。它强调的是“天人合一”“体用不二”，实际上是一种伦理－政治哲学，正是这一特点和它的实用功能，使它能够在历代统治者的维护下融合其他的和外来的思想体系。

就社会而言，它本是由无数具有自由意志的个人行动者组成的，但在“大一统”的观念指导下，七族四裔、三教九流、男女尊卑都被限制和整合在差序格局的社会结构中。所谓“差序格局”，按费孝通的解释，是“一根根私人联系所构成的网络”（费孝通，1985：27～28），是以“己”为中心一个一个人推出去的“有差异的次序”。中国古有“五伦”“十义”之说（“五伦”指君臣、父子、夫妇、兄弟和朋友，“十义”指父慈、子孝、兄良、弟悌、夫义、妇听、长惠、幼顺、君仁、臣忠），到汉武帝时提炼和概括为三纲五常（君为臣纲、父为子纲、夫为妻纲和仁、义、礼、智、信）。从表面上看，这里面除了君臣是政治关系外，其他都是家庭伦理关系，其实不然，因为中国的特点是伦理政治，国和家是相通的，“国家”乃“国”与“家”的融合物，“身修而家齐，家齐而国治，国治而天下平”。一张由亲缘关系为纽结构成的等级化庞大网络渗透到社会的每一个角落，甚至每一个人的每一个毛细孔。一切社会关系似乎都有一种连带责任：一人当官，鸡犬升天；一人犯法，九族株连。整体淹没了个体，道统专制扼杀了自由创造，等级体系泯灭了民主意识。

（五）二元一体性

维护社会关系的有序一般有两种手段，一是外在的法——法律，二是内在的法——伦理。二元一体指的就是法理和伦理的一体化。

人们常说中国不是“法治国家”，而是“礼治国家”或“人治国家”，并把“礼”等同于道德伦理，这种说法是很不确切的。中国并非有礼无法，早在秦朝时死刑的方式就有戮、弃市（弃杀于市）、腰斩、车裂、阬（活埋）、凿颠（凿顶）、抽肋、囊扑（以囊盛受刑人，扑而杀之）、枭首、夷族，此外还有徒刑、笞刑、徙边、禁锢等。这些刑法后来日臻完善，发展成中国封建时代著名的五刑［墨（即黔）、劓、刖、宫和大辟］，直到清光绪新政变法，才“参酌各国法律”，废除了凌迟、枭首、戮尸、缘坐、刺字等酷刑。可见中国并非无法，而是中国人的法律概念着重指刑法，民法和私法的功用多半由“礼”替代了，因而很不发展。中国的“礼”是有强制性一面的，甚至是会“杀人”的，只要读读鲁迅的《狂人日记》就会明白这一点。很多礼的规范实际上是不成文的法，是一种宗法，这是“礼”和道德伦理的不同之处，所以说，“礼”实际上是法理和伦理的融合物，是“刑”的延续，“礼”和“刑”的区别只是“王道”和“霸道”的区别而已，二者的功用都是维护封建社会关系的特定秩序。

在传统中国，法理和伦理的融合是经由“政治”这个中介环节实现的。一方面，政治是伦理政治，治国和治家是相通的；另一方面，法律被纳入政治，二者合为一体，所谓“人治”，实际上是权力和法律的结合。这样，封建官吏身兼司法权（法律）、行政权（政治）和亲族权（伦理）三重角色，县官既是审判官也是所谓的父母官。中国社会结构的二元一体性使中国的社会关系更为复杂，它既是亲缘关系和伦理关系，同时也是政治关系和法律关系。

从总体上说，中国传统社会结构的高度稳定性、封闭性、刚性、整合性和二元一体性这五大特征是互为条件、互为补充的。解释这些结构特征应当坚持两个原则：一是把经济结构看作社会结构的基础层次，注意从经济上分析中国社会结构的特性；二是把社会结构看作整体文化的积淀物，努力从多种维度探索社会结构特征形成的条件，而不是把经济当作解释的唯一维度。

现在，中国社会几经变革，已经发生了翻天覆地的变化。但是，由于传统在地域的空间积淀和代际的时间延续，我们仍然可以在人们的某些观念和行为中时隐时现地看到传统社会结构特征的影响和制约的顽强存在。

参考文献

费孝通，1985，《乡土中国》，三联出版社。

《马克思恩格斯全集》第 23 卷，1972。

《马克思恩格斯选集》第 2 卷。

《毛泽东选集》第 2 卷，1952，人民出版社。

日本社会指标的由来与发展*

张　萍

编者按： 本文简明介绍了日本社会指标体系的形成过程，并着重具体列出了现在日本实用的社会指标体系，以供方兴的我国社会指标体系的研究参考。

1960 年至 1970 年的十年间，日本成功地实施了“国民收入倍增计划”，国民生产总值 1968 年超过了英国、西德、法国等发达国家，成为资本主义世界中仅次于美国的第二经济大国，“赶超欧美先进国家”这个明治以来的国家目标初步变成了现实。随着经济的高速增长，日本人摆脱了贫穷，生活开始富裕起来，人均国民收入在 1970 年突破了 1500 美元，接近于西欧的水平，代表国民消费水平的“三种神器”——黑白电视机、洗衣机和电冰箱也被彩色电视机、空调和小轿车所取代。1970 年与 1960 年相比，职工平均每月的劳动时间减少了 15 小时，采取周休二日制的企业愈来愈多，余暇时间逐渐成为家庭生活的重要部分。

经济的高速增长虽然增加了就业机会，为人们带来了富裕的生活，但同时也使人们付出了昂贵的代价。首先是公害频频发生，空气、水和土壤的污染严重地影响了人的健康，出现了“水俣病”“哮喘病”“疼痛病”等奇怪病症。其次，生产设备投资和自由消费优先的政策使住宅和生活设施的建设大大落后于经济的发展，生活质量没有得到根本的提高，公害的发生则进一步恶化了生活环境；消费物价和地价的不断上涨，使家庭生活动荡不安。这些社会弊病冲淡了人们因生活富裕而产生的幸福感，取而代之的是对社会的不满，甚至连那些曾为实现现代化而废寝忘食奋斗的人们

* 原文发表于《社会学研究》1991 年第 1 期。

也对现代化的价值和意义产生了怀疑，当时社会中的流行语“见鬼去吧，国民生产总值”，便是这种普遍不满情绪的真实反映。

在这种情况下，社会学家和政府都感到仅凭经济指标已无法全面测定国民的福利（这里的福利不是指狭义的福利，而是指国民生活综合水平，下同）水平，也不能了解人们对生活和社会不满意的原因，于是便引进了早已在美国流行的社会指标理论，着手研究制定日本的社会指标。要研究社会指标，首先必须给社会指标下个准确的定义。当时，日本社会学界曾就此展开过热烈的讨论，其中最具代表性的观点是富永健一 1971 年在《社会指标与社会计划》一文中提出的定义，他认为：所谓“经济的”意即“货币的”，所谓“社会的”意即“实物的”；社会指标即测定每个国民在国民生活诸领域中享受的实物量的非货币指标或实物指标。富永健一的观点得到了普遍的赞同，并在此基础上形成了日本社会指标的定义：社会指标即以综合地、系统地测定国民生活各方面或各项社会目标领域的状态的非货币性统计为主的统计指标体系。这个定义沿用至今。关于社会指标的功能，日本社会学界公认为：①认识现状；②预测未来；③根据某种标准来评价现状；④在此基础上制定社会计划或进行社会控制。

在日本，最先开始研究社会指标体系的组织是 1970 年 12 月成立的社会福利指标研究会，负责人为关西学院大学教授青山秀夫。1971 年，该研究会归属于国民生活审议会调查部会（部会长为篠原三代平），并成立了“健康”“教育”“余暇”“物质环境”“公共安全”五个分会，分头研究各领域的指标，经过多次调查和讨论，在 1974 年 9 月以“中间报告”（题目为《社会指标——测量生活的更好尺度》）的形式公布了最初的社会指标体系，并以此为基准对 1960 年、1965 年、1970 年的暂定值进行了试算。这个指标体系包括 10 个社会目标（Social Goal）领域：①健康；②教育、学习、文化；③雇用与劳动生活质量；④余暇；⑤收入、消费；⑥物质环境；⑦犯罪与法律的执行；⑧家庭；⑨社区生活质量；⑩阶层与社会流动。并有 27 个一级要素（Fundamental Social Concern）、77 个二级要素（Sub-Concern）、188 个三级要素（Sub-Sub-Concern）及 368 个指标（Indicator）。制定这个指标体系的基本思路有两点：第一，承认综合化的必要性，但是由于一些目标领域如“健康”“教育”等在技术上很难综合化，所以并不力图以一个指标来表示国民的福利水平，而是分别测量各目标领域的福利水平，并且允许各目标领域的指标出现重复；第二，这个“中间报告”虽然主张制定产出指标体系，但是由于很难得到产出指标的资料而投入指标又是人们日常直接关心的项目，所以也采用了一部分投入指标。另外，在“教育”和“余暇”领域采用了一部分有关满意度或意识状态的指标，但并不作为综合化的对象。

1977 年 3 月，调查部会提出了运用社会指标的三个努力方向——快报化、地区化、综合化。1977 年 9 月因国民生活审议会改组而设置的生活质量委员会（委员长为宍户寿雄）接受了这个意见，经过研究，对 1974 年的社会指标体系进行了修改，在 1979 年以生活质量委员会报告（《新版社会指标——测量生活的更好尺度》）的形式公布了新的社会指标体系，并据此对 1960 年、1965 年、1970 年和 1975 年的暂定值进行了试算。与 1974 年的社会指标体系相比，新的社会指标体系有两个变化：第一，尽可能使用客观的能够数量化的指标，删除了从舆论调查获得的主观指标；第二，在指标数非常少的领域，为了综合化进行简单平均时，也采用了一些投入指标。修改后的指标体系仍由 1974 年体系的 10 个社会目标领域组成，包括 27 个一级要素、78 个二级要素、155 个三级要素及 265 个指标（参见表 1）。这个指标体系使用到 1984 年。

表 1　日本 1979 年的社会指标体系

领域	构成概念
1. 健康	健康长寿 完善社会条件以保持和增进健康
2. 教育、学习、文化	基础教育水平 后期中等及高等教育水平 自我启发活动水平 文化环境水平
3. 雇用与劳动生活质量	得到有利的雇用机会的可能性的增大 劳动生活质量的提高
4. 余暇	生活时间中自由度的增大 自由时间内生活水平的提高
5. 收入、消费	收入、资产的增加 收入、资产差距的缩小 收入、资产的稳定

续表

领域	构成概念
6. 物质环境	居住状况的好转 有害或不愉快的物质（或现象）所造成的损害的减少 灾害所造成的损害的减少 良好自然环境的保护
7. 犯罪与法律的执行	减少因犯罪所造成的牺牲和痛苦 减少因事故所造成的牺牲和痛苦
8. 家庭	家庭生活功能的提高 家庭解体的减少
9. 社区生活质量	社区生活基础的稳定 居民能够参加的居民团体及组织的存在 居民能够利用的社区设施及服务的存在
10. 阶层与社会流动	减少阶层间的不平等 社会流动变得容易

资料来源：日本国民生活审议会综合政策部会调查委员会编《国民生活指标》第 15 页，1985 年日文版。

1984 年 7 月开始工作的第 10 次国民生活审议会认为，与六七十年代相比，日本的经济社会环境已经发生了显著的变化，主要表现在以下六个方面。①经济从高度增长转变为稳定增长，收入的增长速度放慢，但收入的绝对水平却在不断提高，国民生活在经济上已与欧美先进国家不相上下。②经济社会中的产业结构、就业结构发生了巨大的变化，在产业结构中，附加价值较高的产业所占比重不断上升，第三产业蓬勃发展；从就业结构来看，从事农业和个体营业的人不断减少，依靠工资生活者愈来愈多，白领职员的增加尤为显著。③随着经济的发展，人口寿命不断提高，二十一世纪的日本将成为长寿社会和高龄化社会，为迎接高龄化社会的到来，将经济社会从过去的“人生 50 年型”体系转变为“人生 80 年型”体系已成为当务之急。④随着日本国际地位的提高，经济社会各方面都在迅速地走向国际化，过去主要通过经济活动开展的国际交流现在已经扩展到文化、社会、生活等各个领域。⑤以电子工业为主的技术革新的发展极大地改变了日本社会的面貌，尤其信息、通信领域的技术革命正在使日本迅速地变成高度信息社会。⑥随着前述经济社会形势和生活条件的变化，人们的思想观念和价值观也发生了深刻的变化，精神生活受到重视，积极参加学习、文化活动以及为地区和社会做贡献而丰富人生的人愈来愈多。基于上述变化，国民生活审议会认为，在1974年社会指标体系的基础上制定的1979年的社会指标体系，已落后于社会的发展，不能反映国民生活的现状和存在的问题，决定在综合政策部会中设置调查委员会，研究制定新的指标体系。

新成立的调查委员会由著名社会学家福武直任委员长，由各大学的教授、副教授以及研究机构的研究人员等17人任委员。从1984年12月到1985年5月，该委员会经过10次讨论研究确定了一套新的“国民生活指标”（New Social Indicators）体系，并以中间报告（《国民生活指标》）的形式发表。与以前的社会指标体系相比，该体系有三个显著的特点。第一，以往的社会指标仅把测定福利水平的现状作为目的，国民生活指标除了这一目的外，还着重于发现问题，为此，除了规范指标外，还使用了以往的社会指标所忽视的投入指标、主观意识指标、无规范性的结构变化指标以及国际比较指标和反映国内差别的指标，试图通过观察这些广泛的社会统计指标，更准确地把握社会和国民生活的现状以及存在的问题。第二，重视原统计，削减指标数，主要使用能够综合把握国民生活各领域的现状和问题的代表性较高的指标，因果关系较强的指标或使用目的极为类似的指标原则上不用。第三，由于这个体系采用了广泛而多样的统计指标，不可能对所有的指标进行综合化，所以只抽取各生活领域中的规范性指标求综合化指数，因此，这个体系中的综合化指数仅具有有限的代表性。

国民生活指标包括八个生活领域：①健康；②环境与安全；③经济的安全；④家庭生活；⑤劳动生活；⑥学校生活；⑦地区、社会活动；⑧学习、文化活动。由三大指标群构成：①生活领域指标（包括国际比较指标）；②主观意识指标；③相关领域指标（包括国内差别指标）。具体指标如下。

（一）生活领域指标

1. 健康

〔时间序列指标〕

①平均寿命（岁）

男子平均寿命

女子平均寿命

②身高、体重

男子身高（cm）

女子身高（cm）

男子体重（kg）

女子体重（kg）

③婴儿死亡率（人/千人）

④患病率（人/千人）

全体人口

35～44 岁年龄层

⑤医生、护士数

每 10 万人口拥有医生数（人/10 万人）

每 100 张病床拥有护士数（人/百床）

⑥自杀率（人/10 万人）

〔国际比较指标〕美国、西德、法国、英国、瑞典、日本六国比较

①男女平均寿命（岁）

②婴儿死亡率（人/千人）

③自杀率（人/10 万人）

2. 环境与安全

〔时间序列指标〕

①森林面积占国土面积比例（%）

②下水道普及率（%）

③公害申诉件数（件/10 万人）

④灾害、事故死亡率（人/10 万人）

因意外事故及医药的有害作用造成的死亡

因汽车事故造成的死亡

⑤犯罪率（件/10 万人）

刑事犯（不包括交通过失）犯罪率

凶恶犯（杀人、抢劫、放火、强奸）犯罪率

⑥检举率（%）

刑事犯（不包括交通过失）检举率

凶恶犯（杀人、抢劫、放火、强奸）检举率

〔国际比较指标〕日本、美国、西德、法国、英国、瑞典六国比较

①下水道普及率（%）

②抢劫犯罪率（件/10 万人）

③抢劫检举率（%）

④交通事故死亡率（人/10 万人）

3. 经济的安定

〔时间序列指标〕

①实际收入

名义年收入额（万日元/年）

实际年收入与前一年相比的增长率（%）

②社会保障转移（%）

③消费物价

消费物价与前一年相比的上升率（%）

消费物价指数（1985 年 =100）

④公共负担率（%，即〔租税 + 社会保障负担〕/国民收入 ×100）

租税负担率（%）

社会保障负担率（%）

⑤储蓄、负债余额（万日元/平均每户）

储蓄余额（万日元）

储蓄余额的最频值（万日元）

负债余额（万日元）

〔国际比较指标〕日本、美国、西德、法国、英国、瑞典六国比较

①人均国民收入（千日元）

②消费物价上升率（%）

③公共负担率（%）

④社会保障支付费占国民收入比例（%）

⑤家庭储蓄率（%）

⑥人均个人资产余额（千日元）

4. 家庭生活

〔时间序列指标〕

①家庭结构

家庭平均人数（人）

核家庭比例（%）

②离婚率

离婚率（件/千人）

45~49岁男子有配偶率（%）

45~49岁女子有配偶率（%）

③出生率

合计特殊出生率

出生数（千人）

④女职工中的临时工比例（%）

⑤在家时间（小时、分）

家庭妇女在家时间（不包括睡眠时间）

家庭妇女干家务时间

职工在家时间（不包括睡眠时间）

⑥男、女在外吃饭情况（%）

⑦住宅规模（m^2）

平均每幢住宅的总面积

新建住宅户均使用面积

新建私房住宅户均使用面积

⑧住房费用（%）

住房费用（包括居住费和土地房产借款还债额）占全国职工家庭实际收入比例

居住费（房租、地租、设备维修费）占全国职工家庭实际收入比例

土地房产借款还债额占全国职工家庭实际收入比例

〔国际比较指标〕日本、美国、西德、法国、英国、瑞典六国比较

①家庭平均人数（人/户）

②离婚率（件/千人）

③65岁以上老人中独身者的比例（%）

④每户平均拥有房间数（室/户）

⑤新建住宅户均使用面积（m^2）

5. 劳动生活

〔时间序列指标〕

①劳动力率（%，即：劳动力人口/15 岁以上人口 ×100）

男女平均劳动力率

男子劳动力率

女子劳动力率

②失业率（%）

③就业状况（%）

雇用者比例

技术工人、生产工人占就业者比例

事务人员占就业者比例

专门技术人员占就业者比例

④劳动时间

全年总劳动时间（小时/年）

⑤周休二日制比例（%）

适用周休二日制工人的比例

完全适用周休二日制工人的比例

⑥企业的退休体制比例（%）

有 60 岁以上退休制度的企业的比例

有 55 岁退休制度的企业的比例

⑦劳动灾害

劳动灾害频度（人/百万小时）

⑧劳资纠纷

损失劳动天数（万日）

〔国际比较指标〕日本、美国、西德、法国、英国、瑞典六国比较

①男女劳动力率（%）

②失业率（%）

③全年总劳动时间（小时）

④全年带薪休假天数（日）

⑤因劳资纠纷而损失的劳动天数（日/10 人）

⑥劳动死亡灾害率（件）

6. 学校生活

〔时间序列指标〕

①学前教育

3～5岁儿童入幼儿园、保育所比例（%）

②升高中、大学比例（%）

初中升高中比例

升大学比例（不包括大专）

升大学比例（包括大专）

③研究生

大学生升研究生比例（%）

研究生占学部（系）学生比例（%）

④教育费

教育费占消费支出比例（%）

⑤学校班级编制

小学班级平均儿童数（人/班）

各小学平均班级数（班/学校）

中学班级平均学生人数（人/班）

各中学平均班级数（班/学校）

⑥学习时间（小时、分）

（中学生）

学习时间总计

其中在校学习、活动时间

其中课外活动及校外学习时间

（大学生）

学习时间总计

其中在校学习、活动时间

其中课外活动及校外学习时间

⑦大学生、短期大学学生在外住宿的比例（%）

〔国际比较指标〕日本、美国、西德、法国、英国五国比较

①学前教育

儿童入幼儿园、保育所比例（%）

②升高中比例（%）

③升大学比例（%）

④研究生占学部（系）学生比例（%）

7. 地区、社会活动

〔时间系列指标〕

①交际时间（分，星期天交际的平均时间）

社会交际时间

私人交际时间

体育活动时间

②家庭交际费占消费支出比例（%）

③消防团员人数（万人）

④60 岁以上老人参加俱乐部情况

老人俱乐部会员数（千人）

老人参加俱乐部比例（%）

⑤20 岁以上女性参加妇女团体情况

妇女团体会员数（万人）

参加妇女团体比例（%）

⑥消费者团体会员状况

消费者团体会员人数（万人）

消费生活合作社社员数（万人）

〔国际比较指标〕①

①社会活动

青年的态度（%）

女性的态度（%）

②社区活动

近邻互助情况（%）

社区活动情况（%）

8. 学习、文化生活

〔时间序列指标〕

①自由时间（小时、分）

其中为获得技术或某种资格而学习的时间

---

① 此处原文未说明进行比较的有哪些国家。——编者注

其中的教养与娱乐时间

②图书馆状况

图书馆数（座）

全年借书人数（百万人）

③新刊书籍发行册数（千册）

新刊书籍与前一年相比的增长率（%）

④大学函授教育学生数（千人）

在函授教育部注册的30岁以上学生人数（千人）

大学开放讲座数（个）

⑤职工家庭消费支出中的学费支出比例（%）

〔国际比较指标〕日本、美国、西德、法国、英国、瑞典六国比较

①报纸发行份数（份/千人）

②书籍发行册数（册/千人）

③图书馆数（座/10万人）

（二）主观意识指标

①生活的满足感（%）

对现在的生活感到满足的人的比例

认为将来的生活会变好的人的比例

②幸福感

感到幸福的人的比例（%）

③中流意识

感到自己现在的生活处于中流的人的比例（%）

④收入的满足感

对现在的收入感到满意的比例（%）

⑤衣、食、住的满意度（%）

服装的满意度

饮食的满意度

居住的满意度

⑥重视物质的丰富还是精神的丰富（%）

重视物质的丰富的人的比例

重视精神的丰富的人的比例

⑦工作的充实感（%）

对工作感到充实的人的比例

感到工作有意义、符合自己兴趣的人的比例

⑧家庭团聚的充实感（%）

对家庭团聚感到充实的人的比例

⑨交际的充实感（%）

与近邻交往密切的人的比例

对与朋友、熟人会面、闲聊感到充实的人的比例

⑩对教育和青年对策的希望

强烈要求政府加强教育和青少年对策的比例（%）

⑪对教养与爱好的重视程度

终生重视提高教养扩展爱好的人的比例（%）

（三）相关领域指标

1. 国际化与生活

①在日外国人数、访日外国人数

在日登记的外国人（万人）

访日外国人数（万人）

②长期滞留国外的日本人（千人）

其中民间企业派出人员及其家属

其中留学生、研究人员、教师及其家属

③出国日本人数（万人）

其中旅游观光出国人数

④回国儿童、学生人数（人）

⑤国际婚姻（件）

⑥大麻等走私状况

大麻等走私犯解送人数（人）

⑦消费资料的进口状况

人均消费资料进口额（日元/人）

⑧食用农产品的国外依赖度（%）

⑨国际电话接送数（万次）

2. 值息化与生活

①信息的供给量与消费量

总供给信息量

总消费信息量

信息消费率（%，消费信息量/供给信息量）

②个人信息的电子计算机处理化

行政机构等持有的电子计算机处理的个人资料人均件数（件/人）

③自动付款机、信用卡的使用状况

自动付款机（包括自动收、付款机）安置台数（千台）

现金卡发行数（百万枚）

信用卡发行数（百万枚）

④订立接收有线电视合同数（万人）

⑤电话使用状况

住宅用电话普及率（%）

字盘电话总通话次数（亿次）

⑥自动付款机犯罪承认件数（件）

⑦电子计算犯罪（不包括自动付款机犯罪）发生件数（件）

3. 高龄化与生活

①65 岁以上人口占总人口比例（%）

②独居老人状况

65 岁以上老人独居数（万人）

有 65 岁以上老人的三代家庭数（万户）

③65 岁以上老人患病率（人/千人）

④老人医疗费

老人医疗费占国民医疗费的比例（%）

人均老人医疗费与人均国民医疗费之比

⑤老人家庭服务员人数（人/10 万 65 岁以上老人）

⑥厚生养老金支付率（%，人均养老金月额/职工人均月薪）

⑦高龄者就业率、失业率

60～64 岁人口就业率（%）

60～64岁人口失业率（%）

⑧高龄者的火灾死亡率（人/10万人）

⑨老人福利中心数（个）

⑩特别养老院数（个）

每10万65岁以上老人与特别养老院定员之比（人/10万人）

4. 城市化与生活

①城市化状况（%）

三大城市圈人口占全国人口比例

人口集中地区人口占全国人口比例

②城市公园

大城市的城市公园面积（公顷）

大城市市区人均公园面积（m^2/人）

③垃圾排出量（克/人）

④噪声申诉件数（件）

其中发源于商店、饮食店的噪声

其中发源于制造所的噪声

⑤三大城市圈的绿化比例（%）

⑥三大城市圈的住宅地价

地价上升率（%）

地价指数（1980年=100）

⑦通勤时间（分）

全国男女职工平均通勤时间

全国男职工通勤时间

全国女职工通勤时间

东京圈男女职工通勤时间

⑧粪便冲洗率（%）

其中公共下水道冲洗率（%）

⑨本县高中生升入本县大学比例（%）

5. 国民生活与差距

①收入的地区差

收入最高的县的县民人均收入（万日元）

收入最低的县的县民人均收入（万日元）

两者相差系数

②高龄化的地区

65 岁以上老人占总人口比例最高的县（%）

65 岁以上老人占总人口比例最低的县（%）

两者相差倍率（倍）

③征税的公平度

对征税的公平度感到满意的人的比例（%）

对征税的公平度感到不满意的人的比例（%）

对征税的公平度未表示意见的人的比例（%）

④就业机会的男女差别

高中毕业男子的征雇倍率（倍，征雇人数/求职人数）

高中毕业女子的征雇倍率（倍，征雇人数/求职人数）

两者相差（倍）

女性占雇用者总数的比例（%）

⑤就业机会的代际差

20～24 岁年龄层的征雇倍率（倍）

60～64 岁年龄层的征雇倍率（倍）

两者相差（倍）

⑥各企业的工资差

企业规模为 10～999 人的平均工资

企业规模为 10～99 人的平均工资

10～99 人规模的企业中 25～29 岁年龄层的平均工资

10～99 人规模的企业中 40～44 岁年龄层的平均工资

10～99 人规模的企业中 50～59 岁年龄层的平均工资

⑦大学生家庭的收入差别

6. 家庭与社会问题

①儿童患成人病比例（人/10 万人）

②因经济原因的自杀（千人）

③吸毒状况

麻药犯罪（千人）

兴奋剂犯罪（千人）

④单亲家庭状况

母子家庭数（万户）

父子家庭数（万户）

⑤夫妻两地分居情况

职工两地分居者（万人）

农民（因外出做工）两地分居者（万人）

⑥高龄者与少年儿童的自杀率

65 岁以上人口的自杀率（人/10 万人）

5～19 岁人口的自杀率（人/10 万人）

⑦校内暴力与高中生退学情况

校内暴力事件（千件）

高中生中途退学比例（%）

公立学校高中生中途退学比例（%）

⑧中、小学生的长期缺席（全年 50 天以上）情况

小学生的长期缺席比例（人/10 万人）

初中生的长期缺席比例（人/10 万人）

⑨少年（14～19 岁）犯罪率（人/千人）

⑩离家出走率（件/10 万人）

自 1986 年以来，日本的经济计划厅国民生活局每年定期公布根据这套国民生活指标测算的前一年的结果，许多地方政府也相继制定了具有地方特色的社会指标体系。目前，社会指标（或国民生活指标）不仅在日本得到了广泛的应用，而且已经成为中央政府和地方政府制定社会发展计划及有关政策的重要依据。

参考文献

日本国民生活审议会调查部会编《社会指标——测量生活的更好尺度》，1974 年日文版。

日本国民生活审议会综合政策部会调查委员会编《国民生活指标》，1985 年日文版。

日本经济计划厅国民生活局编《对生活质量的测量》，1983 年日文版。

日本经济计划厅国民生活局编《国民生活指标》，1990 年日文版。

日本总理府内阁总理大臣官房审议室、经济计划厅国民生活局国民生活调查课编《生命周期与生活质量》，1977 年日文版。

孔子与韩非思想的社会功能审视*

王　颉　唐　军

摘　要：作者认为，在中国对神的背叛比欧洲诸国早一千余年，但是由于历史的局限对神的背叛，不仅没有导致人文主义的胜利，反而是这种背叛每前进一步封建专制主义便进一步强化。法家极端专制主义的胜利使秦王朝得以确立，秦的迅速覆灭又导致了极端专制主义与儒家具有人文主义色彩的专制主义的合流，二者合流使中国的封建专制主义具备了极端的残酷性与极强的自我调节功能。这是中国封建社会长期延续的根本原因之一。走向现代化的中国需要的是全新的思想文化。传统思想文化中能够为我们借鉴的只是在改良社会环境、融洽人际关系和提高组织管理效率方面可以发挥辅助作用的部分，绝不可能成为国家和民族的复兴之本。

中国是个历史悠久的大国，物质与精神文化遗产极其丰富，人们对传统文化有着特殊的偏好，每当社会转型或出现社会动荡时总要伴随着对传统文化的讨论，这几乎已经成为一种规律性的社会现象。但是处在非常态社会环境中的各种文化讨论热潮很难廓清晕轮效应带来的弊端，很难克服实用主义、功利主义以及主观主义的影响，不同意见被淹没在热潮中甚至遭到排斥也是难以避免的，因而在动荡环境中的各种文化热只会造成思想上的繁荣却不利于稳定的科学的系统理论的形成。社会学的任务之一是建设具有中国特色的本土社会学，其中包括科学地认识中国的历史及丰富的文化遗产，深入研究中国的过去与现在，预见中国的未来，为现代化建设服务。单纯依靠各种文化热是很难完成这一艰巨复杂的系统工程的。近年来中国社会学界没有被各种热潮裹挟，而是扎扎实实地构建自己的理论，

* 原文发表于《社会学研究》1991 年第 2 期。

深入实际调查研究，这的确是件不容易也极其有利于学科建设和人才培养的事情。对中国封建社会，历代学者已经做了大量研究，笔者试图在这些丰硕成果基础之上对封建专制主义的形成及其运行规律予以管见，以期与社会学界同仁共同努力为社会学在中国社会思想史研究方面贡献力量。

一　中国封建专制主义的起源

中国封建专制主义的确立是与对上帝的背叛相联系的。中国人对上帝的背叛比欧洲诸国早一千多年，然而这种背叛却只局限在统治阶级内部，没有也不可能带来人民群众的精神解放，恰恰相反，神的绝对统治地位动摇之后，代之而起的却是地主阶级的极端专制主义。从社会发展的角度看，即使是在特定背景下对神的有条件的背叛无疑也是一种进步。

远古时代上帝主宰一切，人与神、人与人之间的关系极其简单，这就是在鬼神面前人人平等，人的一切行为都必须听从神的安排。当社会演进为阶级社会之后，人与人之间的关系发生了变化，出现了阶级矛盾、阶级对立，进而发生了部族间的矛盾、国家间的战争，这些冲突直接冲击了人与神的关系，动摇了神的绝对统治。结果首先由统治阶级出来对人格化的神进行挑战，进而背叛了神，甚至掌握利用神作为自己的统治工具。这是一个漫长的社会过程，历经了千年之久。

从殷商到西周是神的绝对统治地位受到挑战的过渡时期。这一时期的统治者以上帝的儿子自居，建立了奴隶主氏族专制统治，但是神对统治阶级仍然具有至尊的支配权力，这是过渡时期的显著特征，也是奴隶主氏族专制统治与封建地主阶级专制统治的重要区别之一。杨荣国认为“至上神的观念”是由殷商“种族奴隶主”“创造的”，进而认为“当时奴隶主正是利用这种方式（卜筮）来欺骗群众，凭借上帝的权威来维护他们在人世间的统治，殷王实质上逐渐成为上帝权力的化身”（杨荣国，1975）。这一论断未免过于偏颇，不能仅仅凭借现有的殷商龟甲兽骨便认定“帝”或“上帝”是由殷商的“种族奴隶主”“创造的”，实际上在传说中的尧舜禹时代人们对“至上神”的崇拜程度绝不会低于其后的殷商，“帝”或“上帝”不可能是由哪一阶级或阶层的人“创造”出来。孔子说，禹不讲究饮食却讲究祭祀鬼神（《论语·泰伯》），应该说是符合实际情况的。

殷商统治阶级到底是不是自觉地利用对神的崇拜来欺骗群众，不能凭借“想当然”来武断地下结论，首先应该看看他们自己信不信“上帝”，即“上帝”有没有“欺骗”殷商“种族奴隶主”。我们认为，殷商时代特别是早、中期，无论奴隶主阶级还是奴隶都没有也不可能摆脱神对自己的绝对统治，在神的面前奴隶主与奴隶似乎是平等的，当然奴隶主与奴隶之间是绝无平等可言的，这正是奴隶主面临的尖锐矛盾，也是中国社会由神的绝对统治走向专制社会的过程中客观存在的事实。殷商时代，人们认为所有自然现象的变化与人的社会活动都是受着神的支配的，了解神的旨意的办法就是卜筮，用龟甲和蓍草占卜判断吉凶。卜辞中有“帝令雨足年？帝令雨弗足年？”① “伐𢀛方，帝受（授）我又（佑）？”② “王封邑，帝若（诺）”③ 等等。分别为请示上帝对年景收成如何、征伐𢀛方能否取胜及询问能否筑城得到了上帝的允许的占卜内容或结果。殷墟卜骨数以万计，事无巨细都要请示鬼神。统治者是否相信“上帝”还是仅仅为了“欺骗群众”而“创造”了“上帝”这个至上神，还要看至上神对统治者究竟有多大的制约力。卜筮是相互验证的，龟筮一致赞同，即使国君和其他人反对，事情仍吉可行；龟筮意见不一致，就不可对外行动；龟筮一致反对，即使国君、卿士、庶民都赞成，也不可行动。龟筮具有决定包括统治者在内的所有人行为的至上的权力（范文澜，1964）。

西周直至东周春秋战国时期大多数统治者对上帝依然笃信不移，韩非在《饰邪》中生动地描述了这一情况，“凿龟数策（策，蓍草的茎），兆曰：大吉，而以攻燕者，赵也。凿龟数策，兆曰：大吉，而以攻赵者，燕也。”两国交兵自然有胜有败，结果在公元前242年燕攻赵时，不仅损兵2万，主将剧辛也被赵国擒获。赵国又以凿龟数策所得“大吉”，打算挟持燕与秦抗衡，结果秦攻赵救燕，连克赵六城。直到春秋战国时代各国的君主还如此虔诚地信奉上帝，甚至到了不顾国破家亡的程度，更不要说远在殷商的“奴隶主”们了。商纣王直到末日来临还在慨叹“我生不有命在天？”（《尚书·商书·西伯戡黎》）

社会是在矛盾中运行发展的，殷商时代的统治者也是在接受上帝的主

① 罗振玉：《殷虚书契前编》一，五〇，一。
② 林泰辅：《龟甲兽骨文字》一，一一，一三。
③ 罗振玉：《殷虚书契后编》下，一六，一七。

宰与奴役人民群众的矛盾中维护其统治地位的。他们笃信上帝的存在，相信一种超脱世俗的力量的存在，因此尽管殷王自称“予一人”，是上帝的儿子，也宣扬了“德”“孝”的思想，但是不能由此断定他们已经摆脱了神的统治，恰恰相反，这些思想同样具有顺从天意的内涵。

上帝的地位受到挑战有一个循序渐进的过程，它是以封建专制主义的形成、强化为背景的。人们在谈论中国的文化早熟时总是强调与欧洲诸国相比中国人对神的背叛要早一千多年，中国没有出现欧洲中世纪的神的黑暗统治，同时中国的文化具有浓厚的伦理与入俗特征。我们要强调的是，在中国对神的怀疑、对神的背叛每前进一步，封建的专制主义便强化一步，对神的背叛不仅没有造成人文主义的胜利，反而朝着专制主义的极端大踏步走去。在秦朝建立之前中国是只有人格化的上帝的，这种宗教式的精神统治在思想统治上缺乏宗教理论而只注重宗教仪式，尽管上帝的意志是不可违反的，但是由于其随意性特征十分明显，不具备严格规范，因而上帝对人的统治地位在实际上是十分脆弱的。因此，中国人对神的背叛的结果只是封建地主阶级从奴隶主阶级手里接过了专制的接力棒，并且把专制主义从理论到实践上推向了极端。

为什么在中国对神的背叛没有导致人文主义的发展呢？主要原因是缺乏产生人文主义的条件，生产力的低下，科学技术在自然面前苍白无力，刚刚挣脱奴役枷锁的奴隶得到的只是人身的些许自由，因此对神的背叛的主要动力来自于统治阶级，统治阶级首先要摆脱神对自己的束缚，他们面对的是上帝对自己的绝对统治同时又要统治人民群众这样一种十分矛盾的境地。甲骨卜辞中有许多占卜会不会“丧众”的内容，可见奴隶的反抗之频繁。依靠神的力量已经无法维持统治了，统治阶级当然要摆脱神的旨意。其次，在部族之间还存在着此起彼伏的战争，生产的发展也随时与上帝的旨意发生矛盾，战争与生产的实践中出现的矛盾都会加速统治阶级对神的怀疑甚至背叛。

正是由于对神的背叛是在统治阶级的自觉与缺乏人文主义思想的背景下发生的，所以中国的封建专制主义代替了神的绝对统治也就是必然的了。

中国的封建专制主义具有明显的二重性，即极端专制主义与具有人文主义色彩的专制主义，同时又表现在对神的实用主义崇拜，神被降低到从属的地位成为统治者的工具。封建专制主义形成、确立于春秋战国时代，在这一时代中极端专制主义与具有人文主义色彩的专制主义处于尖锐的对立状态，这种对立导致了政治思想领域中的百家争鸣。从本质上看，百家争鸣是羽翼尚未丰满的地主阶级在政治、经济、文化各个领域里对统治工具的一次大选择。地主阶级在政治、经济、文化思想领域的全面专制导致了百家争鸣的销声匿迹。

对于中国奴隶社会与封建社会的分期问题史学界已争论多年，甚至对中国有没有奴隶社会的问题都有人提出质疑，也有人认为春秋战国之后中国已经不具备典型的封建社会特征，因而称之为后封建社会或变态封建制度（参见傅筑夫，1981）。无论争论的观点有多少种，殷商、西周时期存在大量的奴隶这一事实是确凿无疑的，二里冈发掘证实，殷商时代人骨与兽骨同为制作工具的材料，奴隶主墓葬中殉葬的人有的多达百人甚至千人。可见，春秋战国时期，中国是处在奴隶社会与封建社会新旧交替、此消彼长的过程中的事实是不容置疑的。

首先，奴隶制残余赖以存在的基础，即奴隶主对土地和奴隶的占有地位打破了。这一变化源于生产工具的进步和生产的发展。《淮南子·氾论训》中说："古者剡耜而耕，摩蜃而耨，木钩而樵，抱甀而汲，民劳而利薄。后世为之耒耜耰，斧柯而樵，桔槔而汲，民逸而多利焉。"（蜃为一种大蚌，甀是一种瓦器）中国在殷代有了铜，至晚在春秋末期已经掌握了冶铁技术，并且有了铁制农具。铁器的出现减轻了劳动强度，提高了生产力水平，促进了人口的增长。韩非子说："今人有五子不为多，子又有五子，大父未死而有二十五孙，是以人民众而货财寡，事力劳而供养薄。"（《五蠹》）奴隶制度下产生的井田制受到了挑战，有限的井田难以供养日益增多的人口，铁器的出现也使维持生产所必需的奴隶数量减少，于是大量奴隶外逃垦荒的现象发生了。地主阶级巩固统治与相互兼并的战争都需要大量的粮食，井田制已无法满足日益增加的粮食需求，于是地主阶级也提倡开荒，"坏井田，开阡陌""改帝王之制，除井田，民得卖买"，"公田不治""王制遂灭"（《汉书·食货志上》）。土地都可以买卖了，也就意味着井田制消亡了。由于在各国相互兼并的战斗中立下战功的人也可以得到"善田利宅"，这些人又从另一渠道加入了私田主的行列，同样也加剧了井田制的灭亡。私田主进入城市后成为区别于"鄙""野"之民的"国人"，他们与“工商之人”以及与旧贵族血缘已经疏远的人们一起构成了新的群体，导致了新的城乡格局的出现。

其次，新兴的私田主与工商业者以及从旧贵族阶级中分化出来的各种势力，首先提出在法律上确立私有财产的合法性，进而要登上政治舞台以权力保护私有财产，这便激怒了由于井田制被破坏而势力大大削弱的旧贵族，新旧势力的斗争不可避免地发生了。代表新旧势力权益的知识分子为着统治阶级的利益开展了斗争，“变古”与“法古”是这场斗争的焦点。站到尖锐斗争的前列的是极端专制主义与具有人文主义色彩的专制主义的统治者及其知识分子，前者结成为法家学派，后者为儒墨学派。

在神作为主宰一切的传说时代，除去神是不可抗拒的统治力量外，原始的人文主义成为维系人际关系的唯一力量，人民的言论大体也是自由的。“尧有欲谏之鼓，舜有诽谤之木，汤有司过之士，武王有戒慎之鞀。”（《吕氏春秋·自知》）“黄帝立明台之议者，上观于贤也。尧有衢室之问者，下听于人也。舜有告善之旌，而主不蔽也。禹立谏鼓于朝，而备讯唉。汤有总街之庭，以观人诽也。武王有灵台之复，而贤者进也。”（《管子·桓公问》）“禹之时以五音听治，悬钟、鼓、磬、铎，置鞀以待四方之士。为号曰：教寡人以道者击鼓，谕寡人以义者击钟，告寡人以事者振铎，有狱讼者摇鞀。”（《淮南子·汜论训》）这些记载虽不尽可信，但也能反映出一部分传说时代的社会状况，反映了从无阶级社会向阶级社会过渡时期还残留着原始共产主义的陈迹。当我国进入奴隶社会之后，这种原始的人文主义便沿着两条轨迹向前发展了，其一表现为被剥削阶级对平等社会的向往与对残暴的统治者的声讨，这在《诗经》中的民歌里有大量的反映；其二随着阶级的分化奴隶主阶级时时要面对奴隶的反抗斗争，原始的人文主义在统治阶级那里异化为具有人文主义色彩的专制主义。在奴隶社会中原始的人文主义色彩的专制主义是极其微弱的，只能作为极端专制主义的陪衬。一方面奴隶主阶级宣扬“予一人”实行极端专制主义，例如商代奴隶主之刑法极其残酷，一人受罚，妻与子为奴，甚至在街上弃灰都要斩掉手臂（《韩非子·内储说上》）。另一方面他们也宣扬并实行了某些具有人文主义色彩的专制主义思想及措施，例如“命太师陈诗以观民风”（《礼记·王制第五》），“民惟邦本，本固邦宁”（《尚书·夏书》），“知人则哲，能官人。安民则惠，黎民怀之”（《尚书·皋陶漠》），“汝克黜乃心，施实德于民”（《尚书·商书》），“民之所欲，天必从之”（《左传·襄公三十一年引“泰誓”》），“上下交而其志同山”（《易·泰卦》），“上下不交而天下无邦也”（《易·否卦》）。

进入春秋战国中国社会急剧分化的时期之后，统治阶级所奉行的极端专制主义与具有人文主义色彩的专制主义在决定统治阶级命运的关键时刻分流了。斗争是极其尖锐残酷的，具有人文主义色彩的专制主义者儒家要以“亲亲”“君君臣臣父父子子”来调和阶级矛盾。旧势力的代表者们比儒家走得更远，而是以赤裸裸的屠刀来对付要求变法的“法术之士”，“其可以罪过诬者，以公法而诛之；其不可被以罪过者，以私剑而穷之。是明法术而逆主上者，不僇于吏诛，必死于私剑”（《韩非子·孤愤》）。斗争的残酷促使极端专制主义迅速发展并且在政治经济文化各个领域构成了极其完备的独裁专制理论。极端专制主义理论思想的集大成者是著名的法家思想家韩非。

秦王朝的建立是极端专制主义实践的结果，也是极端专制主义战胜具有人文主义色彩的专制主义的标志。而秦王朝的迅速覆灭又最终导致了极端专制主义与具有人文主义色彩的专制主义的再次合流，这次合流使具有人文主义色彩的专制主义进一步巩固，占据了不可缺少的与极端专制主义相互协调的重要地位。而极端专制主义从此便与暴君、亡国之君联系在一起，成为社会各个阶层包括皇帝都十分忌惮的社会思想。从此之后具有人文主义色彩的专制主义在不断确立重要地位的同时具备了另一种功能，这就是对极端的专制主义起着一定程度的制约作用。因为彻底的独裁专制主义尽管在社会转型时期起到过进步作用，但是对于劳动人民来说专制主义贯彻到极点则无异于重新回到旧制度中去了，而生产力的发展、社会的进步以及人民群众的不断反抗又使得极端的专制主义难以彻底实施。地主阶级欲巩固自己的统治地位也不得不采取一定的措施给人民以喘息的机会，儒家思想地位的日益巩固及其理论的不断系统完备为地主阶级提供了不可替代的统治工具。“儒表法里”或“外儒内法”的说法不一定准确，但是在一定程度上反映了封建专制主义的本质特征。

综上所述，我们可以看到一条清晰的脉络，经历了神的主宰一切，在神的面前人人平等之后，奴隶主阶级以“帝之元子”自居实行了奴隶主阶级专制主义，同时他们又难以摆脱神对自己的束缚，生产力的发展最终导致了奴隶主阶级的灭亡。地主阶级的兴起与其敢于向神权挑战有着因果关系，以韩非为代表的法家坚决反对占卜，否定观测星象决定命运是其思想的重要组成部分，反映了地主阶级在上升时期的气魄与胆识。但是由于生产力的落后造成的历史局限，对神的怀疑背叛不可能造成人文主义的发展，造成的是极端专制主义的封建统治。极端专制主义实践的失败，使具有人文主义色彩的专制主义抬头，二者合流构成了中国封建社会专制统治的显著特征。当地主阶级封建统治确立之后，神的地位又得以回升，成为奴役人民群众的工具，不同的是它再也恢复不到主宰一切的地位上去了。

中国的封建社会之所以延续两千多年之久，其根本原因之一是极端专制主义与具有人文主义色彩的专制主义合流使中国的封建专制主义具有极端的残酷性与极强的自我调节功能，中国人民受封建地主阶级思想毒害之深、经济剥削政治压迫之重在世界上也是突出的，虽则一代接一代地起来反抗，仍逃不脱作为改朝换代的工具的悲惨命运。

二　孔子和韩非子社会思想的专制主义内核

春秋战国时期是社会急剧分化的时期，先秦的政治家、思想家无论其政治主张是“法古”还是“变法”，而对当时这种社会状况，都表现出了极其强烈的忧患意识。许多人准备有所作为，以挽救“礼崩乐坏”“天下无道”的动荡局面。

孔子说：“殷因于夏礼，所损益，可知也；周因于殷礼，所损益，可知也。”（《论语·为政》）似乎他也知道对于旧礼的“损益”已是不可避免的了，而实际上远不止“因于”“损益”。正是基于这一认识，孔子以“仁义”“礼乐”和“忠恕”“正名”为核心概念，以维护君主绝对统治下的社会秩序作终极目标，构建了系统的思想体系。这一思想体系后又为孟子等人所发扬光大，形成了以带人文主义色彩的专制主义为核心的完备的儒家学说。

韩非子认为，“古今异俗，新故异备”，“世异则事异，事异则备变”（《韩非子·五蠹》），“先王之言，有其所为小，而世意之大者；有其所为大，而世意之小者，未可必知也”（《韩非子·外储说左上》）。因此他坚决主张变法，并在广泛地研究了政治、经济、历史、外交的基础上提出了系统而完备的法家思想。韩非的思想为秦王朝的建立提供了决定性的理论基础，构成了中国极端专制主义的完备体系。

以下我们试图从社会学的角度对孔子和韩非子社会思想体系中的专制主义内核做一番剖析。

（一）孔子专制思想的温和表征

儒家素以崇奉孔子学说为学派的基本特征，后由孟子和荀子发扬光大，及至汉武帝罢黜百家而独尊儒术后，更有两汉董仲舒和刘歆的今古文经学和谶纬之学、魏晋王弼和何晏的玄学、唐代韩愈的道统说、宋明程朱陆王的理学等为儒学之一脉相承，但它们无非以孔子“礼乐”“仁义”“忠恕”“正名”为绪端，各加推演而衍生出诸种应时之说。因此，我们在本文中将主要追循孔子这位思想大师的足迹，以“仁”和“礼”为起点而从广涉哲学、政治、伦理、经济、教育等多方面内容的儒学体系中析取出有关社会规范和秩序的思想。从中不难看出，先哲对理想社会形态的描绘是与对现实社会的改造构想一线相连的，而在“仁”和“礼”这极富人文主义色彩的外壳下深藏着的却是专制主义的内核。

1. 仁——维系和谐人际关系的伦理规范

（1）仁的内涵

“仁”这一概念在孔子之前即已提出。《国语·晋语一》中载有“为仁者爱亲之谓仁，为国者利国之谓仁”。可见，当时人们对于仁的理解是有两种不同侧重的。而在孔子那里，“爱亲”和“利国”分别被发展成仁的体验和实践的主要方面，它们一起构成“仁”的总体特性。

《说文》释：“仁，亲也，从人二。”两个人在一起，则有互动发生，如何处理相互之间的关系就成了必须首先加以解决的问题。“樊迟问仁，子曰：‘爱人。’”（《论语·颜渊》）“爱人”可说是孔子“仁”说的出发点。作为对亲情的一种体验，爱在天性上有亲疏差别，但作为对他人关怀的一种实践，它又能层层向外延伸，由家人至族人，由族人至国人，由此构筑起和谐社会的基础，这无疑已上升至“利国”的实践了。只有做到了互爱，和谐的人际互动关系才能得以建立和维持，社会成员的共同生活才能得以有序展开。

“仁”以“爱人”为出发点，它同时还具有多个侧面，它们与“爱人”一起构成孔子的“仁”说体系。

“仁者爱人”，人为什么要去“爱人”而做一个“仁者”呢？孔子说，“不仁者不可以久处约，不可以长处乐”，“苟志于仁矣，无恶也”（《论语·里仁》）。可见，唯有仁人才能够安贫乐富，退而言之，纵使求仁未得实利，也无害处可言。这就给了世人以求仁的动力。何况，从常理出发，正常人谁乐于担上“恨人”恶名呢？至于孔子自己则在求仁方面给了世人一个榜样——“朝闻道，夕死可矣。”（《论语·里仁》）

“子张问仁于孔子。孔子曰：‘能行五者于天下为仁矣。’‘请问之。’曰：‘恭，宽，宽，信，敏，惠。恭则不侮，宽则得众，信则人任焉，敏则有功，惠则足以使人。’”（《论语·阳货》）又“仲弓问仁。子曰：‘出门如见大宾，使民如承大祭。’”（《论语·颜渊》）这里，“仁”已从对亲情的体验上展扩开来，又成为对某一特定个体在与上下左右各类人物交往中能否应对自如的一种衡量。

“司马牛问仁。子曰：‘仁者，其言也讱。’曰：‘其言也讱，斯谓之仁已乎?’子曰：‘为之难，言之得无讱乎？’”（《论语·颜渊》）可见，孔子认为“仁”不仅意指行动的自如，还包括言辞上的谨慎。“多言而躁”以至“言多必失”是人们常犯的错误。“子曰：‘巧言令色，鲜矣仁！’”（《论语·学而》）又“恶利口之覆邦家者”（《论语·阳货》）。在孔子那里，花言巧语的人是鲜有仁德可言的，强嘴利舌颠覆国家的人更是可恶至极。究其根源，无非是言多而轻诺，轻诺则寡信，寡信必失众。

然而，孔子论“仁”最为全面清晰的恐怕还是答复颜渊的一段话。“颜渊问仁。子曰：‘克己复礼为仁。一日克己复礼，天下归仁焉。’”（《论语·颜渊》）约束自己，使自己的言行都合于礼，这才是“仁”的本意；而做到了这一点，天下之人都会以之为“仁人”，这才会归顺景仰他。在具体的实践上，孔子又将它简要地概括为“非礼勿视，非礼勿听，非礼勿言，非礼勿动。”（同上）

于是，孔子从“爱人”的伦理意义出发对“仁”做了全面的发挥，为过渡到治国方略的构想做了必要的铺垫。

有一点我们还必须注意到，这就是孔子“仁”说体系形成的时代背景。春秋末年，犯上作乱、弑父弑君的“僭越”“无道”行为并非普遍发生于社会各阶层之中，而主要是存在于统治阶级内部。因而孔子提出

“仁”这一伦理规范更主要的是希图限制统治者的言行，这可以由“君子而不仁者有矣夫，未有小人而仁者也”（《论语·宪问》）作为佐证。可是孔子自认为“少也贱”（《论语·子罕》），他不会轻率地忽视平民的存在和力量，正所谓“无野人，莫养君子”（《孟子·滕文公上》）。更何况孔子还极力倡导“有教无类”（《论语·卫灵公》），而所教的内容在孔子那里又主要是知仁懂礼。因此，孔子总的说来是把以“爱人”为出发点的“仁”作为向全体社会成员宣扬的伦理规范。

（2）仁的实现原则：忠恕

“仁”是孔子学说的核心概念，孔子除了从多个侧面阐明“仁”的涵义外，还对“仁”的实践做了严密的限定。

“子曰：‘参乎？吾道一以贯之。’曾子曰：‘唯。’子出，门人问曰：‘何谓也？’曾子曰：‘夫子之道，忠恕而已矣。’”（《论语·里仁》）所谓忠恕之义，无非设身处地而推己及人，它又有积极的和消极的两层意义。“己欲立而立人，己欲达而达人。能近取譬，可谓仁之方也已”（《论语·雍也》），这是前一层意义。“己所不欲，勿施于人”（《论语·颜渊》），这就是后一层意义了。

涉及人际交往，融洽而充实的关系实在是难以求得的。在孔子看来，若待上下左右以忠恕，处处以责人之心责己，时时以宽己之心宽人，则可以无隙、无怨、无诈，人人得以相安共处了。即如《礼记·大学》所载：“所恶于上，毋以使下；所恶于下，毋以事上；所恶于前，毋以先后；所恶于后，毋以从前；所恶于右，毋以交于左；所恶于左，毋以交于右。此之谓絜矩之道。”

孔子以“忠恕”为实践“仁”的原则，但“仁”之于孔子并不是伦理规范的最高境界，“圣”才是最高境界。“子贡曰：‘如有博施于民而能济众，何如？可谓仁乎？’子曰：‘何事于仁！必也圣乎！尧舜其犹病诸！’”（《论语·雍也》）可见，百姓的安居乐业始终是有圣德的帝王的一种施予。即使在论述一种伦理规范时，孔子也或隐或现地强调着君王的至高无上。但毕竟孔子是以人（当然包括百姓在内）为其学说构建和关注的基点，正是在这种意义上，我们认为其学说带有人文主义的色彩，尽管这种色彩常在我们耳边引来“磋，来食！”的吆喝。

2. 礼——强化封建等级体系的制度规范

在中国文化史的前期，“礼”就已经存在了。到了周代，“礼”更与

“宗法”与“井田”一道构成统治的三足支柱（参见胡秋原，1956：78）。当时，“礼”具有极其复杂的内涵和多元化的功能。它既包括国际交往的仪式礼节，还包括贵族的冠、昏、丧、祭、燕、飨的典礼，同时还包括制度规范等方面的内容；它代表着人与神、人与祖先以及人与人之间的相互关系的规定。及至春秋时代，“礼”的涵义逐渐明朗化，而转向了政治社会方面。如《左传》所言：“礼，经国家，定社稷，序民人，利后嗣也。”

孔子认为，周朝因袭夏朝和殷朝制度上的优点而制定的周礼是十分完备的，值得后世遵奉。所以孔子言“礼”主要也是指称周礼，但他在将“礼”纳入自己以“仁”为中心的学说体系时又对之做了某些发展，强调了“礼”在“立身”方面的积极作用，从而将“礼”首先视为个体自我控制的一种内发的理性行为，其次才是外在的一种制度规范。这样，孔子就把“仁”和“礼”有机地联结为一体。

（1）礼的意义

孔子是极为重视“礼”的作用的，他说：“不学礼，无以立。”（《论语·季氏》）类似的话在《论语·尧曰》及其他篇中都有出现，但孔子自己并没有对“礼”的内涵做特别的阐释。《论语·为政》：“齐之以礼。”朱熹注：“礼，谓制度品节也。”仔细斟酌后可以发现，谓“礼”代表规定等级序列的制度规范是比较贴合孔子本意的。

“孔子谓季氏，‘八佾舞于庭，是可忍也，孰不可忍也?’”又“三家者以雍彻。子曰：‘[相维辟公，天子穆穆]，奚取于三家之堂?’”再“季氏旅于泰山。子谓冉有曰：‘女弗能救与?’对曰：‘不能。’子曰：‘呜呼！曾谓泰山不如林放乎?’”（《论语·八佾》）周礼规定，天子能用八佾的乐舞，诸侯、大夫和士分别只能用六佾、四佾和二佾。季氏只不过是鲁国的大夫，依礼只能用四佾，可他竟然用了八佾；天子祭祀后，撤祭时歌《雍》，而仲孙、叔孙和季孙不过是三家大夫，撤祭时也唱着《雍》这首诗，而这首歌词却是“助祭的是诸侯，天子严肃静穆地在那儿主祭”，但在三家的庙堂上，既没有诸侯，又没有天子；依周礼，只有天子才能祭天下名山，诸侯则只可在封地内祭山，可现在身份只是大夫的季氏却也去祭泰山。对于这些僭越的举动，孔子是非常痛恨的。

“孔子曰：天下有道，则礼乐征伐自天子出；天下无道，则礼乐征伐自诸侯出。自诸侯出，盖十世希不失矣；自大夫出，五世希不失矣；陪臣执国命，三世希不失矣。天下有道，则政不在大夫。天下有道，则庶人不议。'"（《论语·季氏》）在孔子看来，"礼乐征伐自诸侯出""陪臣执国命"都是违礼犯上的事情，这种"无道"的现象也绝不会长久。

综观春秋末期的形势，当时的社会似乎陷于"违礼而无道，无道复坏礼"这么一个怪圈之中。其实，处在急剧转型时期的社会陷入某种程度的失范状态是一种必然。周天子权威的旁落，各地诸侯的争雄，正是铁制农具出现后高度增长着的生产力对变革旧有生产关系的需求在现实社会生活中的折射，对周礼的变革已是大势所趋。可对于抱定"周监于二代，郁郁乎文哉！吾从周"（《论语·八佾》）的想法的孔子来说，全部接受这一现实是痛苦的。

"季孙欲以田赋。使冉有访诸仲尼。仲尼曰：丘不识也。三发。卒曰：子为国老，待子而，若之何子之不言也？仲尼不对，而私于冉有曰：君子之行也，度于礼。施取其厚，事举其中，敛从其薄。如是则以丘亦足矣。若不度于礼，而贪冒无厌，则虽以田赋，将又不足。且子季孙若欲行尔法，则周公之典在，若欲苟而行，又何访焉。"（《国语·鲁语》）尽管孔子起初以西周的丘赋制度（有了军旅之事才临时征调）比将要实行的田赋制度（按田亩经常性地征调）施加给百姓的负担要轻——事实上也并非如此——为借口而反对后者的实行，但其本意却是周公之礼不容篡改，至少不会得到他的认可。

此外，对于晋国铸刑鼎之事，孔子也持批判的态度，他叹道，"晋其亡乎，失其度矣"（见《左传》昭公二十九年），其原因无非他认为废弃了西周的礼仪法度会打破西周以来"贵贱不愆"的秩序，以至天下大乱。

总之，孔子论"礼"，其主旨还是在于强调"礼"本身所代表的君主意志及"礼"所要维护的上下尊卑的等级关系，在这一前提下，孔子也没有忘记提醒统治者慎刑罚、薄赋敛以"与民休息"。"苛政猛于虎"（《礼记·檀弓》）以及因"求也为之聚敛而附益之"，而号召"非吾徒也，小子鸣鼓而攻之，可也"（《论语·先进》）的话语更透出孔子护民以忠君的一片苦心。

孔子之为"至圣先师"，断不会因循守旧至食古不化的地步，这才有"礼云礼云，玉帛云乎哉？"（《论语·阳货》）的感叹。"礼"的精髓在于其内在制度化的规范方面，"玉帛""酬酢"这些形式化的东西只是"礼"

的枝末。这样，孔子就为自己接受对周礼的某些变革找到了根据，事实上，自春秋直至清朝灭亡长达两千五百年的历史长河中，封建的“上智”“下愚”的尊卑关系从来就没有打破过。

那么，实施“礼”的规定需要什么前提呢?“子曰：‘仁而不仁，如礼何?’”（《论语·八佾》）也即离开了“仁”，“礼”就成了一具空壳，对维持社会秩序的稳定就不会产生有益的作用。行文至此，我们有必要回头审视一下“仁”的内涵，孔子曾说“仁”即“非礼勿视，非礼勿听，非礼勿言，非礼勿动”。表面上看来，“礼”和“仁”似乎互为条件：行“仁”必须合“礼”，行“礼”必须怀“仁”。全面考察一下可知，孔子所讲的“仁”和“礼”本是社会规范的两个方面。“礼”是就制度方面而言的，遵奉“礼”的时候要以“仁”为内在的理性而不以“礼”为外加的强制，“仁”是就伦理方面而言的，行“仁”的时候必须遵循一定的规律，方能求得有益的效果。

（2）礼的实现原则：正名

“礼”在远古时代本谓敬神，自殷商始神权受到君权的挑战之后，意义更扩展为敬意及为表敬意而举行的种种仪式。至周朝，“礼”更明确化为包括等级制和宗法制在内的制度体系。

及至春秋末年，周天子权威旁落、公室衰微、大夫专权，正可谓“臣弑君”“子弑父”“下犯上”“大并小”。为了使周礼得以发扬光大以确保社会的井然有序，孔子提出了“正名”的原则。

所谓“正名”就是要严格地确定每个社会成员在社会关系网络中的恰当位置，使其严格地遵循这一位置赋予他的义务。“齐景公问政于孔子。孔子对曰：‘君君，臣臣，父父，子子。’”（《论语·颜渊》）政者，国事也。只有各守名分，国家才能稳定、社稷才能平安，否则，“名失则愆”（《左传·哀公十六年》），社会的混乱将不可避免。这正是孔子在回答子路问政中所表述的意思。“子路曰：‘卫君待子而为政，子将奚先?’子曰：‘必也正名乎!’子路曰：‘有是哉，子之迂也!奚其正?’子曰：‘野哉，由也!君子于其所不知，盖阙如也。名不正，则言不顺；言不顺，则事不成；事不成，则礼乐不兴；礼乐不兴，则刑罚不中；刑罚不中，则民无所措手足。’”（《论语·子路》）可见，孔子对刑罚在管理国家中的作用还是予以了正面肯定的。比如，叔向认为应将贪赃枉法的兄弟叔鱼定罪处罚，孔子对此赞扬说："叔向，古之遗直也，治国制刑，不隐于亲。"（《左传》昭公十四年）这也从一个侧面说明孔子的"仁""礼"学说并非局限于发展宗法制的"亲亲"思想，而是在一定程度上吸收了新兴法治派"利国"的观点。

"正名"的提出确实为"兴""礼"标定了一个方向，但我们能很容易地看出，"正名"在规定上下尊卑的严格等级界限时又在"礼"说体系中植入了一个悖论。"陈司败问昭公知礼乎，孔子曰：'知礼。'孔子退，揖巫马期而进之，曰：'吾闻君子不党，君子亦党乎？君娶于吴，为同姓，谓之吴孟子。君而知礼，孰不知礼？'巫马期以告。子曰：'丘也幸，苟有过，人必知之。'"（《论语·述而》）鲁昭公娶了同姓女子为妻，这是违反周礼的行为，精通周礼的孔子在别人问及鲁昭公是否知礼时却做了肯定的回答，这当然不是孔子为代人受过而搪塞的一句"苟有过"的缘故，"为讳者礼也"（《史记·仲尼弟子列传》）才是真正的原因。于是，依礼而言，鲁昭公所为应为违礼，但谓其违礼却反而非礼，这就使"礼"说本身给人以攻讦的口实。当然，"礼崩乐坏"更是社会发展过程中变革旧制度的结果，孔子自己也说："事君尽礼，人以为谄也。"（《论语·八佾》）可见，西周旧礼之遭变革已是大势所趋了。

3. 仁与礼的统合：理想的王道社会

孔子一生的事业在教学，而他的理想却在政治（宋淑萍，1988：96）。他生逢乱世，眼见诸侯争霸、生灵涂炭，故而立志救世。尽管他带着"知其不可而为之"的坚毅，其热心救世在当时并没有显出太大成效。但他所规划的理想社会却一直为后世人们所憧憬。

（1）由仁到仁政及由礼到礼治

中国古代的思想家，无论其是否具有人文主义思想，在论述社会运转的机制时基本上都是着眼于国家统治者的"为政"行为，孔子也不例外。他始终认为，国家是否太平及人民是否安乐都直接取决于君主是否具有优良的品性和合理的行为，所谓"政""治"只是统治阶层的专事之业。

老子曾说："治大国若烹小鲜。"（《老子·第六十篇》）烹小鲜是无需过多作料和过频翻搅的，治国同样忌讳严刑峻法和繁程杂序。孔子虽然颇为赞赏舜"无为而治"的业绩，但他也十分明了老子"无为而治"的方略在自己所处的时代已然无法实施，而只能作为有德君主"为政"的一种导向，在这种导向之下，“仁”和“礼”又成为君主治国的充分而必要的原则。

“子曰：‘为政以德，譬如北辰居其所而众星共之。’”（《论语·为政》）《论语》中的“仁”涵括了“德”的总体（韦政通，1988：264），言“德”即“仁德”似非牵强。事实上，孔子在阐释“仁”的内涵时，许多地方都表述了“仁政”的思想。因此，孟子才将孔子的“为政”思想做了发展并命名为“仁政”（见《孟子·滕文公上》），它不过是使孔子“为政”的思想名实贴合而已。所以，“为政以德”无非是忠告统治者以“仁德”的力量去治理国家，这样才能如“北辰”为“众星”所“共”一样地受到百姓的拥戴。除了具备“仁”，孔子认为“礼”之于统治者的理国治民也必不可少，他说道：“上好礼，则民莫敢不敬。”（《论语·子路》）于是，君王通“仁”达“礼”就可以使百姓既信且服，用现在的观点来看，他就兼具了感召权威和法理权威。

“仁”和“礼”固然可以作为有德君王加以内化而用以规范自身行为的准则，但它们更多的是被用作外加的准则以规范被统治者的行为。“子曰：道之以政，齐之以刑，民免而无耻；道之以德，齐之以礼，有耻且格。’”（《论语·为政》）“仁政”和“礼治”的直接目的正是使百姓人心归服，确保王朝久长；而孔子所说的“近者悦，远者来”（《论语·子路》）也就是“仁政”和“礼治”的直接结果。

孔子在论述其“为政”思想时并没有忽视“法”的效用。比如他认为若缺乏适中的法度，百姓就会无所适从，国家事务也就无序可言（见《论语·子路》）。但“法”只是从外部给百姓以威慑，令其不敢为非作歹，它不能从内部使其根除恶念（见《论语·为政》）。唯有“仁”和“礼”能够浸润人的心田，“其止邪也于未形”（《礼记·经解》）。然而，“仁政”“礼治”从根本而言毕竟是施诸人心的过程，效果虽然持久，但实施起来却极为困难。这不仅是因为被统治者的品性相差万千，以“仁”“礼”相“齐”费时费力，而且还因为这一过程对统治者的个人品性也提出了极高的要求。所以孔子说，“善人为邦百年，亦可以胜残去杀”（《论语·子路》），足见以“仁”“礼”完全替代“法”这一过程之漫长及对君王品性要求之严格。孔子对此有着异常深刻的洞悉，他因此从“仁”“礼”出发，首先对君王在“为政”中的行为准则做了规定。“季康子问政于孔子。孔子对曰：政者，正也。子帅以正，孰敢不正？'”（《论语·颜渊》）“政者，正也”是孔子政治思想的基础，也是孔子设想的理想社会的形成条件。孔子所言“子欲善而民善矣。君子之德风，小人之德草。草上之风，必偃”（《论语·颜渊》），“其身正，不令而行，其身不正，虽令不从”（《论语·子路》）等话语，出发点虽然不同，中心意思却是一致的。君王既为政治首脑，亦当为道德仪范，只有做到身先百姓、爱护百姓、为民表率、为民服务（见《论语·子路》及《论语·学而》），人民才会诚敬、效忠和奋勉（见《论语·为政》），国泰民安的理想社会才有实现的可能。

（2）“政”“治”的终极目标：孔子理想社会的图景

孔子主张统治者施“仁政”、行“礼治”，由己及人、由近及远，率先做到“格物”“致知”“诚意”“正心”“修身”“齐家”以达“治国”与“平天下”的目的，这一思想无疑是具有进步意义的。他在论述现实的“为政”思想时，脑子里时刻都浮现着一幅理想社会的图景。综合孔子的言论，我们可以从物质和精神这两个层面上把握其理想社会思想的要旨。

首先，理想社会在物质层面上的特征是富足和平均。

“子贡问政。子曰：‘足食，足兵，民信之矣。’子贡曰：‘必不得已而去，于斯三者何先？’曰：‘去兵。’子贡曰：‘必不得已而去，于斯二者何先？’曰：‘去食。自古皆有死，民无信不立。’”（《论语·颜渊》）这里，我们先不谈“信”这一精神层面的东西。“足食”与“足兵”是统治者取得“民信”的物质前提。若要在二者中仅择其一则以“足食”为先，这正反映了传统中国社会中“民以食为天”的共识，因为“足食”才是社会安定最为有力的保证，因而也是统治者政权牢固最为有力的保证。孔子的学生有若对此做了极好的注解，即所谓“百姓足，君孰与不足？百姓不足，君孰与足?”（《论语·颜渊》）

古代社会生产力水平低下，天灾人祸频繁，“足食”实为可望而不可即之目标。退而求其次，孔子提出了“均”的主张。孔子说，“丘也闻有国有家者，不患寡（贫）而患不均，……盖均无贫，……”（《论语·季氏》）。这正是规劝统治者在经济匮乏时不要急切求富，而应致力于建立一个财富平均的社会。

其次，理想社会在精神层面上的特征是教化。

“足食”只是孔子理想社会的基础，而不构成它的全部特征，人民有

“信”才是孔子认为最重要的，这也是孔子认为统治者在“足食”和“民信”之中必须做一选择时应以后者为先的缘故。“子适卫，冉有仆。子曰：‘庶矣哉！’冉有曰：‘既庶矣，又何加焉？’曰：‘富之。’曰：‘既富矣，又何加焉？’曰：‘教之。’”（《论语·子路》）“足食”而“无德”在孔子看来是与禽兽无二的生活。百姓“足食”后再“教之”以“仁”“礼”，这才是孔子理想社会的重要特征，也是百姓知足、社会和谐的重要保证。

不难看出，孔子在其理想社会图景中倾注了浓重的人道热情，反复强调以“富民”和“教民”为始终，但这绝不是说我们可以忽略孔子更为强烈的王道热情。显而易见，人民始终只是“富”和“教”的对象，是恩赐和教化的受体，断然不能称其为有独立意识和独立行动的主体。归根结蒂，人民只是君王绝对统治的对象，其“幸运”者也只不过是工具罢了。

至于后人根据孔子“仁政”“礼治”思想演绎出来的理想社会的高低两种形态——“大同之治”和“小康之治”（见《礼记·礼运》），虽然无违孔子的学说思想，但多少给人以添润拔高的感觉。于此不赘。

（二）韩非子极端专制思想的实质

1. 性恶——极端专制主义的思想基础

韩非是法家思想的集大成者，他的理论思想最为完备，并且在秦灭六国统一中国的历史中得到了实际贯彻。因而在研究封建专制的确立时，我们着重对韩非的思想进行剖析。

用社会学的观点看，先秦的政治家、思想家都是以推行自己的学说为手段企图对大乱的天下进行整合的，而大多数思想家都是以维护君主的至尊地位为整合之最高目的的。法家尤其是韩非的这一特征最为明显，他毫不隐讳地要建立君主一个人的独裁专制，甚至将统治阶级除了君主之外的所有成员都看作“不可相信的人”。他要建立的是君主一个人的独裁专制，这同儒家“亲亲”、墨家的“兼相爱，交相利”，甚至同法家慎到“立天子以为天下，非立天下以为天子也。立国君以为国，非立国以为君也”，有着重大的区别。韩非把自己所要建立的社会秩序表述为“万物莫如身至贵也，位之至尊也，主威之重，主势之隆也”（《韩非子·爱臣》）。我们可以从殷商时代的奴隶主那里找到同样的思想，殷王以“天之元子”自居，要建立“予一人”的独裁统治。在剥削阶级的专制思想本质上韩非并没有什么新的创造，他的新的“创造”在于将除了皇帝及几个“法术之士”之外的所有臣民都作为假设敌，作为只知道趋利避害而不择手段侵害君主的人，而君主要时刻对臣下提防；韩非将君主的专制独裁推向了极端。

“人臣之于其君，非有骨肉之亲也，缚于势而不得不事也。故为人臣者，窥觇其君心也无须臾之休。”（《韩非子·备内》）

“为人主而大信其子，则奸臣得乘于子以成其私。”“为人主而大信其妻，则奸臣得乘于妻以成其私。”“夫以妻之近与子之亲而犹不可信，则其余无可信者矣。”（《韩非子·备内》）

“人臣之情非必能爱其君也，为重利之故也。”（《韩非子·二柄》）

“医善吮人之伤，含人之血，非骨肉之亲也，利所加也。故舆人成舆，则欲人之富贵；匠人成棺，则欲人之夭死也。非舆人仁而匠人贼也，人不贵，则舆不售；人不死，则棺不卖。情非憎人也，利在人之死也。故后妃、夫人、太子之党成而欲君之死也，君不死，则势不重。情非憎君也，利在君之死也。”（《韩非子·备内》）

韩非提出了自己的重要判断——“人主之患在于信人。信人，则制于人”（《韩非子·备内》）。这一判断是韩非专制独裁思想的一个十分重要的根据。我们不能脱离韩非的著作去寻求答案，任意推测，将这里的人臣、奸臣限定为“奴隶主阶级的代表”，事实上韩非是以“性恶”为出发点的。先秦时无论是哪一门哪一派的政治家、思想家都是极端排斥异己的，而且即使在同一派譬如法家内部自相排斥甚至互相残杀的例子也绝非仅止一二的。

韩非要推行君主专制独裁的又一个根据来自于他对百姓黎民的认识，韩非认为：“夫民之性，喜其乱而不亲其法”，“夫民之性，恶劳而乐佚”，“故治民者，禁奸于未萌”（《韩非子·心度》）。

“民智之不可用，犹婴儿之心也。”（《韩非子·显学》）

“适民心者，恣奸之行也。”（韩非子·南面）

“夫严刑重罚者，民之所恶也，而国之所以治也。哀怜百姓轻刑罚者，民之所喜，而国之所以危也。”（《韩非子·奸劫弑臣》）

如上所述，韩非认为“人臣者，窥觇其君心也无须臾之休”，而民又是“喜乱”“恶劳而乐佚”的，这与韩非理想中的臣民构成了尖锐的矛盾。

韩非对理想中的臣民有过如下描述。

“贤者之为人臣，北面委质，无有二心。朝廷不敢辞贱，军旅不敢辞难；顺上之为，从主之法，虚心以待令，而无是非也。故有口不以私言，有目不以私视，则上尽制之。为人臣者，譬之若手，上以修头，下以修足；清暖寒热，不得不救；镆铘傅体，不敢弗搏。无私贤哲之臣，无私事能之士。”（《韩非子・有度》）

“进善言、通道法而不敢矜其善，有成功立事而不敢伐其劳。不难破家以便国，杀身以安主，以其主为高天泰山之尊，而以其身为壑谷鬴洧之卑。主有明名广誉于国，而身不难受壑谷鬴洧之卑。”（《韩非子・说疑》）

“臣毋或作威，毋或作利，从王之指。无或作恶，从王之路。”（《韩非子・有度》）

“民不越乡而交，无百里之戚。”“贵贱不相逾，愚智提衡而立。”（《韩非子・有度》）

显然需求与现实之间是存在尖锐的矛盾的，韩非提出了理想中的臣民规范，却更看重“君臣异利”“公私相背”“上下一日百战”，因此韩非提出了“君不仁，臣不忠，则可以霸王矣”（《韩非子・六反》），大臣无忠可言，不过是“缚于势”“为重利”而事于君，驭臣治民的途径是“正赏罚而非仁下”（《韩非子・外储说右下》）

韩非要求君主不信忠不任德，“是以有道之主，不求清洁之吏，而务必知之术也”，“一尔国者，非仁义也”（《韩非子・八说》）。对于本质上“恶劳而乐佚”的百姓只能“禁奸于未萌”“适民心者，悠奸之行也”（《韩非子・南面》）。“严刑重罚者，民之所恶也，而国之所以治也。”（《韩非子・奸劫弑臣》）在此基础上韩非提出了“明主治吏不治民”（《韩非子・外储说右下》）的统治思想。

2. 法术势——实现极端专制主义统治的工具

韩非在总结了历史的经验及前代、当代思想家和政治家的思想学说之后提出了自己的以法术势为核心的系统学说。

管子说：“法者，上之所以一民使下也”，并对法的重要性阐述为“君臣上下贵贱皆从法”（《管子・任法》）。这同儒家的“礼”有着某些相似之处，“礼，经国家，定社稷，序民人，利后嗣者也”（《左传・隐公十一年》），“礼者，人主之所以为群臣寸尺寻丈检式也”（《荀子・儒效》）。二者都是指社会秩序而言。管子又说："生法者君也，守法者臣也，法于法者民也。"（《管子·任法》），可见法是君主专制御臣治民的工具。对于术与势韩非之前的政治家、思想家也都有过一些论述，韩非在此基础上进一步提出法术势三位一体的专制思想。

"以道为常，以法为本。"（《韩非子·饰邪》）

"法审则上尊而不侵，上尊而不侵则主强而守要。"（《韩非子·有度》）

"矫上之失，诘下之邪，治乱决缪，绌羡齐非，一民之轨，莫如法。"（《韩非子·有度》）

"明君之蓄其臣也，尽之以法，质之以备。"（《韩非子·爱臣》）

"明主之国，令者，言最贵者也，法者，事最适者也。言无二贵，法不两适。"（《韩非子·问辩》）

"抱法处势则治，背法去势则乱。"（《韩非子·难势》）

"君无术则弊于上，臣无法则乱于下，此不可一无，皆帝主之具也。"（《韩非子·定法》）

"势重者，人主之渊也。君者，势重之鱼也。"（《韩非子·内储说下）》

"势足以行法。""势者，胜众之资也。"（《韩非子·八经》）

从以上引文中我们可以看出韩非是主张君主以法蓄臣治国，以权术和至尊之威势为推行法制的保障的。"威不贰错，制不共门。"（《韩非子·有度》），法只能由君主来制定。"势足以行法"，"君无术则弊于上"，势与术作为法的保证缺一不可。张纯、王晓波认为，韩非的"术"可以分为立法之术、执法之术、御臣之术、外交之术（张纯、王晓波，1986）。其实韩非所讲的术就是"明君无为于上，群臣竦惧乎下"，"术者，藏之于胸中，以偶众端而潜御群臣者也。故法莫如显，而术不欲见。是以明主言法，则境内卑贱莫不闻知也，不独满于堂；用术，则亲爱近习莫之得闻也，不得满室"（《韩非子·难三》）。可见，术就是君主心藏不露、独断专行、独揽权柄的御臣治民方法。而势则为君主立法、执法的绝对权威，"权势不可以借人。上失其一，臣以为百。故臣得借则力多，力多则内外为用，内外为用则人主壅"（《韩非子·内储说下》）。

韩非关于术与势的论述甚多，限于篇幅，本文着重从法的方面对其专制思想予以剖析。

法的内涵是什么？管子说："尺寸也，绳墨也，规矩也，衡石也，斗解也，角量也，谓之法。”（《管子·七法》）尹文子也为法做了具体解释：“法有四呈……一曰不变之法，君臣七下是也；二曰齐俗之法，能鄙同异是也；三曰治众之法，庆赏刑罚是也；四曰平准之法，律度权量是也。”（《尹文子·卷上》）尹文子对法的解释有助于我们对韩非所说的法的理解，这里我们仅就韩非强调最多的也是其思想中最重要的组成部分进行分析，韩非所说的法的核心是赏罚，并且是主张重刑不赦的。

“圣王之立法也，其赏足以劝善，其威足以胜暴，其备足以必完法。治世之臣，功多者位尊，力极者赏厚，情尽者名立。善之生如春，恶之死如秋，故民劝极力而乐尽情。此之谓上下相得。”（《韩非子·守道》）

“明主之所导制其臣者，二柄而已矣。二柄者，刑德也。何谓刑德？曰：杀戮之谓刑，庆赏之谓德。为人臣者畏诛罚而利庆赏，故人主自用其刑德，则群臣畏其威而归其利矣。”（《韩非子·二柄》）

“设民所欲，以求其功，故为爵禄以劝之。”（《韩非子·难一》）

“明主之治国也，适其时事以致财物，论其税赋以均贫富，厚其爵禄以尽贤能，重其刑罚以禁奸邪，使民以力得富，以事致贵，以过受罪，以功致赏，而不念慈惠之赐，此帝王之政也。”（《韩非子·六反》）

“峻法，所以禁过外私也；严刑，所以遂令惩下也。”（《韩非子·有度》）

“明君之蓄其臣也，尽之以法，质之以备。故不赦死，不有刑。”（《韩非子·爱臣》）

“言无二贵，法不两适，故言行而不轨于法令者必禁。”（《韩非子·问辩》）

“厉官威民，退淫殆，止诈伪，莫如刑。邢重，则不敢以贵易贱，法审，则上尊而不侵。”（《韩非子·有度》）

“赏莫如厚，使民利之；誉莫如美，使民荣之；诛莫如重，使民畏之；毁莫如恶，使民耻之。”（《韩非子·八经》）

韩非子提出严刑峻法不赦死的根据在他对臣民本性的认识，他的具体观点有以下几个。

“人无愚智，莫不有趋舍。”（《韩非子·解老》）

“民之故计，皆就安利如辟危穷。”（《韩非子·五蠹》）

“人情皆喜贵而恶贱。”（《韩非子·难三》）

“民者好利禄而恶刑罚。”（《韩非子·制分》）

韩非的法治思想中有两点是极其突出的，一是“内举不避亲，外举不避仇”（《韩非子·说疑》），“明主之吏，宰相必起于州部，猛将必发于卒伍”（《韩非子·显学》）；二是“法不阿贵，绳不挠曲”，“刑过不避大臣，赏善不遗匹夫”（《韩非子·有度》），“诚有功，则虽疏贱必赏，诚有过，则虽近爱必诛。疏贱必赏，近爱必诛，则疏贱者不怠，而近爱者不骄也”（《韩非子·主道》）。用社会学的观点看，韩非的这些思想有利于旧社会秩序的分化，面对“礼不下庶人，刑不上大夫”（《礼记·曲礼上》）以及“君君臣臣父父子子”的保守的旨在维护旧的统治的儒家思想树起了一个更有生气和战斗力的对立面，为打击旧的宗族统治及法古派建立了理论思想基础。同时，这些思想有利于推进在社会转型期出现的社会流动，特别是为新兴的私田主、耕战之士及中下阶层提供了获得政治权利及经济地位的途径，为人的垂直流动、水平流动提供了机会与可能。农耕时代的生产力要素最重要的就是人与土地，在井田制已经破坏的基础上，只有当蕴含于人这个文化载体的潜能得以发挥时社会才能充满活力，从而使经济发展、社会进步获得极其优化的社会环境。韩非的这些思想无疑是顺应了当时的历史发展的。正因为如此，他的“法不阿贵”“刑过不避大臣”“宰相必起于州部，猛将必发于卒伍”的思想成为历代有作为的统治者崇奉的信条与广大劳动人民的理想追求。但是在漫长的中国封建社会里这些思想是很难彻底兑现的，即使在韩非本人的思想中它也必然与君主至尊、贵贱不相逾、民不越乡而交、连坐法等发生矛盾，形成二律背反。

3. 韩非子的理想社会——实现君主独裁的政治、经济、文化乃至思想上的全面专制

韩非处在社会大分化的时代，各国的君主为着自己的霸业相互开战，统治阶级内部矛盾重重，“重人”“奸臣”相互勾结、结党营私，威胁着君主的统治地位，知识分子四处游说，儒家、墨家、纵横家、兵家、游侠武士以及阴阳家都在宣扬各自的思想，井田制遭到破坏后出现了私田主，工商阶层也不断壮大，私田主与工商阶层要求政治、经济地位得到保障，对统治阶级施以很大的压力，劳动人民不堪忍受压迫，逃离井田、逃避兵役，甚至以行动反抗阶级压迫。针对这种情况，为了实现政治、经济、文化乃至思想领域全面专制，韩非从君主的根本利益出发，将奸臣、重人、

儒家、墨家、纵横家、游侠、逃避兵役者、商工之民、阴阳家等一律当作打击对象。

韩非多次分析了“重人”“奸臣”权势过大对君主的危害，指出他们“挟愚污之人，上与之欺主，下与之收利侵渔，朋党比周，相与一口，惑主败法，以乱士民，使国家危削，主上劳辱，此大罪也”（《韩非子·孤愤》）。韩非认为“爱臣太亲，必危其身；人臣太贵，必易主位，主妾无等，必危嫡子；兄弟不服，必危社稷”，“奸臣蕃息，主道衰亡”，“诸侯之博大，天子之害也；群臣之太富，君主之败也”。他指出君主对臣下必须“尽之以法，质之以备”，要求臣下不许在国内立私朝（“人臣处国无私朝”），不许在封邑内搞独立王国（“大臣之禄虽大，不得借威城市”），不许拥有私人武装（“不得臣士卒”），不许与诸侯国私下交往（“居军无私交”），不许用私人财富收买人心（“其府库不得私贷于家”），大臣外出时不得带人马，不是传递君主的紧急命令而载有任何一件兵器就要处死不赦［“不得四（驷）从，不载奇兵，非传非遽，载奇兵革，罪死不赦”］（《韩非子·爱臣》）。

商鞅提出过君主御臣的具体措施，要达到臣下相互监督的目的就要使同级官吏“利异而害不同”，上下级官吏也要“事合而利异”，即使是统治集团的最高监察机构垂监也必须“别其织难其道”，使臣下没有条件结成朋党相互利用（《商君书·禁使》）。

韩非提出了君主御臣必须峻法严刑，甚至对有功者也要“审合刑名”，他提出“明主之道，一人不兼官，一官不兼事”（《韩非子·难一》），以便对臣下进行审查。他主张君主对臣下的言行要进行严格的审查，“人主将欲禁奸，则审合刑名。刑名者，言与事也。为人臣者陈其言，君以其言授之事，专以其事责其功。功当其事，事当其言，则赏，功不当其事，事不当其言，则罚。故群臣其言大而功小者则罚，非罚小功也，罚功不当名也；群臣其言小而功大者亦罚，非不说于大功也，以为不当名也，害甚于有大功，故罚”。自我吹嘘要罚；过分谦虚，甚至立了大功，只因“言小”也要罚。更有甚者，“明主之畜臣，臣不得越官而有功，不得陈言而不当。越官则死，不当则罪。守业其官，所言者贞也，则群臣不得朋党相为矣”（《韩非子·二柄》），尽管大臣立了功，但不属于自己职权范围内的竟要处以死刑，连陈言不当也要问罪，哪还有什么言论自由，作为大臣的命运尚且如此，更何况黎民百姓了。

韩非对思想文化领域的专制十分重视，对除了法家之外的所有知识分子一概采取批判打击的立场，并且提出了具体的制裁措施。在批驳当时最为显赫的儒墨学派时，称儒家学说为“言先王之仁义”的“愚诬之学”（《韩非子·显学》），称儒墨为“乱上反世”的“二心私学者”（《韩非子·诡使》）。在指出儒墨崇尚尧舜的法古世界观的同时，韩非对儒家的“去利”“爱民”“轻刑”“轻赋”的主张进行了严厉的批判，反复强调了禁奸必用重刑，对人民群众进行残酷镇压的思想。

“夫奸必知则备，必诛则止，不知则肆，不诛则行。”“明主之治国也，众其守而重其罪，使民以法禁而不以廉止。”“不养恩爱之心而增威严之势。”（《韩非子·六反》）

“夫不变古者，袭乱之迹，适民心者，恣奸之行也。”（《韩非子·南面》）

“今不知治者必曰：得民之心。欲得民之心而可以为治，则是伊尹、管仲无所用也，将听民而已矣。”（《韩非子·显学》）

“人主有二患，任贤，则臣将乘于贤以劫其君，妄举，则事沮不胜。故人主好贤，则群臣饰行以要君欲，则是群臣之情不效，群臣之情不效，则人主无以异其臣矣。”（《韩非子·二柄》）

“今夫轻爵禄，易去亡，以择其主，臣不谓廉，诈说逆法，倍主强谏，臣不谓忠，行惠施利，收下为名，臣不谓仁；离俗隐居，而以诈非上，臣不谓义，外使诸侯，内耗其国，伺其危崄之陂，以恐其主曰：交非我不亲，怨非我不解。而主乃信之，以国听之，卑主之名以显其身，毁国之厚以利其家，臣不谓智。此数物者，险世之说也。”（《韩非子·有度》）

“世主美仁义之名而不察其实，是以大者国亡身死，小者地削主卑。何以明之？夫施与贫困者，此世之所谓仁义，哀怜百姓不忍诛罚者，此世之所谓惠爱也。夫有施与贫困，则无功者得赏，不忍诛罚，则暴乱者不止。国有无功得赏者，则民不外务当敌斩首，内不急力田疾作，皆欲行货财事富贵，为私善立名誉，以取尊官厚俸。”“吾以是明仁义爱惠之不足用，而严刑重罚之可以治国也。”（《韩非子·奸劫弑臣》）

“夫垂泣不欲刑者仁也，然而不可不刑者法也，先王胜其法不听其泣，则仁之不可以为治明矣。”（《韩非子·五蠹》）

在严厉批判儒墨及其思想的基础上，韩非指出“群臣为学，门子好辩……可亡也”（《韩非子·亡征》），因而他主张“明主之国，无书简之文，以法为教，无先王之语，以吏为师”（《韩非子·五蠹》）。对于“二心私学者”要“破其群”“散其党”“禁其欲”“灭其迹”（《韩非子·诡使》），其目的是要在思想文化领域实行君主的专制统治，这一主张的实践者秦始皇采取的措施便是“焚书坑儒”。

对劳动人民的反抗进行无情地残酷镇压是韩非的专制思想的重要组成部分，他毫不隐晦、赤裸裸地主张以严刑重罚对待人民群众，他的法家思想处处充满了杀气。

“言行而不轨于法令者必禁……是以愚者畏罪而不敢言，智者无以讼。”（《韩非子·问辩》）

“重罚者，盗贼也，而悼惧者，良民也，欲治者奚疑于重刑!”（《韩非子·六反》）

“诛莫如重，使民畏之；毁莫如恶，使民耻之。”（《韩非子·八经》）

“故治民者，刑胜，治之首也。”“治民者，禁奸于未萌。”（《韩非子·心度》）

“严刑重罚者，民之所恶也，而国之所以治也。”（《韩非子·奸劫弑臣》）

“一民之轨，莫如法。厉官威民，退淫殆，止诈伪，莫如刑。刑重，则不敢以贵易贱，法审，则上尊而不侵。”（《韩非子·有度》）

连坐法是法家提出的镇压人民群众的重要手段，也是阶级压迫的残酷性的集中体现。商鞅提出“令民为什伍而相收司连坐，不告奸者腰斩，告奸者与斩敌首同赏，匿奸者与降敌同罚”（《史记·商君列传》）。韩非也同样主张“匿罪之罚重而告奸之赏厚”（《韩非子·好劫弑臣》），其具体做法为“以一得十者，下道也，以十得一者，上道也。明主兼行上下，故奸无所失。伍、阁、连、县而邻，谒过赏，失过诛。上之于下，下之于上，亦然。是故上下贵贱相畏以法，相诲以利。民之性，有生之实，有生之名”（《韩非子·八经》）；“慎己而窥彼发奸之密。告过者免罪受赏，失奸者必诛连刑”（《韩非子·制分》）。连坐法推行的目的是要造成“民不越乡而交，无百里之戚。贵贱不相逾，愚智提衡而立”（《韩非子·有度》），“禁奸于未萌”即韩非所言“治之至也”。然而其结果也必然是将井田制破坏之后人民刚刚获得的人身自由统统限制起来，地主阶级与奴隶主阶级同为剥削阶级在对待劳动人民这一共同点上在此暴露无遗。

韩非的理想社会在经济与军事方面的主要追求是富国强兵，这也是大多数法家的共同主张，吴起“令贵人往实广虚之地”（《吕氏春秋·贵卒》），商鞅也大力推行“草必垦”（《商君书·垦令》）。韩非也是力倡耕战的，“尽其地力，以多其积，致其民死，以坚其城守”，“动作者归之于功，为勇者尽之于军，是故无事则国富，有事则兵强”（《韩非子·五蠹》）。为了实现国富兵强的目的，他把不利于耕战的思想与势力都当作批判打击的对象。他十分痛心地指出：“断头裂腹播骨乎平原者，无宅容身，身死田夺；而女妹有色，大臣左右无功者，择宅而受，择田而食。”（《韩非子·诡使》）韩非对富国强兵理想的实现提出了三条措施，一是从“仓廪之所以实者，耕农之本务也”（《韩非子·诡使》）的观点出发主张“民有余食，使以粟出爵，爵必以其力，则农不怠”（《韩非子·饬令》）；二是“陈善田利宅者，所以战士卒也”（《韩非子·诡使》），对作战有功者奖励善田利宅，达到“易民死命”之目的；三是打击逃避耕战之民，“禁游宦之民，而显耕战之士”（《韩非子·和氏》），“明王治国之政，使其商工游食之民少而名卑，以寡趣本务而趋末作”（《韩非子·五蠹》）。

三　批判专制，超越传统，构筑全新的思想文化

我们在前面已经对孔子和韩非的社会思想中的专制主义成分进行了分析（应该指出的是这里所论述的并非他们思想体系的全部），概而观之，孔子与韩非思想的出发点尽管存在着较大差异，但是他们的归结点是同一的，就是始终强调百姓对君主的绝对服从，二者学说的核心是“君本位”思想，为维护封建专制统治服务。

历史已做出了回答，在中国极端的专制主义是难以彻底贯彻实行的，韩非所憧憬的“明主者，使天下不得不为己视，天下不得不为己听”（《韩非子·奸劫弑臣》），君主至尊，将所有臣下都视为假设敌，而大臣百姓无任何言论行动自由，自上至下一律实行连坐，人们唯一可资发展自身的只有耕战、告奸，这样政治、经济、文化思想全面专制的社会肯定是长久不了的，每当这种“治之至也”的社会出现的时候这个王朝岌岌可危的时刻也便到来了。但是这并不是说韩非的极端专制主义受到了封建统治者的冷落，恰恰相反，他的专制主义思想在中国封建社会运行中成为主要的统治

支柱，发挥了极其重要的作用，而在实施的过程中封建统治者往往在其专制主义的外层披上了具有“人文主义”色彩的外衣罢了。

纵观中国封建社会几千年来的运行过程，我们又可以发现历代君王几乎全都奉“孔学”“儒术”为封建统治的最高教条。这里，除了“孔学”“儒术”本身具有极强的包容力和极广的适应力这么一些显而易见的原因外，传统的文化心理因素是不容忽视的。

自有文字记载始，上古的舜、尧即作为“有德”之君而为社会各阶层所认同，他们“恭己正南面而已”（《论语·卫灵公》）的“无为而治”正是“仁政”或“王道”的典型范例。后代统治者为标榜自己的圣明以笼络民心进而巩固自己的统治，通常也就给自己的统治披上“王道”的华丽外衣，而在这一华丽的外衣下，“法治”或“霸道”却是无时不在发挥作用的。历史上赤裸裸地实行“霸道”的君王是不多见的，最典型的要数秦始皇父子。在当时的历史条件下，秦始皇实施严刑酷法是为了整备国力以一统天下，但六国既灭、天下一统，毫无制约的封建“霸道”立即滑向“暴政”，以致二世胡亥众叛亲离。从秦王嬴政自号“始皇帝”至子婴投降，前后不过 14 年。秦王朝的短命给了后世历代帝王以明鉴，他们自觉或不自觉地都会将“王道”作为对“霸道”的一种制约，“孔学”“儒术”的至尊地位故而一直得以保持和宣扬。但是在中国封建社会两千多年历史中，“儒表法里”的“为政”格局从来都没有被打破过。

历史在前进，社会在发展，社会思想文化永远不会停留在原有的水平上。具有中国特色的现代化社会既是历史的继续，又是中华民族的新的开拓，伟大的事业需要并必然产生出全新的超越传统的思想文化。改革开放以来，构成思想文化的各种要素及其传播载体异常活跃，传播手段日益发展，一个不以人的意志为转移的现实是中国的社会思想文化正以前所未有的速度、广度、深度在不断更新。全新的思想文化是在超越传统吸收外来精华基础上产生的，本土文化是与现代化社会共生并互为依存条件的。因此任何阻碍新的思想文化发展的思想观点诸如“全盘西化”与闭关锁国、因循守旧都是与现代化建设事业背道而驰的。

我们注意到了一种倾向，即脱离开马克思主义立场、观点、方法，不顾及封建传统文化内核抽掉其阶级内容宣扬所谓“传统”，甚至将中国封建专制社会中存在的某些现象荒唐地捧为“民主”，认为当代资产阶级民主在中国封建专制主义社会中早已有之了。最为突出的是近年来出现了不顾史实拔高孔子的现象，沿袭封建社会对孔子的评价，称颂其为“大成至圣先师”“万世师表”，相信“半部《论语》治天下”，甚至对“五四”时反孔的是非提出怀疑。我们认为对孔子思想必须进行科学的研究，结合欣赏、审美、文化、传播、教育、旅游各方面需要，设立诸如演习周礼甚至祭孔活动项目也不无价值。但是任何事物总有一个度，任何文化现象都不是孤立的，正如电子计算机、航天飞机一样对人们的思想行为的影响已经超越了作为器物本身的价值。我们认为对于传统文化包括孔子与韩非的思想在内，绝不能脱离对其思想内核的批判去谈继承。改革开放后，东西方文化的剧烈碰撞使一部分中国人的心理失去平衡，现有的价值体系自身也处在变革之中，尚无力扳回失衡的心理天平。于是有人试图搬出传统的思想文化以抗击西方文化的渗透，并以其作为中国现代化的思想根基。他们恰恰忘记了或是有意忽视了传统社会思想之中“儒表法里”所内含的非理性的“君本位”思想。有人以亚洲“四小龙”为例来论证中国传统思想文化在现代化过程中优于西方现代文化的观点，这里，他们同样有意无意地忽视了这样一个事实，“四小龙”所借鉴的只是中国传统思想文化中偏重人伦物理的内容，只是将它用作改良社会环境、融洽人际关系或提高组织管理效率的辅助手段，从来也没有将其作为国家或地区的复兴之本。即使如日本这么一个深受中国传统文化影响的国家，一些人在研究《孙子兵法》《三国演义》时也主要是为着寻求更为合理的企业经营之道。

当然，我们并不否认传统思想文化中有着类似“王道”或“霸道”的重人伦或重法度的合理因素，这些是可以有所侧重地用之于现代化实践过程中的。但是，我们不可以对“王道”或“霸道”整体学说中的“君本位”的专制思想视而不见。作为一种整体的专制思想体系，“王道”和“霸道”必须被越超。毛泽东说过，“人民，只有人民，才是创造世界历史的动力”（毛泽东：1031）。这种马克思主义的唯物史观是与“君本位”的专制思想根本对立的，实际上它正在或已经构成中国现代思想文化的重要组成部分。

马克思主义认为社会存在决定社会意识。发展至今天的中国社会走向现代化时，需要的是全新的思想文化。一个只知“因循”旧“礼”的民族在这个竞争激烈的星球上是不会有所作为的，其前途也绝不会光明。中共中央十三届七中全会公报指出我们要“坚定不移地推行改革开放”，“在深化经济体制改革的同时，积极推进政治体制改革，努力建设有中国特色的社会主义民主政治”。无疑，改革开放及中国特色的社会主义民主政治为全新的思想文化的建立指出了方向，提供了必要的条件和保证。

创造全新的思想文化绝不是制造空中楼阁，对传统的东西是要继承的，但是马克思列宁主义的经典作家们首先强调的是对旧的传统的批判和改造。恩格斯说：“传统是一种巨大的阻力，是历史的惰性力，但是它只是消极的，所以一定要被摧毁。”（恩格斯：402）这是从本质上认识传统，从其维护旧的社会秩序的功能上认识传统，因此“共产主义革命就是同传统的所有制关系实行最彻底的决裂；毫不奇怪，它在自己的发展进程中要同传统的观念实行最彻底的决裂”（马克思、恩格斯）。同时，我们还要看到，马克思主义同历史虚无主义之间有着天壤之别，他们不仅仅看到了传统的本质，也认清了新与旧之间的必然联系，要在批判的过程中对旧的传统进行改造，列宁的两段话从两个方面向我们昭示了一个马克思主义者对待传统文化的正确立场，“真正伟大的革命是从旧东西以及改进旧东西的意图和追求新东西（新得连一丝一毫旧东西也没有）的抽象愿望之间的矛盾中产生的”（列宁：708），“只有确切地了解人类全部发展过程所创造的文化，只有对这种文化加以改造，才能建设无产阶级的文化，没有这样的认识，我们就不能完成这项任务”（列宁：348）。从传统是一种“巨大的阻力”“历史的惰性力”“只是消极的”“一定要被摧毁”“要同传统的观念实行最彻底的决裂”与“只有确切地了解人类全部发展过程中所创造的文化，只有对这种文化加以改造，才能建设无产阶级的文化”这两个方面认识传统对待传统，我们才能创造出与现代化事业共存的全新思想文化。

参考文献

傅筑夫，1981，《中国古代经济史概论》，中国社会科学出版社。

陈奇猷，1974，《韩非子集释》，上海人民出版社。

恩格斯，《“社会主义从空想到科学的发展”英文版导言》，《马克思恩格斯选集》第3卷。

范文澜，1964，《中国通史简编》第一编，人民出版社。

郭沫若，1954，《中国古代社会研究》，人民出版社。

侯外庐，1979，《中国封建社会史论》，人民出版社。
胡秋原，1956，《古代中国文化与中国知识份子》，（香港）亚洲出版社。
列宁，《宁肯少些，但要好些》，《列宁选集》第4卷。
列宁，《青年团的任务》，《列宁选集》第4卷。
柳诒征编著，1988，《中国文化史》，中国大百科全书出版社。
吕振羽，1955，《简明中国通史》，人民出版社。
马克思、恩格斯，《共产党宣言》。
毛泽东，《论联合政府》，《毛泽东选集》第3卷。
南京大学《韩非子》校注组，1982，《韩非子校注》，江苏人民出版社。
宋淑萍，1988，《中国人的圣书》，河北人民出版社。
韦政通，1985，《中国思想史》（上册），（台北）大林出版社。
杨伯峻，1980，《论语译注》，中华书局。
杨伯峻，1960，《孟子译注》，中华书局。
杨荣国，1975，《简明中国哲学史》，人民出版社。
杨荣国，1973，《中国古代思想史》，江苏人民出版社。
杨孝㯋，1982，《中国社会思想史》，（台中）五南图书出版公司。
张纯、王晓波，1986，《韩非思想的历史研究》，中华书局。
祝瑞开，1981，《先秦社会和诸子思想新探》，福建人民出版社。

《理性化及其限制》评介*

夏　光

自1979年以来，我国社会学的重建取得了长足的进展。但与经验社会学的状况相比，理论研究显得相对地平淡而滞后。苏国勋著的《理性化及其限制——韦伯思想引论》（以下简称《引论》）一书，以其对韦伯思想的客观阐述和独到分析，为社会学理论建设做了一项基础性工作。

众所周知，古典社会学体系在孔德、斯宾塞和马克思那里已经具体而微，在杜尔凯姆、帕累托和韦伯那里则臻于成熟了。而在这些大家中韦伯又是对古典理论进行综合的第一人，且不论他的综合本身在多大程度上是合理的。

韦伯的理论著述卷帙浩繁而所涉甚广，且其具体行文晦涩艰深而又繁琐不堪，因此初读韦伯著作往往会有如坠五里雾中之感。《引论》一书开宗明义便把"理性化及其限制"作为韦伯理论的主线，并围绕这一主线展开说明了他的宗教社会学和政治社会学，又从他的社会科学方法论以及他对当代的影响方面探讨了这一主线的来龙去脉：这样一来，韦伯理论的大致轮廓就清晰可辨了。

下面不妨也以理性化及其限制为线索，就《引论》一书的有关论述作一些评介。

一　理性化

理性化是人的合理性行动的结果，但西方社会（学）理论中使用的

* 《理性化及其限制——韦伯思想引论》，苏国勋著（上海人民出版社，1988），24.8万字。原文发表于《中国社会科学》1991年第2期。

“合理性”概念往往是含糊的或歧义的。实际上韦伯本人就是导致这种混乱的始作俑者，后来的人或多或少地借助于或利用了他的有关说法。有鉴于此，《引论》依据韦伯的本文对合理性概念作了说明。

在韦伯理论中合理性概念是与他关于社会行动的类型学相联系的。韦伯把社会行动区分为四类，即（1）工具合理性行动，这是一种行动者经过理性的计算和筹划而采取的行动，在这种行动中行动者关心的是工具（手段）的技术性和有效性；（2）价值合理性行动，这是一种行动者由于自觉信仰某种价值或自觉接受某种规范而采取的行动，在这种行动中行动者所关心的是行动本身所体现的意义；（3）传统行动，在这种行动中行动者只需因袭例行的或现存的方式就行了；（4）情感行动，这是一种由行动者的某种感情或情绪状态所致的行动。这四种行动又可以进一步区分为合理性（包括工具合理性和价值合理性）行动和非理性行动（即传统行动和情感行动），而合理性行动中的工具合理性行动与价值合理性行动的相互关系是韦伯考察现代文明的基本视角。此外，在韦伯著作中工具合理性与形式合理性、价值合理性与实质合理性基本上是同义的，因而工具合理性行动与形式合理性行动、价值合理性行动与实质合理性行动是通用的。《引论》正确指出，韦伯关于合理性与非理性的区分是相对的：一种行动从工具的或形式的角度看是合理的，从价值的或实质的角度看就是非合理的，反之亦然（第92~93页）。《引论》正是在阐述韦伯的行动理论的基础上，从工具-形式合理性与价值-实质合理性的相互关系出发，展开了韦伯的宗教社会学和政治社会学理论。

那么，什么是理性化呢？或者说，如何把现代化或现代性看作一个理性化过程呢？韦伯关于新教伦理在资本主义产生过程中的作用的分析说明了理性化的文化背景或精神气氛，而《引论》在“发生学因果分析”这一标题下阐述了韦伯的分析。韦伯认为，宗教改革中产生的新教伦理的核心主张有两点：一是它的“预定论”，即人无法通过自己的世俗行动而改变自己的最终命运，人是否能够得救已由上帝事先决定；二是它的“天职观”，即教徒所能做的是以自己在世俗的职业上的成就来衡量上帝的恩宠，并证明上帝的存在。于是，信仰这些主张的新教徒就以一种入世禁欲的态度来改变世俗生活，因而不惜采用一切合理的或理性的手段来获得世俗上的成功。这样一来，新教伦理联结了两个方面的合理性。一方面它是以对上帝的信仰为基础的，因而具有价值－实质合理性的因素；另一方面它强调人在世俗生活中的进取或成功，因而具有工具－形式合理性的因素。因此，宗教改革或新教伦理就成了传统文明转向现代文明的契机或中介：人们由关心自己在彼岸世界的命运转而关心自己在此岸世界的业绩。《引论》用预定论—天职观—入世禁欲—改变世俗生活（理性化）这一图示扼要地勾勒了韦伯关于现代文明的产生过程的解释（第120～121页）。

如此说来，由宗教改革促发的西方社会由传统文明向现代文明转变的过程无非就是人的行动方式由价值－实质合理性向工具－形式合理性的转变。这一理性化过程即是韦伯经常所说的“世界祛除巫魔”的过程。在韦伯看来，这种转变典型地表现在资本主义市场条件下人们的经济活动中。在这种活动中，人们刻意进取、工于计算，以赚更多的钱来“增加上帝的荣耀”。

而随着这种转变的最终完成和商品经济的日趋成熟，效益和赚钱越来越成为具有决定性意义的东西，资本主义进入了“以手段支配目的”或“以形式合理性支配实质合理性”的阶段。这样，经济领域中的理性化过程就变成了单纯的工具－形式合理性过程（第230页）。经济领域的计算原则或工具－形式合理性也扩散到政治领域中。现代官僚制把行政管理的技术和效率置于首位，一切机构设界和程序安排都体现了形式主义和普遍主义的精神，公务人员的一切事务都成了可计算、可控制的理性活动。在现代官僚制中人的行动服从于技术和效率的原则，而整个社会变成了一架非人格化的功能机器，因此现代官僚制乃意味着用知识进行统治、意味着技术官僚的出现（第214页）。这就是说，理性化过程是在新教伦理的背景下发生的，而随着这一过程的发展其宗教意义也渐趋消失，理性化越来越局限于工具－形式合理性方面（经济的商品化和政治的形式化）。

二　理性化的限制

前面说到的合理性与非理性的区分的相对性实际上是工具－形式合理性与价值－实质合理性的对立：工具－形式合理性的行动是价值－实质非理性的，而价值－实质合理性的行动又是工具－形式非理性的。正是在这一意义上韦伯谈到了理性化的限制：工具－形式合理性是价值－实质合理性的限制，而价值－实质合理性也是工具－形式合理性的限制。《引论》

以“现代社会的两难抉择”为题，阐发了韦伯关于理性化的限制的思想。

理性化的限制的表现之一是经济生活的两难抉择（第236页）。韦伯把现代社会的经济区分为以工具－形式合理性为特征的市场经济和以价值－实质合理性为特征的计划经济。如前所述，市场经济是在新教伦理的背景下发生的，因而在当初还与某种价值－实质合理性相联系；但市场经济一旦形成之后就远离了这种宗教精神，而按自己的逻辑运行了。在市场经济中人的行动服从于效率原则和计算原则，市场机制和价值规律像“一只看不见的手”一样起作用，而人被商品化甚至机器化了，人愈来愈丧失自己的独立性。由此可见，市场经济是一种工具－形式合理性的体制而不具有价值－实质合理性。与之相反，在计划经济中生产以满足社会全体成员的需要为目的，其分配又往往以平等主义或平均主义为特征；为此这种经济体制可以无视效率原则和计算原则而对经济活动本身进行人为的控制和干预，从而往往导致经济的停滞和崩溃。如此说来，计划经济为了目的而不讲手段、为了公平而不讲效率，因而丧失了工具－形式合理性而徒具价位－实质合理性。

理性化的限制的另一表现是政治生活的两难抉择。在韦伯看来，现代资本主义社会是一种官僚化的社会，而社会主义由于实行计划经济，也将难以避免由于高度集中所带来的弊病。他认为，从纯技术的观点看现代官僚制的行政管理组织具有最高水平的效率。这种组织是一种形式化的、非个人的功能体系，在这种组织中个人的好恶和信仰成了不相干的东西；相反，为了维系官僚体系的运转个人必须保持客观的、中立的公务态度。因此，现代官僚制的高度的技术性和有效性与个人主义和自由主义的价值是相冲突的。换言之，现代官僚制具有工具－形式合理性而从价值或实质上说是非理性的。

因此，理性化的限制实际上是合理性与非理性之间的彼此对立，是工具－形式合理性与价值－实质合理性之间的互相限制。从对这种限制的考察韦伯得出结论说，现代西方世界的一个最基本和最明显的现实是，“理性化导致了非理性的生活方式”（第241页）。

以上的说明主要集中在《引论》对韦伯关于现代社会的理论的阐述上。实际上，《引论》关于韦伯的历史的比较的宗教社会学的论述，尤其是《引论》关于韦伯与新康德主义的关系的分析和韦伯特有的社会科学方法论的分析等，读来也同样饶有趣味。篇幅所限，不再一一赘述。

但是，综观全书，笔者感到还有些地方不尽如人意。

不足之一是，《引论》所采取的基本上是一种述而不作的方式。韦伯在有些方面的解释无疑是详尽而正确的，对于这些解释采取客观介绍的方法当然无可非议。不过，韦伯理论中也不无欠妥之处，对于这些地方就不能不加评论了。例如，对于资本主义的兴起这一社会历史进程，马克思的解释与韦伯的解释是截然不同的。对此《引论》未予置评。又如，韦伯的类型学（理想类型方法）过于僵化而缺乏对现实社会变迁的足够的敏感，因而他的理论或多或少地有其历史局限性。用韦伯的理论我们很难解释资本主义在一些东方国家的产生，也很难解释自由资本主义的经济危机和"新政"或福利资本主义的出现，如此等等。

不足之二是，《引论》似应至少简单对照与韦伯同时代的与他并驾齐驱的另两位社会学家，即帕累托和杜尔凯姆，并以此来说明韦伯在古典社会学体系完成时期的学术地位。例如，仅就理性化及其限制这一点而言他们之间就有可比性：帕累托关于逻辑行动和非逻辑行动的两分法与韦伯关于工具－形式合理性与非工具－形式合理性（包括价值－实质合理性）的二分法如出一辙；而杜尔凯姆关于"机械团结"与"有机团结"的说明又与韦伯关于传统社会（价值－实质合理性社会）与现代社会（工具－形式合理性社会）的说明有相通之处。

此外，《引论》关于韦伯对当代西方社会（学）理论的影响的论述也稍嫌不足，韦伯的影响所及至少有这些方面。第一，在功能主义传统中，除帕森斯外，他的一些学生如贝拉、墨顿、斯梅尔瑟和艾森斯塔德等人也深受韦伯的影响。第二，在当代政治社会学中，韦伯的理论是本迪克斯和利普塞特等人的重要思想渊源。第三，冲突论者达伦多夫和柯林斯在某种意义上也是韦伯的信徒，他们实际上以一种工具主义一元论方式重新解释了韦伯的思想。第四，像米尔斯、赖克斯和洛克伍德这样的新马克思主义者试图把韦伯马克思化，而卢卡奇和哈贝马斯等人则试图提出韦伯式的马克思主义。当然，韦伯的影响最典型地恐怕是通过解释学发生的：在舒茨、加芬克尔等人对社会行动这一"本文"的解读中可以清楚地辨别出"理解的社会学"的遗风。

总之，《理性化及其限制》对于那些对现代社会理论尤其是韦伯的社会学感兴趣的人来说，无疑是一部值得一读的佳作。

独身现象及其文化含义*

李银河　冯小双

摘　要：本文依据一项调查所得的材料，对我国社会存在的独身现象进行了初步探讨，并就一现象的文化含义作了跨文化的比较研究。作者划分了我国独身现象的不同类型，描述了不同类型独身者作出独身选择的动因、心态与际遇，指出独身者由于偏离了婚姻家庭问题“三位一体”的传统文化模式，往往被目为异常并受到不公正对待。作者认为，独身者作出的选择对他人、社会均无损害。在我国存在严重人口压力的情况下，社会应承认并肯定独身生活方式的正面价值，尊重独身者的自主选择。

文化最奇妙的力量在于，它能使生活在同一地球上的某一群人以为天经地义的事情在另一群人眼中变作惊世骇俗；使某一群人以为不可或缺的东西在另一群人那里变得可有可无。最明显的例子就是，在中国，人人都得结婚。“男大当婚，女大当嫁”，似乎别无选择。即使是结婚年龄偏离中位值前后三年这样的区区小事，往往也会引起无穷的忧虑和搅扰。可是，生活在地球另外地方的一些人中就有三四十岁才结婚的，也有故意选择独身的，即使如此，也没有人说他们是因为找不着对象在故意充硬汉。在这里，我们无意评判二者孰优孰劣，只是感慨于文化塑造社会规范和风习的神力罢了。笔者之一留学美国时有次问起一个美国中年男子为什么没有结婚，答曰不知怎么就耽搁下来，并淡淡地加了一句：也许还是该结婚，结了婚的人责任感会强些。又问：此话怎讲？答曰：听说结了婚的人去投票选举的比单身者多。如果这就是应当结婚的理由，那结不结婚真是无所谓了。目前美国每 4 个家庭中就有一个单身家庭，独居的人口正在迅速膨胀。

---

* 原文发表于《中国社会科学》1991 年第 3 期。

1970 至 1978 年间，美国 14 至 34 岁之间的独身人数增长近 2 倍——从 150 万增加到 430 万。加拿大也有 160 万人选择单身生活方式，全国每 5 个家庭就有一个单身家庭。这些人中许多并非被迫独居，而是自愿的。当然，结婚的重要性在中美两种文化中的差别还同许多其他条件联系在一起，例如，在美国，单身并不意味着没有性生活，但在中国，婚姻几乎是性生活唯一被允许的渠道，这恐怕也是在中国人人要结婚的原因之一。

本文以独身者为研究对象，内容包括他们的组成成分，他们的生活经历，独身的原因，他们对自己生活方式的感觉和看法，以及周围环境的压力，等等。在中国独特的社会环境中，他们还会遇到一些独特的问题，文中还包括他们对这些问题的态度及解决这些问题的期望。独身者的处境具有重大的文化意义，本文也试图将中国的独身现象与其他文化中的独身现象加以对比，探讨其文化含义。

一

首先，我们将文中所使用的“单身”和“独身”两个概念作一界定。“单身”一般是指成年未婚状态。严格说来，对单身现象的研究不只限于一生中从未结过婚的人，还应包括离婚后的独居者和丧偶者，但我们这项研究中的调查对象全都属于从未结过婚的一类。我们倾向于称他们为“独身者”。“独身”在我们的研究中是在比“单身”更具主观色彩的意义上使用的。也就是说，“单身”概念偏重于这一现象的客观状态，“独身”概念则偏重于这一现象的主观选择因素。

根据第三次全国人口普查资料，全国 30 岁以上的从未结过婚的人口共计 10511850 人，占 30 岁以上人口总数的 2.81%。由于这类人在人口中所占比例过小，难以使用概率抽样的方法，而且在本来就很少的独身者当中，又有许多人不愿接受任何形式的调查访问，因此这项研究是采用非概率抽样方法取得样本的。具体做法是，在报刊上刊登广告，征集志愿者参加调查。我们用这种方法共征集到 47 位独身者，全部是北京市民。调查采用深入访谈、了解个案史的方法进行，因而属于定性的研究。调查的非概率抽样方法限制了这项研究的推论价值。换言之，虽然调查对了解目前的独身现象提供了丰富生动的材料，但在严格的统计学意义上，它并不能推论总体。

从我们的样本看，独身者的社会经济地位及家庭背景同北京市随机抽样中获得的一般人的状况有着明显的差别。虽然由于样本容量太小，这种差别并无推论价值，但我们仍将这些差别一一列出，即使不能表达独身者与一般人的社会经济地位的确切差别，至少也可借此了解独身者样本与随机样本之间的异同。

先看本人职业。独身者中职业为干部、知识分子的占样本的55.0%，而在北京市随机抽样中，这两种人仅占样本的40.6%，独身者在职业地位上高于一般人。

再看教育程度。在北京市随机抽样中，具有大专以上学历的人仅占样本的24.4%，而独身者中的这一比例是45.0%，也高于一般人。

家庭背景是由父母的职业和教育程度这四项指标来度量的。父亲职业为干部、知识分子的调查对象在北京市随机样本中占24.3%，在单身者样本中占50.0%；母亲职业为干部、知识分子的在北京市随机样本中仅占8.2%，在独身者样本中占33.3%。父亲教育程度在大专以上者在北京市随机样本中仅占8.3%，而在独身者样本中占38.9%；母亲教育程度在大专以上者在北京市随机样本中仅有0.9%，而在独身者样本中竟高达16.7%。

由此可见，独身者的社会经济地位及家庭背景大大高于一般人。尽管样本容量和抽样误差会使独身者样本在上述各变量中的分布有相当大程度的失真，但与全市随机抽样所得诸项分布之间的差距之大仍达到令人难以忽视的程度。因此我们可以推测，在北京市，独身者的平均社会经济地位很可能是高于一般人的。

这一发现与斯泰因研究美国社会中独身现象的专著《独身生活：社会中的非婚成人》中所发现的情况相仿。他在书中指出，在1970年，美国研究生毕业或肄业及收入年均2万美元以上的女性中有五分之一没结过婚，而这个比例在没上过大学的女性中仅占二十分之一。他由此得出独身女性在教育程度和经济收入上均高于一般女性的结论（斯泰因，1981）。由此看来，独身者社会经济地位较高的现象很可能是一个跨文化的带有普遍性的现象。

二

美国社会学家凯斯指出，尽管独身者的比例在上升，社会学家却往往忽略了对这一问题的研究，或者只将独身现象当作婚姻的剩余或异常行为来看待。他在一份研究报告中将独身现象归纳为两种模式，一种他称之为传统模式，另一种为先锋模式（凯斯，1980）。显然，在这两种模式中，前者是指想结婚而没有结成婚的情况，后者则指故意（或自愿）选择不结婚这种生活方式的情况。

经过对调查资料的分析研究，我们将北京市样本中的独身现象概括为三种类型，并参照了凯斯对传统型和先锋型模式的划分。这三种类型的独身现象中，第一类是对男女两性均无兴趣的独身；第二类是对异性有兴趣的独身；第三类是对同性有兴趣的独身。第一、三两种类型属于选择性质的独身，即真正的独身；第二种类型中有相当一部分属被迫性质的独身，即假性的独身或暂时的独居。第二种类型的独身又可细分为两类，即①浪漫型（先锋型）独身和②保守型（传统型）独身。

（一）独身：对两性均无兴趣

调查对象中有一部分人属于这种类型。他们有的已届中年，有的还很年轻；他们来自社会的各个阶层，家庭背景既有干部、知识分子，也有工人、农民；本人工作有科技人员、公司职员、药剂师、司机等。

这类独身者的一个共同特点是：当听到“独身”这个字眼时首先联想到的词是“轻松”“自由”，而不是“孤独”“痛苦”等。

他们为什么选择独身？概括地说，是为了保存一个完整的独立的内心世界和生活天地。一位23岁的独身女性说：看到大多数父辈的人们终日为子女忙碌，失去了自己的生活目标，她不愿走他们的路，不愿为孩子牺牲自己的生活。她补充说：有人劝过她可以只结婚不生孩子，但她认为两个人的生活和一个人的生活还是有质的不同，即使只有两个人生活在一起，仍会有受打扰的感觉。他们把结婚视为负担和枷锁。一位年仅20岁但自称确经深思熟虑作出这种选择的男性将独身的好处概括如下：“不需要向任何人解释自己到哪里去了；既可以尽情纵容自己的陋习，又不需要容忍别人的坏习惯；有更多的私人权利；有更多的自由培养个人兴趣；有更多机会了解自己的需要；当你疲倦或情绪不稳时，没有人会骚扰你；有较多的宁静，没有摩擦，比婚姻生活有较多尝试新体验的机会；可以随意花时间做自己喜欢的事情；没有小孩在你身上撒尿。”

这种类型的独身者“自我”的意识十分强烈，他们给人的印象是有一个不容第二个人随意涉足的“一个人”的世界。一位独身女性说：“我需要安宁，需要一个孤独的人生，需要一个美丽的天地。孤独是一种至高无上的美。”他们特别看重这“一个人”的世界，绝不愿意任何外人——哪怕是最令他们崇敬、喜爱和亲近的人——走进这个世界。

据观察，这种类型的独身者的内心世界绝不是悲惨的、痛苦的、孤寂的。他们兴致勃勃地生活着，轻松愉快，怡然自得，具有一种常人中见不到的“仙气”，一种清静、淡泊的内心世界，心理显得很平衡。他们陶醉于这个世界的恬静、安适。有一位写道：“我纳闷，人们为什么看不到婚后的不幸，而总以为单身生活是一个悲惨无比的世界。”他们的主张和做法虽然在多数人看来是“走极端”的，但从他们身上完全看不到极端分子常有的焦躁、激烈、严厉和过分的狂热，有的却是丰满、完善、恬淡和祥和。他们不像世上许多人那样，或者还在上下求索，寻找关于人生道路的答案，或者从来没有想到过这个问题，而像是解开了这个斯芬克斯之谜，因而没有还在追寻答案的人们的焦虑和彷徨。

这类独身者如何对待情欲和性欲？调查发现，两性之间的感情在此类独身者心目中被放在极不重要、可有可无的位置上，不会超过友谊；他们对性欲也看得很淡漠，不会超过其他欲望，如食欲、求知欲等。有一位男性独身者说：“这种欲望不是离不了的，它只是生理反应的一部分，不是生活的全部，没什么了不起的。”一位女性独身者说：“我认为性欲不太重要，我没有什么欲望。”另一位女性说：“这种事与我无缘，我不向往这种事。这种事在我心中没有位置，我即使成家也是为了双方互相照顾，我确实没有这种欲望，不能因为别人都这样做我也这样做。”女性未经开启的欲望或许能永远处于未知状态；而男性从心理上可以对两性均无兴趣，但生理的欲望还是会有的。一位男性独身者承认：“我是凡人，欲望有时是强烈的，但我的理智能够克服我的本能。”另一位男性也用了“克制”这一字眼。他们当中有的研究过人类性心理和性生理方面的资料，知道男性在 20 岁时性欲达到最高峰，以后即使不会下降也不会再超过 20 岁了。一位男性独身者带着如释重负的神情说，“我已经过了 20 岁了，欲望最强的时间都经过了，以后就更不成问题了。” 这一类的独身者几乎都是童男处女，而且希望终生如此。

（二）独身：对异性有兴趣

1. 浪漫型（先锋型）独身

对异性有兴趣的人能否做到终生独身？在西方国家，人口中相当一个比例的人有可能作这种选择，他们与异性或发生偶然的亲密交往或建立短期的亲密关系（包括性关系），但在中国社会中却很难作这种选择，因为婚姻几乎是与异性建立亲密关系（包括性关系）的唯一合法渠道。因此，在中国的独身者中，选择真正的（不是暂时的）终生独身同时又对异性很感兴趣的人只能是人口中的极少数。

调查对象中有表明这种意向的人。他们抱着浪漫主义、理想主义或唯美主义的态度，不愿结婚。此类独身者往往在感情上比较浪漫。一位独身女性说：“我为自己设计的生活挺浪漫，尽是想美好的东西。”另一位女性解释自己为什么选择独身生活时明确地说：“我不愿尽家庭义务，不愿下厨房，嫌炒菜油腻腻的。”“看到家庭婚姻不幸福的多，幸福的少，因此我不愿结婚。”还有一位女性说：“到什么年龄就做什么年龄的事——找朋友—结婚—家庭—丈夫—孩子，在我看来这是女人的错误，也是男人的错误。”一位学哲学的男性独身者说：“我觉得婚姻对人是一种限制，就人的本性来说，不应受婚姻形式的限制。也许到了一定的历史阶段，婚姻会消亡，人们将自由地交往。”

一位年轻美貌的独身女性一再称自己为唯美理想主义者。她把男性归纳为数种类型，一种她称为大海型的，深沉、浑厚，自我中心，由于她个性太强，不能嫁给这种男性；第二种是白鹤型的，有才华、有教养，生活富裕，有欣赏价值，但不能预知在遇到艰难困苦时他们是否会改变，因此也不能嫁；第三种是雄鹰型的，总是像保护小妹妹一样保护妻子，女性在这种男性面前无法显示出个性，因此也不能嫁。选来选去，几种类型的男子都不能作丈夫，而只能作好朋友，“所以我不得不独身”。她还将自己的两难处境概括为“浪漫的婚姻不稳定，稳定的婚姻不浪漫”，“世俗的丈夫缺乏诗意，有诗意的丈夫不现实”，结论是：理想的丈夫是没有的，所以独身。这种类型的独身者极其看重浪漫情调和感情，而浪漫爱情的原型正是十二三世纪欧洲的骑士爱，这种爱情从一开始就不属于已婚夫妇，而属于情人。

浪漫型的独身者还特别害怕有后代。一位女性说：“家庭不和可以出走，朋友不义可以断交，工作不好可以调动，实在绝望可以自杀，但有了孩子就什么也不能去做了，连死的自由都没有了。”

有些浪漫型的独身者生活在回忆或幻想的世界中。一位独身女性说，她常常在回忆往事时“哭得一塌糊涂”，有一阵几乎“每天哭一回”。她唯恐别人打破她回忆的天地。她并不认为自己孤独，甘愿活在自己的天地里，活在回忆中。她认为同一个平庸的男人一起生活没有意思，失去的多，得到的少，“得到了现实，失去了幻想的多彩多姿”。

这一类独身者中有些是在爱情受挫之后才决定独身的。如一位男青年就这样产生了独身意愿。他在高中时代陷入狂热的恋爱，结果导致女方怀孕，事情败露，在各种打击之下，女孩又忽然移情别恋，他大受刺激，“觉得世界末日到了”。后来感情又几经反复，终于使他彻底心灰意冷。他陷在痛苦之中，考虑独身，说：“我怕重新选择别的姑娘，感情上再受挫折。”他甚至陷入一种激烈的自我否定的情绪中。每当他想接触异性时，就“觉得自己太丑恶、太虚伪”。他一度要求自己在街上做到“目不斜视”，但发觉自己仍“不由自主地注意漂亮的异性”时，就觉得“自己太坏了”。这是一种受挫后退却式的独身选择。

还有一种受挫后进攻式的独身选择。一位独身女性曾因意外原因失身，后来的多次恋爱均因丧失处女之身受挫，精神受到很大刺激。她虽然没有结婚，但总使自己身边围着一群追求者，希望以此证明自己的魅力。有时她甚至故意使一个男性对她产生幻想，然后折磨他。她说：“我常常处心积虑好几天整一个男人”，把男人弄得痛苦不堪，她却因此十分开心。

浪漫型独身者当中有些人是为了事业而选择独身生活的。例如，一位年轻的电影工作者说：“我对名誉地位看得特别重要，要出人头地。我想让人们崇拜我、议论我。”

浪漫型独身者的共同特点是，他们绝没有世俗所谓“找不到对象结不成婚”的问题，只要他们愿意，就可以很快结婚，但是他们不愿放弃对爱情、对理想或对事业的渴求，宁愿独自一人生活，也不愿向世俗的压力屈服，凑合结婚。

多数浪漫型独身者的性规范是：只要两人相爱就可以发生两性关系，不论结婚与否。他们往往都有与异性亲密交往的经历，其中也包括性关系。一位独身女性说：“有了三个男人的经验就没有贞节观念了。”另一位女性说：“贞操是送给男人的礼物，如男人因女人失贞而不爱她，那么这个男人也不值得爱。女人是否失贞男人连问都不该问。”他们不认为性欲是罪恶的，一位女性甚至强调性生活的“药用”价值，因为她曾看到有的书上写到，为了不衰老就得有性生活，后来看到其他书上有性生活与健康无关的说法后，又有点后悔，觉得自己“浪费了时间”。他们的性行为规范同中国传统社会中的性行为规范相去甚远，前者随心所欲而把性行为看得比较轻；后者压抑严谨，但同时又把性行为看得极重。

2. 保守型（传统型）独身

保守型独身者（亦称传统型独身）往往是一般人眼中“找不到对象”的老姑娘或单身汉。他们或因本人“条件”较差，如相貌欠佳、家庭经济困难等难以成婚，或因客观原因，如上山下乡、工作调动等误过了适当的结婚年龄而结不成婚，陷入了所谓“大男大女”的窘境。

例如一位 42 岁的前女知青。1968 年去山西农村插队，当时“对结婚、恋爱这两个问题，甭说去实践，就是连想都不敢想。一个连自己生计都成问题的人，怎么能考虑成家的问题呢?”许多同她有相同经历的人们“就这样在人生最美好的青年时代远离了正常人的恋爱、结婚应有的欢乐，而且这种欢乐永远一去不复返了”。插队近 7 年后，都快 30 岁了，她才进厂当了一名学徒工，第一次领到了不满 20 元钱的工资，起码吃饭不再向家里伸手了。可是年龄比她小的男知青也陆续找对象结婚了，她比他们大几岁，又多念了几年书（1966 届高中生），成家反倒成了障碍。她几经努力，由县城调省城，直到落实政策回到北京。然而，“人是在年轻的时候恋爱结婚，就像花一样在暖和的季节里开花，到冷天就开不了花了”。她的婚姻生活就这样成了一片空白。这是典型的外因促成的独身。

我们的社会中也确有因为家庭经济困难而难以成婚的独身者。不仅在农村有大批这类“光棍汉”，在北京这样的大城市的普通市民中也有这种情况。一位男性独身者因父母收入少，家庭兄妹多，长期处于经济十分拮据的境地。他举例说，年轻时想谈恋爱，真的就连请女朋友吃顿饭、买张入场券的钱也没有，还谈什么朋友呢？他心中曾有婚恋的“偶像”，但知道找她谈恋爱“不现实”，只好忍痛作罢。属于这类情况的在大城市中毕竟只是极少数。

还有一种情况是因数次恋爱不成功耽搁下来，难以成婚。有一位男性独身者谈过3次恋爱，但都没有成功。他并非没有后悔感，说：“如果那次我答应了那个姑娘，也许早就结婚了。”一位女性独身者曾与一个小她9岁的男性恋爱，并决定嫁给他，但遭到家长的坚决反对，加上她一时成了单位的新闻人物，各种非议和压力压得她抬不起头，甚至一度想过轻生，终于“非常不争气地放弃了此人”。她悲愤地说：“结婚是为了完成一项任务，要先让双方父母、让周围人、让社会满意了，最后才能轮到自己！”

此外还有一种由性意识晚熟和革命理想主义造成的独身。有一位近50岁的女同志，年轻时“全力以赴投入工作”，对别人介绍的对象从不放在心上，“觉得是累赘、麻烦”，学习时想好好学习，不愿谈恋爱，工作时想好好工作，也不愿谈恋爱，认为年纪轻轻的惦记着搞对象是“没志气、没劲”，因此至今未婚。她对单位居然有人造谣说她结过婚大为光火，说：“我48年一直堂堂正正，是个纯洁的姑娘，为什么遭此诽谤？”

保守型独身者大多认为，只有已婚者才能与异性建立亲密关系，不结婚理所当然不能发生性关系。他们当中有的已是性欲全无，说：“人何必非要这样，为这个找对象太无聊”；但也有人渴望温情，希望满足欲望，又受到自己严格的性行为道德规范的束缚，不得不采取自慰的方法，而对这种方法同样存在矛盾心理，不断受到内心道德观念的折磨，心理难以取得平衡，有人甚至因此陷入生理和心理的病态。这种人是独身者中最感痛苦凄凉的一群。然而，如果以为独身者的境况全都如此，那就是以偏概全了。

（三）独身：对同性有兴趣

调查对象中有几位之所以选择了独身生活方式是由于他们只对同性有兴趣而对异性无兴趣。调查过程中我们发现，这种由于对同性有兴趣对异性无兴趣而保持独身的人当中，有些是有意识地作出这种选择的，有些则是无意识或下意识地作出这种选择的。

一位有意识作出这种独身选择的男性在回答“你最早是什么时候想到要终生不结婚”这一问题时说：“当我意识到自己对男性比对女性更感兴趣时就想到了，那时是20岁上下。”

有些人或者是没有完全意识到自己兴趣的性别指向，或者是由于这种倾向过于为一般社会规范所不容而有意无意地压抑了自己的意识。我们可以从他们的个案生活史中分析出这种或许连他们自己也没有明确意识到的倾向。例如有一位独身男性说：他认为跟那些女流之辈生活在一起是不会幸福的。他将女性概括为几种类型。一种他称为“隐瞒型”的，即用艺术加工美化自己，掩饰自己的真实面貌，以为自己漂亮就会招男人喜欢，他嫌恶地说：“看到她们描眉画眼圈我简直要呕吐！”另一种是“外热内冷型”的，用人时才对人好，不用人时对人不好。第三种是“逢场作戏型”的，为达目的不择手段，无视双方友情的珍贵而滥用之。上述类型概括中肯与否另当别论，这位男性独身者对女性的厌恶之情却溢于言表。与此同时，他视为知音的最好的朋友是一位同性。在回答“谁最理解你的独身选择”和“谁最支持你这样做”这两个问题时，他都答是这位同性朋友，还说：“他想和我一样过独身生活，如果走投无路就一起去出家。”

这类独身者有时也去会见异性，但多是为了敷衍家人朋友。例如一位独身女性说：她和不少异性见过面，多是男方不同意，她不遗憾——反正不是她不同意。在一般两性接触情况下，如果是男方不同意继续谈下去，女性会觉得自尊心受伤害，甚至会有受辱的感觉，但这位女性非但没有受辱感，反而因对方不同意感到如释重负，可见她去见异性并不是真对他们感兴趣、想谈成，于是，谈不成对她来说是正中下怀。这位女性还提到不能接触异性身体，一旦接触（哪怕是无意的）“就觉得毛骨悚然”。而她最要好的朋友也是同性，在她那里“感觉到一种异乎寻常的默契和温暖”。这种情况在我们看来属于下意识的同性恋倾向，虽然当事人本身也许尚未明确意识到这一点。

三

社会学家康纳尔在一项关于西欧社会与日本社会的比较研究中发现，西欧单身女性一般分为两种，一种是因经济状况困窘难以出嫁的，另一种是故意选择了事业而非婚姻的。而对日本前工业化时期（1671 年至 1871 年）的研究却呈现出另一图景：单身女人极为少见，既没有人因经济原因嫁不出去，妇女也没有什么事业可作，于是她们全部都结婚。作者提出，欧洲为什么会有相当数量的独身者是一个非常值得研究的问题。如果单身现象在一种文化中能占到全部家庭的四分之一，而在另一种文化中却只是极个别人（人口的 2.81%）的“异常”行为方式，这就提出了极其重要且有趣的问题：为什么会这样？这种差异的文化意义是什么？（康纳尔，1984）

我们从调查中得到的一个最主要的文化命题是：在中国文化中存在着一个传统的“三位一体”的标准模式，即性生活、家庭生活与生育三位一体的行为模式。所谓“三位一体”首先是指缺一不可，即要有性生活，就要有家庭生活，还要有生育行为，不可以有无家庭生活的性生活，甚至不可以有无生育的性生活和家庭生活。其次，三位一体模式被中国文化行为规范视为正当，对它的任何偏离则被视为不正当或越轨的行为。最后，这个三位一体模式已成为理想的行为方式，或一种“集体无意识”（荣格），它的完成被视为完备的、完美的或成功的，而对它的任何偏离则被视为残缺不全的或失败的。

其实，我们的调查表明，对三位一体模式中的任何一项都有人不愿接受或不能接受。不愿接受性生活的有对两性均无兴趣的人以及只对同性感兴趣的人——三位一体模式中的性生活显然不包括同性性行为；不愿生育在一些人那里成为独身的原因之一，还包括那些已婚自愿不生育的夫妇；不愿接受家庭生活更是独身者最主要的特征。

三位一体模式的存在，就造成了为得到其中一项或两项而不得不三项全都接受的做法，同时也造成了为拒绝其中一项或两项而不得不三项全都放弃的做法。一些人为了给性关系找到唯一合法的形式，不得不过家庭生活，不得不要孩子；也有一些人由于不愿接受家庭生活或不愿生儿育女，不得不放弃性生活。如果按照恩格斯的经典理论，一夫一妻制家庭是私有制的产物，即为了确认子女的合法地位以保证私有财产的继承，那么在那些不想生育子嗣的人们当中，一夫一妻制家庭就不是必不可少的了，此外由于避孕技术的发明和普及，性生活与生育也失去了必然的联系。

在三位一体的模式下，独身者必定会感到极大的压力。他们或者按照规范，为不要家庭生活和生育付出不过性生活的代价；或者违反规范，在没有家庭生活和生育的情况下偷偷地“解决性欲问题”。因此，中国独身现象与西方独身现象的一个显著差异是，前者基本上是无性的独身，而后者大多是有性的独身。虽然中国并没有关于避孕和堕胎方面的宗教禁忌，但性的问题在中国并不轻松，而是一个极其沉重的问题。

三位一体模式的形成原因首先来自我国的文化传统。中国传统文化对理想人格和理想生活方式的要求是所谓“修、齐、治、平”（修身、齐家、治国、平天下），不能“齐家”者就谈不上“治国平天下”，即不能作为一个完整的人格参与社会生活。就连鳏寡之人也应当“合独”（“凡国都皆有掌媒。丈夫无妻曰鳏，妇人无夫曰寡；取鳏寡而合之，予田宅而家室之，三年然后事之，此之谓合独”①），否则就是一种不圆满的生活方式，人格也会残缺不全。与西方文化中以个人为目的、重视个人发展的个人本位文化相比，我国传统文化具有“家本位文化”的特色。在西方文化中，人是作为单个的个人出现在社会当中的，他“个人”对自己的行为负责，受国家法律的规范，他生活的重心也落在“个人”身上，以个人的成长发展为人生目的；而在中国的传统文化中，人是作为家庭的成员出现在社会当中的，他的行为要对“家”负责，家庭中有“家法”来规范成员的行为，他生活的重心落在“家”上，以“家”的成长和发展为自己的人生目的，因此，传宗接代和光宗耀祖成为一些中国人的基本责任和最高生活理想。在西方文化中，一个人结婚就是结婚，而在中国他却是“成家”，家才是人的归宿，“无家可归”是最悲惨的事情。在西方文化中，结婚与否一般仅是个人的决定，与他人没有多大关系，更与社会无关，因此他可以从容地作出选择，或结婚或独身，或早婚或晚婚，或生育或不育，而我们的传统文化却把婚姻不仅仅看成个人的选择，而当成家庭的事务，一个人结不结婚、什么年龄结婚、跟谁结婚，无一不与家庭紧密地联系在一起。基于对血缘关系的注重，传统文化中盛行“祖先崇拜”的观念，所谓“不孝有三，无后为大”，不成家不可能有后，无后则断了宗祠的香火，是对祖宗的大不敬。由此观之，三位一体模式确有深刻的传统和文化根源。

其次，三位一体模式的形成还有着现实的社会、经济原因，也就是

---

① 《管子·入国》卷一八。

说，它的存在是因为它还有着难以替代的社会功能。尤其在农村，一个人不结婚不生子就会在社会上处于不利地位。不仅老年的生活来源会成问题，劳动人手和各种日常服务都会遇到很大困难。独身无子者虽然可以作五保户或进敬老院，但这在中国人眼中被视为惨事，是人生的失败。城市里情况好些，但在物质生活、社会地位等诸多方面，选择独身生活方式也会使自己处于不利地位。在低工资高福利的现行体制下，城市生活中有许多利益是金钱买不到的，其中最主要的一项利益就是住房。以年收入 2000 元计，一套两居室住房（仅按 100000 元计价）相当于一个人 50 年的全部工资，还没有算入日常花费。如果得到还是丧失这一巨大利益的关键在于是否结婚（许多单位规定不结婚者没有分房资格）、是否生育（许多不生育者不能得到多于一间的住房），那么独身者承受着多么大的结婚生育压力且受到多么大的诱惑去改变他们的选择就可想而知了。这一点也是人人要结婚的主要原因之一。这种住房政策正好同三位一体模式相符，含有深刻的文化内容。在中国人看来，没有结婚的单身者尚未“成家”，单身家庭这个在家庭社会学中被广泛采用的词组（在其他许多文化中是占相当大比例的家庭形式）在中国人看来是由两个互不相容的字眼组成的，因而自相矛盾：是单身就不是家庭，是家庭就不再是单身。这一出于三位一体模式的观念剥夺了单身者建立家庭的基本权利，剥夺了他们建立一个不受他人干扰的单身生活小天地的起码条件：一小块属于自己的空间。多数独身者对此感到十分悲愤，认为受到了不公正的待遇。一位 42 岁的独身女性写道：“生活上的最大困难是住房问题，连鸟还有个窝，何况人呢？难道只有结婚成家才是解决这个问题的唯一途径吗？”

中国的三位一体模式是一个沉重的模式，其他文化中随意选择的模式则是一个轻松的模式，前者造成了人人都要结婚、生育的局面，后者则使人口中相当比例的人不结婚、不生育成为可能，继而成为现实。

在不考虑其他因素的情况下，某一文化中人人结婚、另一文化中有很多人不结婚这两种模式本无优劣之分，但当我们考虑到其他因素如人口压力时，就有了孰优孰劣的区别。如果以缓解人口压力为目标，则随意选择的模式显然优于三位一体模式。本来由大量社会因素造就的三位一体模式这个“果”也会转化为“因”：有了它，就加剧了人口压力；没有它，就会减少人口压力，甚至在一些社会中（如联邦德国）人口能够出现负增长趋势，这是我们这个人口大国梦寐以求的事情。独身者作出的选择对他人对社会均无损害，在我国存在严重人口压力的情况，更应注意到独身生活方式的正面价值。就像一位独身者所说的那样，“我们这些人没给国家庞大的人口大军增添负担，社会给我们的待遇反而不如给社会多增加人口负担的人，这难道公平吗？”

人在压力之下作出的选择显然不如无压力情况下作出的选择更接近自然状态。这就是说，在性生活、家庭生活和生育行为三者当中随意组合和选择的结果，必定比三位一体模式造成的结果更接近自然状态。因此，如果能够打破三位一体模式，可以预期有更多的人选择独身生活方式，就像那些并无这一模式的文化中的情形一样。从调查中先锋型独身者的情况看，三位一体坚固堡垒的一块基石已经讼动了，非婚性行为已从个别人的零星行为汇聚成一股不小的潮流，这一堡垒虽然仍旧十分强大，但破坏它的冲击力量显然在增长。依据调查资料，可以作出一个大胆的推测：随着中国的现代化特别是都市化进程和中外文化的交互影响，三位一体的传统两性关系模式将被逐步打破，会有更多的人在性生活、家庭生活和生育行为这三个方面作出多样的选择，这些选择将削弱三位一体模式的完整和严厉；三位一体模式的削弱又会反过来促使更多的人作出自己的选择。中国社会在性生活、家庭生活和生育行为三个方面将会变得越来越轻松，因而也越来越接近自然状态。虽然这个过程也许会十分缓慢，全部家庭中单身家庭要达到一个不可忽视的比例所需的时间也许会比其他文化所需的时间更长，但这一趋势已初露端倪，这就是我们从对独身现象的研究中窥测到的一种可能的变化趋势。

独身现象是一种偏离主流文化和主流生活模式的选择，人们往往视之为怪异。善良的人们对独身者持同情怜悯的态度，居高临下持蔑视态度者亦大有人在。然而，无论是鄙视还是同情都不是对待游离于主流文化之外的独身选择的正确态度。正确的态度是平等地看待它，因为在不违反法律的前提下，人有权利作出不同的选择。一个文明程度较高的社会是能够平等对待游离于主流文化之外的人和现象的。

参考文献

奥斯特姆（Agutor，D. R.），1982，《独身的后果》，朗彼得出版社。

巴奎特（Bequaert，L. H.），1976，《独身女性》，比肯出版社。

鲍克特（Borhcert，S. D.），1982，《单身者组织中与单身身份及母亲身份有关的两性区别》，《密西根学会会员》第14期，第369～378页。

波尔纳（Pollner，M.），1982，《宁死不结婚》，《社会政策》第13期，第28～31页。

丹次格（Danziger，E. S.），1981，《独身身份：独身成年人及独身者社会组织的利用》，北中部社会学会1981年年会论文。

海洛德（Herold，E. S.），1981，《年轻单身女性的避孕行为》，《青少年杂志》第10期，第233～242页。

卡甘（Cargau，L.），1979，《单身与已婚：它们是不同的?》，北中部社会学会1979年年会论文。

卡甘等，1984，《对单身者中从未结婚者、离婚者与重复离婚者孤独状态及健康状况的比较研究》，社会问题研究协会第34届年会论文。

凯斯，1980，《两种独身模式》，《国际家庭社会学杂志》第10期，第301～310页。

康纳尔，1984，《日本为何没有老处女?》，《家庭史杂志》第9期，第326～335页。

考克拉姆（Cockrum，J.）等，1985，《影响从未结过婚的男性和女性的生活满意度的因素》，《家庭关系》第34期，第551～556页。

洛温斯坦（Loewenstein，S. F.）等，1981，《对中年独身女比满愈度和紧张度的研究》，《性角色》第7期，第1127～1141页。

摩根哈根（Mergenhagen，S. F.）等，1985，《尽我们的本分：婚姻状态与死亡率之间的近期变化》，《社会学与社会研究》第70期，第53～56页。

塞梅诺尔（Simenauer，J.）等，1982，《独身者：新型美国人》，西蒙与斯库斯特出版社。

施莱辛格（Slesinger，D. P.）等，1986，《使单身女性陷入贫困的决定因素》，乡村社会学会1986年年会论文。

斯泰因，1981，《独身生活：社会中的非婚成人》，圣马丁出版社。

斯托克（Stolk，Y.）等，1981，《对独身女性的看法》，《性角色》第7期，第73～78页。

孙晓，1988，《中国婚姻小史》，光明日报出版社。

王伟，1990，《中国独身问题的伦理思考》，《社会学与社会调查》第2期，第43～46页。

今日城市的夫妻关系*

——与日本的比较

刘　英

摘　要： 夫妻关系是人诸社会关系中最重要的一种，也是家庭关系中最核心的一环。当前中国绝大多数家庭已实现由亲子关系为轴心向以夫妻关系为轴心的转移。新的家庭关系逐步形成后，夫妻关系又处于何种状况呢？本文以实际调查为依据，就夫妻间的交流与沟通、家务分担、夫妻价值观、夫妻对婚姻生活重要程度的看法、夫妻对家庭生活的满意感几个方面描述和分析夫妻关系的现状，并同日本神户市的调查资料进行比较研究，从而较科学地论证今日的夫妻关系。

家庭是以婚姻关系为基础，以血缘关系（含领养关系）为纽带，有共同经济生活的社会基本组织单位。家庭关系是家庭内部的人际关系，是家庭成员间的互动，是家庭存在和发展的内在根据。夫妻关系则是家庭关系的基础和起点。我国传统家庭是以亲子关系为轴心的父系家长制家庭。在这种家庭中父权和夫权占据着统治地位，婚姻仅是维系家族、传宗接代的手段，家庭是以父子为轴心的。费孝通教授曾指出："我们的家庭既是个绵续性的事业社群，他的主轴是在父子之间、婆媳之间，是纵的，不是横的。夫妇成了配轴。配轴虽则和主轴一样并不是临时性的，但是这两轴却都是被事业的需要而排斥了普通的感情。"（费孝通，1981：43）在我国传统的家庭里家族价值大于个人价值，不重视夫妻关系，不讲夫妻之爱，联系夫妻之间关系的是共同经营生育这个事业，为绵续家庭尽自己的义务。进入20世纪，特别是新中国成立之后，家庭关系发生了根本性的变化。当

---

* 原文发表于《社会学研究》1991年第3期。

前我国首先是在城市中，家庭已基本实现由父子为主轴的父系家长制家庭向以夫妻为主轴的民主平等家庭的转移。夫妻关系已成为今日家庭关系中最核心的关系，是家庭的枢纽，一切家庭关系都是以夫妻关系为中心而展开的。家庭关系的深刻变化有多种因素，而直接影响夫妻关系的主要因素是：①家庭组织结构的核心化、小型化趋势；②妇女广泛就业；③男女两性受教育、参加社会劳动等机会的平等；等等。这一切都极大地提高了妇女在社会和家庭中的地位。中国妇女已冲出“三从”“四德”、任人宰割的牢笼，成为追求实现个人价值的新女性。男人们也为摆脱封建家长制的桎梏，建立以爱情为基础的幸福、美满家庭作出很大努力。目前，夫妻关系的好坏关系到整个家庭的和睦与幸福。然而，夫妻关系中仍有许多不易解脱的矛盾与困扰，既有旧思想、旧习俗像影子一样的追逐，又有新情况下新问题的不断发生。因而，今日夫妻关系成为一项十分值得探讨的课题。1989 年中国社会科学院社会学研究所同日本兵库县家庭问题研究所就家庭关系问题进行合作调查研究。同年 10 月我们在北京工人较集中区、知识分子较集中区、各种职业阶层均有的旧市区，分别以问卷形式调查了 420 户家庭，由妻子、丈夫各填写一份问卷，共取得 840 份有效样本。日本兵库县家庭问题研究所也以同样的内容、方式在日本神户市进行调查。现就我们调查中有关夫妻关系的几个问题作一分析报告，并进行一些中日之间的比较研究，探讨今日的夫妻关系。

一　关于夫妻间的交流与沟通问题

夫妻关系是一个人一生中一切社会关系中最基本、最稳固、最持久、最深刻的关系。一般情况下，人总是要结婚的，而夫妻关系一旦形成，就具有稳定、持久的特点。夫妻关系既有自然性的因素，男女两性相互吸引、相互爱慕；又有社会因素，它包括夫妻共同对社会、对家庭应负的责任与义务。因此，夫妻关系是人和人关系中最需要契洽的一种。夫妻在生活上要相互依赖以得到各方面的满足。但是如何衡量夫妻之间契洽的程度却是一个值得探讨的问题。在这次调查中，我们调查了夫妻间对话、商谈情况（见表 1）。

表 1　夫妻间对话、商谈内容及程度情况（中国　北京）

相对值%

商谈内容＼程度	基本上每天		每周 1～2 次		每月 1～2 次		每年 1～2 次		几乎不商量	
	妻	夫	妻	夫	妻	夫	妻	夫	妻	夫
1. 关于孩子的事	62	50	30	31	5	17	2	1	1	1
2. 家庭经济	9	6	30	24	46	51	7	9	8	10
3. 自己工作的事	25	18	37	30	23	26	6	10	9	16
4. 丈夫、妻子工作的事	20	16	32	30	28	30	8	11	12	13
5. 社会上的事	32.4	25.5	32.6	34.5	20	24	8	6	7	10
6. 兴趣体育娱乐的事	7	9	24	20	31	36	24	22	14	13
7. 自己的生活计划	13	8	20	21	40	39	19	20	8	12

这一调查表明夫妻间话题频度最高的是关于孩子的事。基本上每天都要谈论的妻为 62%，夫为 50%，均在半数以上。孩子成为夫妻间对话进行感情交流的纽带。在这点上日本同中国有相似之处。“关于孩子的事”，“基本上每天”日本妻约 60%，夫约 52%。亲子关系在家庭中仍居重要地位是当前东方型家庭的特点之一。而在中国城市中一般年轻夫妻都是独生子女，孩子成为家庭的中心、“小太阳”。夫妻对话频度占第二位的在中国是“社会上的事”，每天都谈到的妻为 32.4%，夫 25.5%，每周一次到两次的妻为 32.6%，夫为 34.5%，这反映出我国家庭与社会的紧密联系，人们较普遍地关心社会动态，参与意识是较强的。而在日本占第二位的则是妻子工作的事，妻占约 45%，夫约为 34%，但谈论丈夫工作的事比例则较低，妻约 30%，夫约 20%。从调查看在中国城市中夫妻间对话交流的内容比较广泛，频度也较高，“几乎不商量”基本都不超过 15%，只有丈夫对自己工作的事达到 16%。我们还调查了不商量原因（见表 2）。

表 2

相对值%

不商量的原因	妻	夫
1. 没有什么特别值得商量的	33.3	58.5
2. 不用事事都商量，彼此配合默契	35.1	29.2
3. 即使与其商量也不会认真对待	7.0	3.1

续表

不商量的原因	妻	夫
4. 不想商量没心思说话	3.5	1.5
5. 因为自己忙没有时间商量	7.0	6.2
6. 因为对方很忙没有时间商量	10.5	—
7. 其他	3.5	1.5

从不商量原因看多数是认为不需要商量。但也反映出夫妻尚有不和谐之处，而特别值得注意的是妻子不和谐的心态略大于丈夫。

二 夫妻间家务分担问题

家务劳动是构成家庭生活的重要内容，中国传统家庭中家务劳动都是由妻子承担。“妇主中馈、惟事酒食衣服之礼耳。”（《颜氏家训》）“妇人之职奉舅姑、缝衣裳、精五饭，事酒浆而已。”（《孟母》）而现在的中国妇女绝大多数都从事社会劳动，社会劳动和家务劳动双肩挑给职业妇女带来了巨大的压力。这次调查对象中夫妻和未婚子女组成的核心家庭占75.5%，妻子中国家正式职工占96.1%，没工作所谓专业主妇的仅占0.5%。在双职工家庭中家务如何分担，特别是丈夫是否能承担家务劳动，已成为夫妻关系是否和谐的重要内容。关于丈夫分担家务情况见表3。

表3 丈夫分担家务情况（中国 北京）

相对值%

项目 \ 分担程度	几乎由丈夫全部分担	夫妻平均分担	丈夫补充性分担	丈夫几乎不干
1. 照顾父母	6.6	76.9	11.7	5.8
2. 买食品及日用品	14.9	41.1	33.9	10.1
3. 打扫整理房间	5.9	44.5	38.1	11.5
4. 做早饭	22.2	21.1	14.6	42.0
5. 做晚饭	28.4	36.4	15.5	19.7
6. 饭后洗涮整理	28.7	35.0	17.9	18.4
7. 倒垃圾	25.7	45.1	19.4	9.8
8. 洗衣服	7.7	24.9	39.7	27.7
9. 晾衣服	5.8	24.3	41.4	28.5

续表

分担程度 / 项目	几乎由丈夫全部分担	夫妻平均分担	丈夫补充性分担	丈夫几乎不干
10. 收衣服	7.7	23.8	39.9	28.6
11. 日常家庭管理	11.6	36.8	18.1	33.5
12. 和邻居交往	12.0	49.2	19.5	19.3
13. 参加居委会活动	12.2	30.7	10.1	46.9

调查表明目前中国家庭中绝大多数丈夫是从事家务劳动的，有些主要的家务如做晚饭、饭后洗涮整理等在有较小孩子的家庭中，丈夫则成为主力。丈夫尽力协助妻子从事家务劳动，既反映夫妻间相互关怀与体贴，促进夫妻间感情的融洽与和谐，又帮助妻子减轻双肩挑的重压，做好社会工作。中国丈夫分担家务的情况同日本丈夫相比，则有较大差别。目前日本妇女在结婚特别是生小孩后，在孩子小时是不参加社会劳动的。据日本妇女 422 人统计，其就职情况是：

①结婚后就退职的占 1.9%；

②生孩子后退职的占 5.2%；

③结婚、生育后退职，孩子大了又就职的占 46.0%；

④结婚、生育都没中断继续工作的占 41.7%；

⑤其他 5.2%。

这说明在日本既承担繁重的家务劳动又从事社会劳动的妇女还不到 50%，一般情况下有繁重家务劳动的都是“专业主妇”，因此她们的丈夫就很少分担家务（见表 4）。

表 4　丈夫分担家务情况（日本　神户）

相对值%

分担程度 / 项目	几乎由丈夫全部分担	夫妻平均分担	丈夫补充性分担	丈夫几乎不干
1. 照顾父母	2.3	21.5	13.4	62.8
2. 买食品及日用品	2.6	9.2	36.5	51.7
3. 打扫整理房间	3.1	14.9	41.2	40.8
4. 做早饭	8.0	7.5	10.6	73.9
5. 做晚饭	1.0	4.7	17.0	77.3
6. 饭后洗涮整理	5.0	13.2	25.3	56.5

续表

分担程度项目	几乎由丈夫全部分担	夫妻平均分担	丈夫补充性分担	丈夫几乎不干
7. 倒垃圾	22.2	13.5	27.2	37.1
8. 洗衣服	4.4	5.5	20.7	69.4
9. 收衣服	5.3	4.5	19.2	71.0
10. 打扫洗澡间	12.4	13.8	26.1	47.7
11. 日常家庭收支管理	1.7	6.7	11.2	80.4
12. 晾衣服	4.9	7.0	30.5	57.6
13. 参加居委会活动	6.0	16.5	14.1	63.4

三　夫妻的价值观

随着社会进步和夫妻关系的变化，人们在家庭伦理道德以及夫妻生活中的道德观、价值观都发生了重大的变化，而这些观念的变化直接影响着夫妻关系和家庭生活。考察夫妻的价值观有多种多样的指标。这次我们主要从两个方面进行了调查。

（一）夫妻对婚姻生活的认识和看法

婚姻生活是由多方面组成的。费孝通教授在《生育制度》一书中引用哈夫洛克·霭理士的话："在一个真正理想的婚姻里，我们所能发现的不只是一个性爱的和谐，而是一个多方面的而且与年俱进的感情调协，一个趣味与兴会的结合。一个共同生活的协力发展，一个生育子女的可能的合作场合，并且往往也是一个经济的单位集团。"夫妻关系是受生产力发展程度、社会生产方式、生活方式以及风俗习惯的影响和制约的。我们认为对各种婚姻生活的重视程度，可以反映当前夫妇的价值观和幸福观。我们调查了下列各项，见表5。

表5　夫妻对各种婚姻生活重要程度的看法（中国　北京）

相对值%

重要程度 / 内容项目	非常重要		重要		小计	
	妻	夫	妻	夫	妻	夫
配偶保持贞节	57.9	49.3	37.3	43.2	95.2	92.5
相互提高支持	45.8	43.2	47.0	48.2	92.8	91.4

续表

重要程度 内容项目	非常重要		重要		小计	
	妻	夫	妻	夫	妻	夫
养育子女	47.4	43.5	42.7	46.9	90.1	90.4
感情上亲密	45.6	48.0	44.6	43.6	90.2	91.6
保持夫妻平等	44.7	42.4	43.9	45.1	88.6	87.5
经济上安定	42.7	41.5	41.1	48.2	83.8	85.0
保持人生观的一致	32.1	29.4	46.4	45.9	78.5	75.3
有共同的兴趣爱好	15.8	15.5	35.6	33.2	51.4	48.7
性生活的满足	9.3	12.7	40.1	50.0	49.4	62.7
提高建立自己的社会地位	12.1	13.3	31.8	29.8	43.9	43.1
保持恋爱时的浪漫感	8.1	9.6	23.5	27.5	31.6	39.1

此表基本上是按重视程度为序排列的。占第一位是“配偶保持贞节”，此点很值得研究。当前中国人对“贞操”的看法有了很大变化，人们已不再追求封建式的“贞节烈女”，但在夫妻生活中却特别重视性关系的专一，反对婚外性关系。然而对夫妻间性生活的满足又不是十分重视。在此次调查表中认为性生活满足是非常重要的妻子仅占9.3%，比例很小。当然在问卷调查中有一定的从众心理，统计不会绝对准确。即使如此，也可以观察到一种心态。在夫妻间的性关系上尚需进行协调。“相互提高支持”“养育子女”“感情上的亲密”均占90%以上，而“经济上安定”却排在靠后的位置，这说明当今的中国夫妻更重视感情关系。而“保持夫妻平等”也很受中国夫妻的重视，认为此点非常重要和重要的合计妻为88.6%，夫为87.5%。夫妻间真正的爱情关系是以平等为前提的，夫妻间相互尊重，建立真正的平等关系是家庭和睦幸福美满的重要基础。从调查中看中国夫妻对“有共同的兴趣爱好”“保持恋爱时的浪漫感”很不重视，这也是当今我国家庭生活不够生动活泼、缺乏浓厚的生活情趣的真实反映。而日本的情况则有所不同。日本夫妻对婚姻生活中重视程度占第一位的是“养育子女”，妻占97.6%，夫占96.9%，第二位，比例数和第一位相差无几的是“经济上安定”，妻为97.5%，夫为95.3%。这反映了日本的夫妻关系和他们的实际生活。为便于从多方面进行比较研究，将日本的调查统计情况（见表6）列下。

表 6　夫妻对各种婚姻生活置要程度的看法（日本　神户）

相对值%

重要程度 / 内容	非常		重要		小计	
	妻	夫	妻	夫	妻	夫
配偶保持贞节	29.9	43.1	54.2	48.7	84.1	91.8
相互提高支持	46.8	35.0	48.8	59.9	95.6	94.9
养育子女	60.6	53.6	37.0	43.3	97.6	96.9
感情上亲密	41.5	34.5	52.3	59.2	93.8	93.7
保持夫妻平等	16.0	16.3	50.7	51.5	66.7	67.8
经济上安定	48.8	41.6	48.7	53.7	97.5	95.3
保持人生观一致	30.6	17.4	49.5	47.3	80.1	64.7
有共同兴趣爱好	10.3	7.9	40.8	33.9	51.1	41.8
性生活的满足	12.5	18.0	58.8	65.2	71.3	83.2
提高建立自己的社会地位	5.4	7.0	33.7	30.9	39.1	46.1
保持恋爱时的浪漫	8.1	10.6	42.9	44.0	51.0	54.6

（二）夫妻对性别分工的认识和看法

人类社会从古至今基本是在男性文化统治之下，使人们形成了强烈的性别意识。不少人认为性别分工是与生俱来的，男主女从的格局是无法改变的。但是随着妇女文化素质的提高和社会、家庭地位的改变，女性的自我意识日益增强，开始向占社会统治的男性文化挑战。性别分工成为人们探讨和关心的问题。对性别分工的认识和态度也反映着人们对自我价值的追求，并直接影响着夫妻关系与家庭生活。为考察当今夫妻性别分工意识，这次调查提了四个问题：①丈夫应当出去工作，妻子应当守着家；②双职工家庭应当共同分担家务；③父亲应积极参加培养教育子女；④对男孩女孩应有不同的教育方法。请调查对象作肯定或否定的回答。对第 1 个问题，中国丈夫、妻子中绝大多数持否定态度，回答不这样认识和基本不这样认识的妻占 75%，夫为 60%，回答这样认识的丈夫是 16%，而妻仅占 8%。日本情况则同中国有较大差别：回答这样认识的，丈夫是 35.1%，妻为 17.0%；回答基本上是这样认识的，丈夫为 43.1%，妻子为 41.1%，也就是说持肯定态度的丈夫是 78.2%，妻子为 58.1%，都是绝大多数。对第 2 个问题中国夫妻均持肯定态度的占多数，回答这样认识的，夫占 71.1%，妻占 79.1%；回答基本这样认识的，夫为 26.9%，妻为 18.9%，即持肯定回答的夫妻均占 98%。而日本持肯定态度的却是少数，回答这样认识的夫占 10.7%，妻占 23.5%；基本这样认识夫为 31.1%，妻为 37.7%，肯定回答的合计夫为 41.8%，妻为 61.2%。从资料中可以看到在日本妻子中希望共同分担家务的人数比丈夫多出很多。对第 3 个问题，给予肯定回答的中国和日本都占绝大多数。回答这样认识的中国夫占 64%，妻占 78%，日本夫为 27.9%，妻为 54.7%；回答基本这样认识的中国夫为 29%，妻为 15%，日本夫为 51.5%，妻为 38.1%，合计中国夫妻均为 93%，日本夫为 79.4%，妻为 92.8%。从中看到持肯定态度比例最小的是日本的夫，特别是绝对肯定即这样认识的仅占 27.9%，这从一个侧面反映出传统的性别分工意识，在日本的男人中还是比较强的。对第 4 个问题，回答是这样认识的中国夫是 37%，妻为 49%，日本夫为 25.7%，妻为 16.2%；回答基本这样认识，中国夫占 37%，妻占 33%，日本夫为 38.1%，妻是 39.6%。合计持肯定态度的中国夫占 74%，妻占 82%；日本夫占 63.8%，妻占 55.8%。对最后问题的回答与前三个问题比较，在中国夫妻中似乎有些矛盾，这一方面是和对问题的理解有关，因对男孩女孩采取不同的教育方法，并不一定是从性别分工意识上考察的，而是考虑到男孩女孩不同的生理和心理，但是另一方面也确实反映出中国夫妻在性别分工意识上有着矛盾的心态，在夫妻之间追求男女间的平等，特别是女性为实现自我价值，努力工作自强不息，向传统的性别分工意识展开了挑战。然而在对子女教育、对男孩女孩的期待中却自觉不自觉地渗透着男要刚强、女要柔弱的意识，对男孩事业上的期待高，对女孩生活上的期待多。对这样潜意识中的性别分工如何评价有待于进一步探讨。

四 对家庭生活的满意感

在以夫妻为核心的家庭中，家庭生活是夫妻共同缔造、共同享有的事业。家庭生活是否美满、幸福，夫妻最敏感，感受也最深刻。因而，夫妻对家庭生活的满意感可以从总体上反映出夫妻关系及对家庭生活的评价。这一调查是从满意与不满意两个角度衡量的，每种又分为三个层次。为便于阅读和分析，仅以满意的三个层次列表。下面是中国和日本夫妻对家庭生活满意程度两张表（见表 7、表 8）。

表7　对家庭生活的满意感（中国　北京）

相对值%

满意度内容	非常满意		很满意		比较满意		小计	
	夫	妻	夫	妻	夫	妻	夫	妻
1. 关于婚姻生活	22.1	19.2	31.6	27.9	36.3	43.1	90.0	90.2
2. 来自丈夫、妻子的爱情体贴	20.4	15.3	30.2	22.9	37.7	47.1	88.3	95.2
3. 同丈夫、妻子的一体感	10.8	7.3	20.1	16.2	48.2	52.5	79.1	76.0
4. 对一日三餐的内容	5.2	4.5	17.2	14.6	57.6	58.2	80.0	77.3
5. 对孩子的教育方法	4.0	4.2	11.7	10.5	56.4	58.1	72.1	72.8
6. 对自己的职业	7.1	6.0	9.9	13.2	56.9	53.3	73.9	72.5
7. 对丈夫、妻子的职业	6.0	7.0	16.3	16.5	51.9	55.9	74.2	79.4
8. 对家庭经济的总收入	1.7	1.7	6.5	5.7	40.0	39.2	48.2	46.6
9. 对家庭的总体生活	5.5	8.0	11.2	16.9	59.4	62.2	76.1	87.1
10. 对家务分担的现状	5.2	9.0	14.7	13.7	60.3	57.5	80.2	80.2

表8　对家庭生活的满意感（日本　神户）

相对值%

满意度内容	非常满意		很满意		比较满意		小计	
	夫	妻	夫	妻	夫	妻	夫	妻
1. 关于婚姻生活	17.3	10.5	35.1	29.1	32.7	35.7	85.1	75.3
2. 来自丈夫、妻子的爱情体贴	18.2	14.4	33.6	29.7	28.9	28.9	80.7	73.0
3. 同丈夫、妻子的一体感	13.6	11.2	28.6	24.9	32.4	29.7	74.6	65.8
4. 对一日三餐的内容	19.8	4.7	30.3	22.2	31.3	42.1	84.4	69.0
5. 对孩子的教育方法	10.8	3.3	27.8	14.6	34.1	37.5	72.7	55.4
6. 对自己的职业	14.6	3.7	24.6	10.7	30.5	19.8	69.7	34.2
7. 对丈夫、妻子的职业	4.4	10.4	8.9	23.8	13.0	30.0	26.3	64.2
8. 对家庭经济的总收入	3.9	5.7	10.3	14.1	25.5	27.9	39.7	47.7
9. 对家庭的总体生活	5.5	5.6	22.8	23.0	39.6	38.8	67.9	67.4

从调查资料中看，中国夫妻对各方面家庭生活的满意度比较高，除家庭经济总收入一项外，把三个层次的满意相加均在70%以上。特别是关于婚姻生活和来自夫妻间的爱情满意程度最高，非常满意、很满意、比较满意的相加基本占90%以上。这说明当今中国城市中夫妻关系融洽和谐的占多数。感到不足的是经济生活，特别是对家庭经济总收入非常满意的不到

2%，几个满意层次相加也不到半数，而对职业、一日三餐内容以及家庭的总体生活非常满意和很满意占的比例也较小。这是符合我国当前经济状况和家庭经济生活尚不富余的实际情况的。日本资料也表明满意度最高的是夫妻的婚姻生活和爱情。对经济生活也是很不满意的，特别是对职业和家庭经济的总收入满意度都很低，尤其是对妻子的职业，丈夫和妻子本人的满意度都很小，这可能反映了当前日本社会中妇女就业还存在着较多的问题。对调查资料进行比较分析，看到在家庭生活和夫妻婚姻生活中，丈夫的满意度基本略高于妻子，其原因何在？值得进一步探讨。

参考文献

费孝通，1981，《生育制度》，天津人民出版社。

费孝通，1985，《乡土中国》，三联书店。

刘英、薛素珍主编，1987，《中国婚姻家庭研究》，社会科学文献出版社。

我国转型时期社会发展状况的综合分析（摘要）*

"社会发展综合研究"课题组

摘要：本文提出，由于中国的体制改革和结构转型同步进行，因而中国的现代化进程在许多方面超越了现代化的一般理论。近年来，我国社会转型的主体是社会结构，在从自给半自给的产品经济社会向有计划的商品经济社会、从农业社会向工业社会、从乡村社会向城镇社会、从经济文化不发达社会向现代化社会的转化中，各种社会摩擦、矛盾和冲突会表现得异常突出，并带有自身的特点。社会结构的严重失衡、社会发展的严重失调和社会改革的不配套都会成为影响转型进程甚至导致社会失序的重要因源。因此，在转型时期应特别注意强化稳定机制、协调机制和整体配套机制，选择好改革措施出台的时机，不能奢望通过行政干预在短时期内完成转型。

1. 社会发展观和我们的基本思路

1.1 改革的实践和问题的提出

1.1.1 我国从1978年肇始的社会主义改革，已经进入第13个年头。十几年来，在经济、政治、社会、文化等各个方面，社会主义建设取得了

---

* 本课题是中国社会科学院重点研究项目，由社会学研究所承担，课题成果包活总报告和15个分报告，本文系总报告的部分内容。该项目总负责人：陆学艺；主持人：李培林；课题组成员还有：朱庆芳、沈崇麟、石秀印、王颉、陆建华、张荆、姜晓星、樊平、李国庆等。

本文执笔人：李培林。

原文发表于《社会学研究》1991年第4期。

举世瞩目的成就，人民生活得到明显改善，改革和发展已经成为人心所向，大势所趋，不可逆转。

1.1.2 改革伊始，在家庭联产承包制这种新的体制要素的启动下，农村社会发生了巨大变迁，随后的城市改革基本上是根据农村改革的经验，循着“放权让利”这条基本思路，以层层承包为中心，增强地方、部门、企业的决策权力和财力，调动人们的积极性，通过市场机制的不断加强和在微观搞活经济，造成改革所需的宽松经济环境，逐步实现从计划单轨经双轨制向有计划商品经济的过渡。

1.1.3 在社会结构的转型过程中，由于旧的体制已经冲破，而新的体制又未迅速建立起来，新旧两种体制的对峙和冲突引发了一系列经济和社会问题。从1985年起，工业经济效益呈下降趋势，农业的粮食生产在连续6年大丰收后陷入多年徘徊。1987年党的十三大提出要建立有计划的商品经济新体制，人们的注意力也转到多年被忽视的宏观控制方面来，一方面提出以价、税、财、金、贸联动改革为重点，实行企业、市场、宏观调节体系改革整体配套，另一方面强调以价格改革为冲破口，尽快结束“双轨制”，使有宏观管理的市场经济体系发挥整体功能。然而，由于忽视了总需求大于总供给的国情，特别是忽视了社会改革的配套措施，加之对通货膨胀趋势的估计失误和货币发行量过大，价格改革闯关的直接后果是酿成“抢购风”和物价上涨过速。

1.1.4 对于改革和发展中出现的诸种问题，如财政困窘、通货膨胀、经济效益下降、部分人民的生活水平增长缓慢甚至下降、分配不公加剧、腐败现象蔓延、社会秩序紊乱、资源浪费和环境污染严重、群众不满情绪增长等，人们已逐步认识到这些问题并非在经济范围内就能解决的，并开始在更深层次探索政治改革配套和文化发展战略，但由于缺乏对社会发展整体的、系统的、综合的考察，所以并未取得明显效果。到1990年，通过治理整顿和社会秩序综合治理，特别是由于农业摆脱多年徘徊和工业逐步走出低谷，经济社会形势有了明显好转，为新的改革措施出台创造了较好的宏观环境。十几年的改革实践要求，我们树立更全面的社会发展观，保证社会持续、稳定、协调的发展。正是基于这种要求我们在本课题中试图通过对社会发展方方面面的综合研究，建立起一套描述社会发展状况和趋势的综合体系，并提出社会改革的整体方案。

1.2 发展观的演变（略）

1.3 社会发展观的预设前提和基本判断

1.3.1 从发展中国家走过的道路和我国40多年的发展经验来看，特别是从十几年改革的实践来看，我们的发展观应当有三个预设前提或者说三个基本判断，即关于社会发展和社会进步的基本判断、关于综合国力的基本判断和关于社会总资源合理配置的基本判断。

1.3.2 关于什么是社会发展和社会进步，基于不同的价值观人们可能会有不同的认识，但是有一点是可以达成世界性共识的，那就是不能仅仅以经济增长的指标来衡量，特别是不能仅仅以人均国民生产总值的数量增长来衡量。社会发展是一个整体的概念，它应包括经济增长在内的社会结构、人民生活、科技教育、社会保障、医疗卫生、社会秩序等各个方面，因而应当建立一套较完备的社会发展描述体系和指标体系。

根据中国社会科学院“社会指标与社会发展”课题组在社会结构、人口素质、经济效益、生活质量、社会秩序5个方面16个指标的综合评价，我国1987年的社会发展总体水平列世界第70位。

1.3.3 衡量一个国家在国际上具有的真正实力以及确立其在国际均势中的位置，应当首先考察综合国力。综合国力是一个国家可以动员起来投入社会发展、施加国际影响和进行国际抗衡的综合力量，它包括资源力量、经济力量、政治力量、社会力量、军事力量、科技力量和文化力量。换句话说，地理特征、人口规模、资源多寡、经济与技术水平、财力、军备状况、人才资源、民族特性、社会整合程度、政治和生活的稳定性、国民士气、政策和战略选择等都是综合国力的构成要素。在人均国民收入水平相同的情况下，不同国家的综合国力是会迥然而异的。根据中国军事科学研究院战略研究室所进行的综合国力动态分析，中国的综合国力1949年列世界第13位，1988年已进入世界第6位，预计到2010年，中国（包括香港、澳门）的综合国力可能登上世界第5位。[①]

1.3.4 社会总资源的合理配置应当作为衡量经济与社会协调发展的一

① 参见1990年8月5日《中国新闻》以及黄硕风（1988）。

个主要标准。对资源配置的考察不应只局限于经济领域，而应扩展到整个社会领域，因为社会的人口、生活、科技、教育、社会保障等任何一个方面都有可能成为阻碍经济发展的瓶颈。在社会领域，资源合理配置不能完全依靠市场导向，而应有行政干预，但这种干预应以促进经济发展为前提，而不能作为超经济的主宰力量与市场力量相抗衡。我们不追求设立某种理想的最佳方案（one best way），但是，我们可以在经验统计和理论分析的基础上建立起自然资源、资金、物力、人力、智力和信息在总体上趋向合理的分配模式和比例关系。

1.3.5 社会的总体发展包括经济和非经济两个方面，鉴于我国目前已有正常的经济发展状况年度报告制度，我们在本报告中更强调的是非经济方面的社会发展，因而在使用社会发展的概念时常常是相对于经济发展而言的，它包括以下具体内容：①社会政策；②社会结构；③人民生活；④人口；⑤科学技术；⑥教育；⑦社会保障；⑧医疗卫生；⑨社会秩序；⑩自然资源和生态环境；⑪文化体育；⑫家庭；⑬民族；⑭宗教；⑮社会心理。我们在这些方面都已写出了分报告，有的还写了专题报告。我们希望通过这些分报告的事实陈述和指标评价，使我们对我国社会发展状况及其趋势有一个整体的、全面的和系统的认识，有一套较为完备的社会发展描述体系和评价体系。

1.4 转型社会的内涵规定和分析框架

1.4.1 我们认为，从传统社会向现代社会的转型是我国社会主义社会，在目前发展阶段的一个最重要的特征，在社会转型时期，社会结构的分化整合、社会运行机制的转轨、社会利益的重新调整和社会观念的变化都会加速进行，并由此产生一些带有转型时期特点的新的社会问题。因此，我们在考察和分析社会现实时，必须充分注意到这一新的特点，改变我们旧的思维定式，使我们的决策更加适合社会发展的实际要求。

1.4.2 社会转型并非社会主义社会在发展中的特有现象，从更普遍的意义上说，社会转型时期只是社会现代化总过程中的一个过渡性阶段。但在我国，社会转型有其自己的特点，这表现在：①结构转型和体制转型同步进行，并交织在一起；②在城乡二元结构存在的同时，城市本身又往往成为城乡结合体；③城市化主导趋势不是城市向农村辐射，而是表现为

“农村包围城市”式的农村自身城镇化；④在我国，由于某些不可超越的条件限制（人口、人均自然资源、发展机遇），这个转型时期可能会持续得更长一些。

1.4.3　我们所说的社会转型，其转型主体是社会结构，换言之，它是指一种整体的和全面的社会类型过渡，而不仅仅是某些单项发展指标的实现。进入转型时期的一个重要标志，是在从农业国向工业国、从乡村社会向城镇社会、从同质的单一性社会向异质的多样性社会的发展中，社会结构的重要指标都已实现或逐步接近转换点。

1.4.4　社会转型的具体内容是结构转换、机制转轨、利益调整和观念转变，但这种转型的实现不是通过暴力的强制手段或大规模的群众运动，而是主要通过发展生产力和确立新的社会经济秩序。

1.4.5　在转型过程中，新旧社会体制、秩序、规范的并存、交替和冲突的局面将会持续一个较长时期，某些“迟发展效应”和“过渡性现象”会在一定时期内表现得比较突出，这些问题有些属于现代化过程必然伴随的副现象，有些则是由于战略和政策选择失误所造成的，但无论是何种情况，都没必要惊慌失措或对改革的国策产生怀疑。

1.4.6　社会转型时期也是社会现代化的加速时期，其间社会结构的严重失衡、社会发展的严重失调和社会改革的不配套都会成为影响转型进程甚至导致社会失序的重要因源。因此，在转型时期应特别注意强化稳定机制、协调机制和整体配套机制，选择好改革措施出台的时机，循序渐进，不能奢望通过行政干预在短时期内完成转型。

2. 我国正处在一个社会转型时期

社会现代化是一个孕育着各种矛盾和冲突的从传统社会向现代社会的转型时期。现代化是一个整体，一个“文化丛”，它的丰富内涵，并不是经济现代化本身所能表达的。在现代化过程中，经济的发展必然会引起社会结构、生活方式、行为方式和价值观念等各个方面的变化，因此，我们必须放弃那种“单项突破”的思维定式，树立整体的社会发展观。近十几年来，尽管我们的改革主要是经济改革，但社会已经进入一个全面的、整体性的转型过程。我们正在从自给半自给的产品经济社会向有计划的商品经济社会转化；从农业社会向工业社会转化；从乡村社会向城镇社会转化；从封闭半封闭社会向开放社会转化；从同质的单一性社会向异质的多样性社会转化；从伦理型社会向法理型社会转化。看不到这一基本事实，看不到转型时期新的特点和新的问题，我们就会在判断和决策上出现失误。

2.1 从自给半自给的产品经济社会向有计划的商品经济社会转型

2.1.1 改革以前，我国的商品经济发育程度很低，高度集中的计划经济在很大程度上是一种产品经济，而且是生产力水平较低的产品经济，实质上仍是一种自然经济或变形的自然经济。城乡经济从原材料到产品销售的自我循环，不是通过市场机制运作，而是通过行政计划的机制运作。在农村，自然经济的色彩更浓，除大城市郊区和沿海少数发达地区，大部分农村地区处于商品率很低的自给半自给状态，形成了生产以自给为主要目的的封闭经济体系。改革以后，商品经济作为新的社会要素导入，使传统的经济结构发生巨大变化，这是一种带有本质性的变化，正是由于这一变化，才引发了社会其他方面发生转型。

2.1.2 农村的经济转型是最为引人注目的：①家庭联产承包责任制使农民逐步成为相对独立的商品生产者，有了生产、交换、消费、经营的自主权，极大地调动了农民的积极性；②农村非农产业的发展改变了农村的单一经济成分，农村工业、建筑业、运输业和商业服务业等非农产业获得迅速发展，1989 年，农村非农产业产值在农村社会总产值中所占的比重由 1978 年的 31.4% 提高到 54.9%；③在农业获得较快发展的基础上，改革了自 1953 年起开始实行的农副产品统购统销制度，实行合同定购，定额外部分价格放开，在销售方面，放开除粮、棉、油以外的绝大部分农副产品价格，并多次调高农产品的收购价格；④开放了农村集市贸易，农村流通领域逐步走向繁荣，农村集市由 1978 年的 33302 个发展到 1989 年的 59019 个，农村集市成交额也由 1978 年的 125 亿元增加到 1989 年的 1250 亿元；⑤农业经济和农民的生活消费基本打破了自给自足的封闭状态，1978 年全国农副产品的商品率只有 45.2%，1989 年提高到 52%，农民生活消费品的商品性比例 1989 年为 50.4%，1989 年提高到 68.6%，食品消费的商品性比例 1980 年为 31.1%，1989 年提高到 52.3%。农民主要是在为社会生产，而不是为自身消费而生产了。

2.1.3　城市的经济体制转型集中地表现在两个方面，一是改革高度集权的计划体制，二是引入市场的竞争机制，这两个方面又是密切相连的。城市改革是从对企业放权让利开始的，实行利改税和多种形式的经营承包制后，企业不再吃国家的“大锅饭”，成为具有更多经营自主权的经济实体，国家大大缩小指令性计划，除少数关系到国计民生的重要产品和劳务还实行指令性计划外，基本上实行指导性计划和市场调节。1979～1989年，国家计委管理的工业生产指令性计划产品品种由120种左右减少到60种左右，国家统一分配的物资由改革之初的256种减少为26种。中央和省级指令性计划在工业生产中的比重已由1984年的80%下降到目前的16%左右，指导性计划比重上升到43%左右，市场调节的部分为41%左右。

2.1.4　在改革高度集中的计划体制的基础上，逐步建立起社会主义的商品经济市场体系。不仅完善了消费资料的商品市场，而且还建立起初步的生产要素市场，如资金市场、原材料市场、技术市场、信息市场、劳务市场，在部分地区和城市，还出现了房地产市场和股票证券市场。目前全国已有70个城市开办证券交易网点500多个，上海、深圳创建了证券交易所，1990年证券交易总量达100亿元。到1989年，在整个生产的投入物品中计划分配的部分已不足20%，广东深圳等地不超过5%，全国工业品出厂价中的固定价约占56%，购进价中固定价约占65%。

2.1.5　经济体制的转型还表现在商业服务业的繁荣和发展。1978年，全国零售商业、饮食业、服务业共125.5万个，从业人员607.8万人，1989年分别发展到1138万个和2829.5万人。1978年，每869人才有一个营业网点，1989年每98人就有一个。社会商品零售总额1978年为1558.6亿元，1989年则达到8101.4亿元，增长了4倍多。

2.1.6　随着商品经济的发展，农民的货币收入和商品性消费大幅度增加。人均现金收入由1980年的129元增加到1989年的769元，增长5倍，占总收入的比重由59.7%上升到87.9%。经营观念、投入产出观念、效益观念、竞争观念等商品经济意识已渗入到广大农村。

2.1.7　社会主义商品经济本身是手段而不是目的，但是，社会主义商品经济作为现代社会构成要素的主要载体，它的传播和扩散已经引起社会各个方面的深刻变化，从这种意义上说，我们在社会主义制度下从传统社会向现代社会的转型已经跨出决定性的一步。

2.2 从农业社会向工业社会的转型

2.2.1 工业化是现代化的必要条件，从这种意义上说，从传统社会向现代社会的转型实质上是从农业社会向工业社会的转型。

2.2.2 从发展中国家经济发展的一般规律看，其经济结构的转型按照先后顺序要经历三个转换点：一是产值结构转换点，即农业的产值比重降到国民生产总值的50%以下；二是城乡结构转换点，即城镇人口的比重上升到总人口的50%以上；三是就业结构的转换点，即非农产业的劳动力上升到社会全部劳动力的50%以上。产值结构的转换，我国在1956年就实现了，当年农业净产值占国民收入的比重已经下降到49.8%，如果从1953～1986年这种大跨度统计，农业净产值平均年增长2.9%，而工业平均年增长11.1%。1989年，工业净产值达到6241亿元，占国民收入的47.6%，农业净产值在国民收入中的比重进而下降到32%。城乡结构的转换也在逐步接近转换点，扣除由于建制因素市镇所辖的乡村人口和考虑到部分农民实际职业身份的改变，市镇人口有了较大幅度提高，比重达到30%左右。就业结构的转换也有了重要进展，第一产业的劳动者人数占社会劳动者总人数的比重从1978年的70.7%下降到1989年的60.2%，但是1985年以后，第一产业农业劳动者所占的比重一直在60%左右徘徊。

2.2.3 在近十几年我国从农业国向工业国的转型过程中，乡镇企业具有突出的贡献。1978年，农业总产值在农村社会总产值中的比重仍占68.6%，农村改革启动后，乡镇企业异军突起，成为农村经济的主要支柱，1987年，乡镇企业的产值达到4743亿元，占农村社会总产值的50.3%，首次超过农业总产值。1989年，乡镇企业总产值达到8402.8亿元，占国民生产产值的约1/4，占农村社会总产值的58.0%，从业人员达9366.8万人，占农村社会劳动力的22.9%。1990年，乡镇企业在有所压缩的情况下，总产值仍达到9500亿元，上交国家现金410亿元，创汇125亿美元，分别比上年增长12.6%和19.0%，传统农业区域自身工业化的过程已经开始启动。

2.2.4 乡镇企业的崛起对于劳力剩余而资金短缺的我国实现经济和社会结构转型具有特殊意义，根据统计数字推算，仅1978～1984年，我国乡镇企业每新增 1.22 个就业岗位和 4100 元固定资产可增加一万元总产值，而同期各类国营企业增加一万元产值，则需新增 7460 元固定资产和 0.4 个就业岗位，这说明乡镇企业在劳动密集产业方面具有极大的潜力，是实现农村剩余劳动力转移的重要渠道之一。当然，不容否认，改革初期乡镇企业的飞速发展从总体上来说是在相对宽松的市场环境、相对丰厚的资金环境和相对优惠的政策环境下实现的。

2.2.5　农业国向工业国转型的另一个重要标志是第三产业的发展。根据世界银行所制订的标准，现代化国家第三产业在国民生产总值中的比重应在 45% 以上，目前发达国家达到 60% 以上，中等收入国家达到 50% 左右，低收入国家平均也在 40% 左右。过去我国第三产业长期处于徘徊不前的状态（事实上我国从 1985 年才开始在产值统计中正式使用三次产业的分类方法），进入 80 年代，第三产业发展速度明显加快，并出现了从未有过的超过第二产业增长速度的局面。到 1989 年，第三产业产值占国民生产总值的比重由 1978 年的 23.0% 提高到 1989 年的 26.5%。第三产业从业人员占社会劳动者人数的比重也从 1978 年的 11.7% 上升到 1989 年的 17.9%，达到 9929 万人，也就是说，第三产业以约 18% 的从业人员实现了 26.5% 的国民生产总值。如果按照西方国家通行的统计口径，把国家机关、社会团体、军队、法院、警察、监狱等部门也列入第三产业，那无论是从产值还是从劳动者人数上计算，我国第三产业所占的份额还要大得多，但也仍达不到低收入国家 40% 的平均水平。世界发展的经验表明，工业化和城市化都是与第三产业的发展密切相连的，无论是在城市还是在乡村，我国第三产业发展的潜力很大，发展前景广阔。

2.2.6　工业化是现代化的题中应有之义，而且是现代化的龙头，它将从根本上改变社会的生产方式和生活方式。但工业化并非社会现代化的全部，在从农业国向工业国转变过程中，应特别注意协调发展问题，否则就会欲速而不达。

2.3　从乡村社会向城镇社会转型

2.3.1　城市化是工业化的必然伴随现象。随着分工协作程度的提高、经济联系的密切和商品交换的普遍，市场、交通运输、通信和各种生产、生活的服务设施会迅速发展，城市人口集中、规模扩大、数量增加也就成为一种必然趋势。城市化也是现代化的重要标志之一，这不仅是因为城市的聚集经济效益，而且因为城市是现代生活的综合体。

2.3.2　进入80年代，我国城市化过程表现为快速推进。

1952年我国非农业人口比重为14.4%，到1978年仅提高到15.8%。而1979～1989年，非农业人口占总人口的比重从16.6%提高到21%，根据第四次全国人口普查统计口径，市人口指设区的市所辖区人口和不设区的市所辖街道人口，镇人口指不设区的市所辖镇的居民委员会人口和县辖镇的居民委员会人口，这样，排除行政区划变动因素后的普查结果表明，1990年全国市镇人口占总人口的比重为26.23%。但是，考虑到农民已分化出若干非农职业群体的情况和沿海与江南部分乡区的发展程度以及聚居状况，我国实际城镇人口已达到30%左右。在短短的十年中，中国社会总体上的乡村特征发生了重要变化。

2.3.3　近十年市镇人口高速扩展很大程度上是由于镇的发展，在五类城镇中（特大城市、大城市、中等城市、小城市、镇），镇的人口增长最快。

2.3.4　镇的迅猛发展首先是由于商品经济的驱动。自古以来，无商不成镇，镇一开始就是作为商品交换的中转地和农副产品的集散地而出现的。70年代末以联产承包责任制为开端的农村改革推动了乡村非农产业的发展，而非农产业的专业化、社会化和集中化进而促进了镇的繁荣和发展。在广大乡村，镇越来越成为企业聚集中心、商品流通中心、资金积累中心、交通运输和信息传递中心，发挥着不可替代的作用。另外，从城市的发展来看，尽管事实上依然存在着城乡壁垒（如限制人口流动的户籍制度、粮食和副食供应制度、住宅制度、教育制度、医疗制度、就业制度、社会保障制度、劳动保护制度等），有些方面城乡壁垒甚至更加强化，但改革已经在一定程度上打破了原有体制对生产要素流动的限制，城市生活繁荣的自身需求也使城乡劳动力的流动，特别是农村劳动力的转移成为不可遏制的趋势，农产品自由贸易和议购议销制的发展也为进城农民提供了谋生手段和市场条件。据统计，1981～1987年是农业劳动力转移最快的7年，农业劳动力的年转移量达到990万人。但是，1984年后，农业劳动力转移的趋势减缓，1988年以后，出现了回流。

2.3.5　当然，政策机制的作用和行政区划、统计口径的变动也是市镇增长的重要因素之一。1984 年，国务院为鼓励发展乡镇企业，颁布了关于调整建制镇标准和允许农民进入小城镇落户的规定，大大放宽了对建制镇标准的限制，县级政府所在地均改为建制镇，乡政府所在地非农业人口超过 2000 人的可设镇，凡具备建镇条件的乡，可撤乡建镇，实行镇管村。这对 1984 年以后镇和镇人口的增长影响很大，1983 年全国建制镇为 2281 个，而 1984 年一年就新建 3430 个镇，1985 年又新建 1300 个，到 1989 年底，全国建制镇已达 1.11 万个。此外，县级市的建立也是市镇扩展不可忽略的因素，我国 80 年代以来 50 万～100 万人口的城市数量增长最快，这在很大程度上是由于一大批县升格为市。

2.3.6　我国目前的市镇基本上都存在内部的城乡联结关系，联结的方式大致可分为三种类型。

1）扩散型城市。我国的大中型城市多属于这种类型。此类城市都有所辖的乡村地区，这些地区成为城市的远郊或农副产品基地，在经济上基本上是附属于城市生活的，城市的人口和建筑也在不断地向周围乡村拓展，但这种拓展并不表现为世界城市化过程第二阶段的逆向分散特征。

2）相融型城市。这主要指经济较发达地区的小城市和小城镇。这些市镇所辖的乡村已基本上和市镇融为一体，在生活水准和社会发育程度上差距不大，有的乡村地区的生活水平甚至超过了市镇。

3）并联型城市。近几年由县升格为市和由乡升格为镇的市镇多数属于这种类型。这类城市的城乡基本上还是并联两块，各自都有相对独立的市场和组织网络，大部分社区从本质上讲依然属于乡村。

2.3.7　根据以上的分析我们可以认为，我国从乡村社会向城镇社会的转型还处在中期阶段。这种判断还可以得到其他方面的佐证。根据国际上的统计经验，城市人口的比重与人均 GDP 呈正相关关系，若以 1964 年美元计算，人均 GDP 达到 500 美元时，城市人口比重才能超过 50%，人均 GDP 达到 800 美元时，城市人口比重才能超过 60%，目前我国的人均 GDP 在 300 美元左右，所以城镇人口比重实际上应在 30% 左右。打破城乡壁垒是走向城市化的必要步骤，但这需要一系列经济发展和社会改革方面的前提条件，道路还是十分艰难的。

2.4　从封闭半封闭社会向开放社会的转型

2.4.1　中国社会过去的封闭半封闭状态是有诸种原因的。几千年自给自足的小农经济决定了中国传统社会的封闭性。宋朝以后，中国为维系业已衰落的帝国尊严，实行闭关锁国政策，从明代的海禁到清代的只留广州一口通商，闭关锁国都成为基本国策。加之中国幅员广阔、地大物博，也使低水平的自给自足成为可能。鸦片战争后被动挨打的局面更强化了闭关锁国的心理。新中国成立后我们本要在平等互利基础上发展通商贸易，但美国和某些西方国家对我国实行“封锁”、“禁运”和“冻结”，迫使中国只能着重发展同社会主义国家的经济关系，而60年代初中苏关系的破裂最终使中国选择了自力更生、自给自足的道路。

2.4.2　1978年党的十一届三中全会决定实行对外开放政策，这是一个历史性的选择，经过十几年的努力，已经形成全方位的、多层次的、多渠道的对外开放格局。①所谓全方位是指我们不仅对西方发达国家开放，而且对社会主义国家、东南亚国家和第三世界国家开放，不仅沿海开放，而且也开始沿边开放。②所谓多层次，是指形成了由南到北、由东到西、由外向内的四个逐步推进的开放层次，深圳、珠海、厦门、汕头和海南五个经济特区构成开放的第一个层次，大连、天津、上海、广州等14个沿海开放城市构成第二个层次，长江三角洲、珠江三角洲、闽南三角地区、辽东半岛、山东半岛等经济开发区以及13个经济技术开发区构成第三个层次，内地构成第四个层次。目前，第一、二、三层次包括了上海、天津2个直辖市、25个省辖市和67个镇，约1.5亿人口。③所谓多渠道，是指采取了各种形式来扩大对外贸易、利用外资、引进先进技术和管理经验、开展对外劳务合作、发展国际旅游和对外交流。改革开放以来，实际吸收外商直接投资189.8亿美元，兴办外商投资企业2万多家，借用外国贷款458.2亿美元，建设民用机场、铁路、公路、港口码头、油田、电力、化工等项目55个。1989年，国外来华旅游的人数已达2450.14万人，比1978年的180.92万人增加近13倍。

2.4.3　对外开放极大地促进了对外贸易。1950年到1979年的30年间，中国的进出口总额一般只相当于当年国民收入的10%。但到1989年，已发生很大变化，这个比例提高到31.7%。1990年同1980年相比，进出口总额由381亿美元增加到1154亿美元，其中出口总额由181亿美元增加到621亿美元。出口商品结构有了很大变化，工业制成品占出口总额的比重由1980年的49.7%上升到1990年的74.5%。

2.4.4　社会从封闭半封闭状态走向开放不仅表现在对外开放，而且表现在内部开放，这主要是指社会流动的加强。社会流动的状况是区别封闭社会与开放社会、传统社会与现代社会的重要特征。过去我国把社会流动与社会稳定对立起来，在社会管理中强调结构的高度稳定，限制社会流动，因而出生地点、家庭出身和工作分配往往决定了人们终身的职业身份。1978 年后各项政策的放开和劳动、就业、分配制度的改革使劳动力资源更加趋向合理流动。

2.4.5 从社会调查和社会统计的情况看，目前已经形成了这样几种主要流动趋势：①农民向第二产业和第三产业流动；②农村人口向城市流动；③体力劳动部门的人员向脑力劳动部门流动；④西部地区的劳动力和人才向中部和东部沿海地区流动；⑤在收入低、工作条件差、劳动强度大的部门工作的人员向收入高、工作条件舒适的部门流动；⑥城市和东南部沿海地区也有部分有技术有文化的人员，自觉向农村和西北部地区流动。尽管在比较利益驱动下，目前的社会流动基本呈单向趋势并引发了一些新的社会问题，但从总体上说，社会流动是社会发展的必然结果，它将有助于劳动力资源、智力资源和信息资源的合理配置，增强社会活力。目前，全国有流动人口 2000 多万人，仅北京市就有 100 多万。那种简单地把农民工进城称为“盲流”的说法是不恰当的，因为随着社会发展，农民进城是社会流动和劳动力转移的必然趋势，对此不能只用“堵”的办法，而应因势利导，从管理体制入手解决问题，特别是努力提高城市的发育程度和缩小城乡体制差别。

2.4.6　社会的内部开放还有赖于两种重要的信息传播渠道，一是商品流通，二是大众传播媒介。1989 年社会商品零售总额达到 8101.4 亿元，比 1978 年的 1558.6 亿增加了 4.2 倍，其中乡村社会商品零售额增长得更快，1989 年比 1978 年增长了 4.6 倍。商品流通量的增加绝不仅仅是一种经济现象，因为商品是技术和信息的载体，它将现代的技术创造、生活方式和价值观念广泛传播开来。

2.4.7　大众传播媒介的发展对社会开放也起到重大作用，它把过去封闭的乡村与城市和外部世界联系起来。据统计，1978 年全国每百人拥有的收音机和电视机分别为 7.8 架和 0.3 架，11 年后的 1989 年，这项数据分别达到 23.6 架和 14.9 架。1989 年全国广播人口覆盖率已达 70.6%，电视人口覆盖率达到75.4%。1978～1989年，全国电视台已由32个发展到469个，广播电台由93个发展到531个。过去世世代代以“鸡犬之声相闻”的广大农村通过电视和广播这个窗口与整个世界连接起来，这使他们的知识结构和社会期望都发生很大变化。越来越多的农民子弟已不满足于他们生活的狭小天地。

2.5 从同质的单一性社会向异质的多样性社会转型

2.5.1 从同质的单一性社会向异质的多样性社会的转化不是一种暂时的或过渡的现象而是社会发展的必然趋势，是社会结构变迁的实际过程，这个过程与社会整合程度的提高（从本质上讲也就是提高社会凝聚力）应该是同步的。改革以来，随着经济的发展，社会分化加速，出现了新的格局。

2.5.2 在所有制方面，破除了越“纯”越好的旧观念，确立了以公有制为主体、多种所有制成分并存相融的新结构。改革以前，基本上只存在全民所有制和集体所有制两种公有制形式，经济体制改革打破单一公有制经济格局后，个体经济发展相当快，并随之出现了雇工在八人以上的私营经济。设立经济特区和沿海部分地区开放以后，涉外三资企业作为新的经济成分出现。公有制经济本身也产生多种形式，出现跨城乡、跨所有制界线、跨地区、跨行业的经济实体。现在，新的经济体系已包括国有经济、集体经济、个体经济、私营经济和其他经济（包括全民与集体合营、全民与私人合营、集体私人合营、中外合营、华侨和港澳工商业者经营、外贸经营等）等多种经济成分。

2.5.3 所有制结构的变化和社会分工的精细化带来了职业群体结构的变化，这不仅仅表现在从业类别上，而且表现在生活方式、收入状况、文化水准、消费结构、人际交往等各个方面，改革前社会群体结构高度均质化的状况已经改变，并越来越朝着多样化方向发展。目前我国社会已经形成工人、干部、农业劳动者、知识分子、职员、企业经理、个体劳动者、私营企业主等主要职业群体。每个群体中还可以细分出若干个小群体，如工人包括国营企业工人、城镇集体企业工人、乡镇企业工人、雇工等。群体结构的多样化造成了利益需求的多层次化，利益差距、利益摩擦和利益冲突的问题日益突出。

2.5.4　改革以来，变化最大的是传统意义上的“农民”。我国是一个农业大国，这是毫无疑问的，但长期以来，我们习惯于说我国80%以上的人口是农民，这种判断是要进行具体分析的。过去我们使用的农民概念包括所有不吃国家商品粮的“农业人口”，而实际上，传统意义上的“农民”已经发生深刻的职业分化，“农业人口”在很大程度上已仅仅成为一个户籍的或居住地域的概念，在现实中已分化成农业劳动者、乡村工人（包括乡镇企业工人和农民工）、乡村雇工、农民知识分子、乡村个体工商业者、乡村私营企业主、乡镇企业管理者、农村管理者8个有不同利益要求的职业阶层。目前各阶层在农村社会劳动者人数中所占的比重为，农业劳动者约占55%～57%，乡村工人约占24%，乡村雇工约占4%，农民知识分子约占1.5%～2%，乡村个体工商业者约占5%，乡村私营企业主约占0.1%～0.2%，乡镇企业管理者约占3%，农村管理者约占6%（陆学艺，1989）。

2.5.5　与职业群体的结构分化相适应，我国的组织结构也发生了变化。

改革以前，我国实行的是高度集权的组织形式，党政合一、政企合一，国家用行政手段来组织工业生产和农业生产。改革以后，实行党政分开、政企分开，对企业放权让利，逐步形成了类型更加多样化、功能更加专门化的组织格局。变化最大的是企业组织，这表现在三个方面。

1）企业组织的体制转变。国有企业由产品生产者转变为商品生产者，由实行国家经济核算的企业模式转变为自负盈亏、有经营自主权的企业模式。以资产占有和生产经营两权分离为主要思路，我们采取了多种管理体制。一是目前普遍采用的承包制，即在保证上缴利润（利税）和企业技术改造的前提下，工资总额与企业经济效益挂钩，1990年进入第二轮承包的全民所有制企业，承包指标已由主要是“上交税利”指标改为效益指标（上交税利、全员劳动生产率）、发展指标（资产增值、技术进步）、管理指标（质量、成本、消耗、安全）等综合指标体系。二是主要适合于小型、微利企业尚处于试点阶段的租赁制，目前在资产评估和操作管理上还有诸多难点。三是尚处于探索阶段的企业股份制，探索的真正意义并不仅仅是集聚社会和企业内部职工的闲散资金用于生产，而是使企业真正对企业资产拥有法人的所有权，国家拥有最终所有权。目前大部分企业程度不同的自主经营、自负盈亏、自我积累、自我制约的典型特征已使我国的企业内涵发生深刻变化。

2）企业组织的外延扩展。A. 过去行政色彩甚浓的银行、信用、保险、供销、邮电等组织采取了企业运行机制，并越来越成为宏观管理和调控的重要经济手段，B. 各种跨地区、跨行业的企业集团作为经济实体参与了经济生活实际组织过程；C 一些报刊、出版、广播、电视等事业单位也采取了企业的管理方式。

3）企业组织的形式深入到乡村。这不仅表现在乡镇企业的迅速发展，而且还表现在很多农业的产前、产中、产后服务组织采取了企业形式或引入了企业运行机制。在东南地区部分经济发展程度较高的地方，农业实际上已成为综合企业集团内部的生产部门或“车间”。

2.5.6　社区的类型也在朝着多样化发展。过去的东部、中部、西部的梯度区域格局依然存在，而且在各个区域类型的内部也发生社区分化，经济发展程度的差距越来越大，社区利益的差别越来越明显。在社区发展模式上也出现了乡镇企业、商业、旅游、外贸、港口、引进外资等不同的选择取向。

2.6　从伦理型社会向法理型社会转型

2.6.1　伦理和法理本来是一个问题的两个方面，前者是内部的自律，后者是外部的强制。但我国过去长期形成了伦理本位的特点。以人情伦理来判断行为的正当性，将法律的功能仅仅局限于刑罚制裁。道德戒律和私法不分，公务和私务不分，联结人们社会公务关系的因素除了法律和契约，还有很浓重的私人情感和身份地位成分。社会结构就像是由一根根私人情感联成的网络。子女、亲戚、朋友、老乡、同事组成一个个互利互惠的小圈子。这一特点直到目前仍有重要的影响。批条子、拉关系、请客送礼、吃回扣等反序现象仍较严重。很多县每年仅账面上的招待费就要近百万元，很多企业每年开支的“关系费”也要几万元甚至几十万元。以情感和身份为联络纽结的社会交往方式造成了现实生活中大量的“政策与法律”“合理与合法”的矛盾。

2.6.2　然而，从总体上说，这种状况正在逐步改变，我们正在从一个伦理型社会向法理型社会转型，这实际上也是从传统人治走向现代法治的过程。改革以来，我们已先后制定颁布了刑法、刑事诉讼法、民法通则、民事诉讼法、国家机构组织法、经济合同法、商标法、专利法、中外合资经营企业法、外资企业法、涉外经济合同法、所得税法、企业法、破产法、环境保护法、森林法以及婚姻法、兵役法、继承法、民族区域自治法、国籍法、义务教育法、行政诉讼法等一系列重要法律。从 1978 年至 1990 年，全国人大及它的常委会已经通过了 70 多个法律。同期，国务院制定了 700 多个行政法规。此外，这一时期，各省、自治区和直辖市也制定了 1000 多个地方性法律。法律已逐渐成为人们衡量和判断事物的标准，过去那种长期无法可依的局面得到根本改变。但有法可依还不等于依法办事，据调查和推算，已颁布的法律和法规真正在社会生活中发挥实效的只有近 50%，公民对法律的认识程度只达到近几年法律制定总数的 5% 左右。

2.6.3　在血缘关系和地缘关系长期成为社会网络联系纽结的乡村，随着经济的发展和社会的开放，业缘关系也日益发达起来。大批农民走出家庭和乡里，投身于乡镇企业或从事商业和服务业，他们通过自己的业缘关系把乡村和外部世界联系起来。在商品经济这个大课堂里，农民逐步学会运用合同、契约、信用书、票据等法律文件形式与外界打交道。据统计，自 1985 年以来，我国每年通过公证的经济合同书约 200 万件，其中农业经济合同占相当大的比例。1987 年，全国经济合同公证 1896752 件，其中农林牧副渔承包合同及其产品购销合同约占 30%。

2.6.4　经济法规的普遍确立是法理社会的重要内容。随着商品经济的发展，我们已初步建立起相应的法律秩序，通过各种法律形式把经济主体之间的责、权、利确定下来。这些法律形式包括商业信用、银行信用、国家信用、股权证书、租赁和承包契约、劳动合同等。经济越是货币化、信用化和社会化，上述形式越是重要。目前，法律已在宏观管理、企业组织、市场秩序、合同、证券、税收、破产、保护消费者利益等方面起到越来越重要的作用。改革以来，在我国颁布的数以千计的法律、行政法规和地方性法规中，经济法律法规占 50% 以上。

2.6.5　民事关系的法理化也是从伦理社会向法理社会转型的重要标志。1986 年，我国颁布了民法通则，这是我国第一部较完备的现代民事法典，它规定了民事活动中共同遵守的规范，对调整公民之间、法人之间、公民与法人之间的财产关系和人身关系具有重要作用。人们越来越多地通过法律程序来确定他们之间的民事关系和解决他们之间的民事纠纷，而不是通过人情面子、关系疏通、乞求、吵架、殴斗或行政官员裁决。自1985年以来，全国民事法律关系公证每年约60万件，其中数量最多的是房屋买卖租赁、确认产权和继承权；通过人民调解委员会调解的民间纠纷每年700万件左右，产生纠纷较多的方面是婚姻、家庭、房屋及宅基地。此外，近几年全国人民法院民事一审收案每年也有150万至180余万件，收案比例较高的是家庭婚姻、债务和赔偿。

2.6.6 从伦理型社会向法理型社会的转型还意味着决定社会晋升的因素不再是私人情感和社会身份，而是工作业绩。人们可以在遵守社会公则的范围内充分发挥个人的聪明才智。

2.6.7 在社会转型过程中，人们的法理观念也在发生变化，传统的人治观念、权利和义务分离的观念、厌讼观念都已开始动摇，人们已逐渐从习惯势力、伦理规范、行政命令、权威意志所构成的“类法律秩序”中解放出来，并将法律作为合理规定权益界线和确立社会秩序的有力工具。随着社会现代化的推进，法律将突破传统的“惩治犯罪”和“维持治安”的界线，成为组织和创造新型社会的“软件”。

3. 社会发展的基本状况及其变化趋势（略）

4. 社会转型时期存在的问题

在社会转型时期，由于社会现实在一些深层次上发生变化，社会的分化状况出现一些新的趋势，以往的某些社会整合方式已不再适应现实的要求，而新的社会体制还没有完全建立起来，新旧两种社会体制、秩序、规范和机制的并存交替局面将会持续一个较长时期，由此而产生的各种摩擦、矛盾和冲突会在一定时期内表现得异常激烈。在社会转型时期存在的各种问题中，较为突出的是社会的结构性冲突显化，社会的机制摩擦加剧、社会的利益差别扩大、科技教育发展滞后和社会失序现象严重。

4.1 社会的结构性冲突显化

4.1.1 在社会转型过程中，最突出、最根本的结构性冲突依然是城乡之间的结构冲突。改革以来，由于家庭联产承包责任制的实行，农民焕发出空前的生产积极性，农业获得很大发展，加之国家多次调高农副产品价格，农民的收入和生活水平显著提高，农民向非农产业的转移和向城市的流动冲击着原有城乡二元结构，一些传统的农业区域成为新型的城乡、工农结合体。但是，值得注意的是，不仅原有的城乡二元格局依然存在，而且在某些方面城乡差距有进一步扩大的趋向，很多深层的矛盾和冲突开始外化和显化，严重影响了城乡一本化的进程，近些年来社会和经济方面的各种摩擦、矛盾和冲突都与城乡的结构性冲突有着密切的关系。

4.1.2　城乡的结构性冲突首先反映为工农业发展的不平衡和城乡商品交换的不平等。1980～1985 年，全国农业产值平均每年增长 8.1%，工业产值平均每年增长 12%，而 1986～1990 年，农业产值平均每年增长 4.6%，工业产值平均每年增长 13.1%，工农业年平均增长率之比由 1∶1.48 扩大到 1∶2.85。在基本建设投资方面，农业投资占投资总额的比例，"五五"时期为 10.5%，"六五"时期为 5.1%，"七五"时期为 3%，即使考虑到 1985 年后气象投资不再包括在农业投资中这一统计上的变动，国家农业投资比重的下降也是十分显著的。农业生产和农村建设在某种意义上说越来越依赖于乡镇企业的支持，1985～1989 年乡镇企业用于以工补农建农的资金由 30 亿元增加到 70.6 亿元，大大超过国家对农业的基本建设投资（1989 年为 50.65 亿元）。在工农业产品交换上，1978 年以前农民通过工农业产品"剪刀差"向国家提供的积累每年平均为 100 亿～300 亿元，1978 年以后"剪刀差"虽有所缩小，但绝对额仍在增加，1983 年为 400 多亿元，近几年仍达 600 亿～800 亿元，远远高于国家对农业的投资，我们在实际上还是"以农补工"，而在世界上工业产值超过国民生产总值 50% 的国家，大都对农业实行财政补贴。我国虽多次调高农副产品价格，但农用工业品和农用生产资料的价格也大幅度增长，这种状况与农民日益增强的等价交换要求产生矛盾和冲突。

4.1.3　城乡结构性冲突的显化也表现在收入差距和消费水平上。1985～1989 年，全国城镇居民家庭人均生活费收入由 685 元提高到 1216 元，农民家庭人均纯收入由 398 元提高到 602 元，二者收入差由 287 元扩大到 614 元。如果考虑到城市职工享受的各种福利和补贴（1980～1989 年，职工保险福利费用总额由 136.4 亿元增加到 768 亿元，财政价格补贴由 117.7 亿元增加到370.3亿元）和农民收入中还要扣除的各种额外负担，这种差距就更加明显。收入差距进而影响到消费水平，1985～1989年，农民与非农业居民消费水平的差距由423元扩大到886元。1985年城镇居民家庭平均每人全年消费的肉禽蛋鱼虾总计为36.48公斤，农民家庭平均每人为15.69公斤，1989年，城镇居民提高到38.57公斤，农村居民提高到16.79公斤，但二者的差距由20.79公斤扩大到21.78公斤。1985年，城镇居民每百户拥有的电视机、录音机、电冰箱、洗衣机总计为180台，农民家庭每百户为18台，到1989年，城镇居民每百户为287台，农民家庭每百户为63台，二者的差距由162台增加到224台。其中电视在城市已普及，在农村的普及率只有38%。此外，还有约33%的乡镇没有邮电局，约4%的村不通邮，约56%的村和约4%的乡不通电话。城市居民已有39%用上燃气，而农村居民约90%还在主要以秸秆柴草当燃料。

4.1.4　由于我国户籍制度的限制，农民子弟要想改变身份成为国家职工，目前主要通过招工和学校分配，也就是说主要是通过学校教育的渠道。但是，由于城乡教育水平的差距，城乡之间的社会晋升机会并不是平等的。农村学校的分布密度、教学设备和师资力量都远不如城市。1989年，全国的16050所高中，只有31%设在乡村，普通高等学校的学生来源基本上局限在城市。目前我国学龄儿童入学率城镇为99%，农村只有80%，边远山区和牧区只有50%左右；小学毕业升学率，城镇已基本上是100%，农村只有59%；初中毕业升学率城镇为69%，农村只有10%。全国的近2亿文盲半文盲，绝大多数在农村。

4.1.5　在医疗卫生方面，城乡之间的差距也是很突出的。农村大部分地区仍处于缺医少药的状况，近1/3的乡没有卫生院，近13%的村没有医疗点。1985～1989年，全国医院由59614个增加到61929个，但增加的部分有76%是县及县以上医院，公费医疗和劳动保护待遇只有城镇职工才能享受。农村除少数发达地区有一些统筹医疗外，绝大多数农民需自费看病，统筹合作医疗覆盖面从70年代的80%以上降为5%。农村的医疗卫生条件远远不如城市，据1989年的统计，每万人口拥有的医疗床位数和卫生技术人员数，城市为42.3张和67人，农村为15.5张和21人；婴儿死亡率城市为13.9/万，农村为23.6/万。城市目前自来水普及率已达到近90%，而农村只占1/3。1989年列于城市疾病死亡原因首位的是恶性肿瘤，而农村则是常见的呼吸系统病。

4.1.6 随着城市化过程的推进，现在每年有数百万农民从农业转向非农产业，但是，由于户籍制度、食品供应制度、教育制度、就业制度、医疗制度、住宅制度等方面的一系列限制，农村剩余劳动力的转移受到严重阻碍。那些到城市从事脏活、累活、苦活、险活的农民，还往往要背上“盲流”的名声，而在农村则只能靠人均1.3亩的耕地谋生，已有9个省份人均耕地不足1亩。预计到20世纪末，农村还有约2亿的剩余劳动力需要转移出来，城乡之间的结构性冲突还会加剧。

4.1.7 我国的绝大部分是农业区域，因此我国的社会现代化实质上是农村现代化的问题。但是，由于城乡差距在某些方面的扩大，城乡之间的结构性冲突显化，一些深层的矛盾更加暴露出来，并引起其他方面的诸多摩擦、矛盾和冲突，严重地阻碍了农村现代化的过程。不从根本上解决这种结构性冲突，由此产生的其他问题也是难以解决的。

4.2 社会运行机制的摩擦加剧

4.2.1 社会的转型过程也是社会运行机制的转轨过程，在转轨当中，由于两种机制的并存和交替，加之机制整合措施不能完全达到预期的目的，因而在不同层次上发生了机制摩擦甚至冲突。这种摩擦和冲突主要是由于社会现实在一些深层次上发生变化，以往的社会整合方式已不再完全适应社会发展的状况，而新的社会运转秩序还没有完全建立起来，因而在很多方面出现了“双轨”局面，导致行为规范的混乱。

4.2.2 机制摩擦集中表现为计划机制和市场机制的摩擦、行政管理机制和经济运行机制的摩擦。由于城市体制改革牵扯的面广，涉及的层面深，因而这种摩擦在城市比在农村更为明显。一方面要放权让利，发挥地方和企业的积极性，另一方面又必须打破地区封锁和行业壁垒，增强中央的决策权力和财政能力，一方面要引入市场机制，搞活经济，另一方面又必须加强宏观控制和管理；一方面要促进农村剩余劳动力的转移，推进城市化过程，另一方面又必须限制城市人口，减轻国家在城市生活补贴方面的财政负担；一方面要提高生活水平，并以消费启功市场，另一方面又必须实行行政干预，保证总量平衡，防止高消费和通货膨胀；一方面要进行价格改革，尽快结束价格“双轨”局面，另一方面又必须控制物价上涨，同时要求企业降低生产成本；一方面要打破“大锅饭”，提高工作和劳动效率，另一方面又必须保持人员稳定，防止利益差别扩大。这种在社会发展方面不同机制的要求造成了决策选择上的重重困难。

4.2.3 在计划机制和市场机制尚没有找到有机结合点的情况下，由于企业的所有制形式不同，与主管部门的财政关系和隶属关系不同，所在的地区不同，享受的税收政策不同，产品定价的标准不同，决定生产方向和用工辞退的权限不同，承担的风险不同，等等，因而企业的经营环境、竞争能力和市场机遇也就大不一样。部分国家预算内企业，特别是部分大中型企业，在受到政府资金支持的同时，逐渐减弱了直接面对市场的竞争能力。全国独立核算工业企业的资金利税率由 1980 年的 25.1% 下降到 1989 年的 16.8%。在全国 500 家最大工业企业中，1989 年利润额呈负增长的企业有 252 家，占 50% 以上，全部亏损的企业有 45 家，占 9%。在 1988 年建成投产的 56 个大中型基本建设项目中，约 2/3 的项目生产能力利用率在 20% 以下，近 1/3 的项目投产后即亏损。国营商业销售百元商品开支的流通费用也从 1980 年的 7.8 元上升到 1989 年的 9.7 元。由于国家财政收入的 90% 来自税收，因而企业效益下降直接影响到国家财政收入，国家的企业亏损补贴已从 1986 年的 300 多亿元增加到 1989 年的近 600 亿元。

4.2.4 政企不分，企业组织雷同于行政组织，这在我国是一个老问题，改革后这种状况虽有所转变，但没有根本解决。企业改革之初，由于强调政企分开，出现了一大批行政公司，如机械局改为机械工业公司，牌子换了，组织功能没有转换。近几年来，随着企业横向联系的加强，出现了很多企业集团，但其中也有相当一部分事实上只是行政性联合。在政企双重机制并存的情况下，企业经营者一方面要向上级主管部门负责，追求全面完成利税，另一方面也要向全体职工负责，追求增加职工货币收入乃至实物收入；一方面他以承包的法律形式承担了盈亏的责任，另一方面又由于他不是企业产权的法人代表，他本身也没有资产抵押，所以实际上只能负盈不负亏；一方面他要从企业利益出发，调整产品品种及其价格，以便获得利润，另一方面他又要从国家利益出发，服从主管部门的综合平衡和统一安排；在企业亏损时，他一方面应服从企业裁员、兼并、破产、拍卖的经济法则，另一方面又必须服从社会稳定的需要，尽可能做到人员稳定、工资照发。这些两难选择使企业经营者面临着种种困难。

4.2.5　企业的政企双重机制使多数国营企业都像是小国家、小政府。国家有计委、财政部、生产委员会、物资部、商业部、建设部，企业有计划科、财务科、生产科、供销科、基建科，国家有人事部、公安部、计划生育委员会，企业有人事科、保卫科、计划生育办公室等，党委系统的组织科、宣传科、纪委、老干部科和群众团体系统的团委、工会等也一应俱全。大多数企业无论是亏损还是赢利，职工人数都是只增不减。这种状况不仅表现在企业本身，而且表现在整个社会。1979～1989 年，社会劳动生产率平均每年增长 5.6%，工业全员劳动生产率平均每年增长 4.6%，而同期全国职工工资总额平均每年增长 7.0%（均为可比价）。企业机构臃肿，不仅影响到劳动和工作效率，也直接影响到资金投入所实现的利税，从而造成经济效益徘徊不进甚至下降。1985～1990 年，全民所有制企业每百元资金实现利税由 23.8 元降至 16.8 元，每百元销售收入实现利润由 11.8 元降至 6.3 元。

4.2.6　国营企业不仅像一个小国家、小政府，而且像一个小社会。在“单位本位”的体制下，企业不仅是生产和经营单位，同时也是生活单位。企业职工的生老病死、孩子入托上学、上下班交通、住房、医疗卫生、部分食品供应乃至业余娱乐生活和职工家属纠纷，都要企业来管。过年过节，很多企业的食物采购、发放和折价供应要持续半月有余。近几年部分企业的实物发放已从吃穿消费品发展到毛毯、地毯、排油烟机、烤箱、煤气灶、热水淋浴器、防盗门等。对于很多人来说，单位既管生产又管生活，这已是天经地义。1978～1989 年，全国职工保险福利费用总额（包括职工医疗卫生、丧葬抚恤、生活困难补助、文娱体育、集体福利、计划生育、上下班交通、洗理卫生等费用）相当于工资总额的比例已由 13.7% 上升到 29.3%，离休退休退职职工的保险福利费用占全部职工保险福利费用总额的比例也已由 22.2% 上升到 40.8%。有的企业保险福利费用已与工资总额相当，还有的企业离退休职工的费用开支超过了在职职工的费用开支，使企业实际上变成了社会福利机构和养老部门。

4.2.7　社会运行机制问题说到底是一个组织和管理问题，这在农村也同样表现得十分突出。实行家庭联产承包制以后，原有的政社合一组织体系解体，但新的农村基层组织并没有及时地进行功能转换，学会运用商品经济规律与承包的农民打交道，建立起统分结合的双层经营体系，结果是农民迫切需要有农业产前、产中、产后的社会服务网络，同时却有相当比例的农村基层组织处于瘫痪半瘫痪状态。很多农村基层干部的工作被局限于抓集体提留、集资、上河工、计划生育等要求农民付出的事务，从而导致部分地区的农村干群关系紧张。值得注意的是，近几年在建立农村社会服务网络的过程中，有些地方仍然按照旧的模式试图把这种网络变成行政网络，结果是加剧了机制摩擦和冲突。

4.3 社会的利益差别扩大

4.3.1 改革十几年是新中国成立以来国家、企业和个人的收入增长速度最快的时期，1979～1989 年，国家财政收入年均增长 9.1%，独立核算企业留利年均增长 12% 以上，城乡居民消费水平年均增长 13.4%，增长速度都比改革前 26 年高得多，而企业利润在改革前是全部上缴国家的。但是，随着收入水平的全面提高，在总体水平上的平均主义问题尚未解决的同时，城乡之间、产业之间、行业之间、企业之间、地区之间、职业群体之间和个人之间的收入差距则逐步扩大，利益格局发生重要变化，利益差别和分配不公问题成为人们最为关切、最为敏感的问题之一。

4.3.2 城乡之间的利益差别扩大，我们在前面已经谈到，这实际上也反映了产业之间利益差别的扩大，在产业利益格局的变动中，第三产业具有明显优势，在职工的货币收入方面，第二产业中的石油、煤炭采掘、钢铁、化工、纺织等劳动强度较大的部门已逐步减弱甚至失去过去的优势，而某些商业、服务业、饮食业、旅游业、出租汽车业等第三产业部门的实际收入水平则大幅度提高。从比较利益来看，农业仍是最不经济和收入最少的产业，这几年物价上涨幅度较大，但农村仍沿用 200 元的贫困标准，国家和省区重点扶持的 679 个贫困县中的 57 个人均纯收入仍在 200 元以下的县，全部都是农业县。而且，1989 年全国人均纯收入 300 元以下的县中，尚有 172 个未列入国家重点扶持对象，其中老革命根据地县 10 个，占 5.8%，少数民族自治县 72 个，占 41.86%。

4.3.3 行业之间的利益差别也明显扩大。在国家统计局划分的全国 12 个大行业中，1978 年职工工资水平最高的是地质普查和勘探业，最低的是农林牧渔业，到 1989 年，虽然二者的位次没有改变，但年工资收入差距由 323 元扩大到 1141 元，卫生、体育和社会福利事业工资水平由第 9 位上升到第6位，教育、文化艺术和广播电视事业工资水平由第11位上升到第8位，而党政机关和社会团体的工资水平则由第5位降至第9位。在全民所有制单位50个细分类行业中，职工年平均工资最高水平和最低水平的工资差，1978年为522元，1989年扩大到1997元。

4.3.4 改革开放以后，国家先后设立了经济特区、沿海开放城市和经济开发区，并对这些地区实行了不同程度的经济优惠政策，极大地促进了这些地区的经济发展。但与此同时，地区之间利益差别发生很大变化，原来边远地区职工工资高于内地的格局已被打破，新疆职工平均工资1978年高于上海6.7%，1989年变为低于上海21%，1978年与广东工资水平相当的云南、贵州，现在已比广东低35%左右。1989年，全民所有制独立核算工业企业利税总额占总产值的比例，河南为15.4%，广东为14.1%，同年全民所有制工业企业职工年平均工资，河南为2819元，广东为2860元（其中深圳为3614元）。

4.3.5 在企业之间和职业群体之间，由于隶属的所有制形式不同，利益差别也在扩大。同在一个行业，个体户、私营企业主和“三资”企业职工在实际收入方面占有明显优势，个体企业劳动者的年纯收入一般在4000~8000元，比全民单位职工平均工资高1~3倍，私营企业目前全国已有20余万家，百万资产以上的几千家，据陕西省1987年的一次调查，在该省关中地区130个私营企业中，雇主人均收入是雇工人均收入的33.5倍，最高的相差62.5倍，最低的相差4.7倍；1989年，全国“外资”企业职工年平均工资为3567元，比全民单位职工年平均工资2055元高73.6%。此外，在部分企业内部，国家《企业承包条例》规定的经营者收入为企业职工平均工资1~3倍的界限已被突破，据山西、辽宁、甘肃、广东、福建、上海、重庆等省市的调查，经营者收入高于职工收入3倍以上的一般占中小企业经营者总数的10%~15%，部分企业经营者比普通职工的收入高5~10倍。

4.3.6 个人之间的收入差距扩大，少部分人的收入水平远远超出社会平均水平。根据中国社会科学院经济研究所1988年对城乡约2万个家庭抽样调查的统计分析，约有96.22%的城乡个人年收入均匀地分布在200~3400元，呈正态分布，人均年收入为1744元，约3.78%的人年收入在3400元以上，构成高收入层，这部分人的人均年收入为5125元，最高的年收入为 30675 元，分别为正常收入阶层人均年收入的 2.9 倍和 17.6 倍。在这个高收入层中，按所有制划分，全民职工占 78%，集体职工占 14%，个体、私营业主占 4%，“三资”企业职工占 3%；按职业划分，工人占 40%，办事员占 27%，专业技术人员占 19%，厂长经理占 7%，机关干部占 5%，个体、私营业主占 5%。

4.3.7 在社会的利益差别和收入差距扩大的同时，收入分配上的平均主义状况并没有根本解决，有些方面的平均主义状况甚至更加严重了。按照国际通用的衡量收入分配平均程度的标准，基尼系数小于 0.2 表示绝对平均，0.2 ~ 0.4 表示相对平均和比较合理，0.4 以上表示收入差距较大。1988 年，我国城乡收入分配基尼系数虽然已摆脱过去绝对平均主义的状况，进入相对平均和比较合理的区间（农民收入分配基尼系数为 0.30，城镇职工为 0.23），但仍有不少地区的基尼系数处于绝对平均主义区间，如 1985 ~ 1989 年，广西城市居民收入的基尼系数 0.14 ~ 0.7，辽宁 0.13 ~ 0.15，武汉 0.15 ~ 0.16。而且，工资浮动、奖金发放和实物分配中的平均主义倾向仍相当严重，特别是在全民所有制单位，这种情况更加突出，我国标准工资间的差距本已很小，在工资总额中的比例又逐年下降，1978 ~ 1989 年，各种津贴、补贴在工资总额中的比重由 6.5% 上升到 23.1%，工资的近 1/4 是平均发放的，在党政机关和事业单位，平均发放的部分还要高得多。此外，在我国职工的社会福利方面和国家对城市居民生活的各种“暗补”（即不反映在工资中的住房、交通、粮油食品等补贴）方面，也基本上是采取平均分配的办法。

4.3.8 关于“分配不公”问题，应当具体问题具体分析。目前人们所议论的“分配不公”现象大致可以分为四类。①不合理但合法的。如城乡之间的利益差别问题，雇工、股息、分红、租金等非劳动收入的问题，因体制、政策原因带来的机会不均等和劳动价格双轨制等问题，这些问题虽然造成了等量劳动不能获得等量报酬，但在社会发展的现阶段，还应当承认它们是合法的分配方式。②不合法但合理的。如某些科技人员未列入个人专利的技术发明收入，以及科技人员利用业余时间进行技术咨询、技术服务的收入，这些收入虽然是合理的，但目前还没有细致周全的法规条文给予认可，不少企事业单位的“账外收入”“隐蔽性收入”，其中有一部分也是属于这个范围。③既不合理也不合法的。如以权谋私、贪污受贿、偷税漏税、公费吃喝、公费旅游、侵吞国家和集体资产等。引起人民群众强烈不满的主要是这一部分。④既合理也合法的。改革促进了经济、社会的发展，也使利益格局发生变化，在收入水平普遍提高的同时，一部分人通过劳动先富起来，也有一部分人的相对收入地位下移了，这本来是符合按劳分配原则的正常现象，但由于人们长期习惯于“大锅饭”分配方式，有时也把这种收入差距视为“分配不公”。

4.4 科技、教育发展滞后

4.4.1 科技、教育是经济发展和社会发展的先导部门，近些年来，科技、教育获得长足的发展，创造了巨大的经济效益，有些方面已经达到国际先进水平或在发展中国家处于领先地位。但是，从总体上看，科技、教育发展滞后于经济发展的状况仍未得到根本改善。

4.4.2 近些年来，由于国家对科技、教育的重视，科技、教育经费占国民生产总值的比例基本上呈逐年上升趋势，但与世界平均水平相比，仍然偏低。根据联合国教科文组织统计年鉴公布的材料，80 年代中期，教育经费占国民生产总值的比例，全世界平均水平为 5.8%，发达国家平均为 6.2%，发展中国家平均为 4%，另据国际货币基金组织统计，一般人均 GDP 300～500 美元的国家，当年教育拨款约占 GDP 总额的 4.2%，而我国目前预算内的教育经费仅占国民生产总值的 2.5% 左右，即使加上全部预算外经费，比例也达不到 3.5%。另外，研究和开发经费占国民生产总值的比例，美国、日本、德国（原西德部）、英国、法国都在 2.3%～2.8%，苏联、捷克、保加利亚、匈牙利在 2.7%～5.5%，韩国、印度分别为 1.8% 和 1.2%，而我国目前只有 0.8% 左右。加之科技、教育投入在过去的欠账较多，“文革”中受到的破坏较大，因此这方面的经费缺口问题就变得更加严重。而且，由于教师队伍近些年来的迅速扩展，教育经费中用于人头费的比重提高，新增加的教育投入中有 2/3 用于人头费，加之物价的上涨，真正能够用于改善教育的经费十分有限，1986～1988 年，教育基建投资总额徘徊不进，占基建投资总额的比重逐年下降。

4.4.3 科技教育总体水平仍较落后。在我国全民所有制企业中，自动化、半自动化生产线，按设备原值计算，仅占 2.5%。县以上工业企业中，从事手工操作的工人占 40%。另据世界银行 1985 年对我国工业设备情况的调查，六七十年代水平的设备占20%，已陈旧还可使用的占25%～30%，应该淘汰的占55%～60%，在农业生产中，手工劳动占相当高的比重，镢、锨、镰、锄和畜力仍是主要生产工具。全国有近50%的耕地仍不能实现机耕。在许多产业部门，大学和中专毕业的技术人员只占技术人员总数的5%以下，而其他发展中国家和发达国家平均约占8.7%。在就业人口的文化构成中，大学程度人口所占比重，西方发达国家一般在15%～30%，苏联为9%，韩国为8.9%，印度为2.5%，而我国仅为1.4%。全国1.2亿职工中，初中以下文化程度的约占70%。每万名农业人口中，专门人才仅6.6人。根据第四次全国人口普查结果，我国的文盲率为15.88%，平均每6个成年人中就有1人是文盲。

4.4.4 科技、教育投入的产出效益较低，而且与生产的实际领域存在脱节现象。我国每年研制出1万多项科技成果，但能得到应用的只占20%～30%，能及时用于生产的仅为10%左右。我国科技进步因素在国民经济增长中的贡献虽然已从80年代中期的26%提高到目前的30%～40%，但一与发达国家相比，差距仍很大，这一比例发达国家在70年代就达50%～70%，美国在1964～1976年达到71%。科研和生产存在脱节现象，科研成果转化往往被忽视。根据工业国家的经验，科研、成果转化（中试）和生产三个阶段的资金投入比例约为1∶10∶100，而我国则为1∶0.1∶100。在教育方面，许多专业理论、课程安排和教材内容几十年一贯制，极少变化，而国际上一般每10年左右就要更新一次教材内容，轻教学改革、重升学率的状况仍未改变。专业结构不合理是个老问题了，我国一方面是人才奇缺，全国自然科技人员占总人口比重还不足1%，而自然科技人员中具有高级职称的还不到7%（1990年），全国技术工人中高级技工仅占2%，农村中平均7000亩耕地才有1名技术人员。但另一方面，却存在着大学生、研究生分配难的问题，分配中专业不对口、完全改行和降格使用的占相当比例。1987年，全国36万多大学毕业生，一次分配退回人数5000多人；在北京市分配的2.12万大学生中，退回或未报到占4%。这个问题在近几年仍较突出。

4.4.5 人才链条断裂、后继乏人的现象应当引起高度重视。在“文革”十年中，据估计我们少培养了160万人才。据1978年的统计，当时我国全部助理研究员以上科研人员的平均年龄为48岁，全部正副教授以上的科学技术人员平均年龄为58岁，学部委员的平均年龄为70岁。到1984年，全国高级职称人才中50岁以上的占85.4%；全国高等学校教授的平均年龄为66岁；全国近2000名博士指导教师中65岁以上的占52%。近几年为培养和提拔中青年科技教育人才，国家采取了一些特殊政策，一批中青年人才脱颖而出，但人才后继乏人的状况仍未根本改变，据调查，目前全国高等院校教授的平均年龄为55~65岁，副教授平均年龄为50~55岁，40岁以下获高级职称的不到10‰。1978年国家实行对外开放以后，有6万人公费出国留学，每一攻读博士学位的留学人员国家要花费几万美元的外汇，但目前有相当比例的留学生学成后滞留未归。

4.4.6　在市场机制扭曲的情况下，由于职业收入"脑体倒挂"的影响和从业比较利益的驱动以及其他一些原因，中小学生的辍学、流失现象比较严重，流失人数和流失率居高不下，1980~1988年，全国至少有4000万中小学生弃学流入社会。1989年初中流失近300万人，流失率为7.3%，高中流失25万余人，流失率为3.4%，特别要引起注意的是，统计表明，东北、华东、华南的大部分地区初中流失率较高，小学生的流失虽已得到控制，但1989年小学生流失仍高达约400万人，成为产生新文盲的重要因素。1986~1989年，全国平均每年扫盲185.5万人，比"六五"期间平均每年扫盲人数少118.9万人，远未达到计划要求。

4.4.7　我国要在20世纪末使社会达到小康水平，而这一目标的实现离不开科技、教育的巨大发展，但"文革"十年造成的人才代际链条缺口到20世纪末会暴露得更加明显，那时"文革"前毕业的大学生都已进入或临近退休年龄。因此，从现在起就应逐步加大科技教育投入，提高科技、教育产出效益，通过各种途径对在职人员培训，以补上历史造成的人才缺口。

4.5　社会失序现象严重

4.5.1　在一定意义上说，社会治安状况是社会秩序的晴雨表，而社会秩序是保证社会生活正常运行的必要条件。在社会转型过程中，随着社会的变迁和发展，人们的生活方式和行为方式也发生巨大变化，一些旧的行为规范被冲破了，而与发展状况相适应的新的行为规范体系并未完全建立起来。虽然近10年来已颁布了数以千计的法律法规，但要使这些法律法规为人们所熟悉还需要一段时间，在现实当中，有法不依、违法犯罪的现象还是较为严重的，而且出现了一些新的趋向。

4.5.2 社会失序现象严重首先表现在违法犯罪案件的增加。刑事案件的立案数在1981～1984年连续4年下降之后，从1985年开始逐步上升，1989年刑事案件立案数达到197万余件，是1985年的2.6倍，每万人立案数达到18.2件，大大超过了一般年份4件/万人～6件/万人的犯罪率，甚至超过了新中国成立初期9.3件/万人的犯罪率，成为新中国成立以来犯罪率最高的年份。与此同时，治安案件也一直呈上升趋势。1985～1989年，治安案件发生起数平均每年增长16.18%，案件发生率平均每年上升1.8个万分点。

4.5.3 在社会的变迁和转型过程中，犯罪结构也发生了一些值得注意的变化，应当引起人们高度重视。

1）青少年（14～25岁）犯罪现象严重。50～60年代，青少年犯罪仅占犯罪总数的10%～30%，70年代中期这一比例达到50%，进入80年代以后，青少年犯罪的比例上升到60%～75%。

2）重新违法犯罪的比例增高。据统计，在全国刑事案件中，受到刑事处罚和行政处罚的累犯惯犯占作案成员总数比例，80年代初为6%，80年代中期上升到7%以上。在全国全部在押犯当中，判刑两次以上的罪犯1982年占7.34%，1989年上升到8.35%，累犯的绝对数上升了1倍多。

3）经济动机犯罪和经济犯罪显著增加，特别是大案要案增多。从80年代起，在各种刑事犯罪中，盗窃犯罪从原来的70%左右提高到85%左右，抢劫犯罪从原来的第6位一跃到第3位。同时各种经济犯罪案件逐年增加，1988年已占到全部刑事案件的17.9%。1990年，全国查获挪用公款罪案10556件，偷税抗税罪案7564件，假冒商标罪案358件。在经济犯罪当中，案件所涉及款额也由过去的数千元、万余元上升到数万元、数十万元甚至上百万元。1988年，在判处的9832名贪污受贿犯中，贪污受贿数额5万元以上的就有260名，贪污受贿数额在10万元以上的有85名，贪污数额最高的达334万元。1990年，全国检察机关立案侦查的贪污、贿赂案51373件，其中万元以上的大案11295件，占22%。此外，涉及党员干部的贪污受贿案件也明显上升，1989年全国各级纪检机关查处党员违纪案件197424件，处分党员158826人；1990年全国监察系统立案查处违纪案件 51425 件，给予行政处分的有 46985 人，其中县处级以上干部 1912 人，这些案件中有相当比例涉及贪污受贿。在 1990 年 1 万余件万元以上贪污贿赂案的案犯中，县处级以上国家工作人员就有 1188 名。

4）一些过去基本消灭的丑恶现象又死灰复燃，如赌博、吸毒、卖淫、嫖娼。赌博现象近几年较为泛滥，仅 1985～1988 年，立案的赌博案件就由 14 万余件增加到近 22 万件，增加了 55%。道德规范约束力的削弱和淫秽物品的毒害使卖淫嫖娼现象死灰复燃。广东省查获的卖淫嫖娼人数，1980 年为 464 人，1988 年达到 9690 人。

5）流动人员和流失生的犯罪比例高。改革开放以来，流动人口大量增加，但有 30%～40% 不申报暂住户口，社区、单位和行政机构对他们的行为约束力较小。据上海市统计，在 1988 年抓获的犯罪成员中，外来人员占 30%。另据深圳市调查，在卖淫成员中外省市的占 72%。

4.5.6　由于社会失序现象较为严重，公众的安全感受到妨害。据公安部公共安全研究所 1988 年 12 月对全国 15 个省、区、市 15000 人的调查，感到安全性一般的占 30.4%，感到不太安全和不安全的占 38.4%；38% 的人认为最危害自身安全的是盗窃，20% 的人认为是凶杀，14% 的人认为是抢劫；此外，认为社会上“坏人怕好人”的占 50.7%，认为“好人怕坏人”的也有 31%。

4.5.7　应当看到，社会失序现象与经济增长并不是直接相关的，而是与社会整合程度和社会控制能力密切相连。一般来说，发展中国家在社会转型时期都会出现暂时的社会失序现象，因为社会转型带来社会体制、法制秩序、行为规范和道德观念的变化，这些变化从不同的方面和在不同程度上冲破了原有的规范体系，而新的规范体系尚在建设当中，从而造成了规范体系的暂时紊乱。

社会发展和经济发展是一种协调配合、辩证统一的关系，只有经济的发展才能为社会发展提供必要的经济基础和资金条件，同时，也只有社会的发展才能为经济发展创造良好的宏观环境，防止单纯的经济突进可能造成的社会震荡和社会失序。

社会发展和社会改革的基本要点是：

——以社会稳定为基本前提；

——以提高效率为首要原则；

——以社会总资源的合理配置为主要目标；
——以经济和社会协调发展为战略取向；
——以体制改进、组织创新为主要途径。

5. 全面推进社会改革（略）

参考文献

黄硕风，1988，《综合国力的未来研究》，《未来与发展》第5期。
陆学艺，1989，《重新认识农民问题：十年来中国农民的变化》，《社会学研究》第6期。

工作积极性调动：两难境地与策略选择*

石秀印

摘　要：本文在对全国21个城市47家各类国营大中型企业深入调查的基础上，探讨了职工工作积极性的调动问题。作者认为在人们工作积极性形成的过程中，存在着物质要求与精神追求、投入公平与结果公平、维护亲密的人际关系与相互竞争、施加影响与接受影响四种心理冲突；在经济组织对职工工作积极性的调动中存在着物质刺激与精神鼓励、多劳多得与平均分配、融洽感情与激发竞争、施加影响与接受影响四个两难处境。这些冲突和困境相互作用，成为影响职工工作积极性的重要原因。走出困境并解决这些冲突，是摆在我们面前的重要任务。

当前，国营大中型企业活力不足的问题日益引起人们的关注。而职工工作积极性不够高，则既是其突出表现，又是其主要原因之一。那么，问题的症结何在，又怎样解决这些问题呢？对此，笔者与同事对全国21个城市的47家各类国营大中型企业进行了调查，调查在企业内采用分层定比随机抽样的方法，共调查了15472名干部、职工。调查结果表明，职工工作积极性不够高的重要原因，是人们的社会心理中存在着四个双趋（或双避）冲突，经济组织的工作积极性调动中存在着四个两难境地。解决这些冲突并走出这些困境，成为工作积极性调动的关键。

两难处境之一：物质刺激与精神鼓励

调查表明，人们的工作积极性水平与其需要的满足度密切相关。在需

* 原文发表于《中国社会科学》1991年第5期。

要得到（或能够得到）满足时，工作积极性趋向于高涨；在需要得不到满足时，工作积极性趋向于低落（见表1）。

表1　需要满足度与工作积极性水平

需要	需要满足度	情境	工作积极性
生活	不满足	当经济拮据，家庭困难时	2.735
	满足	当丰衣足食，家庭用品齐全时	4.036
接纳	不满足	当别人都不喜欢自己时	2.696
	满足	当同事们喜欢自己时	4.069
尊重	不满足	当受到领导的讽刺时	2.315
	满足	当人们尊重自己时	4.243
奉献	不满足	当干了有损本单位的事情时	2.393
	满足	当感到对社会有用时	4.127

注：表中积极性水平栏内的数字，系根据不同答案计算出的平均等级，该数字越大（范围为1~5，均值为3），表明积极性水平越高。下同。

需要满足度影响工作积极性的机制在于以下几点。第一，人们的需要一旦产生及现实化，就会谋求满足。满足须借助于实际行为。如果工作行为能够最有成效地满足需要，那么这种需要就会转化为从事该行为的积极性。反之，就不会有积极性。第二，需要满足度决定着人们的情绪，而工作积极性是一种精神力量，其中包含着丰富的情绪成分。故而需要满足时的积极情绪就会使工作积极性趋于高涨，需要得不到满足时的不良情绪则会使工作积极性趋于低落。

有鉴于此，要调动人们的工作积极性，就有必要提高其需要满足度。人们的需要是多种多样的，其中最基本的是物质生活需要。而要满足这些需要，就必须提供相应的物质资源，包括工资、奖金、福利等。这种用经济手段来调动工作积极性的方法，可以称之为“物质刺激策略”。

80年代初，我们运用物质刺激策略，使人们从“文化大革命”后的消沉中振作起来，积极投身于工作，促进了经济的振兴。然而，物质刺激并非万能。近些年来，职工的工资提了几级，部分企业奖金有超过工资之势，福利津贴也发了不少，但激励效果却与刺激量不成比例。与之伴生的是，人们头脑中的“经济主义”和雇佣思想有所增强（在调查中，对于“钱多多干”的说法，有52.3%的人认为“有一定道理”或“十分合理”），不满情绪增多，以至于不少人“端起碗来吃肉，放下筷子骂娘”。

这些情况的出现，表明物质刺激策略具有较强的负作用。

（1）物质资源对于个体来说，属于工作外目标。工作对于获得物质资源是不得不做的支出。“不得不做”会产生心理压力，压力会引发两种行为倾向：第一，把工作作为负担，厌恶和远离它；第二，不愿干又不得不干，在工作中会产生“亏损感”，期望以更多的物质资源来补偿。两种倾向相互作用，即导致厌恶工作和追求更多物质资源的不良循环。

（2）物质刺激策略的成效有赖于物质资源的提供。而所提供的物质资源能否激发起工作积极性，则取决于它的量与个人的期望值之间的关系。物质资源量等于或超过期望值，人们就有工作积极性，反之，即无工作积极性（见表2）。

表2　物质资源获得量与工作积极性水平

物质资源	与期望值之间的关系	情境	工作积极性
福利待遇	低于期望值	当享受的福利待遇较低时	2.779
	等于期望值	当享受的福利待遇适中时	3.723
	高于期望值	当享受的福利待遇很高时	4.426
子女照顾	低于期望值	当子女入托、上学问题基本解决时	2.467
	等于期望值	当子女入托、上学问题基本解决时	3.970
	高于期望值	当子女入托、上学问题圆满解决时	4.434

但人们对物质资源的期望值不是一个常量，而是一个变量，这一变量与已获取资源的对数成正比。比如，某人一月挣30元工资，只要给其提高3元，他就会感受到工资的增加和内心的满足；如果他挣到了300元，要让其产生类似的感受就不能仅提高3元，而必须提高20～30元。

人们对物质资源的期望值呈跳跃式发展，而企业生产和经济收益的增加则是渐进的，人们对于物质资源的欲望具有无限性，企业可用于分配的资源却是有限的。这样一来，单纯的物质刺激可能产生两种不良后果：第一，将更多的物质资源用于个人分配，导致生产资金不足；第二，人们的期望不能实现，产生不满和怨气，引致工作积极性低落。

（3）我国企业的财力物力相对缺乏，能够分配给个人的物质资源相当有限，将大量资源用于个人消费无异于杀鸡取卵。另外，随着改革开放和大众传播的发展，人们的收入和生活期望愈加受到发达国家的影响，期望值不断提高。物质刺激和外来参照系交互作用，会使期望值与个人分配量两者间的差距不断加大，使工作积极性的调动变得更为困难。

（4）物质刺激策略利用的是人们对于物质利益的关心，单纯的、对物质利益的强烈关注有可能导致个人主义取向增强，集体主义取向减弱。而企业生产需要以群体形式、协调一致地进行，要求的行为取向是集体主义而不是个人主义。个人主义取向增强，已经并将进一步对经济发展产生不利的影响。

显然，在运用物质刺激策略的同时，有必要寻找另一种策略，就是既能够调动起工作积极性，又不需要支出过多物质资源，并且有利于倡导集体主义取向的策略。这就是激发和满足人们的奉献、作为等精神需要，调动人们的精神力量。这一策略，可称之为精神鼓励策略。

精神鼓励策略在五六十年代被证明是相当有效的。那时候，国家和企业注重培养和激发人们全心全意为人民服务的奉献精神，以厂为家的主人翁精神，团结协作的集体主义精神，自力更生、艰苦奋斗的创业精神，调动起了高涨的工作热情。

然而，渐渐地，人们的工作热情出现了降温。有些人由上班“流汗”变为“泡汤”，由关心集体转为更多地关心个人，对于“当主人、作贡献”之类的宣传也很难再听得进去。调查中，认为“不计报酬、不讲待遇的共产主义劳动态度”在本企业“很普遍”和“较常见”的人数只占19.1%。

精神动力趋于弱化，有其深层的原因。

进行精神鼓励，惯常的做法是号召“一心为国家”“不计报酬，不讲名利”。作为宣传，这本无可厚非。问题在于，当某些职工照此去做时，领导者也“照此去做”，即不给贡献大者以更多的报酬，反而要求他们“在名利面前让一让”。这样做的结果，多贡献的人与少贡献的人拿同等的一份，“让”工资的人比“争”工资的人永远相差一大截。长此以往，多贡献的人觉得心里不是滋味，不上不下的人发现贡献是“犯傻”，“精明者”则力求“以最少支出获取最大收入”。由此，人们讲贡献的积极性降低，工作热情减弱。

国营企业归全民所有，其经济收入自然也归全民所有。全民的代表者是国家（政府），企业的收益要如数上缴。但是，生产的最终目的是消费，而消费以个体的方式进行。这样，国家必须将全民的收益对个人进行分配。概括起来就是，收益通过个人—群体—企业—国家的途径上缴，分配通过国家—企业—群体—个人的途径下发。

这样，从贡献到分配之间就被众多的环节所间隔。而由于下列因素的影响，每一个环节都可能使两者的关系出现扭曲。第一，贡献量和分配量经过各个环节时，都可能出现人为的增减；第二，国家在进行分配时，要协调各方面的关系，解决突出的难题，不可能完全按照贡献量进行分配；第三，国家分配时，会受到各利益集团的不同压力，其分配原则会因此而发生倾斜；第四，一些决策者会因个人利益、人际亲疏等做出对某些人有利、对某些人不利的决策。

贡献与分配关系扭曲，有可能导致以下社会心理效应。第一，人们以为，做贡献是一回事，得分配是另一回事。贡献既没有给自己带来好处，也难以看到其社会作用。由此，贡献热情即会趋于淡化。第二，人们发现实际的分配不符合社会主义分配原则，会产生不满，降低贡献的积极性。第三，人们发现工作、贡献较少决定分配，会转而追求那些真正决定分配的东西，将积极性转移到非工作行为上。不论哪种效应，都可能引致贡献热情等精神力量的弱化。

国营企业归全民所有。其含义是，它归全国的11亿人所有，该企业的职工并不具有支配本企业事务的全部权利。由此，尽管每个职工都是企业的主人，却不能作为实际的完全的主人来行动。这种关系的心理效应是以下几点。第一，职工认为厂长是企业的主人，厂长却认为自己是在给“上边”干，结果大家都觉得不是主人。第二，人们感到自己只有“干主人事”的义务，较少当家作主、施加影响的权利。权利与义务是收入与支出的关系，二者失衡，人们即较少愿意多做支出、多尽义务。第三，由于权利向社会上广泛扩散，职工也将应该承担的责任和义务向他人扩散，以至于“大家均有责任，但没有人真正负起责任”。这是尽管一再强调树立主人翁意识，而职工的主人翁责任感依然不够强烈的重要原因，也是其精神力量弱化的重要原因。

综上所述，人们工作积极性的形成有赖于需要的满足。需要有物质需要和精神需要之分，过强的物质要求会淡化精神追求，单纯的精神追求会因物质方面的欠缺趋于弱化；人们要求物质资源时往往忽视精神资源，追求精神满足时又容易产生物质方面的不满。这是工作积极性形成中的第一个心理冲突。心理冲突对人的行为动力有“相减”作用，因而导致工作积极性的不足或弱化。

从经济组织的角度看，单纯运用物质刺激策略，一则物质资源不够充分，二则容易增强个人主义取向，从而弱化工作动机中的精神力量；单纯运用精神鼓励策略，由于社会机制不够健全，不能提供劳动与报酬之间的对等，也会使人们的精神力量缺乏客观的支撑。当精神鼓励的效果较差时，求助于物质刺激；当物质刺激的效果不足时，又重新回到只靠思想政治教育，两者轮流突出，都没能从根本上解决问题。这是我们所面临的第一个两难境地。

要充分调动工作积极性，必须改变物质刺激和精神鼓励轮流突出的做法，将二者真正有机地结合起来。应该提倡为社会工作的崇高目标，号召人人关心企业，同时继续改革、完善经济体制，让职工的主人翁地位得到更充分的体现，让生产者的命运与企业的命运更紧密地联系在一起。应该提供合理的物质刺激，使其既能满足人们的基本需要，又不至于过多地冲淡精神力量。应该探讨物质刺激和精神鼓励相结合的多种途径，使人们所获得的物质资源与其所作的贡献相对应，使物质资源成为其奉献支出的补偿，成为其社会贡献量的标志。

两难处境之二：投入公平与结果公平

调查表明，工作与需要满足之间的关系对职工的工作积极性有着重要的影响（见表3、表4）。

表3　工作投入需要满足之间的关系对工作积极性的影响

关系状况	情境	工作积极性
多干工作，不能满足需要	当忙于工作，生活需要亲友帮助时	3.375
不干工作，不能满足需要	当不干工作就不能更好地建设家庭时	3.496
多干工作，能够满足需要	当多干工作可以稳定地提高生活水平时	4.191
多干工作，不能满足需要	当埋头工作会失去晋升机会时	2.744
不干工作，不能满足需要	当不干工作永远不能升级时	3.118
多干工作，能够满足需要	当多干工作就能提职提级时	3.819

表 4　工作绩效与需要满足的关系对工作积极性的影响

关系状况	情境	工作积极性
工作绩效与需要满足不成正比例	工资奖金靠多干工作不能增加	2. 568
工作绩效与需要满足成正比例	工资奖金可以靠多干工作增加	4. 220
工作绩效与需要满足不成正比例	无论怎样努力，领导也不关心自己	2. 178
工作绩效与需要满足成正比例	工作越努力，领导就越关心自己	4. 211

从表 3、表 4 可以看出，人的工作积极性的形成呈现出以下规律性现象。

（1）当多干工作能使需要获得满足时，工作积极性的水平最高；当不干工作就不能满足需要时，工作积极性的水平居中；当多干工作反而不能满足需要时，工作积极性的水平最低。这表明，人们是否努力工作，取决于工作对于需要满足的价值。如果价值量大，就会努力工作。如果相反，则会从事其他更有价值的活动，而不愿多干工作。

（2）当需要满足与工作投入成正比时，工作积极性的水平较高；当二者不成正比时，工作积极性的水平较低。这表明，人们力求让在工作中付出的努力、取得的成绩（绩效）与需要的满足度成正比，以等量的投入获取等量的收益。

这两种社会心理趋向，可称之为投入公平取向。其含义有二：人们期望以工作投入换取需要满足的收益；人们期望两者之间成正比。

根据投入公平取向，人们在行为中会表现出两种平衡方式：当投入相同时，追求收益相同，向收益最高者看齐；当个人收益相同时，谋求投入相同，向投入最小者看齐。“大锅饭”之所以会弱化工作积极性，即在于它引发了第二种平衡方式，降低了人们心目中的工作价值。

打破大锅饭，实行多劳多得，迎合人们的投入公平取向，是调动工作积极性的根本措施，也是经济体制改革的重要目标。但是，实践证明，“大锅饭”并不像预想的那样容易打破，而是具有相当大的吸引力。例如，某企业推行多劳多得，给一线人员以较高的工资和奖金，给二线和三线人员的相对较低，企图以此激发一线人员的工作热情，吸引二三线人员向一线流动。其实施结果却与预期大相径庭。尽管一线人员有了工作热情，但二三线人员却牢骚满腹，消极抵抗：原材料供应不上了，食堂菜差了，浴室水不热了……弄得一线人员叫苦不迭。领导下去查处，二三线人员却理由充足："为什么让我们少拿？他们贡献大，没有我们的配合，他们能完成任务吗？"领导无奈，只好将二三线人员的工资、奖金与一线人员大致拉平。后者见状，更有意见："凭什么让我们跟他们拿一样多？说大家的贡献一样大，当初为什么允许我们多拿？让多干的吃亏，不干！"这样一来，厂里的工资、奖金支出增加了，人们的工作积极性却不如从前了。

在很多单位，前些年对"大锅饭"狠批过一阵子，对于多劳多得推行过一阵子，但是，近两年却纷纷走了回头路。再加上"平息情绪"和"维护稳定"的要求，平均分配变得越来越严重。

"大锅饭"之所以难打破，多劳多得之所以难推行，在于人们的心理中还存在另一种倾向，这就是收益或结果公平。在这一倾向的作用下，当收益高于别人时，工作积极性趋向于高涨；等于别人时，工作积极性水平居中；低于别人时，工作积极性趋向于低落（见表5）。

表5　所得收益与他人的差距对工作积极性的影响

所得收益与他人的差距	工作积极性
工资、奖金比别人的少	2.789
工资、奖金与别人相近	3.703
工资、奖金比别人的多	4.129
领导不像其他单位的那样关心职工	2.842
领导像其他单位的那样关心职工	3.491
领导比其他单位的更关心职工	4.189

两种心理取向相比，投入公平重视投入和收益的关系，结果公平重视自己的收益与他人收益的关系；投入公平重视劳动的价值，结果公平重视人的生存与享受的价值；投入公平承认个人之间的能力差异，追求有差别境界，结果公平则承认权利平等，追求无差别境界。

人们既要求投入公平又留恋结果公平，反映出心理上的双趋冲突：既希望多干时能够多得，投入的价值得以实现，又不愿少干时比别人少得，在收益上比别人差；既追求他人与自己间的不平衡，力求高于他人，又担心自己与他人间出现不平衡，避免低于他人，既会因他人少干却在收益上与自己相同而不满意，又会因他人多干、比自己收益多而不服气；当自己的能力与机会同时存在时，追求投入公平；当没有能力和机会实现投入公平时，倾向于要求结果公平。这是人们工作积极性形成中的第二个心理冲突。

从经济组织的角度看，企业迎合了投入公平取向会背离结果公平取向，顺应了结果公平取向又否定了投入公平取向，导致大量的情绪问题和工作积极性低落，这是工作积极性调动中的第二个两难处境。

在这一冲突中，结果公平显然是比较消极的方面。它的存在与以下因素有关。

（1）人们有两种追求策略，一是高级策略，即希望在收益上比别人高；二是低级策略，即希望不比别人低。结果公平取向反映出人们的适应策略比较消极，尚停留在低级水平上。

（2）一个人总要面临与他人存在差距所产生的不平衡。对此，有三种平衡策略：第一，提高自己，赶超他人；第二，阻碍攻击他人，“拉下”他人；第三，“认了”，安于现状。当前，人们（特别是弱者）倾向于采取第二种消极策略。而互相“拉”“扯”的结果，就是谁也不比别人多，捧起“大锅饭”。

（3）凭理智，人们都知道“大锅饭”的坏处，既害了社会又害了自己；实行多劳多得，即使眼前比别人拿得少，但从长远看于国于己都有利。然而，一看到多干者比自己多得收益，就感到难以忍受。这反映出其心理中存在一种重情绪平和、避情绪紧张，重当前、轻长远，感受性强、承受力弱的倾向。

（4）中国人比较好面子，害怕受到他人的轻蔑与贬低，而收入的多少标志着与他人相比时面子的高低。为保面子，就不愿比别人拿得少，嫉妒别人比自己多得，欢迎平均分配。

（5）企业职工是企业的主人，在政治地位上是平等的。可是，不少人由此产生出一种错觉，似乎这种平等应该绝对化地体现在经济收入及其分配上，与他人拿同等的一份。由此，人们在争取收入时理直气壮，而对于自己的实际投入量，则归于“一个人的能力有大小”的范畴。

（6）许多人在评价事物时情感色彩比较浓厚，在晋升工资、评定奖金、评选先进时，常常重人格轻工作，重态度轻绩效，重过程轻结果，顾面子送人情。在分配领域也有此倾向。因此，工作成绩经常被放在次要地位，使多劳多得难以实现，只好平均分配。

结果公平取向及以上心理现象的存在，均有其社会原因。这包括生产和经济发展水平较低，人口众多，资源不足，资金短缺，就业机会较少，等等。如果分配差距过大，一部分人会因此而失去分得资源的机会，有可能铤而走险。为维护社会稳定，即不得不照顾分配中的平均主义倾向。

毫无疑问，顺应结果公平取向尽管有助于社会稳定，却较少有助于社会的迅速发展，因为它束缚着人们的劳动热情。为了激发高涨的工作积极性，必须迎合投入公平取向，实行多劳多得。只有这样，才能给企业、社会带来蓬勃的生机和活力。如果一味顺应结果平均倾向，那必然是大家一起落后，一起过穷日子。

迎合投入公平取向，实行多劳多得，一定要以“劳”为标准，排除权力、地位、感情、裙带关系等非劳动因素的干扰，实现分配标准的客观化、非人情化、定量化和可操作化。应该创造平等的机会，使人们都有可能从事高收益的工作。应该采取小步走的方针，逐步拉开差距，以引导人们逐步适应。应该坚持到底而不动摇，使人们在牢骚、怠工无济于事之后横下一条心，去争取多劳多得。不论是企业对职工的分配，还是国家对企业的分配，都应该遵行这些原则。

两难处境之三：融洽感情与激发竞争

调查表明，我国职工的人际亲密需要十分强烈。在所涉及的82种需要中，团结融洽需要的强度占第一位。因此，其工作积极性在很大程度上取决于人际关系的好坏，以及多干（或少干）工作对于人际关系会产生何种影响。如果多干工作能够增进人际关系的亲密程度，工作积极性就倾向于高涨；如果不干工作会被同事疏远，也有一定水平的工作积极性；如果多干工作会损害人际关系，工作积极性就倾向于低落（见表6）。对此，可称之为人际亲密取向。

根据人际亲密取向，在调动工作积极性时，有必要运用人际亲近策略。例如，调节各种人际关系，增加彼此间的“感情胶水”，提倡同事间的互助合作，消除其间的误解与冲突，等等。

表 6　工作与人际亲密的关系对工作积极性的影响

需要	工作与人际亲密的关系	情境	工作积极性
接纳	多干不利于被接纳	当多干工作，会遭到孤立时	2.683
	不干不利于被接纳	当不干工作，同事会不理睬时	2.825
	多干有利于被接纳	当多干工作，班组会乐于接受时	4.022
亲近	多干不利于亲近	当多干工作，同事会中断来往时	2.946
	不干不利于亲近	当不干工作，会被同事疏远时	3.037
	多干有利于亲近	当多干工作，会促进与同事亲近时	4.020

然而，人际亲近策略要发挥作用，必须具备两个前提。第一，人们彼此间抱有“多干工作”的期望。人际关系多通过互相迎合彼此的期望来融洽，只有一方抱有“多干工作”的期望，另一方才会迎合对方的期望、为增进人际亲密而多干工作。第二，多干工作能够带来人际关系的亲密。如果工作不是增进人际亲密的有效手段，人们就不会运用这种手段。

可是，这两个前提都很难成立。首先，人们并不一定互相抱着“多干工作”的期望。这是由于：第一，要求别人多干工作可能得罪人，破坏人际关系；第二，对方多干了工作，会使自己相形见绌；第三，这一要求会引发对方的同样要求，使要求者也必须多作支出，而这往往是人们不大乐意的；第四，在分配总额一定时，别人多劳多得，自己的所得就会减少；第五，别人多干工作，提高了单位时间内的工作量，企业可能因此提高定额，使自己完成定额更加困难。

其次，多做工作，也不总是能够带来人际关系的亲密。例如，一个人超过了别人，会让别人感到难堪。他因此多拿了奖金，会让人眼红。他导致了劳动定额的提高，会遭人非议。在这些条件下，他都会受到别人的厌恶、孤立与拆台，他的人际关系就会淡化乃至恶化（一些劳动模范的命运就是如此）。为了避免人际关系的疏远和恶化，他会倾向于少干工作，或者与别人干得一样多。

如何才能激励人们离开“平均数”，愿意比别人多干工作呢？一个根本途径，是实行人际竞争策略，鼓励人们在工作中竞争，在体力、脑力支出和工作成绩上赶超别人，争取优胜。竞争动机有两个显著特点。第一，以赶超别人为目标和满足，不需要金钱等刺激物进行强化。第二，其他动机所推动的行为受到挫折时，人们常因为不满而降低工作积极性。竞争动机所推动的行为遇到挫折时，人们则倾向于奋起和拼搏。因此，竞争动机在工作积极性形成中起着其他动机无法替代的作用。激励竞争，是调动工作积极性的重要途径。

激励竞争的前提是职工有竞争需要。然而，我国职工竞争需要的强度明显地微弱。在调查的 82 种需要中，其强度只占第 67 位。与此相关，职工的地位需要（占第 75 位）、荣誉需要（占第 64 位）、名望需要（占第 69 位）、敬佩需要（占第 78 位）等也较微弱。由于竞争动力来源不足，企业内一些鼓励竞争的措施常常收效甚微。例如，有些企业实行超产得奖，完不成定额受罚。但是，不论如何奖惩，不论定额高低，也都很少有人努力超额。一些人完成定额后宁可去帮助别人干，也不愿比别人多干。为鼓励先进，大部分企业都有评选模范等制度。然而，由于人们对此态度冷漠，评选过程也多是草草了事。奖状发了不少，时间、资金耗费巨大，工作积极性却较少因此而提高。

竞争需要较弱，有其深刻的文化、心理原因和社会根源。

如上所述，职工的人际亲密需要较强。这种需要与竞争需要具有一定的对立性，会抑制竞争需要的发展。因为竞争可能给他人带来有形无形的损害，引起他人的反感、抵制，破坏人际关系的和谐。为了维持和发展人际亲密，人们会力图避免竞争。

在很多情况下，人际关系良好与超越他人相比具有更高的价值。第一，人际亲密能给人以愉快的感受，竞争过程则会给人带来紧张。第二，人际亲密能够带来他人的帮助，个人间的竞争则可能带来孤立。第三，人际亲密能够交换其他物质、精神和社会资源，与人竞争则较少能从对方那里获得这些资源。即使能够“争”得某些资源，却会在同时失去更多的另一些资源（例如，靠超定额多得了奖金，却可能因此得罪众人，在优化组合中被淘汰掉）。诸如此类的现实，都会使人趋向人际亲密，而舍弃人际竞争。

人际亲密取向的存在有其深刻的社会根源。传统的小农经济使生产者势单力薄，常借“按情通有无”取得依赖；这类小生产以家庭形式进行，“家长式分配”在很大程度上以感情亲疏为标准；我国人口众多，为了取得有限的资源，必须借助于人际关系的渠道；等等。

竞争需要较弱，也与“掐尖”行为有关。一个人超额完成任务，别人相形见绌，可能给他制造麻烦。一个人干出了成绩，领导可能不予兑现当初的诺言。一个人因成绩受到上级赏识，也可能招致他人的嫉妒、挑剔和谣言。一个人多拿了报酬，众人可能来吃大户。一个人当了模范，别人会认为他“赚了”，把脏活累活都“让”给他去干。一个人名声显赫，上司可能会因害怕其荣誉和能力超过了自己而让他走人。尖子被掐来掐去，从竞争中的“得”远小于“失”，也就不再愿意冒尖。

“掐尖”现象与不敢冒尖互为因果，但二者都源于消极的平衡策略。竞争总要拉开差距，处于中、后地位的人会感受到窘迫和压力。为了恢复平衡，在赶不上前者时即可能设置障碍，把他拉下马来。冒尖者遇到压力和障碍，不少人因承受力较弱，也会败阵而逃。长此以往，人们就会形成如下平衡策略：与其情绪紧张，不如情绪平静；与其受压力，不如求自在；与其去冒险，不如求保险；与其求成功的欢乐，不如知足常乐。

在社会层面，竞争能够推动生产发展和社会进步，但是也会损伤“弱者”的暂时利益。为了生存，后者会团结起来争取利益，争取利益的行为有可能酿成社会动乱，而社会动乱会干扰社会的协调发展。在这种情况下，社会控制的决策者们就不得不抑制竞争，而推行平均分配。

综上所述，人们重视人际亲密，因为人际关系亲密时才乐于工作；而多干工作又可能破坏人际亲密，为了维护人际亲密就要适当地少干工作。人们可以在竞争中发挥出较高水平的工作积极性，却又不愿或不敢竞争。维护人际亲密就要牺牲竞争的利益和乐趣，进行竞争又可能损害人际亲密。这是工作积极性形成中的第三种心理冲突。

从经济组织的角度来看，为了迎合人际亲密取向有必要采取人际亲密策略，但这往往使工作积极性趋于平均化；为了打破平均化必须采取激发竞争策略，而竞争又有可能损伤人际亲密，损伤人际亲密则有可能降低人们的工作积极性；为维持一定水平的工作积极性有必要维护人际关系，维护人际关系又会阻碍竞争需要和相应动机的形成，使激发竞争策略归于无效，从而阻碍人们高水平工作积极性的形成。这是工作积极性调动中的第三个两难处境。

解决这一冲突和走出这一困境的关键，是逐渐增强人们的竞争需要。竞争动力不足，无论如何是一种国民素质上的缺陷。它影响人们的工作热情，影响人们对于更高利益的追求，也影响到整个民族的发展。只满足于人际关系良好，而不能（或不愿）赶超别人，我们的生产、我们的民族就会停步不前，就会在国际竞争中进一步拉开与别国的差距。

增强竞争需要的主要途径，是提供足够的诱因，激发竞争。这包括：逐渐拉开分配差距，鼓励有能力者力争上游；给冒尖者以足够的奖酬和补偿，使他们从竞争中得到的收益大于在人际感情方面的支出；创造竞争气氛，让人们都感到不投入竞争就可能被淘汰；提供充分的竞争机会，组织多种竞赛活动，让具有不同优势的人都有拔尖的可能，创造公平的竞争环境，消除干扰竞争的多余的感情因素，注重舆论引导，让人们明确竞争不仅是为了个人的利益，更重要的是为了企业的发展和国家的振兴。

同时，在激励竞争时应该坚持“小步走、渐进性、适度性”原则，以使人们能逐步适应。应注意保护竞争中的弱者，使其取得一定的生活费用，并能随企业经济效益的提高而相应地提高他们的收入。这部分人生活基本稳定，并且会逐渐有所改善，就会赞同竞争，减少抵触情绪。

两难处境之四；接受影响与施加影响

在任何一个企业，领导者与被领导者的地位和作用都是不一样的。领导者的作用是对企业与被领导者进行领导，而领导的实质即是对职工施加影响。这种影响包括两个方面：第一，影响其方向，即将职工的行为引向企业所需要的目标；第二，影响其动力，即调动职工的工作积极性。从这一角度看，领导者是影响者，被领导者是被影响者。

然而，职工同时也是主动的影响者。第一，他们支配自己的行为，支配其行为的方向和力量。第二，决定该不该接受他人的影响并作出何种反应。第三，对于外界事物施加能动的影响。所以职工也是影响者。

领导者要影响职工，让其积极地投身于企业的工作；职工则要“影响”自己的行为，取得最大的“效益”。这是一对矛盾。为了调动职工的积极性，领导者必须妥善地解决这对矛盾。

那么，怎样才能解决这对矛盾，理顺影响与被影响的关系，调动起职工的工作积极性呢？

这需要一系列条件。调查表明，其中最主要的是以下四个方面（见表7）。

表 7　领导者调动职工工作积极性的条件

有利于使职工接受影响的条件	工作积极性	不利于使职工接受影响的条件	工作积极性
领导者很关心职工的个人问题	4.281	领导者不关心职工的个人问题	2.503
领导者对职工问寒问暖	4.128	领导者对职工冷若冰霜	2.325
领导者尊重职工的人格	4.439	领导者讽刺职工	2.315
领导者以身作则吃苦在前	4.612	领导者优先给自己升级	2.256
领导者与职工平等交换意见	3.854	领导者以势压人	1.976
领导者不乱花国家一分钱	4.234	领导者慷国家之慨乱花乱用	1.877
领导者刻苦钻研技术	4.165	领导者不学无术	1.844
领导者坚持实事求是	4.076	领导者唱高调，不干实事	1.783
领导者虚心听取职工意见	4.372	领导者不重视职工的意见	2.651
领导者凡重大问题都征求群众意见	3.934	领导者大事小事都一人作主	2.746
被领导者有一定的自主性	3.377	被领导者什么事都要请示	2.654
职代会有职有权真正发挥作用	4.266	职代会不起作用，等同虚设	2.174

表 7 中，左侧一列是能够使职工接受影响、调动起工作积极性的行为，右侧一列是不利于职工接受影响、不利于调动其工作积极性的行为，每一行内的两种领导行为性质相反。可以看出，领导者能使职工接受影响的条件有以下几点。

(1) 掌握一定的资源，并且能够充分支配这些资源。其中包括工资、奖金、福利等直接的物质资源，也包括职位、荣誉、学习条件、发挥才能的条件等精神资源和间接的物质资源。职工进入企业工作，就是为了获取这些资源。你努力工作，我给你资源；你不干工作，我不给你资源，这就构成了调动工作积极性的必要条件。领导者手中的资源是有限的，职工对资源的要求则是无限的；领导者支配资源的权力是有限的，职工对于自己行为的支配权则是充分的。这就导致了领导者影响力的局限性。

(2) 影响的作用力适中，影响行为具有“弹性”。影响就是施加压力，这包括提出要求、予以感化、实行诱导、分配任务、进行奖惩等。没有压力就没有影响力。但是，领导者的压力会引发职工的抗力。如果压力过强，职工就会抵制甚至反抗领导者的影响，使这种影响归于无效。因此，压力应该适中，影响行为应该富于弹性。

(3) 能够接受职工的影响，具有一定的受动性。影响和被影响是一种主动与被动的关系，而主动与被动具有不同的含义。主动象征着强大，被动象征着弱小；主动象征着尊严，被动象征着卑屈；主动象征着自由，被动象征着受限；主动象征着人际互动中和个人价值上的“得”，被动则象征着其中的“失”。所以，人们均倾向于争取主动，而不大愿意表现为被动。在双方力量接近时，只有都表现出一定程度的被动，接受对方的影响，才有可能让对方接受影响。

（4）具备良好的人格特征与行为特征，自我约束，自我提高。自我约束包括以身作则，以人民利益为重，不贪赃枉法，不浪费国家资源等。自我提高包括作风民主，并拓创新，提高知识水平和领导能力等。这些因素之所以关系到领导的影响力，是因为在上下级关系中，人们讲“服”，即服气、佩服、折服、顺服、屈服等。领导者要让人“服”，关键的一点是要让人格、能力、行为等显得比下属“高大”。其实质，是比下级多支出、少收益。否则，即可能引起下属的反感和反抗。

概括起来说，领导者的影响行为能否成功，取决于领导者与职工双方在互动中的“收”与“支”是否平衡，用公式表示即是：

$$\frac{\text{影响者（领导者）的收益}}{\text{影响者（领导者）的支出}}=\frac{\text{被影响者（职工）的收益}}{\text{被影响者（职工）的支出}}$$

公式中，影响者的收益即：影响对方成功，被影响者按其要求，积极行动；影响者的支出：资源，自我约束与提高，接受影响；被影响者的收益：获得资源，使影响者受限、提高，对影响者施加影响成功；被影响者的支出：按影响者的要求行动，付出体力和脑力。

根据这一公式和上述条件，可认为职工工作积极性不够高涨的原因之一，是干群互动中存在失衡，即领导者的支出较少、收益较多，影响基础较弱，影响作用力过大，影响行为刚性过强，而职工的收益相对不足，因而不愿多作支出。调查发现，不少领导者在这方面的实际表现是：①领导搞特殊化，多吃多占，化公为私；②大权独揽，小权不放，剥夺应该属于职工的权利；③见物不见人，不关心职工的生活与困难；④高高在上，与职工“隔离”；⑤相信权力万能，凡事诉诸权力；⑥将职工当成“经济人”，实行重奖重罚并且侧重于罚；⑦运用权术，进行操纵；⑧光唱高调，不干实事；⑨知识、能力不足，领导水平低下。

显然，为了增强影响力，调动职工的工作积极性，领导者有必要端正领导行为，充实以上四个方面的条件。这包括，树立为人民服务的思想，与职工同甘共苦，关心、尊重、相信、依靠职工，热心听取职工意见，自觉接受群众监督，更新知识、增强能力、提高管理水平，具备现代化的心合理素质，等等。对此，可以统称之为“接受影响策略”。

然而，这一策略似乎都是老生常谈。我们历来提倡领导者这样做，可为什么一些人就是做不到呢？如果这些人依然我行我素，并不以此要求自己，又该怎么办呢？

答案之一是，领导行为的端正只依靠领导者的自我约束远远不够。缺乏外在的压力，一些人就会自我“膨胀”，其行为就会向支出少、收益多、刚性强的方向发展，接受影响策略就会趋于消失。因此，有必要建立一种机制，施加一种力量，借此促进领导行为的端正，实现领导者与职工间互动关系的平衡。在企业内，这种机制即是职工代表大会制。这种力量即是职工对领导者的影响力及其推动下的民主监督。

实现职工民主管理，增强职工的影响力，需要相应的条件。其中最重要的就是职工有相应的需要，愿意并且迫切地对领导者施加影响。可是，我国职工这方面需要的强度相当微弱。在本调查所涉及的82种需要中，施加影响需要的强度只占第66位，权力需要的强度占第72位。一些人对是否拥有权力不关心，对影响他人无兴趣，稍微有了点权力就相当满意。一些人不愿得罪人，即使民主权利被剥夺，也听之任之。一些人希望有施加影响的机会，但是不习惯于去争取，而是等待别人来给予，有人给就要，没人给不争。一些人常常屈从于权力，在作风强硬的上司面前忍气吞声。一些人则亵渎自己的民主权利，拿其开玩笑（在某企业，就出现了将痴呆人选为职工代表的事件）。

职工的权力需要较弱，施加影响的动力不足，有以下原因。第一，缺乏民主生活锻炼，较少从行使权利、施加影响中得到收益与享受。第二，民主管理组织存在缺陷。第三，领导行为的刚性过强。第四，人员的部门所有制，使行使权力受到打击、施加影响遭到报复时，既难以对抗，又难以逃离。

综上所述，领导行为应依靠职工的影响力去端正，而职工又不愿（不敢）对领导者施加影响，以致其行为刚性和自我放纵得以加强；面对这种刚性和放纵，职工更不愿接受领导者的影响，不愿支出体力、脑力资源，这就构成了人们工作积极性形成中的第四个社会心理冲突。

职工“服”行为富于弹性、能够接受影响、自身端正的领导者，愿意接受他的影响，支出体力、脑力资源，由此，领导者有必要采取“接受影响策略”。然而，由于受到职工不愿施加影响、不愿接受影响和不“服”无影响力者等行为的综合作用，领导行为的刚性和拒绝接受影响倾向、自身放纵倾向趋于增强，“不接受影响策略”因之出现。这一策略一方面使接受影响策略趋于取消，导致职工不愿接受影响，工作积极性低落，另一方面使职工更不愿（不敢）对领导者施加影响。领导者接受影响策略难以实现，不接受影响策略又加剧了自身同职工的矛盾，这是工作积极性调动中的第四个两难处境。

要调动职工的工作积极性，必须解决这一社会心理冲突，走出这一两难处境，求得领导者与职工间互动关系的相对平衡。为此，应增强职工的民主意识与参与意识，增强其施加影响的需要，从制度上保证职工行使民主权利、对领导者施加影响的可能，建立健全相应的法规和仲裁机构，使职工在遭受打击报复时有地方进行申诉，有地方支持正义；进一步改革干部制度，改革那种领导者压抑职工的工作积极性、导致经济效益下降后又易地当官的做法。

以上，讨论了工作积极性形成中的四种社会心理冲突，工作积极性调动中的四个两难处境，以及为解决工作积极性问题应该采取的策略。应有的认识是，人们的社会心理中总会存在冲突，调动积极性工作中总是存在两难，任何策略也不可能十全十美，那种绝对平和的境界和绝对正确的策略是不存在的。因此，我们必须抛弃那种理想化的目标模式，抛弃那种非好即坏、非对即错、非此即彼的直线式思维方法。在众多目标中选较好、较可能的目标，在众多策略中选较优、较有效的策略。既求较大的利、较小的弊，又不因其弊而不趋其利，这才是我们应取的做法。

关于大中型国营企业凝聚力的调查分析*

张潘仕

摘　要：搞活大中型企业是近期经济、社会理论研究部门及实际工作部门的热门课题。企业对职工的凝聚力是关系到搞活企业的关键问题之一，本文从这一角度出发，通过对我国21个城市的47家大中型国营企业的问卷调查资料分析，提出了增强企业凝聚力、搞活大中型企业的四方面建议，对从事企业研究的同志进一步深入调查研究很有启发。

一　引言

中共中央《关于制定国民经济和社会发展十年规划和"八五"计划的建议》中指出："继续增强企业特别是国营大中型企业的活力，是深化经济体制改革的中心环节。"国营大中型企业是国家财政收入的主要来源，是我国现代化建设的重要支柱和骨干力量。增强它的活力，充分发挥其骨干作用，直接关系到我国经济的发展和社会主义制度的巩固。

要搞活大中型企业，最重要的一个方面是要增强企业的凝聚力。如果认为目前企业面临的困难仅仅是既有管理体制、经营机制不适应商品经济活动发展水平的需要和原材料涨价幅度大、资金周转困难、企业负担过重等，而忽视企业对职工的凝聚力不强这一客观现象，这是失之偏颇的。

本研究的目的，就是要使人们了解目前我国大中型企业凝聚力水平的状况，了解哪些因素影响着企业凝聚力，探讨增强企业凝聚力的途径和方法，以使广大企业职工真正以主人翁的姿态参与企业的共同活动，为搞活

---

* 本研究得到"企业职工工作积极性研究组"尤其是李庆善、石秀印二位先生的帮助，谨致深切的感谢。

原文发表于《社会学研究》1991年第5期。

企业贡献自己的聪明才智。

1988 年中国社会科学院社会学研究所“企业职工工作积极性研究组”采取分层定比随机抽样方法，向北京、上海、天津、石家庄、长春、青岛、厦门、广州、武汉、重庆、兰州等 21 个城市的 47 家大中型国营企业发放问卷 20000 份，收回有效问卷 15472 份（有效回收率为 77.4%）。

15472 份样本的分布情况是：① 年龄：25 岁以下占 20.3%，26～35 岁占 34.9%，36～45 岁占 26.9%，46～55 岁占 16%，56 岁及以上占 2%；② 学历：无学历占 0.8%，小学占 8.1%，初中或中技占 42%，高中或中专占 36.8%，大学占 12.3%，研究生占 0.1%；③ 身份：普通工人占 52.1%，班组长和工段长占 15.3%，一般干部占 8.7%，车间或科室负责干部占 6.8%，技术员占 8.8%，助理工程师占 3.4%，工程师等占 2.8%，厂级领导干部占 0.7%，其他人员占 1.5%。

二　企业凝聚力及其评价指标

对企业凝聚力，诸多的社会心理学和管理心理学著作尚无专门章节予以研究，大多只有对“群体”凝聚力的阐述和定义。笔者认为，群体凝聚力与企业凝聚力虽有相互包容之处，但不能互相代替。企业凝聚力是一种正式社会组织的凝聚力。在社会主义条件下，凝聚力越强的企业，越能导致好的行为效果。群体凝聚力则不完全如此，由亚文化凝聚成的非正式群体，凝聚力越强，其行为效果则可能越坏。

笔者认为，企业凝聚力是企业在内外环境作用下对其成员所产生的吸引力及成员对企业的向心力。

企业凝聚力的功能主要表现为：① 企业凝聚力是企业赖以存在和发展的必要条件；②能满足职工的归属需要；③ 能激发职工的主人责任感；④能调动职工的工作积极性；⑤ 能提高企业的生产率水平。

企业凝聚力的主要评价指标有以下几个。

（1）职工的安心程度。指职工对企业定位意向的强度和安心于本职工作的程度。企业的凝聚力水平越高，职工的安心程度越高。

（2）职工的主人地位感和责任感。一个企业中职工的主人地位感和责任感越强，其企业凝聚力的水平就越高。

（3）企业内部人际关系的和谐程度。企业内部的纵向人际关系和横向人际关系越和谐，证明企业凝聚力水平越高。

（4）职工的工作态度。包括接受任务时的反应倾向，完成任务过程中的行为倾向和对待分外工作的行为倾向。凝聚力水平越高的企业，职工的工作态度越端正。

（5）职工的工作积极性。指职工在完成工作任务的活动中所表现出来的倾向，即付出体力和脑力的主观状态，是推动职工完成工作任务的心理力量。凝聚力水平越高的企业，职工的积极性也应该越高。

三　我国企业凝聚力状况

当前，我国大中型国营企业凝聚力到底处在何种水平上，请看我们对调查样本进行的统计分析。

（一）职工的安心程度

职工的安心程度，首先表现为职工对企业的定位意向，见表1。

表1

A. 您想调离本单位吗？	
①十分想	0.116
②比较想	0.163
③说不准	0.219
④不太想	0.235
⑤从未想过	0.267
	W = 3.374
B. 您想到过自动离职吗？	
①经常想	0.030
②有时想	0.111
③说不准	0.104
④很少想	0.136
⑤从未想过	0.619
	W = 4.203

调动工作单位是一种职业上的横向流动，在我国现行的劳动制度下，这是放下这个企业的“铁饭碗”而去端另一个企业的“铁饭碗”，这一行为没有风险。比较起来，自动离职是一种风险行为，其结果是放弃公职、工资、公费医疗，离开旱涝保收的全民所有制企业，走自谋职业和生计的道路。从表1看，“十分想”和“比较想”调离本单位的占27.9%，“不太想”和“从未想过”调离本单位的占50.2%，平均值介于“说不准”又“不太想”之间。“经常想”和“有时想”自动离职的占14.1%，“很少想”和“从未想过”自动离职的占75.5%，平均值靠近“很少想”。这说明大多数职工的定位意向较强。从有14.1%的人对风险颇大的“自动离职”心向往之，可以看出，有相当数量的人定位意向较弱。

职工的安心程度，还表现在他们对待本职岗位的态度上。样本统计表明，职工“很安心”和“比较安心”于本职工作的占69.2%，“不安心”和“很不安心”的占11.4%，平均值靠近“比较安心”。请调查对象对本企业职工队伍稳定程度进行评价，认为“十分稳定”和“基本稳定”的占69.3%，认为“不够稳定”和“很不稳定”的占12%，平均值接近于“基本稳定”。

上述情况表明，我国职工中多数人安心于企业工作，少数人不安心，总体的安心程度当属一般化水平。

（二）职工的主人地位感和责任感

在社会主义企业中，广大职工是企业的主人，他们不仅有参加生产建设的权利，而且有参与经营管理的权利。他们应具有很强的企业主人地位感。

但表2的统计结果说明，我国职工的主人地位感太低。明确表示“自己真正是企业的主人”的只占24.2%，平均值在“或许是”和“说不准”之间但更靠近“说不准”。明确表示自己与企业的关系是“当家作主”的只占21.9%，而有65.9%的人明确表示自己与企业的关系是“利益共享”、“干活挣钱”甚至“受雇佣”的关系，平均值离“干活挣钱”最近。如此之低的主人地位感，有悖于我国社会主义企业的性质。可以认为，当前我国职工的主人地位感处于新中国成立以来的最低水准。

表 2

A. 你感到自己真正是企业的主人吗？	
①真正是	0.242
②或许是	0.232
③说不准	0.286
④不像是	0.139
⑤根本不是	0.101
	W = 2.625
B. 您与本单位是怎样一种关系？	
①当家作主	0.219
②利益共享	0.321
③干活挣钱	0.304
④受雇佣	0.034
⑤说不准	0.122
	W = 2.522

职工的主人责任感较强。被调查职工中对企业存在浪费现象持“十分痛心”和“看不惯”的积极的道德感受的占95.7%，持“不以为然”等消极道德感受的只占4.3%。他们中“当没有保质保量完成任务时”对自己进行程度不同的内心道德谴责的占93.9%，感到“无所谓”和“原谅自己”的占6.1%。

（三）企业内人际关系

先看上下级关系。

对上下级关系持满意态度的只占39%，持不满意态度的为26.3%，平均值靠近“无所谓”，这说明职工对上下级关系的满意度较低。

“您是否感到领导都是爱管闲事、限制人的？”这一问题反映了职工对领导者行为的情绪倾向。统计表明，54.1%的人程度不等地感到领导是“爱管闲事、限制人的”，只有24.2%的人没有这种感受，这说明多数人对领导有不满情绪。

统计表明，职工的横向关系即同事之间的关系要好于上下级关系。他们中对自己与同事关系持满意态度的人为78%，持不满意态度的人只有5.6%，平均值接近“比较满意”。他们中表示同事之间能“亲密合作”和

“互相容纳”的为68.4%，表示同事之间“人情淡漠”“矛盾众多”的为12%，平均值接近“互相容纳”。

表 3

A. 您对单位的上下级关系是否满意？	
①十分满意	0.043
②比较满意	0.347
③无所谓	0.348
④不太满意	0.204
⑤很不满意	0.059
	W = 2.884
B. 您是否感到领导都是爱管闲事、限制人的？	
①经常感到	0.080
②有时感到	0.224
③偶尔感到	0.237
④说不准	0.216
⑤从未感到	0.242
	W = 3.313

上述情况表明，尽管同事之间的关系要好于上下级关系，但整个企业的人际关系尚远未达到高度和谐，只是处于能够维持的水平。

（四）职工的工作态度

工作态度是职工在长期的企业共同活动中逐步形成的，对工作及其相关事物具有持久性和一致性特点的评价与行为反应倾向。统计表明，我国职工的工作态度是比较好的。

对待领导分配的任务，98.2%的人能够接受，且有59.2%的人能够接受更多和较多的任务，持抱怨和抵制态度的只有1.8%，平均值离“接受较多的任务”最近，说明绝大多数职工在接受任务时是具有主动性的。

职工在工作中的责任意识也较强，对待产品和工作质量有62.6%的人认为同事是高标准的，只有3.8%的人认为同事“凑合对付”，平均值靠近“保证合格”。

怎样对待工作和生产中遇到的困难，反映了职工的创造性和主动精神如何。调查表明，有65.6%的人“自己想方设法解决”困难；23.5%的人“主动请同事帮助解决”困难；在困难面前持等待、观望等消极态度的占10.9%，平均值介于“自己想方设法解决”困难和“主动请同事帮助解决”困难之间，说明大多数职工在工作中具有创造性和主动精神。

对待分外工作的态度反映了职工的奉献精神如何。在请职工评价同事对待分外工作的态度时，认为同事“主动寻找积极干”和“经常干”分外工作的为46%，认为同事不干分外工作的为54%。这里，不干的比干的高出8个百分点，似乎职工中的奉献精神不够普遍。但我们要看到，在社会主义初级阶段，无私奉献属于我们提倡的精神而非必须具备的道德规范，因此不能要求每个职工都具备奉献精神。况且调查中已表明有46%的职工具有奉献精神，这一比率还是使人欣慰的。

表4

A. 您一般怎样对待领导分配的任务?	
①主动争取更多的任务	0.193
②接受较多的任务	0.399
③接受与同事一样多的任务	0.390
④抱怨领导分配的任务过多	0.014
⑤抵制领导分配的任务	0.004
	W =2.237
B. 您的同事大多怎样对待产品质量和工作质量?	
①精益求精	0.114
②超过标准	0.055
③保证合格	0.457
④通过检查就行	0.355
⑤凑合对付	0.038
	W =3.128
C. 您一般怎样对待工作中遇到的困难?	
①自己想方设法解决	0.656
②主动请同事帮助解决	0.235
③等待领导指示解决	0.076
④让别人去解决	0.012
⑤慢慢等待，什么时候解决都可以	0.021
	W =1.506

(五) 职工的工作积极性

经过对表 5 的计算，被调查的职工平均付出的体力为 71%，平均付出的脑力为 66%。他们认为同事平均支付的体力为 63%，平均支付的脑力为 56%。鉴于一般人有时有高估自己、低估他人的倾向，我们从被调查职工的自我评估和评估他人的统计结果之和中取平均值，我国职工支付的体力为 67%，支付的脑力为 61%。这就是说，职工在生产活动中只使用了自己三分之二的体力和不到三分之二的脑力。

表 5

A. 您在一天的工作中用去的体力是多少?	
①20%	0. 026
②40%	0. 091
③60%	0. 299
④80%	0. 465
⑤100%	0. 119
	W = 3. 559
B. 您在一天的工作中用去的脑力是多少?	
①20%	0. 060
②40%	0. 149
③60%	0. 331
④80%	0. 365
⑤100%	0. 095
	W = 3. 286
C. 您的多数同事在一天的工作中用去的体力是多少?	
①20%	0. 057
②40%	0. 186
③60%	0. 359
④80%	0. 341
⑤100%	0. 057
	W = 3. 154
D. 您的多数同事在一天的工作中用去的脑力是多少?	
①20%	0. 126
②40%	0. 248

续表

③60%	0.334
④80%	0.255
⑤100%	0.037
	W = 2.282

再看被调查职工对“职工积极性高涨后企业工作绩效和经济效益”的预测。他们中有60.5%的人认为如果大家的积极性高涨，企业工作绩效能提高1倍到1.5倍，有39.5%的人认为能提高2倍以上，总体平均认为能提高1.6倍左右；有90.7%的人认为企业经济效益能增长50%～200%，只有9.3%的人认为不会增长，总体平均认为增长幅度在90%以上。

这些统计结果说明，当前我国大中型企业职工只发挥出50%～60%的工作积极性，还存在很大的潜力。

综合以上五项指标的统计分析结果，其水平顺序为：职工的主人责任感较强，工作态度较好；对企业的安心程度一般，人际关系处于维持状态；工作积极性不高，主人地位感低。由此可见，我国企业有一定的凝聚力，但显然强度不高，只处于中等偏下水平。

四 影响企业凝聚力的诸因素分析

应该承认，我国社会主义国营工业企业从产生之日起，就具有很强的凝聚力。在一个相当长的时期中，广大职工充满着企业主人翁的自豪感，以厂为家、无私奉献的先进模范人物在职工队伍中不断涌现。但进入改革开放以后，尤其是最近几年以来，我国企业的凝聚力明显减弱，职工中讲奉献的少了，讲报酬的多了；讲以厂为家的少了，讲建设小家庭的多了；有的企业甚至存在着消极怠工、管理混乱、浪费严重、化公为私、将公共财物据为己有等不良现象。

当前企业凝聚力不高，我们认为主要有以下原因。

（一）职工主体意识的觉醒

考察企业凝聚力减弱的原因，也同探讨其他社会问题一样，应当同我国改革开放的大背景联系起来。从1979年党的十一届三中全会召开开始，我国进入了改革开放、建设有中国特色的社会主义的新时期。改革开放，不仅改变着人们经济生活的模式，而且使人们的精神世界也发生着深刻的变化，其中最值得注意的是人的主体意识的觉醒。这种主体意识的觉醒表现在企业职工中，其一就是社会责任感的增强。社会主义企业的职工作为企业的主人，是企业活动的当然主体。如前所述，作为主体，他们虽然对自己的主人地位未得到充分的尊重而不满意，但他们仍然具有较强的主人责任感，这是因为他们认识到了自己的命运与前途紧密地同企业联系在一起，自己的行为应对企业负责任。这样，他们为企业取得的成功而自豪（有 78.6% 的人认为企业取得的成绩同自己有关），在企业遇到困难的时候以积极的态度参与解决（有 65.6% 的人自己想方设法解决工作中遇到的困难）。

职工主体意识觉醒的表现之二是具有积极的参与意识。作为主体，职工在企业活动中不仅有着较强的主人责任感，同时伴生的还有积极的参与意识，即要求参加企业的决策。在我们的调查中，有 78.7% 的职工希望企业领导听取他们关于本单位的意见，有 63.4% 的人表示如果没有重视自己的意见，他会对领导持不满态度。

强烈的自主意识也是近年来职工主体意识觉醒的一个重要表现。如今的职工，再也不像以前的人们，唯领导的号令是从，不会是领导只要亮出“突出政治”“政治挂帅”的旗帜，人们就一呼百应。他们中很多人有着强烈的自主意识和独立意向。如在我们的调查中有 42.8% 的人认为工作不能完全按照领导的意见办，有 54.7% 的人认为职工个人应该多拥有些独立自主权，有 82.4% 的人愿意由自己来安排工作进度。

职工主体意识的觉醒，本是企业凝聚力增强的一个十分有利的因素。但目前许多些企业因为种种原因，对职工认伍精神世界的这一巨大变化缺乏足够的认识和认真的对待，因而在企业活动中忽视了职工许多高层次的精神需要，引起职工的不满情绪，例如根据我们的调查，对在企业当家做主的情况持满意态度的只占 35.8%，对参与企业决策的情况满意态度的只占 27.5%。这势必导致企业凝聚力的减弱。

（二）职工价值观念的多元化

随着改革开放和发展商品经济大潮的冲击，我国职工中的传统价值观念发生了很大的变化。过去那些诸如“全心全意为人民服务”“无私奉献”“爱厂如家”等社会倡导的价值观念，现在虽然也还有人信奉，但明显不是普遍的了，人们的价值观念已经呈现出多元化的状态。

我们曾对职工的价值观念进行调查，在人生价值观方面，认为“奋斗就是幸福”的说法不正确的占17.6%；认为“某人以个人才智为国争得荣誉，自己却一无所得”，这“不值得”的占10.6%；认为“为别人做奉献，实际上会给自己带来损失和痛苦”的想法是正确的占17.9%。

在集体价值观念方面，认为“让职工一心一意为企业”是错误的占17.2%；认为自己虽“重任在身”“而不会感到自豪”的占32.4%；愿意自己在单位中“无职无责一身轻”的占45%；认为单位“给钱多就多干”是合理的占52.3%。

在生活价值观方面，认为“别人靠走后门、拉关系解决了工作问题”是值得羡慕的占22.4%；认为在生活中寻求感官刺激是必要的占28.2%。

过去，我国的企业凝聚力较强，职工中一元化的价值观念（至少在表面上、形式上如此）无疑起了重要的作用。现在，职工的价值观念不但呈多元化发展的趋势，而且一些职工在价值取向上与社会倡导的价值取向有反其道而行之的现象，这些均大大地削弱了企业的凝聚力。

（三）一些企业的领导者素质不尽如人意

企业领导者的素质如何，对企业凝聚力有更为直接的影响。一个合格的企业领导者，在政治素质方面，应能坚定地创造性地执行党和政府的方针政策，具有远大的理想和坚定的信念，具有高尚的情操和优良的思想作风；在道德素质方面，应能够全心全意为职工服务，作风正派，办事公道，廉洁奉公，不谋私利，严于律己，宽以待人，谦虚谨慎，爱才护才；在心理素质方面，气质上应该稳重练达、沉着冷静，性格上应该正直、勇敢、开朗、自信，具有正义感和献身精神；在知识能力素质上应具备较充实的政治理论常识和全面的企业管理知识以及其他业务、技术知识。但从目前的状况看，许多企业的领导者上述四个方面的素质是不尽如人意的。在我们的调查中，对企业领导者的政治思想和道德品质状况持满意态度的人不到一半（47.5%）。表6具体反映了这方面的情况。

表 6　对于下列事情，您是否满意

事项	满意率（%）	平均值
企业领导的民主作风	38.5	3.015
企业领导的言行一致、以身作则情况	39.0	3.041
企业领导深入基层的情况	37.9	3.079
企业领导之间的团结	40.3	2.828
企业领导为职工办的实事、好事	36.5	3.131
企业领导处理问题的公正、公道程度	38.7	3.059
企业领导的生活作风	44.3	2.806
企业领导对人才的识别发现	30.7	3.120
企业领导对人才的使用情况	31.4	3.119
企业领导的水平	44.1	2.950
企业领导所具备的管理知识	42.5	2.927
企业领导所具有的管理能力	42.8	2.935
企业领导的领导方式和方法	38.4	2.991
企业领导对科研工作重视的程度	36.2	2.949

从表 6 可知，在 14 项有关领导者素质的满意率调查中，没有一项达到 45% 的水平，均比 47.5% 的总体水平要低，14 项平均值均大于 2、接近于 3 或超过 3，[①] 说明当前职工对企业领导者的素质持不满意态度是普遍的。企业领导者是广大职工的带头人，他们的各方面素质不能适应当前企业发展的需要，这就严重地削弱了企业的凝聚力。

企业领导者素质差，还会带来如下弊端。

一是以权谋私，化公为私。主要表现为有的领导者贪污、要“回扣”、索贿、受贿、公费旅游、大吃大喝等，将企业的财产、职工创造的财富源源不断地“倒腾”到自己的腰包中。他们的座右铭是“有权不用，过期作废”“有权快捞，能捞多少算多少”。

二是提拔亲信，搞裙带关系。有的企业领导者提拔干部、任命职务、安排工作，不是论德论才论需要与否，而是看对方与自己是否亲近，以致在有的企业或部口、工种形成家天下、族天下的局面。

① 平均值小于 2 或等于 2，表明满意度高；反之，则满意度低。

三是工作不负责任，作风浮夸，欺上瞒下。有的企业领导者“做一天和尚撞一天钟”，对上敷衍搪塞，对下不联系群众。他们不办实事，好做表面文章，甚至文过饰非，谎报成绩，骗取荣誉。

四是自以为是，作风专制。有的企业领导者漠视职工群众的意见和批评，自以为高人一筹，独断专行，甚至动辄训人，压制民主，打击报复，等等。

领导者诸如此类的行为，会极大地损害企业的凝聚力，降低职工的积极性。例如调查中，当知道某些领导者以出差为名游山玩水时，职工中有86.1%的人表示自己的工作积极性降低；当看到有的领导者用公款大吃大喝、请客送礼时，有94%的职工表示自己的积极性降低；当看到有的领导者只会唱高调、不干实事时，有81.6%的职工表示自己“干劲没了”或“干劲衰减”，另有13.9%的职工表示自己的“行为动摇”。

企业领导者素质不高，还可能招致经营效益差、管理混乱、浪费现象严重、内部分配不公、人浮于事等。

上述情况充分说明，企业领导者的素质对企业凝聚力有着重要的制约作用。

（四）企业外部环境的影响

企业是一种开放的社会组织系统，它与外部环境有着千丝万缕的联系。因此影响企业凝聚力的外部环境因素是多种多样的，我们择其要者进行讨论。

1. 过于强调发挥物质利益机制的作用，弱化了企业凝聚力。实行改革开放的政策，无疑是为了建设有中国特色的社会主义，广大职工是拥护这一总方针、总政策的。但不能否认，由于贯彻这一总方针、总政策无先例可循，我们的具体方针政策在实施过程中，在一定程度上忽视了经过30多年的社会主义建设在广大职工中业已形成的主人翁精神和奉献精神，而过分强调发挥物质利益机制的作用。在许多企业，物质利益成为领导者激励职工的唯一“法宝”，动辄以多发奖金或扣罚奖金来对待职工。这就不仅忽视了社会主义企业的职工既有物质需要，也有受人尊重、信任和实现自我价值、发挥个人才干等多种精神需要，压抑了职工的企业主人意识，而且也破坏了讲奉献、讲创造、一心为企业、一心为国家的良好的企业社会心理气氛。这实际上就是诱导职工为钱而干，而一旦企业无力满足职工已被刺激起来的日益高涨的物质需要时，企业也就失去了凝聚力。在我们的调查中，只有7.4%的职工认为自己的同事是“一心一意为企业”的，而有15.3%的职工认为同事是“先自己后企业”；有40.4%的职工认为本企业“较少见”或“根本看不见”不计报酬、不讲待遇的现象；对于“给钱多就多干”这样很容易判断的非社会价值命题，竟有高达52.3%的职工认为是“有一定道理”和“十分合理”的。这些材料，对于我们认识在经济改革中过分强调物质利益机制对企业凝聚力所造成的危害提供了有力的证据。

2. 社会分配不公现象使职工产生“相对剥夺感”，影响了大中型国营企业的凝聚力。不可否认，改革开放以来，包括企业职工在内的我国各个阶层人民的生活水平有了明显的提高。但“不患寡而患不均”，大中型国营企业职工在横向对比时，发现自己的收入水平不仅不能与个体户、“倒爷”比，就是同商贸企业、服务企业、“三资”企业和集体企业及乡镇企业的职工比，自己也要相差很远。据有人对辽宁省营口市进行的调查，私营企业主自报的平均收入是工人平均收入的14倍，个体户自报的平均收入是工人平均收入的7倍。如果以私人企业主和个体户的最高收入或实际收入计，则要相差几十倍。“富了海边的，肥了摆摊的，醉了当官的，苦了做工的”，已成为许多企业职工群众的顺口溜。

根据事物发展的不平衡规律，实行“一部分人先富起来”的政策是正确的，但如果收入差距悬殊，特别是一些人通过钻政策空子或用非法手段牟取暴利而安然自得，就会使收入低的人产生“相对剥夺感”。对于大中型国营企业职工来说，尽管他们在作历史比较时觉得自己的生活水平的确提高了许多，但他们在作横向比较时发觉自己的生活水平仍要比其他社会阶层低得多，他们因此感到自己吃了亏，对企业产生强烈的不满情绪，影响了企业的凝聚力。现在，有的国营大中型企业招工困难，企业内部的职工不断“跳槽”，被企业开除的职工丝毫没有羞耻感，一些职工甚至对被企业除名后在社会上发了财的人羡慕不已，这些现象，说明社会分配不公严重影响了大中型国营企业的凝聚力。

3. 政策和舆论上忽视了工人阶级是国家和企业的主人的地位。众所周知，我国的社会主义政治制度赋予工人阶级和广大劳动人民行使管理国家的民主权利，企业职工是国家和企业的主人。长期以来，虽然这种传统的社会角色并未在政治和经济上给广大职工带来多少与众不同的利益，但给他们以极大的精神鼓舞和情感满足。然而，近年来广大职工的传统地位发生了前所未有的变化。一方面，社会和企业都注重发挥经营管理者的作用，重视知识分子的价值，并在政治和经济上逐步肯定了他们的利益；另一方面，在改革用工制度、劳动群体优化组合、落实经济责任制、强化基础管理等方面，又加重了普通职工的责任和心理压力。以1984年以来我国开始实行的企业承包租赁责任制为例，由于这一责任制的歧义性和模糊性，一些企业厂长、经理的权限出现了无限膨胀的趋势，他们不仅握有生产经营的决策权，而且掌有决定利益分配、调动任免人事等多种权力。这就使得企业主体发生分化：一方是掌握诸多权力的厂长、经理；一方是完全被排斥在企业管理之外、被动服从的职工群众，他们事实上已丧失了企业主人的地位。与此同时，舆论导向也发生严重倾斜，过分宣传厂长、经理的地位和作用，一些“企业家”“优秀企业家”应运而生，而对广大职工群众在改革中的地位和作用却缺乏应有的肯定和评价，忽视了企业的运行离不开奋战在各个岗位尤其是生产第一线的职工的努力（曹晓峰、赵子祥，1991：40）。政策和舆论上对工人阶级是国家和企业的主人的忽视，必然使广大职工普遍产生主人地位丧失的感觉，管理参与和政治参与积极性普遍降低，“以厂为家，以厂为荣”的责任感明显淡化，使企业凝聚力受到严重影响。

企业凝聚力，还深受国家经济形势、市场态势、党风和社会风气等外部环境因素的影响，这里因为篇幅所限，不一一展开讨论。

五　几点建议

从以上讨论可以看出，影响大中型国营企业凝聚力的因素是多方面的。目前要增强企业的凝聚力，除国家采取有效措施，为企业发展创造良好的市场机制之外，还必须采取以下综合治理的措施。

第一，国家要进一步明确广大职工的企业主人地位。国家在制定企业政策时，既要考虑到调动经营管理者的积极性，也要考虑到发挥广大职工的企业主人精神。当前，要强调职代会、工会等职工组织对企业分配的监督权力和参与企业管理的决策权力，真正提高职工在企业中的地位。职工以自己是企业的主人而引为自豪，企业的凝聚力就必然增强。

第二，强化按劳分配政策，适当提高大中型国营企业职工的收入水平。社会主义条件下，劳动仍是谋生的手段，只有实行按劳分配的政策，减少社会分配不公现象，才能调动广大劳动者的积极性，促进社会财富的不断丰富。国营大中型企业职工是我国经济建设的主力军，创造条件适当提高他们的收入水平，缩小他们与其他社会阶层收入的差距，才能从物质上提高大中型国营企业的社会地位，增强其凝聚力。

第三，提高企业领导者素质，改进领导作风。调查表明，企业职工最强烈的心理需要是具有良好的人际环境，能得到领导者的理解、信任、支持、尊重和关心，最不能容忍的是领导者的专横作风。因此，提高企业领导者素质、改进领导作风，是增强企业凝聚力的一项重要工作。在一定意义上说，如果一个企业的领导者素质高，能够大公无私，严于律己，全心全意为企业和职工谋利益，真诚地关心职工的疾苦，作风民主，接受群众监督，遇事同群众商量，能够得到群众的衷心拥戴，那么，即使外部环境不利，企业也能保持较高的凝聚力。

第四，进一步优化企业外部环境，为企业发展创造有利条件。企业作为一种开放的社会组织系统，外部环境中良性的信息刺激有利于它增强凝聚力，不良的信息刺激则会减弱它的凝聚力。因此进一步优化企业外部环境，是增强企业凝聚力的一个重要方面。当前，无论在政策上还是宣传舆论上，都应特别注意有利于稳定国营大中型企业职工的情绪，有利于调动他们的积极性。对广大群众深为不满的不正之风和腐败现象，有关部门应采取得力措施予以纠正和打击。良好的外部环境为企业发展创造了有利条件，企业的凝聚力就会随之增强。

参考文献

曹晓峰、赵子祥，1991，《惰性心态：企业职工劳动积极性低落的原因浅析》，《社会》第 4 期。

《厂情、人情、心情》，1991，海洋出版社。

毛泽东与农村调查*

——纪念中国共产党诞生七十周年

陆学艺　徐逢贤

摘　要：本文由四部分组成：①毛泽东农村调查研究的光辉实践；②毛泽东农村调查的实践对革命和建设事业作出的历史性贡献；③毛泽东农村调查研究理论在认识论、方法论方面的历史性贡献；④毛泽东调查研究理论在社会主义现代化建设时期的指导意义。

一　毛泽东农村调查研究的光辉实践

毛泽东同志是我们党从事农村调查研究的开拓者，他所进行的农村社会调查，其内容之广泛，时间之长久，规模之宏大，思想之深刻，在我党历史上是空前的。他不但自己坚持作农村调查，身体力行，为广大党员和干部作表率，而且一贯倡导和组织全党大兴调查研究之风，并形成工作制度。他既注重调查研究的实践活动，又重视对调查成果和实践经验进行理论研究和概括。他不仅写了许多具有重要科学价值的农村调查材料，为研究和认识我国半殖民地半封建社会的国情，为马克思主义在中国的发展提供了有益的启示和指导，而且全面系统地论述了农村调查研究的意义、目的、方法和态度，给人们留下了关于农村调查研究的极为宝贵和丰富的理论财富。

（一）青年时期毛泽东的农村调查活动

1917 年暑假，青年毛泽东在湖南第一师范学校读书时，就采用“游

* 原文发表于《社会学研究》1991 年第 5 期。

学”的方式，到长沙、宁乡、安化、益阳、沅江五个县的农村计时一个多月，行程九百多华里，进行了广泛的农村社会调查，向农民宣传民主革命的道理。

1918 年夏，毛泽东与蔡和森一起，在洞庭湖边的浏阳、沅江等县农村进行了半个多月的调查，并在调查过程中，鼓励农民联合起来同地主豪绅作斗争，摆脱贫困的处境。

参加革命后，毛泽东更是把农村调查作为了解国情的重要途径。1920 年，他在深入农村调查后指出：“吾人如果要在现今的世界稍为尽一点力，当然离不开中国这个地盘。关于这个地盘内的情形，似不可不加以实地调查及研究。”这对于毛泽东接受马克思主义，实现从革命民主主义者到马克思主义者的转变起了促进作用，同时也为他创立农村调查的科学理论作了必要准备。在他仔细研读了《共产党宣言》《社会主义从空想到科学的发展》等马克思主义的经典著作后，确立了他对马克思主义的信仰。从而为他在工人、农民、知识分子中传播马克思主义并为建立无产阶级的政党——中国共产党作了思想准备和组织准备。

（二）北伐战争时期和土地革命时期的农村调查活动

从中国共产党成立到土地革命时期，毛泽东作为一个马克思主义者，作为党和军队的缔造者之一，自觉地运用马克思主义的基本观点，对中国社会的政治、经济、阶级状况等，进行了广泛的调查研究，写出了许多重要的农村调查报告及论著。

北伐战争期间，他经常深入农村、城镇、工矿，考察农民和工人的劳动、生活状况。毛泽东在深入农村调查后指出：农民在中国民主革命中“特别重要”，中国共产党和工人阶级要领导中国革命达到胜利，“必须尽可能地系统地鼓动并组织各地农民从事经济的和政治的斗争”，否则“我们希望中国革命成功以及在民族运动中取得领导地位，都是不可能的”。特别是 1927 年毛泽东亲自深入湖南的长沙、湘潭、衡山、湘乡、醴陵五县农村，步行一千四百余里，作了长达 32 天的实地调查，在全面调查研究中国社会各阶级状况的基础上，写了《湖南农民运动考察报告》这篇光辉著作。这是毛泽东运用马克思主义的观点和方法调查农村、研究农民运动的开端。

北伐战争失败后，毛泽东领导秋收起义部队，开辟了井冈山红色革命根据地，中国革命走上了工农武装割据的正确道路。随后，毛泽东率领红军部队对罗霄山脉的自然条件、经济、政治等情况进行了详细的调查研究工作，搜集了大量第一手材料，总结了根据地的斗争经验，于1928年写了《中国的红色政权为什么能够存在?》、《星星之火，可以燎原》和《井冈山的斗争》，分析了中国红色政权能够存在的主客观因素，又强调红色政权能够存在的客观物质基础，是旧中国特殊的经济政治发展的不平衡性。文章强调要研究中国革命斗争的特殊规律，要注意国家和民族的特点。

在土地革命过程中，红军所到之处，普遍燃起了土地革命的烈火，创建了兴国、于都、宁都、寻乌等县的革命政权，建立了赤卫队。毛泽东对革命根据地的经济状况和阶级状况作了细致的调查，通过解剖农村各个阶级，得出了正确的阶级估量，提出了划分阶级的标准，从而推动了革命根据地的发展和土地革命的正确进行。

为了同党内把马克思主义教条化、把共产国际指导神圣化的错误倾向进行坚决的斗争，从思想理论上进一步宣传调查研究的重要意义，毛泽东于1930年5月写了《反对本本主义》，这是毛泽东和我们党多年从事和提倡调查研究工作的实践经验的高度概括，是党内两条思想路线斗争的历史总结。毛泽东从认识论的高度提出了“没有调查就没有发言权”的著名论断，指出了“离开实际调查就会产生唯心的阶级估量和唯心的工作指导”，“社会经济调查，是为了得到正确的阶级估量，接着定出正确的斗争策略”。进而指出：“中国革命斗争的胜利要靠中国同志了解中国情况”，“马克思主义‘本本’是要学习的，但是必须同我国的实际情况相结合”。在这里，毛泽东已把认清国情和革命胜利问题联系起来了，批判了党内和红军中严重存在着的教条主义倾向，并阐明了调查工作的目的、对象、内容和方法。这篇文章是毛泽东调查研究理论创立的标志。

继之，毛泽东在中央苏区进行了《寻乌调查》《兴国调查》《长冈乡调查》《才溪乡调查》等一系列的调查研究活动，通过农村调查他得出结论：要消灭旧的人剥削人、人压迫人的“吃人制度”，无产阶级只有同广大的农民群众结成联盟，“进行革命”；并在调查研究的基础上，掌握中国国情，制定一系列的正确的战略决策及各项方针，引导革命取得一个又一个的胜利，中国工农革命战争出现了一个新局面。

在革命战争蓬勃发展的形势下，以王明为代表的“左”倾错误领导者，不从中国的国情和中国革命战争的特点出发，全盘否定毛泽东关于中国革命走“以农村包围城市”的道路的正确理论，否定毛泽东关于建设人民军队的思想和灵活机动的战略战术，实行一条完全脱离中国实际的所谓组织城市武装暴动的“新原则”。结果导致红军第五次反围剿的失败，主力红军被迫突围长征。在长征途中，党中央于1935年1月在遵义召开了政治局扩大会议，结束了王明“左”倾冒险主义的错误领导，确立了以毛泽东为代表的正确路线在党内的领导地位。这是中国共产党和革命战争历史上具有重大意义的第二次伟大转折。从此，中国共产党获得了马克思列宁主义的正确领导，坚持一切从实际出发，走实事求是的思想路线，奠定了中国革命转危为安、走向胜利的基础，开创了中国革命的崭新局面。

红军到达陕北以后，毛泽东一面指导中国革命战争，一面从事大量理论研究工作，在以往调查研究获得资料的基础上，提出了党在新时期的方针和任务。1936年12月，毛泽东发表了《中国革命战争的战略问题》一文，科学地总结了土地革命战争的主要经验，特别是反“围剿”作战的经验，阐明了中国革命战争的规律，使之上升为系统的理论。这篇文章，是马克思主义普遍真理同中国革命战争实践相结合的又一光辉文献，标志着毛泽东军事思想已形成了科学的体系。

（三）抗日战争时期毛泽东的农村调查活动

陕北抗日革命根据地建立以后，毛泽东为了取得抗日战争和解放战争的胜利，彻底清算王明“左”倾教条主义思想的影响，端正党的实事求是的思想路线，使全党同志充分认识调查研究在马列主义普遍真理同中国革命实践相结合中的地位和作用，以加强党的思想建设，对我党自成立以来，特别是在大革命时期和土地革命时期农村调查的实践活动和理论研究进行了全面的系统的总结，于1941年正式出版了《农村调查》一书，并写了《〈农村调查〉的序言和跋》，以及《改造我们的学习》《整顿党的作风》《反对党八股》等文章，并领导起草了《中共中央关于调查研究的决定》和《中共中央关于实施调查研究的决定》等中央文件。毛泽东从马列主义普遍真理同中国革命实践相结合的高度，从转变党的思想作风，加强党的思想建设的高度，系统地阐述了调查研究的重要性和迫切性；并把农村调查研究的经验体会和具体方法从理论上加以科学的概括，使调查研究同马克思主义的辩证唯物论和历史唯物论有机地统一起来，从而使我党的调查研究理论更加完备和系统。

1937 年发表的《论持久战》就是毛泽东对抗战初期中国国情的一次深入具体的历史的辩证剖析。在《中国革命和中国共产党》《新民主主义论》等著作中，不仅在科学的历史性分析基础上制定了我国的新民主主义革命的总路线，而且以历史实践为证据，论证了农村调查研究，对于认识国情和取得革命成功的内在的必然联系。

为此，毛泽东同志领导了延安“整风运动”，在全党范围内大兴调查研究之风，开展了一次马克思主义的思想教育运动，以克服党内存在的“主观主义、宗派主义、党八股”这三股不正之风，推动了革命事业蓬勃的发展。

毛泽东对陕甘宁边区的经济问题和财政问题进行了深入细致的调查研究后指出：“发展经济、保障供给”这一财政经济工作的总方针，并号召解放区人民“组织起来”，走集体化道路，认为这是人民群众取得解放和由穷变富的必由之路。

1945 年 4 月 24 日，毛泽东在中国共产党第七次全国代表大会上作了《论联合政府》的报告。毛泽东根据革命实践和农村调查掌握的各种情况，论述了关于新民主主义的经济制度及相应的经济政策，阐明了中国抗日战争中的两条路线斗争和中国人民建立联合政府的要求，这为取得抗日战争胜利、解决当时的中国问题指明了前途。

（四）解放战争时期毛泽东的农村调查实践

解放战争时期，以毛泽东为核心的党中央领导中国人民同帝国主义、封建主义和官僚资本主义进行了战略决战。在延安“整风运动”中兴起的调查研究之风又进一步得到了推广和深化。毛泽东深入农村进行调查研究，先后发表了《目前形势和我们的任务》《关于目前党的政策中的几个重要问题》《在晋绥干部会议上的讲话》《必须学会做经济工作》等重要著作，进一步阐明了新民主主义革命时期的经济纲领和解放战争时期的战略战术及根本方针。

1949 年 3 月 13 日，毛泽东在《党委会的工作方法》一文中，提出了党委会必须做到“胸中有数”的思想，使毛泽东的调查研究理论更为精确化了，对客观事物的数量界限没有基本的统计，没有主要的百分比，就没有科学的分析。这样的调查研究也就不可能做到实事求是，就不可能把握客观事物内部的规律性，也就没有正确的政策。

1949年3月，毛泽东在全国胜利前夕召开的党的七届二次会议上作了报告，他在长期深入农村调查研究的基础上，全面分析了中国国情，提出了新中国成立后的基本方针，为中国的民主主义革命向社会主义革命的转变、新民主主义社会向社会主义社会的转变、农业国向工业国的转变指明了基本方向和主要途径。

（五）中华人民共和国成立后毛泽东的农村调查研究活动

新中国成立后，毛泽东的农村调查实践，总的说经历了一个曲折的发展过程。在新中国成立初期和对生产资料私有制的社会主义改造过程中，以及在1961年前后的一段时间里，毛泽东和党中央曾多次提出和阐述了调查研究对执政党的极端重要性，反复号召全党，特别是各级领导干部继承和发扬调查研究，实事求是的优良传统。毛泽东作为党和国家的主要领导人多次巡视大江南北、黄河上下，调查了解各地农村的情况，倾听广大干部和农民群众的意见，并领导和组织了全党同志在各条战线上进行了许多卓有成效的调查研究工作，制定了一系列正确的方针政策，纠正了实际工作中出现的一些失误，克服困难，取得了各方面的伟大成就。

毛泽东根据我们党在社会主义改造和建设事业中的实际情况，对农村调查研究过程中出现的新情况新经验，从理论上加以概括和总结，进一步强调了调查研究必须坚持群众路线和实事求是的科学态度，深刻阐述了调查研究、群众路线和民主集中制三者间的关系，反对各种脱离实际、脱离群众的主观主义的调查研究，从而深化、丰富和发展了他的调查研究理论……

毛泽东为在社会主义革命和社会主义建设时期，寻求如何建立社会主义经济制度和走出一条适合中国国情的社会主义建设道路方面作出了不可磨灭的历史性贡献。

二　毛泽东农村调查的实践对革命和建设事业作出的历史性贡献

毛泽东的农村调查研究实践，对开创中国共产党人调查研究的一代新风，确立和贯彻党的实事求是的思想路线，对毛泽东思想的形成和发展，对中国革命和社会主义建设事业的胜利等方面，都作出了重要的历史性贡献。历史表明，毛泽东和其他老一辈无产阶级革命家在农村革命根据地的建设、走农村包围城市武装夺取政权的革命道路、农村阶级分析和土地革命、农民问题、对资产阶级两面性的分析和革命统一战线的建立，以及我国社会主义改造和社会主义建设的道路等方面提出的重要理论和方针政策，都是建立在对农村社会进行系统周密的调查研究基础上的。毛泽东思想及毛泽东农村调查研究的理论等也都是在马列主义基本原理指导下，通过对农村社会实际进行系统周密调查研究而概括总结出来的。没有深入中国农村社会的调查研究，就谈不上马列主义普遍真理同中国革命具体实践相结合，就不可能形成和发展关于中国革命和建设的一系列正确的理论和政策，也就没有中国革命和建设事业的伟大胜利。因为中国是个农业大国，旧中国农村人口占全国人口的90%以上，农村社会的生产关系决定了中国社会的性质，封建的土地私有制关系是中国半封建半殖民地社会的基础。因此，农村调查的实质就是整个中国社会调查的缩影，了解了中国农村，也就了解了中国社会的本质。

毛泽东指出："只有认清中国社会的性质，才能认清中国革命的对象、中国革命的任务、中国革命的动力、中国革命的性质、中国革命的前途和转变。所以，认清中国社会的性质，就是说，认清中国的国情，乃是认清一切革命问题的基本的根据。"① 同样，这也是进行社会主义现代化建设的根本依据。为此，毛泽东农村调查研究的实践活动也是从认清中国社会的性质开始的。其作出的历史性贡献主要有以下几方面。

（一）在总结与概括了国际国内无产阶级革命理论与实践的基础上，进一步系统地、完整地指明了中国社会的性质，提出了近代革命的根本任务是反帝反封建，阐明了中国革命的对象、革命的动力、革命的同盟军以及革命的前途等问题

1840年鸦片战争，打开了中国的大门，中国逐步沦为半殖民地半封建社会。反对帝国主义和封建主义在中国的反动统治，就成为近代中国革命

① 《毛泽东选集》（合订本），第596页。

的根本任务。1919 年五四运动标志着中国反帝反封建的资产阶级革命已经发展到了一个新的阶段，成为中国新民主主义革命的开始。[①]

中国革命是在一个半殖民地半封建社会的东方大国中进行的，这里是各种矛盾的焦点。在 1921 年中国共产党成立后，毛泽东等同志深入农村进行调查研究，组织领导了初期的农民运动，开展了轰轰烈烈的反帝反封建的斗争。虽然这些运动不断地受到军阀、地主的摧残和镇压，但是，由于有了共产党的领导，农民运动就逐渐成为一支巨大的力量。

在全国革命高涨和农民运动普遍兴起的情况下，帝国主义和国民党反动派加紧了对革命的进攻。革命队伍内部资产阶级和无产阶级争夺革命领导权的斗争也日益尖锐起来。在中国革命的第一个紧要关头，毛泽东在农村调查的基础上，于 1926 年 3 月发表了《中国社会各阶级分析》一文，代表了中国共产党的马克思列宁主义的路线。毛泽东同志指出："谁是我们的敌人？谁是我们的朋友？这个问题是革命的首要问题。中国过去一切革命斗争成效甚少，其基本原因就是因为不能团结真正的朋友，以攻击真正的敌人。"他明确指出："一切勾结帝国主义的军阀、官僚、买办阶级、大地主阶级以及附属于他们的一部分反动知识界，是我们的敌人。"

毛泽东经过对各阶级的具体分析，阐明了中国革命的基本问题：

"工业无产阶级是我们革命的领导力量。"

"贫农和其它半无产阶级、中农和其它小资产阶级，是我们最接近的朋友，是无产阶级的广大而可靠的同盟军。"

"民族资产阶级是一个动摇的阶级，其右翼可能是我们的敌人，其左翼可能是我们的朋友，但我们要时常提防他们，不要让他们扰乱了我们的阵线。"

在这里，毛泽东在总结建党以来中国共产党的历史经验和理论成果的基础上，进一步具体论证了中国民主革命必须由无产阶级领导才能取得胜利的马克思列宁主义思想。揭示了由贫农、雇农、中农所构成的农民阶级是中国革命队伍中的伟大力量，是中国无产阶级最广大的、最忠实的可靠同盟军。这就使无产阶级找到了能够支持自己革命的一种伟大力量，有了农民这个同盟军，也就从根本上解决了无产阶级的领导权问题，表明了毛

① 本文着重号是作者所加。

泽东关于结成工农联盟的伟大思想。同时也指出了民族资产阶级的两面性，我们党必须采取又联合又斗争的策略思想。

（二）指明了中国革命的发展前途只能是在无产阶级领导下，走社会主义的道路

毛泽东在批驳以戴季陶主义为代表的民族资产阶级的政治主张时指出："但是这个阶级的企图——实现民族资产阶级统治的国家，是完全行不通的，因为现在世界上的局面，是革命和反革命两大势力作最后斗争的局面"，"中国的中产阶级，以其本阶级为主体的'独立'，革命思想，仅仅是一个幻想"。

在这里，毛泽东指明了在十月革命后的世界局面下，中国革命已是世界无产阶级社会主义革命的一部分，中国革命在无产阶级领导下必然是社会主义的前途，而不是资产阶级统治的资本主义前途。毛泽东还从分析中国历史发展来说明这个问题，指出：在近代中国许多爱国的志士仁人曾经企图实行资本主义制度，以促进中国的进步，摆脱贫穷落后挨打的局面。可是，在近代中国历史条件下，资本主义制度行不通。因为，在近代中国的广大农村中，封建的土地关系一直占绝对的统治地位，先后相继的统治政权无不以封建地主阶级为其主要基础，并极力维护封建土地关系。在帝国主义入侵后，中国社会虽然已经有了资本主义，但占统治地位的仍是封建主义。帝国主义绞尽脑汁要使中国沦为殖民地，但它终究没有实现这个梦想，这是因为在广大中国人民中蕴藏着反抗帝国主义侵略的强大力量，这个力量是任何势力都摧不垮的，另外帝国主义想独占或几国"瓜分"中国，势必引起帝国主义列强之间的激烈冲突，因此，各帝国主义国家宁愿保持中国的现状，各自按照自己的需要在中国划分势力范围，利益均占，共同主宰中国的命运，并在中国造成一个为他们服务的官僚买办阶级，实行半殖民地半封建的统治。近代中国之所以贫穷落后，被动挨打，之所以不能从封建制度发展到资本主义制度，其基本原因就在于有帝国主义的侵略和压迫。历史经验表明，要改变中国的面貌和命运，争取民族独立和解放，根本的问题在于要有无产阶级政党——共产党的领导，把中国一切反帝反封建的力量动员和团结起来，经过长期的艰苦奋斗，取得民主革命的胜利，走社会主义的发展道路，并为中国的现代化开辟广阔的道路。

毛泽东的上述理论是符合中国国情的，是符合中国革命发展规律的，被后来中国革命的实践一再证明为颠扑不破的真理，从而为进一步丰富和发展科学社会主义作出了新贡献。

（三）指明了“农民问题是我国革命和建设的根本问题”

毛泽东在《新民主主义论》一文中指出：“中国有百分之八十的人口是农民。这是小学生的常识。因此，农民问题就成了中国革命的基本问题，农民的力量，是中国革命的主要力量。”

毛泽东非常重视农民问题，早在第一次国内革命战争时期就指出：“国民革命的中心问题是农民问题，无论是打倒帝国主义，打倒军阀、土豪劣绅，或是发展工商业和教育事业，都要依靠农民问题的解决。”1927年3月，毛泽东总结了自党成立以来各地农民运动的经验和教训，在《湖南农民运动考察报告》一文中指出：广大农民是中国革命的主要力量，农民反封建的土地革命是中国民主革命的主要内容，没有农民起来在乡村中打翻封建势力的革命斗争，中国民主革命就不会成功。

毛泽东在分析了农民各个阶层后指出：占中国人口大多数的贫农是农民中最革命的力量。乡村中一向苦战奋斗的主要力量是贫农。他们最听共产党的领导。这个贫农大群众，合共占乡村人口的百分之七十，“乃是农民协会的中坚，打倒封建势力的先锋，成就那多年未曾成就的革命大业的元勋”。并热情的指出：“没有贫农，便没有革命。若否认他们，便是否认革命。若打击他们，便是打击革命。”对于农民革命的态度如何，是区别革命和反革命的试金石，也是党内马列主义和右倾机会主义的分水岭。毛泽东号召中国无产阶级及其政党中国共产党，必须站在农民运动的前头去领导农民。只有这样，无产阶级才能取得农民这一最广大最可靠的同盟军，无产阶级的领导权才不致落空，中国革命也才有胜利的可能。

毛泽东还指出：农民问题，实质上是农民同盟军问题，就是无产阶级和农民之间的关系问题。从根本上说，也就是实现巩固和发展工农联盟的问题。无产阶级的革命事业是广大劳动人民的共同事业，只有同广大劳动人民，首先是农民结成联盟，团结一切可以团结的力量，才能取得胜利，而农民也只有在无产阶级领导下，才能解放自己。因此，农民问题的实质是无产阶级如何领导农民以调动他们的积极性的问题；是如何引导、联合和依靠农民同盟军这一伟大力量进行革命和建设，并不断改造农民，使其逐步提高到无产阶级觉悟水平，为逐步消灭工农差别，最终实现共产主义创造条件的问题；是无产阶级从领导民主革命起，到消灭工农差别、城乡差别，实现共产主义这一历史过程中具有头等重要意义的问题。

（四）提出了“土地革命是中国民主革命的重要内容”的正确论断，并制定了正确的土地革命路线

农民问题，是无产阶级进行革命、夺取国家政权中的同盟军问题。无产阶级为了取得革命的胜利，必须深入农村、深入农民群众中去领导他们进行土地革命斗争，从而建立起巩固的工农联盟。

在民主革命时期，“农民问题的中心是土地问题”。毛泽东在《对农民宣言》中指出：农民问题的内容就是贫农问题，贫农的中心问题就是土地问题。当时农民参加革命的迫切要求就是打倒地主阶级，消灭封建剥削制度。因此，党的第五次全国代表大会提出了“现阶段革命的主要任务是彻底解决土地问题和建立农村的革命民主政权”，指出“上地革命是巩固工农联盟所必需的”。因此，无产阶级要领导革命，就必须提出彻底的土地纲领，并引导农民为实现这一纲领而斗争。

土地革命的根本目的是要消灭封建的土地剥削制度，实现“耕者有其田”，借以解放农村生产力，发展农业生产，为实现国家工业化开辟道路。为了实现这一目的，毛泽东在深入农村调查研究和对农村各阶级进行分析后，制定了一条“依靠贫农和雇农，团结中农，中立富农，有步骤、有分别地消灭封建剥削制度，发展农业生户”的土地革命路线。

这条正确的主地革命路线，为党在当时和整个新民主主义革命时期胜利地领导农民进行反帝反封建的斗争，提供了可靠的保证。

（五）找到了一条“以农村包围城市，最后夺取城市，从而取得革命在全国胜利”的武装革命道路

毛泽东建立井冈山革命根据地的行动和他在1928～1930年所做的农村调查的理论研究，深刻地说明了建立和发展红色政权——农村革命根据地的可能性和重要性，说明在新的历史时期，在中国的条件下，革命发展的道路乃是建立农村革命根据地和工农红军，经过长期的革命战争，逐步地

扩大和发展农村革命根据地和红军，走“以农村包围城市，最后夺取城市，从而取得革命在全国胜利”的道路。

在1928年以后中国南部各个农村革命根据地的建立，红军运动的迅速发展，国民党反动派“围剿”的连续粉碎，大大地扩大了红色区域在全国和全世界的影响，并使红色区域成为全国政治生活的中心，推动了全国革命走向高潮。所有这一切，生动地证明了毛泽东关于在民主革命时期建立农村革命根据地、农村包围城市最后夺取城市、走武装革命道路理论的正确性。毛泽东关于土地革命路线和军事路线的正确理论，奠定了党正确地领导土地革命和武装斗争的完整的理论基础。

（六）毛泽东揭示了“农业是国民经济发展的基础”这一科学规律

1934年1月2日，毛泽东在《我们的经济政策》一文中指出：“根据地经济建设的中心是发展农业生产，发展工业生产，发展对外贸易和发展合作社。必须把组织农业生产放在经济工作的第一位，以解决根据地最主要的粮食问题和日用品的原料问题。”

在抗日战争时期，由于日寇残酷进攻，国民党严密封锁，解放区的财政经济遇到极大的困难。党中央和毛泽东在号召实行“精兵简政”、开展大生产运动中，坚持了以发展农业生产为主的方针。广大农民在这一号召下，组织起来发展农业及其他生产，彻底粉碎了反动派的经济封锁。在解放战争时期，毛泽东的《在晋绥干部会议上的讲话》中明确提出了：“农业是基础”的命题。他说：“消灭封建制度，发展农业生产，就给发展工业生产，变农业国为工业国的任务奠定了基础”。

新中国成立后，根据我国革命和建设的实践经验，毛泽东关于农业问题的思想又有了光辉的发展，在《论十大关系》报告中，指出了农业在国民经济发展中的重要地位，以后又提出发展国民经济要“按农、轻、重次序安排”。1959年，毛泽东又进一步对无产阶级领导社会主义经济建设作了马克思主义的总结，提出了“以农业为基础，以工业为主导发展国民经济总方针”。提出了“加速发展农业是高速度按比例发展我国社会主义经济建设的中心环节”，并提出了“加速农业技术改造”的任务。

“以农业为基础，以工业为主导，使优先发展重工业和迅速发展农业相结合”，这是毛泽东根据我国的建设经验所提出的社会主义经济建设的一条根本方针，这一方针符合马克思主义的扩大再生产原理，正确地反映了国民经济两个最重要部门之间的最本质的内在联系，这一方针正确地反映国民经济发展的客观规律，所以它在我国社会主义经济建设中发挥了巨大作用。“农业是国民经济的基础”这一客观经济规律，被越来越多的人所认识、所掌握，从而成为保持国民经济的持续、稳定、协调发展的一条重要方针。

（七）毛泽东指明了“社会主义的首要任务是发展生产力”

1956年1月25日，毛泽东在最高国务会议第六次会议的讲话中指出：“社会主义革命的目的是为了解放生产力。”也只有社会主义革命才能解放生产力，他说：“农业和手工业由个体所有制变为社会主义的集体所有制，私营工商业由资本主义所有制变为社会主义所有制，必然使生产力大大地获得解放。这样就为大大地发展工业和农业的生产创造了社会条件。”从而回答了中国必须走社会主义道路这个根本问题。毛泽东还指出，社会主义制度的优越性，要体现在发展生产、提高经济效益和富裕人民生活上。也就是社会主义必须以促进生产力发展为标准，而生产力发展又要体现在实际经济效益的提高上。1963年9月，毛泽东号召全党全国人民“力求在一个不太长的时间内改变我国社会经济、技术方面的落后状态，否则我们就要犯错误”。1964年12月，毛泽东又教导全党全国人民“我们不能走世界各国技术发展的老路，跟在别人后而一步一步地爬行。我们必须打破常规，尽量采用先进技术，在一个不太长的历史时期内，把我国建设成为一个社会主义的现代化的强国”。为从根本上彻底改变我国经济技术落后的状况，大力发展生产力，“至少需要几十年时间”。

（八）毛泽东在总结农村调查情况的基础上指出“社会主义社会的基本矛盾仍然是生产关系和生产力之间的矛盾，上层建筑和经济基础之间的矛盾”①

1956年11月，毛泽东在八届三中全会小组长会议上说：“国内阶级矛盾已经基本解决。”

① 毛泽东：《关于正确处理人民内部矛盾问题》。

1957年3月18日，毛泽东在济南党员干部会议的讲话中指出："两种制度作斗争，就是社会主义同资本主义这两种制度作斗争，谁胜谁负，这个问题解决了没有呢？按照我们八大所说的，应该说基本上分了胜负，就是资本主义失败了，社会主义基本上胜利了。"并说"阶级斗争基本结束，我们的任务转到什么地方，就是转到搞建设，率领整个社会，率领六亿人口，同自然界作斗争，要把中国兴盛起来，变为一个工业国"。

毛泽东不仅对社会主义社会主要矛盾作了正确的分析和判断，而且运用马克思主义辩证法，教育广大干部要正确认识社会主义，不要把社会主义想象得那么好，变成不切合实际的空想。1957年3月20日，他在南京党员干部会议上说："有人讲，到了社会主义大概是要过好生活了"，"这就是不懂得什么叫社会主义，作为社会主义制度，就是生产关系，用这样一种相互关系去进行生产。没有生产就没有生活，没有多的生产就没有好的生活。好起来要多少年呢？我看大概要一百年"。1961年，毛泽东在同来华访问的英国朋友蒙哥马利谈话时指出："社会主义和资本主义比较，有许多优越性，我们国家经济的发展，会比资本主义国家快得多"，但是"中国的人口多、底子薄，经济落后，要使生产力很大地发展起来，没有一百多年的时间，我看是不行的"。毛泽东又说："要建设强大的社会主义经济，在中国，五十年不行，会要一百年，或者更多的时间。"这些论述都说明，毛泽东对社会主义是十分清醒的，他要求人们也要正确地、客观地认识和分析社会主义社会的基本矛盾和基本国情。

（九）毛泽东在深入农村调查、总结农民群众生产经验的基础上，系统提出了"土、肥、水、种、密、保、工、管"的"农业八字宪法"，号召中国农业走"科技兴农、集约经营"的路子

1956年，在农业合作化高潮中毛泽东指出："我国按人口平均耕地面积较少，但已耕地的增产潜力很大。"号召全党在抓农业问题时，应"十分重视提高农业集约化水平和提高农作物单位面积产量"，并把这一精神贯彻于《1956—1967年全国农业发展纲要》中去。

1958年毛泽东在江苏南京、浙江杭州、辽宁沈阳、吉林长春、河南封丘应举农业生产社和新乡县七里营人民公社、长葛县"五四"农业社等地，同广大农民群众和农业科技工作者调查研究后，系统总结了农民增产

的经验，提出了“土、肥、水、种、密、保、工、管”的“农业八字宪法”，指明了提高农业集约化水平的基本途径和前提条件是不断、逐步采用先进的农业生产技术，深刻揭示了我国农业“走集约经营”的路子的道理。为了正确贯彻“农业八字宪法”，毛泽东为此作了科学的说明，指出“农业八字宪法”中的各项措施是一个相互联系、相互制约的整体，孤立地采取其中任何一项都不能收到应有的增产效果，必须根据“农业八字宪法”的内在联系，全面贯彻、统筹兼顾、合理安排，使得各项措施都能协调发挥作用，起到综合增产效果，提高劳动生产率。

我国农业发展的实践证明：毛泽东提出的“农业八字宪法”，走依靠科技、“集约经营”的道路是完全正确的。通过广大农民和农业科技工作者的努力，使我国在占世界耕地 7% 的条件下，解决了占世界人口 22% 以上的中国人民的吃饭问题。这是世界农业发展史上的奇迹，是毛泽东“以农业为基础”思想的又一胜利。

（十）指明了中国农民走集体化道路的历史必然性，并为之而奋斗到生命的最后时刻

毛泽东早在 1933 年“长冈乡”和“才溪乡”的农村调查时就发现，农民“成立了劳动互助社和耕地队，使劳动力有组织地调剂，这种生产形式，受到了群众的欢迎”，并称赞其是“两个模范乡”，号召农民“要学习长冈乡和才溪乡”。

抗日战争时期，毛泽东发出了把农民“组织起来”的号召，使抗日革命根据地的互助合作化运动更加广泛地发展起来。1943 年，毛泽东指出：“在农民群众方面，几千年来都是个体经济，一家一户就是一个生产单位，这种分散的个体生产，就是封建统治的经济基础，而使农民自己陷于永远的穷苦。克服这种状况的唯一办法，就是逐渐地集体化；而达到集体化的唯一道路，依据列宁所说，就是经过合作社。”①

中华人民共和国成立后，中国共产党立即在各解放区开展了土地革命运动，土地改革废除了封建土地所有制，建立了农民土地所有制，解放了农村生产力，使农业生产有了发展。但是农民的小私有土地所有制经济，

① 《毛泽东选集》，第 885 页。

对进一步发展农村生产力有极大的局限性，决定了中国农业发展必须把分散的小农经济逐步联合成合作经济。

以毛泽东为核心的党中央，根据农村调查的实践，在领导农业社会主义改造过程中，明确地提出自愿互利原则，采取了三个互相衔接的步骤：第一步组织带有社会主义萌芽性质的互助组；第二步在互助组的基础上组织以土地入股和统一经营为特点的半社会主义性质的初级农业生产合作社；第三步组织完全社会主义性质的高级农业生产合作社。通过这些步骤和形式，使农民逐渐走上了集体化的道路。后来，又逐步发展成人民公社这种组织形式。由于人民公社集体经济组织形式内实行了“一大二公”“统的过死”“一平二调”等经营管理形式，在一定程度上影响了农民生产积极性的进一步发挥，农业生产发展速度渐趋缓慢。党的十一届三中全会以来，农村首先实行改革，在农业集体经济组织内部实行了以家庭联产承包为主的责任制形式，实行统分结合的农业双层经营体制，找到了适合生产力发展水平的合作制经营形式，大大促进了农业生产的发展。

毛泽东指引的中国农业走社会主义集体化道路的方向是正确的，毛泽东为之实践并不断探索到生命的最后时刻。

（十一）毛泽东谆谆教导我们：没有对中国农村的调查研究，就没有我党正确的路线、方针、政策，也就没有我们正确的战略战术，也就没有中国革命的胜利

毛泽东在《反对本本主义》一文中指出：“没有调查，就没有发言权”，“中国革命的胜利要靠中国同志了解中国情况”。他以极其尖锐泼辣的笔调和鲜明的战斗风格，深刻揭露了教条主义的唯心主义实质及其对革命的危害性；批评了党内一部分人安于现状，不求甚解，墨守成规，迷信“本本”不深入农村社会实际调查研究的倾向。

毛泽东把深入农村社会实际进行调查研究工作同党的思想路线问题联系起来，这就是要使马克思主义理论同中国实际相结合、实事求是的思想路线。毛泽东在中国革命斗争中，在同形形色色的主观主义的斗争中，始终坚持了这条正确的思想路线，深入农村调查研究，了解中国的历史和现状，具体分析中国的国情，制定出正确的路线、正确的战略策略和方针政策，从而解决了中国革命和建设中的许多重大而复杂的问题，不断地把革

命和建设事业引向胜利。

三 毛泽东调查研究理论在认识论和方法论方面的历史性贡献

毛泽东在深入农村调查基础上建立起来的关于调查研究的理论体系和方法，是对马克思列宁主义理论宝库的重大贡献，是党和人民的宝贵的精神财富。今天，我们学习毛泽东调查研究理论，仍感到十分新鲜和解渴。这些理论著作所体现的马克思列宁主义的方法论和工作作风，是永放光辉的，仍然是指导我们进行农村调查研究实践的指南。

毛泽东对于调查研究理论的历史性贡献主要表现在以下几方面。

第一，调查研究是认识世界和了解中国国情的基本方法，是理论与实践相结合的桥梁，了解情况是正确领导的基础，是党制定正确政策的依据。

毛泽东指出，真正好的领导，必须经常地、周密地进行调查研究，“对于中国各个社会阶级的实际情况，没有真正具体的了解，真正好的领导是不会有的”（《农村调查》的序言和跋）。我们党制定正确的政策，需要以事实作为依据，同样在执行党的政策时，也要以所了解的实际情况作为立足点。毛泽东指出：“共产党领导机关的基本任务，就在于了解情况和掌握政策两件大事，前一件事，就是所谓认识世界，后一件事就是所谓改造世界。”（《改造我们的学习》）只有认识世界，才能改造世界，而要认识世界，调查研究乃是最基本的方法。

为了正确地认识世界，毛泽东强调要做到“胸中有数”，“对事物的发展必须找出一个数量的界限”，“不可无根据地、主观地决定问题”。毛泽东把调查研究引向更为广阔的社会实践领域，作为指导无产阶级政党进行改造世界的革命斗争的重要方法时，从认识论的高度论证了调查研究是取得正确认识的基础，是形成我们党的正确的思想路线的前提，提出了“没有调查，就没有发言权”的著名论断，这是他多年从事和倡导的实际调查工作的深切体会和理论概括，以后又提出“不做正确的调查，同样没有发言权”的论断。这是对马克思主义认识论的生动表述，说明调查研究已不仅是工作方法问题，而且是马克思主义认识论的基本问题。1941 年，毛泽东在关于农村调查的几篇文章中，进一步从认识论的角度强调了调查研究的重要作用，明确指出："要了解情况，唯一的方法是向社会作调查"，用马克思主义的基本观点做几次周密的调查，"乃是了解情况的最基本的方法"。1963 年 5 月，毛泽东在《人的正确思想是从哪里来的?》一文中指出，"用马克思主义的科学方法进行调查研究"，是坚持"马克思主义的科学的革命的认识论"问题。这些论述把调查研究的意义提高到过去从未有过的理论高度。

毛泽东之所以努力向全党号召把调查研究作为了解基层情况和研究问题的方法，其原因在于我们党担负着如何把马克思主义普遍真理同中国革命具体实践相结合的历史任务。要胜利完成这一任务，就要求全党必须了解基本国情，掌握社会发展的基本态势，这就需要我们深入农村、深入社会进行持久的调查研究，只有掌握了实际情况的第一手材料，才能使党制定出正确的政策和策略。调查研究是理论联系实际的桥梁或中介，是领导方法和工作方法的首要环节。毛泽东正是从这个高度确立了调查研究在贯彻辩证唯物主义认识论路线中的重要地位。这是毛泽东在总结中国革命历史经验基础上，对调查研究理论的深化作出的贡献。

第二，指导调查研究的方法是马克思主义的阶级分析方法和群众路线方法。

把阶级分析方法和群众路线方法运用于调查研究实践，这是毛泽东历史唯物主义观点的根本特征之一。毛泽东强调了阶级分析方法在调查研究中的意义时指出：对立统一、阶级斗争是我们办事的两个出发点。对于负责指导工作的人来说，"有计划的抓住几个城市、几个乡村，用马克思主义的基本观点，即阶级分析的方法，作几次周密的调查，乃是了解情况的最基本方法"。可以这样说，阶级分析方法贯穿毛泽东的革命生涯。但阶级分析方法作为马克思主义的一个基本观点，在目前仍然是我们党考察国际国内形势而制定基本国策的指导原则之一。只要世界上存在着阶级对立，阶级分析方法将永远放射着它的光辉。

同阶级分析方法相联系，毛泽东反复强调要以群众路线的方法来进行调查研究。这既是思想方法，也是工作方法，还是考察干部对调查研究工作态度的一个重要标准。毛泽东认为，"从群众中来，到群众中去"的领导方法，从认识论上说，实际上是进行调查研究的过程。这样，就进一步明确了调查研究和党的群众路线在认识论基本上的一致性。这是毛泽东运用马克思主义认识论原理指导党的具体工作，使调查研究成为群众路线的认识论基础的光辉典范。

第三，搞好调查研究工作的正确态度是实事求是和甘当小学生、虚心向群众学习的态度。

为了在全党大兴调查研究之风，毛泽东首先要求党的各级领导干部要进一步端正调查研究工作的态度。一是要实事求是的科学态度，通过系统周密的调查找出事物内部的规律性。二是要有甘当小学生、虚心向群众学习的态度，要有“眼睛向下”的决心和兴趣，而不是“昂首望天”。因为只有深入农村、深入基层、深入群众才有可能了解到真实的情况，“没有眼睛向下的兴趣和决心，是一辈子也不会真正懂得中国的事情的”。其次要求各级领导干部要有“放下臭架子，甘当小学生的精神”，要采取“恭谨勤劳”的态度和工农群众交朋友，群众才能讲真话，进而才能掌握真实情况。否则，难免会陷入“走马观花”、一知半解、粗枝大叶的境地。

我们党的历史、中国革命和建设的历史经验表明，我们党和国家的干部什么时候能密切联系群众，深入农村社会调查研究，什么时候就呈现党群关系、干群关系和谐融洽，党在群众中的威信就高，党所制定的方针政策就具有感召力，我们国家就会出现生动活泼的政治局面。一旦我们党和干部脱离了群众，脱离了实际，脱离了农村调查研究，就会发生失误，腐败现象就会滋生，革命和建设事业必然受挫，党的凝聚力就会减弱。

第四，调查研究是转变党的作风的重要环节，也是党的建设的重要内容，是改造人的世界观的基本途径。

中国共产党是从一个半殖民地半封建的落后的东方大国里成长起来的马克思主义的无产阶级政党。中国共产党的领导是否正确，关键在于能不能制定和执行实事求是的马克思主义的思想路线，能否将马克思主义普遍真理同中国革命具体实践相结合。因此，加强党的思想建设，端正党的思想路线，是确保党的正确领导，引导革命取得胜利的先决条件。调查研究既是党的思想路线问题，也是党的作风问题。毛泽东不仅充分肯定调查研究在认识社会、改造客观世界中的重要作用，而且还从改造共产党人的主观世界、增强党性、转变党的作风、加强党的思想路线的高度，去充分肯定调查研究的重要作用。这样就从改造客观世界和改造主观世界两个方面，十分鲜明地、具体地阐明了调查研究的重要性，肯定了调查研究在认识论中的地位，这在马克思主义发展史上还是第一次，这表明毛泽东的调查研究理论达到更系统、成熟的新高度。

第五，丰富了调查研究方法的内容，指明了调查研究的基本形式是开调查会，基本方法是“典型调查”。

毛泽东指出：“开调查会，是最简单易行又最忠实可靠的方法，我们用这个方法得了很大的益处，这是比什么大学还要高明的学校。”在毛泽东的农村调查实践活动中，他很善于开调查会，且总结出带规律性的理论。在1935年《反对本本主义》一文中，他就以调查的技术为题，对如何开调查会讲了七点。其基本思想可概括为：开调查会要亲自拟定调查提纲，深入到一个地方就一个问题找熟悉明了社会经济状况的人，进行讨论式调查，要亲自作记录，“假手于人是不行的”。这是毛泽东对调查研究经验的第一次总结。到1941年写《农村调查》的序言和跋时，进一步概括为：“开调查会每次人不必多，三五个七八个即够。必须给予时间，必须有调查纲目，必须自己口问手写，并同到会人展开讨论。”在《关于农村调查》一文中，毛泽东则从搜集材料的方法角度强调开调查会的几个关键环节：调查会不仅要提出问题，而且要有解决问题的方法；调查的典型可分为三种：先进的、中间的、落后的，要亲自收集和整理材料，抓住重点；材料要搜集得愈多愈好，但一定要抓住要点或特点（即矛盾的主要方面）。毛泽东在这里提出了利用典型材料分析问题的具体方法，形成了一整套开调查会的程序、内容和方法，在今天仍不失为各级干部进行调查研究的基本形式。随着科学技术的发展，获取信息资料的手段日益现代化，调查研究已具有广泛的意义。但是，作为各级领导干部，要达到科学决策的水平，要实现密切同群众联系、改造自己的主观世界的目的，学会开调查会仍然是必不可少的手段和形式。

进行调查研究，了解实际情况，有很多方法，但是最基本的还是作典型调查。毛泽东农村调查中，很多就是运用典型调查。1962年，毛泽东在扩大的中央工作会议上讲话时号召全党各级领导干部，为了了解农业问题，掌握规律，以便制定正确的农村政策，“一定要下一番苦功，要切切实实地去调查它，研究它。要下去蹲点，到生产大队、生产队、到工厂、到商店去蹲点”，“去好好地总结经验，制定一整套的方针、政策和办法，使它们在正确的轨道上前进”。

毛泽东十分强调“下马观花”，深入基层蹲点。《寻乌调查》《长冈乡调查》《才溪乡调查》等都是采用典型调查这种方法。他说：“拼着精力把一个地方研究透彻，然后于研究别的地方，于明了一般情况，便都很容易了。”他把这种调查方法，形象地比喻为“解剖麻雀”。解剖透了一个麻雀，了解其他麻雀，甚至了解其他鸟类也就容易了。

四 毛泽东农村调查的实践及理论在社会主义现代化建设时期的指导意义

1978 年 12 月，中国共产党召开了十一届三中全会，实现了拨乱反正，把工作重点转移到社会主义现代化建设上来的历史性转变。为了把我国建设成具有高度物质文明和精神文明的社会主义强国，党又重新恢复和发扬了深入农村、深入社会调查研究的优良传统和作风，在贯彻党的实事求是的思想路线，探索适合中国国情的社会主义现代化建设道路，制定新时期各项重大方针政策的过程中，进一步坚持和发展了毛泽东的农村调查理论。

在新的历史时期，我们党仍然需要像毛泽东同志那样深入农村进行调查研究，不断深化农村改革，探索具有中国特色的社会主义农业发展道路，以开创社会主义农业现代化建设的新局面。

（一）目前我国正处在社会主义初级阶段

这是我们党在新中国成立后，经过长期的革命和建设实践得出的一个极其重要的科学论断，它指明了我国已经进入社会主义社会，但还处于初级阶段。社会主义初级阶段特指我国在生产力落后、商品经济不发达条件下建设社会主义必然要经历的特定阶段。这个阶段，既不同于社会主义经济基础尚未奠定的过渡时期，又不同于已经实现社会主义现代化的阶段。它具有以下特征：

①是逐步摆脱贫穷、摆脱落后的阶段；

②是由农业人口占多数的手工劳动为基础的农业国，逐步变为非农产业人口占多数的现代化工业国的阶段；

③是由自然经济半自然经济占很大比重变为商品经济高度发展的阶段；

④是通过不断改革和探索，建立和发展充满活力的社会主义的有计划商品经济体制的阶段；

⑤是全国人民奋起艰苦创业、逐步实现社会主义现代化的阶段。

这就从历史任务、历史地位、发展方向说明了我国社会主义初级阶段农业发展的性质和特征，从而也决定了我国农村经济方面的特点是：以集体经济为主体的多种经济成分并存；以按劳分配为基本原则的多种分配形式并存，在共同富裕前提下，允许一部分人通过勤奋劳动、合法经营先富起来，有计划的商品经济还不发达等。

上述特征决定了在社会主义初级阶段，我国所要解决的主要矛盾，是人民日益增长的物质文化需要同落后的社会生产之间的矛盾。这里所说的落后，并不是一般意义上的落后，而是有特定历史内容的落后，就是生产力不发达，没有实现现代化。这个落后，是从半殖民地半封建社会带来的，在社会主义条件下正在逐步摆脱，但不可能在短期内迅速摆脱的落后。

为了改变这一状态，社会主义初级阶段的最根本任务就是发展社会生产力。这就必须把工作的重点转移到以经济建设为中心的社会主义现代化建设上来，大力发展生产力。而在完成发展生产力这个根本任务过程中必须采取一系列的正确的方针和政策。改革开放是我国生产力发展的必由之路。

我们党为了发展生产力，改变我国落后的面貌，坚持社会主义制度，先后在农村和城市开展了经济体制改革，解放思想，从中国国情出发，发展有计划的商品经济取得了显著成就。这些成就的取得，都是坚持深入农村、深入社会调查研究，坚持实事求是原则，在农村改革与农业发展的前提下取得的，是在坚持社会主义方向的前提下取得的，是在坚持四项基本原则的前提下取得的。离开了这点，改革就失去了方向，失去了目标。

我国正处在社会主义初级阶段，这就是我国现阶段社会的性质，是我国的基本国情，是我们要建设有中国特色的社会主义、坚持十一届三中全会以来的基本路线和两个基本点，并为此制定各种具体的方针政策、战略战术的最基本的根据和出发点。

（二）农民问题仍然是我国社会主义现代化建设事业的重要问题

农民问题不仅是革命的根本问题，而且是社会主义建设的根本问题。毛泽东教导我们："农民的情况如何，对于我国的经济发展和政权的巩固，关系极大"，"中国的主要人口是农民，革命靠农民的援助才取得了胜利，国家工业化也要靠农民的援助才能成功"。

"摸清摸准国情"首先要深入农村调查研究，摸清中国农村的情况、中国农民的情况、中国农业的情况，这是制定我们国策的基本出发点。党的十一届三中全会以来，在我国农业集体经济组织内部实行了以家庭联产承包为主的责任制，建立了统分结合的双层经营体制，我国农村的面貌发生了深刻的变化，取得了举世瞩目的成就。但是我国的基本国情仍然是11亿多人口，8亿多农民，生产力水平较低，农业综合生产能力不高，资源相对缺乏。在这样一个农业大国中搞社会主义现代化建设，情况复杂，困难很多。"农业是国民经济的基础"这一经济规律比以往任何时候都显得重要。解决11亿人口的吃饭问题是中国农业的头等大事，是经济发展、社会安定、国家自立、政治稳定的基础。而要解决这个问题，8亿多农民是一支最伟大的力量。因此我们制定基本国策的着眼点，都必须考虑到调动这8亿多农民的积极性，正确处理城乡关系、工农关系，以保证农业生产，特别是粮食生产的稳定增长。离开了农业、离开了农民积极性的充分发挥，社会主义现代化建设是不可能顺利发展的，新时期的工农联盟也是不会巩固和发展的，我们的政策就必然会发生失误，整个国民经济的持续、稳定、协调发展就不可能实现。

（三）要学习毛泽东深入农村、深入农民群众的实践中去作周密细致调查研究的作风，并将其应用到社会主义农业现代化建设中去

历史事实表明，什么时候我们坚持了深入农村社会作调查研究，对农村的情况明确，党制定的方针政策、战略战术就正确，我们的革命和建设事业就顺利发展；反之，不作农村调查，不分析中国国情，而从抽象的原则和教条出发，对农业形势判断失误，制定出的政策就必然失误，社会主义革命和建设事业就要受挫折、受损失，甚至遭到失败。

近年来，我们一些搞农村工作的同志，深入农村搞调查的意识淡薄

了。有些人整天坐在机关，冥思苦想出主意，有些人蹲在城市里东游西逛搞“采访”；有的虽然下“农村”，却整天蹲在县委招待所听汇报、看材料；有的坐着汽车，这儿停停，那儿跑跑，蜻蜓点水，一天跑上几个县，就是不向农民群众作调查，不到农村实际作调查。粗枝大叶，不求甚解，自以为是，主观主义，形式主义的作风严重存在。

为了正确指导我国农村经济的发展，我们一定要认真学习毛泽东同志的调查研究思想，只有深入农村实际、深入农民群众中去调查研究，详细掌握各种必要的材料，弄清问题的来龙去脉，才能取得正确的认识，从而制定出正确的方针政策，去指导农村、指导农业，从而找到解决问题的方法和措施，夺取社会主义农业现代化建设的新胜利。

（四）学习毛泽东蹲点作典型调查，用“解剖麻雀”的方法深入农村调查研究，继续发扬党的实事求是的优良作风

深入农村调查研究，了解农村的实际情况有很多方法，但是在目前的中国农村最基本、最可靠的还是蹲点作典型调查。蹲点典型调查是由马克思主义认识论中引申出来的一种科学方法，同时也是党和毛泽东在长期革命和建设事业中积累下来的、行之有效的调查方法之一，是党的实事求是优良作风的体现，在社会主义农业现代化建设事业中仍然是一种了解农村，了解农民的最好的方法。

蹲点典型调查能作到深入农村实际，深入农民群众中去进行调查研究，并能亲身体验农村的实际生活，和农民群众打成一片，获得真实可靠的材料，它既可以研究物，也可以研究人，可以将人与物、经济与技术、生产力与生产关系、经济基础和上层建筑等结合起来进行综合的调查研究。也就是毛泽东提倡的用“解剖麻雀”的方法来进行农村调查研究。那种认为蹲点进行典型调查的方法已经过时的说法，显然是非常错误的。当然，随着科学技术的进步和农村调查研究的环境、任务、目的、内容的变化，我们也不能只局限于典型调查一种方法，而应当根据调查任务和要求的不同，分别采取或同时并用其他一些调查方法，如抽样调查、重点调查、普查、问卷调查等。把微观调查和宏观调查结合起来，把定性分析和定量分析结合起来，并充分利用现代化的信息手段，以便更广泛、更迅速、更准确地收集和整理各种事实材料和统计数据。同时还应当吸取现代

自然科学和社会科学提供的研究成果，加强对调查研究项目和内容的科学论证，使农村调查进行得更为周密和完备。近年来，农村调查研究的实践表明，随着社会主义农业现代化建设的深入发展，农村调查的社会化、现代化、精确化等方面的要求也日益明显，这是在新的历史条件下农村调查研究工作出现的新情况、新经验、新特点、新趋势。我们应当根据新时期的特点和要求，用新的实践经验和理论总结，来充实和发展毛泽东的调查研究理论，以便更好地发挥农村调查在社会主义现代化建设中的作用。

（五）在社会主义农业现代化建设事业中，更要深入农村、深入农民中去“大兴调查研究之风”

10 多年来，农村发生了深刻的变化，8 亿多中国农民也发生了深刻变化，而且还在继续迅速地发生着变化。随着有计划商品经济的发展，农村出现了许多新情况、新问题，迫切需要我们去研究解决。如农业实行家庭联产承包责任制以来，在集体经济组织系统的服务功能薄弱的地区，农户分散经营对外部环境变化的承受能力极为有限，农民的利益得不到有效保护。近年来，农户不断受到市场波动的影响，农副产品一多就出现“卖难”，一少就发生“大战”的局面始终没有改变，农民在商品经济中仍然处于一种完全被动的状态，随市场变化调节农业生产的经营能力极其脆弱。又如单纯家庭经营还给国家计划管理造成困难，我国人口多、耕地少，大宗农产品将会长期处于短缺状态，通过价值规律调节供求的余地十分狭小。还有如私营企业的出现，一方面起拾遗补缺的作用，对发展商品经济有利，另一方面私营企业主剥削雇工阶层创造的剩余价值量愈来愈大，社会矛盾渐趋尖锐。即使在农民阶级内部分配不公的现象也日益明显。农民负担过重，“打白条”或变相“打白条”现象屡禁不止，农村社会化服务体系如何建立等问题，都需要我们像毛泽东当年所要求的那样深入调查研究，从实际情况出发，从中引出固有的而不是臆造的规律性，即找出农村经济社会协调发展的内在联系，作为我们制定方针、政策的依据，作为我们指导农村工作的依据。只有在全党继续大兴调查研究之风，深入农村实际，深入 8 亿农民群众中去，摸清国情，我们才能在以江泽民同志为核心的党中央领导下，共同做好具有中国特色的社会主义农业现代化建设的这篇大文章，进而将我国的社会主义现代化建设事业不断推向前进。

（六）在农村调查基础上做到“情况明、决心大、方法对”，认真解决农业现代化过程中出现的新问题

学习毛泽东的农村调查研究理论，就要继续发扬毛泽东倡导的有的放矢的马克思主义的学风，杜绝形形色色的唯心主义的主观主义学风。深入农村、深入农民调查研究，就是为了下决心解决社会主义现代化建设过程中出现的新问题。应当看到，党的十一届三中全会以来，特别是党的十三届四中全会以来，通过党中央的反复倡导和教育，在领导干部中，深入农村，运用马克思主义、毛泽东思想调查研究农村现实问题的同志越来越多了，并且已经取得了显著的成绩。如在党中央的领导组织下，通过农村调查比较圆满地解决了在集体经济组织内部实行家庭联产承包责任制，建立统分结合的农业双层经营体制的问题；正确地提出了“九十年代深化农村改革的重点是：健全农村集体经济组织，稳定和完善统分结合的双层经营体制，逐步壮大集体经济力量，积极发展社会化服务体系”的方针政策。

但是，由于前几年资产阶级自由化思潮的严重泛滥，一些人提出了在农村实行“私有化”的错误主张。这些人确实沾染了不少坏习气，弄虚作假，主观主义学风横行，照搬西方资产阶级理论，狂热鼓吹私有化，给农村经济的发展带来了极坏影响。这种主观主义的学风、这种资产阶级自由化思潮，是有害于党的社会主义现代化建设事业的。当年毛泽东曾将那种无的放矢的主观主义学风斥之为是共产党的“大敌”、是人民的“大敌”。今天，对于这些不良学风，我们同样应当如此看待。

总之，中国共产党七十年来的历史经验告诉我们，我们党所以能够领导中国人民在革命和建设中取得一个又一个的伟大胜利，从根本上说，就在于毛泽东同志等无产阶级革命家把马克思列宁主义的普遍真理同中国的具体实践结合起来，走自己的道路，建设有中国特色的社会主义。而要成功地实现这种结合，关键在于深入农村、深入社会进行周密系统的调查研究，掌握中国的国情与中国革命和建设的历史的特点，从而制定出党在各个历史时期的正确路线、方针和政策。反之，如果忽视或离开农村和社会的调查研究，或者没有进行认真正确的调查研究，就会在党的工作指导上发生失误，使革命和建设遭到挫折和失败。今天，我们重温党的历史，重

新学习毛泽东的农村调查实践及其理论，对于建设有中国特色的社会主义，无疑具有重要的现实指导意义。我们深信，在党中央的正确领导下，继续深入农村、深入社会进行调查研究，了解国情，并按照党的十三届七中全会指出的“十二条”基本原则深化农村改革，进一步探索和掌握我国社会主义现代化建设的客观规律及其具体表现，用以指导我们的思想和行动，就一定能够顺利地完成历史赋予我们的建设有中国特色的社会主义这一光荣而艰巨的任务，马列主义、毛泽东思想及其调查研究理论也必将随着新的实践的发展而不断推向前进，放射出更加灿烂的光辉。这就是我们的基本结论。

城市“单位保障”的形成及特点*

谭　深

摘　要：在20世纪50至60年代中国社会结构高度组织化的过程中，形成了具有鲜明特色的“单位体制”，在此体制下形成的保障即“单位保障”。单位保障包含着双重内容：其一是对职工承担了生活方面的无限义务，其二是对国家承担着职工的政治保险责任。并形成与此相应的“国家—集体—个人”的价值系列，取代了与传统家庭亲属保障相应的“家—国”观念。这种保障体制的积极作用在于稳定了人口集中的城市的社会心理和社会秩序，但其弊端亦十分明显。改革中单位保障逐步向社会保障过渡，但遇到社会心理的巨大抗拒，在某些方面，单位对职工的义务不是在减少而是扩大。目前，关于社会保障的改革和社会心理的变化仍在继续，这方面有诸多值得深入探讨的题目，而本文仅是对相关各方面的初步描述。

一　中国传统的家庭保障

在中国传统的农业社会中，家庭曾经是“社会的细胞”。其含义有二：就其性质而言，古代中国的社会基础是一种以父子关系为标识的亲缘关系和拟亲缘关系；就其功能而言，家庭作为社会最基层单位要对国家尽义务，同时，要为它的成员提供全部的保障。

中国传统家庭的正型是主干家庭（张树栋、李秀领，1990：71），即由父母与儿、媳及孙辈组成的家庭。在这样的代际关系中，上下辈的义务是双向的，老一辈要抚育子辈，甚至要隔代抚育孙辈，而子辈和孙辈在老一辈晚年，则要服侍和护理，形成“反哺”。在自然经济条件下，人的生、

* 原文发表于《社会学研究》1991年第5期。

老、病、死以及意外灾祸全都在家庭中得到处理，由此形成家庭保障制度。作为家庭保障补充的是亲属间的相互扶助，但是它的扶助程度要视亲属间及家庭和个人在家族乃至社会中地位而定。

与这样的保障制度相匹配的“父慈子孝”观念，与“君正臣贤”一道，形成一整套社会的伦常观念。它为统治者肯定，受礼法制约，被社会心理接受，因而又成为社会控制的一种手段，是稳定社会秩序的重要保证。

近代工业出现之后，古代城市向现代城市发展。进城做工的农民离开了“聚族而居”的村庄，从空间上疏远了农村家族提供的保障。但是在中国早期的工人中，农民成分占很大比例，一方在城里做工，一方在农村种地的“城乡家庭”也为数不少。直到20世纪50年代初期城乡人口可以自由流动之时，城市里有乡村背景的人依然相当多，以后随着对农村人口流入城市的限制，有这种背景的人越来越少。①

1956年以后，在全国范围内出现了大批农民流入城市的问题，为此，政府专门发文限制各工业部门私自招用农村剩余劳动力。50年代末发生了严重的饥荒，城镇精简大批职工返乡务农，并且开始实行了严格控制城镇人口规模的政策，农村人口不经有关部门批准不得迁入城镇工作和定居。与户籍制度配套的，还有职业的计划调配制度、粮油等生活必需品的供应制度等，将城市与农村、市民与农民截然分开，城乡的二元结构由此产生。② 经过30年的隔绝，城市与农村形成各目的通婚圈和亲属网络。

二　城市“单位体制”的形成

许多社会结构的研究者，不约而同地注意到了中国存在着的“单位”

① 美国学者马丁·怀特（Martin K. Whyte）1987年5月在四川省成都市对两个主要街区的586名年龄在20～70岁的已婚妇女调查显示了这一点。样本中1949～1957年结婚的妇女有33.6%出生在农村，而1966～1976年这个比例降至10%多，到1977～1987年又降至2.4%。而双方父母在城市中长大的比例则由26.2%升至50%左右。见《社会学研究》1990年第3期，第67页。

② 参看马侠、王维克《中国74城镇人口迁移调查研究报告》，马侠《当代中国农村人口向城镇的大迁移》，以上两文载中国社会科学院人口研究所编《中国人口迁移与城市化研究》一书，北京经济学院出版社，1988；刘纯彬《论中国社会的二元结构》，《社会》1989年第10～12期。

国家对家庭的管理，只要是家庭成员有单位的，大部分也通过单位来实行。这样导致单位对家庭事务的涉入。比如，家庭的组成过程要通过单位，个人结婚登记必须有单位出具的介绍信；单位根据国家政策，决定每个职工家庭生育的数量，并掌握夫妻避孕的情况；夫妻及其他家庭成员间的冲突，单位往往要协助调解；夫妻离婚，必须经单位同意并出具证明，离婚诉讼，有时单位也派人参加；帮助职工解决夫妻两地分居问题，如联系职工配偶的工作调动和解决户口问题；等等。

在这种情况下，家庭已经失去了“社会的细胞”的完整意义，相反，通过自己的成员对单位的全面依赖，家庭也依赖于成员的单位。

四　新的整体观念

中国的传统文化，一向十分重视整体，无论是在制度上还是观念中，第一个层次个人是局部，家庭是整体；第二个层次家庭是局部，国家是整体。

1949 年以后，传统的家庭（家族）作为旧制度的组成部分被改造，传统的伦理道德受到批判，包括通过历次政治运动、政策和立法，否定夫权、父权和族权；改变土地、生产、资料和住房（在城市中）的家庭所有；消灭大宗家庭财产存在的条件；取代家庭的生产功能；以及在城乡的人民公社化高潮中，一度尝试部分家务劳动的集体化；等等。

与此同时，一种新的整体观念被树立起来，这就是“先国家，后集体，再个人”的价值系列。在这个系列中，第一个层次个人是局部，集体是整体；第二个层次集体是局部，国家是整体。当三者之间发生利益冲突时，则强调个人服从集体，集体服从国家。农村中，集体指生产队、大队和人民公社。城市中，集体就是单位。而家庭则被置于这个系列的交叉处，作为个人的一部分，它是私有的象征，在观念上是被否定的；作为社会的组成部分，它又是稳定的因素，是受到肯定的，因为对于每个成员来说，家庭就又是一个整体。

在这样一个主导的观念中，对家庭的责任心和个人的发展都不被提倡，“爱厂如家”“三过家门而不入”“带病坚持工作”受到表彰。弃家于不顾如果是为工作则受到赞赏，如果是为个人发展则要遭到谴责。另一方面，从家庭作为安定因素来说，夫妻间的相互义务和晚辈对长辈的赡养被作为优良的传统加以强调。

这样两个不相容的观念事实上形成了对妇女的双重标准，即男人不顾家一心扑在工作上情有可原，妇女则在单位作为工作者应像男人一样，但是家庭的义务又理所当然地非她莫属。但所有这些长期以来都是不曾表面化而只是内化为家庭和婚姻的矛盾，改革以后一部分女性自我意识觉醒，对以往“女性标准”产生怀疑和讨论，以后又通过妇女就业问题将之提了出来，但由于是“女人的事”并未引起重视。

五 改革中的分化

自 50 年代单位体制的模式建立以后，它的保障范围越来越大，直到“文化大革命”中城镇以上集体单位也进入这个保障网，而最终形成了城市公有制经济的全面的单位保障。到 1987 年，这个保障范围达到 1 亿 3 千 7 百万人。[①]

这个安全保障网一经建立，很快显露出它的弊端：经济效益与福利保障的脱钩，使得企业失去激励因素，躺在国家身上等、靠、要；保障范围的扩大，降低了原有保障的标准，损害了国营骨干企业职工的积极性；[②]人员的部门所有、流动板结、公费医疗造成巨额的药物浪费；工资微薄，不可能累积个人财产，造成对单位和家庭的双重依赖；等等。

1984 年进入以城市为主体的经济体制改革后，原有保障体制的弊端不断揭露于世，对其的改革也逐渐开始。针对劳动用工的终身制，1986 年推行了新招收工人的合同工制；[③] 1988 年，全国有一半市县的全民与部分集体企业实行了退休金的统筹（张力之，1989）；部分省市建立了待业救济金（失业保险）、女职工生养基金统筹（张力之，1989）；以及公费医疗改作由职工本人按比例付一定医疗费用；等等。由单位保险向社会保障逐步过渡，将单位特别是要求经济效益的企业从“包下来”的重负下解脱出来。

---

① 见《社会学研究》1989 年第 6 期，第 126 页。

② 第一个五年计划中建立的基础工业企业，仿照苏联模式，在建厂房的同时建立生活区，这种单位保障事实上有利于稳定职工队伍，发展国家骨干企业。但是在职工的任用上没有建立淘汰机制，却引发了社会的攀比心理。

③ 国务院 1986 年 7 月 12 日发布了《国营企业实行劳动合同制暂行规定》。

意料不到的是，这种部分的改革措施受到了来自社会心理的巨大抗拒，单位不得不以福利的名义加以补偿，结果是单位的义务被无限地扩大了。原因何在呢？

北京大学“社会分化”课题组在研究中国社会结构的分化时指出，对于仍居绝对优势地位的公有制单位来说，其内部分化明显不是个人分化，而是以“单位”为单元的集团性分化，即单位与单位之间出现差距，单位内部却保持同质性。①

进一步分析，改革中的“放权让利”使各地方、部门、单位和个人的利益意识空前强化，由于人员的单位所有并没有根本改变，个人的利益要求的高低以社会上高收入者为参照，而其得到与否却只有依靠本单位。这种压力迫使单位的领导者部分地放弃了“先国家，后集体，再个人”的原则，将“对下负责”提到重要的位置，滥发奖金、实物成风。在收入和消费的攀比之风影响下，公有制单位的吸引力下降，但是职工对单位的依赖程度却在加深。

以单位保障为特征的社会安全体系部分解体，对社会成员的心理冲击要比个人实际经济利益的损失大得多，“反正社会主义不能不管我”的信念在动摇，人们开始不择手段地寻求其他保护。拉裙带关系、为自己编织关系网、利用职权为子女安排出路等不正之风，就是其中的表现。

在个体经营、经济特区高收入的刺激下，全民所有制职工的流动愿望也被启动，不少单位只得以交房子、不准许转工作关系的办法留住技术人才。而真正离开单位保障的庇护，甘冒风险的人仅为极少数，不少人采取停薪留职，或将工作关系寄放于“人才服务中心”留下退路，然后自谋高薪职业的办法。也有人以家庭作为整体安排，往往由女方留在国营单位作为保险，男方外出挣大钱。

在经受危机感的困扰之后，怀念“大锅饭”的情绪又悄悄滋生。说明当年单位的全面保障确实在稳定人心、减少社会动荡方面起了巨大的作用。如何评价单位保障呢？有研究者提出，创造工人能安心在企业工作的

① 见北京大学课题组的两篇文章：《现阶段我国社会结构的分化与整合》（《中国社会科学》1990年第4期）、《从城乡分化的新格局看中国社会的结构性变迁》（《社会学研究》1991年第2期）。该课题组认为，由于仍存在强行政干预制约，这种集团性分化并不能导致阶层化体系的出现。这是目前我国不同于西方和一般发展中国家的重要特征之一。

物质和心理环境是必要的。[①] 也许，这尤其对于正处在疲软状况的国家骨干企业是个值得进一步探讨的题目。

六　家庭网与社区服务

单位“包”下来的制度抑制了社会服务业，“先生产，后生活”的指导思想又将职工生活服务置于不被重视的位置。改革以后，个体服务业有了很大的发展，但仍处于不足以满足需要、价格一般人又承受不起的水平上，职工家务劳动分外繁重。据前述五城市调查，家务劳动平均每天男职工为3.9小时，女职工为5.2小时。[②] 1987年的调查，男女共为5小时左右。[③] 除做饭、洗衣等日常生活维持外，赡老抚幼照料病人，目前仍须家庭承担。

家庭网的存在是亲属间相互扶助的主要形式。所谓家庭网，是指几个独立的但有亲属关系的家庭组成的特殊的社会组织（潘允康，1990）。家庭网主要由主干家庭（父母与一个已婚子女家庭组成）和婚后分离出去的子女家庭组成。除了经济、情感往来外，很重要的是生活上的相互照顾，如父母帮子女照管小孩、料理家务，子女帮父母做些重活及父母有病时轮流护理等。由于主干家庭是中国（无论城市还是农村）的主导形式，而核心家庭是其分支（沈崇麟，1990），可以推测家庭网是从来就有的，它无论在何种时期都帮助单个家庭承受着社会及家庭本身变化带来的负荷。但家庭网亦在变化之中。首先家中没有工作的老人（主要是妇女）越来越少；其次，已有相当部分老人表示，退休后不愿再受子女家务拖累；[④] 再者，随着计划生育后子女数量的减少，家庭网可能出现所谓“四二一”结构，那时相互扶助的性质也将发生较大的改变。

除家庭网外，近年兴起的社区服务又是单位保障的补充形式。

在中国传统的人际关系中，“远亲不如近邻”，对邻里关系是非常受重

---

① 丘海雄：《工人转工意愿分析——广州重型机械厂的研究》，打印本。

② “五城市”指京、津、沪、宁、蓉，共调查5057名已婚妇女，见刘英、薛素珍（1987：96）。

③ 据陕西省城市调查队对682人抽样，全国妇联研究所对天津、株洲、阳泉部分职工调查结果，见《中国妇女统计资料》（中国统计出版社，1991，第581页）。

④ 潘允康前文中，提到几个对老人生活意愿的调查，愿同子女住在一起的越来越少；熊景明1987年在昆明调查也发现这一点，见熊景明（1990）。

视的。邻居可以帮助着守门户，照料小孩，以及料理家务、介绍工作等，它事实上是生活和安全保障的一部分。单位体制使人们将重心转移到工作中，淡化了邻里关系，“文化大革命”更恶化了这种关系。目前，四邻间的冷漠不仅出现在高层建筑中，在旧的大杂院中也常见。人们的生活重心和心态都在自己家庭中，很少关心外界和他人。

家务劳动社会化的强烈呼声，促使政府部门介入社区服务。从 1983 年起，民政部门开始酝酿城市社会福利工作的改革。过去单位外的社会福利事业，主要有政府民政部门所办的为儿童、无子女老人、残疾人等服务的福利机构，基本上不面向居民的生活服务。改革中，由政府直接推动，社区服务开展起来。社区服务主要由政府驻街道办事处和社区内自治性的居民委员会承办，街道办事处管理。服务的内容包括：为老年人服务的机构，如活动室、婚姻介绍所；为儿童服务的，如托儿所、儿童活动站；为残疾人的，如福利工厂、生产组等；安全治保工作，由居委会成员轮流值勤；清扫环境；民事纠纷调解；兴办小型服务业，如卖零星百货、饮食的小商店、自行车停放场、缝补店；以及传达和完成政府下达的各种长期的或临时性的工作，如计划生育、人口普查、选举工作等。

由于社区服务工作从出现至今不过几年时间，有的地方根据自身的情况，采取了不同的服务方式，有的则尚未开展起来。根据对社区服务工作开展比较好的上海市的调查，有 1/4 的居民认为现有社区服务对自己帮助很大或较大，有一半认为一般，另 1/4 的人认为帮助很少（陶志良，1989）。居民对社会服务和社会福利的需要无疑是强烈的，这种富有情感纽带和自我服务的形式确是满足这一需要的创举。今后的发展如何，恐怕要取决于行政的干预程度，以及居委会和社区内居民相互间的认同感。

七　结语

中国在 30 年的经济和社会的建设中，创造了“单位保障”这一独特的城市保障形式，它曾经在城市中消灭了赤贫、乞丐、失业和沦落的恐惧，保证了城市中基本生活的正常和社会秩序的稳定。但是它带来的低效率、浪费也是明显的。改革中，一方面正在向社会保障过渡，另一方面这种体制仍在运行，而且在某种意义上更为膨胀和失范。这种转变中的状况造成社会的家庭和成员的分化：一部分人力图寻找自我保障办法，如拼命挣钱；而多数人陷入失去保障的危机感，导致个人依赖家庭和单位，家庭依赖单位和国家的程度都在加深。

参考文献

刘英、薛素珍主编，1987，《中国婚姻家庭研究》，社会科学文献出版社。
路风，1989，《单位，一种特殊的社会组织形式》，《中国社会科学》第1期。
潘允康，1990，《中国家庭网的现状与未来》，《社会学研究》第5期。
潘允康主编，1987，《中国城市婚姻家庭》，山东人民出版社。
沈崇麟，1990，《人口要素对中国城市家庭结构的影响》，《社会学研究》第4期。
陶志良，1989，《上海市社区服务现状》，《社会学研究》第6期。
熊景明，1990，《从妇女就业与社会观念看儿童养育》，《社会学研究》第6期。
张力之，1989，《中国社会保障改革述评》，《社会学研究》第4期。
张树栋、李秀领，1990，《中国婚姻家庭的嬗变》，浙江人民出版社。

中国现代化的分期与发轫*

张　琢

摘　要：本文以19世纪中叶为中国现代化的被动起点，21世纪中叶为预期成功之时，现代化过程历时总计约两个世纪。并以1952年为中界，将此200年划分为两大阶段。这两个大阶段又各划分为几个小的阶段。然后，着重具体分析了第一个小阶段——中国现代化的发轫（1840～1894年）。

一　中国现代化发展的历史分期

现代化的核心是工业化（或称产业化），而工业化的核心又是用机器生产代替手工劳动。所以，机器生产的采用就是现代化发轫的重要标志。中国自1840年鸦片战争后，作为对西方资本主义列强挑战的回应，陆续提出了学习西方的"长技"以发展机器制造工业的口号、纲领、理论、战略和计划，并在19世纪中叶就出现了机器工厂（先是洋人开的，60年代开始出现了国人自办的机器工厂）。从此以后，虽然经过了许多曲折，包括改变社会制度的政治大革命，但是工业化的进程始终没有中断，而是在波浪式起伏中前进。现在中国的现代化已进入发展的关键时期。根据中国共产党提出的长期发展战略计划，预期到21世纪中叶将达到世界中等发达国家的发展水平。按照国际、国内的社会发展指标体系衡量，经测算，国内外学者大都认为这一目标基本可按期实现。这一现代化过程共计约两个世纪。对鸦片战争以来的一个半世纪的历史，学术界习惯以1919年"五四"运动为中界，分为近代（1840～1919年）和现代（1919年至现在）两段。但从现代化的发展角度看，它们都处在现代化

*　原文发表于《社会学研究》1991年第6期。

的大过程中。因此，在分析现代化过程时，本文不再采用“近代化”和“近代性”的概念，而只采用“现代化”和“现代性”及“现代性因素”等发展学的系列概念。

在对中国现代化的历程进行较为具体的分析时，需要作一些阶段划分。国外学者在分析社会发展进程时，也往往习惯于按比较理想的模式划分成若干阶段。如美国发展经济学家 W. W. 罗斯托（1989）根据西方的经验，认为可以把人类社会的发展划分为六个阶段：传统社会，为起飞创造前提的阶段，起飞阶段，向成熟推进的阶段，高额群众消费阶段，追求生活质量阶段。有些中国学者也喜欢借用国外发展学中诸如此类的划分来套中国现代化的进程。国外的发展经验和理论对我们是富有启发的，不过，在借鉴人家的划分理论时，我以为要十分注意中国自身现代化演进的实情的复杂性和特点。特别是发展中的二元结构的突出特点和发展的不平衡性。这种二元结构和发展的不平衡性，往往表现为多过程的同时交错进行和同类过程在不同时间、不同地区、不同社会阶层中的反复推进，切忌简单化的弊病。如我们把 1840 年以前的中国称作传统社会，大体是可以的。但是我们不可忽视，在这个传统社会中，已有了长期缓慢的资本主义因素的萌芽，在经济上、文化上都有了某些稚弱的现代性因素，所以也不能把中国的现代化看作纯外发型的。同时，更不要忘记，1840 年以后的社会中，在相当长的历史时期内，传统的因素在数量上仍占着主要地位。在经济生活中，占人口大多数的中国农民直到 20 世纪 80 年代中期，生产和生活资料的商品率方达到和超过 50%。1840 年以前中国既有的经济、社会、文化的基础，是 1840 年以后的现代化发展的前提。但是，1840 年以后的现代化的发展，却是在西方资本主义的挑战的外铄性影响下启动的。当现代产业开始出现时，总体看，中国的科学技术、经济、政治、社会和文化等各方面的条件还远未准备就绪，是边发展边创造发展条件。而且，由于这以后的一百年中，中国的政权和发展的主持者几经更替，每次更替，主持者都要按照自己的观点重新筹划（当然客观上也得继承前代的物质和思想成果），创造自己的发展条件，也就是要不断地重新做准备。直到今天，我们也仍然处在为进一步的发展创造条件的过程中，从这个意义上讲，准备阶段与启动阶段实难分开。中国的现代化过程是一个历尽坎坷和艰辛的逐步推进的过程。从发展类型看，是半封建半殖民地社会的被动的“依附型现代化”向自主的“赶超型现代化”逐步升级的过程。从发展的主体看，是由少数先驱者汇集成精英集团，进而由新兴的阶层、阶级（通过政党）逐步推向全民族的过程。从内容上看，其外延是由单纯的学习西方现代军事技术逐步向经济、政治、社会、文化各领域扩展为全面现代化的过程。就其内涵而言，是由表层的器物模仿向社会经济制度和文化价值观念的根本变革逐步深化的过程。从空间（地域）上看，则是由点（少数通商口岸）到线（东南沿海和长江沿岸）到面（由东部到中部，到西部）梯度推进的过程。从时间轨迹上看，中国现代化经历了多次风云变幻，呈现出大起大落而又未间断的发展曲线。

综合各种因素，我们可以把 1840 年至 1952 年中国大陆战后国民经济恢复工作基本结束，有计划的全面现代化的条件大体准备就绪，都算作现代化的准备和启动阶段。当然，即便在这一阶段，现代化的各种因素在不同时期也有所增长，并且出现过几次局部性的较快的发展时期。因此，这个大的阶段又可以分为若干小的阶段。

鸦片战争到甲午战争（1840～1894 年）之间的半个多世纪，可谓中国现代化的发轫阶段。现代产业首先在海、河口岸及工矿区零星兴起。从认识上看，现代化主持者的认识基本上是在器物层上。当然，这时有些先进人物已提出了变法、改制的思想，甚至搬来了自由资本主义的发展蓝图。但是尚未形成有广泛影响的社会共识。本文下面将重点具体分析。

从甲午战败，激起维新变法，中经“新政”时期的建设，辛亥革命结束帝制、创立民国，到“五四”新文化运动（1895～1919 年）的四分之一世纪为第二小阶段。这一阶段为资本主义现代化各要素初步出台和曲折发展阶段。在这个阶段，现代性物质建设有所发展，社会政治制度和文化的改革又被提上了日程，标志着现代化已推进到了制度层和文化层。至此，资本主义现代化的经济、政治、社会、文化等主要方面的现代化要素都已出台，但是仍很稚弱，充满了新旧势力的斗争、动荡、反复、曲折。所以，这一时期还不能说现代化条件已齐备，或已稳定到位。在这一时期，国际上发生了俄国十月社会主义革命，出现了两种现代化发展模式，中国早期共产主义知识分子开始探索社会主义的发展道路。这样，此后中国的现代化又进入了新的不同发展模式的选择和斗争的时期。

从“五四”运动，经三次国内革命战争和抗日战争，到中华人民共和国成立，再到国民经济基本恢复（1919～1952 年），共 33 年，为第三小阶段。在这个阶段，一方面是资本主义现代化在局部地区的推进（国民党统治区的官僚资本主义的现代化和东北地区殖民地型的现代化）和崩溃。日本帝国主义投降，国民党政权被赶到了台湾，宣告了由外国帝国主义、买办官僚资产阶级和封建地主阶级主宰的现代化在中国大陆的破产。另一方面是共产党为通过新民主主义革命走向社会主义的现代化，做了思想、组织、政治和经济的探索和条件准备，并在根据地进行了改革，创造了新民主主义发展体制的雏形。1949 年中华人民共和国成立，1951 年西藏和平解放，中国大陆重新实现统一、安定，激荡的百年终结。中华人民共和国建立后，又进行了民主改革和国民经济恢复工作，到 1952 年国民经济已恢复并超过了历史最高水平，实现了政治统一、社会重构，建立起了高效的社会动员和执行机制，国家和民族的团结，使广大民众迸发出高昂的建设新国家的热情。到此，中国全面展开现代化发展的经济、政治、社会和文化等主要因素已大体到位，发展条件已基本准备就绪，中国的现代化此后便进入了全面有计划的发展新时期。

自 1953 年起，中国大陆开始展开大规模的有计划的现代化发展，预期到 21 世纪中叶可以达到世界中等发达国家的发展水平，基本完成中国现代化的任务，这正好是一个世纪的时间。这一个世纪为第二大阶段，也可以分做三个小阶段。

第一小阶段（1953～1978 年）为低水平、大波动的艰苦创业时期。这一阶段初期（1953 年至 1956 年上半年），计划决策慎重，发展健康迅速。然后，进入反右、大跃进和困难时期的大起大落，经调整，形势好转（1956 年下半年至 1966 年上半年）。旋即，又是十年“文化大革命”的动乱（1966 年下半年至 1976 年 10 月）使中国社会、经济、文化和人才遭到空前浩劫，把国民经济推向了崩溃的边缘。1976 年 10 月以后经过逐步调整，到 1978 年 12 月中共十一届三中全会为一小的过渡阶段。之后，中国的现代化便进入了改革开放的新时期。1952～1978 年发展的最大的成绩是以巨大代价打下了中国现代化建设的初步物质技术基础，积累了现代化建设的经验和教训，战胜了各种外部势力的威胁和干涉，真正争得了独立自主的发展权。

第二阶段（1979～2000 年）为中国现代化通过改革、开放走向协调、稳定的发展时期。这一时期又分两步，即已实现的使人民生活基本达到温饱的第一步，和正在努力实现的使人民生活达到小康水平的第二步。这是中国社会主义现代化的转折时期和关键时期。

第三小阶段（21 世纪上半叶）为争取中国现代化持续稳定发展、全面赶上世界发达国家的高水平发展时期，即中国现代化的实现阶段。

二　中国现代化的发轫

（一）历史的转折

当 14 世纪中国结束了游牧民族蒙古族的统治后，在明代农业经济复苏的基础上，16 世纪江南发达地区开始出现了零星的资本主义萌芽。然而，腐败的明王朝的统治，却使社会陷入了无法挽回的危机之中，接踵而来的是农民大起义和狩猎民族入主中原，在大战乱中，中国经济又滑下了低谷。17 世纪 60 年代以后，清康熙年间，在农业自然经济的旧轨道上，社会经济又缓慢回升，在 18 世纪达到了“盛世”。

但这一时期的前后，世界的历史天平已稍稍地由原来的向东倾斜转为向西倾斜了。在西方，幸免于 13 世纪蒙古族扫荡的地中海沿岸，意大利北部的一些工商业城市，凭借作为水陆交通枢纽的有利地理位置和多次十字军东征掳掠的大量财富，进一步繁荣起来，在 14、15 世纪出现了零星的资本主义萌芽。随着 15 世纪末以来的地理大发现，世界海上交通和贸易的中心从地中海转向了大西洋欧洲海岸。殖民地的开拓和掠夺，国际贸易的大发展，使手工业获得了强劲的发展动力。16 世纪在英国和荷兰等国，资本主义的生产方式由简单协作上升到工场手工业阶段，标志着世界性资本主义经济发展时期的到来。17 世纪英国和荷兰的资产阶级革命确立了资产阶级的统治地位，开辟了资产阶级世界革命的时代。进而在 18 世纪 60 年代首先在英国开始了产业革命，进入了机器大工业时代，也就是当今发展学所说的现代化的开始。

18 世纪后期中国的“乾隆盛世”，其实不过是中国建立在农业自然经济基础上的封建社会经济形态的回光返照，而在西方兴起的却是改变世界历史面貌的一种崭新的社会经济形态。“不断扩大产品销路的需要，驱使资产阶级奔走于全球各地。它必须到处落户，到处开发，到处建立联系。”① 对于这种变化，中国从天子至庶民，都全然不知不觉。在1793年，乾隆皇帝打发英国朝觐的使臣时，仍按照“老黄历”，还以为人家是化外的蛮夷“诚心向化”“输诚纳贡”来了，因而“深为嘉许”，以为给一点恩赐、怀柔，晓谕几句，人家就会“仰体朕心，永远遵奉，共享太平之福”。② 这样昧于世道的变化，对于已经临头的西方资本主义的挑战没有丝毫的精神准备，在西方资产阶级羽毛进一步丰满，以武力来扣关时，自然就不知所措了。从而使中国失去了第一次发展机会。

1840年，英国人终于用大炮轰开了天朝的大门，订下了第一个不平等条约——《南京条约》，使英国强占了香港，勒索了相当于当时清政府年财政收入三分之一（2100万元）的巨额赔款，开放广州、福州、厦门、宁波、上海五口通商，控制了关税，获得了领事裁制权和片面最惠国待遇。中国沦为资本主义列强的殖民地、半殖民地的过程由此开始了。

不过，凡事都具有二重性，外国资本主义列强（先是西方老殖民主义国家，以后又加上东方崛起的日本帝国主义）的入侵在中国引起的后果也是二重的。一方面，外来资本主义的军事、经济、政治、文化的侵略、掠夺、压迫和剥削使中国人民蒙受了巨大灾难，使中国丧失了大量的资金、市场、原料和其他发展条件，一步步沦落到了十分悲惨、屈辱的殖民地、半殖民地境地。而这些资本主义侵略国却得以利用其在中国取得的权利、占据的市场和掠夺的财富来养肥他们自己，使中国与西方的发展差距在一百多年中越拉越大。同时，另一方面，由于资本主义从本质上是世界性的现象，它对中国的入侵也打破了中国夜郎自大的迷梦，把中国卷进了这个相互依赖却不公平的世界体系中。亘古未有的变化，亘古未有的屈辱，也打开了中国人的眼界，刺激了中国人的觉醒。由外国输入和引进的新的科学技术、生产力、生产方式和文化加剧了中国传统的封建社会的分解。经济的、政治的、社会的和文化的现代性因素在与本国陈腐的封建势力和外来的资本主义侵略势力的压迫的斗争中逐步成长起来。这种现代性因素在政治上的集中体现就是民族民主力量的发展壮大，使中国人民终于推翻了

① 马克思、恩格斯：《共产党宣言》。

② 《东华续录》乾隆一百十八。

几千年的封建君主专制和百余年的帝国主义的奴役，获得了民族的新生、社会的新生，使中国创造了自主地全面展开现代化建设的条件。

所以，1840 年英国发动的罪恶的鸦片战争，既是中国由独立的封建主权国家沦为半独立的殖民地、半殖民地社会的开始，又是中国由传统的农业社会被动地走向现代化的开始，成为由传统社会向现代社会变迁的历史转折点。

（二）“师夷长技以制夷”的防御型现代化口号的提出

面对外国资本主义的挑战，中国社会各阶级、阶层都做出了自己的回应。不过，由于各自所处的地域、地位、接触西方事物的时间与层面等种种条件的不同，回应的先后与方式也不尽相同。

1840 年以前，西方资本主义在商业上尚难以突破中国自给自足的自然经济的长城，宗教的传播也由于触犯了中国传统政治伦理文化而被遏制。于是，自 1840 年起就以武力闯关了。鸦片战争及以后接二连三的进攻和大清帝国的军事失利，显示了西方资本主义列强在军事装备上的优势。中国人对西方资本主义挑战的认识和回应，首先也是在这个层面上。

首先在蒙眬中睁开了眼来观察这“亘古未有之巨变”的是处在通商口岸最先面临西方挑战的知识官僚林则徐、魏源等人，他们也可以看作中国现代化的先驱者。他们本着“欲制外夷者，必先悉夷情”的认识，最早较为系统地了解、介绍了西方的人文地理和军事技术。林则徐一方面主持翻译介绍西方资本主义国家的书籍，请人将英人慕瑞的《世界地理大全》译编为《四洲志》，介绍了世界五大洲 30 多个国家的地理和历史，同时还通过洋商、翻译、领航员等各种途径了解西方各国的情况，主持编纂了《华事夷言》等书。接着，魏源又在上述书籍的基础上于 1842 年整理编成五十卷的《海国图志》，以后经两次扩充，发展为百卷巨著，成为中国人和东方人了解西方的划时代的史地和军事政治文献。它不仅使中国人大开眼界，传入日本后，也成为日本维新志士传阅的宝籍。魏源针对清王朝的守旧势力把西方科学技术斥为“奇技淫巧”[①] 的顽固态度，援引秦穆公采纳由余的进谏“善师夷者，能制四夷；不善师外夷者，外夷制之”的历史经

① 管同：《禁用洋货议》，载巫宝三等编《中国近代经济思想与经济政策资料选辑》，第 239 页。

验，在新的历史条件下提出了“师夷长技以制夷”的口号。这可以说是中国从学习西方科学技术入手启动“防御型现代化”的思想先导。

用中国传统的对异域的称呼把西方人称为“夷人”，说明了林则徐、魏源的民族观念的传统性（以后，在英国人的抗议下，对英国人才改称为英人，西方人泛称西洋人，把日本人称为东洋人，把他们输入的及以后中国人用引进的洋法制造的货物泛称作洋货）。但是，他们明确主张要屈尊“师夷”，却是观念的大转变。尽管如此，“师夷长技以制夷”体现的仍是传统的非平等的民族制服的意识，而非现代民族平等意识。

难能可贵的是，中国人自从脱离了原始宗教（巫鬼等）的统治以后，取而代之的是以儒家学说为主要代表的世俗政治伦理文化，而非超验的宗教观的统治。因此，面对这从天而降的世界巨变时，并未像那些尚滞留在原始宗教时代的民族那样，把洋人的成功看作魔鬼的帮助，也不认为是上帝或真主的旨意，而是在现实中找原因。在现实社会中找原因时，中国灿烂的历史文化又使得中国人具有强烈的民族自尊和自豪感，因而不认为是中华民族天生素质的低劣，而仅仅是由于社会风气不开。魏源在《海国图志·筹海篇三》中就以中国古代的大量发明创造证明了中国人的优异才能，如今只要变古，使“风气日升，智慧日出”，那么“东海之民，犹西海之民”是不会逊色的。这一开始就正确地从本质上找到了作为发展主体的人的潜能。

魏源在1852年扩充为百卷本的《海国图志》中，还注意到了西方资本主义国家所以强盛的政治原因。他从当时没落的清王朝君主专制统治下的腐败现象出发，蒙眬地看到了资产阶级民主政治比之封建专制的一些优越性。他对美国的议会制和总统任期制以及瑞士的社会生活都大加赞扬，以为美国的政治制度是“奕世而无弊”，瑞士是“西土之桃花源”。虽然现在看来，这些溢美之词有些理想化和形而上学，但是在一个半世纪以前，他的撰述，如他自己所说，的确是堪称“创榛辟莽，前驱先路”（《海国图志·叙》）。

从当时林则徐、魏源的主旨看，“师夷”还是直接着眼于西方军事方面的“长技”。《海国图志》上就绘有许多枪炮、战舰、炮台方面的图画。就军事角度看，学习西方的现代军器和操练方法，自然是要紧的。但是，在战略思想上，面对列强们咄咄逼人的进攻态势，魏源却主张采取“自守”的消极防御战略。他认为，“守外洋不如守海口，守海口不如守内河”，“设阱以待虎，设罾以待鱼”（《海国图志·筹海篇一》）。他们还不懂得现代用兵的高度机动性，未能引进西方“决战海上，以战为守”的战略思想和“把敌国海口作为自己海军的第一道防线”并在本国各海口设重防的攻防结合的积极防御的观点。对魏源的战略思想上的弱点，在日本明治维新前夜，就为佐久间象山、吉田松阴等尊皇攘夷派的重要人物所指出。佐久间象山在《省諐录》中批评了魏源的消极防御，主张制敌于外海才是根本、积极的防守。吉田松阴在《西游日记》中也反对魏源造舰不如购舰、造炮不如购炮的依赖思想。应该说，他们的批评是中肯的。在那样的列国竞争的殖民时代，这种消极等待的防御，迟早是要被敌人的积极进攻所攻破的。事实上，鸦片战争的失败就是一个教训。日本摈弃了这种消极的战略，却又走上了侵略扩张的道路。中日甲午战争中，中国的失败，除了清朝廷的腐败，在军事战略和战术上日军处处积极进攻，清军却仍守着魏源消极防守的教条，也是一个原因。这种消极防御的思想的成因，除习于防守性陆战的传统的影响外，还由于当时缺乏建立机动远洋海军的物质基础和现代海洋意识。不过，应该指出的是，在 1847 年扩充的《海国图志》第 61 卷中，魏源已认识到，要能自己制造船炮，必须懂得西方的技术和发展工商业。这在认识上大大前进了一步。吉田松阴的《西游日记》是只见其一，未见其二。

（三）殖民地性现代化的开始

即使在鸦片战争时期，中国也还具有相当强的综合国力。而且，在固有的农业自然经济的基础上，在发达的手工业中，民族资本主义的萌芽也有所发展。当时西方的工业革命还不很成熟，还拿不出多少可以与中国手工业产品竞争的价廉物美的商品。清政府如果能吸取教训，改弦更张，把握住时机，采取自主开放的政策，引进国外的新科学技术，进行认真的改革，还是可以而且有时间把民族工业发展起来与西方抗争的。然而，昧于世道变化、腐败、昏庸的清王朝朝廷，连从军事上与西方列强交锋中失败的教训也未汲取，甚至像魏源那样的消极防御的主张都不能采纳和坚持。林则徐被贬官发配新疆，魏源的《海国图志》被束之高阁。少数开新风的开明官僚知识分子刚刚睁开的眼睛，就这样被昏聩的朝廷给合上了，从而使中国第二次失去了发展的机会。

以后，每一次西方列强的军事入侵，中国战败之后，也总有人出来呐喊，又总是如鲁迅所说，略一清醒，复又昏睡去了。朝廷先是犹豫于战和之间，经接二连三的战败，接二连三的求和，签订丧权辱国的不平等条约，退让，割地，赔款…… 渐渐地不抵抗主义便成了定式。从朝廷方面看，中国沦为殖民地境地就不可避免了。只是由于其他因素的作用，才使中国未沦为全殖民地。

中国当局坐失时机，而西方资本主义则抓住时机向中国进行全方位入侵。每一次不平等条约的签订，都是口子越开越多、越开越大。外国资本主义的入侵一发而不可止，越来越深广。跟着炮舰后面接踵而来的西方的人员、商品、文化和生活方式日益增多的涌入，尤其是机器和资本主义的经营方式的输入，使中国传统的农业自然经济、手工业生产方式、封建宗法社会结构、文化和生活方式受到越来越大、越来越深广的影响，加速了中国传统社会结构的分解，传统的因素与现代性新因素在互动中，前者不断向后者转化，形成动态的二元结构。

首先，在经济方面，现代生产力和生产方式的引进，刺激了中国传统经济结构的分解，逐步形成了传统生产力和生产方式与现代生产力和生产方式并存，互相掺杂，互相影响，并由前者不断向后者转化的二元经济结构。

不过，事实证明，要突破和瓦解中国自给自足的经济的长城、中国人的自负及排外的精神长城和中国传统生活方式的习惯长城，都要比突破和瓦解官军腐朽的海防要困难得多。西方列强虽然依仗炮舰和不平等条约剥夺了中国海关的自主权，以关税率倒置即进口税低于出口税、外贸税低于国内贸易税、洋商赋税低于华商赋税的方式，并伴以洋人公开掠夺和走私、漏税等暴力强制性不平等殖民主义贸易来向中国销售鸦片和其他商品，但是自第一次鸦片战争以后的三十来年的事实证明，西方仍然提供不出中国人广泛使用的廉价工业品来。因此，直到19世纪60年代，西方国家除走私的鸦片外，还没有任何大宗商品在中国畅销，对华贸易仍处于逆差。不过，他们通过暴力和其他经济的与非经济的手段已掠夺和积累了大量财富（包括战争赔款和勒索，鸦片走私和“租界”土地占有牟得的暴利，外商向华商收取的保证金和附股，外商在华发行的各种股票、债券，在华外国银行吸收的存款和发行纸币等多方面的收入），为他们直接在华投资积累了大量资本。严格地讲，这种投资并非真正的外国资本的输入，这些资本本来就是在华攫取的，即取自于华，投资于华。他们以此兴办交通运输业、工商业和金融业，以便利西方商品和人员输华，并就近利用中国的原料、廉价而能吃苦耐劳的劳动力，提高与中国廉价的手工业品的竞争力。

自19世纪40年代起，西方资本主义国家开始利用不平等条约赋予的有利条件在中国拓展现代商业、金融、交通、电讯和工矿业。就地域看，西方人最先办的企业设在香港、广州、上海、厦门、天津等沿海港口，以后伸向长江沿岸的南京、汉口、重庆等内河港口及陆路口岸。就现代产业（制造业和交通运输业）看，打头阵的就是航运业和船舶修造及有关的服务业。如大英轮船公司在19世纪40年代就开始经营中国与欧洲、印度间的运输，以后欧、美、日多家轮船公司也先后加入进来，包揽了中国的对外运输，进而深入到中国近海和长江，排挤了中国的远洋运输业。19世纪40年代中期，洋商在广州、香港开始经营船坞修造业，19世纪50年代开始建造轮船，19世纪60年代发展成外商船舶修造中心，而这些地区原有的中国船舶修造业却被排挤了。19世纪50年代以后，外国资本在上海、福州、厦门、汕头、烟台、天津等港口的船舶修造业也相继活跃起来，上海已开始制造轮船，1865年英商办的祥生船厂时称“东方最完备的企业之一。”

由水上运输及轮船修造服务业，进而登陆，外资又伸向了铁路和电讯业。早在19世纪40年代，西洋人就开始筹划在台湾和大陆沿海城市修筑铁路，19世纪50年代提出了修建一条把当时中国四大商业中心——上海、汉口、广州、天津和首都北京连接起来的铁路网，其枢纽为汉口。19世纪60年代正式开始与清政府进行筑路交涉，19世纪70年代由外资兴办的中国大陆第一条铁路——淞沪铁路正式运营，旋即在当地中国人反对下，由中国当局购回拆除，这是洋人第一次在华筑铁路尝试的失败。19世纪80年代以后，中国洋务派官僚也渐渐认识到修建铁路的必要性，于是，西方国家又开始通过贷款，供应器材和技术、人员来控制中国铁路的修建和管理。外资插手中国的电讯业是从19世纪60年代开始的，此后的发展与铁路业相似，几经周折，既实现了外国公司架设电线的权利，同时又通过中国洋务运动达到了承办电讯的目的。

以蒸汽为动力的轮船航运业的发展，离不开燃煤的开采，所以，随之而来的便是外商投资台湾及沿海沿江的煤矿开采，由采煤又及于金、银、铜等有色金属的开采。接着，外资又侵入中国传统的手工业、农产品加工工业，如以机器取代手工工具的缫丝业、制茶业、棉纺织业等。

与交通和制造业的投资相伴随的是外国金融业在华的立足与发展。自1845年英国在香港和广州设银行分支机构起，到1860年时，英国在中国已建立了13个银行据点，1866年出现了以控制中国金融市场为首要目的的汇丰银行。外国银行不仅逐步控制了中国的金融市场，而且向中国的贷款已由军事发展到实业。

不过，直到1894年中日甲午战争以前，各资本主义国家在对华经济上还是以商品输出为主。在华设办的工厂企业主要是为其商品输出服务的，规模也较小，到1893年底总共约580家，投资总额约计2.34亿元（合1.19亿美元）（许涤新、吴承平，1990：7，90）。

社会结构的二元化，主要体现在城乡格局及城市内部结构的二元化和社会成分的二元化。

先看一下城乡二元结构演化的开始。由于成批口岸的开放和外国资本主义企业的开办，在城市格局上，出现了明显的向沿海、沿可航行的大江大河中下游港口地区的倾斜，殖民地、半殖民地化港口城市畸形崛起。鸦片战争前，在江南经济发达地区，已形成了许多工商业城市，主要分布在运河、长江下游及珠江下游地带，对外开放通商的主要港口只有广州。而自1842年中英《南京条约》以来，中经第二次鸦片战争，到1894年中日甲午战争以前的半个世纪中，英、俄、美、法、葡等迫使中国签订的13个不平等条约，共辟通商口岸（史称“条约口岸”）35处，分布在18个省。其中广州、厦门、上海、宁波、福州、潮州（汕头）、天津、牛庄（营口）、镇江、汉口、九江、登州（烟台）、淡水、台湾（高雄、台南）、琼州（海口）、宜昌、芜湖、温州、北海、拱北（珠海）、龙州、重庆22个口岸为海、河港口，占所开“通商口岸城邑”总数的百分之六十以上。其他分布在新疆、西藏、云南、甘肃和蒙古的陆路口岸，主要为与俄、英、法签订的条约开放的。上述海河港口加上大通、安庆、湖口、武穴、陆溪口、沙市等“寄舶所”，现代中国沿海和长江港口的格局已基本形成。

1895年中日甲午战争以后至1914年第一次世界大战前的二十年中，《马关条约》和其他接二连三的不平等条约及外国公使、领事乃至海关洋人要求开放的口岸又添了53处，加上甲午战争前开的口岸，共88处。同时，在这期间，中国当局也自行增开了10余个口岸。甲午战争以后，日本要求开的口岸最多，内陆口岸大增，反映了中国殖民地化的加深。尤其随着后起的日本帝国主义对华侵略的深入，在海、河口岸方面又增添了苏州、杭州、沙市、河口、梧州、三水、吴淞、南京、三都澳、岳阳、秦皇岛、鼓浪屿、江门、长沙、南宁、哈尔滨、安东（丹东）、大东沟、齐齐哈尔、瑷珲、浦口、葫芦岛等沿海、江港口，加上中国当局自己开放的大连等港，现代中国的沿海和长江、运河、珠江及黑龙江等可通航河流沿岸的港口布局就大体就绪。其中，上海、广州、天津、青岛、大连在第一次大战前为我国最主要的五大商港，上海、南京、武汉、重庆为长江上四大河港。上海作为南北航线和长江航线的T型交汇枢纽，成为中国最大的港口和工商业城市。这些港口城市既是外国资本主义吸取中国人的血汗和财富的吸盘，又是输入国外生产力和生产方式的入口；既是外国资本主义入侵的基地，也成为中国民族资本的发祥地和整个现代化地域推进的第一批据点。这些不同的功能体现了这些口岸城市的二重性。

这些口岸城市集中了中国现代性的经济、政治、社会和文化的各种因素，与基本上仍滞留于传统状况的广大农村形成极不和谐的二元结构。随着现代产业的发展和现代化的推进，城市的数量、规模、人口虽然在不断增多，但是直到1949年中华人民共和国成立时，城镇人口的比重也仅占全国人口总数的百分之十左右。可见城市化程度之低和速度之慢。

就城镇本身而言，不仅有古风淳厚的内地传统型城镇和洋风飘飘的口岸城市的二元结构；而且，同一口岸城市，也往往形成新老城区、华人社区与租界等对比鲜明的二元结构。

在社会成分方面，传统的社会阶级、阶层逐渐分解，新的社会阶级、阶层逐渐出现、发展，形成新旧社会阶级、阶层并存，互相矛盾、互相斗争和转化的社会二元结构。这些二元结构也首先出现在通商口岸上。

这些口岸尤其是几个大的港口城市，是外国商品、人员的主要入口处和外资企业的主要发展基地。在这些地方，洋人本身就形成了享有治外法权的特殊阶层，其中包括商人、传教士、军人及其他职业者。他们不属于中国社会内部结构的组成部分，是凌驾于华人之上的人上之人。洋场也成为中国的国中之国、国上之国。殖民者的影响以后又不断发展，远远超出了“租界”、口岸的范围，伸向全国各地，干预着中国的经济、政治、社会生活。这是一个把中国逼上殖民地、半殖民地的境地并作为这种殖民地、半殖民地的主宰者的殖民阶层。当然，事物是复杂的，在外国人中，也出现了一些富有道义精神、同情中国人民的友好人士，在以后中国人民争取独立、自由、解放的斗争中，给中国人民以各种形式的支援和帮助，有的成为杰出的国际主义战士。

洋人在中国开办企业，首先就是要利用中国廉价的劳动力，雇用中国工人，从而使这些口岸的外资企业成了中国现代产业工人的诞生地。

由于在中国开办现代工业外资早于华资，所以，中国产业无产阶级的资格要早于民族资产阶级。他们最早是从破产农民、手工业工人和士兵中分化出来受雇于外资企业的。到1894年甲午战争时，外资企业雇用工人总数已达3.4万人，其中四分之三集中在上海、汉口、广州，三分之二集中在50人以上的企业中。他们不仅受外国资本主义和本国封建主义的双重压迫和剥削，而且还要受介于二者之间的买办阶层的中间剥削和压迫。中国工人工资低，劳动条件差，工作时间长，而且常常连人身权利也被侵犯。这就使他们不能不起来斗争。据已有的记载，早在19世纪60年代，上海美商耶松船厂的工人就举行过罢工，为现代中国工人运动的先声。中国现代产业工人在降生之初虽然还没有形成一个独立的阶级，但是即使作为分散在几个港口的社会群体，也已具有了其来自农民与农民有天然联系、受压迫深、战斗性强以及在地域和企业中相对集中等特点。

1842年的中英《南京条约》废除了实行一个多世纪的管制洋商的行商制度，为洋商的自由经商开了绿灯。但是由于外国人不了解中国的国情，尤其中西文化的异质性，洋商很难直接深入中国社会，于是他们便在中国本土寻找代理人作华洋之间的媒介。1844年的中美《望厦条约》进一步确认了外商自由雇用买办、通事的权利，一些服务于外国人的买办以后又取得了领事裁制权的保护，买办事业和买办阶层便越发兴旺了。

买办最初是作为外商的掮客出现的，进而和外国资产阶级结成直接的人身雇佣关系或直接的资本合作关系。他们来源于行商、散商、通事、跑街、伙计、学徒、雇员、杂役等，以后还出现了由外国人办的学校培养出来的“科班买办”。早期买办仅仅依附洋人做跑腿帮办，为本国人民所不耻，也没有在本国做官，政治上内缺依托，势力不大。以后，随着中国殖民地化的加深和洋务运动的兴起，有些买办在官办企业兼差，并获得一官半职。社会政治地位也相应有了提高。有人估计，到1894年时，买办人数已达万人左右（许涤新、吴承明，1990：166，173，174）。他们“倚徙华洋之间，往来主奴之界”①，既充当外国资产阶级压迫和剥削中国人民的帮凶，又借助外国资产阶级的庇护，通过为外国资产阶级积累资本分享余润来积累自己的资本。1840～1894年买办总收入达5亿两，差不多相当于当时清政府十年的国库收入（许涤新、吴承明，1990：166，173，174），实在惊人。

中国早期的著名买办人物有唐廷枢、徐润、郑观应等。这些人由于接触到西方资本主义的科学技术，学到了西方资本主义的经营管理和科学文化，起到过向中国人转输这些经验和知识的作用，并成为以后发展民族工商业的人才。

其中有些人，如郑观应，“初则学商战于外人，继则与外人商战”，成为主张发展中国商品经济的强烈的爱国者。他看到“外洋以商立国”，“借商以强国，借兵以卫商”，著《盛世危言》《易言》等，提出中国应以兵战对兵战，以商战对商战，而“论商务之源，以制造为急，而制造之法，以机器为先”。他还提出保护关税、海关不用洋人、裁撤厘金、保护商人自由投资等多项护商措施。郑观应被聘担任轮船招商局经理，成绩卓著，在理论上和实践上都对民族工商业的发展做出了积极贡献。同时，他还提出了“主以中学，辅以西学”的学习西方的原则和“设议院”的政治主张，成为中国资产阶级改良主义的先驱。

文化的二元结构。近现代中国文化的二元结构表现为激烈的古今东西之争。中国本是一个传统主体文化深厚的国家，文化的二元化和中西文化的冲突是随着西方文化的输入而发生的。

资本主义时代开始以来的西学东渐的历史，在中国至少可以追溯到16、17世纪明后期和清代前期，葡萄牙、西班牙、法兰西、意大利等国的耶稣会传教士来华带来了西方数学、天文历算、火炮制造等科学技术以及

① 《鲁迅全集》第6卷，第355页。

基督教教义、教典等，曾受到明、清两朝的礼遇，如传教士汤若望曾任钦天监要职。以后，教会势力不断扩张，妄图喧宾夺主，甚至将他们的宗教权威凌驾于中国人崇奉的祖先和皇权之上。1704 年，罗马派传教士来华宣布中国教民尊孔祀祖为“异端”、教皇高于皇帝，终于被康熙皇帝于 1720 年明令禁止。不过，此后西方传教士仍不断秘密渗入中国。鸦片战争后，西方传教士根据一系列不平等条约获得了在华公开传教的权利。传教士们先是进入通商口岸，进而无孔不入地深入内地传教和建教堂，纠合其“教民”自成一体。19 世纪 60 年代初，在中国活动的传教士为数百人，19 世纪 80 年代就增加到数千人。从 1860 年到 1890 年，仅耶稣教会创办的报刊就有 70 多种。据李秋《增补奉祸记》的不完全统计，1900 年，仅天主教在中国各地设立的教堂、会所、学校就达 9383 处。教会学校当然是为宗教服务的，同时也使学生了解了一些西方科学技术和人文方面的知识，学生中也出现了不少献身中国的改革和社会进步事业的人才。

这里特别值得一提的是，本来我国是最早发明造纸和印刷术的国家，西方的印刷术是由中国传去的。但是在工业革命的推动下，西方却最早采用了机器和活铅字。1814 年英国传教士在马六甲设立印刷所，铸造中文铅字，1819 年铅印出了第一部中文书籍《新旧约全书》。1843 年英国传教士又将原设在印尼的墨海书馆迁到上海。1844 年基督教美国长老会在澳门创立花华圣经书坊，以后又迁宁波、上海，更名为美华书馆，进一步使汉字铅字和排字得到改良与规范化。

这些由外国传教士和商人开办的出版机构的作用也是二重的，一方面出版了大量宗教书刊，散布了奴化思想，具有文化殖民主义性质；另一方面，也引进和开创了中文书籍的机器印刷技术，并翻译出版了天文、数学、物理、生物等自然科学书籍以及社会、政治、新闻的论文和译文。这些书刊内容浅近，成为早期向中国人输入西学知识的媒介，开拓了中国人的眼界，对中国人向西方寻求真理产生了一定的影响。像 1872 年外国在上海创办的《申江新报》（简称《申报》）馆，不仅技术上在我国最先采用了手摇轮转印刷机，在内容上也宣传新思想，以后转手给华商，到 1949 年停刊，历时 77 年，为我国迄今出版时间最长的报纸。又如由外国传教士、领事和商人组成的文化团体——广学会（1887 年创立于上海，原名“同文书会”）所标榜的宗旨是“以西国之新学广中国之旧学”，除宗教书刊外，还出版了数理化和天文、地理、历史、公法等方面的图书，发行了《万国公报》。这些对中国的印刷出版业和文化的现代化是有意义的。

综上可见，鸦片战争后西方资本主义使中国沦为殖民地半殖民地社会的过程，就是传统经济、政治、社会、文化分解并向二元化发展的过程。半封建半殖民地本身就是一个二元结构的概念——这两个“半”，当然不是平衡的，而是一个动态结构。在开始阶段，封建因素具有更深厚的传统的根基和现实的积存力量，资本主义殖民势力当时在数量上处于劣势，但是凭其宗主国和武装力量的上升，在中国日益扩大着自己的影响和支配作用。由外国资本主义殖民势力在华兴办的现代企业，就其生产力和生产方式看，属于现代性企业，但是就其政治归属看，它是属于殖民主义经济范畴。所以，它自身的发展目的，最终是要把中国置于殖民地地位，使其成为殖民宗主国的附庸。因此，它与本民族发动的“防御型现代化”、“赶超型现代化”或“自主型现代化”的意图是迥然不同的。

在中国，资本主义殖民势力的入侵和封建专制的腐败统治以及二者的交互作用，又激发和造成了他们的对立面即反殖民主义和反封建主义的现代社会势力的出现与发展。所以，这种二元结构的社会发展的归宿，并不是殖民主义与封建势力在相互斗争（当然，二者确有矛盾和斗争）中谁战胜谁，使中国退回到一元化的封建专制社会，或完全沦为一元化的全殖民地社会；而是其对立面——代表中国自主性现代化发展需要的民族民主革命势力通过反帝反封建的斗争，把中国推上自主的现代化之路。这种现代性因素和势力不是一下子形成和成熟的，而是在逐步升级的社会变革的过程中逐步形成、逐步成熟，并逐步探索出中国的现代化之路的。在本民族自己发动的现代化运动过程中，同时也通过斗争把外国资本主义殖民势力带进中国或在中国土地上建设起来的具有现代性因素的物质和精神成果吸收进来，营养自己，壮大自己，化为中国现代化的部分组成因素——这当然不是外国资本主义殖民势力入侵的初衷，而是事与愿违的客观后果。这就是马克思主义揭示的历史辩证法：“我们已经看到，在历史上活动的许多单个愿望在大多数场合下所得到的完全不是预期的结果，往往是恰恰相反的结果。”①

① 恩格斯：《费尔巴哈与德国古典哲学的终结》，载《马克思恩格斯选集》第四卷，第244页。

（四）两个发展资本主义的草纲的提出

当现代化的发展已成为一种历史的必然趋势的时候，它就不会仅是个别人异想天开的闪念，而会到处涌现出它的代言人。19 世纪 50 年代与 60 年代之交，在太平天国农民起义营垒和镇压起义的地主官军营垒中同时出现的发展资本主义工商业的奏鸣曲，正体现了这种发展要求的客观必然性。

我们先看看农民起义方面。

国际资本主义列强的打击，不仅暴露了清王朝的腐败、虚弱，使“天朝”的国际威望坠落下来了，同时也损害了其在国内人民心目中的权威性。鸦片的涌入，战争赔款和种种剥削的加重，加剧了封建社会的各种内在矛盾，引发了近代中国的一场消耗最大的太平天国农民起义［据各种不同的统计，1851 ~1864 年的太平军起义和清政府的残酷镇压及战乱引起的连锁反应，造成人口锐减，有的统计减幅达 40%，净减人口一亿多，战区主要在清末经济繁盛、人口稠密的长江中下游地区，破坏极重（胡焕庸、张善余，1984：59 ~60）］。太平天国起义的宗旨、实践和归宿基本上仍是传统型即旧式的农民起义：以造反均田始，到登龙廷、当皇帝、天国覆灭终。但是又打上了浅浅的现代烙印：它的指导思想和组织基础——拜上帝会留下了西方基督教的人文主义的痕迹。这是中国以往历代农民起义未有的。它的既反清又反对外国资本主义列强侵略的斗争精神，体现了中国民族民主革命的双重性的时代内容，成为中国旧民主主义革命的先导。尤其在太平天国晚期，得到天王洪秀全嘉许于 1859 年刊刻的《资政新篇》，更可视为中国第一个粗浅的资本主义现代化纲领。

《资政新篇》的作者洪仁玕，生于广东花县，以后又辗转游历于香港、上海，因而得新风之先。他察“万邦”之盛衰，“审时度势”，“因时制宜”，明确提出了效法西方资本主义国家的政治、经济、文化的主张。他要求引进西方的铁路、轮船、机器、工厂等先进生产技术，奖励私人发明、保护专利，鼓励“财金”投资，发展工、商、农、矿、金融等各项事业；“准富人请人雇工”即资本主义的雇佣制度；并“禁卖子为奴”和“游手好闲”，体现了人身自由和劳动立法的精神。在对待外国人和外资上，《资政新篇》主张一方面要禁止外国人违法、走私，另一方面又要确保他们的合法利益，给予其为中国贡献技术和“竞争”的机会。

这个纲领与1853年太平天国颁行的体现传统农民小生产者的平均主义思想的《天朝田亩制度》适成鲜明对照。在资本主义萌芽正奋力破土，自给自足的农业自然经济刚刚开始分解时，《天朝田亩制度》便试图废除私有，废除剥削，取消独立的手工业和商业，阻止产业和社会结构分化。而《资政新篇》则预示着作为中国传统农业社会最庞大的主体阶级——农民走向现代化的开始。可惜，当时太平天国已经到了晚期，无力实施这个纲领。而且，太平天国的农民军政人员中的大多数在思想感情上也还接受不了这个纲领，对它“皆不屑看”。从中国现代化的发展史看，《资政新篇》比那付诸实践的中国农民史上最后一个也是最完整的社会经济纲领《天朝田亩制度》要进步得多——尽管这两个纲领都是由同一个天国颁发的，而且二者时隔仅仅六年。

不过，由于《资政新篇》在太平天国失败后作为“逆书”被禁，而使外人不得知晓，因此其杰出思想在当时及其后相当长的时期内并未发挥出社会效果。以后，我们在中国现代化史上还会悲哀地看到，前人的许多光辉思想一次又一次被种种偏见和幼稚所埋没，使后人在“重新发现”的过程中不得付出摸索的辛苦和时间的巨大代价。这也是中国现代化推进的一个反复性的特征的体现。

这里还须说明一点的是，洪仁玕的这一幅自由资本主义的蓝图，主要是在香港和上海这些资本主义化的商埠从西学中摘取资料形成，带到南京奉献于太平天国的，与中国内地广大地区的社会存在和思想意识相差甚远，这是其当时得不到采纳的根本原因。

而且，不只是洪仁玕，1840年以来中国许多新的思想、理论和学说，都是由外国输入的，即这些思想文化的客观社会经济基础在外国而不在中国国内。当时中国国内的社会经济基础即使有了一些新的成分，其数量，尤其相对于传统的社会经济成分，比例还是很小的。所以，许多新的思想学说看起来传播很快、更新很迅速，其实在国内的基础是很薄弱的。这就往往表现为得新风之先的知识分子和政治活动家的思想、理论和他们的呐喊、宣传容易超前，而社会实际却远远滞后，形成理论脱离实际的反差。

就在太平天国颁布的《资政新篇》的同时，在另一边即镇压太平天国的营垒中，也有人酝酿着类似洪仁玕的主张，这个人就是冯桂芬。他是林则徐的门生、魏源的友人、李鸿章的幕僚。他在 1860 ~ 1861 年写成的《校邠庐抗议》中，也主张“采西学”“制洋器”，不仅把学习西方的内容比魏源所指的扩大了，而且把学习西方与国家政务的改革联系起来了。冯桂芬提出：“法苟不善，虽古先，吾斥之；法苟善，虽蛮貊，吾师之。”[①]并具体指出了中国迫切需要改变的四个不如“夷”的方面，即“人无弃材不如夷，地无遗利不如夷，君民不隔不如夷，名实必符不如夷”[②]，其认识又比魏源推进了一步。但是，他同魏源一样认为可变者仅仅是“势”，而道统却不可变。因此他的原则是“以中国之伦常名教为本，辅以诸国富强之术”[③]，这就是洋务运动“中学为体，西学为用”[④] 的先声。他的思想远没有《资政新篇》系统、彻底，但是更直接地体现了被西方资本主义入侵所刺激、刚刚开始出现社会改革需要的中国社会现实。同时，由于他处于当权者的营垒，所以他的变法主张比较容易为当局者们所采纳付诸实践。事实上，冯桂芬在《校邠庐抗议》中提出的改革科举、推广西学、裁汰冗官、简化律例、发展农桑、聘请外国技师设计制造船炮等 40 条具体改革意见，有些在不同程度上为洋务派所采用，以后他又被资产阶级改良派奉为先导。这些就使他的思想在理论上和实践上都产生了更直接更实际的社会效果。

两个敌对营垒，却异曲同工，同时提出了发展资本主义工商业的纲领，体现了时代对发展理论呼唤的共同回应。

（五）洋务运动的依附发展

“机器产品的便宜和交通运输业的变革是夺取国外市场的武器。机器生产摧毁国外市场的手工业产品，迫使这些市场变成它的原料产地。”（《马克思恩格斯全集》第 23 卷，1972：494）西方制造业和交通运输技术的革命，尤其 19 世纪 40、50 年代铁壳轮船的出现、改进和 60 年代在远洋运输上的广泛使用，1869 年苏伊士运河的开通和横贯北美大陆铁路的通车，大大缩短了欧洲和美国东部工业区到中国的航程，中国与欧洲的航运时间缩

---

① 冯桂芬：《校邠庐抗议》卷下，《收贫民议》。

② 冯桂芬：《校邠庐抗议》卷下，《制洋器议》。

③ 冯桂芬：《校邠庐抗议》卷下，《采西学议》。

④ 张之洞：《劝学篇》下，《设学》。

短了四五倍。这就大大降低了远洋运输的成本，从而把资本主义的扩张和全球性现代化运动推进到了一个新的水平。西方国家在19世纪40到60年代的对华贸易和资本主义全面入侵的升级与这个总趋势是同步进行的，而且是这股潮流的重要组成部分。到19世纪60年代，西方国家的对华贸易和在华开办企业的浪潮都达到了一个新水平，同时也进一步刺激了中国固有的资本主义萌芽的发展，加速了中国社会经济结构的分解，并在中国土地上提供了兴办现代企业的模仿对象。这便是以机器为核心、以军事重工业为先导的洋务运动启动的客观前提。

就洋务运动启动的主体因素和需求动力看，先是清王朝在与西方资本主义列强的交锋中明白了大刀长矛敌不过人家的坚船利炮，继而在对内借助洋枪洋炮和洋枪队直接参与剿杀农民起义中又尝到了西洋新式武器的甜头。曾国藩谈到湘军在与太平军作战中之所以能转败为胜的原因时就说过："实赖洋炮之力。"[①] 镇压太平军的过程，就是曾国藩所说的"先购后制"的过程。李鸿章奏道："查治国之道，在乎自强，而审时度势，则自强以练兵为要，练兵又以制器为先。"[②] 这就是有名的"自强运动"。面对国内外严峻的军事形势，李鸿章心急火燎般把办军火工业排在财政支出中压倒一切的首要地位："国家诸费皆可省，惟养兵设防，练习枪炮，制造轮船之费不可省。"[③]

要"制器"，就得学洋人办"洋务"。这就是洋务运动。不过，事实的发展证明，在洋务运动中，原先标榜的御外的一面，即魏源所说的"制夷"，已流为空话，兑现的只是师夷长技以安内。这样，剿杀农民起义的"中兴功臣"曾国藩、左宗棠，尤其是李鸿章等人便自然成了洋务运动的领袖和中坚，洋务运动中期又有张之洞崛起与李鸿章并列。而熟悉洋情、洋务的买办，如前面提到的唐廷枢、徐润、郑观应等人和出国办外交、留学归来的佼佼者们，又为洋务运动做了初步的人才准备。像中国第一批留美学生之一的容闳，毕业于美国耶鲁大学，1854年归国后，先后到过广州、香港、上海、南京向清政府权贵及太平天国官员游说"教育救国"、培养新式人才的计划，都遭到拒绝后，终于在曾国藩那里找到了"小试其

---

① 曾国藩：《曾文正公全集》，"奏稿"第2卷，第56页。

② 《筹办夷务始末》，同治朝，第25、1页。

③ 《李文忠公全书》，"奏稿"第19卷，第45页。

锋”的机会。他赴美为江南制造局采购机器，并开设了兵工学校。在洋人先开办的企业中也造就了一批操作机器工作的新式技术工人，这也是洋务运动的重要的劳动力和技术人才的准备。

19 世纪 60 年代，在洋务派官僚主持下，开始译洋书、兴洋学，物质建设集中于“机、船、矿、路”，建工厂、筑铁路、开矿山、炼钢铁。往回看，是继承的中国封建官办工业传统，往前看，则可算作走的从重工业开始的工业化道路。

由于经费拮据，洋务派官僚们看到西方早发展资本主义国家“以工商致富，由富而强”的经验，便进而推出了“寓富于强”的发展战略，以“兴商务，浚饷源，图自强”。由军工扩展到民用性厂矿企业，相应地，发展主体也由单纯的“官办”扩展列“言督商办”、“官商合办”乃至“商办”。

官督商办和商办的民用工业为 19 世纪 70 年代到 1894 年甲午战争前中国资本主义发生时期民用工业的主要形式。据最近学者们汇集前人的资料分析综合的结果，这一时期洋务派所办民用企业共约 27 个，经费 2964 万元，雇佣工人 25500 ~ 29500 人（许涤新、吴承明，1990：379），涉及的部门有轮船、煤矿、冶铁及有色金属、纺织、铁路、电报等业。商办民用工业当时呈现出二元结构：一方面，工场手工业有了进一步的发展，结构上也发生了变化，并且直到 20 世纪初，工场手工业无论在行业、户数、劳动力和产值上，都大于现代企业；另一方面是商办现代企业的发展，主要行业包括船舶修造和航运业，煤、铁及有色金属的开采、冶炼和机器制造业，缫丝、轧花和棉纺织业，面粉、造纸、印刷、榨油等制造业，据不完全统计，甲午战争前，这类企业共计约 170 个，投资额达 879 万两白银，雇工 61840 人（许涤新、吴承明，1990：452）。

从洋务运动启动的动机、投资方向和建设内容看，似乎可以套用当代国外发展学的概念，称作“防御型”现代化运动。不过，在半封建半殖民地的中国，对统治当局来说，所谓“防御”，从来就是两面的，即既有“御外侮”虚应故事的一面，又有除“内患”的一面。内忧外患两相比较，统治者总是毫不犹豫地以先除“内患”而后快。把人民造反镇压下去之后，又并不求认真改革，仍然照旧腐败，加重压榨，从而使统治者与国内人民的矛盾更加深加剧；对外，由于列强深入国内，各种矛盾冲突的发生日益频繁，而统治者则总是不问是非曲直一味只管压制本国民众，以保和局。镇压太平军时最著名的刽子手曾国藩，在1870年处理天津教案时，不仅对法国领事开枪射击我民众不敢问罪，反而连连去“谢罪”，并将爱国民众当凶手惩办，引起民众的公愤。曾国藩却仍再三向朝廷献策：“中国目前之力，断难遽起兵端，惟有委曲求全之一法”，“以后仍当坚持一心，曲全邻好”。[①] 中法战争前，清政府已建立起北洋、南洋、福建三支海军，但是朝廷和李鸿章一开始就力图避战求和，以致法军一再自食其言，撕毁协议，不断挑衅进犯。后来由于中、越人民的共同奋起抗战，取得了镇南关（今友谊关）-谅山大捷，李鸿章和朝廷却“乘胜求和”，再次签订了丧权辱国的不平等条约，形成了中国不败而败、法国不胜而胜的颠倒的结局，证明了这样一个事实：即使有了洋枪洋炮，在这样腐败无能的政府统治下也是枉然，显示了政治对国防现代化的制约作用。以后，“先安内而后攘外”“攘外必先安内”便成了中国统治当局处理内外矛盾的一种老谱。所以，“富国强兵”的口号虽然颇激动过一些爱国之心，但是主持者的实践归宿却是对外有的不放矢，不过虚有“防御”之名。反过来，统治者又把一切失败都推诿到武器不如人上，进一步加重了统治者的腐败和对外的恐惧、退让和依附。甲午一役，作为洋务运动和军事建设的集中体现的北洋舰队的覆没，既暴露了清王朝的腐败，同时也向世人昭示：在腐败的政治下不可能有“防御型现代化”的成功，而只能日深一日地沦为半殖民地、殖民地。洋务运动与其叫“防御型现代化”不如叫“依附性发展”更确切。

不过，这里需要特别指出的是，不管是洋人办的企业还是华人办的企业，华人企业中又不管是官办、官督商办、商办还是官商合办，不管企业主的主观愿望是要剥削和掠夺中国的财富把中国变成外国的殖民地，还是为了“富国强兵”保大清的江山，或是为了个人发财致富，抑或为国又为民，有两点却是共同的，即：①都引进了机器等新生产力、相应的技术和一些经营管理方法；②都雇佣了工人造就了产业无产阶级。据统计，到1894年中日甲午战争时，中外在华资本总额已达11.37亿元（许涤新、吴承明，1990：1043）；新式工业中雇用工人总数，据较早的不完全估计为91850～98060人（孙琉棠，1957：1201），如果加上交通、电讯等现代产

① 《曾文正公全集》，“奏稿”第35卷，第13～14页。

业的雇用人员，数量会大得多。

洋务运动的主持人所看重的只是洋器，而且首先是军器，他们的宗旨说得明白：“中学为体，西学为用”，就是要用洋器来维护中国的封建宗法制度。因此，就他们的认识水平着洋务运动时期的现代化运动仅局限在直观的器物层面上。但是，既然引进的是新的生产力、生产方式，既然造就了新兴的无产阶级和资产阶级，那么就是在经济的基础结构和社会的基础结构中植入了最根本的现代性因素，它将以不可抗拒的生命力为自己的发展开辟道路。所以，北洋海军的覆没虽然宣告了洋务运动在军事上的失败，却并不意味着中国现代化的终结。恰恰相反，它反而刺激中国在“深创巨痛”中，在既有的新的物质和思想建设的基础上，把现代化向前推进。在中国现代化的进程中，无论哪种投资，属于哪种所有制形式，迟早都将汇入中国现代化的大江中去。正是在这个长远发展的根本意义上讲，鸦片战争以来上述各个方面的新式产业的开办，都是中国现代化的发轫，是中国现代化的播种。但是这必须有一个条件，即它的归宿必须是日后中国人的自主的现代化的成功。这既是起因决定结果，也是发展的结果赋予起因以历史的意义。这就是中国现代化发展的历史的辩证法。

1894 年甲午战争以后，洋务派主持的官办军工企业陷入了抱残守缺的状态，比它更有生机的官督商办和商办的民族工业则取而代之有了更大的发展。

除了军、民用工业外，洋务运动还开展了对西学的引进，主要是办学校、派留学生和出版翻译介绍西学的图书。清政府为了适应对外交涉，在 1862 年设立的北京同文馆，除外文外，为适应洋务运动的需要又增设了外国史地、国际法、数学（数理启蒙、代数、几何、微积分）、物理、化学、机器制造、航海测算、天文测算和地质矿务等课程。1863 年设上海广方言馆，1864 年在广州也设了同文馆。30 年间翻译的数学、物理、化学、天文、地理、历史、法律、外交等各类书籍达 200 多部。

上海江南制造局也在 1868 年附设翻译馆，着重翻译军事、工程技术和实用自然科学书籍，也有少量史地政法书籍，还发行了准报刊性质的《西国近事汇编》（又称《中西汇闻》），译介外国政治时事。江南局在机器生产规模、翻译洋书和培养人才方面都占有很重要的地位。

在教育方面，1865 年以后在上海、福州、天津、广州设立了军事、工艺及医学等多所学校。1872 年以后又分批派幼童和学生赴美、英、法留学，如西学译介大师严复和中国第一代工程师詹天佑都是这一时期派出去学成归国的有杰出贡献的著名人物。这些文化建设的成果，是不会同北洋舰队一同沉没的。相反，其中许多受到西学濡染的人物，将由于事实的教训而进一步重新省悟，从而把中国的现代化运动推到新的层次。

综上可见，到甲午战前，在政治制度和思想文化方面已有了变革的呼唤和新的因素的出现，但从整体上看，中国现代化还处于器物层。政治制度和思想文化变革的真正大出台，是在下一时期的戊戌维新、辛亥革命和“五四”运动。笔者将另文分解。

参考文献

《马克思恩格斯全集》第 23 卷，1972，人民出版社。

陈旭麓主编，1983，《近代中国八十年》，上海人民出版社。

陈真编，1955，《中国近代工业史资料》，三联书店。

胡焕庸、张善余编，1984，《中国人口地理》上册，华东师范大学出版社。

孙毓棠编，1957，《中国近代工业史资料》，中国科学出版社。

W. W. 罗斯托主编，1989，《从起飞持续增长的经济学》，四川人民出版社。

许涤新、吴承明主编，1990，《中国资本主义发展史》第二卷，人民出版社。

严中平等编，1955，《中国近代统计资料选辑》，科学出版社。

严中平主编，1989，《中国近代经济史（1840—1894）》，人民出版社。

1992 年

论我国社会政策的传统模式及其转变*

姜晓星

摘　要：在论述中国社会致策的传统模式及其形成机制、分析新时期社会政策的调整与社会管理体制的改革的实践基础上，作者指出，有计划的商品经济新体制并非一种单纯的经济活动类型与运行机制，它也同时代表着新的行为规范、社会秩序与发展模式；商品生产和市场机制的发展与培植只有在与其相适应的社会秩序中才能得以充分实现。因此，建立与有计划的商品经济相适应的社会发展新秩序，实现社会与经济的协调发展，已成为中国目前改革与现代化进一步深入展开的关键。

社会政策是一个国家的政府为实现其特定的发展战略，在处理各种社会问题、促进各项社会事业发展方面所采取的基本原则和措施。它体现了政府在社会管理方面的实际作为。

社会政策的内容直接关涉社会资源与社会财富的实际分配——分配什么，分配多少，分配给谁，如何分配；关涉每个社会成员个人行为与切身利益的各个方面——生育、教育、就业、流动、收入、医疗、住房、社会福利、安全保障等。因而较之政府的其他政策而言，社会政策更为广大社会成员所关注。

目前，中国正处于从传统社会向现代社会迅速过渡的转型阶段，伴随着经济的高度成长，整个社会结构与利益分配格局也开始发生深刻的变迁。中国社会所面临的紧迫问题已不仅仅是经济增长的速度和社会财富如何增长的问题，而且也是经济增长的性质及社会财富如何分配的问题。社会政策作为政府对社会分配的实际干预及其在社会管理方面的实

* 原文发表于《社会学研究》1992 年第 1 期。

际作为，不仅直接决定着社会生活的质量与发展状况，而且也在相当大的程度上制约着经济的成长与国家政治秩序的稳定。因此，为了实现从传统社会向现代社会的顺利转型，政府不仅要调整和改革传统的经济政策与经济管理体制以促进经济的成长，而且也必须对传统的社会政策和社会管理体制做出新的调整与改革，实现经济与社会的协调发展，实现公平的社会分配。

一　中国社会政策的传统模式及其形成机制

中国的社会政策是在特定的社会历史条件下形成发展的。从新中国成立到 1978 年以前的近三十年间，中国政府不仅逐步建立起了一个包括人口、教育、就业、收入分配、福利与社会保障在内的相当完整的社会政策体系，而且在社会政策的目标制订（目标取向、目标数量、目标水平、目标偏好）和手段选择（政府的管理体制、干预方式）两个方面也形成了相当稳固的决策模式。

概括地说，中国社会政策的传统模式包括以下基本内容。

第一，在社会政策的目标取向方面，政府从巩固新生政权的政治合法性基础、实现社会主义制度建设和国家工业化的宏观发展战略出发，确立了以保障人民基本生活需要、实现社会均等、维持社会稳定为核心内容的政策目标。

中国的社会政策主要致力于保障人民基于生活需要的各个方面。首先，努力满足衣食温饱，消除极度贫困和严重营养不良，降低出生婴儿死亡率，延长人口寿命，消灭各种传染病，普遍实行公费医疗与合作医疗，以免费形式提供基础教育，在城镇采取统包统分的就业政策，并向城镇居民以及就业人口提供广泛的福利保障，在农村则通过人民公社制度实现集体就业，并采取集体自留的方式保障基本的食物供给和进行贫困救济。其次，中国的社会政策及其社会管理体制倾向于创造一个分配均等的社会。生产资料公有制的普遍确立基本上消除了人们依靠对生产资料的私人占有而获取个人收入的可能性。几乎所有社会成员的个人收入、福利消费和生活保障供给都被纳入公有制经济分配机制的宏观控制之中。政府以逐级分类按人头平均配给的方式实现对社会资源与社会财富的社会分配，在不同社会组织与单位内部，人们的生活质量、消费状况、收入水平都很难显示出十分明显的差异。再次，中国的社会政策及其社会管理体制还表现出维持社会政治生活长期稳定的强烈意愿。无论是提供基本生活需要的保障还是平均主义的分配方式都在相当程度上是出于弱化和抵消因极度贫困或分配不均所可能引发的社会不安定因素的考虑。政府在通过高度集中的行政管理体制直接干预和全面包揽人民生活基本需要各个方面的同时，也实现了对所有社会成员个人行为的有效管理，使他们在自己的实际生活层面上直接依附于政府的调遣与安排。

第二，在社会政策的目标数量方面，政府力图实现对社会生活的全面包揽，所有社会成员“从摇篮到墓地”全面包揽成为政府政策的目标追求。

在中国，以生产资料公有制和计划经济为基础的国家政权掌握着一切社会资源的所有权、管理权与分配权，并承担着解决各种社会问题、促进各项社会事业发展的全面责任，它是社会生活及其发展的唯一主体。政府对社会生活进行全面干预，从人口控制、教育卫生文化事业的发展、劳动力就业、工资收入分配、社会救济、环境保护、城乡建设、公共工程、宗教与民族事务，到社会福利、安全保障等一系列事务都被纳入政府社会政策的目标追求之中。从微观上看，几乎每个社会成员的生老病死、衣食住行、教育就业等各个方面都受到政府社会政策的组织与管理，干预与控制。这种广泛的社会政策目标追求，使中国在人均收入很低的条件下，社会成员却享有相当全面的“从摇篮到墓地”的基本生活保障。

第三，在社会政策的目标水平方面，表现出以高积累低消费，先生产后生活为发展方针的低水平目标追求。

必须看到，尽管政府确立了相当广泛的社会政策目标追求，但在实际上这些目标本身的实现大多长期维持在非常低的水平层次上。这固然与社会生产力的发展水平直接相关，但从政府行为的角度来考察，它也反映了特定历史时期政府所确立的“重积累轻消费”“先生产后生活”的发展方针的内在要求。政府更多地关注于社会发展的经济层面，努力扩大再生产，追求高产值高速度，而忽视各项社会事业的发展，忽视人民生活的不断改善与提高。无论是在人口控制指标、教育卫生文化事业的发展速度、社会劳动力的就业质量，还是在个人收入水平与消费水平、社会福利与安全保障的改善程度等方面都长期在同一水平上徘徊，增长幅度不大。

第四，在社会政策的目标偏好方面，表现出强烈的重城市轻农村、重国营轻集体、重中央轻地方、重大单位轻小单位的典型特征。

虽然中国的社会政策包含多方面的目标追求，但是在特定的历史条件下，它们并没有被政府均衡地加以实施。事实上，中国的社会政策是以城市、国营企事业单位、中央部门、大中型企事业单位为重心展开的。在城市与农村之间，全民所有制与集体所有制之间，中央部门与地方政府之间，大单位与小单位之间，都因其处于不同的政治经济地位，而在社会资源的实际占有与使用、收入与社会财富的分配、社会福利与安全保障的提供、风险承担、机会享有与个人行为的自由度等方面呈现出十分明显的等级差别。这种差别由于户籍管理制度、人事管理制度、地区性就业制度、城市补贴制度等一系列壁垒性制度的建立而具有先赋性和身份性，并且在社会资源与社会财富的宏观分配方面，塑造和强化了以身份制为核心内容的城乡二元结构和集团等级结构的特定利益分配格局。具体来看，政府社会政策的实施在城市与农村之间有完全不同的表现。在城市，政府对社会生活的干预与管理主要体现为对城市居民及其就业人口的福利支出的承担和包揽，城市居民及其就业人口的福利待遇无论就其数量还是就其水平都远远多于和高于农村人口。而在农村，政府对社会生活的广泛干预与管理则表现为通过统购统销制度和农副产品价格剪刀差对农村（农业）资源的提取，以及通过户籍制度和人民公社制度对农业人口的生产生活行为加以管制。与城市相比，政府对农村人口只承担了微不足道的福利支出，农村人口只享有很少和很低的福利待遇。这种在农村提取、在城市分配的政策目标偏好，决定了社会发展的主要成果——各项社会事业的增长与人民生活的改善——基本体现在城市方面。与此相类似，上述差异也体现在中央部门与地方政府、全民所有制与集体所有制、大单位与小单位之间。

第五，在实施社会政策的管理体制方面，政府主要是依靠高度中央集权的行政管理体制去逐级分类地落实各项政策目标，实现对社会生活的军事化管理。

我国的行政管理体制是以生产资料公有制和计划经济为基础的，它具有两个根本特征。①下级服从上级的等级管理。所有的社会单位、组织和部门都被纳入以党的一元化领导为核心的政府行政等级管理结构之中，并被归划为其一级行政机关，依据下级服从上级、地方服从中央的原则执行着政府的行政管理功能而缺乏自主权。②党政经合一的全能管理。以党的一元化领导为核心的政府行政管理体制全面担负着政治、经济与社会各个方面的管理权，掌握着一切社会资源的所有权、使用权与分配权。由政府管理体制的等级特征所决定，中央政府负责制定各项社会政策，以实现对社会生产与社会生活进行统一组织和管理，并直接承担某些有助于全局的社会政策的实施。同时通过目标分解，中央政府把大量社会政策的实施责任转移给各级各类下属单位，由它们行使政府的行政管理职能，落实各项社会政策目标。由于不同的单位与社会组织在政府管理体制中所处的地位不同，所掌握的社会资源不同，其政策实施的实际结果也往往大不相同，这突出地反映在城乡二元结构与集团等级结构中。而政府管理体制的全能特征又决定了其社会政策对社会生活具有直接和全面的干预能力。从宏观上看，政府可以凭借高度集中的行政权力直接从政治、经济和社会各个方面入手，在国民经济的各个环节之间、不同的地区与部门之间、城市与农村之间去调动各种社会资源以支持各项社会政策的顺利实施。而从微观上看，每个单位作为政府的一级行政机关在其执行自身的专门职能的同时，也行使着政府的社会管理职能，包揽其成员生活的各个方面——从生老病死到衣食住行。

第六，在实施社会政策的干预方式方面，政府主要采取直接的行政性干预措施以及政治动员去促进各项政策目标的实现。

政府实现社会政策的具体方式主要是依靠对社会生产和社会生活进行直接的行政性干预，以保证从各方面直接调动社会资源支持政策目标的实现。这突出地表现在两个方面。①对社会资源的行政性提取与分配，对社会成员行为的行政性管制与干预，比如统购统销制度、户籍管理制度、城市价格补贴制度、物资平调以及各种摊派等。社会资源的提取与分配均采取实物方式而不是货币形式，这与传统的产品经济模式相吻合。②在各级各类单位内部，社会政策目标的落实最终是按人头平均配给的，这种平均配给基本上与每个社会成员的实际贡献及其实际需要无直接的因果关系。政府除了运用直接的行政性干预措施之外，还十分强调政治动员，即通过思想教育或政治运动的方式去调动广大社会成员支持政府社会政策的自觉性。

综上所述，我们可以把中国社会政策的传统模式概括为以追求生活保障，以分配均等与社会稳定为基本目标，以高度中央集权的行政管理体制和直接的行政性干预措施为主要手段，实现广泛的、低水平的、重城市轻农村的社会发展。

中国社会政策的这一传统模式对于1978年以前中国社会生活的发展状况具有决定性的影响，使中国成为采取满足国家工业化战略的社会政策而迅速实现国家工业化战略的最为成功的发展中国家。政府的社会政策不仅塑造了一种十分均等的社会生活类型，而且它在维持中国社会生活长期稳定方面也发挥了极为显著的功能。但同时必须看到，这一政策模式也导致了另外一些消极的社会后果：人民生活长期在低水平徘徊而得不到应有的改善，各项社会事业发展缓慢，以身份制为核心内容的城乡二元结构和集团等级结构被强化，平均配给所产生的非效益化与福利品的浪费，全能管理所产生的小而全与非社会化，直接干预所产生的社会生活僵化，等等。事实上，这两方面的政策后果是内在相关的，它们是同一政策模式的历史同构物。

二　新时期社会政策的调整与社会管理体制的改革

自1978年以来，随着党和政府所推进的现代化进程逐步展开，社会政策与社会管理体制也呈现出多方面的转变。虽然从最一般的意义上讲，自新中国成立以后，中国政府就一直没有停止过现代化的种种努力——在1978年以前这种努力表现为社会主义的制度建设与国家工业化的发展战略。然而中国目前所开展的现代化进程却并非对上述努力的一个简单继续，它包含一个新的主题——改革开放。改革开放使现代化进程在中国最终成长为一场以发展战略转变与管理体制改革为核心内容的、触及社会生活各个层面的深刻变革。

首先，近十年来，中国政府以一种更为务实的态度去对待社会主义的制度建设问题，从中国的实际出发对意识形态作出新的诠释，提出社会主义初级阶段的理论。根据这种理论，中国现阶段的主要矛盾是人民日益增长的物质文化需要同落后的社会生产力之间的矛盾。发展生产力是社会主义初级阶段的根本任务和政府全部工作的中心。凡是有利于生产力发展的事物都是符合人民根本利益的，因而也是社会主义所要求的和允许的，一切不利于生产力发展的事物都是与社会主义相背离的。[①] 这种以生产力发展为标准对社会主义所做出的界定不仅突破了人们对社会主义基本图景的传统预期，重构了中国社会政策的目标取向，而且也大大拓宽了政府政策手段的选择空间。近十年来，中国政府自觉运用和培植了一些有利于生产力发展的手段机制，更加强调自主权，个人利益，物质鼓励，差别与分化(让一部分人先富起来)，市场机制，效益原则，私营经济，竞争，承包制、股份制、租赁制、破产法等，去开启中国现代化的大门。而依照传统的理解，这些手段机制是与社会主义的制度规范根本不相容的，至少在以往的社会生活中是被长期压抑和否定的。政府正是试图通过改革的实践活动对社会主义制度规范做出新的建构，也即把那些似乎是不相容的取向——集体主义与个人利益，精神激励与物质奖励，计划经济与商品经济，国营经济与私营经济，统一管理与自主权，平等与效率，共同富裕与让一部分人先富起来——在现实中尽可能完美地结合起来，使社会主义更加具有活力和适应性，建设“有中国特色的”社会主义。

其次，党和政府对现代化进程与工业化发展战略做出新的理解。对那种以工业尤其是重工业的发展作为基本内容，以国民生产总值作为唯一标志，以高积累高投入的外延扩大再生产作为唯一途径的传统发展战略开始重新认识。与此相应，中国的现代化进程更多地被理解为一个由农业人口占多数的、手工劳动为基础的农业国逐步变为非农产业人口占多数、使用先进生产手段的工业国的过程，理解为一个从自然经济半自然经济占很大比重的社会转变为商品经济高度发达的社会的过程。[②] 中国政府开始逐渐弱化“重积累轻消费”“先生产后生活”“为经济增长而经济增长”的发展方针，越来越关注各项社会事业的发展，注重在发展经济的基础上不断满足和提高广大社会成员的物质文化生活需要。政府在制定经济增长的宏观目标——到2000年全国工农业年总产值翻两番——的同时也提出了相应的社会发展目标——城乡人民收入成倍增长，人均八百美元，实现小康社会。为此，政府开始大力调整产业结构，改变过去那种单纯发展二业尤其

① 参见《中国共产党第十三次全国代表大会文件汇编》，人民出版社，1987，第60页。

② 参见《中国共产党第十三次全国代表大会文件汇编》，人民出版社，1987，第11页。

是重工业，忽视其他产业发展的战略取向，特别注重发展农业、注重发展第三产业，重视消费品的生产以满足人民不断增长的物质文化需要。同时，政府更加关注经济与社会的协调发展，变“国民经济发展战略”为“国民经济和社会发展战略”，尤其是把人口控制、教育事业放在突出的战略位置。此外，政府把农业人口向非农产业转移、实现城市化作为现代化的一个重要标志提出来，大力发展乡镇企业，扶植中小城镇的发展，允许和鼓励农业剩余劳动力的社会流动及其向非农产业转移。

再次，为了解放和促进社会生产力的发展，大力发展有计划的商品经济，政府对传统的管理体制进行了多方面的重大改革。这种管理体制的改革是沿着从农村到城市，从经济管理体制到其他领域的管理体制的进程逐步推进的。下放权力与市场取向是贯穿这场改革的两个根本内容。从 1978 年到 1984 年间，政府首先对农村的管理体制进行了较为深入的改革。它主要包括两方面内容：一是依据土地所有权与使用权相分离的原则，废除了人民公社制度，广泛推行以家庭承包为基础的土地联产责任制（下放权力）；二是变统购统销制度为与市场相参照的合同订购制（市场取向）。通过这两方面的改革，不仅恢复了农业发展的内在动力机制，重新调动起广大农民对土地的热情和生产积极性，并在此基础上使农民的收入有所提高，生活状况发生明显改善；而且更具有意义的是使广大农民彻底摆脱了人民公社制度对他们从劳动、生产经营、日常生活、社会流动到身份转换、职业选择等方面自由与权利的剥夺与束缚，获得了更多的自主权，取得了政府对他们自身利益与权利的承认。自 1984 年开始，政府以建立有计划的商品经济新体制为目标，依照农村改革的基本思想，对整个经济管理体制尤其是城市工业管理体制进行了广泛的改革（所有制结构、计划管理体制、财税管理体制、流通体制、工资制度、就业制度、劳动人事制度、教育管理体制、医疗卫生制度等），以调动中国工业化的核心力量——城市国营企事业单位的职工——的劳动积极性。第一，在下放权力方面，所有制结构的改革导致了多种经济形式（国营、集体、个体、民营、合资等）并存的局面，改变了政府以往作为社会资源全面占有者的地位，而依照所有权与经营权相分离的原则，下放人事、财税、物资、流通、工资等方面的管理权限，又最终使政府改变了原有的作为社会生产与社会生活直接组织者与领导者的地位。因而下放权力，也就是扩大了地方、部门、企业及个人对社会资源的占有、管理与分配的自主权。对于政府而言这种下放权力具有双重效应。①调动了地方、部门、企业及个人的生产经营的积极性与自主性，解放了社会生产力，同时减少了政府对社会生产和社会生活的直接管理，并把这些方面的责任相应地转移给地方、部门、企业与个人，从而减轻了政府对社会生产与社会生活全面包揽所造成的巨大负担。②人、财、物等方面权力的下放，也相应降低了政府过去凭借对社会资源的全面占有和直接管理所实现的对地方、部门、企业及个人行为的管制和约束力。自主权的扩大使地方、部门、企业及个人都现实地成为相对独立的利益主体，它们不再简单地听命于政府的计划指令与调遣，而往往基于各自的利益需要对中央的行政管理和政策做出不同的反应与取舍，从而弱化了政府的行政力量。第二，在市场取向方面，与下放权力相配合，政府力图建立包括资金、技术、生产资料与劳务在内的广泛的市场体系，以市场机制取代以往的高度中央集权的行政（计划）管理体制去组织生产和流通，以供求关系去调节人、财、物的合理配置。市场取向的确立，突出了物质利益原则、效益原则与等价交换原则，打破了“铁饭碗”和“大锅饭”，调动了广大社会成员的生产经营积极性。同时，也大大约制了政府行政管理的范围与干预能力。市场机制促进了各种契约关系的形成，政府不再能够像以往那样单纯地依靠行政权力直接调拨社会资源去支持各项政府行为，而只能更多地运用法律手段、经济手段去实现宏观控制，也即运用“国家调节市场，市场引导企业”的方式去间接地对社会生产与社会生活进行管理。以下放权力和市场取向为基本内容的政府管理体制改革在很大程度上改变了政府在社会生活中的地位与职能。

虽然上述三个方面的转变与改革还处于不断深化与完善的过程中，但它们已在许多方面改变了中国社会政策的传统模式及社会管理体制。

第一，在社会政策的目标取向方面，政策以是否有利于生产力发展为依据在重新建构生活保障、分配均等与社会稳定等传统目标追求。在努力保障人民基本生活需要的同时，更加强调不断提高人民的物质文化生活水平，在保持社会均等的同时，更加强调根据人们的实际贡献和劳动经营效果去实现社会分配，以按劳分配为原则去调整人们的收入关系，让一部分人先富起来以调动社会成员的劳动积极性；在维持安定团结的社会局面的同时，更加强调社会成员与各种社会组织的自主性，调动社会生活的内在活力以促进生产力的发展。

第二，在社会政策的目标数量方面，随着政府管理体制的改革及其权力的下放，政府弱化了以往对社会生活的全面干预，逐渐改变了对各项社会事业全面包揽的状况。政府除了承担某些影响全局的社会发展目标之外（比如人口控制），更多地调动地方、部门、企业与个人各方面的积极性去共同解决社会问题，促进各项社会事业的发展。比如在就业方面，改变了以往由国家统包统分的状况，而强调自谋职业与集体就业；在教育事业方面，改变了过去由国家统一负担、统一培养和统包统分的状况，更加强调自筹资金、多方办学；在收入分配方面，多种经济形式的并存改变了由政府直接管理劳动者收入来源、收入水平及其收入关系的状况，并相应导致了收入来源多元化、收入水平自主化、收入关系差别化的局面；在社会福利与保障方面，政府逐步改变由国家单独包揽社会福利与保障事业的状况，而把许多福利保障项目转移给地方、企业与个人来承担，调动各方面力量去发展社会福利与保障事业。

第三，在社会政策的目标水平方面，随着宏观发展战略的转变，政府逐步改变了以往“重积累轻消费”“先生产后生活”的发展方针，更加注重人民物质文化生活水平、消费水平的不断提高与改善，注重各项社会事业的发展。在人口政策方面，政府提高了政策目标的水平，从20世纪70年代“一个不少，二个正好，三个多了”的人口控制指标提升为“一对夫只生一个孩子”的基本国策。在教育发展方面，政府把教育列为整个经济发展的战略重点，不断扩大全社会的教育投入，大力发展各级各类教育，实行九年制义务教育。在就业方面，随着所有制结构与就业制度的改革，全社会的劳动就业质量有了根本的改观，不仅城市居民就业渠道被大大拓宽，而且广大农村剩余劳动力也在进行社会流动，从事非农产业、进城务工经商，选择职业等方面获得了很大的自由。在收入与消费水平方面，政府注重提高人民的收入水平与生活水平，使他们从经济发展中获得更多的实惠，不仅城市居民的生活状况有了根本的改观，而且更重要的是广大农民的生活发生了天翻地覆的变化。与此同时，随着经济的增长，全社会对卫生文化事业与福利保障事业的总投入也大幅度增长。

第四，在社会政策的目标偏好方面，随着宏观发展战略的转变与管理体制的改革，政府逐步弱化了重城市轻农村、重中央轻地方、重国营轻集体、重大轻小的传统目标偏好，以身份制为核心内容的城乡二元结构与集团等级结构的利益分配格局出现多方面改观。这首先突出地反映在农村的深刻变革方面，随着人民公社制度与统购统销制度的废除，广大农民不仅在收入水平与生活状况方面有了重大改善，而且在生产经营、社会流动、职业选择等方面获得了更多的自由。政府不仅适当减少了对农业剩余资源的无偿提取，而且在政策上，也允许和扶植农业剩余劳动力向非农产业转移。广大农民不再单纯地为中国工业化进程提供资金与资源的积累，而且也开始直接参与中国工业化的实际发展。乡镇企业的蓬勃发展不仅使广大农民探索出一条实现农业剩余劳动力向非农产业大规模转移的成功之路，而且其规模与效益已在整个国民经济的发展中占据着不可取代的重要地位；乡镇企业的广大农民工不仅自我实现了身份转换与职业转换，而且与城市工人相并行，他们也已成为中国工业化进程中的一支最富生命力的社会力量。其次，随着政府权力的下放，所有制结构的变化，产业结构的调整，地方经济、城乡集体经济、民营经济及个体经济获得了长足的发展，它们不仅获得了生产经营方面的诸多自主权，而且其从业人员的收入也增加很快。随着效益原则与市场取向在经济生活及社会生活中的逐步确立，成就取向开始支配人们的实际行为，不同单位、职业、行业收入关系的巨大变化使传统的以身份取向为核心的利益分配格局受到了极大的冲击。

第五，在社会管理体制方面，随着政府对社会资源所有权、管理权与分配权的多方面下放，其作为一切社会资源的全面占有者，作为社会生产与社会生活的直接组织者与领导者的位有所改变。地方、部门、企业与个人自主权的扩大弱化了政府高度集中的等级管理特征。政府不再是管理社会生活与促进社会发展的唯一主体，也不再单独承担和包揽解决各种社会问题和发展各项社会事业的责任，而往往更多地动员各方面的力量去共同促进各项社会事业的发展。必须看到，政府在下放各种经济管理权限的同时，也把管理和组织社会生活、实施社会政策的责任一起转移和下放给地方、部门、企业及个人。后者在获得生产经营自主权的同时，也背负起了管理社会生活的沉重包袱。这样一种行政性放权不仅进一步强化了地方、部门、企业及个人（家庭）的全能管理特征，而且也从制度上保证了政府动员各方面社会力量去促进社会发展的有效性。

第六，在实施社会政策的干预方式方面，由于政府权力的下放，塑造出各种各样具有相对自主性的利益群体，而市场机制的建立又使等价交换原则成为指导人们及政府行为规范的一般准则。它使政府无法单纯地依靠直接的行政性干预措施或政治动员去落实各项政策目标，而不得不更多地依靠法律手段和经济手段对社会生活实现间接管理。在农村变统购统销制度为合同定购制度，在城市将原有的各种实物补贴（暗补）变为货币补贴（明补），改变了以往对社会资源的实物性提取与分配。在控制人口和发展教育方面，既通过立法的形式去保证政策目标的实现，又广泛运用经济奖惩的手段。在劳动就业方面，从法律上保护个体经济与其他经济形式的合法地位，并通过减免税收的手段去促进它们的发展，建立各种劳务人才市场，用经济杠杆去调动社会劳动力的合理配置。在国营企事业单位内部，强调将职工的工资收入、奖金发放、福利待遇和安全保障同企业的经济效益与劳动者的实际贡献直接挂钩，改变了过去按人头平均配给的“铁饭碗”与“大锅饭”，更加强调适当拉开人们之间的收入差距，让一部分人先富起来，不再单纯地依靠思想教育，而是依靠精神与物质鼓励相结合的手段调动劳动者的积极性。在各项社会福利事业的发展方面，政府一方面通过税收杠杆的调节去促进某些有关国计民生的生活必需品与福利消费品的生产；另一方面更加注意发展社会福利事业的经济效益，开始推行住宅商品化、医疗保险、养老保险，力图用经济手段去组织和管理社会福利保障事业，使其与人们的实际需要更紧密地结合起来，减少对福利品的大肆吞噬与浪费。

近十年来，中国社会政策与社会管理体制的上述调整与改革，已对中国的社会生活与现代化发展产生了巨大的影响，不仅人民的生活水平尤其是广大农民的生活状况有了前所未有的改善与提高，并开始从温饱型向小康型过渡，而且社会结构（农业人口与非农业人口、城乡关系、职业与阶层）也发生了深刻的变革，社会分化加快，社会异质性显著增强，社会成员及各种社会组织的自主性提高，社会的水平流动与垂直流动急骤增加，社会成员的社会参与普遍提高，不仅成就取向开始取代身份取向而成为支配人们行为的一般准则，而且政府的行为也开始从伦理型向法理型转换，世俗化逐步成为社会生活的基本趋势。上述这些变化正与工业化进程一起推进着中国社会从传统社会向现代社会的转型。

三　主要问题与进一步调整和改革的方向

中国目前的现代化进程是一个多层面的社会变迁过程，它既是传统社会向现代社会的转型过程，又是从计划经济体制向有计划的商品经济体制的转轨过程，体制转轨是社会转型的现实基础。其间最为棘手的问题与其说是经济的增长，不如更确切地说是社会利益分配格局的重新调整。事实上，传统的计划经济体制不仅标明了一种特定的经济活动类型与运行机制，而且与其相配套的社会政策模式也历史地塑造着一种特定的社会行为规范、社会利益分配格局、社会秩序与社会生活类型。因此仅仅把体制转轨局限在经济政策和经济体制方面、局限在经济生活领域，而不想牵涉社会政策和体制、不想牵涉社会关系，是根本不可能的。社会政策与社会管理体制的任何变动都势必现实地触动既定的利益分配格局，并受到不同利益要求的强大约制。就此而言，在体制转轨中，社会政策与社会体制的转变既是不可避免的，又是一个比经济政策与经济体制的转变更为复杂和困难的过程。从更广泛的角度看，任何社会发展过程都必然地引起利益关系的调整与社会财富的重新分配，唯有触及这一内容才能真正标明社会变革的深度与规模。

但是，近十年来中国社会政策与社会管理体制的调整与改革都是很不充分的，这突出地表现在两个方面。①传统中心主义：在体制转轨过程中对传统的社会政策模式与社会管理体制，只是进行局部补充和有限修正，在社会政策模式与社会管理体制的改革中举棋不定所形成的新的政治、经济、社会问题，进一步增强了改革的阻力与难度。②经济中心主义：政府集中致力于经济发展和经济体制的改革，努力“把饼做大”，而相对忽视现代化的社会发展层面及社会关系的调整，忽视社会政策与社会管理体制的配套改革。

上述局限性从两个方面阻碍了中国现代化进程的进一步深入展开。

第一，社会政策的传统模式仍然在相当大的程度上制约着中国目前的社会生活，其所引发的社会问题并未彻底解决，相反有些方面还有所强化，它们构成了体制转轨与社会转型的现实障碍。这主要表现在以下方面。

其一，以身份取向为核心内容的城乡二元结构与集团等级结构依然存在。在城乡关系方面，重城市轻农村、重工业轻农业的政策目标偏好并未彻底改变。农民与城镇居民之间在生存环境、生活质量、机会风险、教育卫生文化事业发展等方面的差距随经济增长而不同程度地呈现相对扩大的状况。在城市方面，集团等级结构也依然存在。社会成员的收入与福利待遇状况仍主要取决于其所归属的社会集团的特定地位与性质（它与政府政策偏好直接相关）。尤其是随着政府各种管理权限的下放，以及政府以优惠的特殊政策保护和支持某一地区、部门、行业、企业和群体发展，更进一步强化和扩大了不同社会集团在利益分配方面的身份性差距。这种身份性利益分配差异既极大地挫伤了社会成员的劳动积极性，又阻碍了社会流动与社会分化。

其二，与以身份取向为特征的社会不平等相关联，在城市福利体系与国营大中型企事业单位内部，无论是福利消费品的供给，工资收入的分配，还是各种奖金的发放，按人头平均配给的分配方式依然没有彻底改变。中国的城市福利体系是中国工业化传统战略的派生物，它具有保障城市居民及其就业人口基本生活和正常工作的功能。其平均主义的分配方式不仅极大地销蚀了劳动者的进取精神，而且它在历史中所塑造出的特定利益分配格局也具有很强的刚性。在改革过程中，城市居民与国营大中型企事业单位的职工一味地追求收入水平的进一步提高与生活的改善，却不愿意为此付出相应的代价，不愿放弃既得利益与身份性地位，不愿承担改革所伴随的风险。这种福利刚性大大扭曲了国营企事业单位在改革中的行为取向。

其三，为了维持城市福利体系，保障福利消费品的供给，政府依然必须维持对社会生活进行多方面的直接的行政性干预。在流通领域，政府对商品价格进行行政性干预，造成计划价格与市场价格并存的价格双轨制局面。价格双轨制不仅使商品经济的运行机制难以充分实现，破坏了市场竞争，挫伤了商品生产者的劳动积极性；而且随着政府权力下放所导致的政府调控能力的降低，它也为一部分掌握权限的机构与个人提供了徇私舞弊、中饱私囊的机会，助长了行政系统的贪腐现象。必须看到，近年来体制改革所实现的政府权力下放主要是一种行政性放权，通过这种放权，政府把大量社会管理的责任与职能进一步转移给地方、企业、部门及个人（农村家庭与个体户），使它们在获得经营自主权的同时，也背负起管理其职工生活与发展各项社会事业的包袱。从这个意义上看，政府的行政性放权不过是政府对社会生活进行直接的行政干预的一种变形。它不仅进一步强化了企业或单位的全能管理特征，强化了企业与单位内部办社会的“大而全”与“小而全”状况，降低了其本身的专业职能与工作效率；而且，企业与单位全能管理特征的强化又从根本上决定了生产经营自主权无法真正实现。行政性放权所形成的各单位的全能管理也强化了集团等级结构，导致地方保护主义、部门割据与本位主义的行为取向，阻碍了社会流动，割裂了统一的社会生活与社会化生产。

第二，社会政策和社会管理体制调整与改革的内在局限性最终制度性地造就和强化了社会转型过程中所必然出现的新旧体制并存的状态，并导致了行为失范（个人、群体与组织）、社会失序（交往关系与分配关系）和社会失控（政府）。

新旧体制的转换当然要经历一个逐步实现的过程，但政府行为的上述内在局限性却为新旧体制的并存提供了制度性的基础。这突出地表现在：经济活动中所倡导的成就取向（按劳分配）与社会分配中的身份取向（城市福利体系）的并存；市场运行机制（市场品格）与直接的行政干预机制（计划价格）的并存；专业化，社会化生产与全能管理的并存；等等。由于这些制度性因素的决定使新旧体制转换的实际过程丧失了明确的转换导向而滞留于两种体制并存的二元化状态。它首先导致社会行为的失范。以不同体制背景为依托的个人、群体和组织很难依据共同的社会行为规范去支配自己的实际行为与相互交往。农民与民营企业的职工更多地依据市场机制和成就取向去进行社会交往和实现利益分配，而城市居民与国营企事业单位的职工则更多地依赖于计划体制和身份取向去进行社会交往与分配。社会失范必然导致社会失序。由于体制不同而造成的社会分配方面的不平等并没有随着社会财富总量及各自利益的增加而自行解决；相反这一过程却进一步激化了不同体制背景的个人、群体与组织之间的矛盾，加深了他们各自的不满。农民不满于政府对城市居民的福利庇护与对某些自身利益的行政剥夺（摊派与打白条）；个体从业者、民营或合资企业职工不满于政府对国营企事业单位职工在医疗、住房和退休养老等方面所提供的保障及自身社会地位的不稳定；而国营企事业单位职工又不满于农民、个体从业者、民营与合资企业职工的高收入与自主性，不满于因体制变化所产生的对自己既得利益的相对剥夺。当这种种不满无法依靠体制转换中政府行为的明确导向而得到制度性的消解时，便为人们通过各种无规则的行为去谋求各自利益的最大化以扯平这种分配差异提供了可能。行贿受贿、偷税漏税、倒买倒卖、官倒私倒、滥发奖金、滥用职权以及“靠山吃山”的行业不正之风的蔓延与扩张无不与此有关。政府行为的内在局限性不仅制度性地造就和强化了行为失序与社会无序的状态，而且也使其丧失了在新旧体制转换过程中对社会生活的基本调控能力，这种状况随着政府权力的下放而被进一步强化。由于政府缺乏体制转换的明确导向，最终使不同社会集团的特定不满集中地表现为对政府所推进的改革本身的不满（当然这种不满的取向是不同的），表现为对政府的不信任（政策的变与不变），表现为政府政治权威的下降。所有这一切不仅直接危及了社会政治的稳定，而且从更根本的方面看，它使中国目前的改革与现代化进程因缺乏明确的、强大的社会力量的支持而陷于徘徊不前的局面。

很显然，对传统社会政策模式与社会管理体制的局部补充与有限修正已不能适应改革发展的实际需要，中国的现代化进程更不可能单纯地依靠经济层面的单项突破而获得成功。必须清醒地看到，与传统的计划体制一样，有计划的商品经济新体制也并非一种单纯的经济活动类型与运行机制，它也同时代表着新的行为规范、社会秩序与发展模式。商品生产和市场机制的发展与培植只有在与其相适应的社会秩序中才能得以充分实现。没有社会行为规范的普遍认同与社会秩序的保证，任何经济体制都无法确立。而这恰恰是近十年来中国改革进程的内在缺失面。因此，建立与有计划的商品经济相适应的社会发展新秩序，实现社会与经济的协调发展已成为中国目前改革与现代化进一步深入展开的关键所在，同时这也是中国社会政策与社会管理体制进一步调整与改革的基本方向。

小康社会指标体系及2000年目标的综合评价*

朱庆芳

摘　要：本文针对我国现代化建设第二步战略设想，即在1991～2000年实现小康的紧迫任务，分析了实现小康目标的基础条件，根据我国的实际情况并参考国际上有关社会指标体系的内容和方法，制定了包括60多个具体指标的我国小康社会指标体系，列出了2000年的奋斗目标。文章还对2000年小康目标进行了综合评价和分析，并对全国和地方小康社会指标体系的制定及综合评价方法作了简要介绍。

一　小康社会指标体系的含义及国际比较

社会指标是对社会发展状况进行量化考察的指示数字。根据特定的目标，选择一系列有代表性的重要指标，对社会发展进行量化和综合分析，构成社会指标体系。小康社会是指从贫困或温饱型社会步入小康型社会的转型时期，是社会发展中的一个特定阶段。用指标对小康社会进行量化考察，便是小康社会指标。由于人们对小康社会的理解很不一致，在衡量标准上就颇多歧义，如有的认为用人均国民生产总值达到一定水平就可以概括；有人则主张用“恩格尔系数”（吃占消费支出比例）达到50%以下来衡量；而更多的人对小康社会指标理解得比较宽泛，认为除经济指标外，还要用一系列反映生活质量等的社会指标组成指标体系才能全面衡量。

我国国民经济和社会发展十年规划及“八五”计划纲要对2000年达

* 原文发表于《中国社会科学》1992年第1期。

到小康水平提出了具体目标，其中除国民生产总值指标外，还提出了物质生活和精神文化各方面的小康目标，这已从过去单纯的经济发展目标提高到包括经济、社会在内的全面发展目标。我们认为，国民生产总值指标反映的主要是经济状况，而不能全面反映社会发展状况，尤其不能反映地区之间的生活状况。各地区的生活水平往往受积累率和上缴比例的影响，因此各地区人均国民生产总值的差距不等同于实际生活水平的差距。由于受汇率变动和我国国内实际购买力高于国际市场购买力平均水平等方面的影响，就我国社会指标进行国际比较时存在许多不可比因素，容易低估我国国民生产总值的实际水平。为了避免产生这些缺陷，我们主张选择一系列能反映小康社会特点的、有代表性的重要指标组成指标体系，用科学的方法进行综合评价和定量分析，以反映小康社会的发展变化和揭示发展中的各种矛盾及问题。这便是研究和制定小康社会指标体系的意义之所在。

由于社会指标有数千个，为了便于综合分析，各国都在探索研究如何用少量有代表性的重要指标组成社会指标体系。在这方面，国际上已有许多范例。

美国斯坦福大学社会学教授英克尔斯在调查了各种不同类型国家以后，提出了实现现代化的 10 项指标（见本文附表）。根据英克尔斯的 10 项标准，我们用世界银行 1990 年《世界发展报告》中的数据（其中中国的数字按实际情况做了调整），用综合指数法计算的结果是：以 1987 年世界标准为 100，我国 10 项指标综合得分为 65.5 分（1990 年提高到 68.8 分），与外国比较，我国现代化发展水平大致高于低收入国家（48.7 分），略低于中等收入国家（86.1 分），大大低于经济发达国家（185.8 分）的水平。这种综合的数字概括像一把尺子，可以量出世界各国的现代化水平，是一种很有参考价值的简便的目标法评价指标体系。

美国宾夕法尼亚大学社会学教授艾斯特斯用 36 个社会指标对 1983 年世界 124 个国家进行了定量评价，评出我国 1983 年社会进步指数为 74，居世界第 7 位（最近，他根据最新数字又进行了综合评价，我国已上升到第 67 位）。联合国开发计划署 1990 年出版的《人文发展报告》，用 3 个指标（平均预期寿命、成人识字率和实际人均国民生产总值）综合计算生活质量指数（也称人文发展指数），计算结果我国居世界 65 位，而人均国民生产总值在 130 个国家中只居 108 位。

我们根据世界银行编制的《世界发展报告》，选择了16个有代表性的指标组成指标体系，对1985和1987年世界120个国家进行了综合评价。1987年的评价结果我国为68分，居世界70位，居于中等偏下水平。从分项指标看，大致是经济、社会结构水平居于世界后列，人口素质和生活质量居世界中等偏上水平。

联合国社会发展研究所早在1970年就制订了一个指标体系，它包括了7个领域21个小类，其中有营养、居住、健康、教育、休闲、安全、交通、旅游、文化、体育、环境等，并根据生活水平的高低，划分为赤贫、贫困、小康、富裕4种类型。但它没有具体的数量目标，只列出了指标的强弱程度，不便进行量化比较。但其思路和包括的范围却值得我们借鉴。

从各国社会指标体系建立的过程来看，其都是随着社会发展客观需要而产生的；从内容来看，一般都包括了社会生活的各个方面，既包括经济指标也包括非经济指标，而且是以后者为主体，着重反映了居民的生活质量和人口素质，体现了以人为中心的全面的发展需求。指标体系不仅能反映社会发展的整体功能，还能反映社会发展各要素之间的相互关系，反映经济和社会协调发展情况，并能揭示和监测社会发展过程中的矛盾和问题，从而避免了用单一经济指标衡量的片面性。

各国社会指标体系的内容，为建立我国小康指标体系提供了参照系。为反映我国小康社会在世界上居于什么水平，我们根据世界银行的1990年《世界发展报告》，用人均国民生产总值为核心指标来划分贫富标准，将300美元以下（平均200美元）确定为“贫困型”，有莫桑比克、埃塞俄比亚等19个亚非国家；以300～480美元（平均330美元）为“温饱型”，有印度、巴基斯坦、越南等22个国家；以570～2160美元（平均1380美元）中下等收入国家平均水平为“小康型”，有菲律宾、泰国、智利、巴西等37个国家；以2290～5420美元（平均3240美元）中上等收入国家平均水平为“宽裕型”，有匈牙利、阿根廷、韩国、伊朗等17个国家；以6200～27500美元（平均17080美元）高收入国家平均水平为“富裕型”，有美国、日本、阿联酋、新加坡等25个国家和地区。按此标准，我们列出了其他20个社会指标共21个指标，组成贫富标准的指标体系（详见表1）。

表1　按贫富区分的社会指标体系（国际标准）

指标名称	单位	贫困型（最低收入）	温饱型（低收入）	小康型（下中等收入）	宽裕型（上中等收入）	富裕型（高收入）	附1　英克尔斯现代化标准10个指标	附2　中国1988年实际水平	附3　中国2000年小康目标
（一）经济									
1. 人均国民生产总值	美元	200	330	1380	3240	17080	3000	330	1000
（二）社会结构									
2. 农业在国民生产总值中比重*	%	47	33	14	10	4	12～15	27.3	25
3. 第三产业在国民生产总值中比重	%	33	44	50	50	61	45以上	25.7	33～50
4. 城市人口占总人口比重	%	21	25	56	62	78	50以上	25.8	33～50
5. 非农业就业人口占就业人口比重	%	20	29	45	71	93	70以上	40.5	50
6. 享受保健服务人口比重	%	40	47	75	82	87		27	35～40
（三）人口素质									
7. 成人识字率	%	30	50	73	74	99	80以上	69	75
8. 中学生占12～17岁人口比重	%	12	26	49	67	93		43	50
9. 大学生占20～24岁人口比重	%	2	3	16	20	39	10～15	2	5
10. 人口净增率（1980～1988年平均）*	%	2.9	2.6	2.3	1.8	0.7	1以下	1.5	1.3
11. 平均预期寿命	岁	49	54	65	68	76	70以上	69	72
12. 婴儿死亡率*	‰	120	98	57	42	9		44	35
（四）生活质量									
13. 平均多少人有一名医生*	人	25000	14000	3030	1220	470	1000以下	685	500
14. 平均每日摄取热量	大卡	2127	2226	2733	3117	3376		2630	2750
15. 恩格尔系数（食品支出比例）*	%	60以上	50～60	40～50	20～40	20以下		55	47

续表

指标名称	单位	贫困型（最低收入）	温饱型（低收入）	小康型（下中等收入）	宽裕型（上中等收入）	富裕型（高收入）	附1　英克尔斯现代化标准10个指标	附2　中国1988年实际水平	附3　中国2000年小康目标
16. 人均居住面积	平方米	2.5	4	10	15	20		7	10
17. 农村饮用清洁水人口比例	%	30	39	59	71	86		60	85
18. 年劳动工时*	小时	3000以上	2900	2400	2000	1700		2448	2032
19. 人均能源消费量	千克油当量	66	122	800	1766	5100		580	770
20. 通货膨胀率（1980～1988年平均）*	%	21	12	81	45	4.9		6	5
21. 贫富差距（20%富者为20%贫者比例）*	倍	7.9	6.4	9.9	5.8	6.6		4.3	3.9

注：第6、17项指标根据联合国开发计划署1990年出版的《人文发展报告》中数字整理。第15项根据联合国粮农组织制定的标准，第16项根据联合国社会发展研究所“生活及福利水平的变量研究”中的居住面积估计。第18项根据有关资料估计，其他各项均根据世界银行1990年《世界发展报告》中数字整理。年份大部分为1988年，有的是1988年以前数字。第16项中国为城镇数。“＊”为逆指标，数值越低越反映社会进步。

上述21个指标的定量标准，除包括了美国社会学家英克尔斯提出的10个现代化标准外，还包括了经济、社会结构、人口素质和生活质量等方面的标准。根据此项标准，基本上可以衡量一个国家或地区的社会状况是属于贫困型，还是温饱型、小康型或是富裕型。但由于世界各国的社会发展水平不同，如以我国社会发展水平来衡量，有些标准显得过高，距离还很大，有些指标则显得过低，早已超过。如用我国1988年的社会发展水平作比较，在21个指标中有人口净增率、平均预期寿命、婴儿死亡率、人均医生拥有量、农村饮用清洁水人口比例、通货膨胀率、贫富差距7个指标已超过小康型标准，有14个指标则尚处于温饱型阶段。从指标类别看，人均国民生产总值、社会给构尚处于温饱型和贫困型，人口素质和生活质量指标已属于小康型。从总体来看，我国基本上处于温饱型和小康型之间，正从温饱型向小康型过渡。如按综合评分法计算，我国1988年已相当于温饱型的151%，相当于小康型的91%，相当于富裕型的45%。到2000年，我国将超过小康型的17%，相当于富裕型的57%［评价方法见本文第五节（三）部分］。上述国际比较，虽然有的指标存在一些不可比因素，但大致反映了我国的贫富水平。

综上所述，根据小康的经济和社会目标，参照国际标准，小康社会的含义可大致归纳为：人均国民生产总值达到800～1000美元；居民拥有的物质资料在满足温饱后还有节余，全体居民生活水平居于中等偏上水平；消费结构从生存需要开始转向享受和发展的需要，恩格尔系数下降到50%以下，其他生活用品和文化服务支出比例上升；居住条件基本达到一户有一套住房，闲暇时间增多，每年能在国内旅游一次，生活环境比较舒适、方便、清洁，有安全感；城乡收入差距、贫富差距趋于缩小；第三产业有较大发展，商店、公共设施和医疗、文化、教育设施增加；平均预期寿命达到72岁，人口素质和生活质量大致达到中等收入国家的平均水平。

二　实现小康目标的基础条件

我国现代化建设分三步走的战略部署，第一步的战略目标是使国民生产总值1990年比1980年翻一番，解决人民的温饱问题。现在看这个任务已基本实现，它为实现第二步战略目标，即1991～2000年实现小康打下了坚实的基础。

1990年我国国民生产总值已达17686亿元，按可比价格计算，比1980年增长了1.36倍，平均每年增长9%，人均国民生产总值比1980年增长1.08倍，平均每年增长7.6%，都完成了原定翻一番的任务。

城乡居民收入水平大幅度增长，已基本实现了温饱。据住户调查统计，1990年农民人均纯收入已达630元，扣除价格上涨因素，比1980年增长1.4倍，平均每年增长9.1%；城镇居民人均生活费收入1990年已达1387元，扣除价格上涨因素，比1981年增长56%，平均每年增长5.1%。

按城乡综合计算，全国居民收入水平在贫困线以下的比例由1980年的10%以上（按可比价格计算）下降到1990年的3.6%。温饱型占7.9%。相当于小康以上水平的占18.5%（其中城镇占28.1%，农村占15.1%），这部分人已达到了丰衣足食、吃穿有余的中等收入以上水平，其中还有3.3%的高收入户达到了宽裕型收入水平。按人口估算，约有2.1亿人已达到了相当于小康以上的收入水平。这说明我国第一步的战略目标——摆脱贫困，解决11亿人民的温饱问题已经基本实现（详见表2）。

表2　1990年人均收入水平按贫富标准分类的构成

	单位	全国城乡平均	贫困型	温饱型	小康以上水平		
					合计	小康型	宽裕型
一、城乡居民人均收入[①]	元	830	220 (239)	690 (733)	1770	1575	2800
城镇居民人均生活费收入	元	1387	600以下	600~1680	1680以上	1680~2400	2400以上
平均收入水平[②]	元	1387	400	1186	2227	1956	3000
农民人均纯收入	元	630	200以下 (300以下)	200~1000 (300~1000)	1000以上	1000~2000	2000以上
平均收入水平[②]	元	630	152 (223)	540 (579)	1466	1363	2500
二、收入水平构成							
城乡居民平均	%	100	3.6 (12.2)	77.9 (70.9)	18.5	15.2	3.3
城镇居民	%	100	3.7	68.2	28.1	20.6	7.5
农村居民	%	100	3.6 (13.1)	81.3 (71.8)	15.1	13.3	1.8

续表

	单位	全国城乡平均	贫困型	温饱型	小康以上水平		
					合计	小康型	宽裕型
三、各类型人口数[③]	万人	114333	4146 (12140)	88997 (81003)	21190	17411	3779
城镇人口	万人	30191	1117	20590	8484	6220	2264
农村人口	万人	84142	3029 (11023)	68407 (60413)	12706	11191	1515

注：1. 表中的贫困标准，城镇是以总工会、劳动部、财政部1988年确定的特大城市人均月收入低于50元为贫困线，农村是以国家统计局1985年确定的人均年纯收入200元以下为贫困线。1988年以来，物价上涨较多，这个标准已明显偏低，括号内数字为农村贫困线，按300元以下做了调整。小康型标准是根据5等分法的第4个20%（1990年中等偏上户）水平大致确定的，各类贫富标准仅供参考。

2. ①根据平均收入水平乘各类型人口比例求得；

②根据住户调查中收入构成乘各组收入水平平均数求得；

③根据城乡总人口乘贫富各类比重求得。

3. 本表中的“小康”仅指收入水平一个指标而言，这与由众多指标组成的小康社会指标体系中的“小康”并不是同一概念。

资料来源：根据《中国统计年鉴（1991）》中城乡住户调查数字整理。

居民的消费结构也发生了显著的变化，恩格尔系数明显下降。在农民消费结构中，恩格尔系数①由1980年的61.8%下降到54.9%，城镇居民中这一数字由56.7%下降为54.3%。城镇居民享受了由国家和企业支付的住房、医疗、副食品物价补贴，以及低费的城市公用事业、教育等。如将这些因素计算到消费额中，则其恩格尔系数已接近或达到了国际小康型标准（联合国粮农组织曾规定40%～50%为小康水平）。城乡居民吃穿比例下降后，购买家用电器和文化生活服务支出显著上升，吃穿用住方面的质量亦有较大提高。

10年来，我国社会在居民受教育水平、文化生活、交通邮电、卫生医疗条件、社会保障、环境保护等各个方面，也都有较大的发展和提高，如反映居民生活质量的综合指数10年来平均增长了77%，大大超过改革前26年平均每年增长3.8%的速度。总的来看，居民生活已开始从吃穿的生存需要向享受和发展的需要、生活质量由温饱型向小康型转变。

① 这里的恩格尔系数是3.6万户城镇住户抽样调查和6.6万户农民住户抽样调查中食品占生活消费支出的比例。

但我们也要清醒地看到，当前社会经济生活中还面临着不少矛盾和问题，如经济效益差，产业和产品结构不合理，不能适应消费者的需求，产品积压严重；居民的生活质量还不高，还有相当一部分人处于贫困状态；在分配领域中还存在分配不公和平均主义并存的状况；文教卫生、科技、社会福利等社会事业的发展还滞后于经济的发展；社会不稳定因素仍然存在，经济关系在许多方面还没有理顺；等等，这些问题都需要在今后10年中认真加以解决。

三　我国小康社会指标体系与2000年发展目标

十年规划和“八五”纲要中提出的2000年奋斗目标是：“人民生活从温饱达到小康，生活资料更加丰裕，消费结构趋于合理，居住条件明显改善，文化生活进一步丰富，健康水平继续提高，社会服务设施不断完善。”这里所说的小康生活，是适应我国生产力发展水平，体现社会主义基本原则的人民生活的提高，既包括物质生活的改善，也包括精神生活的充实；既包括居民个人消费水平的提高，也包括社会福利和劳动环境的改善。

根据上述要求，我们参考了国际上的社会指标，特别是生活质量指标的体系和内容，结合我国的实际情况，制定了包括60多个具体指标的我国小康社会指标体系，并列出了2000年的奋斗目标，如表3所示。

四　对2000年小康社会目标的简要分析

小康社会指标体系分社会结构、人口素质、经济效益、生活质量、社会分配和社会稳定6个子系统，这6个子系统是互相制约、互相促进的。要步入小康社会，首先需要有合理的、优化的社会结构，有高质量的人口素质。这样才能有较高的经济效益，也才能保证居民物质和文化生活的不断提高。生活质量指标在指标体系中是核心和重点，共有23个具体指标，综合反映了小康社会居民生活质量的特点。为保证经济效益和生活质量的不断提高，还要有合理的社会分配机制和社会稳定机制。这6个方面充分体现了经济、社会、科技、文化等大系统的相互关系，反映了以人为中心的全面发展和经济社会的协调发展，也反映了从温饱步入小康社会的特点和要求。

表 3　全国小康社会指标体系

指标名称	权数	单位	1990 年实际	2000 年目标	2000 年为1990 年的%	10 年平均每年增长%	1990 年已实现 2000 年目标%	说明
全国平均	100				148	4.0	71	速度按高线计算
一、社会结构	11				153	4.3	67	
1. 城镇人口占总人口比重	2	%	26.4	33~50	125~189	2.3~6.6	52	人口普查数
2. 第三产业劳动者占社会劳动者比重	1.5	%	18.6	25~30	134~161	3.0~4.9	62	
3. 第三产业增加值占国民生产总值比重	1.5	%	27.2	33~50	121~184	2.0~6.3	54	
4. 非农业劳动者占社会劳动者比重	2	%	40	50	125	2.3	80	第二、三产业劳动者人口普查数
5. 脑力劳动者占社会劳动者比重	2	%	8.8	10~12	114~136	1.3~3.1	73	
6. 社会投资占总投资比重（全民）	2	%	9.2	12	130	2.7	77	科研文教卫生社会福利投资
二、人口素质	18				141	3.5	75	
7. 平均预期寿命	1.5	岁	70	72	104	0.4	97	
*8. 人口净增率	1.5	%	1.48	1.25	118	1.7	84	为 1981~1990 年、1991~2000 年平均人口普查数
9. 初中以上文化程度人口占总人口比重	1.3	%	32.6	46~50	141~153	3.5~4.3	65	
10. 每万人口在校大学生人数	1.2	人	18	20~30	111~117	1.1~5.2	60	
11. 人均教育经费	1.2	元	45	76	169	5.4	59	包括财政预算外，1989 年数

续表

指标名称	权数	单位	1990年实际	2000年目标	2000年为1990年的%	10年平均每年增长%	1990年已实现2000年目标%	说明
12. 每万职工拥有自然科技人员（全民）	1.2	人	1045	1660~1700	159~163	4.7~5.0	61	
13. 人均科研经费	1.2	元	25	43	172	5.6	58	包括企业
14. 每千人口拥有病床数	1.5	张	2.3	2.9~3.0	126~130	2.3~2.7	77	
15. 每千人口拥有医生数	15	人	1.54	1.9~2.0	123~130	2.1~2.6	77	中、西医师、医士
*16. 婴儿死亡率	15	‰	44	35	128	2.3	80	
17. 每百人每天有报纸	1.0	份	3.9	7.5	192	6.8	52	
18. 每人每年有图书	1.0	册	5	7	140	3.4	71	
19. 电视人口覆盖率	1.2	%	80	85	106	0.6	94	
20. 广播人口覆盖率	1.2	%	75	85	113	1.3	94	
三、经济效益	11				164	5.1	64	
21. 人均国民生产总值（1980年价）	3	元	935	1445~1530	155~164	4.4~5.0	61	1990年价格为1558元
22. 社会劳动生产率（1980年价）	2	元	1520	2476	163	5.0	61	用国民收入计算
23. 每百元积累增加的国民收入（当年价）	2	元	26	50	192	6.8	52	
24. 每百元工业企业资金利税率	2	元	12.2	24	197	7.0	51	独立核算
25. 人均占有粮食	2	公斤	383	386~400	101~104	0.1~0.4	96	按产量计算
四、生活质量	35				156	4.5	67	
26. 城镇居民生活费收入（1990年价）	1.5	元	1387	1800~2000	130~144	2.7~3.7	69	城镇住户调查
27. 职工平均工资（1990年价）	1.5	元	2140	2750~3000	129~140	2.5~3.4	63	

续表

指标名称	权数	单位	1990 年实际	2000 年目标	2000 年为1990 年的%	10 年平均每年增长%	1990 年已实现 2000 年目标%	说明
28. 农民人均纯收入（1990 年价）	1.5	元	630	910 ~ 1000	144 ~ 159	3.7 ~ 4.7	71	农村住户调查
29. 居民消费水平（1990 年价）		元	713	1010 ~ 1110	142 ~ 156	3.5 ~ 4.5	64	人均居民消费基金
农民（1990 年价）	1.4	元	519	750 ~ 910	145 ~ 175	3.8 ~ 5.8	57	
非农业居民（1990 年价）	1.4	元	1448	1860 ~ 2000	128 ~ 138	2.5 ~ 3.3	72	
30. 职工人均社会保障支出（1990 年价）	1.5	元	617	800 ~ 850	129 ~ 137	2.5 ~ 3.2	73	包括离退休职工
*31. 食品占消费支出比例	1.5	%	54.7	49 ~ 45	128 ~ 122	2.5 ~ 2.0	82	住户调查城乡平均
32. 猪牛羊肉人均消费量	1.2	公斤	18	25	139	3.3	72	
33. 人均每日摄取热量	1.3	大卡	2600	2700	104	0.4	96	
34. 人均纺织品占有量	1.3	公斤	5.8	7 ~ 9	121 ~ 155	1.9 ~ 4.5	64	按产量计算
35. 人均各种布消费量	1.3	米	11	16	146	3.8	69	
36. 人均居住面积：城镇	1.5	平方米	7.1	8 ~ 10	113 ~ 141	1.2 ~ 3.5	71	住户调查
农村	1.5	平方米	17.8	20	112	1.2	89	住户调查
37. 每百户拥有量：电视机	1.5	台	64.8	93	144	3.7	70	
38. 每百户拥有量：电冰箱	1.3	台	10.4	33	317	12.2	32	
39. 每人乘坐车船、飞机人次	1.3	人次	6.8	12	176	5.8	57	按客运量计算
40. 每百人电话机拥有量	1.5	部	1.1	2.8 ~ 3.0	255 ~ 273	9.8 ~ 10.6	37	邮电系统数
41. 人均生活能源消费量	1.5	公斤	140	180	129	2.6	78	能源统计
42. 人均生活用电量	1.5	千瓦小时	43	60	140	3.4	72	

续表

指标名称	权数	单位	1990 年实际	2000 年目标	2000 年为 1990 年的%	10 年平均每年增长%	1990 年已实现 2000 年目标%	说明
43. 每万人口拥有商、饮、服网点	1.3	个	104	120	115	1.4	87	
44. 居民非商品支出比例	1.5	%	8.2	10 ~ 12	122 ~ 146	2.0 ~ 3.9	67	住户调查城乡平均
45. 人均储蓄余额	1.2	元	615	1200	195	6.9	51	
*46. 职工每周工作时间	1.5	小时	48	42	114	1.3	88	
47. “三废”处理率	1.5	%	41	55	134	3.0	75	废水、废气处理率、废渣利用率三项平均数
48. 农村饮用清洁水占农村人口比例	1.5	%	70	85	121	1.7	82	卫生系统调查数
五、社会分配结构					118	1.7	86	
*49. 城乡差距	11							
城乡收入比（农民为 1）	1.5	倍	2.2	2.0 ~ 1.5	110 ~ 147	1.0 ~ 3.9	68	住户调查
城乡消费水平比（农民为 1）	1.5	倍	2.8	2.5 ~ 2.0	112 ~ 140	1.1 ~ 3.4	71	居民消费基金
*50. 贫富差距（20% 高收入为 20% 低收入比例）		倍	4.3	3.9	110	1.0	91	住户调查
城镇	1.5	倍	2.5	2.5	100		100	
农村	1.5	倍	4.8	4.3	112	1.1	90	
51. 脑体收入差距（以体力劳动收入为 100）	2	%	91	100	110	1.0	91	事业机关平均工资与企业比较
52. 地区差距（以东部为 1）								速度是西部为东部
东、中、西部人均国民收入比	1.5	倍	1 : 0.64 : 0.53	1 : 0.7 : 0.6	113	1.2	88	

续表

指标名称	权数	单位	1990 年实际	2000 年目标	2000 年为 1990 年的%	10 年平均每年增长%	1990 年已实现 2000 年目标%	说明
东、中、西部农民人均纯收入比	1.5	倍	1：0.75：0.65	1：0.8：0.7	108	0.7	93	
六、社会稳定和社会秩序	14				114（140）	1.3（3.4）	96（70）	括号数扣除了 54、57、58、60 项
53. 享受社会保障人口占社会劳动者比重	2	%	29	35～40	121～138	1.9～3.3	73	还包括农村享受养老金
*54. 城镇待业率	1.5	%	2.5	3～4	63～83	-1.8～-4.6	120	五保供养与定期救济人数
*55. 贫困人口占总人口比重		%	7.4	5	148	4.0	68	民政系统数据
城镇	1.2	%	5.0	3	167	5.2	60	
农村	1.2	%	8.3	6	138	3.3	72	
56. 贫困人口得到救济比例	1.5	%	38	50	132	2.8	76	
*57. 通货膨胀率	2.0	%	2.1	2.5	84	-1.7	119	零售物价上涨率
*58. 每万人口刑事案件立案数	1.5	件	19.6	25～30	65～78	-2.4～-4.2	153	公安系统数字
59. 每万人口有警察数	1.5	人	7	10	143	3.6	70	公安系统数字
*60. 每 10 万人口交通事故死亡人类	1.5	人	4.4	5	88	-1.3	114	公安系统数字

注：1. 本表中各子系统指数和全国综合指数及实现 2000 年目标的百分比是用综合指数法计算的。

2. * 为逆指标。发展速度是用倒算法求得，其中 1、2、4～9、12、15、21、22、24～26、28、29、31、36、37、40、42、47、49～51、53～55、57、58 为较重要的必备指标，共 31 个。

3. 资料来源：《中国统计年鉴（1991）》《十年规划和“八五”计划纲要》等。

4. 必须说明的是，尽管我们在制定 2000 年目标时，始终坚持从我国国情出发，尽量做到有根有据，但我们主要是从科研角度研究小康的理想目标，其中有些指标肯定有不妥之处，因此请读者注意：本目标仅供各地研究小康社会作参考，而不要把它当成指令性计划指标来执行。各地要根据本部门、本地区的实际情况，制定出切实可行的小康社会的具体奋斗目标。

根据综合指数法和确定的权数，我们对小康社会指标进行了综合计算［计算方法见本文第五节（三）部分］。以1990年为100，2000年的综合指数是148%，那么在今后10年内，须以平均每年增长4.0%的速度，才能实现小康社会目标。如果以2000年目标为基期，从1990年向2000年目标迈进，在1990年起步时，已实现小康目标的综合指数为71%，亦即目前距离小康目标还有29%，要在今后10年内努力奋斗才能实现（详见表4）。

表4　小康目标实现情况

	2000年为1990年的%	平均每年增长%	1990年已实现2000年目标的%
综合指数	148	4.0	71
1. 社会结构	153	4.3	67
2. 人口素质	141	3.5	75
3. 经济效益	164	5.1	64
4. 生活质量	156	4.5	67
5. 社会分配	118	1.7	86
6. 社会稳定	140	3.4	70

下面对6个子系统的目标完成情况做一些简要分析。

（一）社会结构

社会结构的优化是保证经济社会协调发展和经济效益不断提高的前提条件，6个指标反映了城市化、现代化、社会化、智力结构等重要方面的发展要求。按高线指标计算，社会结构指标1990年仅为2000年总目标的67%，如按国际标准衡量，相差更远。1990年我国城镇人口占总人口的比重为26.4%，为国际小康型国家（中等偏下收入水平）平均水平56%的一半，第三产业产值比重也仅及国际小康型平均水平的一半。由于我国第三产业包括范围不全、价格偏低及购买力水平不同等原因，与国外不完全可比，但将这些因素扣除，也仍然偏低。第三产业劳动者的比例，我国仅占18.6%，亦处于世界水平的后列，表明我国第三产业确实比较落后。到2000年，将第三产业劳动者占社会劳动人口的比例提高到25%～30%是比较艰巨的，需花大力气才能实现。

劳动力从农业向非农业转移是工业化的重要标志，也是农民脱贫致富、缩小城乡差别、向小康社会过渡的主要渠道。自1979年以来，随着乡镇企业的发展，已有9000万农村劳动力从农业转向非农业的第二、第三产业部门，走出了一条农村工业化离土不离乡的独创道路。另外还有1000多万农村劳动力转入城镇各产业部门，使非农业劳动者占社会劳动者的比例由1980年的31%上升到1990年的40%。但近年来面临农村剩余劳力转移与乡镇企业资金短缺、发展缓慢，以及城镇待业人员剧增与农民进城就业机会减少的矛盾。据预测，今后10年进入劳动年龄的新增劳动力每年达1077万人，城乡都面临严峻的就业压力。因此，今后10年内农业转向非农业的步伐不可能太快，要实现2000年非农业劳动者占社会劳动者50%的目标，任务亦十分艰巨。

脑力劳动者占社会劳动者比例的高低，是衡量一个国家劳动力素质和社会结构的重要指标。美英日等发达资本主义高收入国家，脑力劳动者比例已达50%左右，小康型国家比例也不低。而我国1990年仅占8.8%，到2000年发展目标为10%～12%，仍居世界低水平。这个问题的解决，主要取决于教育水平的提高。

社会事业投资占总投资比重包括科技、文教卫生、社会福利事业的投资，其中科技、教育等智力投资对现代化建设及步入小康型社会尤为重要。1978年以前，我们重经济、轻社会事业，后者投资比例仅占总投资的5%左右。1981～1990年提高到10%，其中1986年最高达12%，1988年、1989年降至9.7%，1990年又降为9.2%。因此2000年能否达到12%的水平，取决于各级政府对社会事业发展的重视程度。

（二）人口素质

人口素质的高低是实现从温饱步入小康社会的重要条件，同时也反映了社会发展的结果。人口素质共选择了反映身体素质、文化素质、科技素质等内容的14个指标。根据综合计算，人口素质指标1990年已实现2000年目标的75%。从分项指标看，平均预期寿命和人口净增率离目标的距离最近，分别为97%和84%。若用国际标准衡量，则这两个指标已分别超过了小康型国家平均水平的6%和53%。这反映了我国医疗保健水平的改善和物质生活水平的提高，使人的平均预期寿命从新中国成立前的35岁迅速提高到1957年的57岁、1981年的68岁。但从68岁提高到70岁，速度就很缓慢了。今后10年要达到72岁，虽然平均每年只需提高0.2岁，但因这一指标是有极限的，故这一目标的实现还有赖于整个社会福利水平的改善和分配的合理化。

人口净增率要从80年代平均每年1.48%降到90年代的1.25%，虽然只降低0.23个百分点，也大大低于国际小康型2.3%的平均水平，但由于我国人口基数庞大，每增长1%，就是1143万人，即使降到1.25%，每年也要净增1510万人，到2000年人口总数将达12.94亿人，故人口总数要控制在13亿之内的任务也非常艰巨，因为生育高峰期要延续到1995年，而且实施控制人口政策牵涉传统观念的改变、养老保险制度的建立、文化教育水平的提高、立法的完善和法制观念的加强等一系列社会系统工程。因此，必须从人口、经济、文化等实际状况出发，从分析影响人们生育行为的外部条件和内在因素中提出行之有效的控制人口对策。

文化科技素质的5个指标，离2000年目标有较大距离。按高线指标计算，只实现了60%左右，与国际标准比较，3个教育指标都未达到国际小康标准。我国文盲众多，基础教育发展不平衡，严重影响了国民素质的提高。这方面存在的问题亟待解决。大学生占适龄人口比重，小康型国家平均已达16%，而我国1990年仅为2%。缩短这一距离要有很长的历史过程。教育支出占国民生产总值的比重和人均教育经费，不仅远远低于高收入国家，也低于小康型甚至温饱型国家的平均水平。要改变教育事业的落后状况，切实提高人口素质，必须加大教育投资，充分重视教育事业的发展。

（三）经济效益

经济是发展一切事业的基础。经济效益的提高是保证人民物质文化生活水平不断提高，进而步入小康社会的根本前提。对此，我们选择了最能概括和综合反映人们物质生产活动的5个指标。国民生产总值指标虽存在一定的缺陷，但仍是目前世界各国运用最多的综合性指标，也是一个重要的效益指标。经综合计算，我国近几年经济效益连续下降已至低谷，经济效益指标1990年只相当于2000年目标的64%。从分项指标看，人均国民生产总值实现的目标的比例也仅占61%，但按1980年不变价格计算，到2000年我国人均国民生产总值仍可达1445~1530元，按美元计算可达945美元（按1980年1.53汇率计算）至1000美元。由于第一步（80年代）已超额完成了预定目标，因而在今后10年实施第二步战略目标中，人均国民生产总值只需递增 4.4% 就可完成翻两番的目标。邓小平同志提出 20 世纪末达到 1000 美元的小康目标，经过努力是可以达到的。

社会劳动生产率是指平均每一社会劳动者创造的国民收入。1980 ~ 1990 年平均每年递增 5.9%，估计今后 10 年平均每年增长 5% 的目标经过努力也可以达到。

每百元积累增加的国民收入是综合反映全社会投入产出的效益指标。2000 年目标为 50 元，1985 和 1956 年都曾达到 50 元以上，而 1990 年只有 26 元，这是“七五"期间的最低水平，因此今后要恢复 50 元的水平，是有可能达到的。

每百元工业企业资金利税率是综合反映工业部门投入产出的综合效益指标。1990 年为 12.2 元，是 80 年代以来的最低水平，比 1980 年的 25.1 元降低了 51%。考虑到今后 10 年内随着生产资料的价格改革，原材料价格将进一步上涨，生产成本将会逐步升高等因素，要达到 2000 年 24 元的目标将是十分艰巨的。

人均占有粮食量是农业效益指标，也是达到小康社会的重要指标。十年纲要公布的 2000 年粮食产量为 10000 亿斤，人均占有量为 386 公斤，而 1990 年已达 383 公斤，今后 10 年几乎原地不动，没有增长。主要原因是 1990 年粮食产量大丰收，达 8700 亿斤，创历史最高水平。由于目前农业受自然条件影响较大，今后 10 年内粮食产量要达到预期目标也不是很容易的。如果这 10 年内没有特大自然灾害，农业生产条件又有较大改善，再依靠科技兴农，在粮食生产上有新的突破，并稳定粮食收购政策，保持年均 1.4% 的粮食增长率，那么也有可能超过 10000 亿斤。但 10 年内人口每年要增长 1.25%，因此新增粮食基本上只能满足新增人口的需要。这说明人口和粮食的矛盾还比较突出。而如果人口突破 13 亿，则人均粮食占有量就有可能下降。

（四）生活质量

生活质量的高低反映了经济社会发展的结果，也是衡量小康水平的主要标志。生活质量共选择了 23 个指标，包括了收入、消费、吃、穿、用、住、行、文化生活等各个方面。经综合计算，生活质量指标 1990 年已实现 2000 年目标的 67%。其中能与国际对比的 4 个指标，即人均每日摄取热量、恩格尔系数（食物占消费支出比例）、人均居住面积和人均能源消费量分别为96%、82%、70%和75%，均未达到国际小康型国家的平均水平。人均居住面积农村1990年已达17.8平方米，但质量较差；城镇为7.1平方米。我国城镇住房水平的低下仍是当前影响城镇居民生活质量的重要指标。因为在国际对比中是用城镇数字比较的，所以还存在较大差距。今后10年如能顺利完成房改，解决住房的分配不公和建房资金来源问题，则2000年达到8～10平方米的目标是可以实现的。

家用电器的普及程度是生活质量提高的重要标志。我们在指标中选择了较重要的电视机和电冰箱两项。由于近10年来我国家用电器普及的速度很快，目前大致已超过了小康型国家的平均水平，到2000年城乡电视机普及率达到93%，电冰箱达到33%是有可能的。人均生活用电量是反映家用电器普及程度的补充指标，但由于我国能源紧张，2000年要达到人均60千瓦小时则比较艰巨。

目前我国每百人拥有电话机量为1.1部，根据邮电部公布的2000年目标也只有2.8部，大大低于世界各国的水平。小康型国家埃及、泰国都已达每百人2部，巴西为9.3部，日、英、法、美等国已高达56～76部。由此可见，我国这一指标到2000年仍将处于十分低下的状态，远远满足不了居民通信的需要，应大力加强。

居民非商品支出比例，根据住户调查，城乡平均为8.2%，到2000年将提高到10%～12%。这一比例与国外的差距也很大，主要是房租、水电、医疗、交通、教育等收费低廉，国家、企业进行了“暗补”。随着房改和福利制度的改革及第三产业的兴起，非商品支出将会迅速提高，其预期目标是有可能实现的。

劳动时间的缩短是世界性的发展趋势，部分中等收入及大部分高收入国家都实行了每周5天工作制，而且有较长的休假期，全年闲暇时间为6400～6800小时。我国职工的劳动时间虽长，但有效工时不高。据调查，有效工时仅占制度工时的40%～50%，因此缩短工时势在必行，这不仅有利于提高劳动生产率，还可以增加待业人员的就业机会及劳动者的闲暇时间，为丰富人民精神文化生活提供必要的条件。

（五）社会分配结构

合理的社会分配结构对劳动者能起到激励作用，促进生产力的发展。

长期以来，社会分配中的平均主义抑制了劳动者的积极性。直到80年代以后，在分配领域中引入了竞争机制，才使各种分配结构趋向合理化，并极大地调动了劳动者的积极性。但由于在新旧体制转换过程中分配机制尚不健全等多种原因，也产生了种种新的社会分配不公现象。我们在社会分配问题上选择了城乡差距、贫富差距、脑体收入差距和地区差距等指标。由于收入差距的合理化需要漫长的调整过程，2000年目标不能定得过高，今后10年平均每年增长1.7%比较符合实际。收入差距中最突出的还是城乡差距，1978年以后本来在逐步缩小，而近几年又有所扩大，到1990年底城镇居民人均收入为农民人均纯收入的倍数仍为2.2倍。如果城镇居民加上各种补贴和福利，则约为农民人均纯收入的3~4倍。世界各国城乡收入差距已日趋缩小，如中等收入国家已缩小至1.7~2倍，发达国家已缩小至1.5~1倍。到2000年，我国城乡收入的差距要求缩小至2~1.5倍，形势非常严峻。关键的问题是加快农村经济的发展，使农民真正富裕起来。只有8亿多农民富起来，全国才能富起来，也才能真正缩小城乡差距，步入小康社会。

今后10年内要求逐步实现共同繁荣和富裕的目标，防止贫富收入差距悬殊的现象。但进入80年代以后，贫富差距拉大了。按国际标准5等分法计算，我国20%的高收入户与20%的低收入户的平均收入相比较，1990年城市为2.5倍，农村为4.8倍，城乡平均为4.3倍，2000年要求缩小至4倍以内。我国目前的贫富差距虽低于世界各国，并远低于一些发展中国家，但值得注意的是我国已出现了两极分化的势头，如能采取措施及早遏制，则可以避免资本主义国家贫富差距过大的两极分化现象。

脑体收入倒挂是我国特有的现象，其弊端已日益显露，它导致知识贬值、读书无用论的重新抬头及人才外流等，影响了知识分子的积极性。而当今世界竞争激烈，其实质上就是科技和教育的竞争，脑体收入倒挂将影响现代化进程和步入小康社会。为此，到2000年，应从1990年倒挂9%变为脑体不倒挂，这就要求进一步落实知识分子政策，在今后10年内使脑力劳动者的实际工资收入增长率快于体力劳动者。

（六）社会稳定和社会秩序

从温饱到小康的转型时期比较容易发生社会动荡和产生诸多社会问

题，这是现代化进程中带规律性的现象。从我国的情况看，几次社会动乱都造成了重大损失。目前，我国国内还存在一些不安定因素，国外敌对势力对我国的颠覆、分裂和破坏活动仍在继续。因此在今后的10年中，维护社会安定团结的政治局面将显得更加重要。社会稳定指标包括生活稳定和社会秩序稳定两个方面，前者选择了享受社会保障人口占社会劳动者比重、城镇待业率、贫困人口占总人口的比重和贫困人口得到救济比例及通货膨胀率等8个指标，今后10年内社会稳定综合指数为140%，平均每年增长3.4%。享受社会保障人数占社会劳动者比重即为“安全网”覆盖面，我国城镇劳动者除个体、私营和临时工、计划外用工外，全民和集体劳动者基本上都享受了社会保险福利，已达92%，而农村劳动者主要靠家庭赡养，享受农村养老金者、集体供养的五保户及享受定期救济优抚的劳动者总共不足1000万人，只占农村劳动者总数的2%左右，全国平均也只占29%，远低于国际小康型国家平均占75%的水平。今后10年内要使“安全网”的覆盖面达到35%～40%，关键是要根据各地农村不同的经济条件，加强和建立农村社会保障制度。

城镇待业率和通货膨胀率是直接影响居民实际生活水平和生活质量的逆指标，如果超过了警戒线就会影响社会稳定。因此，这两个指标都是比较敏感的警报指标。今后10年内要加强这两个指标的调控，到2000年通货膨胀率最好控制在2.5%左右。如果上涨到3%～5%，也可以认为大体是稳定的。要积极稳妥地推进价格改革，在价格改革的过程中，要使居民收入得到补偿，并使职工的实际生活水平有所提高。

今后10年内劳动力资源平均每年增长1077万人，到2000年总计可能会达到7.8亿人。目前城镇隐性失业有1500万～2000万人，农村剩余劳力有1亿多人。有关部门认为，在今后相当长的时期内，就业压力将不可避免地存在。要妥善处理就业问题，就必须实行就业率和劳动效率兼顾的原则，在保证劳动生产率不断增长的前提下实现较充分的就业；同时，为促进企业公平竞争，也需要强化优胜劣汰机制。而这样做势必会保持一定的城镇失业率。根据预测，2000年保持在3%～4%仍属正常范围；同时要相应建立失业救济保障体制，扩大待业保险范围，加强待业人员的职业培训等。

社会秩序的稳定是维持正常生产和生活的保证，也是向小康社会迈进的重要条件。根据公安部门的统计，80年代刑事案件立案率呈直线上升趋势，尤其是大案要案及贪污、受贿等经济大案比例上升，青少年犯罪比例也已上升到74%左右，每万人口刑事案件立案数则已由1980年的7.6件上升到19.6件。据公安研究所进行的两次万人公众安全感的问卷调查，安全感程度均较低。群众对治安状况不良感到不安，对贪污腐化、以权谋私等不正之风深恶痛绝，盼望党和政府严厉整治，并加强监督机制。

交通事故死亡率与国际比较，略低于发展中国家，但也呈上升的趋势。目前，道路的增长赶不上人口和车辆的增长。因此，2000年交通事故死亡率控制在十万分之五以内尚属正常范围。

由于刑事案件立案数等3个指标的准确性较差，对未来较难预测，故表列2000年目标准确性亦较差。社会秩序失控是转型时期经常出现的现象，如果不加强调控，将会影响社会发展进程。今后10年内要坚持专门机关与群众工作相结合的方针，动员社会各方面的力量，全面加强社会治安的综合治理，以维护社会的正常秩序。

从小康社会60个指标的综合指数看，今后10年平均增长4.0%是比较稳妥的速度，比人均国民生产总值每年增长4.4%略低，避免了过去单纯追求经济高速增长、忽视效益、忽视社会发展的片面性。今后10年中，由于人口处于生育高峰、劳动力迅速增长、经济关系在许多方面还没有理顺，经济效益差、农业受自然灾害影响大不易稳定等因素，要实现4%的速度也不是轻而易举的，必须作出艰苦的努力。

从6个子系统的相互关系来看，实现程度最低、10年要求速度最高的是经济效益，其次是社会结构和生活质量。经济效益是社会发展和生活质量提高的物质基础，因此必须狠抓经济效益的提高。其关键是要加速经济体制改革，理顺各种关系，优化社会结构，搞活大中型企业。

生活质量每年增长4.5%是适度的，略低于经济效益5.1%的速度，扭转了过去生活质量高于经济效益的不正常现象。但如果经济效益上不去，居民收入的增长控制不严，生活质量的提高仍有可能出现超前。因此要坚持实际收入的提高不能超过劳动生产率提高的原则。

人口素质中教育和科技仍是薄弱环节。今后必须重视和切实增加教育科研投资，重视和发挥知识分子的作用。

社会分配和社会稳定机制的理顺是小康目标顺利实现的重要保证，也是今后长期的任务，应运用政治、经济、法律等手段加强调控和综合治理。

五 小康社会指标体系的制定和综合评价方法

（一）如何制定适合本地区的小康社会目标

由于我国幅员辽阔，经济发展很不平衡，各地区经济发展的起点、条件和人口素质不尽相同，在实现小康的道路上必然有快有慢，有先有后。一些经济发展快、温饱问题解决早的地区，已经为迈向小康打下了较好的基础，其中有的已接近和达到了小康社会标准；但一些经济迟发展地区尚处于贫困阶段，距小康社会目标还很遥远。因此不能用全国总的小康目标代替每个地区的奋斗目标，不能用一个标准“一刀切”，而应该从本地区的实际出发，从本地区的自然地理条件和资源、经济基础出发，认真总结过去，规划未来。每个地区的综合管理部门都应提出本地区的小康社会目标，并提出达到小康目标的具体措施和步骤，这样就会使人们感到实现小康目标是切近自身利益的事情，从而调动本地区人民群众的积极性，为实现这样的目标而努力奋斗。

前文已确定了我国的小康社会指标体系，它大致适合全国和30个省区市作为衡量、评价的参考和依据。根据城乡差别较大的情况，我们还分别制定了城市和农村的小康社会指标体系及2000年发展目标①，这些指标体系和发展目标可供各城市和农村各县、乡镇制定适合本地区的小康社会指标体系时参考。

（二）制定本地区小康社会目标的方法

据了解，一般市、县及乡镇综合单位都制订了十年规划和“八五”计划，为了符合小康目标的要求，至少要包括城乡指标体系中重要的必备指标，此外，各地区还应根据本地特点适当增加一些指标。有关文教卫生、公安方面的指标可向有关主管部门收集。如果有的指标仍有缺漏，则可用典型调查方法，对本地区已达到小康水平的地区或居民户的收入、消费、

① “城市小康社会指标体系及2000年发展目标”，见《2000年中国小康社会》，江西人民出版社出版；“农村小康社会指标体系及2000年发展目标”，见《农业经济问题》1991年第10期。

生活状况及特点进行实地调查；也可从统计部门住户调查的分组资料中将高收入户作为参照系，然后根据调查资料和参考过去已达到过的速度与水平，再结合本地的生产条件、人口、资源、社会需求及积累与消费的比例等，便可进行本地区2000年目标的预测。在制订指标体系时，为了便于地区之间进行对比，应采用“平均数”“比例”等相对数。以货币表现的指标如国民生产总值、人均收入、消费水平等应使用可比价格，以反映实际增长水平。为了切实反映地区发展水平的差异，2000年的重要指标可定出低线或高线，经济发达地区可按高线为目标，不发达地区可按低线为目标。在制定目标时，还应注意既不要把指标定得过高，使群众感到高不可攀，也要防止把指标定得过低，使群众感到没有奔头。

（三）小康社会指标体系的综合评价方法

为使决策部门及时了解小康目标的实现程度，并使广大群众真正参与小康目标的制定、调整和实践过程，有必要对小康目标的进展情况作出综合评价，并写出有关情况的综合报告，定期向决策部门上报并向社会公布，也利于促进地区之间的竞争。

将众多不同单位的指标进行综合计算和定量分析，必须有科学的综合评价方法。经过几年实践，我们认为采用综合指数法和综合评分法比较简便，评价结果也较符合实际。前面全国小康社会指标体系附表中的综合指数就是用综合指数法计算的，公式是$\frac{\text{报告期数值}}{\text{基期数值}} \times \text{权数} \times 100\% = \text{每项指}$标的指数。各项指数相加之和便是综合指数。如果要计算小康目标的实现程度，则将分子分母倒算即得，公式是$\frac{1990\text{ 年数值}}{2000\text{ 年数值}} \times \text{权数} \times 100\%$。权数是指每个指标在整个指标体系中的重要程度，确定权数与确定指标的方法相同，可用经验选择与专家咨询相结合的办法，即通过选择较多的指标征求专家意见，根据集合程度的多少得出。

综合指数法的计算实例：以第一个指标为例，1990年城镇人口占总人口比重为26.4%，2000年目标为33%～50%，按高线计算，2000年为1990年的指数是$\frac{50}{26.4} \times \text{权数 } 2 \times 100\%$，指数为378%。按同样方法，将60个指标指数相加之和为14496%÷权数总计100＝145%。每个子系统的指数是用各指标指数之和除以各子系统权数之和，如社会结构6个指标指数之和为1681%除权数之和11便得153%，10年平均每年增长4.3%。如要计算小康目标实现程度，则将分子分母倒算乘权数，方法相同。

在计算中必须首先确定每个指标的性质，凡数值越高越反映社会进步的称为正指标，如人均国民生产总值、第三产业比重等；数值越低越反映进步的称为逆指标，如人口净增率、待业率、犯罪率等。计算速度时用分子与分母倒算的办法求得。其次要注意每一指标的可比性和准确性，以货币表现的价值指标必需扣除价格因素。

综合指数法的优点是操作简便，通过指数便可将计量单位不同的数值相加得出类指数和综合指数，可从指数的相互关系中作比较分析。缺点是常因某些指标增减速度过高或过低而影响综合指数的准确性。为弥补这一缺陷，在遇到各指标速度差异较大的情况时，最好采用综合评分法或标准化评分法。综合评分法是将每个指标数值压编在1~10分的组距内，按比例定出各组的得分数制定出评分标准表，然后将各指标的实际数值按评分标准表对号入座，求出各指标得分再乘以权数得出最终得分。标准化评分法也能将数值悬殊的各指标值压缩在可比较的等级上，计算公式是：标准总分 $=\frac{\text{指标值}-\text{指标值平均数}}{\text{标准差}}\times$ 权数。为消除计算中出现的负数，可用T分数，即等于指标的标准分乘10，再加50，逆指标即-50，使数值在0~100连续变化。这两种方法，经在实践中运用，计算结果基本相同，说明均有较高的可信度，但标准化评分必须用计算机才能操作（吴寒光、朱庆芳等，1991）。

以上的计算结果，只是完成了量化的第一步，第二步还需对计算出的指数或分数进行综合评价及分析比较。从各子系统得分的高低，就可分析出经济与社会和各子系统之间是否协调发展。如果各子系统指数或分数出现过高或过低的反常现象，就说明不协调，可能存在矛盾和问题，需再对每个子系统的每个指标加以分析，找出具体的问题和薄弱环节，对症下药地提出调整的对策和建议。此外还应进行地区之间的比较，以同样方法找出问题。如果能建立起省、市、县、乡（镇）各级小康社会指标体系，使之规范化，再定期（至少一年一次）进行省对市、市对县、县对乡（镇）的综合评价，则将对全国小康目标的提前实现起到积极的促进作用。

参考文献

吴寒光、朱庆芳等编，1991，《社会发展与社会指标》，中国社会出版社。

附表　现代化进展情况的国际比较

英克尔斯现代化十项指标	英克尔斯提出的现代化标准	低收入国家				中等收入国家平均（1987 年）	高收入国家平均（1987 年）
		平均（1987 年）	其中：中国				
			1978 年	1987 年	1990 年		
综合得分（分）	100.0 分	48.7	59.6	66.5	69.8	86.1	185.8
1. 人均国民生产总值（当年价、当年汇率）（美元）	3000 以上	290	218	283	370	1810	14430
2. 农业在国民生产总值中的比重（逆指标）（%）	12～15	31	28	31	27	14	3
3. 第三产业在国民生产总值中的比重（%）	45 以上	32	23	26	27	52	61
4. 非农业就业人员在总劳动者比重（%）	70 以上	28	30	40	40	57	93
5. 识字人口在总人口中比重（成人识字率）（%）	80 以上	41	66	69	69	71	90
6. 大学生占适龄人口比重（%）	10～15	3	1	2	3	18	39
7. 城市人口占总人口比重（%）	50 以上	30	16	20	26	57	77
8. 平均每个医生服务人口（逆指标）（%）	1000 以下	5410	925	730	650	2390	470
9. 平均预期寿命（岁）	70 以上	61	68	69	69	65	76
10. 人口自然增长率（逆指标）（%）	1 以下	2.0	1.2	1.4	1.4	2.2	0.7

资料来源：外国资料根据 1989 年世界银行出版的《世界发展报告》中数据整理，其中第 10 项 1987 年为 1980～1987 年平均数。

中国资料根据 1991 年中国统计出版社出版的统计摘要中数据整理，综合得分用指数法计算。

转型社会中的农村变迁*

——对大寨、刘庄、华西等13个村庄的实证研究

张厚义

摘　要：本文通过对不同地区不同类型的13个村庄的实证调查，总结了改革开放以来我国农村发生的经济结构、收入结构、生活质量、家庭功能与类型、农民思想观念以及人际关系六个方面的变迁。13个村庄中包括了大寨村、西铺村、沙石峪、刘庄、华西村等在全国曾发生较大影响的老典型以及近年来出现的新典型，因而本文以鲜明的特点有别于其他关于农村现状的调查报告及研究文章。

我们国家正处于从传统社会向现代社会的转型过程中。转型过程中的农村社会变迁令人注目而又不能一目了然。为了调查研究这个问题，1990年7月至1991年8月，我们在有关县、市农村工作部门的支持和参与下，先后组织了一百多人次，对具有一定代表性的不同类型地区的13个村庄进行了重点解剖。

13个村庄分布在7个省12个县，它们是：山西省昔阳县大寨村；河北省遵化县西铺村；河北省遵化县沙石峪；河南省新乡县刘庄；江苏省江阴市华西村；江西省宁冈县茅坪上街；安徽省凤阳县小岗村；湖北省洪湖市洪林村；河北省迁西县烈马峪、三河县西岭村；安徽省含山县房圩村；河南省巩县竹林村；河北省香河县矬口村。

在这13个村庄中，有11个行政村，两个自然村（村民小组）。从地形上看，属于丘陵的有5个村，属于平原的有3个村，属于山区的有3个

---

* 本文所引用的数据来源于中国社会科学院社会学研究所农村社会学研究室“中国农村社会结构研究”课题组对大寨、刘庄、华西等13个村庄的调查资料。

原文发表于《社会学研究》1992年第2期。

村，属于圩区的有 2 个村。从经济发展水平看，已经解决温饱问题的有 2 个村，处于宽裕阶段的有 5 个村，达到小康生活水平的有 4 个村，实现共同富裕的有 2 个村。在我们调查时，这 13 个村庄共有农户 3361 户人口 13344 人，社会总产值 26682. 97 万元。

调查资料表明，从 1979 年初凤阳县小岗村实行包干到户，到 1985 年遵化县沙石峪实行家庭经营，历时 6 年，这 13 个村庄都先后完成了生产关系的变革。尽管各个村庄变革的具体形式不完全相同，但实质都是一样，即实现了农村人民公社管理体制的解体和以家庭联产计酬为主要内容的多种生产责任制形式的确立。这样，就把劳动过程和劳动成果联结起来，而且利益直接，责任明确，从而打破了“大呼隆”“大锅饭”的体制束缚，使农民的民主权利和物质利益得到了切实保障。他们一旦获得了自主与实惠，被抑制多年的积极性、创造性，就如打开闸门的洪水，冲击着陈规陋习，荡涤着附加在所谓科学社会主义名下的空想因素，创造着中国特色的、生动活泼的社会主义，绘制着绚丽多彩的农村变迁的历史画卷。

表 1　13 个村庄概况

村名	户数	人口	总产值（万元）	人均产值（元）	人均纯收入（元）
茅坪	31	143	5. 67	397	—
小岗村	29	146	14. 2	937	628
房圩村	354	1482	203. 3	1372	950
沙石峪	225	892	223. 3	2503	1230
西铺村	365	1326	429. 9	2915	1100
大寨村	141	525	200. 0	3809	700
烈马峪	141	547	242. 0	4424	1537
西岭村	248	985	700. 0	7107	—
竹林村	596	2017	3131. 0	15523	1300
矬口村	252	1160	2033. 6	17531	1314
洪林村	250	1200	3000. 0	25000	1500
刘庄	326	1446	4500. 0	31120	2200
华西村	403	1475	12000. 0	81356	1200
合计	3361	13344	26682. 97		

注：房圩村、西岭村、竹林村、矬口村和刘庄为 1990 年数字，其余各村均为 1989 年数据。

一　经济结构的变迁：非农产业的发展与产业结构多元化

实行改革以后，随着劳动生产率的提高，国家提出了“积极发展多种经营，绝不放松粮食生产”的方针，同时进口了一部分粮食，支持调整农业生产结构。在国家鼓励和价值规律的作用下，农民自觉地调整了经济结构。

第一，在种植业结构上，打破了“以粮为纲”的单一格局，经济作物比重上升。如房圩村，1978 年到 1989 年，粮食作物和经济作物的播种面积比例由 26∶1 缩小为 1.85∶1；在种植业收入结构中，二者由 6.75∶1 缩小为 1.94∶1。

第二，农业经济结构的多样化。在粮食连年增产的基础上，林、牧、渔业也得到了较快的发展，特别是荒山、荒水等自然资源较多的村庄。如沙石峪，在绿化荒山 1000 亩的基础上，于 80 年代开始，陆续种植葡萄 300 亩，共计 2 万多棵，1989 年产量 60 多万斤，加上梨、苹果等果品，总产量达 100 万斤。在人均纯收入（农业部分）984 元中，粮食占 30.5%，畜牧业占 10.2%，林果业占 59.3%。

第三，产业结构和劳动力从业结构的变迁（见表 2）。农村改革以来，各个村庄在社会总产值中，第一、二、三产业所占份额的大小，以及在从业结构中，劳动力在第一、二、三产业的分布状况，变化最大，也最为显著，尤其是在经济、社会发展较快的村庄。如华西、刘庄、洪林、矬口、竹林 5 村，同 1978 年相比，1989 年第一产业在全村总产值中所占的比重由 38% 以上降低到不足 3%，从事第一产业的劳动力在全村劳动力总数中所占的比由 80% 以上降低到不足 10%。调查资料显示出，一个村庄从事第一产业的劳动力越少，该村的剩余劳动力就越少，甚至不足。上述 5 个村庄，本村劳动力严重不足，分别从外村招聘少则几十人，多则上千人，有的村庄招聘的甚至超过本村劳动力。同时，一个村庄产业结构与从业结构的变迁，同该村的富裕程度也呈一定的相关性，上述 5 村的人均产值都在 1.5 万元以上，最高的（华西村）达 8 万多元。

表 2　13 个村庄产业结构和从业结构变化

	产业结构		劳动力结构		人均产值
	1978 年	1989 年	1978 年	1989 年	1989 年
华西村	26.6：73.4	0.9：99.1	80.7：19.3	9.9：70：20.1	81356
刘庄	38：61：1	2.1：97.5：0.4	41：53：6	8：86：6	31120
洪林村			52.4：35.6：12	5.2：88.5：6.3	25000
媄口村	38.3：61.7	1.0：98.6：0.4	71.7：26.2：2.1	3.7：89.7	17531
竹林村	34.7：65.3	2.4：93.7：3.9	88：11：1	0：95：5	15523
西岭村	85.5：11.0：3.5	11.9：36.4：51.7	86.2：13.8	37.6：62.4	7107
烈马峪	72.2：27.8	20.7：79.3	95.7：0：4.3	16.2：74.9：8.9	4424
大寨村		15.25：84.75		60：40	3809
西铺村		17.8：63.4：18.8	78：20：2	39.5：52.6：7.9	2915
沙石峪		56.2：43.1：0.7		60：40	2503
房圩村	60.6：28.7：10.7	29.2：61.3：9.5	70：30	27.5：39.0：32.8	1372
小岗村	100：0	99.3：0.7		97：3	973
茅坪	92：6：2	81.6：4.4：14	91.1：5.3：3.6	78.4：15.6：7.0	397

注：①表中“产业结构”1978 年、1989 年栏内比例数为第一、二、三产业在总产值中所占比例，其中只有两项数字的为农业与非农产业在总产值中所占比例。

②“劳动力结构”1978 年、1989 年栏内比例数为第一、二、三产业劳动力在劳动力总数中所占比例，其中只有两项数字的为农业与非农业劳动力在劳动力总数中所占比例。

二　收入结构的变迁：收入来源和分配形式的多样化

随着经济的发展农民的收入不断提高，出现了收入来源多渠道，分配形式多样化的现象。家庭经济收入是衡量农村经济社会发展水平的重要尺度。过去，农民除了经营少量的自留地和饲养家禽家畜得到的部分收入外，主要依靠参加集体生产劳动从统一经营中得到的工分收入。现在，他们广开致富门路，收入来源和分配形式多种多样。从分配形式看，一种是以工资、奖金、福利等形式，从集体经营中得到的分配收入。如华西、刘庄、洪林等村，1989 年人均从集体分配中得到的收入为 1800 元至 2200 元，还有各种各样的福利补贴，实际收入远远高于分配收入。由于集体经济实力雄厚，社区内部控制有力，他们对收入过高或过低者采取调节措施。如华西村，不仅在原则上规定不超过“三个一倍”，即干部收入不超过群众一倍，技术人员收入不超过一般职工一倍，强劳力收入不超过普通劳力一倍，而且还对企业承包者的高收入采用“入股记账，厂在股金在”的办法，控制其高收入进入生活消费领域。同时，对家庭劳动力过少、过弱的农户，安排力所能及的活计，使其生活上过得去。所以，在这些村庄，既没有暴发户，也没有贫困户，各户之间的收入差距不太大。另一种是以劳动所得的形式，获取家庭经营中扣除“交够国家的，留足集体的”之后剩余部分，从集体统一经营中得到多少不等的有限部分，大多数村庄都是如此。在这种村庄里，由于各户劳动力的数量与素质差异、经营水平高低、占有生产性固定资产不等，而社区内部对过高或过低收入户也缺乏有力的调节措施，各户之间的收入差距较大。

从产业类型看，收入来源于三大产业的兼而有之，但是，各个村庄、各个农户间差别很大。一般说，主要来源于第一产业的，收入较低，如小岗村、茅坪上街。据房圩村的抽样调查，低收入户都是主要经营第一产业的，而高收入户则主要是经营第二、三产业。随着商品经济和非农产业的发展，在农民的家庭收入中，第二、三产业所占的份额越来越大，一些小康村的实践已经证明，如华西、刘庄、洪林等村的第二、三产业产值已占该村社会总产值的90%以上。

从收入来源看，作为商品生产者和经营者，有劳动收入（包括体力劳动和经营、管理等智力劳动）、劳务收入、非劳动收入（包括级差收入、差价收入、股份利息、非借贷收入等），还有占有他人劳动的剥削收入。在调查中，我们看到，一个村庄的所有制形式和经营形式越多，它的收入来源和分配形式也就越多，各户之间的收入差距也就越大。如西岭村，1989年社会总产值700万元，其中，农业产值83万元（由于按人口承包土地，人均占有农业产值差距不大），非农业产值617万元，而一家私营企业产值就达335万元，占全村非农业产值的54.29%。由于该村所有制形式和经营形式多种多样，收入来源和分配形式也多种多样。

三　生活质量的变迁：农民生活质量的提高和生存环境的改善

首先，表现在生活资料的自给数量上。实行家庭联产承包责任制以后，由于集体经济的优越性和家庭经营的积极性同时得到发挥，因此积累多年的集体经济的生产潜力在改革中得到了充分挖掘，粮食、油料、棉花等农产品的产量得到了较快增加，许多农户“一年粮满仓，二年宰猪羊，三年草屋换瓦房”。中国农民为之奋斗多年的温饱问题，在80年代初中期先后得到了解决。

其次，农民的生活质量有了较大程度的提高。突出地表现在农民的消费结构变化与消费质量的提高上。在衣、食、住、用、行方面，食的部分在生活消费总额中所占的比例不断下降，而衣、住、用等部分在生活消费总额中所占的比例则逐年上升。如房圩村，1978年至1989年食品消费支出额（按当年价格计算）增长2.36倍，所占比重却由71%下降为55.5%；衣着消费支出额增长7.89倍，所占比重由3%上升到6.4%；住房消费支出额增长9.69倍，所占比重由8.9%上升到22.2%。在吃的方面，由为生存需要而吃饱，到同时为享受需要而吃饱吃好，主食价值降低，副食价值提高。1989年同1984年比较，猪肉、鱼虾、水果、食糖的消费量分别增长97.5%、133.3%、16.8倍和1.64倍。在住的方面，由遮风雨、防风寒到讲究宽敞、舒适、方便、美观，全村生活用房都是砖瓦结构，人均住房面积17.2平方米。在用的方面，主要是家用电器的使用量增加了。据房圩村70户典型调查，拥有电视机44台、录音机23台、电风扇78台、电冰箱1台，许多户还买了电饭锅。在消费结构中生存资料份额下降，发展、享受资料份额上升。1978年到1989年，生活消费支出的份额由占98.5%下降为94%，文化服务与生活服务支出的份额由占1.5%上升到6%。

再次，闲暇时间增加，生活内容丰富多彩。过去生活贫乏、单调，所有的农民几乎过着一模一样的生活。现在，人们之间的“相似性”减少，“相异性”增加，每一家、每一个人的生活内容都不完全相同。随着劳动生产率和家庭收入的提高，自主权利的扩大，农民的物质生活和精神生活内容都呈现出多种多样，不仅看戏、看电影、看电视、听广播的时间更多了，而且投入一定精力栽树、种花，摆设盆景，美化环境。自由支配的闲暇时间是一种享受。许多青年人在劳动之余，骑车在村中及其周围转转，还经常到大中城市逛逛。青年人的穿着、打扮已经“城市化”“现代化”，他们的衣着由过去的蓝、灰、黑、白等单色调，变成了五颜六色的多色彩。

最后，生存环境改善。我们在调查中看到的村庄，绝大部分是绿树掩映下一排排错落有致的房屋，村中巷道与村外公路相连，电线通到每一家，少有鸡鸣犬吠，显得清静、自在。如沙石峪，过去是“山高石头多，出门就爬坡”“水如珍珠土如金”的荒僻山村，经过40年特别是最近10多年的艰苦奋斗，打井、凿渠、治山、修路，不仅解决了生活、生产用水问题，修整了农田，而且修建了公路。最有代表性的是华西村。他们在经济发展的基础上，统一规划，更新修建了全村农户的二层楼房，修筑了水泥路面的干道和支线，修建了农民公园和农民宾馆。用村民自己的话说，就是做到了“六有”“六不”。“六有”是：小有教（从托儿所、幼儿园到小学、中学，由村里提供学费）、老有靠（退休养老金）、房有包（农民集体承包建筑）、病有报（定额报销、工伤全报）、购有商（村中有商业大楼）、玩有场（有影剧院、书场、灯光球场）；“六不”是：吃粮不用挑（口粮有集体派专人用车送到户）、用水不用吊（自来水）、洗澡不用烧（热水有管道送到户）、煮饭不用草（液化气）、便桶不用倒（抽水马桶）、通信不用跑（家家有电话）。来参观的中外客人，称赞该村为“村庄里的都市”。乡亲们说是“社会主义幸福村”。

四　家庭的变迁：家庭的功能和类型有较大变化

随着经济发展和社会变迁，家庭的功能也在逐步变化。在人民公社时期，各村各户的家庭功能大同小异。但是，进入80年代以后，由于各村的经济发展水平与经营形式不同，家庭功能有很大差别。下面对不同社区农民家庭的生产功能、赡养功能、生育功能等作一简要分析。

（一）生产功能

这是我国传统社会的所有农村家庭都具有的重要功能。但在人民公社时期，主要生产资料归集体所有，全部的生产经营活动也由集体组织，农民都成了单纯的劳动者，家庭的生产功能基本消失。进入80年代以后，以家庭经营为主要形式的村庄，生产、经营、核算都以农户为基础，农户作为独立的商品生产经营单位，家庭的生产功能不仅得到恢复，而且还有所强化。由于农户可以购买各种生产资料，可以务工经商，家庭的生产功能，也就具有了积累和扩大再生产的功能。这就决定了农户必然会分化成不同的类型。而以集体经营为主要形式的村庄，生产、经营、核算都以承包单位为基础，家庭只是消费单位。家庭中有劳动能力的人，都在集体企业里就业，从集体得到的劳动工资是家庭经济收入的主要的来源。农户只是从事少量的、辅助性的田间手工劳动。如华西、刘庄等村都是如此。家庭生产功能的弱化，是农村现代化中的一种趋势。

（二）赡养功能

赡养老人是传统家庭的一项重要功能。目前，绝大多数农村老人生活仍然主要依靠社区成员自己解决。有些社区由于农业劳动生产率和农民生活水平低，农民劳累一生，所得除用于家庭生活之外所剩无几。到了失去劳动能力的老年，他们的生活只能依靠子女。但在集体经济实力较强、公共积累较多的村庄，则普遍实行了老年退休制度（老有靠）。如洪林村，1987 年制订了社会保障章程。章程规定，社会保障基金来源以集体经济为主，以个人缴纳、社会捐助、国家抚恤为辅。村委会每年从全村纯收入中提取 30%，村民每年缴纳年收入的 2%。本村男劳力年满 60 周岁、女劳力年满 55 周岁，实行退休制度。所以，村民对晚年生活不担心，自我保障意识增强了。调查者在问卷中提出“您希望以哪种方式养老”时，回答“自立”、“依靠子女”、“养老院”和“其他”者，分别为 38%、35%、13% 和 9%。

（三）生育功能

家庭是受法律保护的夫妻生活、生育子女、繁衍后代的社会细胞。由于各级政府把计划生育作为一项基本国策，连续多年进行有力的贯彻执行，因此，从总体上看，农村家庭的生育功能得到一定程度的控制。但是，各个村庄对生育功能控制的程度，取决于这个村庄家庭生产功能、赡养功能的强弱。在调查中，我们看到，那些非农产业发达、集体经济强大、家庭生产功能和赡养功能很弱的村庄，对生育功能控制的程度高。如洪林村，独生子女户约占全村总户数的一半，计划生育率达 98%。但是，在以分散的家庭经营为主要形式的村庄，家庭的生产功能得到强化，赡养功能也没有减弱。在以手工为主的生产条件下，劳动力转化为生产力的水平仍以投入劳力的数量多少而决定，家庭规模的扩大，必然带来生产规模的扩大和家庭收入的增加。传统的生产方式，发展缓慢的社会保障事业，“多子多福”的生育观念和生育行为，极为有利的家庭生育机会成本等，都成了刺激人口增长的重要诱因，也是当前以运用行政手段为主贯彻基本国策难度很大的基本原因之一。

（四）家庭派生功能

在农村工业化过程中，一些集体经济强大的村庄，已经出现了家庭主要功能弱化，派生功能增强的趋势。如华西村，家庭生产功能、赡养功能弱化，生育功能稳定，但是，有许多派生功能增强了。比较突出的，一是家庭教育功能。家庭作为学校、社会教育的重要环节，家长重视子女的教育，除能提供自习场所、保证自习时间外，有的还能做些必要的辅导。二是家庭娱乐功能。由于多数人家有电视机、收音机，有的还有组合音响等，现代娱乐设备正在发挥着家庭的娱乐功能，村里的影剧院、书场等娱乐设施的地位由主导性下降为辅助性。另外，家庭的赡养功能虽然减弱，但是，子女对丧失自理能力的老人，都能给予生活照料和情感上的慰藉。特别是逢年过节，一家几代人团聚在一起尽情享受着天伦之乐。

在农村现代化的过程中，家庭规模小型化也是一种趋势。随着经济发展、收入增加，家庭的消费功能逐步增强。家庭作为消费单位，是以夫妇为核心的文化心理共同体。而核心家庭由于更能满足家庭成员不同层次的消费需求，更能适应调节感情的需要，所谓“小锅饭香”“小两口子有事好商量”就是这个道理。据刘庄的调查统计，从 1978 年到 1989 年，核心家庭由 33.5% 上升到 65.6% ，主干家庭则由 45.9% 下降到 28.5% ，联合家庭则由 20% 下降到 5% 。

家庭具备了生产功能后，生产经营活动同家庭成员的物质利益紧密地结合起来，极大地提高了农民的生产积极性和农户扩大再生产的能力。但是，每个家庭的劳动者素质和他们负担的人口是不完全相同的，因此，他们劳动收入是不等的。一些收入较高的农户，在改善生活的同时，逐步购置生产资料，扩大家庭经营规模，有的除了经营农业还务工、经商。少数农户经营规模扩大之后，还雇请一定数量的帮工。于是，从经营类型与所有制性质上看，农村家庭类型逐渐多样化，由过去统称的“社员户”演变为纯农户、农兼工户、农兼商户、农兼工商户、工兼农户、商兼农户、工商兼农户、专业户，还有个体工商户、雇工经营户等。农户的类型是由所在社区经营方式决定的。在非农产业发达的统一经营社区，各家各户大同小异，差不多都是务工兼农户。在农村现代化过程中，农户之间的分工越来越细，农户的经营类型越来越多，是农村专业化、商品化发展的必然趋势。

五　观念的变迁：农民思想观念的现代化

（一）价值观念的变化

对于同一件事不同的人有不同的判断标准，两代人甚至有截然相反的判断。大寨最为明显。当年战天斗地的英雄、“铁姑娘”们，现在都是中老年了。他们有很强的集体荣誉感，留恋过去治坡治窝的业绩，时常沉浸在对往事的回忆中。他们认为：庄稼人种地是正道，经商是邪门。今天的后生们，几乎全部是中学文化程度。他们认为：过去是苦干、蛮干，应该向巧干（靠科技）转变。他们对于土地的感情已经淡漠，对长辈的业绩也不感兴趣，轻荣誉重实惠，确信“要想富得快，庄稼揽买卖”，“有本事的人去做生意、当干部、做工，最没本事的人才‘土里刨食’”。因此，那些仍在兢兢业业种庄稼的创业者，说起后生们，都“抑制不住有种失望”。客观环境的变化，也促进了人们观念的改变。现在，到梯田上去耕耘、劳作的妇女，多是当年的“铁姑娘”，如今的婆婆、妈妈们，而很多姑娘和年轻媳妇都很少下地了。这除了她们主观上不愿干农活之外，主要是她们的婆婆、妈妈们把地里的活都包下来了。

（二）婚育观的变化

择偶观：由只重经济条件趋向重才华、人品，重感情，重相貌，重职业。

恋爱观：由过去的父母包办、媒人牵线趋向自己做主、自由恋爱，过渡形式是请中间人介绍、征得父母同意。

恋爱方式：由隐蔽、神秘、含蓄趋向公开化、自由化、现代化。

婚礼观：由大操大办、大吃大喝，趋向经济实惠的现代新式婚礼，如集体婚礼、旅行结婚等。

婚育观：由早婚早育、多子多福趋向晚婚晚育、先享受、少生孩子少拖累。在洪林村调查时，问道“您认为生几个孩子好？”大多数人认为有两个孩子最好，占调查总数的80%，认为1个孩子好的占13%，认为3个孩子好的占4%。但是，在调查中我们了解到，在生育问题上，重男轻女、传宗接代的观念仍然根深蒂固，一些超生、抢生、偷生，多是没有男孩引起的。

在调查中我们还发现，一般都很重视婚姻问题上的道德观，能够严肃对待恋爱、婚姻这个终身大事。未婚先孕、婚外恋，少有发生，而且受到公共舆论的谴责、村民的蔑视。

丧偶再嫁、男子入赘，多能得到干部的帮助、长辈的理解、村民的支持和帮助。

（三）娱乐观的变化

不同年龄层次有不同的偏爱。据洪林村调查：

老年人（约占全村人口的16.8%）喜爱传统的娱乐活动，如赛龙船、看古戏、观龙灯、听评书、下棋等；

中年人（约占全村人口的40%）既喜欢传统娱乐活动，又喜欢现代娱乐活动，处于中间状态；

青年人（约占全村人口的20%）对传统娱乐活动兴趣淡漠，热衷于现代娱乐活动，如唱歌、跳舞、看电视、看录像、看电影、参加体育、文艺比赛等，追求自娱自乐，即由观赏型转向参与型；

少年人（约占全村人口的23.2%）对传统娱乐活动不太感兴趣，喜爱现代娱乐活动，倾向于青年人。

六　人际关系的变迁

过去“天天讲”阶级斗争，年年搞政治运动，“上纲上线”大批判，劳动一天之后晚上还要评工记分，你争我斗，许多人伤了感情，互相戒备，关系紧张，人人自危。现在，以经济建设为中心，人人都在想方设法劳动致富，各户各人之间在政治上、经济上没有直接的利害冲突。

过去在生产队里集中劳动、简单协作，活动半径极其有限，人们的相互交往主要限于血缘、姻亲关系之间。现在，人们自主劳动，自主经营，在市场上等价交换，活动半径大大扩张，人们的相互交往增加了业缘之间的关系。

在工业化进程中较好地保留了中华民族的一些传统美德。以邻里这一初级社会关系而论，人们懂得“远亲不如近邻”，非常重视左邻右舍关系，互相尊重，互相照顾，和睦相处。“三班倒”的工业劳动，需要良好的邻里关系，需要相互照料孩子和病人，需要邻里的情感交流。

在工业化程度较高的社区，人际关系已呈现出新的特征，概括起来就是：自然性减弱，社会性增强；依赖性减弱，自主性增强；等级性减弱，平等性增强；分散性减弱，合作性增强，单一性减弱，复杂性增强；封闭性减弱，开放性增强。

中国封建专制统治思想的构成及其操作化目标的实现*

王　颉　唐　军

摘　要：作者认为，中国封建地主阶级专制统治思想主要来源于三个方面：对当时存在的统治思想包括奴隶主阶级专制统治思想的扬弃；对当时存在的与现实的其他各种社会思想的承袭与选择；在参与社会管理实践中个人或集团的经验总结。但是，地主阶级的统治思想并不是既存与现实统治思想或某些社会思想的简单叠加，而是经其自觉选择与提炼的结果，亦即经其内化升华的结果。地主阶级在登上历史舞台前后对统治思想进行了两次较大的选择——受益于极端专制主义统治思想及其操作化技术手段，地主阶级夺取了政权，凭借具有人道色彩的温和专制主义统治思想及操作化技术手段，地主阶级巩固了统治。封建社会固有的各种难以调和的矛盾及其政权与官僚的腐败、低效难以从根本上消除，造成了地主阶级维持其专制统治的极大难度。然而中国的封建社会却又实实在在地延续了两千多年，重要的原因之一是中国的改朝换代与农民斗争此起彼伏，地主阶级不得不一次次调整统治手段，使社会矛盾得到暂时的缓和。当生产力与科学技术的飞速发展引起世界性的巨大变迁，中国的阶级状况发生前所未有的变化时，尽管地主阶级再次向极端专制主义回归，其统治操作技术手段也达到了前所未有的精密与熟练程度，然而代表着封建专制制度的统治思想已经走过了形成、鼎盛与衰落的三个阶段，其苟延残喘的暴政的覆灭已成为不可挽回的历史必然。

相对于西方封建社会，中国封建社会的思想文化有着明显的早熟特

* 原文发表于《社会学研究》1992 年第 4 期。

征。在地主阶级尚未取得整个国家的统治权力，亦即封建的社会秩序尚未确立之前，封建社会思想已经脱胎于奴隶社会末期并成熟于奴隶社会向封建社会的过渡时期了。尤其应该指出的是，地主阶级在其尚未取得全国范围的统治权力时已具备了系统完备的统治思想体系，同时这种系统完备的思想体系还具有极强的可操作性特征。

清末著名思想家谭嗣同说："二千年来之政，秦政也，皆大盗也，二千年来之学，荀学也，皆乡愿也。惟大盗利用乡愿，惟乡愿工媚大盗。"①以"秦政"和"荀学"来概括"二千年来之政"和"二千年来之学"未免武断，但说"惟大盗利用乡愿，惟乡愿工媚大盗"，寥寥数语，却掷地有声地对封建社会之"政"与"学"的关系做了极其深刻的批判。

研究中国封建社会的运行规律，探讨中国封建社会的统治思想的承袭沿革过程，首先应该明确两个问题。第一，按照传统的马克思主义社会发展史观，封建社会作为人类进步历史演进的一个重要阶段，是人类由奴隶社会走向资本主义社会迈进社会主义社会最终实现共产主义社会整个进步与发展运行链条上不可缺少的一环。同时，中国封建社会的发展走过了十分曲折的道路，两千多年的历史可分为形成、鼎盛与衰落直至灭亡三个阶段。中国封建社会既有全人类在封建社会共有的政治、经济、文化特征，又具有鲜明的中国特色。地主阶级统治地位的确立、封建社会秩序的确立有着不可替代的极端重要的历史价值，至少在中国这一历史阶段是无法跨越的。事实上，中国封建社会的鼎盛时期甚至延续至明代中叶，与封建思想文化政治制度血肉相连的物质文明在全世界也是居于领先地位的。第二，作为体现封建专制制度的本质特征的统治思想在历史的发展过程中发挥了无可替代的极其重要的社会功能，甚至起到了决定性的进步作用。至少在封建社会的形成及鼎盛时期这一结论是适用的。封建专制主义统治思想保证了国家政治文化思想上的统一，保证了国家疆域的完整，保证了社会发展必需的社会秩序及人们共同的民族性格与意志精神的延续。在中国历史上极端的专制主义统治从来都是短命的，构成地主阶级统治思想主流的是以君本位为基点的极端专制主义与具有人道色彩的温和专制主义交互融合相互制约的思想体系。皇权至上成为封建社会的社会管理的基石，别

① 见《仁学》卷上。

无选择地发挥了判别是非、权衡得失、整合社会的重要作用。

我们所说的封建专制主义统治思想是指真正代表中国封建制度的思想，既是地主阶级取得政权、巩固政权的政治思想，又是在封建社会生活中占统治支配地位的社会思想。统治思想与一般意义的社会思想之间存在着相互影响、交互作用的错综复杂关系，但是我们不同意那种将社会思想与统治思想看作单因单果的单向直线作用的观点。统治思想并不是某些社会思想的简单叠加，而是经过地主阶级对社会思想的自觉选择与提炼的结果，亦即经过地主阶级内化升华的结果。作为社会管理的指导思想的统治思想，其来源大致有三：其一，对当时存在的统治思想包括奴隶主阶级专制的统治思想的扬弃；其二，对当时存在的与现实的其他各种社会思想的承袭与选择，其三，在参与社会管理实践中个人或集团的经验总结。

一　中国奴隶社会统治思想的构成及其操作化与社会转型期思想文化领域中的百家争鸣

地主阶级在登上政治舞台取得不可逆转的历史性的胜利之前，中国历史上给他们到底留下了多少可资借鉴或承袭的统治思想与可供扬弃的社会思想呢？中国的专制主义统治思想是伴随着氏族的产生、阶级的分化进而出现奴隶制国家的历史萌芽、发展与完备的。地主阶级在统治思想及其操作化方面得到的“遗产”可以做如下诸方面的描述。

（一）氏族时期——尊卑有序家国一体观念的产生

据古史记载，在始“有巢氏”“构木为巢”（《韩非子·五蠹》）、次“燧人氏”“钻木取火”（《庄子·外物》）、后“伏羲氏”“教民渔畋”（《易系辞传》）的时代，随着相对固定的住处的构建、火的应用及投枪和索网的发明，中华先民获取生活资料的方式发生了质的飞跃，在恶劣自然环境下生存的机会大大提高，食物种类和来源的扩大更为其生理机能的进化提供了可能。但此时的人类仍停留在“不耕不稼”（《列子·汤问》）的阶段，生产活动水平和征服自然能力的低下决定了人们只能从事以建立在血缘和地缘关系基础上的氏族和部落为单位的采集和狩猎活动。如《列子·汤问》所载：“长幼济居，不君不臣；男女杂游，不媒不聘。”这正是母系制度下原始平等社会的典型图景。而面对充满肆虐狂暴的自然，尤其是倾泻风雨雷电的上天，思维尚未充分发展的人们除了心怀畏惧之外尚不能产生任何理性或迷信的思考。可以说，远古的人们在天上和人间均没有树立起自己的崇拜和服从对象，当然也就谈不上人文思想或是神文思想的阐发。

渔畋生活后期万物有灵论和图腾崇拜的出现可以看作人们树立自己崇拜物的开始，它标志了人们自觉服从意识的萌生。但由万物有灵论和图腾崇拜发展而来的以鬼神和祖先为崇拜对象的多神教仍只是以原始社会的平等生活为其产生的条件和服务的对象。

此后，“神农氏”“制耒耜教民农作”（《白虎通·号篇》）昭示了远古社会由采集和狩猎型经济向种植和养殖型经济的转变。随着生产工具的改进，劳动生产率得以提高，社会分工也更加细致，剩余产品开始出现，交换从而得以产生。如《易传》所言：“神农氏作，……日中为市，……交易而退。”氏族间的交换扩展到氏族内的交换，促进了氏内各家族间的贫富分化，共同劳动、共同消费的原则从根本上遭到了销蚀，人剥削人的现象最终得以出现。“今大道既隐，天下为家，各亲其亲，各子其子，货力为己。……礼义以为纪，以君臣，以笃父子。”《礼记·礼运》所追述的正是这一过程。至夏禹打破选举首领时“传贤”的“禅让”制而实行“传子”的“世袭”制则从根本上标志了氏族民主制度的崩溃，“人主”的尊贵地位和家族统治模式开始确立，谓其为尊卑有序和家国一体的观念之源起似不为过。

但直到这个时候，君主的地位也不是至高无上的：一方面，国家内部还没有足够坚实的经济能力和政治体制来给予君主专制以有力保障；另一方面，部落间的战争也从外部时时给国家的生存从而也给君主的统治造成威胁。因此，借助非现实的鬼神作为维系整个国家的统一和运转的工具就有了存在的合理性。《尚书·召诏》说：“有夏服（受）天命。”《论语·泰伯》也说：禹“菲饮食而致孝乎鬼神”。此外，考古学还发现在龙山文化遗存中有大量烧灼过用作占卜的兽骨。这些都说明了当时国家大事的定夺都还需假鬼神的名义来完成。

（二）殷商时期——统治思想的简单苍白及统治手段的极端野蛮

发生在殷商时期的阶级分化使中国的社会形态大为改观，奴隶主氏族专制统治已渐趋完整，统治者至尊地位的确立——地上王权的加强——反映在宗教上，即是多神教向一神教——巫教——的过渡。“至上神”即“帝”或“上帝”的出现标志了神文思想主导地位的确立。就下界来说，殷国王是至尊至贵者，统领全国上下，但他又是“上帝”的儿子，即“天子”，这个做儿子的是父亲在下界的化身。于是，有了“上帝”，“下帝”就几无重责大任可言，他的所作所为都可以说是“上帝”的意志，所有被奴役的人都得服从。可见，殷商时代的统治者是在接受上帝的主宰同时又主宰人民大众的矛盾地位中维持其统治的，而至上神的地位这时是极为牢固的。

当时生产力水平极其低下，人们抗拒抵御大自然灾害的能力极其有限，畏鬼神从天意主宰着人们的思想的时候，殷商奴隶主所信奉推崇的统治思想就是如此简单苍白而缺乏完整的体系——由“上帝”而派生出“下帝”，“下帝”是“上帝”的儿子，“上帝”兼有至上神与宗祖神的双重身份，“下帝”便被赋予了“上帝”的化身取得了主宰一切的至尊地位。尽管“上帝”在这一时期地位是极其牢固的，但由于了解“上帝”的旨意的途径只有随意性很强的“卜筮”，所以自产生“上帝”与“下帝”的概念开始，便埋下了“下帝”与“上帝”貌合神离，进而“下帝”架空“上帝”的种子。这种极其简单苍白的统治思想与“上帝”之虚、“下帝”之实结合在一起带来了殷商奴隶主在实现统治思想的操作化过程中对统治手段的着力强化，他们以毫不掩饰的赤裸裸的极其野蛮凶残的手段来弥补其统治思想的矛盾与虚弱，支撑着殷商奴隶主阶级野蛮统治的唯一可资利用的工具便是暴力与强权。他们在具体的社会管理行为上彻底抛弃了“上帝”这个至上神。

代表着奴隶社会制度特征的殷商奴隶主的统治思想之实质就是：奴隶主阶级对土地和奴隶的占有关系是不可动摇的，在生产过程中奴隶主对奴隶的无条件驱使是天经地义的，奴隶主对奴隶的劳动成果的掠取剥夺是理所当然的。在农耕社会里，实现了对人和土地的绝对占有无异于主宰了一切。殷商时代采用的是“耦耕”方式，双人拉犁，奴隶在监督看管下在井田中劳作。作为活的工具的奴隶不仅没有任何人身自由，而且随时都可能被奴隶主杀掉，奴隶与牛羊一样被当作祭祀的牺牲，奴隶主死后还要用奴隶来陪葬。殷商奴隶主阶级的极端专制主义统治以无数奴隶的生命为代价，为西周奴隶社会的进一步发展奠定了基础。

（三）西周时期——奴隶主统治思想及统治手段的进一步完备

殷商奴隶主的统治思想对于其后的西周统治者有着直接的影响，后者除了继承了殷商“王权天授”的思想之外，在面对周灭商的合法性问题时，周的统治者不得不考虑“天命靡常”的问题，由此衍生出关于以德、礼、孝为主要内容的温和专制思想。

自殷商到西周，农业得到了迅速发展，社会整体的生产力水平显著提高，人的潜能逐渐地得到开拓。统治者对于“上帝”或曰“天”的观念也处在变化之中。“惟命不于常”（《周书·康诰》）、“天命靡常”（《大雅·文王》）都说明了统治者已经意识到了天命并非恒常，虽然自封为“天子”，也只不过是自欺欺人罢了，因为体现着上天旨意的龟筮在许多情况下却是言“吉”实“凶”。这才有“天难忱斯，不易维王”（《大雅·大明》）以及“天命不易，天难谌，乃其坠命”（《周书·君奭》）。也就是说，可以利用天或帝来维持自身统治的至尊，但不可一切全仰仗于天或帝，因为它从根本上来说是靠不住的。这已经是在向神的绝对统治提出挑战了。尤其是奴隶的武装起义最终促成了西周战胜商王朝的事实更是给人文思想的萌发以有力的促动。

中国人文思想的兴起，一方面表现在上帝权威的坠落之上，另一方面则表现在对人自身的重视之上，实为一个天消人长的过程。但这一过程的展开并不充分，并不彻底，也即是说，人文思想的确立并不是以神文思想的消散作为前提，而在社会演化的过程中这两种思想却是达成了一种相互制约而又相互依存的共生物。我们既无法指靠这种残缺的神文思想最终能够衍生出如西方经过变革后的基督教义下产生出来的以自由、平等、博爱为主旨的民本主义，又无力阻止同样残缺的人文思想向专制主义方向的延伸。

除了在统治思想上西周的统治者比殷商奴隶主进一步完备之外，西周的统治在组织结构上更加严密，在对社会的管理控制上为秦汉之后的中国封建社会提供了初步经验。西周实行了严格的世袭制，又以同姓为主体分封了大批诸侯国。与殷商比较，周的官制更趋完备，在商设置侯、伯、子等爵位的基础上进一步增为公、侯、伯、子、男五等爵位。商代设有辅弼之官“尹”，掌管著作简册、奉行国王之告命的“作册”，奉命征伐和射猎的“马”“亚”，督率“族”“众”从事守边和征伐的“戍”，掌管农事的“小耤臣”，掌奉王命从事占卜、祭祀、田猎、征伐以及管理“众人”耕种的“小臣”，掌管家务和家奴的“宰”，另外还设置有掌国王的册命及祭典等事的“太史”，其官署称“太史寮”，掌国家政事之“卿事”（亦称“卿士”），其官署称“卿事寮”。西周的官制较殷商更为复杂，在商的基础上分工更加精细，增加了掌邦国之志和贵族世系的“小史”，掌起草文书、策命诸侯卿大夫、记载史事、编写史书兼管国家典籍、天文历法、祭祀等职务的“太史”，“三事大夫”即掌民事的地方官“常伯”（也称“牧”）、掌选择人员充任官吏的“常任”（也称“任人”）、掌司法的“准人”（也称“准夫”），掌管国家的土地和民众的“司土”“司徒”，掌军政与军赋的“司马”，掌工程建设的“司空”，掌禁止市中不法行为的“司虣”，掌巡视稼穑、辨析谷种及其所适宜种植之土地的“司稼”，掌刑狱、纠察等事的“司寇”，掌群臣之爵禄的“司士”，从事防守或征伐的“师氏”，掌宗庙祭祀等礼仪的“宗伯”，此外还有国君辅弼之官“太师”“少师”“太傅”“太保”，掌出纳王命的“膳夫”，掌农事的“后稷”，掌山泽的“虞”，等等。

从以上述及的官制上的变化不难看出，随着生产力的发展以及奴隶阶级对奴隶主的此起彼伏的反抗斗争，西周的统治机器发生了前所未有的巨大变化。同殷商奴隶主政权一样，西周统治者在社会管理的内容上无外是祭祀鬼神与祖先、占卜吉凶、发展农业工商业、对外防御征伐、对内镇压奴隶反抗及以各种方式反抗帝王统治的行为，以及官吏的任免奖罚、维持统治阶级内部秩序等，但在组织机构的设置上无疑更为完备，从而在实现统治思想的操作化上提高了效率。仅以当时对不同分工的奴隶的管理为例，管理耕奴的官称为“田畯”“农正”（《国语·周语》），管理工业奴隶的有“工尹”、“工正”或“工师”（《左传》），管理商业奴隶的有“贾正”或“市正”（《左传》《越绝书》）。为便于管理，亦为便于技术的传授，这些生产奴隶“农之子恒为农，工之子恒为工，商之子恒为商”（《国语·齐语》）。这些都是西周奴隶主政权为了维持巩固奴隶制度、企图延续“溥天之下，莫非王土；率土之滨，莫非王臣”（《周诗》）的社会秩序而采取的专制化措施。中国的封建社会无论是王朝的反复更迭还是帝王的不断接续更替，肇始于殷商完备于西周的统治思想及其操作化措施始终都发挥着极其深远的影响。

（四）东周至战国末期——地主阶级专制统治思想的完备及其操作化的准备时期

中国的劳动人民真是灾难深重，当他们刚刚摆脱在统治思想上极其虚弱而统治手段极其严酷野蛮的奴隶主阶级的统治之后，还未来得及喘息，面对的就是在统治思想上迅速完备而暂时还没有取得政权的咄咄逼人的地主阶级。劳动人民在用自己的双手创造了灿烂的物质文明的同时，又把统治者手中的青铜刀剑换成了钢铁刀剑。

地主阶级的极端专制主义还来不及或没有条件彻底推行，西周的灭亡和东周的衰落造成了思想文化领域整合机能的丧失，而殷商西周以来经济上的发展又带来了井田制的瓦解及阶级阶层的结构性分化，这些都为思想文化领域里的百家争鸣创造了条件。如果粗略地进行分析，可以看出，萌芽于殷商发展于西周的具有温和色彩的专制思想在东周时期有了较快的发展，并且很快便与地主阶级的极端专制主义发生了矛盾，导致了激烈的斗争与冲突。从思想文化的承袭关系来看，地主阶级的极端专制主义思想与温和专制主义思想都是继承了殷商西周以来的统治思想，不同的是在奴隶社会中极端专制主义占据了绝对的统治地位而温和专制主义思想只是作为陪衬而存在于社会生活中。当中国由奴隶社会走向封建社会之时，地主阶级接过了极端专制主义的接力棒，其目的是要登上政治舞台，变奴隶主专制为地主阶级专制，因而这一矛盾是无法调和的。这种专制主义的替代是顺应历史发展潮流的，因而具备了无可非议的进步意义。如果说在殷商西周奴隶主暴政之下，温和专制主义对于制约极端专制主义尚存在一定的进步作用的话，在地主阶级以咄咄逼人的气势要夺取政权之时，迅速发展起来的温和专制主义以阶级调和为手段企图维护旧的社会秩序，其社会作用只能是倒退的。作为矛盾双方的中坚，法家与儒家进行了十分激烈的甚至是你死我活的斗争。极端专制主义形成十分完备的理论体系并且占据了地主阶级统治思想的主导地位，与儒家思想相比，其统治目标更加明确，操作手段更为单一，在较短的时间内更能取得明显的成效，因而法家在政治上迅速取得了压倒儒家的地位，在儒法斗争中以儒家的失败而暂告休战，实际上儒家已无力论战，其生存的合法性都被剥夺了。儒家的再次抬头已是两汉时期了。

儒法两家的代表人物孔子与韩非的思想，尤其是二者以君本位为核心的专制主义实质，笔者已在《孔子与韩非思想的社会功能审视》（《社会学研究》1991 年第 2 期）一文中做了较为详尽的分析，对此本文不再赘述。春秋战国是社会思想极为活跃的百家争鸣时期，作为思想文化遗产特别是对于中国封建社会发展影响较大的流派，包括对地主阶级、农民阶级以及工商业者及知识分子的思想行为施以较大影响的流派，无论其是否成为或在多大程度上成为地主阶级统治思想的组成部分，只要其以独特的外显特征存在于社会生活中，都会不同程度地对社会的发展施以促进或消退的影响与作用，因为社会的运行总趋向及运行速度是不同阶级、不同阶层的人们的思想与行为交互作用的综合结果。从此种意义上讲，中国封建地主阶级对既存的统治思想与社会思想的承袭实际上已经包容了对各种统治思想与社会思想的扬弃，即使是遭到地主阶级贬斥的那部分思想由于参与了地主阶级对统治思想的选择，在实际上已经发挥了自己的作用。更为重要的是所有社会思想都是不同利益群体的自身利益的集中反映，这一事实并未因统治阶级的选择而消逝，因此有必要对春秋战国时期的社会思想各主要流派进行粗略的分析。先秦时期除儒法两家之外，还有墨子学派，道家的杨朱、老庄学派，公孙龙学派等，孔子的继承人孟子、子思也把儒学推进为思孟学派，荀子也在对儒学的批判继承中形成了自己的思想。

墨家思想在先秦诸子百家思想学说中具有鲜明的人道色彩。其代表人物墨翟出身于“贱人”，从自身的处境及“民财不足，冻饿死者不可胜数也”（《墨子・节用上》）的社会状况出发，他对既存的等级制度极为反感，站在“背周道”（《淮南子・要略训》）的立场上提出了自己的主张：“官无常贵，民无终贱”，“人无幼长贵贱，皆天之臣也”（《墨子・法仪上》），要求君主“视弟子与臣若其身”（《墨子・兼爱上》），希望改变农、工、肆（商）劳动者的卑贱地位，“虽在农与工肆之人”“远鄙郊外之臣，门庭庶子国中之众，四鄙之荫人”“有能则举之，高予之爵，重予之禄”（《墨子・尚贤上》），从而达到“饥者得食，寒者得衣，劳者得息”的理想社会。针对劳动人民饱尝战乱之苦以及当权者的“繁饰礼乐”、奢侈腐败生活，墨翟提出“非攻”“非乐”“节用”“节葬”。他的对社会不公的不满和要求改变劳动者的生活状况的主张，不可避免地与要求维持旧的社会秩序的儒家思想发生矛盾。针对儒家的“天命”思想，墨翟提出了“非命”，认为“执有命”是“天下之大害”，同时认为儒家“仁”的思想实质是“亲亲有杀”“尊贤有等”（《墨子·非儒下》），主张“兼爱”，“兼以易别”，“兼相爱，交相利”，“赖其力者生，不赖其力者不生”（《墨子·非乐上》），即主张以机会的平等取代与生俱来的人与人之间的等级与差别。上述思想还反映在他提倡的以“义”为前提的“仁”的主张里，“万事莫贵于义”（《墨子·贵义》），他所谓之“义”，即“有力以劳人”“有财以分人”（《墨子·鲁问》），“举义”则要“不辟（避）贫贱”“不辟亲疏”“不辟近”“不辟远”（《墨子·尚贤上》）。墨翟以上述主张对抗儒家以尊卑上下不逾为主要内容的思想，企图以此来销蚀人与人之间的不平等。在剥削阶级专制制度下，这种阶级调和的主张对于制度本身的反抗是极其无力的，其效果也是微乎其微的。

先秦时期除儒、法、墨等处于尖锐矛盾斗争之中的思想流派外，对中国封建统治思想及社会生活影响较大的还有道家思想。

道家思想在形成之初只是极端利己主义者面对激烈残酷的阶级斗争所阐发的逃避现实的态度与立场。应该指出的是，道家的逃避现实不过是出自极端利己主义立场而采取的权宜策略罢了。明智的地主阶级政治家、思想家对道家的本质是十分明了的，法家思想集大成者韩非以及儒家继承者对道家思想的接纳与发展都证明了这一点。地主阶级内部的不同思想学派在本质上的一致往往在关键时刻能够起到化解矛盾、销蚀门户之见的重要作用。道家思想在中国封建社会专制统治思想体系中独树一帜，仿佛一根“外柔内刚”的支柱，同样支撑着中国的封建大厦，在封建社会的运行过程中发挥了儒、法、墨、佛诸家无法取代的重要作用。

老子，名老聃，春秋时人。《老子》一书为其思想学说的集中体现。老子的“道”的思想可以概括为“柔弱”“虚无”。“老聃贵柔”（《吕氏春秋·不二篇》），“老子有见于诎（屈），无见于信（伸）”（《荀子·天论篇》）。“外柔内刚”“屈表伸里”是老子思想的形象表述，《老子》一书中始终贯穿着这一思想——

“专（转）气致柔，能婴儿乎？”（《老子·十章》）

“柔弱胜刚强。”（《老子·三十六章》）

"天下之至柔，驰骋天下之至坚。"（《老子·四十三章》）

"骨弱筋柔而握固。"（《老子·五十五章》）

"坚强者死之徒，柔弱者生之徒。""强大处下，柔弱处上。"（《老子·七十六章》）

"天下莫柔弱于水，而攻坚强者莫之能胜，以其无以易之。弱之胜强，柔之胜刚，天下莫不知，莫能行。"（《老子·七十八章》）

老子在柔弱与刚强二者之间选择了柔弱，认为柔弱是无往而不胜的，这里除去包括了脱离现实逃避矛盾的思想之外，又进一步增加了导引人们去崇尚阴谋的内容，即"柔弱""虚无"的真正目的在于"胜""驰骋天下""握固""生""处上"。要达到这些表面上看不到的真正目的，其途径有以下几个。

"知其雄，守其雌"，"知其白，守其黑"，"知其荣，守其辱"（《老子·二十八章》）。

"曲则全，枉则直"，"夫唯不争，故天下莫能与之争"（《老子·二十二章》）。

"终不自为大，故能成其大。"（《老子·三十四章》）

"欲上民，必以言下之；欲先民，必以身后之。"（《老子·六十六章》）

"贵以贱为本，高以下为基。"（《老子·三十九章》）

"勇于敢则杀，勇于不敢则活。"（《老子·七十三章》）

直言不讳以"应帝王"为阐发目的的《老子》一书极尽能事地向地主统治阶级奉献了一整套以"柔弱""虚无"为中心的统治术。

"无为而无不为。"（《老子·四十八章》）

"无为则无不治。"（《老子·三章》）

"将欲歙之，必固张之；将欲弱之，必固强之；将欲废之，必固兴之；将欲取之，必固与之。"（《老子·三十六章》）

"虚其心，一实其腹；弱其志，强其骨。常使民无知无欲。"（《老子·三章》）

"其政闷闷，其民淳淳。"（《老子·五十八章》）

"民之难治，以其料多。""古之善为道者，非以明民，将以愚之。"（《老子·六十五章》）

老子认为，生产技术的进步、劳动工具的改良以及法律的颁布都是不利于巩固剥削阶级统治的，“人多利器，国家滋昏；人多伎巧，奇物滋生；法令滋彰，盗贼多有”（《老子·五十七章》）。他要求“绝圣弃智”“绝仁弃义”“绝巧弃利”（《老子·十九章》），“常使民无知无欲”（《老子·三章》），“小国寡民。使有什伯之器而不用；使民重死而不远徙。虽有舟舆，无所乘之；虽有甲兵，无所陈之。使民复结绳而用之……邻国相望，鸡犬之声相闻，民至老死，不相往来”（《老子·八十章》）。这种主张如果兑现，人类将重新倒退到极其原始的混沌时代。

战国时的庄子与老子齐名，他除了继承了早期道家的“全性保真”的思想之外，更进一步否定一切知识和是非曲直的存在，在崇尚阴谋与愚民上庄子与老子着实难分伯仲。

庄子的理想社会是一切顺其自然，“且夫待钩绳规矩而正者，是削其性；待绳约胶漆而固者，是侵其德也；屈折礼乐，呴俞仁义，以慰天下之心者，此失其常然也”，“曲者不以钩，直者不以绳，圆者不以规，方者不以矩，附离（凝固）不用胶漆，约束不用纆索”。庄子似乎对社会管理的一切形式及内容都持坚决的否定态度，“夫残朴以为器，工匠之罪也，毁道德以为仁义，圣人之过也”（《庄子·骈拇》），他所憧憬的社会是一切顺其自然而存在而发展的自在的世界。

如果从表象上看，庄子的上述思想是在批判儒墨的基础上提出来的，认为儒墨所提出的种种政治伦理道德方面的主张都是给人类设置的桎梏，是限制和剥夺人的自由的枷锁，这似乎是有道理的；然而联系庄子的整个思想体系来看，他并非仅仅是批判儒墨，而是在否定一切形式的社会秩序，否定人类社会在经济、科技等方面的一切进步。当时冶铁技术已经发展起来，农业生产已经使用犁锄耕种，利用桔槔进行灌溉；手工业生产也已使用斧、锯、椎、凿。面对生产力的发展，庄子却提出了倒退的观点，认为这些工具的利用有伤于自然的至高本性，犁、锄之利用有伤于“土”性，斧、锯、椎、凿之利用有伤于“木”性。劳动工具的进步与使用促进了人类的进步，也改造了人的自身素质，使人的智能更趋发达。然而庄子却认为这种进步“同乎无知”（《庄子·马蹄》），庄子借用自己编造的故事中的人物说：“有机械者，必有机事；有机事者，必有机心；机心存于胸中，则纯白不备。”（《庄子·天地》）他是对由于科学技术的进步和生产力的发展带来的人类的思想与行为的变化感到恐惧，因而从根本上反对科学技术的发展。对于当时迅速发展起来的工商业，庄子同样感到惧怕，他认为发展工商业，必然造成人们“见利而忘其真”（《庄子·田子方》），为此庄子提出“不利货财”（《庄子·天地》），“不货，恶用商”（《庄子·德充符》）。总之，庄子对科学技术和工商业的发展与进步都是持反感态度的，他期望社会倒退，没有这一切进步，人们便会“少私而寡欲，知作而不藏”，“如婴儿”一样“愚而朴”（《庄子·山木》）了。

庄子的这种不惜以社会、经济、科技的倒退而得到人民群众的“愚而朴”的思想比他所批判的儒墨还要恶劣。尽管儒家认为“上智下愚不移”，孔子还同时倡导“有教无类”；墨家鼓吹阶级调和，也还对社会的不公极其不满，为农民工商业者地位的低下鸣不平。庄子却要人们“如婴儿”一样地“愚而朴”。千百年来道家的这种倒退的思想及愚民的恶劣主张之所以一直为历代剥削阶级所吹捧，正是其维护剥削制度之功能使然。庄子还主张“去知”“忘我”，要人们将“名”与“知”看作“凶器”，以达到消除相互倾轧与争端之目的，甚至“去知”要去到混沌，不觉自己有肢体，不觉自己聪明，形与知全不要，忘却自己存在的程度，“堕肢体，黜聪明，离形去知，同于大通，此谓坐忘”（《庄子·大宗师》）。历代没落阶级、士大夫与逃避社会现实矛盾斗争的人都是以此作为麻醉自己、腐蚀他人的思想工具，无疑，对于社会与人类的进步起到了瓦解与销蚀作用。

《老子》书中对道的重要作用的表白一语泄漏天机：“侯王若能守之，万物将自宾”，“万物将自化”。道家所尊奉的“柔弱”在人民群众是真正的柔弱，对于统治者而言则“柔弱”只是表象，道家是要以统治者的“外柔内刚”为所欲为地宰割真正“柔弱”的“少私寡欲”之民。道家的所谓“无为”实质上也是以民众之“无为”达到统治者“无不为”的目的罢了。

在先秦社会政治思想文化领域百家争鸣的热潮中，荀况是位十分重要的人物。他所处的年代是在商鞅变法之后的战国末期，其思想受到儒家、墨家、法家的深刻影响，因而许多著作称其思想学说为“礼表法里”，这也是谭嗣同所言“二千年来之学，荀学也”的根据之一。然而仔细研究之后，笔者发现，荀子思想中的“礼”与“法”是很难以“表”和“里”来划分的，他的思想的形成是处于地主阶级极端专制理论早已系统化并已借其占据的统治地位走向操作化的时代，僵化的贵族化的儒家思想在这一时期是没有什么市场的，因此荀子无须以尊奉孔子来掩饰自己的用心。另外，以“法后王”为主要思想内容之一的法家也常常是言必称尧舜的，这一点却没有引起人们更多注目。荀子就是荀子，他的思想就是他自己的思想，称之为“荀学”再恰当不过了。

“天人相分”是荀子思想的重要组成部分，荀子写道：“星坠木鸣，国人皆恐，曰：是何也？曰：无何也。是天地之变，阴阳之化，物之罕至者也。怪之可也，而畏之非也。夫日月之有蚀，风雨之不时，怪星之党（同“傥”，偶然）见，是无世而不常有之。上明而政平，则是虽并世起，无伤也。上闇而政险，则是虽无一至者，无益也。”（《荀子·天论》）自然界的日月亏蚀、风雨不调、灾星的出现是哪个时代都会有的，君主贤明为政公平，不祥之兆同时出现也与世无伤。君主昏庸险恶，即使不祥之兆一个也没有出现，对（国家）也不会带来好处。荀子认为，“唯圣人为不求知天”，“大天而思之，孰与物畜而制之？从天而颂之，孰与制天命而用之？望时而待之，孰与应时而使之？”（《荀子·天论》）与其尊奉天神，为什么不把天作为自然予以征服呢？与其遵从天意而歌颂它，为什么不去征服它、利用它呢？在这里荀子否定了天的意志的存在，实际上也就否定了“君命天授”。“天行有常，不为尧存，不为桀亡。”（《荀子·天论》）“士民不亲附，则汤武不能以必胜也。”（《荀子·议兵》）这也必然导引其思想趋向于社会的变革从而顺应历史的发展方向。对于复古派的“言必称尧舜”的“法先王”，荀子也是持否定态度的，“舍后王而道上古，譬之是犹舍己之君而事人之君也”（《荀子·非相》）。

“性恶论”也是荀子思想的认识论之基础之一，“人之性恶，其善者伪也”。他认为人是“生而有好利”“生而有疾恶”“生而有耳目之欲，有好声色焉”（《荀子·恶性》），认为人的恶的本性是与生俱来的。荀子这一思想是与法家相同而与儒家“人性为善”的思想相别的。但是荀子不认为人的本性是不可改变的，民性是可以通过教育改变的，通过教育人可以“愚而智”“贱而贵”“贫而富”。

荀子的政治主张集中反映在他的关于“礼”的思想里，他认为“礼”应该是“养人之欲，给人之求”“断长续短，损有余，益不足”（《荀子·礼论》），要通过“礼”达到一种大家都能得到欲望上的满足那样一种社会状况，“故虽为守门，欲不可去，性之具也；虽为天子，欲不可尽”（《荀子·正名》)。为达此目的，荀子反对“以族论罪”，“以世举贤”，“一人有罪而三族皆夷（夷，灭）”（《荀子·君子》），主张以“罪祸（祸，过）有律，莫得轻重威不分”（《荀子·成相》），达到“无德不贵，无能不官，无功不赏，无罪不罚”（《荀子·王制》）。

荀子思想的“君本位”内核也是极其明显的，他认为“天地生君子，君子理天地，君子者，天地之参也，万物之总也，民之父母也”，“有天有地而上下有差，明王始立而处国有制”，“治生乎君子，乱生乎小人”（《荀子·王制》）。

在春秋战国时社会思想领域的百家争鸣中，除了上述思想流派之外，还有兵家、纵横家、阴阳家、名家等，思孟及后期墨家、道家对各自的思想学说都在社会的激烈变革中有所发展，限于篇幅对此不再赘述。

综上所述，自氏族社会解体至殷商而西周东周战国，奴隶主阶级所推行的极端专制主义统治在思想理论上极为简单化，这种思想理论上的虚弱是以极端野蛮的统治手段来支撑的；奴隶制度因生产力的发展而逐渐瓦解，极端野蛮的专制主义统治手段失去了依托，出现了“天下大乱”的局面。极端专制主义统治手段效率的降低为思想领域的繁荣创造了条件，代表着新旧势力的各种社会思想先后得到充分表现的机会。一个共同的特点是，各种社会思想在“君本位”为核心的前提下都不同程度地吸取了奴隶主阶级极端专制主义导致亡国丧权结局的经验教训，或多或少地接纳了具有人道色彩的社会思想。儒家、墨家的思想具有最为明显的温和色彩。道家从本质上是要有所作为的，但是看到了旧的极端专制主义大势已去，对儒家的杀身成“仁”、墨家的轻生取“义”既感到于事无补，又缺乏这样的勇气。在“拔一毛而利天下不为也”的极端利己的思想指导下，以“柔弱”“空虚”的“道”向统治者献策，妄图以自己的世界观改造世界，达到“无为而无不为”的目的。然而新生的地主阶级极端专制主义一时又难以接纳他们，他们是在缺乏信心却又抱有一丝幻想的复杂心理的作用下以极端消极的态度对待社会变迁的浪潮的。法家的极端专制主义具有完备的思想理论体系，这是与奴隶主阶级极端专制主义间的区别之一，区别之二是法家的极端专制主义具有十分明显的可操作性，因而法家在排斥打击具有温和色彩的思想流派的过程中在理论上及手段上比奴隶主阶级更胜上一筹。

“天下大乱”与百家争鸣使新兴的地主阶级有了整合社会的机会，同时又为地主阶级统治思想的形成提供了选择的条件。

二　秦汉时期地主阶级统治思想的选择确立及其发展

笔者在《孔子与韩非思想的社会功能审视》一文中着重论述了儒法两家思想的专制主义本质特征，本文又进一步对先秦时期百家争鸣中出现的社会思想的主要流派进行了分析，可以看出，在绵延二千余年的中国封建社会里各种社会思想都有共同的归结点，其思想内核都是以维护封建专制主义统治为基点的君本位思想。即使是以争人权、地权为目标的农民起义、农民战争，其思想行为的主要内核也无一例外地表现为君本位特征。以君本位为内核的各种社会思想与不同阶级阶层的社会成员的理想指向结合在一起，构成了各种思想学派彼此迥异的外显特征。在与各种外力的交互作用下尤其是统治阶级的选择下，各种社会思想在体现封建社会的专制本质上存在程度上的差异。因此，各种社会思想的社会功能发挥状况取决于它们在统治思想体系中所占据的地位，亦即它们在多大程度上上升为统治思想并通过操作化而转换为具体运用的统治手段，参与社会的管理与控制。

秦汉时期是中国封建社会制度的奠基时期，也是地主阶级统治思想在以汉族为主体的多民族的中国初步操作化并反复实践，在实践中趋于成型完备的时期。

在七雄争霸中秦国得益于顺应历史发展的极端专制主义的法家思想及法家思想实用高效、可操作性强的突出特点，抱法处势，胸中有术，峻法严刑，奖励耕战，从而达到了富国强兵进而灭六国、统天下之目的。法家思想在理论上的完备及其在地主阶级取得政权斗争中所发挥的“战无不胜”的决定地主阶级命运的极其重要的历史作用，使其在封建社会确立初期占据了绝对的统治地位，同时又以峻法严刑甚至屠刀来对付异己，因而连温柔谄媚的专制思想也难以存在。法家在剿灭异己的同时自己也走向了极端，转向了僵化，秦王朝的短命夭亡正是历史的必然。

地主阶级对统治思想的第一次选择起始于奴隶制崩溃而封建制萌芽的东周，终结于秦王朝的灭亡。这次对统治思想的选择主要是继承了殷商西周奴隶主阶级的极端专制主义，同时确立了法家思想的统治地位。

秦始皇在中国历史上是位杰出的地主阶级代表，对中国的统一以及统一后废除世卿世禄制和分封制、统一货币、统一度量衡、统一文字、在全国范围内修筑驰道以及兴修水利等他都做出了巨大的贡献。但是秦始皇所建立的政权上正是韩非所推崇的皇帝一个人的独裁专制，要以一个人的具有极大主观随意性的意志强加于整个社会的运行与发展，而社会的运行与发展恰恰又具有极其强烈的自在规律，当个人的意志与社会发展规律相矛盾时，作为至高无上的皇帝却要扭转社会发展的规律，其结果必然导致暴政的推行。事实上秦政权中对于皇帝的行为是根本没有任何约制的。初并天下，在实行中央集权还是分封诸侯的问题上统治阶级内部发生了争论，以承相王绾为首的群臣主张分封皇子为诸侯王，廷尉李斯坚决反对分封。在一次宴会上当博士淳于越再次倡议遵从古法分封皇子为诸侯时，李斯当即斥责主张分封的儒生不师今而学古，尊私学，诽朝政，惑乱民心。提出禁私学与焚书主张，秦国史记及医药、卜筮、农作书籍之外的各国史记及私藏儒家经典诸子之书一概送官府焚毁，令下后三十天不送交所禁之书者罚筑长城四年。此外，聚谈诗书者斩首，是古非今者灭族。秦始皇支持赞成李斯的建议，推行了焚书法令。公元前 211 年秦始皇一次活埋儒生 460 余人，此后残杀儒生的事件持续不断。随着思想文化上极端专制的推行，秦政权的个人独裁也迅速地走向了极端。

极端专制主义的推行给秦朝经济带来了巨大的破坏。农业社会生产力赖以发展的最重要最活跃的因素——人在秦始皇暴政下遭到极大的摧残。农民受到的剥削压迫之残酷已经到了无法忍受的程度，他们在与奴隶主阶级的斗争中得到的些许自由也被地主阶级无情地夺走了，实际上数以百万计的农民又重新沦为奴隶，中国社会在封建制度确立之后又发生了一次反复。秦始皇即位之初，在全国的政权还没有取得时就在骊山开始营造自己的坟墓，同时也是在营造秦王朝的坟墓了。天下一统后，秦始皇更加为所欲为，仅为其造坟一项工程便征用劳力达 70 余万人之众；同时又在咸阳大兴土木，将各国之宫室依其格局照样建筑，共筑宫室达 145 处，内藏美女万人以上；后又在长安西南开始修造阿房宫，动用民工亦在 70 余万；此外，还有数十万民工修筑长城，数十万人戍边守要。当时中国的人口仅有二千万左右，除去妇女儿童老弱病残，能够征用的劳力仅有数百万。在历经长期战乱人民亟待休养生息之际，这种不顾一切地征用劳力的做法不仅使发展经济、稳定社会、安定民心成为泡影，而且直接激化了阶级矛盾，动摇了秦政权的统治基础。摇摇欲坠的秦王朝终于在农民起义的沉重打击下走完了暂短的 14 年历程。

汉代秦之后，地主阶级在总结秦王朝的迅速灭亡的教训之后又进行了统治思想的第二次选择。历经劫难的温和专制主义与极端专制主义又进行了一次较量，这次较量是在平和的环境中进行的，它标志着中国封建地主阶级政治经验更加丰富，对统治思想的选择更加自觉，操作技巧更加纯熟；也是温和专制主义在极端专制主义压迫下不断扭曲日益趋炎附势、甘作陪衬的结果。在中国的历史上温和专制抬头的情况只有在两种条件下才会出现，一是在极端专制主义走向僵化，阶级矛盾极其尖锐，经济与社会发展举步维艰终于导致亡国丧权之后；二是在阶级矛盾较为缓和、经济发展较为顺利的所谓“太平盛世”。然而纵观两千多年的封建历史，温和专制的陪衬地位基本上没有多大的改变。汉初地主阶级对统治思想的再次选择基本上是在这两方面条件都具备的背景下进行的。

汉初的统治者在经济领域采取了一些有利于经济发展的措施，在政治思想领域也同步放松了专制。应该说，前者更果断些，效果更为明显，而后者则更谨慎些，从而避免了政治思想领域内的矛盾激化。因此二者的共同作用使政治、经济、思想、文化各个领域的变革处于较平和的社会环境中，没有出现大的混乱与振荡。

封建社会最主要的矛盾是地主阶级与农民阶级的矛盾，这一矛盾具体化便是地主阶级对土地的占有以及在此基础之上的对农民阶级的劳动与人身自由的剥夺，实质上又是农民阶级生存条件与发展条件有与无、优与劣的问题。因此，对统治者而言，他们面临的是能否有效地限制地主对土地的兼并，处理好农业与非农业发展的关系，以及适当地给农民阶级以人身的自由与发展自我的条件等问题。秦汉时代还存在严重的民族间的矛盾乃至民族间的战争，处理好民族问题既是保持经济与社会发展的稳定环境，又是汉族统治地区经济与社会较为协调发展的结果。在生产力水平与社会制度存在较大差异的条件下，民族间的和睦友好往来是以军事经济实力为基础的，而经济实力与军事实力这二者又互为依存条件。

汉初的统治者为了医治战争创伤，恢复生产，采取了减轻租税与徭役的措施，号召流离失所的民众回到原来的田宅去，以实物地租的形式征收田租，与秦时田租相比汉初要低得多。“秦田租口赋盐铁之利，二十倍于古，或耕豪民之田，见税十五”（《汉书·食货志》），农民耕豪门之田十分之五要交给地主。汉高帝时“轻田租，十五而税一”（同上）；汉惠帝又进一步免力田人之徭役终身；汉文帝则免除农田租税十二年；汉景帝时修改了高帝所定之租率，收民田半租，即改“十五税一”为“三十税一”。由于农民负担降至极低的程度，因而出现了文景二帝时的经济繁荣。此外经济上于汉武帝在位时确立了朝廷铸钱、盐铁官营；高帝时采取分封同姓王的制度，造成割据状态。文帝时同姓王开始与中央抗衡，图谋叛乱。景帝镇压了七国之叛乱后改旧制削去封王之全部权力。武帝时实行“推恩法”，即允许封王将城邑分给自己的子弟，分割其权力。同时又设刺史官，对豪强及郡守封王进行严格考核，对不法封王及有罪官吏豪强进行严惩。景帝、武帝之后封王所辖之地不得拥兵割据。

以上所论及的汉初在政治经济上的变迁是以官制与组织的设置为保障的，官制与组织的设置与殷商周秦相比，一方面加强了政治、经济、文化诸方面决策的制定、贯彻、反馈机构的设置，在一定范围与限度内约束了皇帝个人专断；另一方面加强了对官僚臣下的监督管理及各个机构的相互牵制。在完善以法律制度为核心的强制性管理控制手段的同时加强了以伦理道德教化为主要手段的非强制性社会管理与控制措施。例如，在西汉统治机构中设置了“谏议大夫”，主掌议论朝政；“司隶校尉”，主掌纠察京师百官及所辖附近各郡。将中央之官吏分为“内朝官”和“外朝官”，由皇帝的近臣如“侍中”“常侍”“给事中”“尚书”等组成“内朝”，由“承相”领导的正规机构各官为“外朝”。除日常事务处理各有分工外，“内朝”亦有牵制“外朝”的责任。汉武帝时提高了尚书的地位，使其居皇帝左右，掌管文书章奏。汉成帝时设尚书五人，开始分曹办事。东汉时尚书正式成为协助皇帝处理政务的官员，后又进一步设置了“尚书省”。隋唐进一步确立为“六部”。秦时在农村基层乡里设置乡“三老”，主掌教化。西汉时又增置了县一级“三老”，东汉以后进一步增置了郡“三老”。《汉书·高帝纪上》载：“举民年五十以上，有修行，能帅众为善，置以为三老，乡一人。择乡三老一人为县三老。”不同级别“三老”的设置使承担社会管理职权的官僚臣下增加了可资借助的力量，“三老”在官与民之间处于双重身份，担负了非强制性社会管理的责任。

此外，汉武帝时为盐铁官营设置了“盐官”和“铁官”，为推行朝廷铸钱而设置了执掌铸钱的“钟官”及分辨铜之种类并与“钟官”同掌铸钱的“辨铜”；为开发边疆农业生产而设置了“农都尉”；等等。

以上所举各种措施都从不同层面提高了地主阶级统治机器的精密程度，因而与秦政权相比极大地提高了社会管理的效率。

以温和专制主义的再次抬头为主要特征之一的汉初社会思想文化的有条件与有限度的“繁荣”正是在生产进一步发展、民众得到一定程度的休养生息、极端专制主义得到一定程度的制约的背景下出现的。

汉初统治者对社会思想文化领域的繁荣采取了宽容的态度，同时利用占据统治地位的有利条件自觉地为思想文化领域的繁荣施以影响，为思想文化领域的繁荣创造条件。作为开国皇帝，刘邦首先为汉政权在思想文化统治上定下了基调，以祭祀社稷的牛羊豕三牲全备的“太牢”之规格祭祀孔子，承认儒学在思想文化学术领域的正统地位。这对于自战国至秦数百年中屡遭劫难的儒学及连生命都无保障的儒生来说真是天翻地覆的巨变。但是，与法家思想相比儒学对于统治者来说其可操作化程度较低，早期儒学的贵族化又使其难以发挥对社会的整合作用，因而在内化升华转化为地主阶级的统治思想方面法家思想比儒学有着更大的优势。如果从社会管理手段的强制性与非强制性分类角度看，正是法家的强制性统治手段泛化为儒学的复兴创造了条件。秦政权迅速覆灭的原因之一正是在从夺取政权转向巩固统治的转型时期没有适时地完成统治思想的转换，相反却变本加厉地泛化了强制手段。儒生几乎被灭绝，儒学被废止以及儒学在转化为统治思想方面的难度，决定了它对统治者尤其是最高统治者皇帝的依赖，正是刘邦的亲自倡导才使得儒学获得了正统地位。然而正统的早期儒学在先天上的不足决定了它在漫长的封建社会里只能充当极端专制主义的陪衬。因此，无论是封建统治者还是儒生为着各自的目的都在寻求改造儒学的途径，二者的共同努力导致了早期儒学朝着兼容并蓄、日益世俗化的方向转变，最终成为地主阶级统治思想中极端重要的无可替代的组成部分。

汉初统治者对儒学的对策基本上可以概括为提高地位、限制升迁、促其完备这样三条。汉初的统治思想以黄老学说及阴阳五行之学为本。对儒学地位的提高使其有了生存发展的起码条件，为了防止由于皇帝的亲自倡导而出现政治的倾斜与社会思想学术文化上的排斥异己，在对待儒生上采取了限制升迁的权宜之计，即使是名儒一般也只能给予博士官职。这种提高地位与限制使用的对策造成了儒生对众家学说的吸纳，主体的转变又导致了儒学从早期的贵族化走向普适化，逐渐完成了从早期儒学向汉儒学的转化，最终形成熔儒、道、名、法、阴阳五行为一炉的新儒家思想。这一过程的完成历经五代，至汉武帝时以董仲舒、公孙弘为代表的儒家学说已经完备。时机成熟后武帝采用策问的办法，凡对策公开宣扬黄老学说的人一概不用，又进一步采取了“罢黜百家，独尊儒术”的措施，最终统一了政治思想。

尽管汉初的地主阶级在秦朝极端专制主义统治失败之后，在政治、经济、文化思想各个领域采取了许多新的对策，对统治思想进行了地主阶级登上政治舞台以后的第二次选择，但是从根本上说，作为地主阶级这一剥削阶级整体由其阶级本质决定的基本利益的一致；汉与秦政权的连续性与递进性派生出的思想行为特征足以淹没由朝代更替对社会生活的影响与作用，对于被统治阶级来说朝代的更替不过是更换了个压迫者而已。“罢黜百家，独尊儒术”与秦始皇时的“聚谈诗书的人斩首，是古非今的人灭族”的“焚书坑儒”相比，在形式上是冰炭不同器、针锋相对的，然而汉朝的“儒术”已不再是秦朝与先秦时期的早期儒学了。汉代的儒术以君本位为内核，杂糅了各家学派，构成了松散的结构体系，这种结构体系的内部各成分相互制约、相互补充，使地主阶级在选择统治思想及统治手段时更加灵活而具有回旋的余地，对“儒术”的“独尊”在实际上面对的是一个松散的多元综合体，其外显特征则表现为既未彻底抛弃秦王朝的极端专制主义，又未形成法家在政治、经济、思想文化领域里的全面专制。因而自汉朝开始至清朝为止中国的封建统治的专制内核没有发生过质的变化，历代的统治者却又从未放弃过儒术的“独尊”地位。

汉朝儒学的代表人物董仲舒（公元前 179 ~ 前 104 年），西汉儒生称其为“令后学者有所统一，为群儒首”，其学说为“霸王道杂之”即黄老、法、儒集于一身之谓也。董仲舒于景帝时官职博士。杨荣国说，董仲舒的政治主张在汉元帝之后得到逐步实现（杨荣国，1975），此说有失，实际上董仲舒的政治主张在汉武帝时即大多得到了采纳并得到了实际贯彻。汉武帝与董仲舒之间也并不存在所谓“儒法斗争”。毋庸讳言，地主阶级经历了对统治思想的第一次选择，从而奠定了夺取政权的思想基础，并在实际上经历了短暂的极端专制主义统治实践之后，面临了如何巩固统治的关键问题，实践向地主阶级提出了向何处去的问题。董仲舒的思想学说顺应了特定时代的要求，为保障初起的封建社会的安定、确立封建社会的秩序，从而进一步发展生产力、巩固汉代的帝国疆域、协调民族关系，发挥了重大作用。这同我们今天对董仲舒及儒家学说的批判并不矛盾，诚如我们在前面论及的作为不可超越的中国历史发展阶段之一的封建社会，可资利用的有利于封建社会巩固与发展的思想从主流上看应该承认其具有历史价值甚至是进步作用的。对董仲舒这个具体的个人的选择决定于汉景帝、汉武帝，但是对整个历史进程做大跨度地回顾给予我们的结论则是，在决定历史发展的方向尤其是已经对历史进程发生了重大深远影响的诸如统治思想的抉择绝不是个人的选择可以左右的。历史的法则是，顺之者生顺之者兴，逆之者衰逆之者亡。

董仲舒的思想基础是唯心主义的“天人感应论”。阴阳五行说在其思想体系中占据了举足轻重的地位，通过阴阳五行说构筑“天有意志论”，进而说明“王权神授”，最终归结为维持封建地主阶级统治、对整个封建社会造成深远影响的“三纲五常”。“三纲五常”的思想内容起源很早，商周的统治者就反复强调“王”的权威。周公也讲过“元恶大憝，矧惟不孝不友”（《尚书·康诰》），肯定了父权。《诗经》上更不乏男尊女卑的记录。孔子、荀子、韩非等人的著作以及《吕氏春秋》《仪礼》等典籍中都有“三至尊”的思想。但是第一个对“三纲”思想进行详细论证并将其与“五常”联系起来的则是董仲舒（陈瑛、温克勤等，1985：272）。

董仲舒的阴阳五行说认为，世间一切事物都是由相反的两极合为一体的，“凡物必有合”，“合各有阴阳”，阳尊上阴卑下，“同度而不同意”，阴附于阳，阳先阴后，称为“一而不一二”。天阳地阴相合成一，春夏秋冬四时变化都是天的意志：“阴始于秋，阳始于春”，“是故春气暖者，天之所以爱而生之；秋气清者，天之所以严而成之；夏气温者，天之所以乐而养之；冬气寒者，天之所以哀而藏之”（《春秋繁露·阳尊阴卑》）。天的意志还表现在“五行相生”“五行相胜”上。东南中西北称“五行”，木（东）→火（南）→土（中）→金（西）→水（北），木生火，火生土，土生金，金生水，水生木……反之，则水胜火，金胜木……四时五行都统一于阴阳，阴阳又统一于天（《春秋繁露·五行之义》）。

董仲舒说道，“道之大原出于天，天不变，道亦不变”，这是关于董仲舒思想内核的最好注脚。不难看出，他的儒学实际上已经吸收了老庄学派的思想。

董仲舒同所有政治家、思想家一样，构筑自己的思想体系之目的绝不止于说明和阐释其所面对的世界，根本的目的还在于按照自己的理想目标去改造世界。人与自然、人与人之间的交互作用构成了人类社会的主要关系，在人与自然的关系上董仲舒认为人也有阴阳五行，受天命而生。天为阳，人为天之副。“人副天数”的思想显然是站在了持“人定胜天”思想的荀子的对立面上，而站到了老庄的一边。在人与人的关系上董仲舒则是坚持并发展了儒家“上智下愚”“君君，臣臣，父父，子子”“男尊女卑”等维护既存的社会秩序的思想。董仲舒认为：“君臣、父子、夫妇之义，皆取之阴阳之道。君为阳，臣为阴；父为阳，子为阴；夫为阳，妻为阴”，“是故仁义制度之数，尽取之天。天为君而复露之，地为臣而持载之；阳为夫而生之，阴为妇而助之；春为父而生之，夏为子而养之……”（《春秋繁露·基义》）从阳尊阴卑的观点出发，董仲舒认为：“天子受命于天，诸侯受命于天子，子受命于父，臣妾受命于君，妻受命于夫，诸所受命者，其尊于天也。”（《春秋繁露·顺命》）他把君臣、父子、夫妇的尊卑关系概括为君为臣纲、父为子纲、夫为妻纲，与封建道德伦理规范的“仁、义、礼、智、信”之“五常”联系在一起构成了所谓“三纲五常”这一封建社会协调人际关系的法则、人的社会化的社会期待目标与自律律人之道德规范。

董仲舒的思想学说与早期儒学相比具有极强的可操作性，尤其是得到了在中国封建社会地主阶级的杰出代表汉武帝的重用，董仲舒得到了其儒家前辈从未得到的实践儒家思想的条件和机遇，因而他把自己的思想学说在实践中不断丰富提炼，使其达到了前辈儒家思想从未达到的完备程度。董仲舒认为人的肉体与思想品质都是由天给予的，“为人者，天也”，“人之性情有由天者矣”（《春秋繁露·为人者天》）。因为他认为，人的骨节和一年的日数、月数一致，人有五脏、四肢，正合“五行”“四时”。至于人性也是有阴阳的，“天两有阴阳之施，身亦两有贪仁之性”（《春秋繁露·深察名号》）。为了使这一理论具有可操作性，董仲舒提出了“性三品”的论点，“性三品”与“三纲五常”结合在一起对改变儒家思想的贵族化倾向发挥了重要作用。他认为，人的本性是天生的，圣人性善，小人性恶，在圣人与小人之间还存在可善可恶的中人。圣人存在的价值在于教化中人从善，小人则只能接受圣人的统治。作为皇帝必须了解人性，以法度别上下尊卑，扼制民众的欲望。“天生民，性有善质而未能善，于是为之立王以善之”（《春秋繁露·深察名号》），“王者上谨于承天意，以顺命也；下务明教化民，以成性也；正法度之宜，别上下之序，以防欲也，修此三者而大本举矣”（《汉书·董仲舒传》）。

在秦以前的中国社会生活中，尽管人们信神鬼、尊天命的思想占据着政治思想文化各个领域的统治地位，但是无论统治阶级还是被统治阶级所注重的只是宗教的仪式，对鬼神的信仰缺乏明确内容，“鬼神”在把握人们的思想行为上具有极其强烈的随意性。董仲舒的思想体系使“天”的意志具备了从表象到内涵都十分具体而完备的宗教色彩与特征，人们将儒家思想称为“儒教”的确是不无道理的。董仲舒的儒术核心是天有意志，能够把握掌管人间的一切事物。“国家将有失道之败，而天乃先出灾害以谴告之；不知自省，又出怪异以警惧之；尚不知变，而伤败乃至。”（《汉书·董仲舒传》）这里很明显，天对于人来说其意志是绝对正确的，“天者百神之大君”，因此“反天之道，无成者”（《春秋繁露·天道无二》）。他所说的“天不变，道亦不变”（《汉书·董仲舒传》），“王者有改制之名，无易道之实”（《春秋繁露·楚庄王》），意为即使是改朝换代也不过是名义上改制而已，地主阶级统治的顺天之道是不可改变的。这样董仲舒的思想体系中对矛盾（阴阳相合，五行相生、五行相胜）的认识必然走向彻底的唯心主义，否定矛盾的斗争与转化。在承认“凡物必有合，合必有上，必有下，必有左，必有右，必有前，必有后”的同时却又认为“阳之出也，常悬于前而任事；阴之出也，常悬于后而守空处”（《春秋繁露·基义》）。阴与阳、上与下、左与右、前与后永远是不可改变的。其思想核心就是以“三纲五常”为主要内容的封建地主阶级统治是尊奉天意永恒不变的，甚至荒唐至极地认为“古之天下，亦今之天下；今之天下，亦古之天下”（《春秋繁露·举贤良对策》），因而主张“奉天而法古”。

综上所述，笔者认为，秦王朝的确立在中国历史上是划时代的伟业，地主阶级政权的建立是经过了血雨腥风的激烈的阶级斗争的洗礼的；汉朝地主阶级对于秦始皇的否定同样也是历史前进与发展的结果，对于广大民众来说，生活在“男子力耕，不足粮饷，女子纺绩，不足衣服，竭天下之资财以奉其政，犹未足以赡其欲也”（《汉书·食货志》）的秦政之下终不是好事。如果我们在对历史人物及其思想进行评价时能够抛开个人的好恶而不持有偏见的话，如果我们能够摒弃那种抛开阶级分析方法，按照内涵十分不确定的所谓“进步”与“倒退”，并且又非此即彼的方法将历史人物及其思想进行庸俗化简单化的分类的话，如果我们能够拨开“二千年的中国历史就是儒法斗争史”遗留下的阴影的话，我们就会看到，董仲舒的思想体系是适应了当时的地主阶级巩固政权、拓展刚刚获得的政治舞台的需要的。不能因为董仲舒主张法古便简单地判定其思想是反动的、倒退的，实际上不仅儒家如此，历史上的法家诸如郭沫若先生称之为颇有“法西斯”味道的法家集大成者韩非也是言必称尧舜的。我们只能以是否适应和促进生产力发展和社会进步作为衡量标准去评价历史上出现的思想家、政治家的思想及主张。在适应和促进生产力发展与社会进步方面，汉朝地主阶级的统治思想比秦朝地主阶级的统治思想更加完备了，汉朝的经济与社会的进步是秦朝无法比拟的。作为汉朝地主阶级统治思想主体的儒学是以君本位为内核而将儒、法、道、阴阳等思想整合为一体，正是这种兼容并蓄的统治思想的确立才在地主阶级处于极其困难的时候使其摆脱了困境，稳定了社会秩序，取得了予民休养生息、巩固边疆、沟通汉族与少数民族的血肉相连的关系等前所未有的绩效。中国的唐宋盛世的出现与汉朝地主阶级统治思想的确立及操作化而成的统治手段的完备有着极强的相关度。

地主阶级统治思想的第二次选择，使具有温和色彩的专制思想增强了实用性。在加强极端专制的残酷统治的同时，通过教化与内化的方式强化了非强制性的社会管理，使销蚀农民阶级及各种敌对力量的斗志，毒化他们的思想，腐蚀他们的灵魂，成为地主阶级维持统治的又一件武器。地主阶级作为中国历史上的一个整体，其个体间的差异与封建社会的承袭延续性特征相比实在是微不足道的，因而在大跨度地考察封建社会的运行时我们甚至可以忽略掉朝代间的界限，因此不妨说，秦始皇打下了天下，在地主阶级政权崩溃之际，又由汉朝地主出来保住了天下。

地主阶级通过对统治思想的第二次选择变得更加成熟了。选择的结果导致了极端专制主义与具有人道色彩的温和专制主义的合流。二者合流使中国的封建专制具备了极端的残酷性与极强的自我调节功能。

循着社会思想发展的轨迹不难发现，两汉时代，地主阶级为了巩固其专制统治在“罢黜百家，独尊儒术”的同时极力崇尚谶纬迷信，以伪造的“预决吉凶”的预言和天上的星象变化附会人事、预卜吉凶。可以看出，谶纬迷信在社会生活中是十分虚弱甚至是不堪一击的，因而遭到了许多思想家诸如桓谭、王充等人坚决而系统的批驳，结果至魏晋南北朝时期“玄学”兴起。玄学是以《老子》《庄子》《周易》为研究对象的，玄学的兴起使有意志的人格神被精神性的本体所替代，与儒家思想结合在一起，在深度和广度上对农民阶级与其他劳动阶级的毒化欺骗更为加强了。南北朝时期佛教开始盛行，灵魂不灭论的因果报应和轮回转生思想与儒学、玄学并立互补，适应了在分裂割据条件下地主阶级稳定内部秩序的需要。因为无论是欲成霸业完成天下一统的地主阶级杰出的代表人物，还是沉湎于美酒女色胸无大志的昏君酷吏，都是首先需要保持其统治范围内的安定的。隋唐时代，佛教进入了全盛时期，出现了法华宗、法相宗、华严宗、禅宗等重要派别。尽管佛教遭到了一些名儒的批判与排斥，但是佛家为了生存却极力向儒学靠拢，在佛家一厢情愿的情况下佛教思想与儒家思想合流，佛家的努力反而使儒家思想的世俗性强化了，儒家思想在维护封建统治上意外地得到了一支前所未有的同盟军。儒家思想在这一时期并无太大的发展，其代表人物韩愈所主张的“天命论”“仁义”“道德”以及明显地承袭了董仲舒的“性三品”“七情说”等只是将儒家思想做了进一步的具体阐释或稍加引申而已。两宋时期，理学成为地主阶级统治思想的主体，这时期的理学是作为正宗儒学进行宣扬的，在这一点上同两汉时期大体一脉相承，即经过兼收并蓄，所谓正宗儒学已经不是早期儒学的原本面目了。对理学的各派代表人物的思想稍加分析便可看出思孟思想、董仲舒学说及道教、佛教生硬堆砌的痕迹，不同的是宋代理学将儒学与宗教结合在一起，具备了更加明显的哲学理论特征。经周敦颐、程颐、程颢等人的探索，再到南宋朱熹，理学发展成一个较完备的思想体系。朱熹的社会政治思想的重要组成部分之一是认为，“三纲五常”即为“天理”，“未有这事，先有这理，如未有君臣已先有君臣之理；未有父子已先有父子之理”，“直待有了君臣父子，却旋将道理入在里面”（《语类》），“君臣父子，定位不易，事之常也”（《甲寅行宫便殿奏札一》）。宋代理学至朱熹无论从哲学认识论意义上讲还是从社会政治思想的具体观点上看，都昭示着封建社会走过经济与社会发展的鼎盛时期之后，地主阶级竭力挽救其衰落的命运而拼凑起来的只不过是徒具其表的僵化躯壳罢了。历史无情地把明清地主阶级推向了困境，在别无选择的情况下程朱理学在明代成为居于首位的官方哲学。明朝中期，虽有王守仁的“心学”一现，其学说不过是理学的修修补补，王守仁除了继承了儒家“天人感应”迷信思想之外，荒唐地提出了“心外无物”之思想，竟然认为“人者，天地万物之心也；心者，天地万物之主也，心即是天，言心则天地万物皆举之矣”（《王文成公全书·答季明德书》），“心之本体无所不该”（《传习录下》），“心外无物，心外无事，心外无理，心外无义，心外无善”（《与王纯甫书二》）。可见儒学发展至此已堕落到无可救药的程度了。明末清初之后出现了一批进步的思想家，如张居正、李贽、黄宗羲、王夫之、戴震、龚自珍、魏源等，他们都从各自的立场与角度出发对封建社会的制度、思想进行了程度不同的批判。洪秀全领导的农民武装革命斗争更是用暴力手段沉重地打击了腐朽的地主阶级政权，而康有为、谭嗣同、梁启超、严复等人对封建专制社会的批判及其思想的传播直接影响了推翻清王朝的辛亥革命的资产阶级革命先驱。然而站在时代潮头对中国封建制度进行最彻底的批判与斗争的是在近代工业社会中诞生成长起来的中国工人阶级，自 1921 年 7 月 1 日起直到今天，中国共产党带领着中国人民开始了彻底埋葬封建制度的艰苦卓绝的斗争。

三　封建专制统治思想的操作化范式及统治手段的功能丧失

作为代表中国封建社会制度本质的专制统治思想，与殷商西周奴隶主阶级极端专制主义思想、从孔子到子思孟子的儒家思想、荀子的“荀学”思想、韩非的法家思想、主张“兼爱”“尚贤”的墨子思想、以超然物外的思想体系为内核的道家思想等都存在交互作用的或多或少的相关关系。地主阶级统治思想的初步确立是在汉武帝时期，经过三国、西晋、东晋、南北朝及隋朝等时期不同地区割据或短暂统一条件下的地主阶级政治家的实际操作，至唐宋时期，地主阶级对统治思想的实际操作技术达到了炉火纯青、游刃有余的程度。

同其他社会形态一样，封建社会的运行实际上也是实现既定目标的社会管理过程。地主阶级专制统治思想外化为社会管理的结果取决于地主阶级代表人物尤其是皇帝自身的素质，这是由封建专制社会本质所决定的。但地主阶级作为延续两千多年之久的一个阶级整体，他们面对的却不是一个延续两千多年一成不变的刻板单一的环境。封建经济与社会的发展也是需要稳定的社会环境与条件的，而决定农业社会发展前途的各种矛盾都决定了封建社会环境的长期稳定是不可能的，因此无论哪一位杰出的皇帝都难以单独完成统治思想的操作技术的完备这一历史过程。我们认为，中国封建社会的管理技术，自秦朝建立经西汉、东汉、三国、西晋、东晋、南北朝至隋前后八百余年属于成形与调试阶段，唐宋时期达到峰巅，元明清三朝的地主阶级在社会管理技术方面从总体上并无更大的发展，其区别于过去的特点之一是在统治思想日趋保守僵化的同时统治手段日益朝极端专制主义的方向回归。

中国封建社会之所以能够延续两千余年，重要的原因之一即是不断地发生朝代的更替，这就使各种社会矛盾与斗争总能找到缓和的渠道，即使矛盾与斗争各方的能量积累到难以调和的程度，在改朝换代的过程中这种能量也能够得到部分甚至大部分释放。我们所论及的地主阶级统治思想的操作化，其重要内容之一便是通过一系列手段包括改朝换代在内的缓解社会矛盾与斗争。

尽管中国的封建社会延续如此之久，但是作为地主阶级具体的个体或群体维持其统治的难度却是相当大的。首先，地主阶级与农民阶级的矛盾是不可调和的，这是贯穿整个封建社会的主要矛盾，实际上在不断地镇压农民起义与农民战争的同时还要从全局上维持社会秩序的稳定，维持对农民的压迫与剥削，地主阶级总是处于两难的矛盾境地。其次，地主阶级内部各宗派各阶层间的矛盾从来也没有解决好，秦汉时期关于分封制还是集权制的反复斗争就是这种矛盾的反映，豪族割据、宦官专权在中国封建社会也是屡见不鲜。再次，中国是一个以汉族为主体的多民族的国家，自秦汉至明清，少数民族统治者与汉族地主阶级的矛盾始终贯穿其中，连绵不断的战争给少数民族和汉族人民带来了巨大的灾难。民族间的矛盾与斗争常常与汉族地区内的阶级矛盾缠绕在一起，将地主阶级推向困境，甚至使其最终丧失了政权。最后，农业社会从根本上讲是靠天吃饭的，历史上中国是个灾害频繁的国家。一旦重大的灾害发生，往往发生一系列的连锁反应，最终导致阶级矛盾的激化。历史上这四个方面的难题不仅常常交替出现，而且常常同时发生，交互作用，形成恶性循环，要应付如此错综复杂的矛盾，需要的是统治机器的高效率和统治手段的健全完备。地主阶级作为剥削阶级，其统治机器的腐败和官僚的堕落几乎是无法避免的，二者间所形成的恶性循环将地主阶级政权一次次推向深渊也是历史的必然。

综上所述，我们认为，封建地主阶级维持其专制统治的极大的难度与中国封建统治延续两千余年之久，这一看似极其矛盾的现象是在改朝换代的激烈矛盾与斗争过程中发生发展的，在改朝换代的过程中往往伴随着温和专制的出现，这种状况常常带来矛盾与斗争的弱化，而矛盾与斗争各方能量的积累还需要必需的时日。在生产力水平没有发生突飞猛进的发展，新的阶级关系没有出现的时候，只能如此往复循环。

我们是历史唯物主义者，对于封建社会包括地主阶级统治者在内并不是采取历史虚无主义的态度一概加以否定。中国封建社会延续两千余年之久，出现过在当时世界上极其先进的科学技术和发达的农业、手工业，众所周知的“四大发明”以及纺织、冶炼、水利工程等方面都为世界人类的进步做出了无与伦比的贡献。这是中国劳动人民聪明智慧才华的结晶。公正地说，地主阶级及其知识分子，从其整体上说，在封建制度的确立与鼎盛时期，也发挥了别无选择的重要作用，这种作用与维系民族的统一、各民族的团结和保持中华民族的凝聚力，从而促进科技与生产力的发展关系极大。我们在本文的前面已经对地主阶级的统治思想的沿革进行了分析，在实现其操作化过程中也可以看到由其统治思想的影响而带来的统治手段的发展，直接涉及的问题有政治方面，如分封制与集权制、对世族豪强的打击、官吏的任免、官僚机构的设置、对贪官污吏的制裁等；经济方面，如本末关系、官田与私田地租徭役形式的变化、官营盐铁铸钱等；军事及公共设施建设方面，如修筑长城、开凿运河、兴修驰道、水利设施等；教育方面，如教学机构的设立、教学内容的规范，包括对民众的道德伦理等思想行为的教化等。限于篇幅，我们只对“科举制”的变化沿革做出些许分析。

在秦王朝推行极端专制主义的条件下，选拔官吏的途径是极其狭窄的，秦始皇采取的是法家韩非奖励耕战、重用武士的选拔方法，因而大量在战争中立过功的军人充斥了官吏队伍，其致命的弱点在于这些人缺乏管理社会的素质与才能，这在一定程度上加剧了秦政权的残暴性。此外官吏的任命大权都由秦始皇一人掌握，这种带有极强的主观随意性的选拔方法很难避免趋炎附势的低能者受到提拔重用，人的努力也很难克服官僚机构的低效与官吏的腐败，从而将个人独裁推向极端。

两汉时期对官吏的任用提拔手段有所发展，出现了通过“制科”进行“察举”这样一种缺乏规范的考核制度（这一制度历经汉魏、六朝、唐、宋而不改，唐、宋时发展成为科举制的重要补充）。两汉时由丞相、列侯、刺史、守相等推举贤人，经过考核，任以官职。“制科”门类有敢于直言极谏的“贤良方正”“贤良文学”“茂才”，有由各郡国所属吏民推举的“孝廉”及有孝悌德行、努力耕作的“孝悌力田”等。此外，汉代还推行由高级官吏任用属员称作“辟除”之制度，中央最高行政长官如三公，地方官如州牧、郡守都可以自行征聘僚属，然后向朝廷推荐。东汉时中央高级官吏亦往往不由其他官职中选调，而直接征聘有名望的人，亦称“征辟”。

魏晋南北朝时期曹丕推行了“九品官人法”，在州一级设“大中正”，郡国设“中正”，将其地的人物评定为上上、上中、上下，中上、中中、中下，下上、下中、下下九品，作为选任官吏的依据。吏部所任官吏，必须交“中正”对其家世声名进行调查。担任“中正”的人都是世家大族。

两汉至魏晋南北朝对官吏的选拔虽然在一定程度上扩大了选才面，使皇帝个人独裁选择官吏的方式演变为中央官吏、地方官吏都能参与选拔任用官吏的新方式，在一定程度和范围内拓展了人才的垂直流动，但是这种人才流动只是局限于地主阶级内部，其结果必然是“上品无寒门，下品无世族”，出身寒门者至多评为“下品”而只能作为统治基础罢了。

官吏的选拔任用制度真正实现操作手段的规范化是在唐朝。唐朝“科举制”的确立是地主阶级统治思想实现操作化技术手段走向成熟的重要标志之一。“科举”意为分若干类选择人才，此制度始于隋文帝杨坚，继承于隋炀帝杨广。与隋以前相比，唐朝的科举制更加完善；与明清之科举相比，唐之科举对人才选择面更为宽泛，更加充满活力，对唐朝社会与经济的繁荣发挥了极其重要的促进作用。唐代设立的主要科目有六种，即“秀才”“明经”“进士”“明法”“明字”“明算”。“秀才”一科高于“进士”，此科虽设却无人考取过。其他五科的考试内容分别是：“明经”考试三场，先试“帖经”，唐时以《礼记》《左传》为“大经”，以《诗》《周礼》《仪礼》为“中经”，以《易》《尚书》《公羊》《谷梁》为“小经”，有时亦试《道德经》（即《老子》），次为口试，再次“答策”；“进士”考试内容除“帖经”“答策”之外，尤重诗赋，专尚文辞；“明法”考试内容为“律”，即国家法律制度，唐之法律分为四种，“律”（问刑条科），“令”（国家制度），“格”（百官有司所治之事），“式”（常守之法）；“明字”（书学）考试内容为《说文》《字林》；“明算”考试内容为《九章》《周髀》。

分析唐之科举制的考试内容，我们可以发现，对于各种各样的人才，只要具有专长，儒、法、道各门各派，文学、数学等各方面人才，都是有可能得到官职地位的，这无疑对唐前的各代之官吏任用来说是一重大的进步之举，对世袭制度是一种重要的扼制。

源于两汉的“制科举”制度在唐代有了较大的发展，“制科”乃一种皇帝特诏举行的特种考选，唐时多达一百余种，例如“直言极谏科”“博学通艺科”“博学宏词科”“才识兼茂明于体用科”“贤良方正能直言极谏科”“志烈秋霜科”“辞标文苑科”“文艺优长科”“才堪经邦科”等。在这些科目中“贤良方正能直言极谏科”与“才识兼茂明于体用科”等举行次数较多，每次及第约有一二十人之多。百花齐放的“制科举”之制与“科举”制结合在一起，对于广泛提拔任用有才华的知识分子发挥了极重要的作用，例如，刘禹锡、柳宗元就是“博学宏词科”及第；白居易、元稹就是“才识兼茂明于体用科”及第；牛僧孺、李宗闵、裴休、杜牧等先后于“贤良方正能直言极谏科”及第。此外，唐朝还设有“道举”，考试内容为道教教义。宋朝科举制度大体因袭唐制，宋太祖时确定了殿试之制，科举制度更加完备，以“弥封”“謄录”之法，以防弊端。

至明朝开始，科举制随着中国封建社会的衰落逐渐走向僵化，从而失去了作为封建鼎盛时期中华大厦的支柱之一曾经放出的光彩。明朝科举考试规定专从“四书”“五经”里出题，应考者只能根据朱熹的注疏发挥，不允许有任何个人的见解，体裁也规定为“八股文”。

明清时期，不仅科举制走向了僵化，地主阶级在政治、经济、文化思想领域里的统治走向了全面僵化。对于由思想而手段的操作化而言，明清统治者的操作技术水平并不低于他们的前辈，极端专制主义的统治机器达到了前所未有的精密程度。1420 年和 1477 年明统治者分别建立了“东厂”和“西厂”这两个臭名昭著的特务组织，继而又建立了权力居二厂之上的“内行厂”，以极其残酷的刑法镇压人民群众的反抗，同时也把正直的官吏及反对派列为缉拿的对象。明清时期极端专制主义横行带来了整个社会的停滞，虽则两朝都曾出现过几位有作为的皇帝，社会经济文化也都出现过一时的繁荣，但是在中国封建社会已经走向末路的大趋势下，这些都不过是杯水车薪，已然无济于事了。

今天，改革开放加快了中国人民前进的步伐。我们已经铲除了封建专制制度赖以生存的根基，尽管彻底肃清封建思想残余及其派生的种种非理性行为还需要相当长的历史阶段，在一定条件下带有封建色彩的人际关系及社会行为还会复萌滋生，但是封建专制社会制度从整体上毕竟气数已尽，随着社会主义现代化事业的发展，封建残余消亡之日终将来临。

参考文献

陈鼓应，1984，《老子注释及评介》，中华书局。
陈奇猷，1974，《韩非子集释》，上海人民出版社。
陈瑛、温克勤等，1985，《中国伦理思想史》，贵州人民出版社。
《二十四史》中《职官志》、《百官志》、《官氏志》及《百官公卿表》等。
范文澜，1964，《中国通史简编》，人民出版社。
郭沫若，1954，《中国古代社会研究》，人民出版社。
侯外庐，1979，《中国封建社会史论》，人民出版社。
金春峰，1987，《汉代思想史》，中国社会科学出版社。
吕振羽，1955，《简明中国通史》，人民出版社。
杨伯峻，1980，《论语译注》，中华书局。
杨伯峻，1960，《孟子译注》，中华书局。
杨荣国，1975，《简明中国哲学史》，人民出版社。

1990年各省区市小康目标实现情况的试测*

“社会发展与社会指标”课题组

1990年是我国现代化建设第一步战略目标的发展最后一年，也是第二步战略目标——实现小康水平的起点，这一年是承上启下的关键年份。自从1991年4月公布了《十年纲要》，正式提出了到2000年要实现小康目标以来，社会各界对实现小康目标都十分关注。

在11月本课题组召开的小康问题研讨会上与会者对如何进行地区间小康目标实现情况的评价有几种不同的意见。一种意见认为，我国东西部的地区差别很大，制定2000年目标不应用一个标准“一刀切”，而应该因地制宜制定不同的目标；另一种意见认为，地区差别是永远存在的，小康标准只能有一个，发达地区会提前达到目标，不发达的西部地区一般离小康目标差距较大，只有了解了本地区的差距，才能朝着小康目标努力奋斗。

由于这是一项探索性的研究，我们根据不同意见，用三种方法分别对1990年30个省区市的小康目标实现情况进行了试算。现将试算结果介绍如下。

第一种方法是根据不同经济条件，分成三类地区，按三种标准制定2000年目标。一类地区是京津沪三个直辖市，按高标准制定目标；二类地区是根据1990年经济社会发展水平排序中居于前列的七省，即辽、吉、黑、粤、苏、浙、闽，按中等标准制定目标；三类地区是除一、二类10省市以外的20个省区，按低标准制定目标。三类地区2000年目标为1990年实际的速度大致与全国小康社会目标的速度相吻合。共选择了45个主要指标组成指标体系。分七个子系统，用综合指数法进行加权平均，即以每个地区1990年实际数与2000年目标进行对比，得出实现百分比乘权数，得

* 执笔人：朱庆芳

原文发表于《社会学研究》1992年第2期。

每个指标的指数，各项指数相加便得类指数和综合指数。

按三类地区不同标准计算的实现小康目标的全国综合指数为77.4%，按高标准计算的三市，上海实现目标为85.2%，居第一，北京83.3%，天津68.2%；二类地区仍以辽宁为最高，实现目标为82.4%，吉林、黑龙江、广东、江苏、浙江在72%～74%，福建只有66%；三类地区中20个省区，实现目标程度的排序，与社会发展水平的排序基本一致，其中四川、广西、甘肃、安徽变动较大，升降达4～5位（详见表1）。

表1　小康社会指标体系1990年实现2000年目标情况
（按三类不同地区不同标准计算）

单位：%

		合计	社会结构	人口素质	经济效益	生活质量	社会分配	社会稳定
全国平均		77.4	9.2	14.0	9.2	28.0	5.7	10.3
一类地区	上海	85.2	8.1	17.3	8.3	31.2	4.9	15.4
	北京	83.3	9.9	19.1	7.8	29.3	4.5	12.7
	天津	68.2	7.8	12.5	6.6	25.5	4.4	11.4
二类地区	辽宁	82.4	10.4	17.9	9.1	29.1	5.0	10.9
	广东	74.3	8.0	12.7	8.1	30.3	4.6	10.6
	吉林	73.8	9.9	15.5	7.3	25.4	5.3	10.4
	黑龙江	73.5	9.9	13.6	8.1	26.9	5.1	9.9
	浙江	72.8	8.1	12.9	8.2	29.3	5.1	9.2
	江苏	71.6	7.4	13.0	8.6	25.7	5.3	11.6
	福建	66.0	6.9	12.0	7.6	24.2	5.4	9.9
三类地区	山东	80.0	8.6	14.1	9.8	28.2	5.9	13.4
	河北	79.9	7.7	13.5	8.1	29.0	5.8	15.8
	山西	79.0	10.0	15.0	8.0	27.8	5.6	12.6
	湖北	77.1	10.1	14.5	9.3	26.1	6.4	10.7
	新疆	75.8	10.4	13.5	7.2	27.4	5.5	11.8
	海南	15.7	8.9	13.7	8.9	25.9	6.2	9.4
	内蒙古	75.6	10.8	14.3	8.6	25.7	6.0	10.2
	宁夏	72.5	9.2	14.0	7.5	26.5	5.5	9.8
	青海	71.7	9.7	14.2	7.9	26.4	5.6	7.9
	陕西	70.4	9.1	14.8	7.0	24.2	5.6	9.7
	湖南	69.4	7.5	12.5	7.6	24.6	6.4	10.8

续表

		合计	社会结构	人口素质	经济效益	生活质量	社会分配	社会稳定
三类地区	四川	68.3	7.7	12.3	6.8	26.0	5.9	9.6
	安徽	67.9	6.9	11.2	7.6	23.4	6.2	12.6
	江西	67.2	8.0	11.5	7.3	22.2	6.9	11.3
	河南	66.4	6.7	12.5	7.2	23.0	5.9	11.1
	云南	65.4	7.3	11.2	9.1	22.7	5.7	9.4
	甘肃	65.0	7.9	12.9	6.5	22.9	5.7	9.1
	广西	64.6	7.2	12.2	6.6	23.0	5.5	10.1
	西藏	61.5	7.3	12.3	6.5	19.8	6.0	9.6
	贵州	58.1	6.3	10.0	6.2	20.4	5.8	9.4

说明：本表共选择了45个指标，以2000年目标为100，用综合指数法计算出每个地区1990年实现的综合指数。根据各地经济基础，共分成三类，以三个直辖市为一类，2000年目标按高线计算；以1990年社会发展水平居10位以前的7个省为第二类；其他20个省区按低线计算。例如城镇人口比重，京、津、沪按80%计算；7个省为50%；其他按30%计算。如北京市1990年为73.1%，完成80%的91.4%×权数3得2.74分，45个指标得分相加便得83.3%（评价标准见表5中第一种算法）。

由于发达地区按高标准计算，不发达地区按低标准计算，将地区之间的差距拉平了，甚至出现三类地区的指数高于二类地区的现象，如山东、河北实现80%，高于二类地区中的江苏和福建。因此地区之间由于标准不同而不具备可比性。从分项的各子系统看，也同样存在互相制约的关系，这可以用各子系统的实现指数占合计比重来分析。例如辽宁、广东二省实现程度占合计的比重如表2所示。

表2

	合计	社会结构	人口素质	经济效益	生活质量	社会分配	社会稳定
辽宁	100	12.6	21.7	11.0	35.3	6.1	13.3
广东	100	10.8	17.1	10.9	40.8	6.2	14.3
标准（权数）	100	11	18	11	35	11	14

从表1中所列各项比重看，辽宁人口素质和社会结构实现程度较高，与经济效益、生活质量的比例较为协调，而广东生活质量偏高，协调度稍差。

小康社会指标体系中增加了社会分配和社会稳定指标。前者用分配结构合理化为目标，要使城乡差距从目前的2倍缩小至1.5倍，贫富差距从4倍缩小至3倍，消除脑体倒挂现象。用享受社会保障的覆盖面、待业率、贫困人口比例、物价上涨率及大案刑事案件立案率、交通事故死亡率等指标组成社会稳定指标体系。由于这些指标的2000年目标较难确定，有的1990年指标准确性较差，因此这两个子系统目标不能准确地反映真正的地区差距。

第二种方法，是根据每个指标的地区差别，分别定出不同目标。例如指标体系中第一个指标“城镇人口占总人口比重”，1990年京、津、沪、辽都在50%以上，则目标定为85%；有18个省区在20%～50%，则按50%为目标；有8个地区在20%以下，则按30%为目标。这种计算方法的增长幅度与全国总目标城镇人口比重从26%发展为50%是基本一致的，它比第一种计算方法更加合理些。但原来的地区差别也被均等化了。

按第二种方法的计算结果（见表3），全国平均实现目标为74.3%。京、沪、津分别为96.0%、92.0%和88.5%，居前10位的七省是辽宁、河北、江苏、黑龙江、浙江、吉林、广东，实现目标程度在75%～79%，居后列的仍是西部地区，甘肃、贵州、西藏居最后三位，它们按低标准指标计算，也只实现63%～65%。与第一种方法相比较，变动较大的是河北从12位上升至第5位，海南从16位降为26位，云南从26位升为21位，湖南从21位升为14位，安徽从23位升为16位，其他省区变动不大。

表3　小康社会指标体系1990年实现2000年目标情况

（按每个指标不同标准计算）

	合计	社会结构	人口素质	经济效益	生活质量	社会分配	社会稳定
全国平均	74.3	8.5	13.9	7.8	26.2	8.1	9.8
北京	96.0	9.8	17.0	7.3	29.9	8.7	23.3
上海	92.0	8.1	18.7	8.3	30.9	9.4	16.6
天津	88.5	8.5	17.8	7.0	29.4	8.4	17.4
辽宁	79.4	8.5	15.1	9.1	27.3	8.1	11.3
河北	77.4	11.7	12.5	8.2	25.5	8.2	11.3
江苏	77.3	7.6	13.8	7.8	27.4	8.5	12.2
黑龙江	76.9	9.3	15.3	7.7	26.9	8.2	9.5
浙江	75.9	8.1	14.1	8.7	26.7	8.2	10.1

续表

	合计	社会结构	人口素质	经济效益	生活质量	社会分配	社会稳定
吉林	75.7	8.7	14.9	7.4	26.1	8.4	10.2
广东	75.4	8.5	13.5	7.8	28.4	7.8	9.4
山东	73.6	7.7	13.3	7.1	25.6	8.2	11.7
湖北	73.3	8.5	13.6	7.7	25.5	8.8	9.2
福建	73.2	7.5	13.2	8.9	25.9	8.5	9.2
湖南	71.9	11.3	13.1	7.0	23.6	8.7	8.2
新疆	71.7	7.8	13.6	6.5	25.6	7.8	10.4
安徽	70.8	11.3	11.1	7.1	22.9	8.5	9.9
山西	70.3	7.0	15.1	7.0	23.9	7.9	9.4
内蒙古	70.2	7.5	14.2	8.2	23.8	7.8	8.7
宁夏	69.7	7.3	13.8	7.1	25.1	7.7	8.7
陕西	68.9	7.8	14.2	7.1	23.2	7.7	8.9
云南	68.7	10.2	12.9	7.1	21.9	7.8	8.8
四川	68.1	6.5	13.9	6.1	24.6	8.1	8.9
青海	67.9	7.1	14.4	6.1	24.5	7.9	7.9
河南	67.4	10.6	10.9	6.8	22.8	8.1	8.2
广西	67.1	10.3	12.4	6.5	22.0	7.7	8.2
海南	66.4	7.3	12.3	7.5	22.4	8.8	8.7
江西	66.0	7.5	12.3	7.0	21.7	8.8	8.7
甘肃	65.8	7.3	13.4	6.3	21.9	7.8	9.1
贵州	63.6	10.9	11.2	5.8	20.1	7.8	7.8
西藏	63.2	8.9	11.9	6.0	19.0	8.4	9.0

说明：本表选译了 38 个指标，将每个指标按数值的高低分成三类，制定出 2000 年目标，用综合指数法，根据各地 1990 年实际数除以各类 2000 年目标数，便得类指数的综合指数。例如北京市 1990 年城镇人口比重为 73.1%，属一类，50% 以上者 2000 年目标为 85%，实现指数 $\frac{73.1}{85.0}\times 100\%\times$ 权数 =32.6%，38 个指标指数相加便得 96.0%（评价标准见表 5 中第二种算法）。

以上两种计算方法都缩小了原来客观存在的地区差别，第一种方法，实现程度最高的上海与最低的贵州相差 47%，第二种方法高低差距为 52%，均比社会发展水平的高低差距 2.7 倍，和用同一标准的第三种方法计算的高低差距 3 倍低得多。还需说明的是，社会分配和社会稳定两个子系统，由于计算出来的实现程度较高，以及某些地区的某些指标因情况特殊，对计算得出的指数偏高的数据，已做了调整。

以上两种方法计算结果，其总的趋势，与社会发展水平基本一致，但由于标准不一，地区之间缺乏可比性，因此不宜用各地的实现程度进行排序，以此来评价进步与差距。

第三种方法，是综合评分法，用同一标准计算2000年目标实现程度。指标缩减到31个（详见表4），删去了一些准确性较差、难以计算的指标。计算方法是将每个指标用10等分定出评分标准，分别将1990年实际数和2000年目标数按评分标准表求出分类得分和综合得分乘以权数，然后用各地区1990年的实际得分与2000年目标得分相比较，便求出各地的实现程度。这种方法是用全国同一标准来衡量，不考虑各地不同的经济基础，在地区之间具有可比性，能如实反映各地的进步与差距。2000年目标基本上是参考了全国总目标的高标准目标制定的。

根据第三种方法综合评分法计算的结果是：1990年实际为2000年目标的实现程度，全国平均得分56.6分，为2000年总目标81.4分的70%，也就是说，1990年距小康目标还有30%的距离。地区排序基本上与社会发展水平的排序是一致的，京、津、沪三市因农业比重小，工业发达，仍居前三位，已实现小康目标111%、108%和100%；居前10位的其他7省是辽宁、浙江、江苏、广东、黑龙江、吉林、山东，实现程度在70%~88%，都在全国平均数70%以上；实现程度不到50%的省区是河南、安徽、云南、西藏和贵州，在36%~49%。最高的北京与最低的贵州相差3倍，如果按省区比较，辽宁为贵州的2.4倍，居前的七省与居后的七省区比较相差1.7倍。

从分类指标的比较中看，一般居前几位的省区相互之间比较协调，如辽宁省社会结构、人口素质、经济效益、分配稳定都实现小康目标83%~98%，生活质量为77%，相互之间的关系比较协调。而四川人口素质为65%，社会结构和经济效益只实现41%和38%，生活质量却是58%，这就不太协调。居于全国后列的江西、四川、广西、甘肃、河南、安徽、西藏、贵州等省经济效益都只实现35%~46%，均低于生活质量的实现程度。

综合评分法，可以较清楚地反映地区之间和本地区的进步与差距。已实现小康的和实现程度较高的省市应该向更高的目标——富裕前进，实现程度较低的省区应努力向小康目标前进，只有后进赶先进，先进更上一层楼，才能实现小康社会的总体目标。

总的来看，以上三种计算方法可以从不同角度反映小康目标的实现程度，各有长处和短处。由于我们水平有限，提出的三种试算方法很不成熟，错误和不当之处在所难免，这里仅作为“引玉之砖”，刊登出来供探讨，望各地提出更好的方法和指标体系。

表4　小康社会指标体系1990年实现2000年目标情况

（按综合评分法同一标准计算）

地区别	31个指标1990年实际综合得分						1990年实现2000年目标的（%）					
	合计	社会结构	人口素质	经济效益	生活质量	分配稳定	合计	社会结构	人口素质	经济效益	生活质量	分配稳定
2000年目标	81.4	15.2	15.1	14.9	23.0	13.2						
1990年实际												
全国	56.6	10.4	10.6	10.1	15.3	10.2	70	68	70	68	67	77
1. 北京	90.7	18.0	17.4	17.0	21.8	16.5	111	118	115	114	95	125
2. 上海	88.2	15.5	17.8	18.0	22.5	14.4	108	102	118	121	98	109
3. 天津	81.5	15.1	16.0	15.0	19.5	15.9	100	99	106	101	85	120
4. 辽宁	71.7	14.7	14.0	12.4	17.7	12.9	88	97	93	83	77	98
5. 浙江	67.1	11.9	12.7	12.0	20.9	9.6	82	78	84	81	91	73
6. 江苏	63.8	11.1	12.0	11.9	16.5	12.3	78	73	79	80	72	93
7. 广东	62.6	12.4	9.4	11.9	20.1	8.8	77	82	62	80	87	66
8. 黑龙江	62.5	13.5	11.6	11.0	13.8	12.6	77	89	77	74	60	95
9. 吉林	60.9	13.7	12.1	10.0	14.4	10.7	75	90	80	67	63	81
10. 山东	56.8	9.1	11.6	9.5	16.7	9.9	70	60	77	64	72	75
11. 福建	55.3	10.4	9.1	11.2	15.3	9.3	68	68	60	75	67	70
12. 山西	54.8	11.3	10.8	8.2	13.7	10.8	67	74	72	55	59	82
13. 湖北	54.5	11.0	10.3	9.8	12.6	10.8	67	72	68	66	55	82
14. 新疆	54.5	10.8	8.4	9.3	14.6	11.4	67	71	56	62	63	85
15. 内蒙古	53.9	12.0	11.4	8.6	11.1	10.8	66	79	75	58	48	82
16. 河北	52.9	8.0	10.3	8.0	15.5	11.1	65	53	68	54	67	84
17. 宁夏	50.2	10.1	10.2	7.5	13.4	9.0	62	66	68	50	58	68
18. 陕西	48.5	9.5	11.5	6.9	11.6	9.0	60	63	76	46	50	68
19. 青海	47.6	10.4	9.8	7.0	12.3	8.1	58	68	65	47	53	61
20. 海南	47.3	9.2	8.6	7.7	14.3	7.5	58	61	57	52	62	57

续表

地区别	31个指标1990年实际综合得分						1990年实现2000年目标的（%）					
	合计	社会结构	人口素质	经济效益	生活质量	分配稳定	合计	社会结构	人口素质	经济效益	生活质量	分配稳定
21. 湖南	43.6	6.3	9.6	7.4	12.5	7.8	54	41	64	50	54	59
22. 江西	43.0	8.1	7.8	6.2	10.4	10.5	53	53	52	42	45	80
23. 四川	42.2	6.3	9.8	5.6	13.4	7.1	52	41	65	38	58	54
24. 广西	41.5	5.8	11.1	6.4	12.5	5.7	51	38	74	43	54	43
25. 甘肃	41.3	8.7	9.6	6.8	9.0	7.2	51	57	64	46	39	55
26. 河南	39.9	6.4	7.7	6.0	11.4	8.4	49	42	51	40	50	64
27. 安徽	39.9	6.1	7.7	6.4	11.0	8.7	49	40	51	43	48	66
28. 云南	39.7	5.7	8.3	8.4	10.4	6.9	49	38	55	56	45	52
29. 西藏	35.0	6.3	7.7	5.2	9.5	6.4	43	41	51	35	41	48
30. 贵州	29.3	4.6	7.8	5.3	6.9	4.7	36	30	52	36	30	36

说明：本表共选择了31个指标，用综合评分法将每个指标用10分位定出评分标准，将1990年各地的实际数和2000年目标数按评分标准分别求出分类分和综合分，然后用1990年实际得分除以200年目标得分便求出各地的实现目标百分比。例如，北京市城镇人口比重1990年为73.1%，按评分标准表应得1.0分×权数4=4分，31个指标得分相加便得90.7分，除以2000年目标得分81.4分，便得111%（评价标准见表5中第三种算法）。

表 5　2000 年小康目标的三种评价标准（适用于 30 个省市区）

指标名称	第一种算法（按不同地区分类）45 个指标				第二种算法（按指标值的高低分类）38 个指标						第三种算法（综合评分法）31 个指标				
	权数	一类地区目标（京、津、沪）	二类地区目标（辽、吉、黑、粤、江、浙、闽七省）	三类地区目标（其他 20 个省区）	权数	1990 年平均	2000 年目标				权数	数值		得分	
							平均	一类指标值	二类指标值	三类指标值		1990 年	2000 年	1990 年	2000 年
全国合计	100				100						100			56.6	81.4
一、社会结构	11				11						1.8			10.4	15.2
1. 城镇人口占总人口%	3	80	50	30	3	26.4	50	50 以上按 85	20～50 按 50	20 以下按 30	0.4	26.4	50	2.0	3.2
2. 第三产业劳动看比重%	2	45	30	25	2	18.6	30	30 以上按 45	20～30 按 30	20 以下按 25	0.4	18.6	31	2.4	3.6
3. 非农业劳动者比重%	2	95	70	45	2	39.9	50	79.7 以上按 95	40～70 按 15	40 以下按 45	0.4	39.9	53	2.4	3.6
4. 脑力劳功者比重%	2	35	12	10	2	8.8	12	20 以上按 35	10～20 按 18	10 以下按 10	0.3	8.8	12.1	1.8	2.4
5. 社会投资占总投资%	2	12	12	12	2	9.2	13	30 以上按 40	10～20 按 15	10 以下按 10	0.3	9.2	13.1	1.8	2.4
二、人口素质（＊为逆指标，下同）	18				18						1.9			10.6	15.1
6. 平均预期寿命（岁）	2	75	72	70	2	70	72	70 以上按 74	65～70 按 71	65 以下按 65	0.4	70	72	2.4	3.2
7. 人口自然增长率（‰）*	2	7	12.5	12.5	3	14.4	12.5	10 以下按 10	10～15 按 12.5	15 以上按 13	0.4	14.4	12.5	2.0	2.4
8. 初中以上人口占总人口（%）	2	78	50	46	2	32.6	50	49.8 以上按 80	30～49.8 按 50	30 以下按 35	0.3	32.6	50	1.8	2.7
9. 每万人口大学生（人）	1	120	35	20	2	18	30	90 以上按 150	20～60 按 40	20 以下按 20					
10. 人均教育经费（元）	1.5	100	50	40	2	30	50	85 以上按 150	40～85 按 70	40 以下按 40	0.2	30	50	0.8	1.4
11. 每万职工科技人员（人）	12	1700	1660	1660	2	1045	1700	1500 以上按 2000	1100～1300 按 1600	1100 以下按 1500	0.3	1045	1700	1.8	3.0

续表

指标名称	第一种算法（按不同地区分类）45 个指标				第二种算法（按指标值的高低分类）38 个指标						第三种算法（综合评分法）31 个指标				
	权数	一类地区目标（京、津、沪）	二类地区目标（辽、吉、黑、粤、江、浙、闽七省）	三类地区目标（其他 20 个省区）	权数	1990 年平均	2000 年目标				权数	数值		得分	
							平均	一类指标值	二类指标值	三类指标值		1990 年	2000 年	1990 年	2000 年
12. 人均科研经费（元）	1.5	150	20	20	2	11.2	20	100 以上按 300	10 ~ 100 按 30	10 以下按 15					
13. 每万人口病床数（张）	1.5	60	40	30											
14. 每万人口医生数（人）	1.5	50	25	20	3	15.6	20	35 以上按 50	20 ~ 35 按 25	20 以下按 18	0.3	15.6	20.0	1.8	2.4
15. 婴儿死亡率（‰）*	1.5	25	30	35											
16. 每百人每年有报纸（份）	1.5	70	30	25											
三、经济效益	11			11						1.8			10.1	14.9	
17. 人均国民生产总值（元）	3	7000	2500	1500	3	1558	2500	3400 以上按 7000	1400 ~ 3400 按 2500	1400 以下按 1500	0.4	1558	2501	2.0	3.2
18. 社会劳动生产率（元）	2	9000	5000	3000	2	2575	4200	5000 以上按 9000	3000 ~ 5000 按 5500	3000 以下按 3000	0.3	2575	4200	1.8	2.4
19. 工业企业资金利税率（元）	2	30	20	20	3	12.2	24	20 以上按 35	10 ~ 20 按 20	10 以下按 15	0.4	12.2	24	2.4	4.0
20. 人均粮食占有量（公斤）	2	500 以上按 800	3 ~ 500 按 500	300 以下按 300						（括号内为人均地方财政收入）	(0.3)	(170)	(250)	(1.5)	(2.1)
21. 每一农村劳动者农村社会产值（元）	2	20000	8000	5000	3	4007	6000	1.5 万以上按 2 万	0.5 万 ~ 1.5 万按 0.9 万	5000 以下按 5000	0.4	4007	6001	2.4	3.2

续表

指标名称	第一种算法（按不同地区分类）45 个指标				第二种算法（按指标值的高低分类）38 个指标						第三种算法（综合评分法）31 个指标				
	权数	一类地区目标（京、津、沪）	二类地区目标（辽、吉、黑、粤、江、浙、闽七省）	三类地区目标（其他20 个省区）	权数	1990 年平均	2000 年目标				权数	数值		得分	
							平均	一类指标值	二类指标值	三类指标值		1990 年	2000 年	1990 年	2000 年
四、生活质量	35				35						2.7			15.3	23.0
22. 城镇居民生活费收入（元）	3	2500	2000	1800	3	1387	2000	1700 以上按 2500	1200 ~ 1700 按 2000	1200 以下按 1800	0.3	1387	2000	1.5	3.0
23. 农民人均纯收入（元）	3	1500	1000	800	3	630	1000	1000 以上按 1500	600 ~ 1000 按 1000	600 以下按 800	0.3	630	1000	1.5	2.7
24. 居民消费水平（元）	3	1600	1100	900											
25. 职工人均社会保险福利支出（元）	3	1000	850	800	3	617	850	796 以上按 1100	600 ~ 796 按 850	600 以下按 800	0.3	617	851	1.8	2.4
26. 食品支出比例：城镇（%）*	1.5	45	45	45	2	54.3	45	50 以下按 40	50 ~ 60 按 45	60 以上按 50	0.15	54.3	45.0	0.75	1.5
农村（%）*	1.5	47	47	47	2	54.9	45	50 以下按 40	50 ~ 60 按 45	60 以上按 50	0.15	54.9	45.0	0.75	1.5
27. 人均居住面积：城镇（平方米）	1.5	14	14	14	2	9.6	12	10 以上按 13	8.0 ~ 10 按 12	8 以下按 10	0.15	9.6	12.1	0.75	1.2
农村（平方米）	1.5	30	20	20							0.15	17.8	20.1	0.75	1.1
28. 每百户拥有电视机：城镇（台）	1.5	95	75	75	2	59	75	70 以上按 90	60 ~ 70 按 75	60 以下按 60					
农村（台）	1.5	100	80	60	2	44	75	70 以上按 100	50 ~ 70 按 75	50 以下按 40					
29. 每万人拥有电话机（台）	3	800	280	150	3	110	310	500 以上按 900	150 ~ 500 按 300	150 以下按 200	0.3	110	310	1.8	2.7

续表

指标名称	第一种算法（按不同地区分类）45 个指标				第二种算法（按指标值的高低分类）38 个指标						第三种算法（综合评分法）31 个指标				
	权数	一类地区目标（京、津、沪）	二类地区目标（辽、吉、黑、粤、江、浙、闽七省）	三类地区目标（其他 20 个省区）	权数	1990 年平均	2000 年目标				权数	数值		得分	
							平均	一类指标值	二类指标值	三类指标值		1990 年	2000 年	1990 年	2000 年
30. 人均生活能源消费量（公斤）	2	300	200	150	2	140	180	200 以上按 350	100 ~ 200 按 200	100 以下按 150					
31. 人均生活用电量（千瓦·小时）	2	120	100	60	3	43	60	80 以上按 120	40 ~ 80 按 80	40 以下按 50	0.3	43	60	1.8	2.1
32. 每万人口拥有商饮服网点（个）	2	120	120	120	2	104	120	120 以上按 150	100 ~ 120 按 120	100 以下按 110	0.3	104	121	1.8	2.4
33. “三废”处理率（%）	3	80	60	50	3	41	55	40 以上按 60	30 ~ 40 按 55	30 以下按 30					
34. 农村饮用清洁水比例（%）	2	120	100	80	3	70	85	80 以上按 95	70 ~ 80 按 85	70 以下按 70	0.3	70.3	85.0	2.1	2.4
五、分配结构	11				11						1.8			10.2	13.2
35. 城乡收入比例（倍）*	3	1.20	1.50	2.00	3	2.2	1.5	1.5 以下按 1.3	1.5 ~ 2 按 1.5	2 以上按 2	0.3	2.2	1.5	1.8	2.7
36. 贫富差距：城镇（倍）*	2.5	1.50	2.00	2.50	2.5	2.4	2.4	2.4	2.4	2.4					
农村（基尼系数）*	2.5	0.20	0.30	0.40	2.5	0.3	0.25	0.25	0.25	0.25					
37. 脑体收入差距（%）	3	100	100	100	3	91	100	100	100	100					
六、社会稳定和秩序	14				14										
38. 享受社会保障人口覆盖面（%）	2	100	60	40	3	29	40	50 以上按 80	30 ~ 50 按 50	30 以下按 35	0.3	29	50	1.5	2.7
39. 城镇待业率（%）*	2	3	3	3	2	2.9	3	2 以下按 2	2 ~ 3 按 3	3 以上按 4	0.3	2.5	3.0	1.8	1.5
40. 贫困人口占总人口（%）*	1.5	0.5	2.5	5.0	2	7.4	5	5 以下按 4	10 ~ 5 按 5	10 以上按 10	0.3	7.4	5.0	1.5	2.1

续表

指标名称	第一种算法（按不同地区分类）45 个指标				第二种算法（按指标值的高低分类）38 个指标						第三种算法（综合评分法）31 个指标				
	权数	一类地区目标（京、津、沪）	二类地区目标（辽、吉、黑、粤、江、浙、闽七省）	三类地区目标（其他 20 个省区）	权数	1990 年平均	2000 年目标				权数	数值		得分	
							平均	一类指标值	二类指标值	三类指标值		1990 年	2000 年	1990 年	2000 年
41. 贫困人口的救济（%）	1.5	90	70	50	2	38	50	60 以上按 80	30～50 按 50	30 以下按 40					
42. 零售物价上涨率（%）*	1.5	2.5	2.5	2.5											
43. 大案要案立案率（件/万人）*	2	4	4	4	2	4.0	4.0	3 以下按 3	4～5 按 4	5 以上按 5	0.3	4.0	4.0	1.8	1.8
44. 每万人口有警察数（人）	2	30	10	10	3	7	10	20 以上按 30	8～20 按 15	8 以下按 8	0.3	7.1	10.1	1.8	2.4
45. 每 10 万人口交通事故死亡率（人）*	1.5	5	5	5											

说明：1. 本表 1990 年是根据 1991 年中国统计年鉴，民政、劳动统计年鉴等资料整理；2000 年目标主要是从科研角度出发，从小康的理想目标进行了预测，肯定有许多不妥之处，仅供各地研究小康社会作参考，切勿把它当成计划指标来执行，希各地根据本地区的实际情况，制定出切实可行的小康目标。

2. 本表的 45 个指标主要选自本文执笔者在《中国社会科学》杂志 1992 年第 1 期发表的《小康社会指标体系及 2000 年目标的综合评价》。

中国现代化若干目标分析*

张　琢

摘　要： 本文对我国社会主义现代化的若干目标进行了分析与探讨。作者论述了科技、经济等11个方面作为现代化目标的意义，列举统计数字说明了在这些方面已经取得的成就，从国际比较中指出了尚存在的差距，并就今后努力的方向与相应的对策等表明了自己的见解。

把我国建设成为社会主义的现代化强国，是我国人民面临的伟大历史任务。现代化是一个庞大的系统工程，包括科技、经济、政治、社会、文化等多方面的内容。本文拟从发展理论的角度，就我国社会主义现代化的若干目标做一些分析和探讨。

一　科学技术现代化

这是现代化的关键。中国科技发展指标体系正在研究制定的过程中。目前，国际上通行的道格拉斯函数，可以定量计算出一定时期、一定范围内（如一国或一地区）的经济增长率总额中，科技（即通常所说的一般科学技术，未计入社会科学和管理等因素。下同）进步所占的份额，简称“科技进步对经济发展的贡献率”。虽然这种方法也尚有争议，但就目前看，仍不失为一种能显示一定时期科学技术在一国社会经济发展中的作用的计量指标。其指数在相当程度上亦可体现出科技发展的水平和应用程度。按这个计算方法得知，20世纪初，科技进步对劳动生产率提高的贡献率为5%～20%，此后这一比例逐渐上升。据世界银行的计算，1950～

* 原文发表于《中国社会科学》1992年第3期。

1970 年，发达国家的这一贡献率平均为 49%，有些国家高达 60% ~70%；发展中国家平均为 35%，有些国家和地区也高达 50%。按照这一计算方法，我国 1952 年以来各个时期科技进步对经济发展的贡献率如表 1 所示。从表 1 反映的情况看，既往 30 多年来，科技进步对我国经济增长的贡献率是较低的。党的十一届三中全会以来，这种状况有了极大的改变。首先是逐步确立了科技是第一生产力的观念和"科技兴国"的方针；其次是改革开放提供了使科学技术与经济建设相结合、使之转化为直接生产力的发展机制和进行国际学术交流的有利条件。80 年代以来，国家先后确定了"国家科技攻关计划"（攻克对国民经济具有重大效益的一批课题）、"星火计划"（促进农村发展的科技计划）、"火炬计划"（推进高新技术研究成果商品化，推动高新技术产业形成和发展的计划）、"高科技研究发展计划"（又名"863"计划，以对我国今后发展有重大影响的生物、航天、信息、激光、自动化、能源和新材料的技术领域为重点的发展计划）、"关于基础性研究计划"和"科技成果重点推广计划"。形成了由这 6 大科技发展计划构成的包括高新技术和普及应用以及基础研究三个层次的立体计划体系。目前，这些计划正在扎扎实实地推进，并已收到了日益显著的经济效益和社会效益。据统计，1979 ~1990 年，全国取得重大科技成果 12 万多项，是前 30 年的 12 倍，创经济效益达 2800 亿元。其中仅"星火计划"执行 5 年来就新增产值 39 亿元，对农业和乡镇企业的发展做出了巨大贡献。我国在生物技术、农业科学、高能物理、计算机技术、运载火箭技术、卫星通信技术、超导材料的理论研究等领域的一些方面，已跨入世界先进国家的行列。据有关部门的预测，到 20 世纪末，我国科技对经济发展的贡献率将提高到 50%。在正常情况下，2010 年这一贡献率可以提高到 60% 左右。21 世纪中叶，则可以大体达到那时发达国家的水平。

表 1　1952 ~1989 年中国科技对经济发展的贡献率

单位：%

时期	科技贡献率
1952 ~1957	46.9
1957 ~1965	20.7
1965 ~1976	3.6

续表

时期	科技贡献率
1981～1985	30.5
1985～1989	30.1

资料来源：马洪：《依靠科学技术进步实现我国社会主义现代化》，《人民日报》1991年5月24日。

二　农业现代化

农业是国民经济的基础。中国的现代化，只能建立在现代化的农业的基础上。其主要内容为：在经济形态上，要由传统的自给自足的自然经济转变为社会化的商品经济；在生产手段上，要用现代科学成果和技术装备改变农业技术的落后面貌；在经营管理上，要引入与现代商品经济相适应的科学方法。只有这样，才能使农业的劳动生产率、土地产出率、农民的人均收入和生活质量大大提高。

我国人均耕地面积相对狭小（根据国家土地管理局提供的最新数据计算，1990年仅为世界人均耕地面积的31.2%①），但是具有悠久的精耕细作的集约化农业的传统，加上日益增加的现代农业科学技术的采用等因素的共同作用，土地产出率已达国际先进水平。谷物、棉花、油菜籽、肉类、蛋类、水产品和烟叶的总产量均居世界最前列。谷物单位面积产量1989年每公顷已达3893公斤，不仅远远超过每公顷2646公斤的世界平均数，也已经超过了发达国家每公顷3089公斤的平均数②。按人口平均的主要农产品产量也已接近世界平均水平（见表2）。

表2　1989年中国与世界主要农产品的人均产量

单位：公斤/人

	中国	世界平均	发展中国家	发达国家
谷物	333	359	249	707
肉类	21.1	24.2	12.4	61.7

① 参见《我国耕地承载力近于临界状态》，《人民日报》1990年4月13日。

② 《国际经济和社会统计提要（1990）》，中国统计出版社，1991，第67页。

续表

	中国	世界平均	发展中国家	发达国家
蛋类	6.5	6.8	4.0	15.6
棉花	3.4	3.5	2.7	5.9

资料来源：国家统计局：《"七五"时期国民经济和社会发展概况》，中国统计出版，1991，第158页。

现在和今后相当长时期，通过改造中低产田、提高复种指数和优种优育等手段，提高土地产出率还大有潜力，这仍是中国农业发展的方向。但目前我国农业与发达国家的发展差距更突出的是表现在农业劳动力的生产率上（见表3）。考虑到我国现在仍然存在的指令性价格、工农业产品价格的剪刀差和农民自产自用的许多物资没有充分纳入统计等因素，中国农业劳动者的实际产值应该比这个统计数高一些。但中国农业劳动生产率低则是一个基本事实。农业生产手段的落后、技术装备程度低，是劳动生产率低的重要原因之一。据最新统计，1990年我国农业生产劳动量的机械承担率仅为40%①，生物动力（人力手工劳动和畜力）仍占一半以上。这是受工业化水平不高和农民对机械及其他现代科技装备承受能力不强制约的结果。既有的和仍在不断增加的农业劳动力的过剩，则是农业劳动生产率低的社会制约因素。

表3 1987年世界农业产值

地区或国家	农业劳动力（万人）	总产值（亿美元）	人均产值（美元）	劳均产值（美元）
全世界	87500	15900	320	1815
发达国家	5850	8420	720	14395
美国	320	1770	730	55300
西欧	1115	3165	890	28400
日本	555	580	475	10450
苏联	2420	1400	495	5775
东欧	1180	720	645	6100
发展中国家	81650	7480	195	915
中国	30000	2300	220	765

① 参见《中国商报》1991年6月8日。

续表

地区或国家	农业劳动力（万人）	总产值（亿美元）	人均产值（美元）	劳均产值（美元）
其他	51650	5180	185	1005

资料来源：《世界农业》1989 年第 2 ~ 3 期。

中国农业人口的比重大，绝对数占世界第一。改革以来，农业人口相对比重的下降速度加快，但绝对量仍在不断增加（见表 4）。

表 4　中国农业劳动者人数占全国劳动者比重的变化

年份	人数（万人）	比重（%）	比重下降率（%）
1952	17317	83.5	1952 ~ 1978 年年平均下降 0.49
1978	28373	70.9	
1979	28692	69.9	1979 ~ 1989 年年平均下降 0.97
1989	33284	60.2	

资料来源：根据《中国统计年鉴（1990）》所刊载的资料计算。

要把我国农业劳动生产率提高到现代水平，缩小农业人口的相对比重和绝对数量，任务是相当艰巨的。如果按 1952 ~ 1989 年的平均下降率（0.63%）的速度发展，那么，从 1989 年的实际比重降到英克尔斯现代化标准指数（30% 以下）尚需 68 年。如果以改革 10 年的平均下降率（0.97%）的速度发展，则只需 31 年（即在 2020 年达到）；要降到目前发达国家的平均比重（8.5%），则需 53 年（即在 2042 年达到）。目前制约我国农业人口比重下降的主要因素有三。一是农业人口的自然增长过快。从绝对数看，农业人口的自然增长量仍大于农业人口转化为非农业人口的增长量，改革以来虽有上亿的农业劳动力转移到第二、三产业，但农业劳动力仍增加了 4592 万个。二是投资不足。目前农村尚有 1 亿多剩余劳动力，预计 90 年代还会增加 1 亿个，而这期间能够增加的就业岗位也只有 1 亿个。所以，90 年代仍将有 1 亿农村剩余劳动力以隐性失业的形式泡在农业中，从而严重制约农业劳动生产率的提高。三是农业劳动力文化素质低，适应不了农业现代化和职业流动的需要。要达到现代化目标，应从我国的实际出发，从以下三个方面下功夫。一是加强生育控制，尤其是加强农村的生育控制，以节制农业劳动力的自然增长。二是支持农民大力发展乡镇企业。近 10 年来由农业转向非农业的约 1 亿劳动力，绝大部分由分散在农村和集镇的乡镇企业所吸纳，说明发展乡镇企业是加快农业劳动力转移的主要途径。为此，应该把农民在改革中的这一伟大创造上升为国家的根本战略方针，开创出真正具有中国特色的农业现代化之路。三是加强基础教育和职业培训，提高农业劳动力的素质，为农业自身的现代化和剩余劳动力转移准备条件。

三 工业现代化

不能把现代化等同于工业化，但工业化始终是现代化的核心和主导。

制造业是工业的核心。早在1800年，中国由于人口和手工业总量的庞大，制造业占世界总量的1/3①，人均量约与世界平均量持平（当时中国人口亦约为世界的1/3）。以后，这一比重迅速下滑。到1953年开始全面展开现代化建设时，中国制造业的产量仅占世界产量的2.3%②。经过20多年的发展，到1980年，中国制造业在世界制造业中的比重已上升到5%（保罗·肯尼迪，1988：513）。据世界银行1991年《世界发展报告》，1980~1989年，世界制造业加权年平均增长率为3.7%，而中国同一时期年增长率估计为14.5%。以此推算，1989年，中国制造业的产量约为世界总量的12.2%，9年间上升了7.2个百分点。不过，按人均计算，中国人均制造业产量仍仅为世界平均数的一半稍多。

现在，中国已经形成了门类比较齐全的工业体系，一些基本的传统工业部门的总产量也已居世界前列。1988年以来，中国的煤、水泥、布、电视机和卷烟的总产量已居世界第一位，铁和铁合金、硫酸、化肥已居世界第三位，发电量、钢、原油已居世界第四位。但是电子、航空、汽车、造船及其他技术密集型产品比重小，主要工业品的人均产量大都低于世界平均量，与发达国家比较差距更大（见表5）。除了煤的人均量高于世界平均里外，钢、原油和发电量仅及世界人均量的42.3%、22.1%和26.1%。

这个差距归根到底体现了劳动生产率的差距。按郑宗寒计算，1949年中华人民共和国成立时，中国工业劳动生产率仅及美国1939年的1/15，

① 据贝罗克（Bairoch）计算，引自保罗·肯尼迪（1988：181，512）。
② 据贝罗克（Bairoch）计算，引自保罗·肯尼迪（1988：181，512）。

表 5 四项主要工业品产量的人均量比较

	世界人均（1989 年）	中国（1989 年）	苏联（1987 年）	美国（1987 年）
钢（公斤）	130	55	572	363
煤（公斤）	893	935	2685	3405
原油（公斤）	560	124	2204	1682
电（千瓦·时）	2008	526	5881	10954

资料来源：国家统计局：《“七五”时期国民经济和社会发展概况》，中国统计出版社，1991，第 159 页；《奋进的四十年》，中国统计出版社，1990，第 470 页。

1988 年时这个差距缩小到 10 倍以内。他认为，假定西方工业发达国家的工业劳动生产率年平均提高 2%，我国年平均提高 4.7%、5%、6% 或 8%，那么，赶上西方各国 1988 年工业劳动生产率水平和完全赶上它们当时劳动生产率水平所需要的时间分别如表 6 所示。由于我国已把经济建设转到依靠科技进步和提高劳动者素质的轨道，工业发展正从扩大外延转向提高产品质量、降低成本、提高劳动生产率、提高经济素质和效益的内涵方面。因此，未来可望以较高的速度来提高劳动生产率。如果我们能以年平均提高劳动生产率 5% ~6% 的速度向前发展，就有希望在 21 世纪的中叶赶上发达国家那时的水平。

表 6 工业劳动生产率提高速度的影响

	各国劳动生产率为中国的倍数（中国 =1）	达到各国 1988 年水平需要的时间（年）				达到各国当时水平需要的时间（年）			
		4.7%	5%	6%	8%	4.7%	5%	6%	8%
中国	1								
美国	9.3	51	45	39	30	87	78	59	41
日本	9.9	52	46	40	31	89	81	61	42
联邦德国	7.5	46	41	35	28	79	71	54	37
英国	6.3	43	37	32	25	72	65	49	34
意大利	7.8	47	42	35	28	80	72	55	37
澳大利亚	7.8	47	42	35	28	80	72	55	37

资料来源：郑宗寒：《中国工业劳动生产率分析》，《中国社会科学》1990 年第 3 期。

四 产业结构的现代化

这是经济素质现代化的标志。它要求实现产业升级。在现代化过程中，产业结构的升级过程一般为：第一产业 > 第二产业 > 第三产业→第二产业 > 第一产业 > 第三产业→第二产业 > 第三产业 > 第一产业→第三产业 > 第二产业 > 第一产业。我国第三产业的发展在改革前一直明显滞后。第三产业的产值虽有所增长，但是增长速度远远低于工业，所以第三产业在整个国民生产总值中所占比重反而相对有所下降。1979 年改革开放以后，第三产业的增长速度已超过了整个国民经济的增长速度，但其产值在国民生产总值中的比重近期仍处于世界最低之列（见表 7）。

表 7　生产结构的比较（1988 年）：国内生产总值的分布

单位：%

	第一产业	第二产业	第三产业
低收入国家（中国、印度除外）	33	36	32
中等收入国家	12	40	50
英克尔斯现代化指标	12 ~ 15	40 左右	45 左右
中国	32	46	21
印度	32	30	38
美国	2	33	65
日本	3	41	57

资料来源：根据世界银行 1990 年《世界发展报告》第 182 ~ 183 页编制。

1990 年，中国第三产业的总产值和第一产业的总产值占国民总产值的比重分别为 27.2% 和 28.4%[①]，二者已十分接近。在 80 年代，第三产业的年平均增长率为 11%[②]，高于第一、二产业和整个国民生产总值的增长率。目前，中国正处于产业结构调整升级时期，今后第三产业将会以比第一、二产业高得多的速度发展。“八五”计划农业总产值年增长率为 3.5%，工业总产值年增长率为 6.5%，第三产业总产值年增长率为 9%，三者的比例大体为 1:2:3。预计 1992 年第三产业的总产值就会跨过第一个台阶，即超过第一产业的总产值。按照《中华人民共和国国民经济和社会发展十年规划和第八个五年计划纲要》，第三产业的总产值在国民总产值中的比重要

---

① 《中国统计年鉴（1991）》，中国统计出版社，第 24 页。

② 据《中国统计年鉴（1991）》第 31 页所刊载的数据计算。

提高到占 1/3 左右。以这个速度向前发展，预计 2010 年可达到英克尔斯提出的现代化标准，即第三产业总产值占国民总产值的 45%；2015 年的比重可上升到 50%，即达到现在中等收入国家第三产业的发展水平；21 世纪 20 年代末期可达到发达国家目前第三产业的发展水平。计入发达国家和中等收入国家第三产业比重仍将以一定速度提高的因素，在 21 世纪的中叶，中国第三产业的发展可赶上中等发达国家那时的水平。

五　城乡现代化

城乡现代化既包括城乡结构上城镇人口超过农村人口；又包括城乡协调发展，使各种生产、生活设施和人文环境达到现代化。

随着工业化的推进，城镇化率必然相应提高，但只讲城市化率显然是片面的。从中国的国情出发，强调城乡一体化有着更为现实的社会价值和意义。

世界上大多数国家把超过 2000 人的居民点定为城镇。按这个口径算，1949 年我国城镇人口的比重为 10.6%（胡焕庸、张善余，1984：261）。1949 年至 1979 年改革之前，我国城镇化速度波动较大，统计口径也几经变化，难以进行比较。1978 年以后，城镇化速度加快，1988 年的城镇非农业人口的比重就比 1978 年增加了 4.5 个百分点（国家统计局城市社会经济调查总队，1990：448）。据 1990 年第四次全国人口普查对市、镇人口进行的界定及国务院 1984 年批准制定、目前正在执行的建镇规定，1990 年中国市、镇总人口为 296958320 人，占全国总人口的 26.24%。这个统计口径与世界其他多数国家相同，具有可比性。中国与其他国家和地区的城镇化率的比较如表 8 所示。

表 8　中外城镇化比较

单位：%

国家（地区）	城镇人口占总人口比例
低收入国家（中国、印度除外）	25
不丹	5
中国	26
印度	27

续表

国家（地区）	城镇人口占总人口比例
中等收入国家（地区）	58
菲律宾	42
韩国	71
巴西	74
高收入国家（地区）	77
新加坡	100
美国	75
日本	77

资料来源：中国为1990年第四次人口普查数据；其他为1989年数据，参见世界银行1991年《世界发展报告》，第264～265页。

按这个统计，1990年中国城镇人口的比重比1949年上升了15.64个百分点，平均每年上升0.38个百分点。照这个速度发展，需62年即在2052年才能达到英克尔斯的现代化标准（50%以上）。而即使达到了这个比例，也低于1988年中等收入国家的城市化率，更低于高收入发达国家的城市化率。所幸的是，改革开放以来由于乡镇企业的迅猛发展，作为乡镇企业的主要社区载体，已有7万多个乡镇获得了空前的发展。据国家建设部统计资料，到1990年，已有1.2万多个乡镇列为建制镇①，其余6万多个亦在蒸蒸日上地发展。乡镇已成为加快中国城镇化速度的主要因素。因此，只要国家积极扶持乡镇企业的方针坚持下去，依靠乡镇企业作为强大的驱动力，中国的城镇化速度就会比过去40年快得多。

城市化的速度要与经济社会发展的速度相适应，并非城市化率越高就越发达、越先进。瑞士是当今世界人均国民产值最高的国家，1988年城市人口占全国人口的61%，低于绝大多数发达国家城市人口的比重。发展中国家智利同年人均国民产值仅为瑞士人均量的5%，城市人口的比重却高达85%，比瑞士高24%②。鉴于先发达国家在工业化后出现的逆城市化现象和一些发展中国家过度城市化带来的弊病，我认为中国还是采取有控制的适度城市化和城乡一体化策略为宜。所谓"适度"就是城市化的速度和不同层次的城镇规模要与经济和社会文化发展的速度和规模相适应。城市

① 《我国城市化进程加快》，《光明日报》1991年8月18日。

② 据世界银行1986年《世界发展报告》和1990年《世界发展报告》所刊载的数据计算。

发展滞后会束缚社会经济的发展，过度或失控也会给社会经济的发展带来反效应。从我国的实际情况出发，以乡镇的发展为基础，大量吸纳由农村转移出来的人口，坚持实行严格控制大城市规模、合理发展中等城市和小城市的方针，有计划地推进我国的城镇化进程，形成城乡一体化的网络结构，是中国城乡现代化的现实的、理想的模式。如果我们把中国现有的7万多个乡镇建设好，使之成为第一、二、三产业协调发展的政治、经济、社会、文化的聚集中心和城乡结合部的枢纽，以每个镇平均1万人口计，便可吸纳7亿多从事不同行业的人口（包括兼业者），加上适度的城市发展，可承载3亿~4亿城市人口（1990年城市居民人口已达2亿多），全国城镇总人口即可达10亿以上，到21世纪的二三十年代，就可以把镇以下乡村人口的比重降到30%以下。

对于乡村社区，除目前正在发展的大农业范畴的多种经营外，还应逐步开发旅游、乡间别墅、地方特色的手工艺品等第二、三产业，利用现代信息、交通等手段，根本改变农村闭塞、落后的状态，逐步实现农村的经济、人文设施和村民自身的现代化。

六　社会结构的现代化

社会结构可以从不同角度划分，本项着重探讨的是在现代化过程中，随着经济结构的分化而变动的社会劳动者从业结构的变化。

现代社会结构的显著特征是：在职业构成上由传统农业社会第一产业从业人员占绝大多数，经过第二产业从业人员占优势，发展到第三产业从业人员占多数的新格局。同时，社会职业流动度增大，这又取决于主、客观两方面的条件：客观上，经济和社会的发展尤其是产业结构的升级，为社会自由流动提供了越来越多的机会和条件；社会劳动者自身文化程度的提高，使之具备了适应不同行业工作转换的主观条件。中国现在尚处在社会主义初级阶段，从表9可以看出我国三大产业就业人口的结构仍大大偏重于农业，社会劳动者的结构与发达国家相比尚存在较大差距。

从我国的国情出发，参考国际现代化的标准和现代化过程中就业结构的实际变动情况，笔者认为中国现代化的三次产业就业人口结构大体以15∶35∶50为宜。根据1978到1989年中国各次产业从业劳动者比例的实际

表 9　1989 年各国就业结构 

单位：%

	第一产业	第二产业	第三产业
中国	60	23	17
美国	3	28	70
日本	8	34	58
苏联	19	38	43
菲律宾	48	15	37

资料来源：中国数据据国家统计局《中国统计年鉴（1990）》；国外数据据国际劳工组织《1988 年劳工统计年鉴》、苏联《1988 年国民经济统计年鉴》。

增长率，可推算出各次产业达到这个标准所需要的时间，由表 10 可见，如果按 1978～1989 年的速度发展，各次产业就业人口达到现代化标准的时间平均为 46 年，第三产业所需时间最长，第二产业所需时间最短，两者相差 23 年。而按各次产业从业人口所占比重的相关关系，应该大体同时达到现代化标准。因此，我们必须对产业结构的发展速度进行适当的调整：第二产业劳动者人数和相对比重的提高速度须减慢，以后主要是调整产业内部结构和提高劳动生产率的问题，最大的结构变化将是第一产业劳动者人数和比重的大幅度下降与第三产业劳动者人数和比重的迅速提高。这样，就可以在 21 世纪 30 年代后期大体达到按三次产业划分的社会劳动者结构的现代化。现实的发展趋势也正是如此。按照今后产业结构调整升级的发展趋势，各次产业从业人员的结构也会相应改变，而且各次产业内部从业人员的结构也正在和将要发生变化。尤其是第三产业，无论从内涵和外延上都将得到很大的丰富和扩大：科学研究和技术服务业、公用事业、房地产管理和居民服务业、交通和邮电通信业、商业和物资供销业、卫生和体育及

表 10　中国按三次产业划分的社会劳动者构成

单位：%

	1952 年	1978 年	1989 年	1978～1989 年平均增长率	中国现代化标准	按 1978～1989 年增长率达标所需年数
第一产业	83.5	70.7	60.2	－0.95	15	47 年
第二产业	7.4	17.6	21.9	0.39	35	34 年
第三产业	9.1	11.7	17.9	0.56	50	57 年

资料来源：根据国家统计局《中国统计年鉴（1990）》第 117 页所刊载的数据计算。

社会福利业、教育和文化及广播电视业、金融和保险业、国家机关和社团工作人员的队伍，特别是科学家、教师、技师、医生、律师、记者、企业家、艺术家及其他知识分子的队伍将有长足的发展。在这一社会结构转化完成之时，中国就由基本上是以农民为主体的社会转变成从业结构合理的现代社会。

七 人口的控制

作为世界第一人口大国，人口问题是中国最突出的问题、最大的国情。为此，党和政府制定了“控制人口数量，提高人口素质”的基本人口政策。它既是我国现代化成功的保证条件，也是现代化的目标。

要控制我国人口总量，最主要的就是要把人口增长率降下来。现在，我国的妇女总和生育率、人口出生率和自然增长率方面都低于发展中国家（包括低收入国家和中等收入国家）。这是中国自年代 70 以来实行大规模人口控制的成果。1990 年第四次人口普查表明，近期人口增长率约为 14.8‰。按照“十年规划”规定，90 年代要把人口增长率控制在年平均增长 12.5‰以内，任务是十分艰巨的。如果这个目标基本实现，在进入 21 世纪的时候，把人口增长率降到 10‰即达到英克尔斯的现代化人口自然增长率水准就比较有希望了。所以，相对于世界其他人口负担较重的国家，中国依靠强有力的人口控制政策，在人口增长率方面达到现代化人口增长率指数是可以超前的。

但是，由于中国人口总量的庞大，人均资源量相对贫乏。笔者根据近年出版的多种地理和国情书籍及国家统计局《中国统计年鉴》、中国社会科学院《世界经济年鉴》、联合国《统计月报》、苏联《世界经济与国际关系》提供的有关统计数据进行综合分析的结果，得出：中国由土地（耕地、草地、林地）、淡水、矿物、生物和能源等构成的总和自然资源约占世界的 7%，而人口为世界的 21%，人均量仅为世界平均量的三分之一。

国内外学者根据不同时期的科技水平和生活水平，测算出了不同时期自然资源的合理承载能力。中国科学院国情分析研究小组 1989 年提出的国情研究报告认为：“我国目前土地资源生产力——年生物生产量约 32 亿吨干物质，包括7574亿斤粮食，其合理的人口承载量为9.5亿人，超载人口约1.3亿人；2000年土地资源生产力如果达到35亿吨干物质，包括9200亿斤粮食，合理人口承载量为11.6亿人，超载人口约为1.4亿人；我国土地资源潜在自然生产力——年生物生产量约为72.6亿吨干物质，按温饱标准计算，其理论上的最大承载人口能力为15亿~16亿人。”（中国科学院国情分析研究小组，1989：29~30）所以中国就不能仅满足于目前人口增长率低于相同经济文化水平的发展中国家这一点，而应该使人口增长率尽快地降下来，把人口总量逐步调控在既能保证全社会成员拥有发达国家的生活质量又使各种自然资源能够承受的限度之内。

在1990年7月1日第四次人口普查数和《中华人民共和国国民经济和社会发展十年规划和第八个五年计划纲要》中关于1990~2000年人口自然增长率计划规定的基础上，21世纪如果能做到人口增长率每十年以几何级数降一倍，那么，中国人口还可以勉强控制在中国本土资源承载的极限之内。表11是依这个假设对1990年到21世纪中叶中国大陆人口控制的预测，如果这个预测得以实现，加上香港、澳门和台湾人口，到21世纪中叶，中国人口顶峰数可控制在16亿以内，这也是中国资源承载的极限。但这须实行十分严格的人口控制，稍一放松即会突破。若按目前的增长率（1990年为14.39‰，1980~1990年年平均为14.8‰）（国家统计局，1991：189），则在2015年左右就将突破16亿人，现代化的实现将推迟。如再产生放松和失误，最高峰便可超过20亿人，那将是灾难性后果。联合国人口组织1991年5月发布的文件预计2025年中国人口将达到15亿。世界银行1991年《世界发展报告》预测，中国人口2000年为12.94亿，2025年将达到15.97亿人，“稳定人口设想数”即达到零增长时的峰值为18.90亿人，也要超过中国资源承载“极限人口”近3亿人。总之，人口控制至关重要，形势十分严峻，而关键的关键又在1990~2010年这20年是否能控制得住。

表11　1990~2050年中国人口控制预测

年代	人数（亿）	年平均自然增长率（‰）
1990	11.43[①]	1990~2000年　12.5
2000	13[②]	2000~2010年　10

续表

年代	人数（亿）	年平均自然增长率（‰）
2010	14.3	2010～2020 年　5
2020	15	2020～2030 年　2.5
2030	15.4	2030～2040 年　1.25
2040	15.6	2040～2050 年　0.6 以下
2050	15.7	2050 年以后　0 以下

注：①为 1990 年底数（参见国家统计局《"七五"时期国民经济和社会发展概况》，中国统计出版社，1991，第 188 页）。

②为 1990～2000 年中华人民共和国十年规划控制数；其他为笔者以 21 世纪每十年呈几何级数倍降的假设推侧。

八　教育现代化

人是现代化的发展主体，现代化的推进过程就是人的素质的提高过程。而教育即为立人之本。教育现代化的任务就是提高国民文化素质，使之能胜任现代化的任务。据一项对 58 个国家 1960～1985 年教育对国民收入影响的调查表明，国民受教育的平均年数每增加一年，便可能使国民收入提高 3%①。

新中国成立后，为改变贫困落后和教育水平低下的状况，我们曾做了巨大的努力。但由于经济文化的起点低，直到 1990 年我国教育的总体水平还是偏低的。据 1990 年第四次人口普查提供的数字，我国大陆 15 岁以上文盲半文盲仍达 2 亿多人。据联合国教科文组织统计，1988 年世界 15 岁以上文盲为 8.9 亿人，当时世界总人口为 51 亿人。中国的人口和文盲大体都占世界的 21% 左右。按英克尔斯现代化指标，成人识字人口在总人口中的比重应达 80% 以上，我国 1990 年已达 69%，相差 11 个百分点。1990 年 7 月 1 日普查出来的 15～39 岁文盲半文盲有 4678 万人，都是共和国成立后出生的。其中 15～22 岁的文盲半文盲有 1103 万人，占同龄人口总数的 5.5%（大体与贫困人口在全国人口中的比重相当），这部分人在 1982 年第三次人口普查时为 7～14 岁，为近 8 年新产生的文盲半文盲。这说明我国产生新文盲的因素还未得到彻底控制，它特别突出地体现在农村相当严

① 世界银行 1990 年《世界发展报告》。

重的辍学甚至根本不入学（农村女童不在校比重更大）。即使今后不再产生新的文盲，要想到20世纪末基本消灭50岁以下的青壮年文盲，平均每年就须扫盲460余万人。我国自1949年以来已累计扫盲约2亿人，平均每年扫盲475万人以上。按照这个速度坚持不懈地努力，我们就有可能在20世纪末基本扫除青壮年文盲，到21世纪20年代基本扫除包括老年人口在内的成人文盲。但是任务十分艰巨，而首先必须杜绝新文盲的产生。

从作为教育现代化重要标志的高等教育看，我国1990年人口普查结果，每10万人中，拥有大学文化程度的人数已从1982年的615人上升到1422人，增长了131.2%，平均每年增长16.4%，增长率是相当高的。它体现了我国高等教育尤其是成人高等教育的成果。但是从适龄人口大学入学率看，我国不仅大大低于发达国家，而且低于发展中国家的平均水平（见表12）。从1983到1990年，我国大学生在同龄人口中的比重由1%上升到了3%，平均每三四年上升1个百分点。按这个速度发展，达到莫克尔斯现代化指标还需30多年，即到21世纪20年代即可达到。但要赶上发达国家当时的水平，则需更长的时间。

表12　1987年各国适龄人口大学入学率

单位：%

地区、国家	适龄人口大学入学率
除中国和印度以外的低收入国家	3
中国（1990年）	3
印度（1983年）	9
中等收入国家（地区）	17
菲律宾	38
泰国	20
高收入国家（地区）	39
美国	60
日本	28

资料来源：世界银行1990年《世界发展报告》、1986年《世界发展报告》；《中国统计年鉴（1991）》。

当前我国扫盲和普及小学教育的任务固然还十分艰巨，但从近几年的人口文化状况看，提高文化程度的重心已从80年代中期前的普及初等教育向普及中等教育倾斜（见表 13）。按照经济与文化发展的对应规律和我国教育发展的实际趋向看，21 世纪 20 年代以后当是我国人口文化程度提高的重心由中等文化程度向高等文化程度上升的时期。所以，21 世纪的二三十年代我国大学文化程度人口在适龄人口和总人口中的比重都将大幅度上升，到 21 世纪中叶赶上中等发达国家的水平是有可能的。“百年大计，教育为本”，把这种可能变为现实的一个重要条件，就是决策部门现在就应对此有清醒的估计，并制订出切实可行的中长期教育发展计划，尤其是高等教育的发展计划。从近年发达国家的情况看，一方面大学入学率还在缓慢增长，另一方面又出现了文盲再生现象。据联合国教科文组织统计，原已消灭了文盲的法、德等国，不仅文盲再度出现，而且文盲已占其人口的 5% 以上①。从现实计，笔者以为，中国若能做到除弱智者外，扫除文盲，使智力正常的成人 90% 以上达到中等以上文化程度，其中 60% 以上达到高等文化程度，具有硕士、博士及博士后程度者能占同龄人的 10%，已是很理想的了。

表 13　我国每 10 万人拥有各种文化程度人数比较

单位：人

	1990 年第四次人口普查	1982 年第三次人口普查	1990 年与 1982 年比较
大学	1422	615	增长 131.22%
高中	8039	6779	增长 18.59%
初中	23344	17892	增长 30.47%
小学	37057	35237	增长 5.17%

资料来源：中国 1990 年第四次人口普查数据，参见《人民日报》1991 年 10 月 31 日。

九　人的现代化

早在 19 世纪末 20 世纪初，中国的维新派人物就把人的现代化作为现代化的主体要素提了出来，认为只有出现了新的公民才会有新的社会、新的国家。梁启超还在 1901 年概括提出了十种相反相成的现代人的人格和行为特征（梁启超，1901）。“五四”时期更把道德革命提到了第一高度。以后，各个时期的领袖人物和社会改革家、教育家也提出了种种“做人”的

① 《世界成人文盲八亿九千万　百分之九十八在第三世界》，《人民日报》1989 年 2 月 27 日。

标准。英克尔斯 1983 年通过对 6 个国家 6000 人的调查分析，概括出了现代人的 14 个特征，以后通过对 12 个国家的观察，在 1986 年又做了 11 点补充[①]。

在我国，邓小平同志提出了培养有理想、有道德、有文化、有纪律的“四有新人”的任务。这已成为我国人的现代化的理论与实践的指导性标准。

从中国的实际出发，借鉴国内外的研究成果，我把现代人的基本特征概括为以下四个方面。

（一）有现代化的理想与进取精神

当今世界存在着不同的社会制度和现代化模式，中国选择的是社会主义现代化。具有现代化理想的人，首先应具有坚定正确的政治方向，同时也应富于创新、改革、积极进取和开拓的精神，有正视现实的勇气和面向未来的目光，乐于探索和接受新事物、新经验；注重计划性，特别是长期规划和发展战略，对自己和社会的未来持乐观态度。

（二）有社会公德和现代人格

现代化的推进，城市化、社会化的发展，都要求人们以更高的社会责任心爱护公共设施，遵守公共生活的行为准则，关心社区，爱好公益；有独立人格，在社会交往处理人际关系时善于理解人、自尊尊人，有宽容的胸襟，平等待人，从而保证社会生活的有序、和谐。

（三）具有现代法律意识和理性精神

现代法制社会不仅要有完备的立法和法理权威的确立，更重要的是要求公民在社会化过程中能逐步形成现代的法律意识和理性精神。只有法律意识真正深入人心，才能自觉依法行事，理性地处理各种问题。

（四）有科学文化知识和现代时空观念

现代人处在信息社会，空间视野应当开阔，尊重知识，尊重科学，尽可能吸收人类创造的一切有价值的精神文化财富，并注重信息和知识更

---

① 参见《现代化》1984 年第 10 期及《理论信息报》1986 年 12 月 8 日。

新，注重实证，珍惜时间，注重效率。

我国现正处在社会主义初级阶段，人们对实现现代化怀有强烈愿望，但对中国的改革和现代化建设的长期性、艰巨性、复杂性和曲折性的认识及思想准备尚有不足。人们的思想观念和行为方式同改革和现代化建设的要求也有许多不相适应之处。因此，在中国，人的现代化的任务还十分艰巨，只能随着社会、经济、文化、交通信息的发达而逐步发展。

十　生活的现代化

食为人类生存的第一要素。衡量饮食的最重要的指标为每人每日卡路里和蛋白质的供应量。医为健康的“护佑神”，衡量医疗条件的最主要量化指标为每个医生负担的人口。从表 14 可以看出，中国每人每日平均享用的热量和蛋白质已超过发展中国家的平均水平，接近世界平均量。每个医生负担的人口（逆指标）1984 年即已少于中等收入国家（地区）的平均量，并超过英克尔斯的现代化标准。1990 年进一步达到每位医生平均负担 650 人的水平。这两方面今后的主要任务是要继续解决占总人口 5% 左右的贫困人口的温饱问题，进一步改善广大居民的食物结构，改革医疗卫生制度，尤其要继续推行农村合作医疗制度，提高农民的医疗保障程度。

长期以来，我国城乡住房建设发展缓慢。改革后，城乡人均居住面积均已有了迅速增长。单就人均居住面积看，中国与发达国家相差不远（参见表 15）。但是，城乡居住面积相差很大，如 1990 年，城镇居民人均居住面积为 6.7 平方米，而农村则为 17.8 平方米，相差近 1.7 倍（国家统计局，1992：269）。中国绝大多数人口在农村，发达国家绝大多数人口在城市，所以，中国城市人口的人均居住面积实际上仅相当于发达国家的一半，质量和设备上的差距更大。1990 年，中国城镇住房中独家拥有自来水的占 82.13%，有浴室、厕所的占 12.24%，有暖气的占 22.66%，有厨房的占 86.5%，有管道煤气及液化石油气的占 39.53%（国家统计局，1991：141）。这些设施在发达国家城镇均已基本具备，中国则存在明显差距，尤其在卫生和热力、煤气供应方面差距更大。一般农村又不如城镇。目前我国农村已有 85% 以上的房屋建筑材料为砖木和钢筋混凝土，并正通过大力推广生态农业及其他手段改善农民的居住环境。城镇住房制度的改革已从试点逐步推广，国家、集体、个人三结合的筹资建房机制的建立，必将进一步促进城镇住房数量和质量的提高，加上土地公有制的有利条件，到21世纪20年代以后，接近或赶上发达国家的水平是有希望的。

表14　各国营养与保健水平比较

	每人每日卡路里供应量	每人每日蛋白质供应量（克）	每一位医生负担的人口（人）
除中国、印度以外的低收入国家（地区）	2162（1988年）		14890（1984年）
发展中国家（地区）	2434（20世纪80年代）	59.4（20世纪80年代）	3000（20世纪80年代）
中国	2637（20世纪80年代） 2632（1988年）	63.6（20世纪80年代）	1010（1984年） 650（1990年）
中等收入国家（地区）	2834（1988年）		2180（1984年）
高收入国家（地区）	3398（1988年）		470（1984年）
美国	3666（1988年）	106.5（20世纪80年代）	470（1984年）
日本	2848（1988年）	88（20世纪80年代）	660（1984年）
世界总平均	2671（20世纪80年代） 2669（1988年）	70（20世纪80年代）	
英克尔斯现代化标准			1000以下

资料来源：《80年代我国社会发展水平提高》，1991年1月7日《中国信息报》；世界银行1991年《世界发展报告》，第258～259页。

表15　四国人均居住面积比较

单位：平方米

国家	中国（1988年）	日本（1986年）	美国（1986年）	苏联（1986年）
人均居住面积	12.6	14	18	13

资料来源：国家统计局社会统计司：《中国社会统计资料（1990）》，中国统计出版社，第101页；吴寒光等：《社会发展与社会指标》，中国社会出版社，1991，第154页。

在衣着及其他日用品方面，中国的市场已很繁荣，并已成为国际上重要的服装、纺织品和多种日用百货用品的出口大国，家用电器如电视机的生产量已居世界第一。1989年我国电视机产量为平均每千人25部，已高于世界平均每千人22部①的水平。衣着、日用品等的人均消费量也已接近

① 《中国统计年鉴（1991）》，第831页。

或超过中等收入国家水平。

衡量生活水平的硬指标是婴儿死亡率、体重和人均期望寿命。中国的婴儿死亡率已低于世界平均数（见表16），达到了30‰以下的现代化标准。据世界银行的1991年《世界发展报告》，中国上海的婴儿死亡率已低于美国纽约，人均期望寿命则高于纽约。1990年，中国活产婴儿体重在2500克以上的比例已达93.99%，超过了世界卫生组织“2000年人人享有卫生保健”指标规定（90%）的要求（国家统计局，1991：121）。中国1988年人均期望寿命为70岁①，也已达到了英克尔斯的现代化人均期望寿命指标，到21世纪上半叶达到发达国家的水平是不成问题的。

表16　1989年各国婴儿死亡率比较

单位：（‰）

全世界	除中国、印度以外的低收入国家	中等收入国家（地区）	高等收入国家（地区）	中国	印度	美国
54	94	51	9	30	95	10

资料来源：世界银行1991年《世界发展报告》，第258～259页。

由上可见，在营养、医疗、婴儿死亡率、人均期望寿命等人文指标方面，中国已达到的水平比经济结构和社会结构水平已达到的水平相对要高一些。在社会保障方面，改革以来提出了一系列新问题，突出的是社会养老和待业保险机制尚未广泛建立，在农村尤其是如此。今后应按国家、集体、个人共同负担的原则，建立和改革城市各类人员的医疗、待业、养老等社会保障制度。在农村，则应随着农村生产力的发展、社会经济承担力的增强、生产和生活社会化程度的提高，逐步建立起不同形式的老年保障制度和合作医疗保险体制，并使保障范围和保障水平逐步得到扩大和提高。

现代化带来的物质和精神生活的丰富及生活方式的变化，还体现在生活空间和时间的占有及利用上。中国人的传统生活空间由生到死主要限于家庭，社会化程度极低。改革开放以前，我国人均年活动范围仅一二百公里，即大体为县级活动范围。改革开放以后人口流动量明显增大，目前我

① 国务院新闻办公室：《中国的人权状况》。

国人均流动距离每年大约为六百公里，但也仅及印度的三分之二（吕壮、何力，1991），即年平均活动范围为省区。20 世纪末可望达到各地与首都北京的平均距离。至于国际旅行，对大多数中国人来说，还得到 21 世纪才能提上日程。

随着现代化的推进，人们用于劳动生产的时间相对缩短，而用于学习和娱乐时间的比例将相对增加，这就为人自身的全面发展和生活内容的丰富充实提供了时间保证。中国人的劳动时间除自主经营的农民和城镇个体劳动者外，国家和集体所有制职工在形式上一般为每周工作 6 天（节日除外），每日工作 8 小时，与发展中国家不相上下，比发达国家长。但是，中国由于农村劳动力过剩，大量农闲时间往往被白白浪费掉，城镇公营企业和事业单位，一般也是工作节奏慢，效率低，时间有效利用不够，而正式规定的自由支配的闲暇时间却又并不多。这种现象本身就是前现代化的时间观和生活方式的留影。因此，向效率要时间，不仅具有生产意义，也具有生活意义。

十一　生态环境的良性平衡

世界性的环境问题首先是由世界性工业化的大推进造成的。当今拥有巨大财富和科技手段的发达国家已有条件治理在工业化过程中污染的国土和水域。但那里已形成的庞大工业体系仍然是世界最大的污染源。全球性的生态环境问题如臭氧层空洞、温室效应、空气污染和酸雨的主要肇事者都是发达国家。尤其值得注意的是，发达国家正有计划地把危害环境的工业转移到发展中国家，甚至直接把有害的核工业和化工废弃物运到发展中国家和公海中倾倒，使技术落后、生活贫困、环境已经恶化的发展中国家情况更加恶劣。因而环境问题已上升为困扰整个世界的重大问题。

许多人把环境的恶化归咎于工业化和经济增长，一些发达国家的学者要求用人文发展和生活质量等指标取代国民生产总值来衡量一个国家的文明程度。这自然不无道理，但并不现实。已发达国家是不可能甘愿把自己的国民生产降下来的。而发展中国家的贫困及与此相关的一系列环境问题的产生，恰恰首先在于生产力落后、产业不发达。因此，出路不是产业倒退，而只能通过发展来寻求对策。对于发展中国家来说，其环境问题与其说是工业化的后果，不如说正是发展不够的体现。中国必须坚持以发展生产力为中心，专心致志、集中力量把经济搞上去。这个实现现代化的根本战略方针不能动摇。与此同时，我们又要对环境问题给予充分的注意。现在，我国的环境问题已相当严重。中国科学院生态环境研究中心不久前向国家科委提交的预警报告指出，中国面临十大生态问题。（1）占国土65%的山区、占9.7%的生态环境脆弱带，开发利用不当，易于形成大范围的水土流失，加速生态失衡。（2）自然灾害频率加快，受灾次数、面积不断扩大。（3）严重贫林，森林面积不断缩小，采伐量远远超过生长量。（4）严重贫草，长期过牧，重用轻养，盲目开垦，草原每年退化2000万亩，累计13亿亩，占可利用草场的1/3。（5）沙漠化危害严重，北方沙漠面积达149万平方公里，占国土面积的15.5%。（6）严重缺水，过量开采，浪费惊人，人为污染，水资源危机加剧。（7）资源分布极不平衡，地区间资源承载能力差异大，中国已处于人口负荷过重的临界状态。（8）大气污染严重，酸雨态势扩大，废渣排放增加，垃圾包围城市问题十分突出。（9）农林环境污染正由点到面向全国蔓延，部分乡镇企业成为重要污染源。（10）生态环境破坏已造成巨大损失，直接威胁人民生命财产。以上还没有涉及矿物资源的滥开、利用率低而造成的严重浪费，海洋污染，酷渔滥捕乃至水产资源的严重破坏等。

目前，我国已把环境的保护和治理纳入整个现代化的发展计划之中，力图使社会经济发展与环境治理同步进行，并为此制定了各有关保护环境和资源的法律法规及环境质量指标体系。大规模的治沙、治水及防护林工程和其他环境工程的实施，已开始初步扭转环境恶化的局面。从中国现代化过程中环境变化的具体情况看，自19世纪中叶工业化发轫至20世纪80年代，大气、水土、矿物资源等自然环境要素的质量是在不断下降。另外，自1949年中华人民共和国成立以来，治理环境的能力和实践也在与日俱进。由于水、土、气、林、田、草、矿各方面的破坏情况及治理的难度与工程量不一，治理的进展情况也不平衡，有的仍在恶化，有的破坏与治理已趋近平衡，有的治理已胜过破坏，开始向良性运行。从总体看，未来10年内环境的恶化和治理大体可取得平衡，即治理的功效与恶化的破坏效应的绝对值大体相等，可互相抵消；进入21世纪，治理的优化效应可超过环境的恶化效应，从而使环境的总体状况趋向优化。

以上我们对11个方面的现代化目标进行了分析。本来，人均国民总产值是衡借现代化的一个最集中的经济指标，但由于我国仍然存在两种价格，其中指令性价格与实际价值相差还相当远，加上各国统计口径、计算方法、货币购买力、汇率的差异及不同时期美元自身价格的浮动，现在公布的以美元计算的中国人均国民总产值与实际相差太大，国际可比性太小。故本文既已分别就工业、农业和产业结构（包括第三产业）进行了分析，便不拟再作国民总产值的量化比较。民主与法制建设、社会组织管理的合理化和国防现代化也都是社会现代化的主要内容和保障条件，但因尚无可操作的计量方法，故本文暂未加以分析。

参考文献

保罗·肯尼迪，1988，《大国的兴衰》，求实出版社。

国家统计局城市社会经济调查总队，1990，《中国城市四十年》，中国统计信息咨询服务中心。

国家统计局，1991，《“七五”时期国民经济和社会发展概况》，中国统计出版社。

国家统计局，1992，《中国统计年鉴（1991）》，中国统计出版社。

胡焕庸、张善余，1984，《中国人口地理》，华东师范大学出版社。

梁启超，1901，《十种道德相反相成义》，《清议报》第82、84期。

吕壮、何力，1991，《我国居民消费存在结构失衡》，《工商时报》8月14日。

马洪，1991，《依靠科学技术进步实现我国社会主义现代化》，《人民日报》5月24日。

郑宗寒，1990，《中国工业劳动生产率分析》，《中国社会科学》第3期。

中国科学院国情分析研究小组，1989，《生存与发展》，科学出版社。

论激励*

李庆善

摘　要：作者在分析近年来流行于国内理论界及产业组织中的马斯洛的需要层级理论、赫兹伯格的双因素理论、弗罗姆的期望理论、亚当斯的公平理论的基础之上，提出了一种称作人文激励模式的假设。这种激励模式要求人们从中国的国情出发，以社会的和精神的激励为主，实行广泛的社会、精神和物质激励相结合。

激发广大职工的工作热情，增强产业组织的活力，提高劳动生产效率，不仅是党和政府及企业家们日益关注、亟待解决的问题，而且也是产业社会学、组织行为学和社会心理学等学科共同关心、着意探讨的重大课题。根据以往的经验教训和我们的国情，构想一种较为适宜的激励模式，作为实验和探索的思想导向，对建设具有中国特色的社会主义现代化强国有着极为重要的价值。

本文拟围绕激励的文化适宜性问题，集中讨论采用一种人文激励模式的必要性和可行性。

一

在十年改革过程中，产业界和理论界为着增强产业组织的动力和活力，激发广大职工的工作劳动热情，做了极其艰巨的探索性工作。

产业组织内部的改革，是按照这样一种假设判断展开的：在旧有的组织情境中，职工虽然有巨大的体能和智能，但由于制度及体制中存在的某

* 原文发表于《社会学研究》1992 年第 3 期。

些弊端及工作中的若干失误，造成了人才资源的严重浪费，也挫伤了职工的积极性。为了促使职工努力投入，必须对其施加责任压力和物质利益的诱力；而要加强对职工个人的责任压力，就必须促进产业组织内部的责任分化，实行层层责任承包，并用契约制度的形式把它固定下来；而要加强对职工个人物质利益的诱力，就必须打破“大锅饭”，拉大配差，实行重奖重罚，并使物质利益与承担责任挂起钩来。产业组织的改革者们认为，只要把产业组织的责任压在职工头上，只要把满足人们物质需求的钞票摆在职工面前，职工就会努力发挥自己的体力和智力，以冲天的干劲和高涨的劳动热情，为产业组织赢得日益提高的劳动生产率和经济效益。

改革呼唤着理论。我国幼稚的管理学和组织行为学在缺乏充分准备的条件下，承担了照搬国外激励理论及策略的角色。马斯洛的需要层级理论、赫兹伯格的双因素理论、弗罗姆的期望理论、亚当斯的公平理论以及各种各样五花八门的“激励术”和“激励秘诀”，漂洋过海，通过大学讲台、书报杂志、广播电视，迅速地传播到一个个产业组织，传播到广大领导者和管理者手中。

在有些情况下，人们需要理论并非让其指导自己的实践，而是让其支持自己业已抉择了的策略。人们对上述理论的理解和阐释，完全证明了我们这个见解。人们认定，马斯洛所讲的低层次的生理需要和安全需要，正是中国职工的优势需要。因此，只要满足职工的食性和色性，解决职工急需的“票子、房子、妻子、孩子和菜篮子”问题，无需关注职工的什么社交需要、尊重需要和自我实现需要，职工也会干劲倍增，充分发挥出工作的主动性、积极性和创造性。人们认定，赫兹伯格所讲的“保健因素”不足，正是中国职工不满和消极怠工的原因。因此，只要增加工资，多发奖金，改善劳动条件，优化产业组织的物质环境，就可以防止职工不满，保持住产业组织的安定团结。人们又认定，弗罗姆所讲的激励诱因的“效价”不高，正是中国产业组织缺乏较高激活力的关键。因此，只要抬高激励诱因的“效价”，多发钱，多分物，多到足以令职工意想不到的程度，就可以激发出职工高涨的生产劳动热情，收到理想的生产经营效果。人们还认定，亚当斯所讲的不公平感，正是中国职工消极怠工、逃避工作责任的症结所在。因此，只要按职工意向“产出”高的产业组织看齐，增加职工的“产出”，千方百计地让职工多收入，多得实惠，就可以缓解职工内心的不平衡，医治职工的“红眼病”，从而取得职工多“投入”体力和智力的效果。

不管人们是否清醒地意识到，我们的管理实践已经表现出对于物质及金钱的过分相信和依赖。一段时间人们普遍相信，除了金钱之外，再没有什么东西能够启动职工的生产劳动积极性了。这种信念，实际上把我们孜孜以求的现代管理和激励拉进了 X 理论框架。这种理论认为：①职工大多属于“经济人”，他们是为追求个人物质利益而工作的；②懒惰，不喜欢工作，逃避责任，是大多数职工的天性；③职工大多属于不成熟的人，他们缺乏自立、自制和自治能力，因而需要别人对其进行管理。离开别人的控制、支配和操纵，他们将无所事事；④管理职工的基本策略就是“胡萝卜加大棒”，不通过“胡萝卜”的诱惑和“大棒”的压力，简直不知道怎样才能让职工积极工作（俞文钊，1989）。众所周知，X 理论所概括的管理思想最“走红”的时代，是以美国泰罗制为首的西方古典管理理论盛行的 19 世纪末期和 20 世纪初期。到了 20 世纪 80 年代，X 理论已经成为历史的陈迹，除了管理史学家们之外，几乎没有什么人再对其发生兴趣。许多产业组织甚至像回避伤寒病那样厌恶 X 管理模式。然而，它却在走向现代化的中国产业组织内又一次“红得发紫”。这一现象不能不引起我们深思！

X 理论是否为中国产业组织带来了高涨的士气和不竭的活力呢？事实作了否定的回答。有目共睹，精神不振、干劲不足、出工不出力、推诿和不负责任、消极怠工、发牢骚讲怪话，已成为我国许多产业组织的不治之症。一些企业领导者和管理者共同认定，职工的精神面貌和工作干劲远不及 20 世纪五六十年代。一些管理学者和组织行为学者评估道，现在职工的体能和智能大量处于潜伏状态，真正投入工作和生产劳动的不足一半。也就是说，只要激励得法，无需改进设备和技术，我国产业组织的生产劳动效率至少还可以翻一番！职工积极性问题，困扰着产业界和经济界。看来，X 理论辜负了人们的期望，在中国的实验迅速地失败了。它之所以失败，是由于它脱离了我国的国情、厂情、人情和人的心情，是由于它同我们至今仍然信守的基本价值体系相冲突。

首先，它所假定的“经济人”观点，与我们一贯认为的职工是社会主义企业的主人的观点相冲突。我们认为，职工是国家和集体产业的主人，对产业组织的生产、经营和管理具有强烈的主人翁责任感。他们绝不是什么“食利小人”“自私自利的经济动物”，以及任人控制、支配和操纵的“会说话的劳动工具”。如果我们按照“经济人”的观点对待社会主义产业的职工，剥夺其主人翁地位、身份和角色，即使满足其经济的、物质的需要，也同样会引起他们的不满。从某种意义上说，当前职工的不满和消极情绪，正是其主人翁地位被动摇或被剥夺的恶果报应。

其次，它为职工规定的个人中心情境，与我们一贯倡导的集体主义价值精神相冲突。我们中华民族具有悠久的团体主义传统。中国职工继承和发扬了这一文化传统，始终坚信集体力量，维护集体利益，注重集体的团结和谐。他们为了国家、组织和集体的利益，能够识大体，顾大局，克服困难，任劳任怨，牺牲自我。他们已经习惯了集体中心主义的行为选择，而不适应于个人中心主义导向下的利益竞争、挑战、攻击和自我表现。因此，如果把他们置于按照 X 理论所设计的个人中心主义工作和劳动情境，会使他们产生疏离感、孤独感、失落感和不安全感。从某种意义上说，当前职工的不满和消极情绪，正是其集体关系被扭曲、瓦解，各种社会和心理需要得不到满足的反映。

最后，它所提倡的足量物质刺激，与我们贫穷落后的经济状况极不相宜。我国是发展中国家，资金短缺、设备陈旧、技术落后以及人口众多所引起的巨大就业压力，是人所共知的事实。我们只能在发展生产的同时，拿出有限的一部分资金用于职工生活和生产劳动条件的改善，而把大部分资金用于扩大再生产，用于设备更新、技术改造和发展产业，扩大就业机会。任何一个产业组织都不能搞“分光吃净”政策。这就意味着，我国产业组织能够提供给职工的物质满足，是有限的。在相当长的时期内，职工物质需要的不满足，将是绝对的。并且，由于对外开放，使人们得以与发达国家职工收入和生活水平进行比较参照，加之人们追求过现代化生活的急切心理作用，致使产业组织提供的本来就有限的物质刺激在职工心目中显得更加微不足道。事实告诉我们，在中国，产业组织若把激励策略单纯建立于物质刺激上面，实际上等于寻求自杀。X 理论不可能给中国产业组织带来福音。要想赢得职工高涨的工作积极性，就必须放弃“X”的实验假设，重新寻求更为有效的抉择。

二

问题的关键在于，除了物质诱因之外，还有没有可以作为诱发职工积极性的因素？

研究结果表明，职工的需要结构是极其复杂的。从其需要对象来看，职工不仅有物质需要或生理需要，而且有强烈的社会需要和心理需要或思想情感需要。所谓社会需要是指职工对一定社会地位、身份、角色、声誉和关系等社会资源的需要。人都是社会人，而不是什么“经济动物”。人们追求这些社会刺激，是由于它们能满足其对社会价值确认的需要。满足人们的社会需要，赋予人们某种期盼的社会地位、身份、角色、声誉和关系，同样会激发人们的工作积极性；相反，人们期盼的社会需要得不到满足，就会引起不满，从而导致工作干劲不足，劳动热情锐减。因此，我们有理由认为，社会刺激本身也是具有较高激励价值的因素。

所谓心理需要是指职工对一定精神的情感的需要。人们需要精神支柱，需要思想观点和信念，需要评价和体验真善美，并辨析和排拒假恶丑；人们还需要组织、团体和他人的理解、尊重、关注、亲和、悦纳和热爱，需要合作、支持和赞助。满足人们的这些心理需要，给予人们一定的精神刺激，同样会激发人们的工作干劲。相反，人们的这些心理需要得不到满足，同样会引起人们的不满，从而导致精神不振、干劲不足。因此，我们有理由认为，精神刺激本身也是具有较高激励价值的因素。

不言而喻，人们的社会和心理需要，是在其社会交往中满足的，因而社会交往也是人们较为强烈的需要。人们需要同组织、团体和他人来往，进行信息交换，思想感情交流，以便达成共识，产生共鸣，达到一致或合作行为之目的。满足人们的社交需要，给人们创设成功交往的条件、情境和气氛，同样会激发人们的积极性；相反，阻碍、限制和剥夺人们社交需要之满足，同样会引起人们的不满，影响积极性的发挥。因此，我们有理由认为，有利的社交条件、情境和气氛，也是较为有效的激励因素。

如此看来，在物质刺激诱因之外，还有社会的、心理的和交往的刺激诱因可以影响职工的生产劳动积极性。在职工实现了温饱之后，对这些非物质刺激诱因的需要将日益迫切起来。应该说，这些诱因大量蕴藏在我们每一个产业组织内，简直多得取之不尽，用之不完。它们十分廉价，甚至连一分钱不用花，就可以拿来用于激励职工。如果把它们同物质诱因配合使用，不仅会赋予物质刺激以新的社会的和精神的价值，防止单纯物质刺激的副作用，而且会补偿物质刺激的不足，避免因不足而产生的负效应。

有人会提出质疑，认为我们这种构想不适宜于现在时代的实际，是一种后工业社会的激励模式，是一种新的乌托邦。

我们认为，它不是什么超越现实的乌托邦，而是我国产业界曾经有过的实践经验。新中国成立前，我国民族工业产业在帝国主义、封建主义和官僚资本主义“三座大山”的重压下，所以能够求得生存和发展，靠的不是雄厚的资金和精良的设备技术，更不是什么优于官僚买办产业的物质刺激。范旭东和侯德榜所创办的企业集团，靠的是“四项基本信念”，即：（1）在原则上绝对地相信科学；（2）在事业上积极发展实业；（3）在行动上宁愿牺牲个人而顾全团体；（4）在精神上以能服务社会为莫大光荣。卢作孚创办的民生轮船公司靠的是“民生精神”，即对外“服务社会，便利人群，开发产业，富强国家”，对内“个人为事业服务，事业为社会服务，个人的工作是超报酬的，事业的任务是超经济的”。新中国成立之后，面对外国“封锁”“卡脖子”的压力，社会主义工业产业在“一穷二白”，没有援助的条件下，从无到有，从小到大，靠的也不是什么优越的物质刺激和工资福利诱惑，而是依靠职工翻身得解放所激发的主人翁责任感，依靠“以厂为家，埋头苦干”的“孟泰精神”，依靠“两参一改三结合”的“鞍钢宪法”，依靠“三老四严”的“铁人精神”。谁也不能否认，今天，我们职工的生活条件和工作条件，比新中国成立前和20世纪五六十年代已经有了很大的改善，人们已经过上了温饱的小康生活，不再为衣食无着而忧虑，一般也用不着过分节省和克俭，职工的体力和体质、脑力和知识技术素质，正在明显地向更高的水平发展。这就意味着，今天我们占有了比以前更为有利的进行社会和精神激励的客观条件。按照这些有利条件，不主张充分开发利用存在于产业组织中的社会和精神资源，并且置我们成功的历史经验于不顾，一味地叹息不甚理想的物质条件，这绝不是尊重客观实际的科学态度。

尊重客观实际的科学态度要求我们，搞改革，进行实验，推广某种管理思想和激励模式，一定要考虑到我们的国情、厂情、人情及人的心情。

不要脱离实际，主观武断，做出过分违拗的选择；一定要尊重和利用我们国家和产业组织的传统及经验，一定要弄清我们的优势和弊端，以便扬长避短，不要丢掉自己的长处，生硬照搬和模仿国外的东西。国外的激励模式再好，那毕竟是异质文化土地上结出的果实，把它们播在中国文化土地上，能否发芽、生根、开花、结果，以及开什么花，结什么果，都需要仔细实验和鉴别。对别人有用的东西，不一定对我们也有好处。曾经支持过西方产业振兴、经济繁荣的激励理论，我们驾驭时不一定得心应手。对这一点，经过十年改革，我们已有所体会，因而才响亮地提出建立具有中国特色的现代化理论的口号。

诚然，当前在西方发达国家，职工的行为意向，与工业化初期呈现显著差异。一般的人们，似乎正在抛弃“金钱崇拜”，而愈益“忠于自我，表现自我”。因此，单靠物质刺激已经难以唤起人们的工作兴趣。人们更加趋向过一种质量全面优化的生活，更加追求社会承认和精神满足。在这样的人情及人的心情促使下，产业组织不得不把管理转向所谓的“人情化”方面，不得不背离 X 理论，实现由 Y 型文化向 Z 型管理文化的转换（帕斯卡尔、阿索斯，1984）。但是，这并不说明，西方国家在今天不再使用物质刺激；同样也不能说明，西方国家在工业化初期就只讲物质刺激，而不实行社会和精神刺激。托马斯·彼得斯和小罗伯特·沃特曼在其合著的《探索企业成功之路》一书中，开列了一大批美国优秀企业。它们从创业到成功，从微不足道到赫赫有名，在几十年，甚至上百年的管理实践中，始终注重人的精神价值，注重企业组织“气候”对员工积极性的影响，注重开发利用那些被若干企业所忽视的管理“软件”，因而，它们才经受住了一次次经济危机的考验，做到了经久不衰，常胜不败。事实表明，即使在“拜金主义”极其盛行的工业化初期的西方，真正优秀的企业组织也不把激励的赌注全部押在物质刺激上面。它们照样注重利用那些廉价的社会和精神刺激诱因，向这些诱因要生产劳动效率，要经济效益。资本的本性就是追求利润最大化。当能够少投入而多产出的时候，资本家为什么一定要在激励职工积极性方面多破费金钱呢？

一种新的现代化理论认为，“传统”与“现代”并不总是对立的。传统社会与现代社会在若干方面存在着正相关、零相关和负相关之关系（杨国枢，1990）。传统管理文化的积极有效部分，不可能不影响现代管理文化，而现代管理文化也不可能不继承发扬传统管理文化中那些积极有效的因素。“传统”中有“现代”，“现代”中有“传统”，这是一种极其普遍而正常的文化现象。因此，把前工业社会与后工业社会的管理文化完全对立起来的观点，是一种陈腐的理论观点。以这种观点为根据，否定在当前我国产业组织强化社会和精神刺激的观点是站不住脚的。我们认为，强化社会和精神刺激，不仅是未来产业组织管理的主导取向，而且也完全适合于我国现阶段的产业实际。它必将给我们的产业组织带来新的活力！

三

强调社会和精神刺激，并不是让产业组织不关心职工的物质利益，重弹什么“穷过渡”“假大空”的老调，而是要人们从实际出发，不要忽视那些存在于产业组织内具有激励价值的社会和精神因素，并以这些激励因素为主，构建我们的人文激励模式。它的基本点是以下几点。

第一，把产业组织的价值目标建立在经济效益与社会效益相统一的基础之上，真正做到既讲经济效益，又讲社会效益，而不是口头上讲两个效益，实际上只要一个经济效益。

第二，把物质刺激与社会和精神刺激结合起来，既关心职工物质生活条件的改善，又关切职工社会的和精神方面的需要之满足。而不是只搞物质刺激，不进行社会和精神刺激；或者相反，只搞社会和精神刺激，而不要物质刺激。

第三，正确使用物质刺激和配差，注意其正负两种效应及人们的公平与不公平感受。不要认为一旦诉诸物质刺激诱因就一定会产生积极效应，拉大分配差别就一定能起到“奖勤罚懒”的作用；更不要把不公平感一律斥之为“攀比顽症”和“红眼病”。

第四，千方百计地开发利用社会和精神激励诱因，强化社会和精神激励，用社会和精神的高满足去补偿物质方面的低满足或不满足。

第五，充分发挥社会和精神激励对物质刺激的导向作用，努力显化物质刺激的社会意义和精神价值；努力避免物质满足产生的负效应；尽量减少物质不满足而产生的负效应，促进负面效应向积极方面的转化。

第六，把正激励与负激励结合起来，坚持以正激励为主，尽量减少和避免直接使用负激励。可是，当不用负激励就不足以激发职工干劲、克服消极状态时，则必须采用负激励。在使用物质的和社会的及精神的刺激时，都应采取这样的激励策略。

第七，把激励团体与激励个人结合起来，坚持以激励团体为主，促进团体内部的团结，激励职工去争夺“团体冠军”。要避免同一个团体内个人之间的直接利益竞争，尽量减少个人间直接利益竞争所产生的负效应。

第八，把组织激励、团体激励和自我激励结合起来。在产业组织的每个层位上，都要随时随地地进行激励，不必把激励大权控制在组织高层的少数人手里。要提倡职工间相互激励和职工个人自我激励，不必使大家消极等待组织、团体和他人对自己的激励。

第九，把集中激励与平时激励、有仪式的激励与无仪式的激励结合起来，让产业组织的生活中时时都充满激励气息。

第十，产业组织的领导者和管理者，首先要成为广大职工的激励者。为此，要经常总结激励经验，学习各种激励的知识、技能和技巧。产业组织要加强对激励问题的研究，经常不断地对它的领导者和管理者进行激励方面的培训。

推行人文激奖模式，需要具备一系列宏观与微观的条件。首先，要创建一个较为优化的组织环境、群体环境和人际环境，理顺领导关系、管理关系和同事关系。在组织和团体内部要大力倡导集体主义，反对个人主义；大力倡导团结合作，反对内耗争斗；大力倡导相互理解，相互信任，相互尊重，相互关心，相互爱护，反对猜疑、欺诈、倾轧和攻击。要保持组织内正式交往的渠道的畅通，排解相互交往的障碍，让广大职工都能在交往中满足自己对信息、思想、情感的需要。要大力改进领导作风和管理作风，提倡大众参与和民主监督，实行“走动领导”和“走动管理”，反对主观主义、命令主义和高高在上的官僚主义。组织的领导人要廉洁奉公，做职工道德上的楷模，以自己道德人格的魅力吸引广大组织成员为产业组织做奉献。

其次，要调整推进组织变革和发展的组织政策，特别审慎地对待组织的动力与内聚力、分化与整合、合作与竞争等问题。产业组织改革的目的在于增强组织的活力和动力，为此要推进组织内部的责任分化，并在责任分化的基础上开展利益竞争。如果我们仅仅想到了这一点，而忽视了组织的内聚力、整合和合作，那么，因组织责任分化和利益竞争而带来的组织动力，将被整合和合作的丧失而带来的内耗力所抵消、掩盖和冲淡。因此，在推进组织内部责任分化时，不要削弱组织的整合权力；在推进组织内部利益竞争时，不要损害同事合作的条件。一般地说，责任分化应分到团体为止，利益竞争在团体之间进行为宜，不宜在同一团体内直接开展个人间的利益竞争。

人文激励模式所依托的是一种以人为中心的组织文化。管理的基本含义是人管人。所谓生产管理、财务管理、设备管理、技术管理和物资管理等，都是经由人去实现管理的。人是管理的出发点和归宿点，又是管理的主体和中心。只有管好人，物的管理才有着落。仅有雄厚的资金、精良的设备、先进的技术和工艺，不一定能生产出数量多、质量高的产品。这是被若干产业组织的经验教训一再证明了的道理。因此，在我们伸手向管理要效益的时候，首先要纠正“见物不见人”“认钱不认人”的褊狭，把关切的目光由物和钱转向人，向人要活力，向人要效益。

虽然，以人为中心的组织文化，是一种新的组织文化。作为新文化对立面的旧文化，总是以“神”为中心的。把某类人神化，是旧文化；把钱神化，还是旧文化；把机器、技术神化，同样也是旧文化。旧文化的要害是不相信人，不尊重人，抹杀人的价值，蔑视人的创造潜能，把人引向对自身力量之外事物的依赖。而以人为中心的新文化，其本质就在于相信人、尊重人、关心人、爱护人，开发人的潜能，发挥人的聪明才智，由人去支配钱、驾驭物、操纵机器和技术，从而生产和创造出人所期盼的一切。因此，推行人文激励模式，就要重视和加强企业文化建设，着力建设一种优质而强大的企业文化，用这种文化去培养人、教育人、激励人、潜移默化地改造人。

参考文献

理查德·帕斯卡尔、安东尼·阿索斯，1984，《日本的管理艺术》，广西民族出版社。

杨国枢，1990，《现代化实证研究》，在中国社会科学院社会学研究所的学术报告。

俞文钊，1989，《管理心理学》，甘肃人民出版社。

真正的知识超越国界*

——访当代社会学大师罗伯特·默顿（Robert K. Merton）

阎　鹏

访问者：默顿博士，今天能够见到您，并向您请教社会学上的一些问题，我感到非常荣幸。前些天我在写给您的信中提到，希望从社会学的社会学角度进行这次访谈。所以首先想请您谈一下您对第二次世界大战以来社会学发展的看法。当然，这个题目很大。

默顿：是啊。我想，可以公正地说，许多社会思想、社会学理论的基础早在我们生活的时代之前即已经奠定，这是社会学界有目共睹的。这的确很令人吃惊，想想看，我们已经接近 20 世纪末，而为当代社会学家所广为引用的社会学基本理论，却都是在 19 世纪末和 20 世纪初确立的。像迪尔凯姆（E. Durkheim）、韦伯（M. Weber）、齐美尔（G. Simmel）以及美国舞台上的米德（G, H. Mead），均被系统地当作现代社会学思想的主要渊源，20 世纪社会学的发展大致如此。我们所推进的是使总体理论不断地专门化，而最重要的成就，就是远远超过我们前辈所从事的高标准的经验研究。附带说一句，你可能会注意到，我们现在就座的这间办公室里，墙上挂着社会学创始人韦伯、迪尔凯姆、马克思（K. Marx）以及弗洛伊德（S. Freud）的画像。这并非简单地称，现代社会学思想体现了迪尔凯姆、韦伯、马克思、米德主张的变体，而是社会学已经开始具体地、高标准地确定社会现象的本质。全新的理论观点不多，我们所做的大部分工作，仍是进一步完善和发展早期社会理论，并使之更为具体化。应用社会科学方面有一些进展，尽管有限，可还是比 20 世纪初期所梦想的要广泛得多。你

---

* 《社会学研究》特约采访稿。
原文发表于《社会学研究》1992 年第 3 期。

知道，从事社会学的人数大大增加，致使学科分化、专门化，而这就产生了我们所熟悉的派别问题，造成各专门领域里学者之间相互了解上的障碍。

访问者：您在做以上评述时，仅仅指美国社会学呢，还是指一般社会学？包括欧洲和其他国家、地区的社会学吗？

默顿：我在谈当代社会学，主要指西方社会学。即便是东欧严肃的社会学研究，也源于西方社会学。例如，波兰的社会学就一度很发达，在应用和扩展欧美社会学思想方面很先进。你知道，苏联社会学有一个时期非常不发达。我 1960 年去那里，是作为美国国家科学院访问苏联科学院的第一个代表团的成员。在这之前不久，苏联政治局宣称，除历史唯物主义以外，的确有一门学科社会学。我们得知他们正成立“具体社会学研究所”。我们从莫斯科到列宁格勒、基辅、第比利斯和塔什干，所到之处，总是被引见给某个新的“具体社会学研究所”的某位新所长。而直到最近，苏联社会学研究一直处于边缘状态。这里我不包括“真正的东方”，就是因为语言障碍。我无法了解社会学在中国或日本的发展情况，尽管我多年前曾去日本访问过一段时间。

访问者：是这样。社会学界有个说法，说是美国社会学一直占主导地位，您对这个问题怎么看？

默顿：是的。首先是规模上的不同。美国社会学比欧洲社会学规模大得多，必然会多进行研究，多培养学生。因此，在这种意义上可以说美国社会学占主导地位。但是如我所述，欧洲社会学思想始终对社会学发展存有深远的影响。

访问者：您 20 世纪 30 年代在哈佛大学学习社会学的时候，没有多少人了解社会学。如今美国几百所大学有社会学系。您对社会学这门学科地位的变化有什么看法？

默顿：20 世纪的大部分时间，社会学在欧洲和美国兴起、发展，并未遭遇到文化上摧毁性的抵制和阻碍。当然，最艰难的是麦卡锡主义时期，在一个短时期内，系统的社会现实研究遭受怀疑，但社会科学的发展并没有中断。第二次世界大战后美国社会学实在是突飞猛进。有过短暂幻灭——公众对社会学的幻灭，即一种对社会学无知的想法，认为社会学可以为重大的社会问题提供急功近利的解决办法。在某种程度上，一些社会学家为了给社会学争得一席之地而给公众造成了这种印象。如今社会学不但成为大学中，而且成为国家观念中不可缺少的一部分。如果你听一下政治人物或其他知名人物的讲话，就能看出社会学在潜移默化中的应用，而这一点常常连讲话的人自己还不察觉。

访问者：您对这些年西方社会学的发展进程做了评述。您个人致力于社会学研究半个多世纪，涉猎领域甚广，对学科发展贡献很多。您能不能谈谈您自己的成就？

默顿：当然啦，要评价自己在某个领域的成就，一定要承认，这些成就在相当大的程度上总要依赖于其他同行、同事，过去的、现在的都有。回顾自己 50 多年的研究，我认为我在创立现在叫作科学社会学方面起了一些作用。我 30 年代开始研究这个领域，那时这还是个未知领域，还没有人认真地形成一些思想，使之演进成一个拉卡托斯（I. Lakatos）含义上的研究项目。我认为我在理论上和研究课题上的努力已结出了硕果。除此之外，我比较用心的，是对社会结构和功能分析的毕生研究，这大大扩充了迪尔凯姆的研究，我还力图不断发展它，使之与经验研究相结合。长期以来假想的那种社会理论和经验研究的相互脱离是我自始反对的，而使两者结合则是我的贡献。

访问者：这就是您称之为“中观理论”的思想吧？

默顿：是的。我从不接受那种假定理论思想和经验调查相分离的观念。理论和经验研究任何一方缺少另一方都不可能有效地进行。当然，社会学家们在理论上是赞同这一点的。“中观理论”的概念就是力图使这个想法更具体化，切实可行，从而提出一套系统的社会学观念。我既反对经验主义，也反对建立无法与经验研究相联系的抽象理论，两者均非有效之道。此外，我涉猎过一些专门领域，如医学教育、职业社会学、大众传播、宣传、官僚制以及局部和全局影响，最重要的还是科学社会学。我觉得这些分支领域并不只需要各自独特的理论观点，一般理论构架也能够应用于这些不同领域的研究。

访问者：您对社会学的这些贡献，使我想起中国的一个说法——“泰山北斗”，我们用它来形容在学术上具有开创性、奠基性的人物。我觉得您当之无愧，您说呢？

默顿：有意思。在科学上以及某种程度的人文科学上，知识的影响可以说是阈下的（subliminal），意即某个思想融入该学科的规范知识体系，而其出处却常常被遗忘。例如，“利他主义”这个词，大多数人都不知道是谁提出来的，其实是孔德。我将这一知识演进和转化的方式，叫作吸收－消失模式，或者简称为 OBI 模式（Obliteration By Incorporation），一种思想，一个方法，一项研究结果，被吸收作规范知识的一部分。例如，在社会科学领域和公共生活中，许多人提到“自我实现预言”（self-fulfilling prophecy），然而却不知其出处，也不能期望他们知道这一概念术语，它是我于 1948 年发表的一篇文章《自我实现预言》中首次提出的。这种融入规范知识的“消失”，正是科学家、学者生命中美好的时刻。因此，我们谈的知识影响，常常并非指“引证”某些具体材料的显在影响，而是知识累积和转化中的影响。

访问者：我非常同意您的这一看法。请问，您最近在做些什么研究工作呢？

默顿：（翻找资料，递给访问者）这是一本最近出版的评价我到目前为止的研究工作的书，售价很高，由乔恩·克拉克（J. Clark）等编，题目是《罗伯特·默顿：合意与异议》。我最近在研究科学上的社会－认知模式的问题，即在科学知识的产生和转化过程中，社会和知识的结合方式。还有一本书《社会结构分析》，是我这些年讲课的讲稿，从未发表过。可以很容易地数出有 9 本书要完成，可是我很怀疑精力是否允许我有那么多时间。

访问者：您真是雄心勃勃啊！我看到两本关于您的传记，您打算写一本自传吗？

默顿：不会的，这是出于最佳的也是最糟的理由。我从不写日记，也不记日志。我于个人经历的记忆断断续续，有些东西记得，但不连续、不详尽。一个不充满细节描述的自传算不上是自传。这使我想起约 6 年前，有位诺贝尔奖得主，德国小说家亨瑞驰·鲍尔（Henrich Böil）写的一本短而不全的自传。《纽约时报》的书评写道：“我们无疑感谢鲍尔先生讲给我们的一切，可是我们真不愿意他花大量篇幅解释为什么他记不得这个或那个细节了。”我不打算重复这一错误。

访问者：真有趣！那么，我能问您几个有关中国社会学发展的问题吗？

默顿：你的意思是要暴露一下我的无知吧？我真的对中国所知甚少。

访问者： 您去过中国吗？

默顿： 没有。

访问者： 您刚才提到您去过日本，能谈一下吗？

默顿： 可以。我最后一次去日本是25年前，那是20世纪60年代初的事。夏天在京都大学，有差不多20个社会学助教参加在京都举办的暑期研讨班。日本社会学并未给我留下什么准确、清晰的印象，因为当时他们非常渴望了解美国社会学。结果，很遗憾，我没能了解什么。

访问者： 关于中国社会学的发展情况，我曾经寄给您两期我主编的《中国社会学重建十周年（1979～1989）》。19世纪末中国自西方引入社会学，第一代中国社会学家多留学欧美。他们之中目前最著名的是费孝通。不知您是否听说过他，他曾经是著名人类学家马林诺夫斯基（B. Malinowski）的学生。

默顿： 他是不是最近访问过美国？我想我可能见过他。你看，我记不起许多细节——甚至愉快的细节。

访问者： 很凑巧，他也是1910年出生，与您同岁。

默顿： 好年轻啊！

访问者： 您是说，他看上去很年轻？

默顿： 不，我们都很年轻！

访问者： 中国社会学1949年以前非常西方化。1949年以后，绝大多数社会学家都留在了大陆。台湾社会学经历了一段停滞时期，60年代以后才重新获得发展。许多人来美国学习社会学。台湾社会学者们担心的问题是台湾社会学是否太美国化了。

默顿： 其实不必担心这种问题。这就有点儿像是说，20世纪初，美国社会学太欧洲化了。若不考虑这种国家主义，而是把不同的发展置于不同历史时期的不同文化中考虑，就不会担心这样或那样的情形。要关心的则是，一旦从其他文化中学习了自己文化中所没有形成过的思想，就要继续提出新的问题和新的思想方法，这会有助于我们理解和解决这些问题，从而取得自治。你看多有意思，连社会学家也谈什么美国社会学、英国社会学、德国社会学等，而他们总该超越这种狭隘的国界地方观念的吧。诚然，任何特定的社会，其内部文化凝聚力要比一系列不同国家社会之间的凝聚力强一些。但是，若担忧某些社会学思想的国家来源，那是不能打动我的。依我看，问题是现代中国社会学作为一个后来者，如何充分吸收已有知识——无论其在何处形成——从而能进行创造性研究并独立地发展。就是这样。

在社会学研究中关心国界的问题，就像在同一个国家里关心某个思想是源于坎布里奇①，还是纽约或旧金山。这是最糟的一种地方主义。

访问者： 可是民族特点、社会因素在一门学科发展中的确起着重要作用，有时甚至是决定性的作用。例如，由于政治的原因，社会学在中国大陆曾中断了27年。其间，历史唯物主义替代社会学，成了唯一真正的科学。直到1979年，社会学在中国大陆才得以恢复。类似的情况在苏联、东欧国家也发生过。

默顿： 然而我恰恰相信，真正的知识超越国界。某个思想在一处成立在另一处也应当成立。我不是那种相对主义者，认为在纽约是坚实可信的知识在北京或台北则不是。可信的知识是超越国界和文化差异的。文化影响科学研究的方向，但若是可信的知识，就必须经得起统一的批判检验，无论是在中国还是美国。

无论是国家的还是更局限的地域文化会影响研究题目的选择，甚至影响思想方法。然而，我仍认为这并不能下结论说，社会学知识在一处适用而在另一处不适用。也许文化会造成阐述方式的不同，以及对研究成果有不同程度的兴趣，然而，若是可信的知识，在不同文化和不同社会中都是适用的。某种文化中具地方特色的知识在另一种文化中不一定适用，可是那并不影响思想方法的效力……

访问者： 在一篇关于中国社会学发展的文章中，我曾经提出："国际社会学界所期待的，不仅是中国兴旺的国家社会学，更是一个蕴含中华文化特质而能够对世界社会学有所贡献的中国社会学。"我认为我的这一看法与您上述的观点是一致的，但问题的关键似乎在于如何达成这一目标？

默顿： 中观理论的思想就是要求对社会现象进行系统观察和阐释。也许要研究某一具体社会现象，比如说，美国的。但是自中观理论中产生的一般知识，不仅仅能应用于美国，经过调整后，也将应用于其他社会。这就是"真正的知识超越国界"的含义。与此相关，在特定文化中的一些重

① 即Cambridge，哈佛大学所在地。

要问题、观念，不是这一文化所独有的，而只是发达些而已。再说一遍，如果是经过扎实的研究程序、严密的批判评价，不同国家的社会学，是可以对世界社会学有所贡献的。基本上，中国社会学家的贡献尽管与英国、德国社会学家的有所不同，然而社会学知识的正确性并不受文化局限。

访问者：您能否谈一谈未来21世纪社会学的发展？

默顿：现在很难讨论这样的问题。

访问者：这篇访问记的读者将是广大的中国社会学工作者，您要对他们讲点儿什么吗？

默顿：过去及现在，我们期盼着社会学工作者世界性的合作，无论你们身处何方。简言之，全世界社会学者，联合起来，你们失去的只是狭隘的地方主义的锁链。

访问者：谢谢，默顿博士。感谢您接受我的访问，更感谢您对中国社会学者的激励。

1991年5月

访问后记

访问罗伯特·默顿，将他生动地介绍给中国社会学界的同行们，这是我久已渴望的。

对罗伯特·默顿这个名字，中国的社会学者并不陌生。早在20世纪30年代，默顿便以《十七世纪英国的科学、技术和社会》（1938）一书（也是他的博士学位论文）开创了科学社会学这一研究领域，也为自己赢得了“科学社会学之父”的美誉。在社会学理论的建设上，默顿提出“显在功能”“潜在功能”“反功能”“结构－功能分析”等观念，与帕森斯一起，奠定了社会学中重要理论派别——结构功能主义。此外，默顿涉猎了职业社会学、犯罪、官僚制、医学教育、大众传播等，对这些分支领域的基本建设功不可没。而默顿所倡首的“中观理论”思想，他所强调的理论思想与经验研究相结合，则引导了第二次世界大战后美国社会学乃至当代世界社会学的发展方向。在社会学学科发展不断分化、专门化的今天，众多社会学者埋首于各自专攻的分支领域。我们似乎可以说，默顿承袭欧洲社会思想传统，可能是最后一位“经典”社会学大师了。

早在1990年春，我便通过默顿所在哥伦比亚大学社会学系的助教向他探询。默顿1941年开始任教于美国纽约哥伦比亚大学，目前是哥大的荣誉退休教授。据说，对于我的访问意向，老先生欣然应诺。我想，这并非默顿对一个年轻的社会学学生有什么特别青睐，而是对她所来自的那个具有古老灿烂文化的东方大国心向往之并对其社会学的发展格外关切吧。反而是我，在很长一段时间内，疲于应付繁重的学业和紧张而毫无保障的留学生活，访问的事一拖再拖。过了一年多，待我再次联系，才终于定下来。

1991年5月的一个下午，我乘地铁来到位于纽约曼哈顿区的罗素·塞奇基金会（the Russell Sage Foundation）。大门口接待人员与默顿的秘书通过电话，说是我可以直接上到四楼默顿办公室。等电梯时我不无紧张地想，这是我平生第一次采访，对象又是一位大师级的人物，但愿一切顺利。

说也奇怪，当我的手被他那有力的大手握住的时候，我的紧张不安感反而完全消失了。默顿高瘦而斯文，身材挺拔、目光炯炯，根本不像是一个已届八旬的老人。我坐下来，环顾四周，注意到这间房不过六七平方米，中央一张大写字台便占了近1/3的空间，桌上除一些书刊资料外还有一台电脑。墙上挂着迪尔凯姆、马克思、韦伯和弗洛伊德的画像。据说，默顿自年轻时起，便在自己的住处、办公室悬挂许多大学者的画像，意即自己"站在巨人肩膀上"，也将成为一位"巨人"。诚然，相比之下，他不如马克思，其思想使人类历史为之改观；也不如弗洛伊德，尽管受到非议，仍然冲击整个西方哲学、社会科学界。可是就社会学领域而言，默顿如同迪尔凯姆、韦伯、帕森斯，成为社会学尤其是现代社会学当之无愧的"泰斗"。

我们寒暄几句之后，便开始正式访谈。默顿头脑清晰，思维敏捷，讲起话来滔滔不绝，充满智慧。他一会儿高屋建瓴，大手笔勾勒社会学发展面貌；一会儿又中肯而极具洞察力地深刻反省、评价自己的研究工作。而我的大部分问题都是从社会学的社会学（或知识社会学）角度提出的。我之所以选择这一角度设计问题，是考虑到：其一，默顿作为社会学大师，毕生从事社会学理论、社会学学科的基本建设，他可以真正把握这门学科的关键和演变脉络；其二，社会学的社会学这一重要分支领域，除了在20世纪六七十年代美国社会学界有过短暂发展以外，一直不大为社会学者所重视，而它却恰恰是笔者的兴趣所在和研究重点。在访问的后部分，针对中国社会学的发展，笔者与默顿讨论了社会学的社会学中一个长久争论的问题，即社会学知识的普遍性和民族性的关系。默顿长期从事科学社会学的研究，一方面，他强调社会、文化因素对科学发展之作用；另一方面，他深受自然科学影响，坚信社会学作为一门学科，有其独立的知识体系。在这次访谈中，默顿格外强调后者，并提出“真正的知识超越国界”。大师鼓励中国社会学者，尽管是后来者，但打破狭隘的地方观念，充分吸收在其他国家或地区形成的已有社会学知识，进而从事创造性研究，终究将会对世界社会学做出贡献。

访问结束后，我告别默顿，步出罗素·塞奇基金会大楼。走在曼哈顿宽阔气派的公园大道上，行色匆匆的人们不时从身边经过，我的脑海中充满了访问的全部过程和种种细节。但是回想起来，似乎最使我怦然心动、令我激动不已的还是默顿说的“我们都很年轻”。社会学这门学科，经过一个半世纪的演变，依然年轻，中国社会学，历经曲折、沧桑，依然年轻。是啊，谁能说年轻不是活力所在，年轻不是希望所在呢!?

1992 年 1 月 2 日于美国纽约

中国早期现代化向制度、文化层的推进和孙中山的发展蓝图*

张　琢

摘　要： 本文阐述了自甲午战前为发展资本主义鸣锣开道的早期维新思潮的酝酿，导致戊戌维新的政治改革和思想启蒙运动；中经戊戌政变的反动及其后清廷无可奈何推行的“新政”；再进向辛亥革命，达到资产阶级政治革命的高潮；以后却是封建军阀的复辟，使这一次中国现代化向政治层和思想文化层推进的尝试受挫。这一社会变革过程的理论总结和中国未来发展蓝图的设计，则是孙中山的三民主义和《建国方略》。《建国方略》强调“惟发展之权，操之在我则存，操之在人则亡，此后中国存亡之关键，则在此实业发展之一事也”。

我在《中国现代化的分期与发轫》（《社会学研究》1991 年第 6 期）中，探讨了中国早期现代化在器物层面上的发轫。本文继续随中国现代化的发展历程，来探讨其向制度层、思想文化层的推进和孙中山此时对中国发展理论和发展计划的贡献。

一　维新思潮的酝酿

还在甲午战败之前，面对国内政治的腐败、外国资本主义全面入侵的刺激和刺激面的日益深广、洋务运动的发展及其弊病的显露、民间资本主义在 20 世纪 70 年代的出现及所受外国资本主义和本国封建主义的双重挤压，人们进行着越来越深刻的反思。维新先驱多曾留学和出使外国，比较

* 原文发表于《社会学研究》1992 年第 3 期。

了解西方国家的情况，同外国资本主义、洋务活动、封建政府当局及民间资本打过交道或参与其间的活动。由于他们既有程度不同的西学知识，又对几方面的实际内情和相互关系有较深切的了解，省悟到中国必须改革才能发展资本主义，才能适应时局的变化，也才能对付外来的挑战。主要代表人物有王韬、马建忠、薛福成、郑观应等。

留学生马建忠在1877年从欧洲上书给李鸿章说，他初到欧洲时，“以为欧洲各国富强，专在制造之精，兵纪之严，及披其律例，考其文事，而知其讲富者以扩商为本，求强者以得民心为要，……他如学校建而智士日多，议院立而下情可达。其制造、军旅、水师诸大端，皆其末焉者也”①。但是，马建忠经实地考察西方议院后又觉其虚伪，因而不赞成在中国实行这种制度。

王韬，青年时代曾在上海教会书馆中工作，后去香港从事翻译，又赴英、德、俄考察，回国后在香港主编《循环日报》。他介绍说，西方有君主、民主、君民共主三种类型的国家。他最推崇的是君民共主，可使“上下相通，民隐得以上达，君惠得以下逮”②。

郑观应，先做买办，又兼营工商，痛感列强以“通商”之名“渐夺中国之权利，并侵中国之地”（《易言·论传教》），因而应洋务派之聘入招商局，以“夺洋人之所恃，收中国之利权”（《易言·论船政》），后来又参加反法战争，被太古洋行执住拘于港府，归来遂作《盛世危言》。此时，资本主义先发国家已渐次向垄断过渡，进入了帝国主义的发展阶段，掠夺殖民地的竞争更为疯狂。《盛世危言》正好在甲午战争前一年出版，郑观应在该书中敏锐而深刻地揭露了日、俄、英、法侵华的严重态势，预警日本将先占朝鲜、进迫中国，野心已毕露：“近来日本讲究水师，频添战舰，多置军械，及遣人分住各口……时入内地，暗察形势，绘图贴说，其志叵测。”（《盛世危言·海防下》）而且，郑观应不是孤立地讲“兵战”的严峻形势，还进一步强调了“商战”（他的商战的具体内容包括工业）的重要性，主张“借商以立国，借兵以卫商”（《盛世危言·商务》）。他尤其突出地强调设立议院才是“富强之本”：“其治乱之源，富弦之本，不尽在

① 马建忠：《适可斋记言记行·上李伯相言出洋工课书》。

② 王韬：《弢园文录外编》，第23页。

船坚炮利，而在议院上下同心，教养得法。”他说：“育才于学堂，论政于议院，君民一体，上下同心，务实而戒虚，谋定而后动，此其体也；轮船、火炮、洋枪、水雷、铁路、电线，此其用也。”认为洋务派是“遣其体而求其用”（《盛世危言·序》）。在中学与西学的关系上，《盛世危言》虽然主张“中学其体也，西学其末也；主以中学，辅以西学”，但是实际上是意在移花接木，为引进西学开路，与后来的反改革派以此来抵制政治制度的改革，用意是不同的。

当时，其他维新改良的先驱者互相呼应，宣传着类似的观点，从而形成了一种维新改良思潮，归纳起来即：经济上，主张以工商为本，保护和发展民族资本；文化教育上，主张废八股，办学校，开民智，出人才；政治上，主张设议院，采众议，通上下，用君主立宪、君民共主代替君主专制。这些思想脱胎于魏源、冯桂芬和洋务派，而又增添了新的内容，最有代表性的主张是在政治上以君主立宪的议会制政体代替传统的君主专制政体，并提出了清仕途、裁冗员、废捐官制、整顿监狱、改革律例等许多具体建议，体现出这些人物及其思想具有了资产阶级早期改良主义的性质。所以，这些早期维新思想的代表者又被称作改良主义的先驱。

二　戊戌维新：政治、文化现代化的揭幕

经过四个世纪的资本主义发展和一个多世纪的工业革命，到19世纪90年代，世界资本主义国家已开始进入帝国主义阶段，非洲和拉丁美洲已作为殖民地被瓜分完毕，亚洲只有庞大的中国和朝鲜、土耳其、波斯、泰国等中等国家还维持着半独立状态。所以，中国便成为帝国主义尤其东方后来崛起的日本帝国主义争夺的主要对象。1874年清政府在日本侵略台湾事件中“委曲求全”“迁就了事”，1885年中法之战不败之败所表现的怯懦、腐败、无能，更进一步助长了列强侵略的野心。日本在明治初年就制定了征服大陆的政策：“为了征服中国，我们必先征服满蒙，为了征服世界，我们必先征服中国。”[①] 经过长期准备和周密策划，终于在1894年将侵朝战争延伸、扩大为直接的侵华战争。面对日本破釜沉舟的进攻，李鸿

① 龚古今等编《第一次世界大战以前帝国主义侵华文件选辑》，第94页。

章始终“志存和局”，竭力避战。结果战争历经 8 个月，便因北洋水师覆没、陆师溃败而签订了鸦片战争以来最丧权辱国的《马关条约》。日本人得以控制了朝鲜，获得了日后继续入侵中国的桥头堡。战争赔款加上后来“赎还”辽东半岛的款项，共达 2.3 亿两（白银，下同），相当于清政府年财政收入的 3 倍，为甲午战争以前清政府投入现代产业（工业和交通运输业）资本总和（1.2 亿元，合 0.8 亿两）的近 3 倍。日本的资本主义及其战争机器得到了巨大的外来资金，迅速发展，中国则背上了沉重的外债。甲午战争后的 3 年里，清政府所借外债达 3 亿多两，而且利息重、折扣大，真是“括地难偿”，从而极大地削弱了现代化的投资能力，严重地滞缓了中国的发展。条约规定开放众多内河内陆口岸、日人可自由设厂、豁免中国内地各税，其他列强亦据前约利益均沾，使外国在华投资迅速增长，而中国财政却大受损失。同时又进一步刺激了中国社会经济的分解。中国民族资本主义在此之后虽有了初步发展，但是又受到帝国主义和封建专制的双重挤压，致使民族矛盾和社会矛盾日益尖锐。台湾等岛的割让，更为帝国主义瓜分中国作了恶劣的示范。俄、德、英、法、美等国，纷纷效尤向清政府伸手，在中国划界、租地，争夺势力范围，到 1897 ~ 1898 年愈演愈烈，更加深了中国亡国的危机。

殖民地型资本主义和民族资本主义在矛盾中的发展，社会经济结构的进一步分解，朝廷的腐败、昏庸、无能，民族危机和社会危机的加深，西学的传播和改良思想的酝酿——这些因素的叠加、互动和综合作用导致了 1898 年的戊戌维新运动。

在具体的组织和思想准备上，维新领袖康有为于 1891 年在广州开设万木草堂培养维新变法人才，学生到甲午时已由初创时的 20 多人增加到百余人，连同以后康有为在桂林讲学的学生以及京、沪来拜门的学生，共达千人之多，成为康有为以后领导的维新派的基本队伍。万木草堂实际上是起到了维新运动的干部准备学校的作用，其中梁启超、麦孟华、徐勤、欧榘甲等人都成了康有为的得力助手。在中国这样一个文明古老、崇尚传统的国家，借用历史的亡灵来推动改革是具有特别重大意义的战术，可以使革新减少阻力，何况，在中国借助孔子的权威——“挟夫子以自重”——本来就是故伎。康有为在梁启超等人协助下在草堂精心炮制的两部著作《新学伪经考》和《孔子改制考》，以“我注六经”的形式行“六经注我”之实，来达到托古改制的目的，冲击了顽固势力死守的祖宗陈法，为维新变法奠定了理论基础，在组织上和思想上为维新变法做了“广联人材、开创新风”的准备。

中国科举取仕的文官制度发展到封建后期，其八股化的确造就了一些书呆子，但也形成了中国知识分子担当国家重任的使命感，尤其明清以来随着社会危机和民族危机的加深，知识分子“国家兴亡，匹夫有责”的社会责任感和历史责任感的上升及晚清经世之学的提倡，改变着知识分子的儒腐气。1895年春，参加会试的举人云集京都，《马关条约》的噩讯传来，引起以天下为己任的举人们的震惊。康有为、梁启超于是联络湖、广举人联名上书拒约，各省举人纷纷响应形成了沸腾的舆论。康有为趁机连夜起草了14000字的上皇帝书，要求拒和、迁都、练兵、变法。其中前三项为“权宜应敌”之策，第四项“变法成天下之治”则是“立国自强”的根本。上书分析了世界大势，指出必须以“开创之势”取代“守成之势”，因而要更新百度，不要墨守旧章，主张以府县为单位选举有才学的“议郎”供皇帝咨询，“上驳诏书，下达民词，凡内外兴革大政”，皆由议郎讨论，2/3多数通过方能生效、实行。各省举人有1300多人在这封万言书上签了名。由于自汉朝以来就兴用公车接送征举的士人，后来人们就以“公车”作为进京应考的举人的代称，这份上皇帝书也因此以“公车上书”载入了中国史册，标志着中国知识分子作为一个现代性的先进阶层登上了中国现代化的历史舞台。这是康有为的第二次上皇帝书。接着，除继续上书皇帝（共上书7次）外，他又在北京出版《中外记闻》，刊载“格致有用之书”，考“万国强弱之原”，鼓吹维新，创“强学会”，广联人才，大声疾呼：“俄北瞰，英西睒，法南瞬，日东眈，处四强邻之中而为中国，岌岌哉!”（《强学会序》）除维新志士外，一时间帝党和洋务派官僚也以捐款入会为荣，英、美驻华公使及传教士头面人物亦表示支持维新派的活动。康有为又在上海成立了强学会分会，并于1896年1月出版了《强学报》。同年，黄遵宪、汪康年在上海创办了《时务报》，由梁启超任总编辑，以“变法图存”为宗旨，风靡海内外。1897年，湖南设立时务学堂，创办《湘报》和《湘学新报》，同时成立南学会，宣传新学，“联群通力，发奋自强”。在天津，严复、夏曾佑等人创办《国闻报》，评述《天演论》，宣传进化论和天赋人权说。据统计，到1897年底，全国出现了讲变法自强的政治性学会33个、新式学堂17所、报刊19种，到1898年，学会、学堂、报馆合计达300多个（陈旭麓，1953：347），可见维新运动在组织上和宣传上发展之迅猛。

1897年冬，德国又强占了山东胶州湾，俄、法、英皆张牙舞爪，“瓜分豆剖”，步步进逼，康有为赴北京第五次上书光绪皇帝，疾呼效法日本明治维新，以变法为国家大政，立即集天下贤才商定变法方案。光绪皇帝决心采纳变法主张。1898年，康有为向光绪皇帝呈送了《应诏统筹全局折》（即上清帝第六书）和《日本明治变政考》等书，又发起组织了具有政党雏形的“保国会”，会章以“保国、保种、保教”为宗旨。光绪皇帝于1898年6月11日下“明定国是”的诏书，宣布变法，到9月21日慈禧太后发动政变，共历时103天，史称“百日维新”。

维新期间，光绪帝任用了康有为、梁启超、谭嗣同、刘光第、杨锐、林旭等一派新人物，颁发了新政诏书、谕令110多道，其主要内容为：设立制度局，改革旧机构，撤汰闲散、重叠的衙门和冗员，提倡廉政和上书建议；保护和奖勉工商业，设立相应的管理机构和商学、商报、商会各类组织；改革财政，严格预、决算制度，并按月公布情况，取消旗人由国家供养的特权；废除八股，改试策论，设各级学堂并派人出国留学，提倡西学，设译书局，创办报刊，奖励著作和发明，准许组织学会；设厂造军火，练新军，裁汰旧军。

这些新政处处触犯了上下腐朽的官僚和社会势力，上自以慈禧太后为首的顽固派权贵，下至八股士子、土豪劣绅、和尚道士，对新政深恶痛绝，“嫉之如不共戴天之仇”，骂维新派“离经叛道、惑世诬民”，“目无君上”，“聚众谋反”，“僭越妄为，非杀不可”。

如果说光绪帝接受的维新思想和主张比慈禧太后的顽固观念要高千百倍的话，在用权的老谋深算上，光绪皇帝却仅是一个稚气的小儿。就在光绪皇帝一道道发出变法的诏书的时候，慈禧太后已釜底抽薪，胁迫光绪帝撤了支持变法的大学士翁同龢的职，用她的宠臣荣禄控制了京畿，太后本人还直接控制了高官的任免权，把军事、人事安排好之后，便发动了政变，史称“戊戌政变”，而光绪帝和康有为、谭嗣同们还把希望寄托在与顽固派里应外合的袁世凯身上。结果，光绪帝被软禁，维新领袖康有为、梁启超分别在英国人和日本人保护下逃往国外，谭嗣同、康广仁、杨深秀、刘光第、杨锐、林旭英勇就义。

戊戌维新的失败，使中国失去了依靠既有的统治权威进行日本和俄国式的自上而下的改革从而走上现代化自强之路的机会。这是中国继明后期资本主义萌芽夭折于腐败政治的摧残和战乱、清“乾隆盛世”的妄自尊大与闭关及“鸦片战争”的失败被迫开放后仍不振作，又一次错过了立起直追世界发展潮流的机会。同时，也使清王朝失去了最后一次由被动转向主动的中兴机会。此后，经过义和团运动和八国联军入侵的再一次教训之后，即使它再想来一次“维新”，也得不到有识之士的支持了——人们通过戊戌政变已对它“断念”，也就是说，它已丧失了主持现代化发展的权威了。它只有一个一下场，即在社会现代化的前进运动中被作为历史的垃圾淘汰掉。所以，尽管顽固派能在戊戌政变中得逞一时，但是没过多久便被摧枯拉朽般推翻了，应验了康有为在戊戌奏折中所说的“方今不变固害，小变仍害，非大变、全变、骤变，不能立国”[①] 的预言。

就当时来说，变法失败得如此之惨，还是由其主客观条件决定的。就客观条件看，一是两千余年的封建社会和二百余年的清王朝统治的经济、政治、社会、文化的基础仍然是厚重的，虽然自鸦片战争以来社会经济文化结构中已有新的现代性因素在生长，并具有不可抗拒的生命力，但在当时比起旧势力还弱得多。二是清王朝是一个少数民族的贵族政权，并处于没落的后期，朝廷中又形成了以慈禧为首的根底很深的握有实权的后党和以光绪帝为首的稚弱的帝党的二元结构，而维新派借重的不过是那样一个皇帝的虚名，这种民族的和朝廷权力的双重的二元结构，就使得清王朝难以像民族和政治结构都比较单一的日本那样顺畅地自上而下地推进改革。

就主观条件看，当时中国现代产业还很薄弱，政治上、文化上的现代成分亦然。维新派主要是一批尚未成熟的青年知识分子群体，政治上幼稚，组织上准备欠缺，军事上更是既无实力又完全外行，这一次不过是他们登上历史舞台初试锋芒，面对那样根底深厚、凶险的对手，是不能不失败的。同时，他们救亡图强变法心切，103 天就下了诏书、谕令 110 多道，却没有建立起能贯彻下去的执行机制和操作手段。结果，新政措施下达下

① 《杰士上书汇录》卷二（未经删改的《戊戌奏稿》原稿），藏北京故宫博物院明清档案馆。

去，下面的守旧官僚“概不奉行，亦不复奏，电旨严催，置之不复”①。即使没有戊戌政变，也难以执行，发生实效。中国现代化既有多次坐失良机的历史遗憾，也有屡次急于求成、欲速不达的教训。变法伊始，康有为就断言“变法三年便可自立”，就是这种急于求成、欲速不达反遭失败的第一个最明显的历史教训。过去许多论者常把戊戌变法失败的主要原因归过于维新派主张不彻底，其实是脱离历史实际的皮相之见。

“百日维新”暂时悲壮地失败了，但是它提出的任务却反映了时代的要求，这些要求正是自鸦片战争以来各种经济、政治、社会、文化的新因素发展积累效应的集中体现。许多思想和主张自魏源以来已陆续有人在不同程度上涉及过，不过，维新派把此前的先驱者的思想和主张更加系统化，并提到了一个新的高度。

其中，最突出的是政治上对封建专制的批判和反复强调“兴民权”“开议院”的重要性。严复大倡自由、民权，痛斥“侵人自由者，斯为逆天理，贼人道”（《论世变之亟》），“秦汉以来之为君，正所谓大盗窃国耳”。论证了人民是国家的主人，王侯将相者当为“通国之公仆隶也”（《辟韩》）。康有为指出，“中国败弱之由，百弊丛积，皆由体制尊隔之故”（《上清帝第七书》）。梁启超斥责君主专制“收人人自主之权，而归诸一人，以一人而夺众人之权”（《论中国积弱由于防弊》）。康有为等人在戊戌期间所上的奏折中，把设制度局放在头号位置上。政治制度的变革是维新变法的核心。维新变法在中国现代化发展史上最重要的意义也就是把政治制度的变革推向了前台，是中国现代化推进到制度层的标志。

在经济方面，维新派都很重视工业的发展。康有为把机器大工业看作富国强兵的首要基础，还进而论证了大工业对于克服愚昧守旧思想、提高国民文化素质、改善社会风气的作用，可以说他已经在一定程度上看到了工业化将引起的作为社会主体的人及其文化的变革的连锁反应。他批判了“重本抑末”和“以农立国”的传统，主张“定为工国”，并认为，除货币和邮政外，其他均可“纵民为之”，由私人经营。严复以他翻译的西方古典政治经济学理论为据，宣扬经济自由主义，反对清廷对民族资本的压迫，反对官僚垄断，要求给民间经营新式工商业以充分的自由。

① 苏继祖：《清廷戊戌政变记》，《戊戌变法》第一册，第388页。

在社会改革方面，由于当时最紧迫的是严峻的政治、军事、经济形势，维新时期的社会批判，主要还是为政治改革开路，因此集中在对作为君主专制的社会精神支柱的纲常名教的批判，其中以谭嗣同的《仁学》（写于1398～1897年，刊于1899年）最为激烈，他揭露“三纲之摄人，足以破其胆，而杀其灵魂”，发出了“冲决一切网罗”的呐喊。维新派的社会理想则集中于康有为的《大同书》中，他杂糅中国传统的公羊三世说，礼运大同说，中世纪从南亚输入的佛教慈悲、平等，近世从西方传入的基督教博爱、平等、自由的教义和卢梭的天赋人权说及其他一些空想社会主义，构思出了一个无国界、无等级、无家庭、无私产的大同世界。这些思想若在当时公布出来，自是激进得惊世骇俗。但他当时却并未拿出来，还藏在腹中，到民国时期才出版问世，影响就不大了。

在文化教育方面，中国早在6世纪末即已开创了具有竞争性的科举考试制度，有利于人才选拔。在资本主义现代化的发展过程中，为适应社会管理和各行业的人才需求，西欧德、法、英各国及日本自18世纪末以来，先后引进中国的考试制度，并建立了相应配套的学校体系。各种职业资格认定考试的制度化，为这些国家的现代化培养了一批批人才，并促进了这些国家的文官制度、社会组织管理的科层制和合理化的形成。这一过程在西欧和日本到19世纪末已大体实现。日本更成为世界著名的重视学历的社会。而中国这个科举制的创始国，经过一千多年到封建后期，科举制反而陈腐僵化不堪。维新派从反对八股取士“锢智慧、坏心术、滋游手”之害入手，把培养人才、改革教育制度提到变法的根本高度。梁启超在《论变法不知本原之害》中强调“变法之本，在育人才，人才之兴，在开学校，学校之立，在变科举。而一切要其大成，在变官制”。主张效法德、日确立新的学制：乡设小学，县立中学，省和中央办大学。文化教育是这些由旧学转向新学的维新派的本行，是拿手好戏，也是维新时期留下深远影响的实绩的领域，如京师大学堂（北京大学的前身）、商务印书馆及其他许多新式教育文化设施的建立，真正开了一代教育和文化的新风，其思想启蒙的作用直接、间接地影响了几代人。维新运动也是中国现代化推进到思想、文化、教育层的真正标志。

在当时译介的各种西学著作中，以严复译述的《天演论》（原著为英国生物学家赫胥黎的《进化论与伦理学》）所起的作用尤为强烈而深远。

严复在这本书中介绍了西方生物进化论的进化发展观，特别突出了“物竞天择、适者生存”的道理，他结合当时中国所面临的被列强瓜分的严峻形势，大加阐发，用“优胜劣败”来激励人们起来“自强保种”、救亡图存、“转祸为福”。在哲学上打破了“天不变道亦不变”的传统形而上学观念，成为以后前进到辩证唯物主义和历史唯物主义的发展观的重要阶段。在对民族存亡的认识上，从直观的形势认识提高到了理论的高度，从而大大深化了人们的危机意识和发奋图强的民族责任感。作为中国近代第一个系统翻译介绍西学的大师，他最早对中、西学作了扼要比较，他认为：“中国最重三纲，而西人首明平等；中国亲亲，而西人尚贤；中国以孝治天下，而西人以公治天下；中国尊主，而西人隆民；中国贵一道而同风，而西人喜党居而州处；中国多忌讳，而西人众讥评。其于财用也，中国重节流而西人重开源，中国追淳朴而西人求欢虞。其接物也，中国美谦屈，而西人务发舒；中国尚节文，而西人乐简易。其于为学也，中国夸多识，而西人尊新知。其于祸灾也，中国委天数，而西人持人力。”（《论世变之亟》）。不过，在戊戌变法中，严复自己并没有直接参与多少实际政治活动，戊戌以后到 1911 年辛亥革命，思想更步步转向保守。

三　义和团运动的二重作用

到 1899 年，帝国主义已经几乎把整个中国都划分为自己的势力范围了：英国——长江流域、云南、西藏；俄国——东北、蒙古、长城以北；法国——两广、云南；德国——山东；日本——台湾（已割取）、福建。洋人的殖民经济文化向中国内地社区的渗入，越来越强烈地刺激起中国以农民和手工业者为主体的广大农村居民的仇恨。就在得风气之先的爱国知识分子在京城及其他主要城市发起维新运动的同时，中国农民也以自己传统的思想、传统的组织方式和行动方式开始对帝国主义侵略进行暴力斗争，这就是义和团爱国运动。

义和团于 1898 年兴起于山东，迅即蔓延到华北、东北，1900 年达到高潮，波及长江下游和西北部分地区。它首尾一贯的宗旨是“灭洋”：灭洋教（教会、传教士及教民）、洋物。在对待清王朝的态度上，由于清王朝对义和团的态度前后期有根本转变，所以义和团对清政府的态度前后也不同。义和团前期的基本口号是“扶清灭洋”（或“保清灭洋”）、“除灭鬼子保大清”，与清朝统治者中当权的封建顽固派的仇洋心理有着相通之处，因而在前期，朝廷曾插手义和团，企图加以控制和利用。义和团旺盛的斗志给了帝国主义在华势力以毁灭性打击，于是，奥、英、法、德、意、日、俄、美八国组成联军，以新式装备向义和团反扑过来，并胁迫清廷限期“剿除”义和团。朝廷在对待义和团的态度上出现了意见分歧，当权的慈禧太后派先是误信伪造的洋人照会——“勒令太后归政”（即将权力归还光绪皇帝）——而贸然向联军宣战，招抚、驱使团民为之效命。以后随着事态的发展，慈禧得知要她“归政”的传言不实，便在联军大举进攻面前转向，讨好洋人。北京陷落之后，她在逃跑的途中进而又下令“痛剿”义和团。义和团面对不断增派来华的联军十万大军和清官军的会剿，只得“官逼民反”，擎起“反清灭洋”的旗帜，继续在帝国主义和反动政府军的夹击中英勇作战，直到1902年才被完全镇压下去。

义和团虽然被镇压下去了，但是义和团所显示的中国民众的伟力，是连它的敌人也不得不承认的。八国联军统帅瓦德西也看到了这“含有无限蓬勃生气”的人民，“无论欧、美、日本各国，皆无脑力与兵力，可以统治此天下生灵四分之一”，故“瓜分一事，实为下策”![①] 正是在这种力量的威慑下，帝国主义宁愿维持一个形式上的民族政权做它们的傀儡和代理人。即用“以华制华”来替代瓜分领土的直接统治，使中国保持一个泛殖民地性的半独立状态。因此，自八国联军入侵之后到20世纪30年代日本再度猖狂发动侵华战争以前，除了帝国主义列强之间的矛盾、各国在华势力范围的局部调整（如日俄战争和东北势力范围的一分为二）外，约30年间没有大的帝国主义军事入侵记录。阻止帝国主义的瓜分使中国避免沦为全殖民地，义和团功不可没。

不过，义和团运动虽然面对的是亘古未有的外来的新对手，但是其自身却是一个道地的传统型的农民暴动，并不具有现代意识。他们张贴的揭帖提出要“扒铁路，把电（线）砍，然后毁掉大轮船”，具有明显的逆现代性，他们的迷信思想和盲目排外的做法显然也太落后于时代，曾受到从维新人物到“五四”新文化运动的批评。鲁迅直到晚年，仍然坚持认为义

---

① 《瓦德西拳乱笔记》，《义和团》第三册，第244页。

和团是对维新变法的“反动”。[①]

义和团运动显示出了农民的二重性：作为中国最庞大的被剥削和被压迫阶级，它蕴藏着最大的左右历史的潜力；作为落后的旧的生产方式和生活方式的社会载体，它又是传统的缺乏现代意识的阶级。因此，改革者也就不能不同时既重视这个阶级的潜在的力量，又要善于启发、教育、引导农民运动，把它纳入社会革新的前进道路，这是中国现代化最重要、最艰苦的社会主体动力发动工程。

在八国联军直捣京师的时候，以慈禧太后为首的清廷又搬出求和的老谱，签订更加屈辱的《辛丑条约》，中国中央政府向各国赔偿白银 4.5 亿两，加上利息共 9.82 亿两，利息超过本数，再加土地方赔款 2000 万两，总计逾 10 亿两，史称“庚子赔款”。庚子前一年国家收入总共不过 0.88 亿两（中央财政金融学院财政教研室，1980：196），这次赔款本息总计竟为当时中国政府年收入的 11 倍，人均 2 两多白银，中国的海关税和盐税等主要税收都被帝国主义指定专供偿还赔款之用。条约还规定允许外国在铁路沿线和使馆区驻军，而中国自己却要撤除京津间的炮台和天津周围的驻军。在宫廷斗争和对内镇压中善施淫威的慈禧太后，对洋人则完全服帖了，她下《罪己诏》，不是向国民谢罪，而是“念列邦之见谅”向洋人乞怜，并保证要“量中华之物力，结与国之欢心”。[②] 从此，清政府成了“洋人的朝廷”。由于国际帝国主义发展的不平衡，为了协调它们的利益尤其是后来居上的美国的利益，在 1900 年 7 月八国联军入侵时，美国再一次提出“门户开放”，在形式上“保持中国的领土与行政完整”[③] 的格局下，求得各帝国主义势力之间的一种暂时的妥协。洋人正好乐得利用这个对内狠对外媚的卑怯的工具来进行殖民统治。这也是辛丑之后帝国主义暂停直接瓜分中国的又一原因。这一原因与民众潜力的威慑作用是相反而相成的。

四　清廷弥留之际的“二次维新”

经过戊戌变法与政变的反复、义和团的起义与八国联军的入侵、朝廷

① 《鲁迅全集》第 6 卷，第 557 页。

② 《清德宗实录》第 477 卷，第 15 页。

③ 《中美关系资料汇编》第 1 辑，第 452 页。

中后党与帝党及主战派与主和派的反复较量，清王朝已不能照旧统治下去，下层被统治者不能也不愿照旧生活下去了。同时，洋主子对这个老朽的朝廷亦有诸多不满，他们也要按照他们的殖民主义的利益和外国资产阶级的世界观来改造这个政府、改造中国。《辛丑条约》签订后，帝国主义列强就要求清政府进行某些“改革”，实施“新政”。1854 年即来中国、在中国担任总税务司达 48 年之久的英国侵华的主要代表人物赫德（Robert Hart，1835－1911），此时便趁机向清政府献策，提交了《更新节略》，对清政府的外交、内政、武备、商务等诸方面拟出了具体的“更新”方案，为处在弥留之际的清王朝打了一剂强心针。为了迎合洋人的旨意和笼络人心，1901 年初，慈禧太后和光绪皇帝在出逃西安时就颁发“上谕”，“预约变法”。自此之后，到 1905 年，清政府共颁发“新政”30 余项，史称“新政时期”或“二次维新”。

“新政”的主要内容有：振兴商务，扩编新军，废科举，改革政府机构，1905 年甚至还提出了预备立宪。

前期重点是在经济上，振兴工商，以广开财源，偿还外债，筹集军费，缓解国库空虚的拮据。措施为政府设立了商部（后改为农工商部），制定了一些工商法规，奖励实业及发明创造。尤其商会和商团组织的纷纷建立，使民族资产阶级有了自己的组织和准武装组织，体现了民族工商业发展的需要。民族资本主义势力抬头，内抗封建压迫，外抵帝国主义侵略，力争矿权、路权等权力的收回，都在一定程度上保护了民族工商业的发展。这也是鸦片战争以来经洋务运动、维新运动工商业的发展和相应的经济思想发展积累的成果。甲午以后，包括“新政”时期，中国工业化和资本主义经济成分在既有的基础上加快了发展步伐。[①] 不过，这种现代经济成分的发展，并没有起到巩固清王朝统治基础的作用；相反，由于清王朝政治改革的滞后，使经济基础与上层建筑的矛盾更加尖锐，反而成了颠覆清王朝统治的物质基础。

军事方面，为大清王朝奠定基业的八旗兵，到 19 世纪中期已腐朽不堪，不再适应对外对内的战争。由于“时事多艰，兵实为急务”，清政府

① 1894～1911/1914 年中国产业资本年增长率达 15% 左右，其中外国在华资本年增长率为 15.83%，中国本国资本年增长率为 14.4%（其中民间资本年增长率为 15.08%）。参见许涤新、吴承明（1990：1047）。

把扩编新军以维持统治放在头等位置上。清代新军编练起于1894年，“新政”时期得到大量扩充。新军采用洋枪、洋操，仿照洋军的步、骑、炮、工程、辎重等各种兵种建制，聘用洋教习，开设武备学堂，培训各级军官，并派留学生出国学习军事，还对新军士兵的年龄、体格、识字程度作了规定。1905年，清政府统一了全国新军的番号，计划全国编练新军36镇，由于经济的拮据，新军的编练未能按期完成。本来，清政府扩充新军是想为自己的政权建立一个新的支撑点，但是这些新兵、新军官受到资产阶级革命党人的宣传和策动，反而成了推翻清王朝统治的重要武装力量。同时，在建立和扩充新军时，由于朝廷无能，得靠像袁世凯这样一些有手腕的人物去招募、培植，这样建立起来的新军又往往为军阀宗派势力所把持，成为以后军阀乱华的祸胎，如以后大名鼎鼎的军阀袁世凯、徐世昌、段祺瑞、冯国璋、曹锟等就是这样酿成的。

教育方面的“新政”是“废科举，办学校，派游学”。“新政”的教育方针还是“中学为体，西学为用”，与其保守的政治原则是一致的，但是它毕竟废除了在中国延续了一千三百余年的科举制度，广设各级学堂，教学内容遍采西学，引进了西方的科学技术和文化，又派了大批学生出国留学，形成了中国历史上空前的留学高潮，单是留日学生在1906年即达1.3万~2万人（实藤惠秀，1983：36）。即使国内的学堂，“首以经学根柢为重”，小学中学均限定读经、讲经、温经，到中学毕业，“共需读过十年，亦通大义”，而大学则有更高要求，“凡旧学所有者皆包括无遗，且较为详备”①。但是，时尚已是厌旧图新，新学一开，学生便积极响应；更不用说摆脱了羁绊的留学生，一到资本主义国家便如饥似渴地扑向新鲜的学问，哪还管你什么“体”呀“用”的。所以，当初清政府停科举、兴学校的目的是指望能“广学育才”，作为“内定国势，外服强邻，转危为安”的基础，结果却事与愿违，这些人正好成了推翻封建专制制度的民主革命的先锋。中国人近现代留学史，简直就是一部近现代中国的革命史。

如上所述，由清朝廷主持的所谓“新政”，其出发点本来是保守的，“新改”肇始就说得分明：“世有万古不易之常经，无一成不变之治法……盖不易者三纲五常，昭然如日星之照世；而可变者令甲令乙，不妨如琴瑟

① 《光绪政要》第二十七册，卷三十一，第57~58页。

之改弦。”[①] 意即封建宗法专制制度万不可变，只能在一些具体问题上和表面上“刷新”一下。这个宗旨在政治上阉割了维新派的“兴民权”的主张，发展观上也从进化论退回到体用分离的形而上学观念。所以，这种“维新”正如鲁迅所说：“单是皮毛。”换言之，“便是学了外国的本领，保存中国旧习。本领要新，思想要旧”[②]。从现代化的发展观看，便是在维新变法时期向政治制度和思想文化层冲刺了一下之后，“新政”又退回到器物层了。但是，时势比人强。“新政”以为可以保“体”之“用”的工商业、新军、新学稍有发展之后，便不肯为旧体所“用”了，它要反作用于“体”了。无论是振兴工商所造成的产业新军，还是整顿武备编练的打仗的新军，或是改革教育造就的文化新军，都没有成为维护和巩固清王朝统治的根本，反而都做了清王朝的挖墓人。

正是在这个意义上，可以说“新政”的客观效果，要远远超出其主持者的愿望，甚至正与主持者的愿望相反。

这样相反相成的效果证明，时代已前进到中国非变不可的时候了，愿变者变，不愿变者也得勉强变。勉强变，就是小变。不变则亡，小变则亡，机不可失，时不再来。这时，清朝廷无论是禁也好，压也好，放也好，收也好，惶惑也好，徘徊也好，社会的变革都不以统治当局的意志为转移而在开辟自己前进的路了。

五　辛亥革命：中国早期现代化向政治制度层推进的高峰

传统的中国一方面是一个幅员辽阔的大一统的国家，同时又是一个各地经济、社会、文化发展极不平衡的国家。在进入近代之后，由于新的经济文化的输入，形成了传统社会经济文化与现代社会经济文化叠加的二元结构，这种不平衡性和差距就更悬殊了。犹如作为中华民族的图腾的巨龙一样，它的龙头——民族的最先进分子的思想可能已进入世界的最前列，而它的尾巴却还未脱出原始状态。

---

① 《光绪政要》卷二十六，第28页。

② 《鲁迅全集》第1卷，第336页。

在洋务运动作为时代的新风被顽固派嗤之以鼻时，中国民主革命的先行者孙中山就已开始立志于民主革命了。1885 年的中法战争，中国不败而败，法国不胜而胜，暴露出清王朝不可思议的腐败怯懦。这一方面使列强更加胆大妄为地瓜分中国，另一方面也刺激了中国改革的先驱者的觉悟。孙中山正是“自乙酉中法战败之年，始决倾覆清廷、创造民国之志”[①]。孙中山青少年时代在檀香山、香港和广州受过系统的西学教育，学了不少西方自然科学和社会科学知识。时局的变化，清廷的腐败，“改良祖国”的爱国热忱和西学的影响，使他逐步形成了民主主义的思想。关于具体如何实现社会变革的问题，在甲午战争前尚处于反复酝酿之中。1892 年当他毕业走向社会之际，受到他的老师何启、同乡郑观应的改良主义影响，还对清政府的“维新”寄予一线希望。1893 年冬，孙中山在广州曾与友人讨论成立以“驱除鞑虏，恢复中华”为宗旨的“兴中会”。但是不久，又回乡写了《上李鸿章书》，提出了一系列发展资本主义的社会改革的建议，其中心就是“人尽其才，地尽其利，物尽其用，货畅其流”。而李鸿章却根本不予理睬。孙中山在天津吃了李鸿章的闭门羹之后，又上北京，正值甲午战争，中国在朝鲜牙山战役中遭惨败，消息传来，举国震痛，而朝廷仍在赶修颐和园，准备庆祝慈禧太后 60 大寿。孙中山由此而断定自上而下的和平改革之路确实走不通了，遂义无反顾地走上了推翻清政府的革命道路，在檀香山建立了“兴中会”，这是近代中国的第一个资产阶级革命团体。入会誓词明确写道：“驱除鞑虏，恢复中国，创立合众政府。”[②] 当时，改良派正在京畿道上为向朝廷推荐日本式的自上而下的改良而奔走呼号，而以孙中山为首的革命派则已经选择了革命的道路和美国式的发展模式。

“兴中会”成立后，孙中山就加紧发展组织，策划武装起义。1895 年 10 月，广州首次起义失败，但是孙中山和“兴中会”的革命活动却因此引起了海内外的注意。1896 年，孙中山在伦敦被清政府诱禁，经老师相救脱身。

1898 年戊戌变法失败后，许多政治活动家流亡到了日本，孙中山便去日本动员流亡在日的康有为、梁启超联合反清，未成。但是其他许多原来

① 《孙中山选集》，人民出版社，1981，第 192 页。

② 《孙中山全集》第 1 卷，中华书局，1981，第 20 页。

追随改良派的维新志士，却因戊戌政变的倒行逆施而对清廷“断念”转向了革命。孙中山与唐才常的“自立会”取得了联系，1899年与唐才常达成了“殊途同归约”，准备起义。1900年8月，唐才常利用北方义和团运动勃兴之机，联络会党，策划“自立军”在长江流域起义，事泄而败。同年10月，“兴中会”发动惠州起义，曾发展到两万多人，仍败。但是孙中山革命之志既立，便“一往无前，愈挫愈奋，再接再厉，用能鼓动风潮，造成时势”[①]。

19世纪末20世纪初，一方面是章太炎等政治活动家纷纷由改良进向革命并流亡日本；另一方面是“新政”开始以后大批留学生去日本，这些热血青年与革命家的结合，在日本东京形成了一个反清、革命的海外活动的中心。1902年春，孙中山与章太炎就中国的革命和革命成功后的政治进行了广泛的讨论。1903年，几部最有影响的革命宣言书和大众宣传著作问世，这就是被称为中国的“人权宣言”的邹容的《革命军》，陈天华的《警世钟》《猛回头》，章太炎的《驳康有为论革命书》。他们把改良派的进化的天演公理，推进为革命的“天演之公例”“世界之公理”，明确提出了“建立中华共和国”的政治目标，把改良派在改良的名义下提出的东西统统以革命的名义更旗帜鲜明地推到了历史的前台。民主革命思想不断高涨。1903年的“拒俄运动”和留日“学生军”的斗争，挫败了沙俄胁迫清政府接受其侵占东北的“俄约”的阴谋。1905年的“抵制美货”运动，进一步激发了人民的爱国热情。同时，各地的革命团体也纷纷建立，其中最著名的是黄兴、陈天华、宋教仁在长江中游建立的“华兴会”和蔡元培、章太炎、陶成章等人在长江下游组织的“光复会”。

1905年孙中山再到东京，受到各革命团体和留学生的热烈欢迎。各革命团体经商议组成了统一的新革命团体“中国同盟会”，通过了同盟会章程，“以驱除鞑虏，恢复中华，创立民国，平均地权为宗旨”。孙中山在同盟会机关报《民报》的《发刊词》中，把这一宗旨概括为“民族”“民权”“民生”三大主义，即后来所称的旧三民主义。孙中山的民族主义，继承了中国华夏民族“夷夏之辨”的传统意识，汲取了西方民族独立、自由的思想，当时的具体历史内容就是以暴力革命手段推翻清王朝的统治，

---

① 《孙中山选集》，人民出版社，1981，第115页。

“排满兴汉”“振兴中华”，尚缺乏反对帝国主义的内容。其民权主义，主要采自西方的“平等”和“民治”的思想，也融进了中国传统的民本主义精神，主张推翻封建君主专制，建立民国。其民生主义，基本上采取的是美国亨利·乔治的土地单一税理论，也汲取了中国关于土地问题的思想资料，想用“平均地权”的办法，改革社会经济制度，防止再发生社会革命。孙中山自认为他的这一纲领是“社会主义”的，想“举政治革命、社会革命毕其功于一役”。这个纲领虽然有其缺陷和主观空想的弱点，但总的看，是一个要求建立共和制度的完整的民主主义纲领。三民主义的理论就是孙中山的关于中国现代化的发展理论，它的提出使革命在理论上和实践上目标更为明确，有力地促进了革命的发展。同盟会选举孙中山为总理，成为一个全国性的资产阶级政党。

同盟会成立后，各地分散的组织和活动得到了比较统一的领导，斗争的规模和水平都得到了极大的提高。在理论上，革命派在与改良派进行的革命还是改良的大论战中，驳倒了改良派君主立宪的保皇论，进一步论证了革命的必要性。同时，清朝廷亦打出了预备实行“君主立宪”的幌子，以应付舆论，消弭革命。在立宪派的策划下，慈禧太后一会儿佯装决定“预备立宪”，一会儿又来个“仿行宪政”，要尽花招，却仍是枉闻虚声，不见实行。直到 1908 年光绪帝和慈禧太后死，仍不见立宪踪影。同年，3 岁小儿溥仪即位，其生父载沣任摄政王，才又不得不重申“预备立宪”，而预备期竟长达 9 年，连立宪派也等不得了，只好一再上书请愿，却屡遭拒绝。到 1910 年才由朝廷炮制出了一个由“钦选”和“民选”议员组成的“资政院”。1911 年 5 月又推出了一个由朝廷组成的“皇族内阁”，使立宪派也大失所望。所谓“君主立宪”的骗局，已由朝廷自己把它暴露无遗了，剩下的当然也就只有革命一条路。清王朝也就失去了最后的苟延的机会。

同盟会在与改良派进行的革命与改良的论战中，揭露了朝廷一延再延的假立宪的丑剧，与此同时，前仆后继地不断发动推翻清王朝的武装起义。自同盟会成立到辛亥革命，短短几年间就爆发起义 10 余次。

清王朝为扑灭革命烈火，疲于奔命，顾西失东。1911 年正当朝廷调驻湖北等省的军队汇剿四川同志军起义时，起义烽火又从中国中部燃起，这就是终于推翻了清王朝统治的武昌起义。武昌起义是革命党人在湖北新军中长期组织发动的基础上进行的，同时也利用了清朝廷摇摇欲坠、四面楚歌的客观形势。

1911 年 10 月 10 日武昌首义成功，全国各地纷纷响应，50 天内就有 15 省宣布起义或独立。年底，孙中山从海外回到上海，当选为临时大总统，1912 年元旦，在南京宣誓就职，组成了中华民国临时政府，并立即制定和颁布了一系列政策法令。在政治方面，要求实现全国民族统一、领土统一、军政统一，消除民族压迫和分裂，革除封建官场恶习；经济方面，振兴实业，设立实业部，各省成立实业公司，确定经济政策和统筹运行方法；社会方面，规定“中华民国国民一律平等”，革除“老爷”“大人”之类的称呼，实行男女平权，劝禁女子缠足、男人留发辫，禁止种植罂粟和吸食鸦片；教育方面，各级学堂一律改称学校，小学废除读经，把清朝学部提出的忠君、尊孔、尚公、尚武、尚实的教育方针改为军国民教育、实利教育、公民道德、世界观、美育五项。孙中山还亲自主持，为南京参议院起草了一部《中华民国临时约法》，于 1912 年 3 月 11 日公布。《临时约法》规定：“中华民国之主权，属于国民全体”；全国人民一律平等，都有人身、财产、营业、言论、出版、集会、结社、通信、居住、迁徙、信仰等自由，有选举和被选举等民主权利，确立了行政、立法和司法三权分立的原则，具有明确的资产阶级民主宪法的性质。

辛亥革命后，以孙中山为领袖的革命民主派所颁布的政治、经济、社会、文教等方面的革新政策和法令，的确体现了社会现代化全面发展的需要。在民国成立初期，也的确出现过一派新气象，可以说中国资产阶级民主派将资本主义现代化中的政治制度的现代化推向了高峰，是中国资产阶级民主派在中国执政并推行社会现代化的尝试。

如果这个局面能长久持续发展下去，中国的民主和现代化的实现就会顺利得多。然而，由于当时新生的现代性因素还很稚弱单薄，而积久的传统的反现代性势力仍然厚重，所以民国成立后不久，旧势力就恢复过来了。

中国资产阶级民主势力，是以海外为基地，以留学生为基干，通过策反新军、组织会党而展开推翻清王朝的起义，进而临时取得政权的。它在国内还缺乏坚实的经济、政治、社会、文化的基础和军事力量，因而即使一时得到了政权，也不易巩固，很快得而复失。孙中山仅仅做了一个季度的临时大总统，就把这个位子让给了以封建旧势力和帝国主义势力为后盾的有武力的军人袁世凯。

袁世凯等军阀上台之后，便大开复辟的倒车，革命民主势力遂与封建专制复辟势力围绕着独裁与民主、帝制与共和、复辟与反复辟展开了反复的斗争。

首先，袁世凯一上台，便倚仗北洋军阀和帝国主义的支持，力图消灭民主势力，建立自己的独裁统治，甚至复辟帝制。孙中山则重新组织和领导革命力量发起“二次革命”来推翻袁世凯的独裁统治，维护民主共和制。1913 年，“二次革命”失败，袁世凯又靠出卖国家领土和主权换来了俄、英、日等帝国主义的支持，爬上了正式大总统的宝座。1914 年，袁世凯正式解散国会，废弃《临时约法》，成为大权独揽、能“合法”终身连任和世袭的独裁者，“民国”已成虚名。另一方面则是“公民讨贼军”起义反袁失败。

1915 年，日本帝国主义利用袁世凯希望得到日本对他复辟帝制的支持，提出了灭亡中国的“二十一条”，其要点为：（1）承认日本继承德国在山东攫取的一切特权，并加以扩大；（2）日本取得东北南部和蒙古东部的土地租借权或所有权、居住权、工商经营权、建筑铁路和开采矿山的独占权，旅顺、大连的租借期和南满、安奉两铁路的租借期限都延长到 99 年；（3）汉冶萍公司改为中日合办；（4）中国沿海的港湾、岛屿不得租借或让予他国；（5）聘日人为中国政治、财政、军事顾问，中国警政及兵工厂由中、日合办，承认日本在武昌、九江、南昌、杭州、潮州间的铁路建造权，允许日本在福建省有筹办铁路矿山、建筑海港船厂的优先权。除第五项留待以后继续协商外，袁世凯派人接受了日本的其他各项要求。袁世凯在得到帝国主义支持后，更忘乎所以，正式改国号为“中华帝国”，以 1916 年为“洪宪元年”，并定于元旦“登极”。反袁势力则组成“护国军”，在云南宣布独立，讨伐袁世凯。1916 年 3 月，袁世凯被迫宣布取消帝制，6 月 6 日在举国怒讨声中死去。

袁世凯死后，又出现了皖、直、奉、晋、滇、桂等各派军阀割据、合纵连横、互相争斗的混乱局面。在混乱中，清廷遗帅张勋率“辫子军”入京于 1917 年拥废帝溥仪“登极”复辟，皇帝仅 12 天就被赶下台。以后，仍是北洋军阀执政，假共和之名，行专制之实。孙中山又联合南方护法军掀起护法运动，但是护法军的首领同样是抱有皇帝思想的军阀，孙中山由此痛感“南与北如一丘之貉”。

这些斗争的国际背景为，帝国主义列强通过寻找在华的代理人不断加深对中国的侵略使中国殖民地化；国内背景是，随着现代产业的发展、社会结构的分化，旧的社会整合机制逐步崩溃，而新的整合机制、民主法理权威又难以确立和普遍化，真正有现代理性精神的社会成员还不多，以现代产业发展为载体的新兴阶级、阶层尚在幼稚的发展阶段，社会大多数人仍依附于旧的生产方式和经济基础、旧的社会阶层，从而形成新旧各阶级、阶层和各种利益集团的激烈冲突和反复较量。

六　孙中山的中国现代化蓝图

辛亥革命以后，孙中山本来想立即着手实现其使中国现代化的宿愿，但是，军阀们的倒行逆施使他不得不先把主要精力放在与军阀势力的斗争上。在与西南军阀决裂、革命受挫后，他在上海仍抓紧短暂的革命的间歇期，于1917～1919年撰写他的《建国方略》，这是孙中山留给后人的中国现代化的宏伟蓝图，这个方略他毕生都没有写完。当时已完成的有三部分。

方略之一为“孙文学说——行易知难（心理建设）”，这其实就是孙中山的发展哲学。从他的其他论证中可以看出，他力辟传统的“知易行难”说之非，突出体现了他的发展哲学的反传统精神。“知之非艰，行之惟艰”之说，在中国古籍中始见于伪古文《尚书·说命中》傅说同武丁（殷高宗）的对话。以后，《左传》等古典中都有类似的话相传下来。意思是说，“知”并不难，难就难在“行”。孙中山反驳说：中国数千年的思想见识，已习为自然，许多所谓知识并未经过科学考察，不知其谬误，就算作知识。这种“知”，自然容易。若按科学考察，就会发现其大谬不然。而“凡真知特识，必从科学而来也”，那就不容易了。因此，孙中山特别强调了“先知先觉”、创造发明、认识新知的艰难和“后知后觉”“仿效推行”之易。他大力揭橥“知难行易”的主张，体现了他的理性的科学精神和对因循迷信的陈腐态度的抨击，其中也蕴含了自鸦片战争以来包括孙中山在内的几代人为图中国之富强付出无数牺牲和巨大代价、千辛万苦向西方寻求真理的体验。同时，也体现了他对中国现代化的实践（无论是物质建设还是精神建设）的艰难还缺乏足够的认识和思想准备。他认为，只要国人懂得了“行易知难”的学说，破除“知之非艰，行之惟艰”的“心理大敌”，“乃能万众一心，急起直追，以我五千年文明优秀之民族，应世界之潮流，而建设一政治最修明、人民最安乐之国家，为民所有、为民所治、为民所享者也。则其成功，必较革命之破坏事业为尤速、尤易也”。[①] 因此，“当革命破坏告成之际，建设发端之始，予乃不禁兴高采烈，欲以予生平之抱负与积年研究之所得，定为建国计划，举而行之，以冀一跃而登中国于富强隆盛之地焉”[②]。作为后发展国家的发展哲学，它还具有明显的赶超型和模仿型的特征。孙中山一再强调：“倘使我国之后知后觉者，能毅然打破‘知之非艰，行之惟艰’之迷信，而奋起以仿效，推行革命之三民主义、五权宪法，而建设一世界最文明进步之中华民国，诚有如反掌之易也”。[③] 他每每以美、日为例进行比较，分析中国种种有利的人文、地理等条件，便预言：“美国需百余年而达于强盛之地位者，日本不过五十年，直三分之一时间耳。准此以推，中国欲达于富强之地位，不过十年已足矣。”[④] 其爱国之情可感，其急于求成之愿可鉴。

建国方略之二为“实业计划（物质建设）”，这是孙中山的“方略”的核心，也是中国现代化的核心。这个“实业计划”是孙中山1918年为“国际共同发展中国实业”而提出的计划书，他把中国实业的发展放在一次世界大战后世界经济复兴的背景中考虑，希望借势求得共同发展。同时，他又强调，“惟发展之权，操之在我则存，操之在人则亡，此后中国存亡之关键，则在此实业发展之一事也”[⑤]。这是孙中山对中华民族在现代化发展史上的历史教训的深刻总结。

孙中山的实业计划由六种计划组成，以水陆交通建设为先导，作了宏大而又具体的规划，同时对农业和食品工业、纺织服装业、建筑与建材工业、交通工具运输设备工业、印刷工业、燃料工业、钢铁与有色冶金工业、机器制造业等农、轻、重各业的发展均有所论述。他生前未能见到这一计划的实现，却为后人留下了许多宝贵的发展思想和一幅很有参考价值的蓝图。其中，许多计划现在经过修订已逐步实现；有些计划，如10万英

① 《孙中山选集》，人民出版社，1981，第117、118页。
② 《孙中山选集》，人民出版社，1981，第117、118页。
③ 《孙中山选集》，人民出版社，1981，第163页。
④ 《孙中山选集》，人民出版社，1981，第163页。
⑤ 《孙中山选集》，人民出版社，1981，第212页。

里（约合16万公里）的铁路网，则至今还只实现了一个尾数（中国大陆与台湾的铁路通车里程总和现约6万公里）；有的则正在创造实现的条件，如世界第一水力发电站三峡工程自此以来，经70余年设想，50余年调查，40余年勘测，30余年争论，今终由人民代表大会通过立项，20世纪末将正式上马。总之，要实现孙中山的遗愿，仍任重而道远。

建国方略之三为“民权初步（社会建设）”，这已不是同盟会时期纲领性的民权主义和《临时约法》中对公民集会、结社等民主权利的原则规定，而是力图使之具体化、操作化。对各种集会、结社的组织方法、规则、程序、主席和委员等的产生与职责、会员的权利与义务都作了具体规定，尤其对议会动议、提案的提出和审议作了非常细致的说明。作者力图通过这一整套现代社会组织的运行机制的完善取代传统的专制统治。因此，他强调：这种民主集中制的原则，应该“成为一普通之常识。家族也、社会也、学校也、农团也、工党也、商会也、公司也、国会也、省会也、县会也、国务会议也、军事会议也，皆当以此为法则”①。这是孙中山为使中国社会组织生活特别是政治运行机制民主化、现代化所做的苦心设计和具体教材，是一种启蒙性、普及性、操作性的组织社会学和政治组织学的读物，对中国社会组织生活的转型起到了重要的历史作用。但是，他以为有了这么一套计划，大家都懂得了，便会照办，新的社会秩序便计日可成，“吾决十年之后，必能驾欧美而上之也”，则未免太简单乐观。

按他的著作计划，《建国方略》之四《国家建设》将包括《民族主义》《民权主义》《民生主义》《五权宪法》《地方政府》《外交政策》《国防计划》等八册，后来只完成了一部分。

综观孙中山当时和后来已完成的以及设想而未完成的建国方略，实为一个包括经济、政治、社会、科学、文化、外交、国防在内的完整的社会现代化的系统工程。这一工程设计中的有些具体内容现在已经和正在成为现实，但是在当时，许多仅是主观的愿望，还有一些则属于误会、轻信和浅见。例如，他当时虽然已经历了不少挫折，仍然对国内旧势力的根底的深厚、改革之艰难缺乏足够的认识和思想准备，对国际帝国主义也指望过多、过大。孙中山当时已看到了发展到帝国主义阶段的资本主义社会的种

---

① 《孙中山选集》，人民出版社，1981，第385页。

种弊病，因而力图避免资本主义发展引起的经济上的贫富分化、社会结构上的阶级分化和政治上的阶级斗争，主张平均地权、节制资本。不过，他对国际上多达数十种的形形色色的社会主义理论又还未来得及弄清究竟，就把自己的这一套方案归于社会主义的范畴，并“欲使外国资本主义以造成中国之社会主义”。其实，他的方案无论从经济上看还是从政治上看，恰是建立在私有制基础上的自由资本主义的现代化发展方案。

到此，中国早期现代化的政治、经济、社会、文化等基本方面的因素，可以说都初次出台了。但是，第一，现代性因素在整个社会、经济、政治、文化中所占的比重还很小；第二，现代性因素稚弱，很不巩固；第三，无论是现代性的诸因素之间，还是在社会各阶级、阶层中以及城乡各地区中的推进，都很不平衡。以后还经历了多次巨大的反复和挫折，现代化的发展条件才基本到位，有关情况将另文论述。

参考文献

陈旭麓主编，1984，《近代中国八十年》，上海人民出版社。
实藤惠秀，1983，《中国人留学日本史》（中译本），三联书店。
《孙中山选集》，1981，人民出版社。
《辛亥革命前十年间时论选集》，1978，三联书店。
许涤新、吴承明主编，1990，《中国资本主义发展史》第二卷，人民出版社。
《严复集》，1986，中华书局。
《饮冰室合集》，1941，上海中华书局。
《郑观应集》，1982，上海人民出版社。
中央财政金融学院财政教研室编，1980，《中国财政简史》，中国财政经济出版社。

转型时期农民的阶层分化*

——对大寨、刘庄、华西等13个村庄的实证研究

陆学艺　张厚义　张其仔

摘　要： 本文对现阶段我国农民的阶层分化进行了系统的考察。作者根据对13个村庄的调查，以职业类型、使用生产资料的方式和对所使用生产资料的权力作为分层标准，将农民划分为农村干部、集体企业管理者、私营企业主、个体劳动者、智力型职业者、乡镇企业职工、农业劳动者、雇工、外聘工人和无职业者10个阶层，并指出，由于演化时间较短，目前农民的这些阶层还很不稳定，带有一定的过渡性。这种过渡性主要表现为：家庭对个人阶层身份的变迁仍有重要影响；各阶层同农业劳动和土地仍有或多或少的联系；个人阶层身份具有多重性，阶层意识普遍较弱；不同地区农民分层结构的差异较大，分为前分化型、低度分化型、中度分化型和高度分化型4种类型。随着农村改革和经济现代化建设的发展，这种农民的阶层分化将会进一步显现出来和稳定下来。认识这种变化，对于我们制定政策，更好地指导农村工作，尤为重要。

改革开放以来，我国农村发生了激烈的经济和社会变革，其中农民的阶层分化，大量农民由农业劳动者转变成新的阶层，是这一时期最重要的变化之一。由于农民已经分化成具有不同利益要求和地位特征的阶层，所以研究和认识农民的分层结构，是研究和认识农民的必要方法之一。只有根据农民已经分化的客观现实，识别出农民的分层结构，才能对农民的状况有一个科学的认识。

我们研究的样本是13个村庄。1990年7月至1991年8月我们对这13

* 原文发表于《中国社会科学》1992年第4期。

个村庄进行了调查。这13个村庄多数全国闻名，分布在7省12县，它们是：曾被树立为全国农村学习样板的山西省昔阳县大寨村，被毛泽东同志赞誉为“我们整个国家形象”的“穷棒子社”——河北省遵化县西铺村，“青石板上种庄稼”的河北省遵化县沙石峪，由全国模范共产党员史来贺担任支部书记近40年的河南省新乡县刘庄，老典型、新贡献的“亿元村”——江苏省江阴市华西村，起草全国第一张包干到户合同书的安徽省凤阳县小岗村，全国第一个武装革命根据地的指挥中心江西省宁冈县茅坪，80年代以来经济、社会发展比较快的河北省迁西县烈马峪、三河县西岭村和安徽省含山县房圩村，改革开放以后跨入“小康村”行列的湖北省洪湖市洪林村、河南省巩县竹林村、河北省香河县矬口村。在这13个村中，有11个行政村，2个自然村（村民小组）；有5个村属于丘陵区，3个村属于平原区，3个村属于山区，2个村属于圩区。这些村庄大部分属于中等发达或发达地区。之所以这样选择，是因为中等发达和发达地区是党的十一届三中全会以来变化较快的社区类型。我们调查不发达村庄的主要目的是对照。

一　分层标准

研究社会分层不是研究者按自己的主观意愿对社会成员进行分门别类，唯心地创造一种结构。社会分层是一种客观的结构，研究者只能发现、描述和解释这一结构。因此对于农民分层的标准，不能随研究者的偏好而任意确定，而是从社会现实中科学抽象出来。研究农民分层的关键是从社会现实中发现分层标准的逻辑起点。

在人民公社化时期，13个村庄的农民分层很不明显。农民之间的地位同一性是主要和普遍的。农民之间的差别更多的是一种功能差别。进入20世纪80年代以后，13个村庄的农民不同程度地发生了分层，农民开始逐步向非农民转化，农民之间的地位差别变得日益明显。造成这一变迁的基本原因是农村财产制度和职业系统的变化。

财产制度的变化主要表现为财产经营方式的多样化和所有制形式的多样化。人民公社化时期的农民没有经营自主权和支配自己劳动产品的权力，生产资料由集体统一支配和使用。农村改革把单一的集体统一经营形式，改变为以农户或承包单位为基础、家庭分散经营和集体统一经营同时并存的双层经营。这一转变在13个村庄中历时6年。最早发生这种转变的是安徽凤阳的小岗，时间是1979年；最晚发生这种转变的是河北遵化的沙石峪，时间是1985年。家庭承包经营形式的引入，标志着引入了一种新的资产经营形式，即所有权和经营权相分离的资产经营形式。资产经营形式的多样化反映在农民身上，就表现为农民对所使用的生产资料的权力差别。

财产制度的另一个主要的变化表现在所有制方面。人民公社化时期的所有制结构是单一的集体所有制。农村改革改变了所有制结构的单一化状态，形成了以公有制为主体、多种所有制形式并存的格局。13个村目前存在三种经济成分：集体经济、个体经济和私营经济。大多数村庄只具有其中的两种经济成分，有3个村庄同时具有三种经济成分，另有3个村庄只具有集体经济一种经济成分。集体所有制在13个村庄中都存在，是一种普遍的所有制形式。同集体经济发生联系的农民也最为广泛。

就职业系统来说，80年代前后13个村庄职业系统的一个明显的区别是单一化和多样化的区别。人民公社化时期绝大多数农民从事的是农业劳动，只有极少数人从事其他职业。相对于农业劳动者来说，从事其他职业的农民地位要高些，但其规模很小，对农村不能发生深刻影响。80年代后，农民的就业空间拓宽了，产业结构由单一的农业向农业和非农业同时并存的格局转化。农业之外的职业开始对农民发生越来越大、越来越深刻的影响。从表1可以看到，13个村庄中的劳动力在农业和非农业上的分布发生了明显的变化。1989年或1990年的非农业劳动力比重在绝大多数村庄都超过了60%。

表1　13个村庄农业劳动力和非农业劳动力的比重变化（%）

村名	农业劳动力比重		非农业劳动力比重		村名	农业劳动力比重		非农业劳动力比重	
	1978年	1989年	1978年	1989年		1978年	1989年	1978年	1989年
华西	80.7	1.3	19.3	98.7	沙石峪		65		35
刘庄	40.9	7.8	59.1	92.2	房圪	70.3	27.5[3]	29.7	72.5
竹林	88	0[1]	12	100	大寨		43.3		56.7

续表

村名	农业劳动力比重		非农业劳动力比重		村名	农业劳动力比重		非农业劳动力比重	
	1978 年	1989 年	1978 年	1989 年		1978 年	1989 年	1978 年	1989 年
洪林	53.5②	8.5③	46.5②	91.5③	西铺	98.03	39.49	1.97	60.51
矬口	71.7②	3.7③	28.3②	96.3③	茅坪	91.1	89.2	8.9	10.8
烈马峪	95.71	16.19	4.29	83.81	小岗	100	97	0	3
西岭		37.7		62.3					

注：①竹林村没有专门的农业劳动力，其农业生产是通过乡镇企业职工利用早、晚和休息日来进行的，因此我们把该村的农业劳动力确定为零，当然这是不准确的。

②1979 年的比重。

③1990 年的比重。

农民的分层正是发生在农村出现多样化的职业、多样化的生产资料所有制形式和多样化的资产经营方式的背景下的。也就是说，当农村在集体经济之外出现了个体经济和私营经济，在所有权和经营权相结合的经营形式之外出现了所有权和经营权相分离的经营形式，在农业之外出现了其他各种各样的职业之后，农民相互之间的地位差别才变得明显起来。上述三者的多样化反映到农民身上就是农民之间的职业、使用生产资料的方式和对所使用生产资料的权力的差别。正是因为这种差别，农民才被分离为不同的阶层。阶层就是具有相同或相近职业，相同的使用生产资料的方式，和对所使用的生产资料具有同类权力的个体的集合。

以职业、使用生产资料的方式和对所使用生产资料的权力对农民进行分层，同马克思主义的阶级分析方法在根本上是一致的。我国是一个社会主义国家，消灭了一方占有生产资料、以剥削为生和另一方失去了生产资料、以出卖劳动力为生的两极对立，建立了社会主义公有制。这时如果仍以生产资料占有与否为唯一标准对农民进行分层，农民基本上就无层可分。虽然农村在改革之后出现了个体经济和私营经济，但其数量和比例都比较少，不是普遍的经济形式。在公有制经济是主体经济形式的情况下，把职业引入分层标准是合理的。因为在生产力水平还不十分发达、劳动还是人们谋生的手段时，职业的差别就不可避免地表现为地位上的差别。把职业作为影响个人社会地位的因素之一，没有否定生产资料占有对个人社会地位的决定性影响，相反却是建立在这一根本前提之上和以此为出发点的。在把职业作为农民分层因素的同时，我们所考虑的其他两个因素更直接地反映了我们的分层方法同马克思主义阶级分析方法的一致。把使用生产资料的方式和对所使用生产资料的权力这两个因素引入分层，就是把生产资料的占有影响个人社会地位这一命题纳入分层之中。把这两个因素同职业相结合作为农民分层的标准，是马克思主义的阶级分析方法在我国社会主义初级阶段的具体应用。

二　分层结构

根据农民所从事的职业类型、使用生产资料的方式和对所使用生产资料的权力这三个因素的组合，我们对13个村的农民进行了分类，发现存在于目前农村的有10个阶层：农村干部、集体企业管理者、私营企业主、个体劳动者、智力型职业者、乡镇企业职工、农业劳动者、雇工、外聘工人、无职业者。这10个阶层具有不同的职业类型、不同的使用生产资料的方式和对所使用生产资料的不同的权力（见表2）。这三个因素的不同组合决定了各个阶层的地位不同。具体到一个特定的村庄，这10个阶层不一定都同时具备。

表2　10个阶层的参数组合特征

序号	阶层名称	参数组合特征	序号	阶层名称	参数组合特征
1	农村干部	社区管理、集体经济、所有权	6	乡镇企业职工	非农业劳动、集体经济、经营权
2	私营企业主	企业管理、私营经济、所有权和经营权	7	农业劳动者	农业劳动、集体经济、经营权
3	集体企业管理者	企业管理、集体经济、经营权	8	雇工	非农业劳动、私营经济或个体经济、经营权
4	个体劳动者	企业管理、个体经济、经营权和所有权	9	外聘工人	非农业劳动、集体经济、经营权
5	智力型职业者	智力型职业、集体经济、经营权	10	无职业者	无职业

（一）农村干部阶层

农村干部阶层包括村民委员会成员、村支部成员及村民小组主要负责人。他们是农村政治、经济和社会的主要组织者，是集体资产的所有权主体代表和党的各项方针政策在农村的具体执行者。他们具有双重身份，既代表国家利益，行使行政职能，又代表农民利益，对农村经济和社区的发展起着关键性作用。

农村干部的地位和收入水平在社区间是不相同的。一个基本的趋势是，经济发展水平特别是集体经济发展水平越高，农村干部的地位和收入水平越高，声望也越高。在这种情况下，农民对他们的怨言就比较少，他们的工作开展得也就比较充分。

农村干部的相对规模比较小，13 个村的农村干部占本村劳动力的比重都在 5% 以下。比重最大的是竹林村，为 4.2%，最小的是大寨，只有 1.37%。因此农村干部的管辖幅度是比较大的。即使不包括无职业者和外聘工人，其管辖幅度也在 20 人以上，大部分在 50 人以上。如果把无职业者考虑在内，则管辖幅度更大，大部分在 100 人左右，最大的接近 200 人，如西铺村。考虑到农民居住的分散性，这样的一种管理幅度是很宽的。由此我们不难看到农村干部工作的困难程度。

（二）集体企业管理者阶层

集体企业的管理者包括集体企业的经理、厂长、会计、科室负责人和供销业务人员。他们对企业的人、财、物和产、供、销有决策权，与企业职工的关系是管理者和被管理者的关系，与农村干部的关系是生产资料经营委托者和生产资料所有者代表的关系。他们对集体企业资产有经营权，没有所有权。这部分人的收入较高。如华西村，1989 年有集体企业管理者 115 人，他们租赁和承包了 23 个企业，厂长和经理得超额利润 10% 的奖励，有的厂长和经理因此能得数万元甚至 10 多万元的奖金。这些奖金不以现金付给厂长或经理，而是采取入股记账的方式留在企业内。

（三）私营企业主阶层

私营企业主阶层是指由雇工 8 人以上、占有企业的生产资料的私营企业的所有者所组成的群体。私营企业主是雇主，占有雇工的剩余劳动，拥有对企业人财物的支配权、生产经营的决策权和企业内部的分配权。

私营企业主一出现就以其较高的收入而引人注目。西岭村刘保金经营的石料场、石灰场和运物队，1989 年的固定资产和流动资金总值达 330 万元，总产值达335万元。竹林村的一家私营耐火材料厂，有3名经营者，雇工20人，固定资产总值达20多万元，1989年的产值是30万元，利润是10万元。不过私营企业主的声望却不和他们的收入一样高。尽管他们为地方做出过不少贡献，但是村内的农民对他们仍有反感情绪。他们中一部分人内心比较矛盾，感到政治上没地位，不光彩，怕露富，赚了钱不敢理直气壮地消费，家庭陈设甚至比不上集体企业的管理者。

（四）个体劳动者阶层

个体劳动者阶层是指由拥有某种专门技艺或经营能力，使用自有生产资料和家庭劳动力，从事某项专业劳动或自主经营小型工业、运输业、建筑业、商业、饮食业、服务业、修理业等行业的农民所组成的社会群体。他们多为农村的能工巧匠，在人民公社化时期没有施展才能的机会。其规模在各村不等。13个村中规模最大的是房圩村，1989年为230人，占本村劳动力的2.94%，有4个村根本没有个体劳动者。

个体劳动者的经营活动方式各有差别。有的摆摊设点，有固定场所或门面，有一定的经营范围，在当地工商行政管理部门登记、注册，领有营业执照；有的请一两个帮手，三五个学徒；有的走村串户，肩挑手拉，小本经营，没有固定的经营场所和经营时间，散居村中，一般没有营业执照。个体劳动者思想不稳定，他们有后顾之忧，不敢扩大规模。房圩村的张帮余制作和经营酱油已有八九年的时间了，有丰富的加工制作经验和经营管理经验，加工所需原料也供应充足，又有广阔的市场，按条件完全可以雇一些农民，开办一家初具规模的私营企业。但他“怕政策变”，“怕当资本家，牵连子孙”，不敢扩大生产规模。他不让自己的子女跟自己干个体经营，却让儿子、儿媳每人自带4000元资金进集体企业，做乡镇企业职工。

（五）智力型职业者阶层

智力型职业者阶层是指由具有一定的专门技能，在农村从事教育、科技、文化、医疗卫生、艺术等智力型职业的工作者所组成的社会群体。阶层的成员都具有一定的知识或技能，他们和农村中的其他阶层相结合能产生巨大的生产力。其人数和收入水平在不同的村庄差别很大。竹林村有智力型职业者105人，分布在村中不同的岗位上。其中，企业科技人员63人，他们有丰富的科学知识和较高的专业技术水平，享受优厚待遇；幼儿园和中小学教师30人，平均月工资130元，享受村干部的所有福利待遇；医务人员8人，月工资在100～160元，其他福利待遇和村干部一样，少数医术高明的月工资在200～300元；文化站4人，负责村民的文化教育，组织书法、武术等活动，编辑村内刊物，月工资150多元，享受村级干部的各种福利待遇。有的村庄智力型职业者的待遇是远不如竹林村的。房圩村有8名教师，他们的月工资只有50～60元。

（六）乡镇企业职工阶层

乡镇企业职工阶层是一个由乡村集体企业中的非管理人员所组成的社会群体。他们以非农劳动为主，使用集体的生产资料，对所使用的生产资料具有所有权。这些人户口在农村，不吃国家平价供应的商品粮，也不享有城市居民所享受的各种补贴和劳保待遇。

乡镇企业职工中多数人还经营着一小块土地，和农业有或多或少的联系。他们8小时以内是工人，8小时以外是农民，“工业三班倒，农业早、中、晚”就是他们生活的真实写照。刘庄的青年在初中或高中毕业以后，“能和城里人一样进工厂”。他们分布在技术性较强的岗位上，有严格的劳动纪律。在农忙季节，要根据村里的规定，到指定地段从事农业生产劳动。人均只有0.7亩耕地的竹林村没有农业专业队，乡镇企业职工以非农劳动为主，兼营农业，他们在白天轮休时到地里干农活。

（七）农业劳动者阶层

农业劳动者阶层是一个由承包集体耕地，以农业劳动为主的农民所组成的社会群体。阶层成员以分散劳动为主，有比较强的独立性，自主权比较大。这个阶层是农村其他阶层的母体，其人数呈下降趋势。

农业劳动者承担着向社会提供商品农产品的责任，但他们的生产积极性却很低。这主要是因为农产品不仅价格偏低，而且时有难卖的风险，生产资料经常涨价，挂钩物资难以兑现，各种摊派名目繁多。多数农业劳动者认为，“粮田不可不种，但不可多种”。他们一有务工经商的机会，即使是“背井离乡”也在所不惜。所以，农业劳动者阶层是一个人数极不稳定的阶层。

在一个村庄，农业劳动者人数和他们的经济地位成负相关。农业劳动者人数越少，他们的地位越高。华西、刘庄、竹林、洪林和矬口 5 个村的农业劳动者比重都在 10% 以下，这些村的农业生产机械化程度比较高，农业劳动强度相对较低，农业劳动者的收入水平相对高些。华西村现有农业劳动者 78 人，其中农业专业队 12 人，经营养殖业、种植蔬菜瓜果的 66 人，他们年人均收入 4600 元。尽管在农业劳动者比重较低的村庄，农业劳动者的地位相对于农业劳动者比重较高的村庄要高些，但在村内的相对地位却仍是比较低的。这可以通过青年人的职业选择反映出来。青年男女都不愿意加入农业生产专业队，专业队里多为中老年人，特别是家庭负担较重的中年人。

（八）雇工阶层

雇工阶层是一个由受雇于私营企业、个体工商户的农民所组成的社会群体。虽然他们对所使用的生产资料没有所有权，但同资本主义制度下的雇工有本质区别。他们不是“除了两只手以外，自由得一无所有”的无产者，而是拥有一份有所有权、可使用和支配的生产资料，但数量不足的“剩余劳动者”。出雇的主要目的不是养家糊口，而是增加收入，学习技术，看一看“外面”的世界。他们的收入同个体劳动者和私营企业主相比，相差悬殊，但和农业劳动者相比，却要高些。

雇工可以分为两大部分。一部分负责企业管理或技术方面的工作，他们或是因为有专门的技术或经营管理能力，或是因为是企业主的亲朋好友、同村近邻。另一部分所从事的是体力劳动，大部分是外村人，是雇工阶层的主体部分。竹林村 1989 年底仅存的一家经营耐火材料的私营企业，雇用了 20 名工人，其中，本村 4 人，都是企业主的邻居，2 个当司机，另 2 个为技术员。西岭村的一家经营石料、建材、运输等业务的私营企业，雇有工人 60 多名，90% 以上是外村人，本村只有 9 人，都是后勤管理方面的人员。之所以雇工中大部分是外村人，一方面是因为本村人不愿受雇于本村人，认为这是“低人一等”，另一方面是因为企业主不愿雇本村人，怕很多关系难处理。雇用本村人，企业主要尽量给他们安排一些较轻松或优越的职位，以在本乡本土博得一个好名声。

（九）外聘工人阶层

外聘工人阶层是由一些由非农产业比较发达、人均产值比较高的村所招聘的外村农民所组成的社会群体。他们在集体企业工作，根据离家的远近可以分为两种人：一种是家住附近村庄、早出晚归者；另一种是家住较远的村庄甚至隔省隔市、吃住都在受聘村的人。在不同的村庄，其收入和待遇有所不同。华西村有外聘工人 690 多人，其中邻村邻乡、早来晚去者 140 人，家住较远、吃住在华西的 550 余人，分别来自川、贵、湘、皖、豫、鲁、陕、新疆和江苏等省区。新聘的工人月工资 120 元，成为熟练工人的外聘工人年收入在 3000～4000 元。该村规定，家住附近的，每年休 15～20 天的农忙假，家住较远的，春节有 15～20 天的探亲假，路费报销，探亲期间基本工资照发。该村设有外聘人员办公室，除 1 名负责人是本村人外，余下 4 人都是外村、外省的。竹林村有外聘工人 650 多人，分别来自川、湘、鄂、皖、鲁、晋、陕、内蒙古和本省其他乡（镇）村。该村设有集体宿舍、食堂、浴池，对他们一视同仁，量才使用。有 43 人担任车间主任以上管理工作。有一位四川青年，在煤矿井下任作业班长，因工作出色，被评为郑州市劳动模范，吸收进了党组织。

就华西和竹林两村的情况来看，外聘工人的地位要优于雇工，但把外聘工人同本村人相比，地位却要低些。他们干的通常是较苦较累的活，不能完全享受本村人所能享受的各种福利待遇，对企业的经营活动缺乏决策权，只有极少数人进入管理者的行列，对社区的生活参与程度较低，基本上处于受聘村的社区生活的边缘。

（十）无职业者阶层

无职业者阶层是由那些没有劳动能力的人所组成的一个社会群体。严格说来，它在农村目前还不能算是一个阶层。因为无职业者的地位是由其家庭的地位所决定的。我们之所以称他们为一个阶层，是为了穷尽所有的人口。所以严格地说来，农村最基本的阶层是 9 个。我们把除无职业者阶层之外的其他阶层称为基本阶层，把无职业者阶层称为非基本阶层或从属性阶层。

三　农民阶层分化的基本特征

13 个村的农民阶层分化是从同质性较强的农民开始的。由于分化的时间短，迄今还没有达到一个比较成熟和比较稳定的阶段，带有一定的过渡性特征。这些特征反映了农村目前正处于由传统社会向现代社会转化这样一个总的特征。

第一，一方面个人是进入和退出阶层的基本单位，另一方面家庭对个人阶层身份的变迁仍有重要影响。在处于低级发展阶段的社会中，阶层以家庭为基本单位，是家庭的集合。个人退出某个阶层往往是因为其家庭地位的变化，而进入某个阶层则往往是因为他是某个家庭的成员。从现阶段农民的阶层分化情况来看，农民进入或退出某个阶层只意味着个人身份的变迁，构成阶层的基本单位是个人而不是家庭。家庭中所有成员都同属于一个阶层的情形是不多见的，主要是那种只有夫妻俩组成的家庭或单身家庭。对绝大多数家庭来说，家庭成员可能因为职业、使用生产资料的方式和对所使用生产资料的权力不同而分属于不同的阶层。在我们所调查的 13 个村，最普遍的家庭内部的“阶层结构”是：农业劳动者、乡镇企业职工和无职业者。当然这并不代表我国农村的现状。由于这 13 个村总体的经济发展水平比较高，所以乡镇企业职工在家庭间的分布，比全国平均水平要广泛得多。尽管如此，个人是进入或退出阶层的基本单位的结论却具有广泛的适用性。

个人是进入和退出阶层的基本单位，并不表明家庭对个人阶层身份的变迁没有影响，这也不是由家庭对个人身份变化影响力的下降所造成的。个人作为进入和退出阶层的基本单位，虽然会削弱家庭对个人的影响，但不是家庭影响力下降的结果和反映。家庭成员之间的身份变迁是相互影响的。这是因为以下几点。其一，各种所有制形式的企业所能吸纳的劳动力是有限的，这限制了某些阶层规模的扩大。乡镇企业发展规模对家庭成员分属不同阶层的影响，就是一个生动的例子。当乡镇企业（集体企业）的规模没有发展到足以吸收全村所有的劳动力的时候，村组织就采取按户平均分配的方式在村内招收职工。反映到家庭上，就是有的家庭成员可以进入乡镇企业，有的家庭成员则不能进入乡镇企业。家庭中此部分成员的身份变迁对彼部分成员身份变迁的这种限制，只能随新的一轮招工才能得到部分消除。其二，农户的部分需要是由家庭来满足的，这就迫使家庭不得不为此配置一定量的劳动，家庭内部因而就产生了一种被强制的分工。这集中表现在粮食生产上。由于农民的口粮主要由农户自身通过生产来提供，而且农业生产实行家庭经营方式，所以农户不得不在家庭中留下部分劳动力从事粮食生产。这种情形同样说明家庭成员之间的身份变迁有较大的相互影响。此部分成员进入一个阶层是以彼部分成员留在另一个阶层为条件的。所以现阶段农民身份变迁的个体性和家庭成员分属于不同阶层，所反映的正是家庭成员彼此之间的较大影响和依赖。

第二，农民中的各个阶层同农业劳动和土地有着或多或少的联系。自20世纪80年代以来13个村虽然出现了明显的非农化趋势，但完全把土地转让出去，彻底离土、离农的农民却很少。即使是经济十分发达、有专业队负责农业生产经营活动的村（如华西村），村内的每个劳动力也都或多或少地在农忙季节转入农业劳动。在经济发展水平较低或很低的村，非农阶层成员兼农的现象更加普遍。造成这种情况的原因是国家不向农民提供口粮，农民的口粮须靠自身的农业劳动解决，同时农民还负有向国家交售粮食的义务和责任。

口粮和粮食定购任务，就一个村而言，可以采取让一部分农民专门从事农业劳动的方式解决。这样就会发生一部分人专门从事农业劳动、一部分人专门从事其他职业的社会分工。在13个村中，有部分村已经形成了这样一种格局，但并不彻底。原因不是因为各种非农职业不稳固，而是因为农业生产的机械化程度不完全或不高，农业生产的某些环节大量采取手工劳动方式，一到农忙季节，大量非农业人员就回流到农业。

对于经济不发达或不十分发达的村而言，非农阶层成员广泛兼农，是因为其非农职业很不稳固，他们不得不用农业劳动来更充分地利用自己的劳动能力。这与发达地区的兼农现象有质的区别。农业劳动之所以成为劳动者充分利用其劳动能力的一个领域，是因为农民进入这个领域没有什么障碍，而且农业劳动可以采取分散劳动和不连续劳动的形式。值得指出的是，在经济比较发达的村，非农业劳动者常常利用早、中、晚干些农活，这同不发达村的非农业劳动者被迫转入农业劳动是大不相同的。前者是自愿的，对他们而言，干农活与其说是一种劳动，不如说是一种闲暇时的安排，而后者则是非自愿的，无可奈何的。

兼农是以拥有一份有经营权的土地为前提的。农民不放弃土地的理由和农民兼农的原因有共同之处，如农民须靠自己的劳动解决口粮问题和负有向国家交售粮食的任务等。此外，农民“恋土”还有其他两个原因。一是农民的非农职业不稳固，有一份土地不至于丢掉饭碗。二是农民在从事非农业劳动的同时，能采取各种方式经营好土地。由于人均占有耕地少，所以一个农户可以在其部分成员转移出农业之后，靠余下的家庭成员经营好同样数量的土地。同时，从事非农职业的农民在农忙季节可以退回到农业之中。这种灵活性有效地解决了农忙季节的用工问题，进一步增加了农民“恋土”的合理性。

第三，个人阶层身份的多重性。目前农村阶层系统的开放性比较高，阶层和阶层的关系不是处于一种完全固定的状态。同样的个体既可进入此阶层，也可进入彼阶层有的甚至可以同时具有多重阶层身份，如农村干部既可以是集体企业的管理者，也可以是个体劳动者或私营企业主。这种多重阶层身份的特征主要体现在农村干部、集体企业管理者、个体劳动者和私营企业主身上。

个人同时具有多重阶层成员资格，对阶层间关系和阶层内部团结有极大的影响。个人如果仅属于一个阶层，那么阶层成员之间就具有较多的利益一致性，个人将在阶层冲突中立场鲜明。个人同时具有多重阶层成员资格时则不然。个人所加入的每一个阶层都涉及其一部分利益，每个阶层对于其成员都有具体和不同的要求，个人不得不在这些不同的利益和要求之间进行权衡，阶层可能会因此而分裂为不同的集团。如在私营企业主阶层中，具有农村干部身份的私营企业主，将构成一个与纯粹的私营企业主不同的阶层中的小集团。所以个人同时具有多重阶层身份弱化了阶层内部的凝聚力和个人对阶层及阶层矛盾的参与程度。

第四，阶层意识普遍较弱。阶层意识的强弱主要受阶层成员的沟通状况、阶层成员各种地位的重叠程度、阶层间矛盾的频率及阶层开放性的影响。前三者和阶层意识呈正相关关系，第四个因素和阶层意识呈负向关系。就 13 个村来看，农民之间的沟通是少的，主要采取面对面的直接互动形式，这种沟通方式不仅效率低，而且延伸的范围小；农民各种地位的重叠程度是不高的，私营企业主的声望不和他的收入一样高，农村干部处于职业权力的顶峰，但经济报酬却不一定与此相符；阶层的开放性是比较大的，阶层成员的流动性比较高，一部分人同时具有多重阶层成员身份和农民兼农、“恋土”所体现的就是这样一个特征；各阶层间的关系一般比较融洽，没有大范围、大规模的阶层矛盾，小范围的矛盾也不多。由于这样一些原因，阶层成员之间缺乏较高的身份认同感和对共同利益的清晰观念。

虽然农民的阶层意识较弱，但不能因此而否定阶层的存在。阶层的存在不以阶层意识的存在为前提；相反，阶层意识的产生和发展要以阶层的存在为前提。阶层是具有相同社会地位的人们的集合，不同的阶层具有不同的利益要求。阶层成员的相似的社会地位和共同的利益要求，源于成员之间在生产过程中的客观地位。阶层内部成员可能没有完全意识到他们之间的这种共同性，从而在意识和存在之间产生了距离。阶层结构在社会中作为一种潜在结构而发生作用。一旦阶层成员意识到他们之间的共同地位和共同利益，阶层结构就显化了。阶层意识的产生将强化阶层内部成员之间的关系，使阶层成员的行动转化成一种自觉的和有组织的行动。

第五，在经济发展水平不同的村，分层结构是不同的。由于历史和自然条件的原因，13 个村的经济发展水平有很大的差别，这种差别也反映到了分层结构上。分层结构的社区差别反映了社区对个人身份变迁的影响。农民对社区的依赖是比较大的。社区也常把属于本社区内的成员置于优于其他社区成员的位置上。社区变迁所影响的首先是社区内部成员的身份变迁。如在经济比较发达的村庄，非农职业岗位首先安排本村农民，只有在本村劳动力供不应求时，才把视野转向村外。对于村内的农民来说，他们之所以从农业中转移出来，和村外的农民相比，是因为且仅是因为他们是村内的农民。村外的农民要进入该村取得某个阶层身份，就需要一些额外的条件。

四　阶层间的矛盾

从总体上来看，农民各阶层间的关系是比较融洽的，没有发生大规模、大范围的激烈阶层冲突，以及持续的阶层对抗和阶层关系紧张。但是农村目前的阶层关系仍没有完全理顺，阶层间的矛盾在小范围内时有所见。按矛盾的起源分，可以分为两种类型：第一种类型的矛盾起源于对某一阶层功能的合法性的怀疑和否定，第二种类型的矛盾起源于对阶层间收入分配合法性的怀疑和否定。这两种类型的矛盾同属人民内部矛盾，只要采取适当措施加以疏导和处理，都不会发展成分裂社会的持续性的对抗行动。

每一个基本的阶层都负有一定的功能。其功能的完成往往要有阶层间的相互合作。合作的好坏和功能完成得好坏，决定于合作对方对履行功能一方的功能合法性的认定。这里所说的合法性不是法律意义上的，而是文化和价值上的。从这个意义上看，一个阶层的功能合法性就是指其功能为社会成员所承认和接受。功能的不合法性是指一个阶层指向另一个阶层的行动，被后者认为不合理、不公正，因而是难以接受的。被认为不能接受的功能不代表它不能完成，它可以依赖于合法性之外的其他力量（如权力）来完成。权力迫使互动一方对另一方表示服从，但会产生互动双方的紧张关系，最终会演化为冲突。

由功能不合法性所引起的矛盾，主要表现在农村干部阶层和其他各阶层的关系中。农村干部和农村中其他阶层的矛盾是农村改革之后的最引人注目的矛盾之一，具体表现为农村干部指向其他阶层的三类行动不为后者所乐意接受。这三类行动是指计划生育、催粮和派款。计划生育是我国的基本国策，搞好计划生育是农村干部的一项十分重要的工作，但在农村缺乏有效的文化基础。大多数农民有一种根深蒂固的养儿防老、传宗接代观念。那些有女孩没男孩的家庭对节育和绝育难以接受。催粮是指农村干部催促农民完成国家粮食征购任务。农民对这种行动难以接受的原因是国家的粮食定购价偏低，农民认为这种价格偏低是不合理和不公正的。派款就是指农村干部无偿地向农民分摊各种费用和征收各种款项。派款行动主要源于公共事业建设和农村的各种补贴需要，它会降低农民的利益。当然，这种暂时性的损失不会必然引起矛盾。只有当农民认为这是一种无意义的损失并且永远无法得到补偿时，矛盾才会产生。

对阶层间收入分配合法性的怀疑和否定，造成了收入水平较低的阶层和收入水平较高的阶层的矛盾。13 个村目前收入水平较高的阶层主要是集体企业管理者、个体劳动者和私营企业主。集体企业管理者使用的是集体的生产资料，其收入多少主要由劳动投入的多少决定。考虑到管理劳动的复杂性和管理者负有较大风险和责任，集体企业管理者的收入比乡镇企业职工高是可以接受的。但存在的问题是，有一部分集体企业的管理者在承包了集体企业之后，获得了高得惊人的收入，个体劳动者和私营企业主的收入也是普遍较高的。农民对他们的高收入之所以不满，一方面是认为他们采用了非法的和非道德的收入获取方式，另一方面则是因为低收入者产生了被剥夺感。

上述两种类型的矛盾在13个村没有表现为大规模、大范围的对抗行动，而是表现为一个阶层的部分成员同另一个阶层的部分成员的冲突，且被分割在不同的村庄，没有被广泛地联结起来。两种矛盾的程度和分布在经济发展水平不同的村庄是不相同的。在经济发展水平较低的村庄，无论是集体经济，还是个体经济、私营经济都不发达，因而农民之间的收入分配比较平等且差距不大，因收入分配不公而引起的矛盾极少。相反，农村干部和农村中其他阶层之间的矛盾却比较多，关系比较紧张。原因是农村干部缺乏必要的经济资源以使其行动合法化。经济中等发达的村庄的农村干部和其他各阶层的矛盾，较经济不发达的村庄程度要低得多，但依然存在。这些村庄由于农业劳动者仍占有一定比例，个体劳动者往往颇具规模，因而收入分配不公所引起的矛盾开始突出起来。对于经济发展水平比较高的村庄来说，两种类型的矛盾都很少，主要原因是这些村庄乡村集体企业的规模发展到了相当高的水平。

乡村集体企业的发展从三个方面有助于农村各种矛盾的解决。首先，乡村集体企业的大量发展，将把大量农民从农业中转移出去，从而降低单位耕地面积上的劳动力密集程度，使标准劳动力经营的土地规模扩大，单位时间的收益提高。同时，乡村集体企业的发展使农户收入中的农业收入比重急剧下降。这两个因素的共同作用，将弱化农产品价格偏低对农民的消极影响。其次，乡村集体企业的发展，使社区能在不增加农民负担的前提下大力发展公共福利事业和社会保障事业，使社区内的农民生活水平共同提高。如华西村的集体企业十分发达，有雄厚的集体经济基础。目前已实行了退休金制度和医疗费报销制度，集体负担学生从幼儿园到中学的学费，为每户配备了液化气灶具，并实行燃气定量补贴，还为每户装上了电话和闭路电视。最后，乡村集体企业的发展，使农村干部成为一个为农民谋各种福利的阶层。农村干部形象中的这种新因素的导入，使农村干部本身成了行动合法化的源泉。

农民之间的矛盾的分散性和在社区间的差别，是农村的阶层界限不十分明显的一个原因。但矛盾的性质在社区间是相似的。分散性矛盾的效应之一，就是使矛盾双方逐渐找出其阶层归属和最终有组织地联结起来。

五　农民分层结构的演化

13 个村庄中的个别村，外聘工人的数量超过了农业劳动者和乡镇企业职工，但由于外聘工人是“外来户”，因此其对村庄内的社区生活的参与度比较低。无职业者阶层队伍十分庞大，但其地位是从属于家庭地位的。在农村影响最大同时人数也比较多的是农业劳动者和乡镇企业职工。我们选择这两者的相对规模大小来对农民的分层结构进行分类。

按农业劳动者和乡镇企业职工相对规模（占本村劳动力的比重），我们把农民的分层结构分为 4 种类型。第一种类型我们称之为前分化型。其基本特征是，农业劳动者的比重在 90% 以上，乡镇企业职工的比重不到 5%。13 个村庄中属此类型的只有小岗一个村。这个村的农业劳动力比重为 94.2%，乡镇企业职工的比重为 1.4%。第二种类型我们称之为低度分化型。其基本特征是，农业劳动者的比重在 70% ~90%，乡镇企业职工的比重在 5% ~20%。茅坪属这种类型。这个村 1989 年农业劳动者的比重为 89.2%，乡镇企业职工的比重为 15.5%。第三种类型我们称之为中度分化型。其基本特征是，农业劳动者的比重在 20% ~70%，乡镇企业职工的比重在 20% ~60%。西铺和大寨典型地属于这种类型。第四种类型我们称之为高度分化型。其基本特征是，农业劳动者的比重在 20% 以下，乡镇企业职工的比重在 60% 以上。华西村、刘庄村、竹林村、洪林村、矬口村、烈马峪都属这种类型。

农民分层结构的 4 种类型，从纵的方面看，代表着农民分化的 4 个阶段。从发展的趋势看，我国农村的现代化过程就是农民分层结构由前分化型向低度分化型，经中度分化型最后达至高度分化型的过程。因为这 4 种分层结构类型的依次变迁，代表和反映了经济现代化水平的提高。

对于什么是现代化，目前有各种各样的观点，衡量现代化的标准也各不相同。普遍存在的问题是，忽视了衡量已经现代化的社会的现代化水平进一步提高的指标，和没有实现现代化的社会逼近现代化水平的指标的差别。对于已实现现代化的社会而言，社会的方面比起经济的方面也许更值得重视。但就正在实现现代化的社会而言，经济发展则更具重要意义。就我国社会发展所处的阶段而言，我们认为经济的发展是最重要和最关键的。把握了农民分层结构和经济现代化的关系，也就基本上把握了农民的分层结构同现代化的关系。所以，要证明农民分层结构的 4 种类型的依次变化代表着我国现代化过程中的农民分层结构的演化，只需证明它们的变迁和经济现代化水平的提高存在一种一致关系。根据我们所选择的 3 个反映经济现代化水平的指标——人均生产总值、产业结构和生活水平的变化与农民分层结构变化的关系来看，农民的分层结构由前分化型向低度分化型，经中度分化型达至高度分化型的这样一种变迁，是和经济现代化水平的提高基本一致的。

从我们所调查的这 13 个村庄的情况来看，属于中度分化型的村庄的人均生产总值要高于低度分化型村庄和前分化型村庄，高度分化型村庄的人均生产总值要高于中度分化型村庄。属中度分化型村庄的 5 个村庄，除 1 个人均生产总值在 2000 元以下外，其余各村都在 5000 元以上，最高的达到 7107 元。属高度分化型村庄的除烈马峪的人均生产总值在 10000 元以下外，其余各村都在 10000 元以上。值得注意的是属于前分化型的小岗村，其人均生产总值比属于低度分化型的茅坪高。这是否说明农村的经济现代化水平提高和分层结构的变迁不一致呢？我们认为不是。这只是一个特例。造成这种偏离的主要原因是小岗村的人均占有耕地多，约 4.1 亩。它的人均生产总值高主要是因为人均占有耕地多所带来的人均农业生产总值高。1989 年小岗村的人均农业生产总值为 965.7 元，占人均生产总值的 99% 左右。

从产业结构看，分层结构越高级，第一产业的比重就越小，第二产业的比重就越大。属前分化型的小岗第一产业的比重高达 94.7%，基本上没有摆脱单纯经营农业的格局。属低度分化型的茅坪村，第一产业的比重略低，为 81.6%。农民仍以经营农业为主。属中度分化型的村庄，第一产业比重最高的是沙石峪，为 56.2%，最低的是西岭村，为 11.9%；第二产业的比重都在 20% 以上，最高的为 61.3%。这种类型的村庄，其产业结构基本上已开始向第二、三产业倾斜。属高度分化型的村庄，第一产业比重最高的为38%，最低的为0.27%；第二产业比重都在60%以上，是产业结构中的主体。

最后，农民分层结构的变化同农民的生活水平呈正相关关系。小岗村尽管其人均耕地多，人均生产总值较茅坪村高，但农民的生活水平和中度、高度分化型的村庄比仍有很大差距。大部分农民还住在草房里，电视机的普及率为60%，收录机的普及率为14%，洗衣机的普及率为零。中度分化型村庄的农民住的是砖瓦房，电视机几乎完全普及，收录机的普及率在32%以上，洗衣机的普及率在16%～60%。属高度分化型村庄的农民已无须对居住投入过多的关注，他们的生活已经赶上甚至超过了城市。电视机已完全普及，收录机的普及率在68%以上，洗衣机的普及率在72%以上，消费已经移向了享受性消费。

农民的分层结构由前分化型向低度分化型，经由中度分化型达到高度分化型是一个必然的过程。这个过程反映我国农村现代化所面临的一个最基本的问题，是如何把大量的农业劳动者转入乡镇企业职工阶层。

六　结束语

农村改革所引起的职业多样化、所有制形式的多样化和资产经营方式的多样化，改变了农村的分层结构，使农民之间的地位差别日益明显和广泛。但阶层仍潜在地起作用。形成这种现象的主要原因是，农民的分化仍具有过渡性特征，阶层间的矛盾是分散和小范围的。这两个因素大大降低了阶层的社会作用。但我们不能因此而否定阶层和阶层研究的意义。阶层成员的行动虽然是分散的，但在不同的村庄之间有明显的相似性。识别出农民的分层结构有助于把农民行动条理化和类型化。其政策上的含义也是十分明显的。针对具体的阶层制定一些具体的政策，非常重要。

中国十四省市农村妇女基本状况及其生活简析*

戴可景

摘　要：本文根据中国十四省市农村婚姻、家庭调查所得3027女性个案资料分析了农村妇女生活基本情况。农村实行生产责任制后，妇女普遍参加生产和经济活动，妇女的收入在家庭收入中的比例提高，因而在家庭中的发言权也有所增加。但女性受教育状况仍是个值得重视的问题，全部被调查女性中文盲占36.3%。被调查女性中77.5%从事种植业，目前种植业在农村仍居于收益较低的行业，从事各种专业劳动和进入乡镇企业的妇女仍属少数。调查表明农村家庭的当家人绝大多数还是男性，丈夫对家庭事务的决定权仍较大。半自主的婚姻占绝大多数。重男轻女的生育意愿普遍存在。农村妇女在争取婚姻完全自主、离婚自由及受教育权利等方面尚面临不少问题。

本文拟就中国十四省市农村婚姻、家庭调查所得有关妇女的资料进行一些分析、探讨。该研究项目系“七五”社会科学规划、中国社会科学院重点项目，由中国社会科学院社会学所婚姻家庭研究室牵头，组织十四个省市社会学工作者、专家及妇女工作者自愿参加，共同协作，对农村婚姻、家庭、生育等进行问卷调查。调查涉及上海、天津、南京、哈尔滨、吉林、福建、浙江、山东、安徽、广西、贵州、湖北、河北、四川十四个省区市，计37个县的68个乡（镇）、173个村，其中安徽、湖北省的调查及1986年5月在浙江省镇海县孔墅村和河北省定县八里店的试调查由中国社会科学院社会学研究所婚姻家庭研究室的成员分头进行。整个调查于

* 原文发表于《社会学研究》1992年第4期。

1987 年 12 月完成，调查时点为 1986 年底。调查对象是农村家庭的当家人及其配偶，采用多段、分层、定比、随机抽样方法。在抽样共取得男性有效个案 4018 人，占此项有效总数 7225 人的 55.6%，女性有效个案 3027 人，占 44.4%。问卷资料经过电子计算机处理，建立了数据库，本文仅就已取得的有关女性的部分数据进行一些分析和比较。

一　被调查者基本情况

被调查的 7225 人的年龄均值为 40.20 岁。女性 26～30 岁的占被调查女性总人数的 11.97%；31～35 岁的占 20.05%；36～40 岁的占 17.79%；41～45 岁的占 11.88%。男女被调查者的文化程度以小学为最多，占 37.1%，文盲或半文盲次之，占 24.8%，而全部文盲、半文盲者中女性占 53.3%。在全部被调查女性中，文盲占 36.3%，小学占 34.1%，初中占 22.4%，高中、中专占 6.9%，中专以上仅占 0.15%。文盲比重与 1987 年全国 1% 人口抽样调查女性文盲、半文盲人口占 12 岁以上女性比重的 38.05% 相比还低 2.2 个百分点。这可能是因为我们的调查未包括西藏、青海、甘肃、云南等女性文盲比例更高的省份。这些省份女性文盲半文盲人口比重依次为 81.1%、66.71%、59.36%、59.43%。而北京、天津、上海 12 岁以上女性人口中文盲半文盲人口比重依次为 19.79%、23.08%、22.59%。农村和城市情况相差甚远。1990 年第四次人口普查资料表明，我国 15 岁及 15 岁以上文盲半文盲人口占总人口的比重由 1982 年的 22.81% 下降到 15.8%。这一数字说明了我国普及教育和扫盲工作取得一定成绩，同时也受到统计方法上从 12 岁提高到 15 岁的影响。目前我们虽未能取得全国女性及农村女性文盲人口的最新数据，但从我国受过初中及初中以上教育的人只占总人口的 33% 这一较新的数据来看便可推测女性人口，特别是农村女性人口受教育的状况。

被调查男女平均初婚年龄为 22.4 岁，女性初婚年龄在 18～20 岁的居第一位，占被调查女性的 31.4%；23～25 岁的次之，占 27.7%；21～22 岁的占 24.6%。与被调查的男性相比，男性初婚年龄在 23～25 岁的居第一位，占被调查男性人口的 34.95%。女性被调查者中有 6.3% 的人初婚年龄为 26～30 岁；0.64% 的人初婚年龄为 31～35 岁；0.19% 的人初婚年龄为36~40岁；初婚年龄在41~61岁的共有14人，占女性被调查人口的0.45%。被调查男性初婚年龄在41~61岁的有35人，占男性被调查人口的0.93%。据我们对农村情况的一般了解和其他有关研究表明，晚婚者特别是男性，多因贫穷、婚嫁费用昂贵、性比例失调等原因所致。但我们这个样本中的女性晚婚者的具体晚婚原因尚需作进一步的补充调查。

被调查女性初育年龄在15岁以下的占2.7%，41~50岁的占0.1%，初育年龄在19~25岁的最多占73.8%。

被调查的女性中，从事种植业的为绝大多数，占77.5%；劳务及其他次之，占11.4%；工业（包括家庭工业）占4.7%；服务、饮食、商业、运输、建筑占3.1%；家庭副业占2.3%；林业、牧业、渔业共占0.94%。目前种植业在农村仍属于收益较低的行业。当前各级农村组织大力开展各种专业训练班吸引妇女参加，如人工培育珍珠、养蜂、种桑、养蚕、缝纫等，但由于各种因素所限，从事各种专业的妇女仍属少数。她们向往参加乡镇企业的工作，但由于需要和农村妇女本身条件所限，参加乡镇企业的妇女多是18~25岁的青年。我们在安徽天长县三个村所见的玩具工厂、毛刷厂、玻璃仪器厂中的女工多属于这一年龄的未婚女性。

二　被调查者家庭、人口和居住方式

我国农村经济体制改革实行了联产承包责任制后，家庭生产功能得到恢复，家庭既是生活也是生产的单位。被调查的农户根据其经营种类和性质不同，户均经营土地多的7.3亩，少的0.25亩，平均2.6亩。户均拥有大牲畜0.69头、自行车1.3辆。1986年户均男女劳力2.76人；户均收入2463元，比1978年增加2.7倍。1986年户均人口4.97人，两代户占66.6%（核心家庭占63.6%），比1978年增加了3个百分点。

在居住方式上有：成立小家庭与父母分开单过（简称单过），住公婆家，住自己父母家，与其他人一起生活等。被调查女性婚后单过的占37.5%，住自己父母家的14.7%，住公婆家的47.12%，与其他人一起过的占1.2%。被调查男性，单过的占38.8%，住自己父母家的52.9%，住岳父母家的6.1%。从婚后住自己父母家男女来比较，男性住父母家的占81.86%，女性仅18.14%。同样从婚后住配偶父母家的男女来比较，男性住岳父母家的占 13.52%，女性住公婆家的占 86.48%。因此可以说，农村妇女从夫居的仍占绝大多数，与传统习惯比较无很大变化。

被调查者婚姻双方家庭在同村、同乡和同县的分别占 23.4%、29.5%、28.6%。近年来在经济发展较快的农村地区，男女青年愿意就近找婚配对象的趋势有所增加，通婚范围有缩小的迹象。

当今中国农村的当家人虽也有些是女性，但绝大多数还是男性。我们的调查表明，丈夫对家庭事务的决定权仍较大。改革以后，农村妇女普遍参与生产活动，她们的收入在家庭总收入中的比重增加，妇女在家庭事务中的决定权也有增加。在我们的问卷中所列“从事何种生产”“买生产资料”“买大型家具和耐用消费品”“对孩子的教育、职业”“日常生活开支”“储蓄”“借款”等 11 项家庭事务中，被调查者答“共同决定”的在 1986 年占 50.9% ~82.2% 的有 7 项，“共同决定”占 40.1% ~49% 的有 3 项，“完全由妻子决定”的在 11 项事务中 1986 年也比 1978 年增加了 0.2% ~1.2% 不等。这些迹象表明，农村妇女，随着自身在社会生产和家庭收入中的作用的提高，她们在家庭中的权力也有所提高。

三　择偶条件、婚姻状况

被调查男女的婚姻状况是：已婚的占被调查总人数的 89.7%，未婚 5.3%，丧偶未再婚 2.9%，离婚未再婚 0.5%，丧偶再婚 0.9%，离婚再婚 0.7%。结婚的男女办过登记的占 78%，未办的 22%。婚前订过婚的 70%，没有订婚的占 30%。约 1/5 的人结婚不登记，说明他们对法律手续不重视，而重视传统习俗，往往认为只要办过酒席，他们的婚姻便在亲戚朋友中，在社会中得到承认。

被调查的女性中，择偶时要求比自己年龄大的占 34.0%，和自己相仿的 43.9%，比自己小的 4.5%，无所谓的占 16.4%。在要求配偶比自己大的 1253 名男女中，男性占 13.3%，而女性占 86.5%。在要求配偶比自己小的 1726 名男女中，男占 91.7%，女占 8.3%。男女择偶对年龄的要求基本上保持了传统的男大女小的模式，并逐渐趋向男女年龄相仿，特别是女性要求配偶与自己年龄相仿的比要求配偶比自己大的多 9.9 个百分点，而被调查的男性要求配偶与自己年龄相仿的比要求比自己小的少 1 个百分点。

被调查女性对配偶文化程度要求抱无所谓态度的最多，占被调查女性总数的36.9%；要求有初中程度的次之，占26.7%；要求高中的占12.9%；小学占11.6%；略识字的占6.0%；中专的占3.0%；大专的占2.1%。这可能是农村女性的一种比较现实的态度。当前农村妇女择偶要求重点考虑的是婚前婚后家庭的经济条件如何，而丈夫受教育程度高低与家庭经济收入多少关系并不密切。被调查女性择偶条件的这种较为明显的倾向同样可以从她们对配偶的职业要求中看出来。当我们问及“结婚前，您对所选的对象在职业上的要求是什么”时，男女比较而言愿意所选择配偶是“乡镇企业中的工人”的，男性占46.2%，女性占53.8%；选择“吃统销粮的工人(或城镇居民)”的，男性占26.9%，女性占73.1%；选择“军人”的男占10.9%，女占89.1%；选择“干部”的男占15.8%，女占84.2%；选择“五匠”的男性占13.8%，女性占86.2%；而愿意选择“农民”为配偶的人中男性占46.3%，女性占35.7%。结合我们对当时我国农村职业结构、收入、职业的性质等状况以及面访农村妇女后了解的情况进行综合分析，农村妇女择偶意愿就较为清楚了。妇女可以通过与吃统销粮的工人（或城镇居民)、军人或干部结婚，把农村户口转为非农户口，从而改变她终身当农民的身份。

与此相联系，我们对被调查者婚前所选对象在家庭背景方面的要求列出七项，任选一项，女性回答结果，选“经济富裕”的占女性被调查者总人数的37.9%，占第一位；选“家庭关系好”的占31.5%为第二；选“有知识才能”的占16.1%；选“门当户对”的占9.5%；选“无所谓”的占3.0%；选“有权有势有门路”的最少，占1.6%。由此，我们可以初步看到，被调查的农村妇女择偶时较多地考虑配偶及其家庭经济状况以及婚后家庭关系较易协调的。

被调查女性对配偶性格能力方面，在我们所列十二项特性中，要求“会过日子”的占被调查女性总人数的43.1%，列第一位；要求“勤劳能干”的占36.6%，为第二位。两项相加占绝大多数。这两项考虑的基本出发点也属于婚后家庭经济生活方面的考虑。当前中国农村女性择偶意愿中着重考虑经济的这种倾向是比较符合我国国情、农村经济生活和家庭生活的实际情况的。农村女性虽然多期望丈夫的家庭比自己家庭更富裕，然而理想、意愿和实际总是有距离的。在被调查的已婚女性中结婚时配偶家庭与自己家庭经济状况差不多的仍占绝大多数，为70.2%。

被调查夫妇双方有80.0%是通过亲戚、朋友或父母请人介绍经本人同意的半自主婚姻；完全由父母包办，包括换婚的占7.1%；完全自己认识的占12.7%。显然农村青年自主婚姻逐渐有所增长，但百分比并不高。结婚举行旧式拜天地仪式的占20.0%，多系新中国成立前和新中国成立初期结婚的；举行新中国成立后一般仪式的占72.7%；参加集体婚礼的占1.3%。旅行结婚是近10年来城乡普遍出现的一种结婚形式，比较符合青年人的意愿，结婚费用可根据当事人和家庭经济情况而定，可多可少，这种形式的婚仪在我们的被调查者中占4.0%。

农村青年的结婚费用问题是准备结婚的青年及其父母心目中的一件大事，往往婚前数年全家就开始备钱、备料、筹建新房、制作家具、购置耐用消费品等。每当我们访问农村中年妇女时，她们无不表示为筹措娶儿媳妇的费用感到十分忙碌和忧虑。她们说“儿子越多负担越大”，但即使是这样，她们还是甘心情愿，希望多生儿子。

根据我们的资料，每对夫妻结婚平均需花费2619元，据与其他资料比较，这个数字是偏低的。因为我们的被调查者中平均年龄40.2岁，虽然他们回答的是他们最近一次结婚所支出的费用，然而被调查者中多为初婚，再婚比例甚小。按平均初婚年龄22岁估算，他们中许多人结婚时间较早，结婚费用因此也与近年的有较大的差别。调查资料还表明，结婚费用最高的达数万元以上，主要用于造房、彩礼、摆酒席、购买耐用消费品等，其中以建造新房所需费用最高。结婚时摆酒席及既摆席又送糖的为最多，共占被调查夫妻的76.1%。一般来说，农村妇女忙过生儿育女以后，到了中年就要为增加家庭财富，为娶儿媳而忙碌。她们的近期生活目标似乎比较明确。当问及她们对家庭、婚姻的满意度时，给我一个总的印象有这几点。（1）她们似乎没有考虑过这些事。（2）她们生活得比较充实，忙于家务、家庭副业及家庭承包的农活，无暇顾及这些。（3）她们中间许多人表示，即使不满意或欠满意，“我们这等年纪又能如何?”她们对是否能改变不满意的现状无多大信心。（4）也有少数与丈夫关系不好，表示十分痛苦的。例如，在浙江调查时，有一个三十多岁的妇女告诉我她丈夫因赌博输去了数千元积蓄，不听劝阻还要打她，她曾经想离婚，但她父母不同意，生怕有失家庭体面。她自己也误认为已与丈夫共同承包了30亩稻田就不能提出离婚。总之，到当时为止农村妇女受封建传统束缚还较多。

四　妇女活动方式及其特点

随着农村商品经济的发展和农村生活水平的提高，农村妇女闲暇时间的利用和活动方式均有所变化。我们对三千余名妇女 1978 年和 1986 年的活动场所和频度比较后看出，不论在 1978 年还是在 1986 年，农村妇女经常去集市和商店的最多，1986 年比 1978 年增加。而从未去过体育场、公园、茶馆的百分比为最高，但 1986 年比 1978 年略有降低。

再将 1986 年农村男性与女性在这些场所的活动频度作比较，一般来说，妇女去这些场所的活动频度均小于男性。从“经常去”这一项看，去商店和医院，女性的频度大于男性。再从“未去过”这一项看，女性的频度一般均大于男性。特别是“从未去过饭馆”的女性比男性高出 19.5 个百分点，相差较大。只是“从未去过医院”和“几乎未去医院”的频度男性要高于女性。

五　妇女的意愿及对生活的满意程度

从调查结果看，农村妇女对家庭收入的满意度感到“一般”的最多，占 3.8%。对住房条件感到比较满意和很满意的占 46.4%，是多数。据实地观察，农村住房近年来确有很大改善，1986 年被调查户口有 54.6% 住砖瓦房，11.1% 住楼房，家庭住房使用面积均值为 78.76 平方米，减去生产用房平均面积 14 平方米，户均 64.76 平方米，人均居住面积远较城市高。妇女对闲暇生活持“一般”态度的大于“比较满意”和“很满意”两项相加的百分数。妇女对家庭关系和邻里关系满意占多数。节制生育这个问题，从数字上“比较满意”和“很满意”的超过半数，但这是个比较敏感的问题，尽管我们对调查员和被调查者作过解释，但如果我们将此作为一个专题研究，尚需进行详细的访谈以及定量与定性相结合的分析。

妇女对配偶在经济关系、交往能力、感情交流、生活习惯、性格脾气、文化水平、工作能力、持家能力、家务劳动、孝敬老人、相互尊重、身体健康、对子女教育、性生活方面的满意程度的答复大致是这样的：在这 14 个方面，妇女感到“比较满意”和“一般”的占绝大多数，不太满意和很不满意是少数。“不太满意”和“很不满意”频数最高的是对配偶的文化水平，其次是性格脾气。对配偶“很满意”的频数最高的是“身体健康”。男性对配偶“很满意”的事项中频数最高的是“家务劳动”，“很不满意”的事项中，频数最高的是“文化水平”。可见，文化水平低已是农村男女配偶双方均已感到的“不满意”的事。男性对配偶在“家务劳动”方面感到“很满意”，从另一个角度表明，与我们对家务劳动分工的调查结果比较，证实了女性仍是家务劳动的主要承担者。

在对子女受教育的期望上，农村女性希望男孩能受大专以上教育的占 59.00%，希望女孩受大专以上教育的占 46.33%。然而男女农民对女孩受教育的期望均较对男孩的期望低，重男轻女的观念还有相当的影响。这在农民的生育意愿中也表现得比较明显。当我们问及“如果政策允许的话您愿意生几个孩子”时，男性回答生 1 个的只占 4.80%，女性作同样回答的占 6.89%。男性回答生 2 个的占 44.37%，3 个的占 22.10%，4 个的占 16.33%。女性回答 2 个的占 49.22%，3 个的占 18.96%，4 个的占 15.98%。愿生 5 个以上的，男女农民都逐渐减少，仅占百分之几。由此看出愿意生 2 至 3 个的占多数。在愿意生 2 个男孩的选择中，男性农民占 3.49%，女性占 30.26%。而在生 2 个女孩的选择中，男性农民仅占 22.3%，女性农民仅占 21.22%，显然少于生 2 个男孩的选择。国内外其他研究结果也表明，在全国特别是农村，重男轻女的生育意愿仍普遍存在，其原因大致有：①生男孩，为家庭传宗接代，延续香火；②养儿才能防老；③为家庭增添男劳力。

六　结束语

从十四省市农村婚姻、家庭调查所得有关农村妇女的部分资料中我们大致上可以得到以下的结论。

①随着中国农村实行生产责任制后，家庭收入提高，农村妇女普遍参加生产和经济活动，她们的收入在家庭收入中的比例也有提高。

②农村妇女家庭地位有所提高，在家庭中的权力逐渐增加。

③农村妇女受教育程度仍然偏低。从全国范围看也是如此。据 1987 年

1%人口抽样调查，12岁以上的文盲和半文盲人口有2.23亿人，其中女性有1.56亿人，占70%，而这些女性大多数在农村。

④在农村，不论男女，半自主的婚姻仍占多数，但完全由父母包办，包括换婚的仍占被调查男女的7.1%。

⑤妇女虽承担着人口生产、物资生产和家务劳动的重任，但农村社会仍较普遍地存在着重男轻女的思想。妇女权益，包括婚姻自主、离婚自由、受教育权利等尚面临不少问题。这说明了从法律上的男女平等到事实上的男女平等还是一个艰巨而长期的任务。

参考文献

中华全国妇女联合会妇女研究所、陕西省妇女联合会研究室编，1991，《中国妇女统计资料》，中国统计出版社。

Sex Preference, Fertility and Family Planning in China, 1986, by Arnold, Fred, Liu ZhaoXiang, Honolula, Hawaii, East-West Population Institute, East-West Center.

再论“另一只看不见的手”*

李培林

摘　要：本文对作者提出的一个重要命题——社会结构转型是既不同于市场调节也不同于国家干预的“另一只看不见的手”——在理论上作了进一步的阐述，并努力从规范性理论体系的框架出发为这一命题建立逻辑基础。文章认为，社会结构的一些最基本的实体要素（如家庭、企业组织、非正规制度）是一种既不同于市场也不同于政府的资源配置方式，它们的形成受各种历史因素、文化因素和其他非经济因素的影响。这只“手”的存在意味着要对经济学的某些既定的暗含假定和前提作出新的修订。在中国社会结构转型和经济体制转轨同时并进的过程中，认识到“另一只看不见的手”的力量，对于理解资源配置和社会变迁的实际过程具有重要意义。

我在《中国社会科学》1992年第5期的一篇文章（《另一只看不见的手：社会结构转型》）提出，社会结构转型是既不同于市场调节也不同于国家干预的“另一只看不见的手”，它所形成的变革和创新力量会在很大程度上影响资源的配置状况和社会的发展方向。本文试图对这一命题在理论上作进一步的阐述。分析社会结构转型如何通过家庭、企业组织、社会潜网等基本结构要素影响资源配置，并考察一下这种资源配置方式可能的逻辑基础。

家庭的资源配置

家庭是社会的细胞和社会结构的最基础单位，这种基础地位并没有因

* 原文发表于《中国社会科学》1992年第5期。

现代科层组织的发展和家庭的核心化（夫妻和子女组成的三角家庭取代传统大家庭）而丧失。在一般人看来，家庭主要是一个生活单位，是世代继替的场所。但在传统社会中，家庭几乎具备社会的各种经济功能。在家庭自给自足的生产、分配和消费中，不需要银行、商店、工厂和政府。尽管现代社会已将家庭的许多经济功能分离出去，由更有效率的专门机构承担，“但在一切社会，包括现代的市场经济社会、家庭仍然对相当大的经济活动——一半以上的经济活动一承担责任”（贝克尔，1987：227）。家庭行为广泛涉足于诸如消费、储蓄、财产继承、投资、债务、赡养等各种经济领域，家庭的结构形式和内部关系影响着很大一部分资源的配置。正如美国著名家庭社会学家古德（W. J. Goode）所说，“人们常常忘记现代家庭也是一个经济单位，即使它已不再是一个农作单位”（古德，1986：14）。作为生产和经营单位的中国农村家庭，其经济功能就更为明显了，2亿多个农户就是2亿多个资源配置单位。

在家庭的资源配置中，主要的不是依靠供求关系、法律制度或行政指令，亲缘关系、伦理规范、家庭制度等非经济因素起着重要作用。当农村中社会化大生产的条件尚不成熟时，家庭的资源配置方式有其存在的经济合理性，因为我们基本上可以假定，家庭资源配置中的交易成本相对较少，它既不需要讨价还价，也不需要签订契约，监督的成本也很少。家庭成员之间存在一种亲属性默契，伦理规范同时也是经济行为的规范。我们知道，在我国的乡镇企业和东南亚新兴工业国或地区的中小企业中，有相当一部分（特别是由第一代创始人领导的企业）具有浓厚的家族色彩，但在初期发展阶段，这似乎并没有成为组织效率的障碍，究其原因，就是因为缺乏现代素质的农民建立现代科层制规范的成本是很高的，而把现成的家族伦理规范移植到企业中，可以大大降低组织成本，刚刚转化成工人的农民对这种规范有遵从的习惯，监督成本也较低。但是，当这些企业发展到一定阶段，往往会出现各种纠纷、摩擦和冲突，组织成本就会成倍增加，这时，企业的组织创新就是不可避免的了。

家庭中的资源配置也不同于企业，它并不是遵从完全出于经济目的的安排。在农村家庭中，有时甚至在家庭、邻里之间，经济交换和社会交换往往交织在一起，难以截然分开。美国芝加哥大学经济学教授、1992年诺贝尔经济学奖得主G. S. 贝克尔曾把成本效用理论成功地运用于解释家庭生育行为，他认为孩子的成本是决定父母生育行为的关键变量，他的一个著名假设是，如果孩子的净成本是正值，即父母投入的各种抚养费以及占用的时间带来的成本高于孩子可能提供的收益，则对孩子的需求就会降低；反之，如果孩子的净成本是负值，即父母的投入低于收益，则对孩子的需求就会升高（贝克尔，1987：104～127）。人口的“逆淘汰”现象（即文化素质高的家庭生育率远低于文化素质低的家庭生育率）以及发达国家和发展中国家生育率的反差或许是这一假设的一个佐证。但是，中国学者对中国农村不同收入层和不同发展地区的家庭生育行为的实证研究表明，家本位社会和个人本位社会的生育逻辑是不同的，中国农村家庭的代间采取是一种“不平等的交易”，情感满足和继替责任的考虑远重要于经济交换的考虑（李银河、陈俊杰，1993）。这种分析实际上可扩展对家本位社会中其他家庭行为的研究，包括经济行为。家庭对资源的配置也有负面的影响。古德认为，“在中国的家庭制度下，所有的儿子都能平等地继承财产。因此，家庭的资本往往不能完整地保存下来。在日本正如在英国一样，由一个儿子（往往是长子）来继承全部财产。因此，财产可以积累，一个人就能更容易地作出投资的决定”（古德，1986：266）。进入20世纪80年代以后，中国农村的家庭结构也出现了核心化趋势，家庭作为生产经营单位变得更加分散，限制了农村规模经济的发展。家庭经营中往往也没有簿记制度，难以对一切经济行为进行精确的算计，这就为各种非经济因素影响家庭资源配置留下充分的余地。不过，家庭之所以能够作为一种资源配段形式存在，正是由于在一定条件下它比市场配置节约交易成本。

企业组织的资源配置

马克思在19个世纪60年代就指出，在资本主义发展初期，其基本矛盾具体表现为“个别企业生产的有组织性同整个社会生产的无政府状态之间的矛盾”。在这里，马克思的论述实际上已经表明，企业组织和市场是两种不同的资源配置方式，只不过马克思更为关注的是这一矛盾的政治经济学意义。

20世纪30年代，美国经济学家在一篇当时还不太引人注意、后来却成为新制度经济学派理论基础的文章（《企业的性质》）中指出，企业和市场是两种可以相互替代的协调生产的手段。“在企业之外，价格运动协调着生产，在企业内部，这些市场交易不存在了，与这些交易相联系的复杂的市场结构让位于企业家作为协调者对生产的调节。”（Coase，1937：388）企业的产生和对市场的替代是因为在一定条件下企业的资源配置更为“经济”，可以节约市场的交易成本。同样，企业不可能无限扩张甚至把整个社会变成一个“大工厂”，是因为企业的资源配置和生产协调也有组织成本，这样，单个企业组织规模的边界就是由该企业的组织成本与其他企业组织成本的比差以及与市场交易成本的比差来决定的。

小艾尔弗雷德·钱德勒（A. D. Jr. Chandler）在 1977 年也表达了类似的看法，他认为现代企业组织把以前由几个经营单位进行的活动及其市场交易内部化，从而使管理协调这只“看得见的手”替代了亚当·斯密的“看不见的手”，但企业组织的管理协调之所以有效，主要取决于新技术的采用和市场的不断扩大（钱德勒，1987：1～8）。

市场是靠供求关系来配置资源的，企业是靠科层制的职阶系统来配置资源的，这是两种不同的资源配置方式。在企业内部，职阶系统的有效性表现为令行禁止、操作程序化。如果企业的职阶系统不能充分有效，那么企业的资源配置成本也会随之大量增加。对同样一项物品或劳务转移，当企业的组织成本高于市场的交易成本时，市场就会替代企业组织，反之，企业组织就会替代市场。这种边界是一种“自然”的边界，而不是“人为”的边界。技术水准高、市场占有率高的企业，企业组织的扩张往往是经济的，而对于劳动密集型的、市场狭小的企业，中小组织规模或许更为经济。

在高度集中的计划经济体制下，国有企业成为行政体系的附属物，这实际上是人为地扩大企业组织，要在整个社会建立一个“巨型企业”，其结果必然是成本很高且缺乏效率的。现在要求国有企业理顺产权关系也好，实行股份制改造也好，或者是实行企业三项制度改革和利税分流也好，其目的都是要把企业变成直接面对市场的具有独立经营自主权的法人主体，实际上也就是把企业组织的边界限制在“经济的”范围内。但确立建立社会主义市场经济体制的目标后，人们往往容易忽视的是，即使把企业“推向市场”也不能解决一切问题，还必须下大力气降低企业的组织成本。企业的总成本是生产成本和组织成本之和。过去我们往往只注意生产成本而忽视了组织成本，组织成本实际上只不过是市场交易成本的内部化，是交易成本的转化形态。国有企业中下级与上级的讨价还价（没有真正的老板）以及权力中心分散造成的相互扯皮和多方制约，往往使企业的组织成本很高，因而在市场上缺乏竞争力也就是不难理解的了。

当然，在不存在充分的市场竞争和真实的平均利润率的情况下，区域性贸易壁垒和地方保护主义往往会使一些组织成本绝对量较高的企业在区域内的相对量却并不高，至少一些粗放经营的乡镇企业与农业比较是这样，因而这些在开放的市场中会被淘汰的企业，在某一区域内的存在和发展也仍有其经济上的理由。

不管怎样，企业组织是一种既不同于市场也不同于国家干预的资源配置手段，企业组织的转型和创新也是实现资源优化配置的途径之一。

社会潜网的资源配置

社会潜网这个概念指的是在经济生活和社会生活中协调人们行为的各种非制度化的规则，它基本上有两种情况，一种是从制度化规则的发生学意义上讲的，另一种是从体制转轨和结构转型的意义上讲的。

从制度化规则的发生学看，在一种通过法律确立的交易制度和文字契约形成之前，人们的交易活动也不是毫无规范可言的，因为人们从现实生活中认识到，针对每一特例情况具体解决个别交易中的摩擦、矛盾和冲突，其成本往往是很高的，因而需要建立一种相对来说比较普遍运用且能为多数人认同和遵从的规范，这些规范在初期常常表现为习惯法、礼俗、默契、口头民约甚至乡规、族规、帮规，这就是我们说的社会潜网的第一种情况。但是，由于这些非制度化的规则适用的普遍性有限，特别是在出现违约情况后往往要通过非制度化方式解决，其代价和成本也是很高的，这样就产生了制度化的需要，制度从本质上说是资源配置中出于节约成本目的的一种安排。

体制转轨和结构转型是从一种制度化结构向另一种制度化结构的过渡，这种过渡虽然表现在社会结构的宏观层次上，但它发生在个体行动的微观层次上。当原有的体制不再适用于新的交易活动，而新的交易活动又被证明是更为经济有效时，这些交易活动就一次又一次地突破原有体制的限制，通过无数次的重复，在原有体制之外建立起一套被我们认为有效的但实际上并不符合现有法律或无法可依的行为规范，这就是我们所说的社会潜网的第二种情况。在体制转轨时期出现的大量灰色交易，甚至地下交易活动，有相当一部分是靠社会潜网来规范的。在制度过程中，这类活动有一部分因危害了体制过渡的稳定性而被淘汰和限制，也有一部分则成为新体制的生长点。

制度化规则由于体现的是法律意志，因而最能表现为国家干预，而社会潜网则是一种既不同于市场也不同于国家干预的资源配置形式。当然，制度这个词在社会科学的使用中其含义是有很大差别的，很多情况下它并不单指法律制度，也包括礼俗制度。新制度经济学家们虽然研究的主要是执行经济功能的制度化规则，但他们对制度的定义却是十分宽泛的，在很多情况下也包括了属于社会潜网的行为规则，涉及社会、政治和经济等各方面，如管束结婚和离婚的规则，支配政治权力的配置使用的法律规则，以及确立由市场或政府来分配资源和收入的规则（舒尔茨，1991：253），戴维斯（L. Davis）和诺斯（D. North）则对“制度环境”与“制度安排”作了区别，认为“制度环境”是“一系列用来建立生产、交换与分配基础的基本的政治、社会和法律基础规则”。而“制度安排”是“支配经济单位之间可能合作与竞争的方式的一种安排”，它可能是正规的、长期的，也可能是非正规的、暂时的（戴维斯、诺斯，1991：270～271）。拉坦（V. W. Rutian）则直截了当地指出，制度的概念包括了组织，制度与组织之间的区分是一种“无差别的区分”。这些经济学家提出的一个很有启发意义的思想，就是制度也是经济增长的变量，而不是某种“自然状态”或给定的“外生因素”（拉坦，1991：329）。

与这些经济学家不同的是，我们更为关注的是那些被称为社会潜网的非正规的制度或非制度化的行为规则，其实在现实生活中大量起作用的是这一类行为规则。因为政府的理性、人的理性都是有限的，再精细完备的法律规章也不可能对所有的交易活动都有精确的规定，特别是在体制转轨时期更是如此。

社会潜网对资源的配置往往是通过更加广泛的社会交换来实现的，权力、地位、声誉、人情等都可能作为稀缺资源或特殊等价物参与这种交换。因而需要有一种能够把市场交换包含在内的更广泛的社会交换理论来说明各种交换规则。

从以上对家庭、企业组织和社会潜网的分析中看到，它们都体现为既不同于市场也不同于国家干预的“另一只看不见的手”的力量，而且可以从它们对资源的配置方式上概括出一些共同的特点：（1）它们存在的经济理由都是对交易成本的节约；（2）在这种资源配置方式中，各种非经济因素起着重要作用；（3）以它们的变动为内容的社会结构转型会形成一种不可逆趋势并产生变革、创新的驱动力。

规范性理论的逻辑基础

要想把“社会结构转型是另一只看不见的手”这样一个假设纳入规范性理论体系，那就不能不为它寻找逻辑基础。如果我们留心一下近十几年来诺贝尔经济学奖获得者们的研究成就，就不难发现，目前经济学研究的前沿问题显示出一种新的趋向，即把经济学研究的规范性方法扩大到那些传统的非经济领域，如教育、家庭生育和婚姻行为、法律诉讼、制度变迁、伦理规范、组织决策甚至意识形态等。这无疑是一个重要的挑战：如果经济学的研究在这些领域获得凯旋，那么社会学、法学、政治学的很多已有结论都要重写或修订。但这同时也是对经济学本身的挑战：把对经济行为的说明扩大到对整个社会行为的说明，需要对影响社会行为的各种非经济因素作出解释，这是否会动摇经济学规范性理论的逻辑基础？

19 世纪末，当古典经济学家创立规范性理论体系时，他们也想如同物理学那样，寻找经济生活中在现象背后支配人们一切行为的普遍规律，因而需要找到类似牛顿力学中“第一推动力”那样的“一只看不见的手”，作为经济学规范性理论体系的逻辑起点，而寻找这个逻辑起点最符合逻辑的方法就是从人们经济行为的目的中去寻找。亚当·斯密认为，“各个人都不断努力为他自己所能支配的资本找到最有利的用途。固然，他所考虑的不是社会利益，而是他自身的利益，但他对自身利益的研究自然会或者毋宁说必然会引导他选定最有利于社会的用途”（斯密，1981：25）。接着他就阐述了那段著名的成为古典经济学基石的话：在“自然秩序”下，每个人“由于他管理产业的方式目的在于使其生产物的价值能达到最大限度，他所盘算的也只是他自己的利益。在这里，像在其他许多场合一样，他受着‘一只看不见的手’的指导，去尽力达到一个并非他本意要达到的目的。也并不因为事非出于本意，就对社会有害。他追求自己的利益，往往能使他在真正出于本意的情况下更有效地促进社会利益”（斯密，1981：27）。亚当·斯密的意思是很明确的，人是理性的经济人，他的行为受自身利益的驱使，这属于不证自明的公理经济人从自身利益出发展开的激烈竞争，会使生产成本降到可能的下限，并使产出最大化，从而达到社会烯缺资源的最优配置。这样，就可以以“个人本位”作为逻辑起点，建立起从“一只看不见的手”经自由竞争到达经济最优状态的整个逻辑演绎体系。亚当·斯密在建立经济学规范性体系的逻辑起点时，主要是从生产者的角度考虑问题，因而这个逻辑起点常被称为“利润最大化假定”，但是当人们以此来解释个人的消费行为时，就遇到了一些困难。消费者选择某种商品并不是为了获得利润，为了消费而买和为了转卖而买的行为目的是不同的。消费目的是一个个人偏好问题，商品的使用价值并不是对所有的人都一样的，有些人从吸烟中得到快乐，另一些人则认为这无异于慢性自杀，消费者所追求的是个人需要的满足。这样，消费者从对某种商品和服务的占有、使用或消费中得到的快乐和满足就被定义为这种商品或服务的“效用”。但是，效用并不像利润那样可以进行精确的计量，所谓“效用量”只是表示商品效用的顺序性排列以及因消费品数量不同而发生的效用变化，不过这已经足够了，因为这已经使人们可以从“效用最大化”的逻辑起点去建立关于基数效用和边际效用的一整套规范性消费理论。亚当·斯密的逻辑在这儿得到重要补充，新古典主义经济学家已不是仅仅从生产者的角度去考察资源的配置状态，而是从生产者的利润最大化追求和消费者的效用最大化追求两个方面去研究供应和需求形成的市场均衡。

不仅如此，现代经济学家为了使经济学的规范性理论体系具有更广泛的逻辑基础，试图把效用最大假定的解释范围从消费领域扩大到整个经济活动，用“效用最大化”替代“利润最大化”来作为整个经济学理论的逻辑起点。这样，人们对自身利益的追求就被解释为人们根据自己所面对的约束来作出反应一系列欲望、期望、偏好的选择，而且是追求作出的选择越多越好（Becher，1976）。

不真实的暗含假定

随着经济生活发生的变化，利润最大化逻辑的两个明显预设前提，即在“自然秩序”下完全的竞争和均衡的市场，受到了现实的挑战。垄断的产生和经济危机的出现表明，完全的竞争和均衡的市场只是一种现实中少有的理想状态，现实中更多存在的是不完全的竞争和非均衡的市场，市场的价格信号系统也会出现失灵和误导。凯恩斯经济学和非均衡经济学对利润最大化逻辑的这两个预设前提的修订使经济学获得了巨大的进步。

然而，利润最大化逻辑还存在着两个不真实的暗含假定。

第一个暗含假定是明确界定的产权。这就是说，在产权界定明确的情况下，经济行为者都会理性地进行成本－收益计算，对资源进行最有价值的使用，个人追求利益最大化的结果也使整个社会的利益最大化。在这儿，产权被视为交易活动中不变的既定条件，国家和法律只是保护私有产权和自由竞争的工具，家庭和企业只是投入产出的计算机器。然而，由于外部效应的存在，产权的明确界定有时并不是那么容易。所谓外部效应包括两种情况。一种是对外部造成损害而引起的是否需要赔偿的问题，经典的例子是工厂排放的烟尘污染了空气所引起的纠纷，这里需要界定究竟是工厂有权排放烟尘呢，还是周围居民有权享受清新空气。另一种是从外部得到好处而引起的是否需要付费的问题，经典的例子是养蜂者的蜜蜂，采集了邻居苹果园主的果树花蜜而引起的纠纷，这里谁要向谁付费呢？如果人们对自己行为的外部效应没有成本的限制（赔偿或付费），又怎么会通过自由竞争就使资源得到合理配置呢？所以说，产权安排会影响资源的配置、产出的构成和收入的分配，而产权安排不是不变的既定条件，而是通过交易中的合约形成的，产权的结构往往是多重的，而不是单一的。

第二个暗含的假定是完全无摩擦的交易或交易的零成本。这意味着成本只发生在生产过程，而不发生在交易过程，只要每个生产者都是以可能的最低成本从事生产，那么通过自由交易和竞争就会实现资源的最佳配置。但实际上，任何一项市场交易的实现，都要经过讨价还价、议定合约、监督合约的执行，以及获得各种有关的市场信息等，这些都是有成本费用的。有时一种商品的交易成本，甚至会高于其生产成本。正是由于交易成本的存在，才会有旨在降低交易成本的不同于市场的资源配置形式，如家庭、企业组织、社会潜网、制度等。

现代经济学已对亚当·斯密提出的经济学规范理论的逻辑起点增加了许多条件限制，对利润最大化逻辑的一些预设前提和暗含的假定作了重要的修订。那么，是不是说利润最大化假定已经没有什么意义了呢？绝对不是。这个假定在完全竞争条件下对企业经济行为的考察，就如同物理学中在“真空”条件下对物质运动的考察一样，只有获得这样一种纯粹的形式，才会有在增加各种条件限制以后，对经济行为的更为深入的研究。从逻辑上说，这就是理论从抽象上升到在思维中再现丰富具体的过程。

利他主义和成本计算

利润最大化逻辑实际上还面临着两个更为根本的挑战，即对其“理性人”和“经济人”的假定提出的质疑。现代决策理论和管理学说的研究成果表明，由于现实经济生活的“复杂性”以及日趋“复杂化”，人们不可能掌握有关这种复杂性的完备信息，也没有对这些信息进行精确地筛选并据此作出最优选择的无限的理性能力。从这种意义上说，人的理性是有限的，人们的经济决策也只能是从各种可供选择的方案中选择符合其经济目标的方案，然后在符合其经济目标的方案中再选择成本最低的一种。由于理性的有限性，对理性的新的理解只能是人们面对各种制约所能作出的可能选择，资源配置的最优状态实际上也只能是一种相对合理的状态。同时，理性的有限性还意味着政府的理性也是有限的，政府也不可能掌握关于复杂经济生活的完备信息，更难于把这些在量上趋于无限大的信息快捷地处理完毕，并把结果反馈到无数的经济行为者那里，因而也就无法对市场作出灵敏的反应。这样，一方面，政府需要把微观经济决策分散化，以降低信息成本和提高对市场反应的灵敏度；另一方面市场配置会被企业组织配置替代以降低交易成本，由此而奠定了既不同于国家干预，也不同于市场调节的“另一只看不见的手”的逻辑基础。也就是说，在一定条件下，家庭、企业、社会潜网等是较之市场和国家干预更为节约成本的资源配置方式，这就是“另一只看不见的手”存在的经济合理性和必然性。

然而，关键的问题在于，我们在前面分析家庭、企业组织、社会潜网的资源配置方式时曾指出，它们的共同特征之一就是各种非经济因素起着重要作用，一些传统上认为只会对资源配置有负面效应的因素，如亲缘地缘关系、职阶系统、礼俗、道德规范等，在一定条件下也发挥正面的效应，在节约交易成本方面与市场有替代关系。但是，这种结论显然对利润最大化原则关于“经济人”的假设提出重要挑战：人们在其经济行为中把追求自身利益（或利润）作为唯一或首要目标的原则是否普遍有效？在利润目标以外对其他目标的追求，在经济上是理性的还是非理性的？某些利他主义行为是否也在事实上会是节约成本的选择，从而促进资源的合理配置？

经济学家们在涉足传统的非经济领域，并用经济学的方法来解释这些领域中人们的行为时，他们显然意识到了这种危险：市场交易和生产竞争中的利己性假定无法解释一切社会交换行为。贝克尔认为，利他主义不仅可能在利己主义失败的地方引导出有效率的行为，而且可以在利他主义者处于劣势的条件下有意义地改变行为，“利他主义在市场交换中不是共同的，而在家庭中却是更为普遍的，因为利他主义在市场上是没有多少‘效率’的，而在家庭里，却是更为有效的”，“即使利他主义只限于家庭，它仍将是全部资源中直接配置的那很大一部分”。他还指出，“在过去200年的时间里，探索利己主义经济效应的复杂模型已经大大发展了，这200年内，经济科学已经按照亚当·斯密的思想反复被推敲过了。现在已经知道的在不同的市场条件下利己主义配置资源的方法实在是太多了。然而，不幸的是对利他主义的同样复杂的分析模型却一直没有被提出来”（贝克尔，1987：217，222，227～228）。诺斯在以新的理论框架分析经济史中的产权、国家、意识形态等问题也发现，个人效用函数远比新古典经济理论迄今为止体现的简单假定复杂得多。“意识形态是种节约机制”，“如果没有一种明确的意识形态理论或知识社会学理论，那么，我们在说明无论是资源的现代配置还是历史变迁的能力上都存在着无数的困境”，“一个有关制度变迁的动态理论如果限于严格的对个人主义的、有理性目的的活动的新古典式约束，我们就无法以此来解释从古代犹太人顽强的斗争到1935年通过社会保障法期间所发生的大多数现实变化”（诺斯，1991：51，53，64）。

看来，经济学家们已经试图对他们普遍接受的“效用最大化”假定作出新的、内容更为广泛的解释，以便从这个逻辑起点出发建立的规范性理论体系，能够包容经济学对传统的非经济领域的最新研究成果。博尔丁（K. Boulding）已经明确地指出：

> 如果企业为了其他任何事情而牺牲“利润”（不管它们怎样衡量），它们或者是特权，或者是良好的公共关亲或劳资关系，一个宁静的生活、流动性、安全感，或是你所拥有的一切，那么很明显这些不能使利润最大化。如果不能使利润最大化，它必须使“效用最大化”。这是一个简单地表明你所做的最好就是你所想的更为明确的方式，这很难说是不真实的。但是除非有些内容被倾注到空洞的效用函数中去，否则它也是少有助益的。（转引自菲吕博腾、配杰威齐，1991：203）

这就是说，对于涵括了许多并非纯粹的经济因素或非经济因素的效用函数，必须用经济学可以接受的语言来表达，并尽可能计量化，它才能对于说明最优化问题具有真实的意义。然而，这样做显然是要把经济学家们分析的那些并非出于纯粹利己目的的行为当作经济行为的一种特例，但这会因为非经济因素的难以计量化而遇到许多难以克服的理论困难。如果我们变换一下思路，把经济行为作为社会行为的一种特例，把经济交换作为社会交换的一种特例，那么完整的理论体系的建立也许较为容易一些。但目前看来，无论是经济学本身，还是社会学、法学和政治学，都还没有为这样一种规范性理论体系奠定逻辑基础的能力。尽管如此，从前面的分析中可以看到，我们关于“另一只看不见的手”的假设，已经可以从现有的经济理论体系中找到它的逻辑基础。

在社会结构转型和建立社会主义市场经济新体制的过程中，研究“另一看不见的手”的运作机制是有重要的现实意义的。尽管市场是迄今为止人类所发现的最有效的资源配置手段，但绝不能制造市场经济的新神话，以为市场就可以解决经济生活中的一切问题。相反，市场经济越发展，我们越是应当注意研究市场调节可能出现的“误区”和固有的“缺陷”。

参考文献

P. 布劳，1988，《社会生活中的交换与权力》，华夏出版社。

戴维斯、诺斯，1991，《变迁的理论：概念与成因》，载科思等《财产权力与制度变迁——产权学派与新制度学派译文集》，上海三联书店。

菲吕博腾、配杰威齐，1991，《产权与经济理论：近期文献的一个综述》，载科思等《财产权力与制度变迁——产权学派与新制度学派译文集》，上海三联书店。

加里·S. 贝克尔，1987，《家庭经济分析》，华夏出版社。

J. 科尔曼，1992，《社会理论的基础》（上，中），社会科学文献出版社。

V. W. 拉坦，1991，《诱致性制度变迁理论》，载科思等《财产权力与制度变迁——产权学派与新制度学派译文集》，上海三联书店。

李培林等，1992，《转型中的中国企业：国有企业组织创新论》，山东人民出版社。

李银河、陈俊杰，1993，《个人本位、家本位与生育观念》，《社会学研究》第2期，第87~96页。

D. C. 诺斯，1991，《经济史的结构变迁》，载科思等《财产权力与制度变迁——产权学派与新制度学派译文集》，上海三联书店。

时宪民，1993，《体制的突破》，中国社会科学出版社。

史晋川、夏海舟，1991，《配给制与灰市场》，载陈昕主编《公有制经济运行的理论分析》，上海三联书店。

T. W. 舒尔茨，1991，《制度与人的经济价值的不断提高》，载科思等《财产权力与制度变迁——产权学派与新制度学派译文集》，上海三联书店。

威廉·J. 古德，1986，《家庭》，社会科学文献出版社。

小艾尔弗雷德·钱德勒，1987，《看得见的手——美国企业的管理革命》，商务印书馆。

亚当·斯密，1981，《国民财富的性质和原因的研究》，商务印书馆。

张春霖，1991，《企业组织与市场体制》，上海三联书店。

Becher, G. S., 1976, *The Approach to Human Behavior.* Chicago: University of Chicago Press.

Coase. R. H., 1937, "The Nature of the Firm", *Economica*, Nov.

演化中的三维社区结构*

王　颖

摘　要： 作者基于乡镇企业的发展对中国城乡二元结构的影响，认为已经出现了一种新的结构性要素——新型中介社区，并由此建构起在三维基础上的具有新型整合关系的社区结构。新型中介社区的特点主要是亦城亦乡、非城非乡性，以及与城、乡两社区间存在的紧密联系性。新型中介社区的兴起，消除了城乡二元结构要素间的隔绝状态，呈现出城乡一体化趋势；改变了以往城市剥削农村、工业剥夺农业的利益格局，建立起“以工补农”、“以工促农”和“以工建农”的新模式；部分地改变了脑体关系，使脑力劳动者与农村体力劳动者在利益一致的基础上结合在一起。作者对三维社区结构的基本特点，提出了自己的认识。

社区一般是指聚集在一定地域范围内的社会群体和社会组织，根据一套规范和制度结合而成的社会实体。从社区构成要素间的差别来看，最大的莫过于城市与农村，因此，人们常常把社会划分为两大基本社区——农村社区与城市社区。而两类社区间关系及分布格局所反映出来的城乡关系以及所隐含的工农关系及部分脑体关系恰恰是构成社会结构的最基本关系之一。因此，社区又可以被看作含有地域性的反映城乡关系的一种基本的结构性要素，是研究社会结构变迁的重要层面。

一　新型中介社区——新的结构性要素

改革前，中国的城市与农村是两个相对独立发展的社区。利用“剪刀差”实现的最初工业发展的资本积累，一方面促进了城市工业以及城市自

* 原文发表于《社会学研究》1992 年第 5 期。

身的迅速发展；另一方面也使城乡之间在生产方式和生活方式上的差距越拉越大，逐渐形成一种事实上的二元经济与社会结构。然而改革以后，随着农村乡镇企业的发展，这种已成定局的二元社会结构中出现了一种新的结构性要素：新型中介社区。它的出现是在中国特定的社会历史条件下，农民在生存的狭缝中自我选择、自我发展、自我平衡的产物。

农村经济改革以后，一方面产生了越来越多的剩余劳动力和闲置资金；另一方面产生了农村居民对较低层次生活日用品及适宜的农业生产资料的大量需求，而这种需求恰恰出现在城市工业计划经济的空白点上，于是形成了新的更广阔的农村市场。

面对着“剪刀差”对农民的盘剥，国家刚性的户籍制度和粮食政策及大中城市容纳农村劳动力的有限能力，迫于农村日益增多的剩余劳动力的压力，鉴于发展工业生产所需资金在农村的现实积累及与低层次工业生产水平相适宜的广大农村商品市场的形成，农民作出了自己的选择：首先在能够允许农民进驻，而且交通、通信等设施都相对适于工业发展的小城镇（包括县镇、其他建制镇、乡镇）和一些村庄中办起了乡镇企业，利用创办工业所获的高额利润（相对于农业而言）来平衡农业生产的损失，并且解决农村过剩的劳动力和闲置资金，缓解农村市场部分产品短缺的局面（当然，这里不是真正消除工农业的“剪刀差”，而是农民利用“剪刀差”来抵消“剪刀差”带给自身的损失）。

随着乡镇企业的发展，农村剩余劳动力开始逐渐转移到非农生产领域，而工业人口的相对集中，又促进了乡镇企业聚集地第三产业的发展和人口的再集中，于是一个新的社区要素出现了，这就是靠农民自办工业而逐渐发展起来的、既城又乡、非城非乡的新型中介社区。

所谓新型中介社区是指那些介于城乡之间、兼有城乡社区特征、以乡镇企业为主要生产组织、以农村居民为主要工业生产者的小城镇和村社区。

作为新型中介社区的小城镇，不同于一般的城镇。它的兴起不是行政命令的产物，也不仅仅是农村一定范围内农副产品集散地，而且是拥有发达的乡镇工业和购销范围波及全国的轻工业品（或曰小商品，而非仅仅是农副产品）交换市场的城镇社区。在这些社区做工或经商的人，大多数不是拥有城镇户口的城市人口，而是户籍身份为农民而工作性质为工人的、具有双重身份的农民工，甚至是农民企业家。

这里需要解释的是村社区。村社区是指这样一些超级村庄，其完全脱离农业的工业人口和工业产值分别占全村总人口和工农业总产值的90%以上，且因村办工业的发展，逐渐聚集起几倍甚至十几倍超出本村人口的工业人口，逐步形成工业品生产基地，以及信息、物资的交换市场。事实上它们是正在形成的以工业品生产为主的、具有较为复杂的组织形式的新型城镇的雏形。它与一般乡镇的区别在于，它没有政府在农村的最基层组织——乡政府，而是由村委会转变而来的总公司肩负其职能。如果与一般乡镇社区比，它们往往在社会效益上超过前者，并且正以更快的速度发展着。从经济与社会协调发展的角度看，村社区由于它清楚的地缘关系甚至血缘关系，村办工业的发展能够带来更大的社会效益。如天津市静海县大邱庄、浙江省萧山市的航民村、深圳市宝安县的万丰村等，都属于此种类型。

中介社区的出现，打破了原有的平衡，使原有的二元社区结构呈现一种不完整性。主要表现为，在全国大部分不发达或欠发达地区二元结构仍具有意义，但在发达地区，二元社会结构已为三维社区结构所代替，城乡界线变得越来越模糊不清了。

二　正在生成的三维社区结构

如上所述，中介社区的出现，打破了二元结构的平衡，并建构起在三维基础上的具有新型整合关系的社区结构。那么，既然城乡社区之间存在根本的差别，如何会有介于城乡之间的中介社区出现？三维结构与二元结构究竟有什么差异？下面我们将从两个方面进行分析。

（一）三维结构的要素分析

众所周知，城乡社区的根本区别主要在于，人口聚集规模、就业人口的构成、生产方式和生活方式等方面的巨大差异。但是这种简单的划分只说明了城乡的一般性差异，并未涉及中国城乡二元社区结构的本质区别。我们认为，在二元结构中的城市与农村的划分与差别，除上述一般性自然差别外，还有更重要的制度性差异，即以户籍制度为核心，辅之以相应的粮食和副食品供应制度、教育制度、医疗制度、就业制度、社会保障制度等多种制度上的差异。这种人为的制度差异，造成了城乡之间无法改变的社会地位差异，并由此形成了相互对立的二元社会结构。而长期实行的“以粮为纲”的农业政策和历次“割资本主义尾巴”的运动，则使广大农村社区难以自然生长出新的城市或城镇，一切城市和城镇的发展都是中央计划经济的产物。

但是，随着经济体制改革的进行，中央对农村政策的放宽，农村工业迅速崛起，并以惊人的速度发展，进而在广大农村社区涌现出一批不同以往的新型中介社区，它们具有与原城乡社区均不同的许多特征。

新型中介社区的特点，首先体现在它的亦城亦乡、非城非乡性。一方面，从其生产方式、生活方式、人口的职业构成、组织系统的复杂程度乃至通信及交通状况来说，它类似于城市而有别于农村，从此种意义上说，它是城市的一种预备形态。另一方面，在资金积累和劳动力来源上，它更多地依赖于农村，而且它的主要工业劳动力也大多是从农村剩余劳动力中分化出来的、拖着一条“小尾巴”（费孝通，1990）（做工的同时兼营农村的口粮田或责任田）的农民工，这使新型中介社区与农村社区在人口上存在一定程度的耦合，因而在利益上具有较强的一致性。此外，新型中介社区的福利制度及工业生产的原材料供应与产品推销渠道也不同于城市，而更接近农村（主要指不同于城市的国家福利制度与国营及大集体企业所享有的国家计划的特殊优惠）。

其次，表现在它与城乡两社区间存在的紧密联系性。一方面，它是城乡社区联系的桥梁和纽带，是城市生产方式、生活方式向农村传递的二传手，并通过乡镇企业把城市工业、科技与农村劳动力和闲置资金紧密联结起来。另一方面，新型中介社区对城乡两社区有很强的依赖性。它不仅依赖农村社区的闲置资金、劳动力、土地及其他资源，同时还依赖城市工业、技术、设备、科研成果和科技人员。因此，事实上，新型中介社区与农村社区存在一种天然的“脐带关系”，而与城市社区则存在一种内在的经济联系、一种合作与竞争的关系（它不同于原有城乡社区之间存在的简单的供求关系）。在中国，凡是城市工业发展迅速的地方，乡镇工业搞得也好，中介社区就会出现。相反，则不然。

再次，新型中介社区对农村社区负有不可推卸的责任。新型中介社区起源于农村，它与农村的天然联系及制度因素，趋使它更多地认同于农村社区，而非城市“贵族”。尽管新型中介社区具备了城市的基本特征，工业有了相当的规模，但其仍然始终把农业发展、村镇建设视为乡镇工业发展的基础和自己的职责。因此，当新型中介社区的乡镇企业一旦有了基础，必然要将发展工业积累的资金部分地返还给农业，以促进农业的发展。例如，江浙一带经济发达地区的乡镇规定，乡镇企业税前利润的两个10%（一个为以工补农费，一个为社会公益事业费）上交乡政府，专门用于修筑乡镇、乡村道路，兴修农田水利设施，鼓励扶持承包大户，补贴化肥、农药，提供农机修理及农机有偿服务等。据报纸报道：广东省顺德县的桂洲镇“在乡镇企业发展的同时，每年从工业利润中拿出‘以工补农’的资金达500多万元”①；“江苏省无锡县的前洲镇，十多年来投入建农、补农资金近5000万元，其中用于购买农机具的资金达1000多万元；用于水利建设的资金1800多万元。”②

最后，新型中介社区与原有中介社区的生长点不同。原有中介社区是伴随国家某项重点工程的上马和大量资金、工人、技术人员的迁入而出现的。而新型中介社区的出现不要国家投资，不通过国家办厂，而完全是靠农民创办乡镇企业自然生长出来。

对上述要素的分析，可以看出，新型中介社区确实是社区结构分化的结果，它与城市社区有着制度上的不同，而与农村社区则存在生产方式、生活方式、人口聚集规模、就业人口构成的根本差别。事实上，新型中介社区是没有得到制度认可的、不享受特殊政策的、自然生长出来的“农村城市”。由此可见，中介社区是一个全新的社区结构性要素，是构成三维社区结构的一个关键因素。

（二）三维结构中新型的整合关系

三维社区结构的新型整合关系主要体现为新型的城乡关系、工农关系和脑体关系。与二元结构相比，三维结构中三大关系的变化十分显著，特别是在新型中介社区和农村社区，这也是三维社区结构所以能够形成的关

① 《桂洲、前洲，中国乡镇的两颗“状元”星、“榜眼”星》，《经济日报》1991年1月1日，第3版。

② 《桂洲、前洲，中国乡镇的两颗“状元”星、“榜眼”星》，《经济日报》1991年1月1日，第3版。

键所在。下面我们仍从新型中介社区入手，来分析三大关系的变化。

第一，乡镇企业的发展和新型中介社区的兴起，消除了城乡二元结构要素间的隔绝状态，呈现出城乡一体化趋势。这些变化和发展趋势体现为以下几点。

（1）以全国性的各类商品市场为基础的中介社区，打破了原有城乡物资交流的单一渠道，使产销直接见面，城乡直接挂钩。

（2）以乡镇企业为基础的新型中介社区，不仅促进了自身的发展，而且带动了农村社区工业的发展。因而改变了城市搞工业、农村搞农业的产业布局。此外，随着中介社区各项事业的发展，具有农民身份从事各种职业的人大量涌现，因而造成二元结构中的城乡身份不再具有实质性意义。用农民自己的话说："现在'农转非'已经没有什么意义了。……城里有的，村里基本都有，学校、医院、电影院、活动室……"[①] 事实说明，随着乡镇企业的发展，城乡差别正在不断缩小。

（3）改变了工业、农业、商业相互分离的状况，出现了贸、工、农一体化、城乡一体化的组织形式。如广西玉林地区通过发展贸工农一体化经营，使全区半数以上农户纳入经营体系，使农产品加工企业、贸易经营企业和个体农户之间，产生了紧密的利益关系。在全国，这种贸工农一体化、城乡一体化的组织很多，成为联结城乡、联结三个产业的新型组织形式。

（4）加速了城乡人口的流动。上述城乡间多种渠道的联系，使城市与农村间出现了前所未有的人口双向流动。一方面大量农民通过各种途径进城，或从事建筑、运输、服务等行业的工作，或参加会议、推销产品、参加展销会、投资城市建设、参与城市商品市场甚至国际市场的竞争等。另一方面城市人口也开始流向农村，如"星期天工程师"、离退休人员到乡镇企业任职，技术人员到乡镇企业任职，等等。如深圳市的万丰村 1990 年吸收外来技术人员和工程师达 350 多人。

（5）新型中介社区的产生，本身就预示着原有意义上的城乡差别的缩小，体制上的城乡划分已很难作为判断事实的标准。有些新型中介社区虽然在制度名分上是农村，但在城乡的客观标准上早已达到甚至远远地超过

① 《集体经济之树常绿》，《人民日报》1991 年 1 月 3 日，第 4 版。

了城市社区，许多城市人参观后，都自叹弗如。而外国学者参观后，更是困惑不解，认为：这明明是城市，为什么中国要把它称作农村？这就是中国社会转型过程中体制转换不完全所引发的特殊社会现象，也是三维社区结构存在的现实社会基础。

第二，乡镇企业的发展和新型中介社区的兴起，改变了以往城市剥削农村、工业剥夺农业的利益格局，建立起“以工补农”、“以工促农”和“以工建农”的新模式。为农业的规模经营、机械化、专业化生产创造了前提条件，为中国乡村工业化、城市化奠定了基础。

农村剩余劳动力向非农领域的转移，绝大部分是流入新型中介社区内的乡镇企业的，这种人口流动使种田的人数减少（还不是承包户数的减少），而随着流入新型中介社区的农民地位的相对稳定，以及“离土又离乡”农民工的出现，种田的户数减少，土地开始以各种形式向种田大户手里集中。

由于农民工及其他农村非农产业劳动者收入的不断增加，抬高了农村劳动力的价格，相比之下，雇用机械耕作的价格变得可以接受了，这就为以机械化为基础的更大规模的农业规模经营提供了可能性，而缺少青壮年劳力的农民工家庭以及种田大户的增多，则为农业的机械化耕作提供了现实性。

新型中介社区利用“以工补农”、“以工促农”和“以工建农”费用兴办农田水利、修建乡村道路、提供社会化和专业化的农机耕作有偿服务等，使现实的农业生产具有了个体小规模与集体大规模双重经营的性质（即个体以户为单位的承包经营与农业机械化耕作、农田水利灌溉的大面积覆盖情况同时并存），为土地的进一步集中和农村人口的彻底分化创造了必不可少的社会条件。

随着新型中介社区工业的进一步稳定发展，农民工收入的提高、地位的巩固，特别是粮食市场的放开，农业向规模经营、机械化与专业化生产的转化速度将会加快，农民工的“小尾巴”将会最终割断。这种情况在少数村社区里已经实现，如浙江省萧山市航民村，少数人承包全村人的口粮田及承包田，组建种植业、养殖业农场，并领取与工人相等的工资。全村粮食实行集中统一供应，使工业人口从农业中彻底分化出来。这不仅使村办工业获得高速发展，而且使农业生产实现了规模经营和机械化、专业化生产，工农差别在这里变成了劳动差别。

然而，大多数新型中介社区还没有达到某些村社区那样的发展水平，也没有采取相应的发展模式。它们大多是依托中介社区的工业实力，首先建立从镇到村一套完整的农业社会化的服务网络，实现农业的双重经营；然后采取多种形式实现农村土地的集中和农业的集约化、专业化、机械化生产。他们或者像无锡农民那样“既承包农户粮田关键技术农活，又直接经营从农户手中转移出来的商品粮田。融服务和土地规模经营为一体”①；或者像河南孝义镇那样“在大量劳力向村办企业流动的同时，一些行政村在全县率先实行了土地适度规模经营。将耕地集中到种田能手手中，连片开发耕作，并由村农业经营服务站提供全程服务”②；再或像宝鸡市那样“创办工农一体化试验区，以岐山县兴中工业公司为依托，把县北村从北郭乡划分出来，作为该公司的‘农业车间’，使该村粮食连年大幅度增产，工业每年实现利润 70 多万元”③。

不管“以工建农”的方式有多少种，农业生产都因现实存在的双重经营方式而逐渐缩小着与工业生产的差距。中介社区不是伴随着乡村社区的衰落、农村人口的流失而兴起，相反，它是在“以工促农”、利益互补、共存共荣的基础上发展起来的。

第三，新型中介社区的兴起，部分地改变了脑体关系，使脑力劳动者与农村体力劳动者在利益一致的基础上结合在一起，使科学技术与农民在发展乡镇工业和现代化农业的过程中自然生长出来的对科技的有效需求相结合，创造出许多新的有效的科技推广组织，使农副产品中逐渐包含了越来越多的科技要素，提高了农产品自身的价值。

在中介社区的成长过程中，无论是工业的发展还是农业的进步，都离不开科学技术的应用。著名的辽宁“一二三工程”（即在 100 个村、20 个乡和 3 个县的范围内，开展依靠科技进步全面振兴农村的实践与探索）是最有说服力的典型案例。“辽宁省的科技力量比较雄厚，全省有科学技术人员近 80 万人。‘一二三’工程的实施，为科技人员施展才能搭起了舞台，8 年来，各路科技大军深入广大乡村小镇，为各个实验基地送去新的研究成果、适用技术 3100 多项……使 1990 年实验点的工业总产值增长了

① 《无锡村级农业服务站承包经营商品粮田》，《人民日报》1990 年 9 月 6 日，第 2 版。

② 《集体之树常绿》，《人民日报》1991 年 1 月 3 日，第 4 版。

③ 《宝鸡市农村改革试验成效显著》，《经济日报》1992 年 2 月 24 日。

4 倍多，占社会总产值的 62.8%，粮食总产量由工程开始前的 1.25 亿斤增加到 7 亿斤，翻了两番多。”同时，“一二三”工程增强了农民的科技意识，全面提高了劳动者的素质。“农民还自发地组织起 827 个专业技术协会（研究会），自己办起了 781 个研究所。目前，工程范围内共拥有获得国家技术职称的农民技术员、工程师、高级工程师 28503 人，每万人中的技术员由工程前的 6 人增加到现在的 79 人。”①

当然，还有更多的事例可以说明，随着农村的发展、新型中介社区的兴起，科学技术越来越受到广大农民的重视，这种科技与农业的结合、科技人员与农民的结合，不仅促进了中国农业的发展，而且创造了占全国工业 1/3 总产值的乡镇企业。

新型中介社区的兴起缩小了三大差别，建立了一种新型的城乡关系，开辟了中国乡村城市化的一条新路。

三　三维社区结构的基本特点

三维结构与二元结构的根本区别，首先在于出现了新的结构性要素，打破了原有的二元结构的平衡，因而具有许多不同以往的结构特点。

（一）社区界线的模糊性

随着乡镇企业的兴起，城乡社区间在人、财、物、产、供、销等方面的相交性与流动性加强，城乡之间自然的社区界限、社区成员的身份界限及人群的地域性归属等方面越来越模糊。我们可以在城里看到大批进城的具有农民身份的工人、个体商贩、企业家、推销员、服务员和经理等；也可以在农村社区看到被请或被高薪吸引下乡的科技人员，具有城镇户口的乡镇企业家、经理，看到与城市生活密切相关的“菜篮子”工程，城市企业投资的原料生产和满足企业职工生活所需的“副食品基地”，以及新型中介社区内大型公司下属的以行政村为单位的“农业车间”等。而随着“孔雀东南飞”和东南农村人口向中西部城市社区的迁移，社区内人口的

① 《让农村建设跨上科技骏马》，《人民日报》1992 年 2 月 24 日。由于机械化作业率一般都在 80% 以上，集约化、专业化程度高，加上新技术、新品种应用快，土地产出率和劳动生产率分别比一般农户高 10% ~20% 和 30% 左右。

地域归属感下降。正因为这些活跃、变动的因子的交叉存在，以及新型中介社区与城市社区自然差别的消失，城乡二元社区界限变得模糊不清了，而这恰恰是目前三维社区结构所具有的显著特征之一。

（二）城乡融合的趋势

从目前的发展趋势看，中国的三维社区结构正在向城乡融合方向发展。其一，表现为城乡经济的一体化道路越来越受到提倡，城乡经济互为前提、互为补充、相互促进、共存共荣。特别是乡镇企业在全国工业总产值中造成的三分天下有其一的态势，从根本上打破了城市工业的一统天下，为城乡融合奠定了基础。其二，城市社区正在逐步取消各种补贴，逐渐消除制度上所享有的各种特权，向“自然发展的城市社区”过渡。我们认为，随着城乡社区制度差异的消除，将会涌现出大批“自然城市”，而非行政统属下“城”与“乡”的分割而治。随着改革的深入，城与乡不再是人为的制度的硬性规定的结果，原有城市不再享有特权，新生的“农村城市”可以得到“正名”。大批农民可以脱离土地，不受户籍制度的限制，自由地到“自然城市”中去聚居和工作。中国的城市化进程将会大大加快。

（三）社区发展的多元化趋势

从历史上看，哪一个国家，哪一个发展阶段也没有像目前中国社区发展呈现如此多元化的态势。自 1978 年至 1988 年的 10 年中，靠乡镇企业的发展从县级市上升为地级市的有 85 个，10 年增长了 86.7%；从县镇上升为县级市的有 156 个，10 年增长了 269.5%。而新型中介社区的增长速度更为惊人，虽然它们没有被列为城市，但实质上它们与城市没有多大区别。例如，“令人感慨的‘华夏第一镇’江苏吴江县的盛泽镇”，1990 年成为全国第一个超 10 亿元的乡镇，1991 年又以 15.67 亿元的工业产值，继续领“第一镇”的风骚。再如华东第一村的沪郊旗忠村，村级经济实力居华东地区首位。[①] 虽然这些新型的中介社区没有准确的统计数字，但无论你走到哪里，都能亲眼见到并亲身感受到它的存在和变化。

社区发展不仅在于类型的多元化，而且还在于发展模式的多元化。这

① 《迈向 21 世纪的中国新农村》，《人民日报》1991 年 3 月 18 日。

些新型“城市”的发展大多靠乡镇企业的兴起，但也有些是靠小商品市场、专业市场的兴起，私营企业的发展，旅游业的发展以及特殊的开放政策等。新型中介社区更是涵括了县镇、乡镇和村三种不同的行政区域类型。

我们认为，中国社区模式的多元化趋势是符合现代化历史潮流的，因而，没有必要强求一致。自然生长的“农民城”更没有必要硬性划为制度内的“城市”，应该允许它们相对独立地存在。中国城市化的任务，一是消除城市特权，恢复“自然城市”的本来面目；二是鼓励乡镇企业适度集中，鼓励农民离土离乡，割断“尾巴”，发展新型的中介社区——农民城市，条件适当者可给予城市称谓，但不列入“城市编制”，不享有城市特权。如果两项任务相结合，那么，中国将会有大批“自然城市”涌现出来，而目前的三维社区结构也会随之发生变化。

参考文献

费孝通，1990，《农业现代化与深化改革》，《改革》第1期。

产业组织面临的双趋避冲突*

李庆善

摘　要： 作者运用社会心理学的方法，对产业组织深化改革中目标抉择的双趋避冲突情况进行了分析；论证了产业组织把增强活力、强化竞争机制、促进组织分化作为深化改革战略目标的必要性；揭示了在过去十年里，产业组织目标抉择中动摇不定、犹豫不决的失误及其成因，并提出了有效抉择的对策和建议。

作为人们自觉的、意识成熟的产业组织改革，首先要对改革总体目标有一个明确抉择。总体目标不明确，犹疑不决，势必使组织行为陷入盲目性和混乱。当前产业组织改革所面临的首要问题，是如何超越双趋避冲突情境，而能当机立断地抉择改革的总体目标，在坚定不移的总体目标导向下使组织的改革行为步步深入。

一

组织发展和变革的研究表明，当代组织改革目标的抉择情境是十分复杂的，其中最令人困惑的抉择情况便是双趋避冲突情境。所谓双趋避冲突情境，是指组织改革同时面临两个选择目标，并且它们都对组织有差不多同值的利和弊。由于种种原因，组织不可能同时抉择这两个目标作为自己改革行为的目标，也就是说，它必须从两个目标中抉择一个，而舍弃另一个；否则，组织改革策略便无法确定，其改革行为也无法真正在实践中展开并深入下去。组织决策心理研究发现，面对双趋避冲突情境的目标抉

* 原文发表于《社会学研究》1992年第6期。

择，组织及其成员总倾心那即将和已经被舍弃了的目标。随着时间推移，组织及其成员对抉择了的目标渐渐冷却，甚至发展起否定倾向。此所谓“舍弃的总比抉择的好”“得到的总比没得到的差”。这种奇妙的心理不仅会妨碍组织排解困难、真诚地去达到既定的目标，以确证既定目标优于被舍弃的目标，而且，在达到既定目标过程受挫时，组织成员还会轻易放弃既定目标而返归于原来被舍弃了的目标。这便表现为组织改革行为的反复、动摇，不能始终如一，甚至混乱和痉挛。

当前，我国产业组织在深化内部改革中，正经历着这种双趋避冲突。人们一边高喊“砸烂铁饭碗、铁工资、铁交椅”，一边左顾右盼，忧虑困惑。如何超越冲突，明确而坚定抉择改革的目标，已成为改革能否深化的关键问题。

二

要活力，还是要凝聚力？这是产业组织在改革总体目标抉择中首先遇到的双趋避冲突。

缺乏活力，是我国产业组织的通病。因此，产业组织在改革时首先把增强组织活力列为自己改革行为的总体目标，所谓产业组织活力是指产业组织在开发、生产、经营、管理和领导诸方面主动、积极、创造性地适应有计划的市场经济需求的能力。有计划的市场经济体制改变了产业组织在计划经济体制下所扮演的那种被动、消极的角色。产业组织有无活力和活力强弱，是决定其命运和前景的生死攸关的问题。在市场变化万千、竞争激烈、对手如林的情势下，只有充满活力的产业组织，才能立于常胜不败之地而赢得生存和发展的权利。在当代，没有活力的产业组织实际上已经死去。人们把缺乏活力的产业组织描述为死气沉沉、死水一潭，把它与“死”字连在一起，是很有意味的。

产业组织的活力基于其团体和成员为追求自己利益而选择的主动、积极和创造性的工作方式。观测产业组织活力，主要有产业组织所属团体及其成员工作情绪和工作行为状态。组织成员的成就动机强烈，情绪高涨，精神振作，干劲十足，就表明组织活力旺盛。而组织成员工作动力来源于对自身利益的追求（笔者所谓利益是指于人生观、心理和社会诸方面有利有益的事物，而不单指物质的、货币的利益）。也就是说，组织成员之所以努力工作，舍得"投入"是为了获得酬赏或"产出"以满足自己生理－心理－社会的需要。在产业组织用以酬赏其成员的资源量有限的情况下，产业组织中的团体和个人要想获得高于他人的"产出"，则必须付出高于他人的"投入"。这便是组织内部团体与团体、个人与个人之间利益竞争的根据。竞争给团体和个人以压力，同时也给组织带来了活力。

然而，事情总不是单方面的。凡事有利就有弊。一般地说，竞争中的团体和个人，其利益取向总指向团体和个人自身，而背离、排斥他人的利益。因此，竞争在无形中会生产出组织里的"壁垒"，形成人们对他人利益，甚至对整个组织利益的低认同和不认同，从而构成对产业组织凝聚力的威胁和挑战。

产业组织凝聚力是指在共同利益基础上担任把所属团体及个人聚集在一起的能力。组织之所以为组织，不若"一盘散沙""乌合之众"，就在于它能把若干层次不同的团体及职位、岗位、工位各不相同的个人聚结、整合为统一的力量。聚结和整合的基础是被团体和个人认同的共同利益，以及维护这种共同利益的共同目标、价值、规范、习俗、礼仪、制度和领导权威等非文化与文化参数。一般地说，产业组织所属团体和个人对共同利益及其体现参数的认同度越强，水平越高，则产业组织的凝聚力越强。所谓增强产业组织的凝聚力，其实质就在于强化组织中团体和个人的共同利益，并造成他们对这种共同利益的高度依赖。

不言而喻，增强组织凝聚力是产业组织战胜困难，闯过风险，顺利达成共同目标的根本保证。因此，在产业组织改革时，总是考虑凝聚问题，把增强凝聚力作为改革行为的重要目标而苦苦以求之。但是，产业组织的凝聚力是在共同利益基础上由团体和个人对这种共同利益的依赖所形成的。组织在凝聚其团体和个人时，势必会模糊团体和个人对自身利益的认同，并削弱着团体与团体、个人与个人之间利益竞争的意向，从而不可避免地限制或压抑着团体和个人的主动性、积极性和创造性，降低着产业组织的活力。

究竟是要活力，还是要凝聚力？在过去的十年里，我国产业组织大多体验了无从抉择的困惑。简单地说，1988 年之前，产业界基本上是倾向于组织活力的。那时候，"承包是条路，大家都要走"。人们期望通过承包而加强团体和个人的责任压力，使打破“铁饭碗”、拉开收入档次的口号能得以落实。的确，承包为大多数产业组织带来了一定活力，提高了工作效率，但由于行业间分配不公，产业组织及其团体行为在承包中间短期化蜕变，组织内部区隔和壁垒倾向滋生，内部关系尤其是干群关系恶化等原因，人们对增强组织活力这一改革目标发生动摇。

1989 年之后，产业组织在整顿治理中实际上大多把目标转向了增强组织凝聚力方面。深化内部改革的口号沦为空喊。曾经时髦过的口号不再提了，有的还当作姓“资”的加以批判，反对社会上的分配不公推及到产业组织内部，工资人均一级，奖金人人有份，刚要拉开的配差又被平均主义所抹平；反对组织及其团体行为短期化，演化为否定承包制，既定的几年不变的承包合同大多变为对甲乙双方均无约束力的一纸空文。“铁饭碗”“铁交椅”“铁工资”又“铁”了起来。人们的安定感、依赖感似乎又复原了；但同时又重演出消极怠工、出工不出力、上岗不干活、责任扩散等令人压抑的情景！

今天，历史又翻过一页。究竟是要活力，还是要凝聚力？仍然是摆在每个产业组织面前，尚无确定答案的问题。

三

要竞争，还是要合作？这也是产业组织改革总体目标抉择所面临的双趋避冲突情境。

产业组织内部的团体和个人谋求卓越，你追我赶，相互比试，决一胜负，是组织活力之所在。组织内没有竞争就没有活力。竞争能激发新思想、新技术、新工艺、新产品和新的经营管理方式，并能鼓舞士气，振作精神，激励干劲，大幅度地提高工作效率。因此，产业组织往往把建立竞争机制作为改革的主要目标，以使组织内部团体之间、个人之间的竞争能全面而深入地展开。

但是，竞争并非全利无弊。竞争最直接的动力来自团体和个人对自身利益最大化的追求。追求高档的酬赏、优越的职位和有利的机会，是人们选择竞争行为的基本出发点。因此，竞争最容易产生组织内的区隔和壁垒。参与竞争的团体和个人为求得自我优胜，往往封闭自我而排斥其他团体和个人，甚至发展起小团体本位主义和个人本位主义，不顾组织和其他人的利益。严重的还表现为以邻为壑，以“他”为敌。这不仅会增加个人的心理压力，疏远或恶化同事间关系，导致个人的疲惫感、孤独感、敌意感和不安全感，而且会从根本上动摇现代生产的基础，损害精细分工前提下的亲密合作。

产业组织成员间的合作受制于许多条件，其中最主要的是他们对基于组织共同目标指导下合作规范的认同和信守。这就意味着，合作不仅实现着现代化大生产，提高着产业组织的现代化水准，而且也能增强产业组织的凝聚力，有益于培育组织成员间的亲密感和合作、利他、献身精神。正因为这样，产业组织在抉择改革目标时，一般不会忽略合作机制的建立和强化问题。

但是，合作并非一个十全十美的目标。合作意味着团体和个人对产业组织共同利益及其体现这种利益的共同目标、规范的认同，要求团体和个人发展共性而限定自己的个性，以确保共同合作任务的完成。这在某种程度上会压抑团体和个人的主动性、积极性和创造性。如果产业组织的理性化水平不高，对每个合作者的“投入”缺乏量的测评，那么，在“产出”问题上势必吃“大锅饭”，从而会削弱产业组织的活力。我们的实验结果完全支持了这个结论：一组工人，在单机作业，实行计件酬赏时，个个表现出很高的生产积极性，不仅产量高，而且废品和次品率低。后来把这组工人安排到流水线上作业，不得不采取平均酬赏办法，结果他们的积极性大为逊色，产量下滑，废品和次品率也上升。

在过去的十年里，产业组织在抉择改革目标时，大多体验了要竞争还是要合作的双趋避冲突。1987 年前后，产业界比较热衷于竞争，并且用“重奖重罚”“奖勤罚懒”“择优汰劣”等方法为竞争者加油。那时候，竞争越激烈，越不讲情面，越能受到舆论的赞赏。后来人们原先担忧的事情发生了：参与竞争的团体和个人趋向保守，对他人实行信息、技术封锁；挑肥拣瘦，拈轻怕重，抢甜避苦，千方百计地把肥活、轻活和甜活抢到自己手里，而把影响获胜的工作推给别人；抢原料、材料、辅料，抢设备、仪器、工具，抢水、电、风、气等问题愈演愈烈；吵嘴、打架、斗殴等事件屡见不鲜；必须通过合作才能运作的工作难以维持，有的连流水线也不畅通了。面对此种情境，要竞争的呼声减弱了。“文明竞争”“礼让竞争”

“规范竞争”，以及“团体之争，个人勿争”“内和外争”等口号随之产生，意在为竞争者降温。

1989 年之后，多数产业组织舍弃了竞争而抉择了合作。大则讲“安定团结”，中则讲“和能生财”，小则讲同事关系“情同手足”“亲密无间”。于是，人们被竞争所激发起的“野”劲消逝了，产业组织内部似乎又呈现出一团和气，一片太平景象。但是，和气、太平并非意味着根绝了产业组织内的种种消极现象。相反，许多产业组织内的消极现象以不可遏止的方式迅速向一切部门和环节蔓延。对此，产业界和理论界一致的诊断是：关键在于产业组织缺乏竞争机制。

究竟是要竞争，还是要合作？仍然是困惑人们的一个问题。

四

要分化，还是要整合？这也是产业组织在抉择改革目标时所体验的双趋避冲突情境。

产业组织由集中到分散，由划一到多样，是开展竞争、增强活力的前提性条件。只有通过利益分化，实现收入有高有低，配差真正拉大，才可能刺激人们的竞争意向；只有通过权力分化，使团体和个人有一定独立自主权和自由度，才可能充分发挥主动性、积极性和创造性；只有通过责任分化，把组织的责任分散到每个团体和个人身上，做到人人工作任务饱满，个个承担必要风险，再也没有推诿的理由和逃避的余地，才可能消除不负责任、不担风险、不愿高“投入”却要高“产出”的现象。因此，产业组织要寻求活力，开展竞争，则必须把集中划一的权责利，同时下放给团体和个人，使每个团体和个人都成为权责利相对独立的实体。如果仅作责任分化，而不作权力分化，搞上面特权下面负责；或者仅作权力分化，而不作利益分化，搞大众参与，平均分配，那就不可能达到增强组织活力、激发竞争意向的目标。

但是，组织分化往往会威胁到组织的整合。分化在一定程度上削弱着组织集中的权力，从而会软化组织对团体和个人的控制及支配；分化在一定程度上削弱着团体和个人对组织共同利益及服务于它的目标、价值、规范的认同，从而会分散组织的远大目标，迫使组织行为偏向短期化；分化产生着若干独立自主的实体，它们以自身利益导向的结果，自然会滋生利益“保护主义”和“扩张主义”，从而使组织内部壁垒重生、沟通堵塞、关系紧张、冲突层出不尽，甚至形成“一盘散沙”状态。因此，产业组织在抉择改革目标时，既想要分化，又想逃避分化，尤其在组织分化过程中出现问题时，很容易由要分化转向要整合。

组织之所以为组织，就是因为它具有整合团体和个人的功能。组织的整合功能来源于它对团体和个人生存与发展所依赖的社会资源的控制及支配权力。组织对团体和个人需要的财富、地位、机会、声誉、关系等社会资源越是具有全面而强有力的控制权、支配权，则它对团体和个人越具有整合力量。当然，参与组织整合的，不单是权力因素，还有服务并辅佐权力的价值观、思想、舆论、习俗、礼仪和规章制度等软的与硬的、直接的与间接的控制手段。一般地说，具有高整合力的产业组织能够以其强大的权力威严，排解内部的冲突和纷争，调整组织与团体、团体与团体、个人与个人之间的种种关系，以保证开发、生产、经营、管理和领导等组织行为的正常运作，具有高整合力的产业组织能够把组织内的人力、物力和财力集中起来，以实现组织的共同目标，完成组织经常面临的紧迫性任务。对于那些组织成员成熟水平较低的产业组织，加强整合机制尤为重要。成熟水平较低的组织成员，缺乏独立自主能力，他们离开组织的控制和支配，便不能选择有效的工作方式。要想让他们选择符合组织标准的行为，则只能对其采取严格的控制。

然而，由控制而导致的组织整合，也有很多不利的方面。整合给予组织以集中，但削弱了团体和个人的独立自主权；整合突出了组织的统一意志，但压抑了团体和个人的主动性、积极性和创造性，妨碍了生动活泼组织氛围的形成。值得注意的是，当作为组织权力代表的领导者，缺乏非权力影响力和人格魅力，一味滥用手中权力而不能德威并重、深得民心的时候，被剥夺了独立自主权的团体和个人就会以不合作态度对待组织权威。他们或者逃避参与和责任，或者公开抵制控制和支配，从而使组织的整合力大为衰减。

对于我国大多数产业组织来说，究竟是要分化，还是要整合？这是几经反复，尚未解决的问题。既往的经验表明，分化一般受到组织下属的偏爱，而令组织上层忧虑。相反，整合一般受到组织上层的青睐，而令组织下层厌烦。

五

一边是组织的活力、竞争和分化，另一边是组织的凝聚力、合作和整合。两个向度的目标各有其利和弊，我们究竟应该作何抉择？

一般地说，面对双趋避冲突目标，人们应当通过权衡利弊，作出利大于弊或弊小于利的抉择。据此，我们认为，产业组织把促进组织分化，建立活力机制和竞争机制，作为深化改革的总体目标，是比较明智的选择。其具体理由如下。

首先，我国产业组织大多是在计划经济体制下成长起来的。适应计划经济体制的要求，它们只讲凝聚力而不讲活力，只讲合作而不讲竞争，只讲整合而不讲分化，并且，建立了一定的凝聚机制、合作机制和集中统一的权力控制系统，而大多缺乏的是活力机制、竞争机制和权责利分化系统。这样的产业组织体制及内部机制，若不从根本上加以改变，是很难适应有计划的市场经济体制要求的。

其次，目前，我国多数企业，尤其是大中型国营企业的效益不佳。亏损企业在40%以上，有的省市高达58%，并且通过整顿治理，亏损企业不仅没有减少，反而有不断增加的趋势。前些时候，人们普遍对产业组织的挫败作外归因解释，认为是由市场疲软使然。其实，这种解释是不正确的。全国城乡居民存款8000亿元，手中现金2000亿元，二者相加几乎接近国有资产的总和，这样巨大的购买力怎么能说成市场疲软呢？与其说是市场疲软，还不如说是产业组织疲软更为恰当些。产业组织之所以疲软，主要是其内部权责利分化不够，缺乏竞争，活力不足，因而不能适应买方市场的要求。市场经济要求产业组织不仅应当适应卖方市场的要求，而且应当适应买方市场的要求。

最后，改革开放正推进着我国社会转型，由传统社会正在向现代社会转化。作为大社会一个有机组成的产业组织，只有积极适应社会转型的要求，在自己内部相应地建立起开放的、符合法规的、多元结构的机制，才能真正在工商社会的市场竞争中立于不败之地。建立开放机制，就要打破僵死的组织格局，实行人员流动、职位变动，开展自由竞争，以增强组织的活力；建立多元结构机制，就要打破权力过分集中统一的组织格局，放权划利，责任到人，以促进权责利的分化；建立法规机制，就要打破既有关系、人情运作的格局，破除平均主义，实行按劳分配，破除“对人不对事”的人情法则，实行“对事不对人”的公平法则，以推进组织的理性化。产业组织的理性化是增强组织活力、开展内部竞争、实行权责利分化的重要前提，也是产业组织现代化的主要标志。

既然，产业组织应当把增强活力、开展竞争、促进分化作为深化改革的总体目标，为什么在抉择过程中还犹豫不决，或者在抉择了之后又往往容易转向凝聚力、合作和整合的相反方向上去呢？从一个具体组织来说，大概有如下三个原因。

（1）追求纯利无弊的倾向干扰着抉择。如上所述，产业组织面对的是两个不同向度的目标。它们各有其利，也有其弊，并且抽象出来看，它们的利弊几乎是等值的。人们在双趋避抉择情境中，不仅很容易产生困惑和犹豫不决，而且在一定压力下，人们抉择了一个目标而舍弃了另一个目标时，总对舍弃了的目标流连忘返。特别是在达成既定目标过程受挫时，人们又会以不容的态度，对既定目标求全责备，从而对舍弃了的目标愈加一往情深，随之便发生改革目标动摇和转移。

（2）组织缺乏共识不利于抉择。组织是由若干团体及个人组成的。由于人们的信念、价值、态度及地位、处境和组织化水平不同，所以对两个向度不同的改革目标，自然就有着不同的认同和追求。若组织成员间再缺乏有效的沟通和交流，那将很难达成在抉择方面的共识。在这种情况下，即使组织的代表作出最终抉择，它也不会成为全体成员的共识。而那些对组织代表抉择的目标缺乏真诚感的成员，还可能正向往着相反向度的目标呢！

（3）中国人传统心理影响着抉择。中国传统文化给予每个组织成员以“第二天性”。这种“天性”总以自觉或不自觉的方式参与人们的价值评价，从而深深地影响着组织改革目标的抉择。例如，中国人的他人取向或集体主义，促使中国组织成员总倾向于放弃个人的独立自主而过分依赖组织和他人。这种组织人格，与旨在发挥个人主动性、积极性和创造性，增强组织活力的目标，是极不相容的。又例如，中国人的“和为贵，忍为尚”“不偏不倚，无过不及”的“中庸之道”，促使中国组织成员总倾向于人际关系过分和谐而逃避竞争与冲突。这种和平文弱及中庸性格，与旨在促进团体间和个人间利益竞争的目标，是格格不入的。再例如，中国人要“一”不要“多”、尚“合”不尚“分”，总倾向于集中统一，整齐划一而排斥分散和多样化。这种思维方式与旨在促进组织分化的目标，也是很不合拍的。几千年的农业文明造就了中国组织成员特有的心理结构。这种传统心理结构，正以强大的惯性和定式，规定着人们对产业组织改革目标的抉择。国情、人情和人的心情，影响着产业组织面向现代化的变革。有人把这说成是“死人拖住活人，旧的绊住新的”还是有一定深刻性的。

根据以上分析，我们认为，当前，产业组织应该认真总结既往的经验教训，加强对改革目标抉择过程的社会心理分析，提高组织的意识水平，以过去从未有的明确态度，超越困扰我们的心理冲突，从而作出坚定不移的深化改革目标抉择。具体地说有以下几点。

（1）要强化总体目标意识。产业组织改革的总体目标抉择，意义非同一般。它涉及产业组织的根本方向，规定着产业组织的发展战略，直接影响产业组织的转型及现代化水平。经验表明，只有对产业组织改革的总体目标作出明确抉择，才有可能制定出不陷入盲目性的改革措施。

（2）要强化目标抉择的统整性。产业组织改革的目标，既涉及组织活力、竞争和分化，也涉及组织凝聚力、合作和整合；并且每一向度的目标还涉及一系列子目标或过渡性目标。因此，我们在进行目标抉择时，要用系统的观点和方法，从联系的、相关的及统整的角度去思考问题。

（3）要坚持实事求是。全国一百多万个产业组织，它们各有其自己的历史、现状、特质和特点。深化改革的大方向应该同一，任何一个厂家不改革就没有出路。但是，改革的目标、方法、步骤和突破口，在产业组织之间应该有所区别，且不应当照搬一个统一的模式。

（4）要重视人的精神素质。产业组织现代化最重要的依托之一在于人的现代化。离开人的现代化，产业组织是很难有实际长进的。经验表明，任何一项旨在促进产业组织现代化的改革措施，若失去人性和人心的支持，是不可能真正收效的。因此，在产业组织从事深化改革过程中，要始终重视人的观念转变，采取有力措施促进人们精神素质的升华。

（5）要大力优化组织外环境。产业组织的改革不仅是它自己的事情。产业组织外环境优劣是影响企业内部改革的重要因素。过去十年里，产业组织内部的人事制度、干部制度、劳动制度和分配制度之所以改革不下去，停留在一般空喊的水平上，显然与社会改革不配套相关。为了优化产业组织，深化改革的外环境，主管部门和政府组织首先要深化自身的改革，从观念上、作风上、政策上作出有利于产业组织的抉择。没有主管部门和政府组织的真诚支持和合作，任何一个产业组织都不会超越它所面临的重重困难，而把改革深入下去，达成远大的目标。

1993 年

中国城乡发展的道路——我一生的研究课题*

费孝通

摘　要： 本文对作者一生关于中国城乡发展道路的研究及战略设想进行了总结。作者经过长期实地调查研究，认为在农业繁荣的基础上，工业下乡，大力发展乡镇工业，农副工齐头并进，协调发展，是中国农村工业化的必由之路。但由于各地条件不同，又存在着不同的发展模式，从模式比较分析中，作者提出要使整个中国富强起来，必须走城乡一体化的有中国特色的现代化道路。作者注意到了全国发展的不平衡性，从模式研究进入区域发展研究，提出了使全国人民生活水平达到小康的"全国一盘棋"的整体设想。作者还提出，应将社会发展研究从生态秩序层次提高到心态秩序层次。

20 世纪 70 年代末 80 年代初，中国农村改革以农村家庭联产承包责任制为突破口迅速推向全国，促使部分地区乡镇企业异军突起。现在，乡镇企业已经成为全国农村经济的一大支柱，在我国整个国民经济中也是一支不可忽视的重要力量，被认为是"达到小康水平的必由之路"。中国城乡发展已找到一条有自己特色的道路，全国农民绝大多数已经脱贫，走向较高的生活水平。

近 10 年来乡镇企业一直是我的一个重要的研究对象，并且有一个很长的背景，可说是我学术生涯中的一个主要部分。

我最早到中国农村进行实地调查研究是在 1936 年。那是我从广西大瑶

* 本文是作者 1992 年 9 月 25 日在向香港中文大学举办的首届"潘光旦纪念讲座"上的演讲。原文发表于《中国社会科学》1993 年第 1 期。

山调查受伤回家乡养病时，在吴江县庙港乡开弦弓村开始的。我所以选择开弦弓村，是接受家姐费达生的建议，她在这村里帮助农民办了一个生丝精制运销合作社，那是我国农民自己办的最早的乡镇企业之一。它引起了我的研究兴趣。那时我住在合作社的工厂里，看到农民在机器上缫丝，就想到，这不是现代工业进入了农村吗？我心里十分激动，我在该村调查了一个多月，便起程赴英国留学，在去伦敦的船上，把开弦弓村调查的资料整理成篇，并为该村提了个学名叫“江村”。

我在伦敦经济学院人类学系攻读博士学位时，根据这项调查材料撰写了论文《江村经济》。在这期间，我的导师马林诺斯基教授正在研究文化的变迁问题，他十分重视农业社会转向工业社会的过程。我在他的指导下以“江村”为具体实例，描述了现代文化进入传统农村文化的过程。他在这篇论文出版时写的序言中说：对社会的改革“如果要组织有效果的行动并达到预期的目的，必须对社会制度的功能进行细致分析，而且要同它们意欲满足的需要结合起来分析，也要同它们的运转所依赖的其他制度联系起来分析，以达到对情况适当的阐述。这就是社会科学者的工作，所以社会科学应该在指导文化变迁中起指导的作用”。他认为我的论文中有关蚕丝业的那章是最成功的一章，“它介绍了家庭企业如何有计划地变革成为合作工厂，以适应现代形势的需要。它证明，社会学需要研究社会工程的有关实际问题”。他对我在这些方面的鼓励对于我后来的研究工作起了重要的指导作用。

人类学的发展到30年代，已碰到了研究文化变迁、文化接触的现象和现代文化的传播问题。在留英之前，我已经和燕京大学社会学系的一些学生，在吴文藻先生的启发下，开始探索用实地观察的研究方法去认识中国社会，如杨庆堃的《山东的集市系统》、徐雍舜的《河北农民的风俗》、林跃华的《福建的一个民族村》、廖太初的《动变中的中国农村教育》、李有义的《山西土地制度》、郑安仑的《福建和海外地区移民的关系问题》等。所以马林诺斯基说，“中国社会学界已独立自发地组织起一场对文化变迁的应用人类学的真正问题进行学术上的攻关。这一学术攻关表达了我梦寐以求的愿望”。用现在的语言来说，马氏所支持的就是“理论联系实际的研究为社会改革服务”。这个方针可以说一直贯彻在我一生的学术工作之中而没有动摇过。

当时我们已经注意到中国农民在现代文化传播接触中，已无法维持原有的生活方式，出现了种种问题，主要的是农民的生活日益贫困。我在《江村经济》的结论里说，“中国农村的基本问题，简单地说，就是农民的收入降低到不足以维持最低生活水平所需的程度。中国农村真正的问题是农民的饥饿问题”。而穷困的根源首先是土地制度的不合理，其出路是改革土地制度。其次是人口的不断增长。要在土地有限的农村里维持这么多人口，一方面必须控制人口的继续增长，另一方面要充分利用农村里的劳动力从事各式各样的生产活动。可是当时的环境，一方面受到传统土地制度的束缚，另一方面又有外来势力和西方新技术的竞争，中国农民陷入极其贫困的境地。这种历史的现实促使我发生了尽力使中国农民脱贫致富的使命感，也为我后来一生“志在富民”扎下根子。

由于在实地观察江村时，看到了一个以合作为原则来发展小型工厂的实验，引起我极大的兴趣。我认为这是个在发展农村经济上具有重要意义的实验。这就是当时我对乡镇企业最初的接触和理解。简单地说，我从开弦弓村实地调查中，明确地感觉到农村需要现代工业。可是，我并没有注意到这个合作工厂的建立和存在有其特殊的条件，就是它有家姐费达生所在女子蚕业学校技术推广部的支持，引进了科学技术和工厂管理，并帮助培养人才和组织生产。这是当时一般农村不可能都具有的条件。更重要的是我没有注意到当时在国民党统治下，土地制度没有改变，在商品生产上国外有强大的竞争者。这些实验固然取得了成绩，但由于客观条件不具备，这个小小的实验改变不了整个地区的农村面貌。

1938 年，我在伦敦经济学院毕业后，怀着继续研究中国农村的愿望，暑假即急忙回国。但是我的家乡已经被日本军队占领，江村的小型丝厂已经夷为平地。我只能进入抗战后方的昆明。在昆明云南大学，在吴文藻先生的支持下建立了一个小小的研究中心，继续进行云南省的内地农村调查。内地农村调查使我们进一步看到在一个人口众多、土地有限的国家里，要进一步提高农民的生活水平，重点应当放在发展乡村工业上。我在介绍云南农村调查的 *Earthbound China* 一书中，再一次更明确地提出了这个见解。现在回头来看，我的这项改变农民穷困的见解，尽管是从实际调查中得来的结论，但从整个局面来说，其实还是书生论政，纸上空谈。这也使得我抛弃了不问政治的态度，而投身于当时的民主运动。从此我的学术研究工作也和广义的政治分不开了。我当时提倡的“实用社会学或人类学”，其实也就是中国传统的学以致用。

到全国解放后，在50年代初的三年国民经济恢复时期，我国农村成功地实现了土地改革。第一个五年计划时期，又使农业得以顺利发展，并且引导农民走上合作化道路。但是那时没有发展农村小型工业的政策。由于苏联模式的影响，在“以粮为纲”的口号指导下，农村主要是去搞粮食来支持城市发展大工业。

1957年我重访江村，看到当时农业有了发展，粮食增产了，我感到高兴，但是为那种忽视副业和没有恢复乡村工业的情况忧心忡忡。农民自己有了土地使用权，但手中无钱，市镇上商品交换日益萧条，小城镇也萎缩了。针对这种情况，我认为农村里应当提倡恢复副业和发展小型工业。我在《重访江村》一文中这样说：“农业增产是不是提高了农民的收入呢？为什么农业增产了60%，而还有人感觉到日子没有以前好过呢？问题出在没有发展副业上。”同时，我重新提出了“乡土工业”问题，讲到村子里办小工厂的好处。但是这种主张与当时的政策相抵触，不但没有被接受，在“反右”时还受到了批判。

直到70年代，这种限制农村、单纯搞粮食生产的政策受到了事实的挑战。这项严重的挑战来自人口的不断加速增长。单纯依靠种植粮食的低收入，使广大农民在那不断增长的人口面前无法维持他们已有的生活水平。解放时我国人口5.4亿人，经过32年到1980年已接近10亿人，增加了81%；1978年全国粮食比1949年固然增长了169.2%，但按人口平均仅增长了52%，经过解放以来30多年，到1980年中国谷类的个人平均配额仅有580斤。以这样一个仅够糊口的粮食来维持农民全部的生活费是远远不够的，何况各地区的产量不平衡，绝大部分地区的农民所得低于平均数，因而贫困重又成了农村的主要问题。这种严重的处境曾在60年代发生了全国性的“困难年”，饿死的农民上千上万，接着是“文革”时期，全国经济到了崩溃的边缘。在这20多年中，由于我的言论和当时的政策相抵触，我被划为“右派”，失去了继续实地研究工作的条件。

80年代初，我的社会和政治地位恢复了，社会学也恢复了，于是又重新开始我的农村调查研究工作。1981年我三访江村。那时江村个人全年平均收入已接近300元，位于全国的前列，大约是全国平均水平的3倍。而

3 年前，即 1978 年江村个人全年平均收入还只有 114 元，为什么在短短的 3 年里这个村子农民会这样快的富裕起来？我看到家庭副业恢复了，集体小工厂办起来了。从农村经济新结构中农、副、工三方面来看，发展前途最大的显然是工业。

使我特别兴奋的是在这里看到了我几十年前所想象的目标已在现实中出现，而且为今后中国经济的特点显露了苗头。在人口这样众多的国家，多种多样的企业不应当集中在少数都市里，应当尽可能分散到广大的农村去，我称之为“工业下乡”。工业下乡同样可以在国家经济结构中增加工业的比重，但是在人口分布上却不致过分集中，甚至可以不产生大量脱离农业生产的劳动者。在某种意义上可以说，这为具体实现工农结合，消除工农差距的社会开辟了道路。“三访江村”是我在英国的老师 R. Firth 为我去伦敦接受赫胥黎奖章作演讲出的题目，他建议我讲讲江村在半个世纪里的变化。这次演讲也决定了我其后 10 年的研究课题——中国城乡发展的道路。

1982 年以后，我的研究领域逐步扩大。首先是从农村到集镇，提高了一个层次。由于我是从农村出发去研究集镇的，因而我的着眼点一开始并没有限于集镇本身，而首先把它看作城乡的接合部，称之为小城镇，并提出了对小城镇“类别、层次、兴衰、分布、发展”的十字研究课目①。我研究的地域也从家乡的一个村，扩大到包括七大镇、十几个小镇的吴江县。我把单枪匹马的个人研究改变为组织队伍的集体研究，打下了以后建设研究中心的基础。

80 年代初期已是中国各地小城镇复兴的时刻，我注意到家乡吴江县各个集镇上的人口无不在迅速增加。追溯过去，它们都曾在 50 年代进入过一个衰落时期，人口下降，70 年代后期陷入谷底，出现冷冷清清的局面。嗣后前前后后出现了生机，当我们 1981 年去调查时，这些集镇的面貌正在发生明显的变化，出现了欣欣向荣的势头。

这些集镇怎么会兴旺起来的呢？这个问题吸引了我，我注意到当时正在如异军突起地发展着的乡镇企业。因为这些是公社和生产队所办的工业，所以一般都称作“社队工业”。集镇是社办工厂集中的地方。这时集

---

① 详见费孝通《行行重行行》（宁夏人民出版社，1992）。下文作者观点和意见也参见此书。

镇上新办的工厂纷纷到农村里去吸引农民出来当工人，集镇的人口也就多起来了。工业带来了繁荣，集镇上新的建筑一座座盖了起来，面貌大变。农村里也由于生产大队或生产队办了工厂，收入增加了，农民生活改善了。

这里特别要提出的是人口问题。70 年代中期中国人口压力越来越大，虽然提出了人口控制的号召，但已出生的人口已相当多。由于严格控制城乡人口迁移，用行政手段划清城乡户口，农村户口不能向城里迁移，于是农村中“隐藏”着大量的剩余劳动力。城乡户口的隔离迫使农民另找出路。

这条出路就是人口不向城市集中而把工业拉进农村，使农村里的剩余的农业劳动力可以向自办的工业转移。通过农村工业化来改善农村经济状况，以提高农民生活水平，这应当说是中国农民逼上梁山、自己闯出来的一条生路。

正是那时客观上存在了发展农村工业的具体条件，一方面“文革”结束，政策改变了，公社制取消后，农民可以在生产粮食之外，生产其他的产品，副业、工业都产生了。另一方面在“文革”中一批大城市的技工和知识分子下乡，提供了兴办工业必需的知识和技术。在这些条件下，江苏省（主要是苏南）于 1984 年形成了兴办乡镇工业的高潮。

值得特别注意的是，由于乡镇工业办得好因而富裕起来的这些乡村，农副业收入所占的比例不断降低，绝对数字却相应地增长，增长速度也较工业不发达的乡村为快。这个事实应当大书特书，因为它向人们展示出中国在发展经济道路上的一种崭新的特点：中国社会的工业化是在农业繁荣的基础上发生、发展的，而且又促进了农业的繁荣和发展，使农业走上现代化的道路。

这个特点的重要意义要是和西方早年工业化历史相对照就容易看清楚了。欧洲工业化初期，在集中于都市里的机器工业兴起的同时，农村都濒于破产，农民失去土地，不得不背井离乡涌进城市，充当新兴工业的劳动后备军。西方国家现代工业的成长是以农村的萧条和崩溃为代价的。这是西方工业化的道路。在当前历史条件下，中国是绝没有可能走这条道路的。不能想象上亿的农民拥入城市来发展工业。中国要工业化只能走一条迥然不同的道路。农民在农业繁荣的基础上，以巨大的热情兴办集体所有制的乡镇工业。这种乡镇工业以巩固、促进和辅助农业经济为前提，农副工齐头并进，协调发展，开创了农村繁荣兴盛的新局面。这种工业化的道路，从具体历史发展来看，并不是从理论上推论出来的结果，而是农民群众在实际生活中自己的创造。

从实际出发进行研究来促进实际的发展是我行之有效的工作方针。工业下乡，发展乡镇企业都不是我的创造，而是中国历史上发生的事实。我作为一个研究工作者只是抓住这个历史事实进行分析、表达和传播，使人们能理解其在社会发展中的正面和反面的作用，从而通过对社会舆论的影响，对社会客观进程发生影响。

在 80 年代农村经济大发展中，由于乡镇企业的兴起，在比较发达的地区，不论过去属于哪一种类型的乡镇都走上了工业化的道路，几乎都成了以乡镇企业为基础的小城镇。但是各地条件不同，所走的具体路子各有特点，这个客观的历史事实使我产生了“模式”这个概念。模式是从发展的路子上说的，因为各地的乡镇所具备的地理、历史、社会、文化等条件不同，在向现代化经济发展的过程中采取了不同的路子。不同的发展路子，也就是不同的历史进程，就是我们所说的不同发展模式。

1984 年我走出苏南，进入苏北调查，看到了两地发展上的差距，起初还以为是起步的先后不同。1986 年在温州考察时，才进一步明白地区间的区别可以出于客观条件不同而所走的路子也不同，因而提出“发展模式”的概念。模式是指“在一定地区，一定历史条件下，具有特色的经济发展的路子”。这个概念使我们的研究工作推进了一步，要求我们从整体出发探索每个地区的背景、条件所形成的和其他地区相区别的发展上的特色，从而引导我们进入不同模式的比较。

这个概念有它的实用价值，它防止了全盘照搬的办法，所以我们提出了“因地制宜，不同模式”的观点。后来在 1988 年，我在两广调查里面，对（照）当地农村迅速向珠江模式靠拢的事实，发现我所提出的这个发展模式的概念多少带有一点静态的意味，没有照顾到条件本身是个变数，而且路子尽管不同，不能排斥相互交叉和学习。所以我在《四年思路回顾》一文中又提出了“随势应变、不失时机”的观点，在发展模式的概念中注入了动态的观点。

提出发展模式的概念是有利于采用比较研究的方法。但也必须防止偏重于各模式之“异”，而忽视其所“同”。各种模式之所以能相互比较，是因为它们是在共同基础上出发，又向同一目的前进的共同基础是我们传统的小农经济，同一目的是脱贫致富，振兴中华。概括起来看，乡镇企业的发展，必须具备劳动力、资金、原料、市场、技术和管理等条件。它们的来源可以不同，办法可以各异，但缺一不可。怎样把农村中潜在的巨大的剩余劳动力转化成生产力是我国农村经济发展共同的关键问题，但转化的办法有所不同。

对各种模式进行比较分析时，我们注意到内地和边区的农民即使有劳动力和启动资金，工厂还是办不起来。乡镇企业必须有现代工业的制造技术和管理知识以及市场信息，而这些在农业传统里是得不到的，必须从工商业中心的城市中去引进，所以靠近城市的乡村比较容易发展乡镇工业。这说明了农民内发的要求还是要结合了外援才能办工业。这个事实使我们注意到城乡之间的关系，逐步走向城乡关系的研究。

80 年代初，我国在广东和福建建立了经济特区，试行具体的对外开放政策，进一步推动了广东珠江三角洲农村经济的发展，出现了新的发展模式，使我们意识到在中国农村发展中出现了外联和内发的不同性质。外联是指资金、经营、运销靠国外投入，不靠国外的是内发。这两种不同性质的模式又互相渗透，互相结合，90 年代初期在沿海各省发展成外向型企业。

乡镇企业的发育是一个很生动的过程。这是一个农村里商品经济的生长过程。自给自足的小农经济商品流动数量和范围极小，往往采取“日中为市”的赶集的方式。工业下乡后情况基本上起了变化，工业品需要广阔的市场，从低级到高级，从小规模到大规模，从国内到国外。农业经济纳入了商品经济，农村的小细胞已成为世界总体的构成部分。乡镇企业的发展促进中国市场的发展，具有极深刻的历史意义。

我在这十几年里从农村体制改革后遍地开花的家庭企业和局限在乡村小天地里的小型社队工业，一直看到正在发展中的大城市的开发区，上亿农民不同程度地离农投工，广大乡镇已换上了小城市的面貌，农村生产力大大发展，人民生活普遍提高。我们这个小农经济的国家已出现了城乡一体化的宏伟前景。也许这勾画出了我国进入改革开放时期中走出的一条具有中国特色的现代化道路。我不能不有生逢盛世之感，在我的晚年竟能亲眼看到中华民族这样深刻和伟大的变化，说实话是我完全没有预想到的。

1991年乡镇企业总产值突破了1.1万亿元，这1万亿意味在全国工业总产值中“三分天下有其一”。从发展速度看，乡镇企业从1984年的1000多亿到1991年的1.1万亿仅用了7年，而我国从1952年的1000多亿社会总产值达到1983年的1万亿用了31年。在乡镇企业发达的江苏省，它的产值已占全省工业总产值的一半以上了。

这1万亿意味着乡镇企业在工业产值上已与国营企业平分秋色，而成为我国经济的“半壁江山”，乡镇企业已不再是国营工业的补充和调剂，而是我国经济建设中的一支生力军。在近3年的治理整顿期间，乡镇企业在十分困难的情况下仍以每年10%以上的增长速度发展，远远超过了全国工业年平均增长的速度。江苏省苏州市等乡镇企业发达地区的年增长则在30%以上。

这1万亿还意味着打破了我国历史上长期形成的“农村搞农业，城市搞工业”的经济结构，乡镇企业使农村走向城镇化，工农差距在缩小，城乡差别也在逐步消失。农民自觉自愿、兴高采烈，但也是千辛万苦的，在没有花国家一分钱投资的情况下，自我完成了从农民到工人的角色转换。约有1亿农业劳动力转移到了乡镇企业，相当于我国前30年城市工业吸收劳动力总和。日本一位教授评价中国农民的这一伟大创举时说：“乡镇企业的迅速发展可以看成是在中国各地出现的一次静悄悄的产业革命，它使中国农村地区的经济社会生活发生迅速变化”，“这是中国正在进行的使农村地区实现工业化的一种新尝试。乡镇企业的成功，对其他发展中国家来说，也具有重要的意义”。

现在比较发达地区的乡镇企业已向现代工业发展，从初期的“船小好调头”到“联舟抗风浪”，已发生了历史性变化，把眼光转向质量、品种、效益和开拓国际市场、发展合资企业上来，开辟高新技术产品，以便在国内外的市场竞争中保持后劲，立于不败之地。如江苏省的乡镇企业出现了联合兼并的势头，形成了6000多个较大的骨干企业，其产值和利税均占全省乡村集体工业的55%以上，其中200家企业达到国家规定的大中型企业标准，近百家涉足高科技领域。

同国营大中企业、高等院校及科研所的横向联合，给乡镇企业注入了新的活力，并发展了外向型经济，使众多乡镇企业有了发展的新天地。江苏省乡镇企业创办的“三资”企业累计上千家，其中以“嫁接型”企业为主。所谓嫁接型即把外资和技术甚至经营管理嫁接到原来的社队集体企业的基础上。这种嫁接形式的转变在广东省很多，被称为“造船出海”，不同于“三来一补”的“借船出海”。更可喜的是已出现了跨出国门、到国外办厂的乡镇企业，显示出中国农民面向世界的伟大气魄。

引人注目的是，1991 年涌现出一批以乡镇企业为主体的，农业、商业、工业、建筑、运输、服务全面发展的乡（镇），人口在 10 万以下，产值接近或超过 10 亿元，其中江苏的盛泽镇突破了 15 亿元，还有产值达 2 亿元，而人口在 1000 上下的村。江苏省 1984 年有 6 个工农业产值超亿元的乡，8 年后就发展到了 550 个，现全国有了 2093 个，以巨大的经济实力成为我国农村向现代化迈进的中坚力量。这些亿元乡镇占全国乡镇总数 3.7%，人口总数占全国农村人口总数的 6.5%，社会总产值占全国农村社会总产值的 26.8%。企业产值占全国乡镇企业总产值的 28.86%。全国乡镇企业使 2 亿农村人口有了固定收入和过上安定的生活。

但就全国来看，农村经济发展是很不平衡的。我国的中、西部人口 7.2 亿人，集中了全国 63% 的人口，其中农业人口 5.7 亿人，占全国农业人口的 64.4%。中西部农业劳动力占全国农业劳动力的 76.2%，我国的劳动力大部分集中在中西部，而且基本上是以从事农业为主。

在我国经济发展中，宏观上形成了东（指经济较发达地区，包括京、津、沪、辽、冀、鲁、苏、浙、闽、粤 10 省市）、中（指经济发展中地区，包括黑、吉、晋、陕、豫、川、湘、鄂、皖、赣 10 省）、西（指经济欠发展地区，包括蒙、宁、甘、青、藏、新、滇、贵、桂、琼 10 省区）在经济发展上的差距，而且差距相当大，这个差距不是差在资源上而是差在经济发展水平上。由于乡镇企业在地区上发展不平衡，各地区农民收入差距很大。东部的农民人均收入为 812 元，而中西部只有 527 元，东部是中西部的 1.54 倍。差距是显而易见的。

为了实现我国第二步战略目标，使全国人民生活水平达到小康，中西部地区能否从现有较低的发展水平跃上一个新台阶，有一个大的突破和大的发展，是一个决定的因素。

1984 年我开始边区研究，在内蒙古和大西北进行社会调查，始终关注这一有关大局的东西差距问题，提出了“以东支西、以西资东、互惠互利、共同繁荣”的意见。“支”是指资金、技术上的支持，“资”是指原材料和能源的供应。

就边区本身来看，那里的现代工业基本上是靠外边的力量兴起来的，有抗战时期从沿海地区迁入的现代工业，有新中国成立后在苏联帮助下建立的重点企业，还有60年代为国防需要而兴建的许多三线企业。这些具有现代机器装备的大中企业，依靠行政力量搬进或兴建在原以农牧为主的经济不发达地区，形成一个个平地起家的大小新兴城市。它们和周围乡村在经济社会各方面很少联系，有点像海洋里的孤岛。

80年代大中企业的体制改革使得孤岛上的企业要开门出来找出路了。正在这时，四周的乡村也要求发展乡镇企业，双方走到一块来了，由大中企业提供信息、技术和部分设备，乡村提供土地、劳动力和部分资金，合作办中小型乡镇企业，走“城乡一体”或“一厂两制”的路子。这是城市把工业扩散到农村，农民把工业引进乡村在中西部发展中的重要突破口。

我在看到沿海和边区的农村发展的差距时，对全国经济这盘棋的格局有了初步的综合印象，那就是经济水平由西向东阶梯形上升和现代工业由东向西逐步延伸。进一步考察，我看到这个经济阶梯正表现在作为工商业中心的城镇的规模和密度上的差别。在沿海分布着一系列工商业较发展的城市，而且都拥有经济水平较发达的腹地，特别是长江和珠江三角洲已出现接近小康水平的地区。而在边区，正如上文中所说的那些孤岛式的新兴城市大多还停留在点上没有扩散成面。这幅画面促使我从着重在比较农村发展路子的“模式”研究，更上一层楼，联系上了经济区域的概念，注意到它们空间分布的格局。

1987年我在甘肃调查时，看到了在青海和甘肃接境的祁连山两麓居住着许多人数较少的民族，如裕固、土、撒拉、保安、东乡等，和人数较多的回族。它们正处在青藏高原和黄土高原之间，形成了一条夹在藏族和汉族之间的民族走廊。在经济上正是牧业和农业的接触和过渡地带。当时我从回族聚居的甘肃临夏，越过省界到青海的海东地区，这里正是明代以来茶马贸易业中心河州的故地。我当时就意识到要发展这个地区的经济，大概只有利用它特有的历史传统，恢复它作为农牧贸易的集散地。所以提出了两地建立成一个经济协作区来发展农牧两大区域之间的贸易。这个建议在我的研究工作中标志着进入区域发展研究的开始。在临夏和海东协作区基础上，1988年我又进一步提出建立包括青海、甘肃两省和宁夏、内蒙古两个民族自治区的黄河上游多民族经济开发区的建议。这个建议得到了四省区和中央的支持，已经实行了4年，取得了一定的实效。

区域发展的概念丰富了我对中国城乡研究的内容。这个概念并不取代发展模式的概念，而是城乡协调概念的进一步发展。经济发展区域是城乡协作在空间上的具体表现，可以各有其发展的模式。80年代后期，也许可以说我的研究工作又进入了一个新的层次。1988年在南岭山脉的考察中，我把开发这一片瑶族聚居的山区的希望寄托在珠江三角洲的经济扩散上，而提出了以香港为中心的三个环形带的区域格局。可以说在我研究工作的历程中，从“珠江模式”走上了研究珠江三角洲区域发展的方向，直到最近我在《珠江模式再认识》中提出的港珠经济一体的观点。

1991年我开始了以发展山区经济为重点的研究计划，首先走访了四川、云南两省接界的大小凉山，考察后我提出了采取“点—线—面”的发展方针，即以攀枝花的工业中心为启动力，联合凉山自治州开发成昆路一线的丰富资源，开辟通向东南亚的南方丝绸之路，来推动西南云贵高原的全面发展。这也表明了我的研究着眼点正逐步从微观分析确立模式走上宏观思考区域规划的路子。当然这不是一种观点和方法的转变，而是我城乡研究本身的生长发育、逐步丰富的表现。这个方向也和中国经济和社会发展的历程更进一步地结合了起来，并更直接地发挥了以科学知识来支持社会发展的作用。

1990年结合我这几年在长江三角洲的调查研究，为这地区进一步发展提出了建立长江三角洲经济开发区的建议。最近为了配合改革开放政策的进一步发展，在前年建立长江三角洲开发区的建议基础上，我更具体地提出了以上海为龙头，浙江为两翼，长江为脊梁，以南丝绸之路和西出阳关的欧亚大陆桥为尾闾的宏观设想。

至此，综合过去一连串有关区域发展的建议，已逐步接近“全国一盘棋”的整体设想。

我在这里提出我们最近的研究方向，是想说明社会科学的研究工作说到底是研究者所接触到的社会变动的反映，我个人这一生的研究过程离开了中国这几十年的历史变化连我自己也是无法理解的。看来科学不可能也不应当脱离现实，也很难超越现实，所能要求于科学工作者的可能只是忠于现实，就是从现实出发，而不以主观愿望来歪曲现实。我也相信只有实事求是得来的知识，才能成为促进人们生活的知识。强调知识的实用性，我不认为是贬低了它的品质，而恰恰相反这正是科学知识可贵之处。

我30年代从事社会学和人类学以来，已经半个多世纪，除了由于政治原因停止了有20多年外，我并没有放弃过实地观察的研究机会。但是现在回顾一下，我所接触的问题还主要限于中国农民怎样解决他们基本物质需要的问题，通俗地说是解决农民的温饱问题，也可以概括说是人对资源的利用和分配的问题，人和人共同生存的问题。这些问题都属于人文生态的层次。这几年，也可能是因为我已进入了老年，越来越感觉到人的研究不能满足于这个层次了。所以在前年国外的朋友们在东京为庆祝我80岁生日而召开的讨论会上，我说当前人们已迫切需要一个共同认可和理解的价值体系，才能继续共同生存下去。并且预言20世纪由于地球上人和人之间信息传递工具的迅速改进，互相反应的频率越来越高，集体活动的空间越来越小，原有的可以互不相干的秩序，已经过时。必须建立的新秩序不仅需要一个能保证人类继续生存下去的公正的生态格局，而且还需要一个所有人类均能遂生乐业、发扬人生价值的心态秩序。

说起这个心态层次的人的研究，我不能不想到我的潘光旦老师。我紧紧跟随他学习了有30多年，经常听他根据儒家的中庸之道反复阐发的“位育论”。位就是安其所，在全球性的大社会中要使人人能安其所、遂其生，这就不仅是个生态秩序而且是个心态秩序。

当前世界的形势发展已使人们觉悟到生态秩序的日形紧张，但是很多人还没有觉悟到更为迫切的心态秩序的危机。人类历史发展到今天正应当有潘光旦先生这样的学者来广泛地宣讲他的“位育论”，而这样一位学者今天已成了我们共同缅怀的先哲了。我作为他的一个及门弟子，而没有能把他对建设人类心态秩序的课题阐述发挥，真心感到无穷的内疚。现在我只能把这根接力棒递给下一代的学者了。如果天假以年，在我这一生中还有一段生存的时间，还是极愿意在已有生态研究的基础上，更上一层次，把心态研究做一点破题和开路的工作。我想就用这个对自己今后的愿望来结束关于我过去近半个世纪对中国城乡研究经过的总结。

大潮中的中国社会学：分化与深化*

《社会学研究》编辑部

市场经济的大潮，漫卷中华大地，如此汹涌，强劲有力。中国的改革和现代化进入了新的发展时期。中国社会是真的要从经济基础到上层建筑根本变革了。

中国大陆的社会学是乘着改革开放的春风恢复的。它的脉搏是同中国的改革、开放和现代化的发展同步跳动的。经过14年的发展，今天在这亘古未有的商品经济的洪流的强烈冲击和社会变革的吸引下，年轻的中国社会学界呈现出了显著的两极现象：分化与深化。

分化，其第一义，是指有些社会学工作者为经商大潮所吸引，再也坐不住书斋中的冷板凳了，转而弃学从商。人各有志，无论对这些人，还是对社会学的事业来说，未必不是好事情——大浪淘沙，沉淀下一些坚实的分子，正在形成中国社会学界的中坚。

分化的第二义，是指社会学的学科分化——经过十几年的横向发展，中国社会学者开拓了一个又一个新的分支领域，填补了一个又一个空白——尽管人们感到有些“浅”和“杂”，在开始时这是难免的，它们终将逐步成熟起来。这是学科内的积极分化。

深化，是指恢复重建以来较早开始的社会学的理论和实证研究，经过十几年向纵深的发展，对社会学的整体认识，它的对象、理论、方法、历史各方面的把握，都大大地深化了，在实证研究方面，有的经过追踪调查和不同地域、社区的调查与实验，已进入不同时期、不同地区的历史的和空间的比较分析；另外，对中国社会史和社会思想史的研究也已开始，并正走向深入。

---

* 原文发表于《社会学研究》1993年第1期。

作为研究深化的集中体现，是越来越有分量的集体的和个人的专著在中国社会学的枝头挂果了；企盼已久的学术争鸣，也终于启动了——近几年本刊已形成了多个争鸣的热点，它们是：关于中国社会学的对象、理论、历史的商榷；关于青年问题的制度背景的论战；关于中国人口素质和生育控制问题的讨论；关于转型期的中国阶级、阶层和社会结构的分析；等等。涉及的都是社会学和社会生活中的重大理论问题和实践问题。争鸣的开展和深化，也就是学术研究深化的过程。中共十四大通过的《加快改革开放和现代化建设步伐　夺取有中国特色社会主义事业的更大胜利》报告中指出：“应当高度重视理论建设，保障学术自由，注重理论联系实际，创造性地开展研究，繁荣哲学社会科学，坚持和发展马克思主义。”我们欢迎广大社会学界的同仁及其他各界的朋友们积极投稿，参加和关心争鸣，进一步促进中国社会学的发展。

末了，我们还得重复一点要求：来稿请尽量精炼一些，并请注意本刊再三提请作者们须共同遵守的字数限额和技术规则，在引文注释等方面务必规范化。

老一辈社会学家视野中的中国农村工业*

杨雅彬

摘　要： 早在20世纪三四十年代，张世文、费孝通、李景汉、张之毅等老一辈社会学家即对中国农村工业的状况都给予了关注。他们的研究成果给我们留下了珍贵的资料及经验。80年代费孝通对中国农村工业的研究，对改革开放建设现代化的社会主义强国更具有重大的现实意义及深远的历史意义。总结与借鉴老一辈社会学家的理论及实践成果，对中国农村研究乃至社会学学科的建设与发展都有着重要的价值。

早在20世纪20年代，中国的社会学者即对工人及农民的生计进行过调查。30年代出现的民族危机激发了社会学者的爱国热忱，为振兴民族经济，对农村工业进行了深入细致的调查和研究。80年代中国的现代化建设，激励着社会学者深入研究中国农村工业发展的模式，形成了一个空前的农村工业研究高潮。

一　确立民族工业的重要地位，走乡土工业发展之路

30年代，我国受资本主义与帝国主义的侵略压迫，大工业无从发展，民生日益穷困。外国与本国大工厂的廉价产品充斥着市场，给农村原有的手工业以沉重的打击。乡村家庭手工业由于制造技艺的落后及生产者的毫无组织而渐趋衰败。然而，我国农村工业在整个国民经济中又占据着重要的地位，它是民族经济构成的主要部分。农村工业一方面满足人民不可缺少的需要；另一方面占总人口85%的农民的日常生活要靠它的收入来补

* 原文发表于《社会学研究》1993年第1期。

充，农村工业的前途如何，确实是我们民族经济致命的问题。

（一）张世文的《定县农村工业调查》①

中华平民教育促进会的张世文等人于1931～1933年对河北定县农村工业进行了调查。其目的是：通过实地调查研究对如何改进与发展手工业这一问题作出回答并提出可行的具体方案，从而提高人们的民族经济意识及生产救国的觉悟与责任感。

定县的农村工业调查，分为家庭工业与作坊工业两种。家庭工业是农民于农闲时自行操作的一种副业。定县的453个村庄约有家庭工业120种，分为7大类：纺织工业、编织工业、食品工业、化学工业、铁工业、杂工业等。每村从事3种家庭工业者最多。定县453村总户数为66205户，从事各种家庭工业的约43000户。453村总人口386500人，从事各种家庭工业者约有80800多人，平均从事家庭工业的盈利约占全年收入的8.4%。作坊工业多属整年经营的一种工业，并渐渐摆脱土地与家庭的束缚关系，具有雇佣的性质。定县城关及6区的作坊共有5大类——化学工业、食品工业、木工业、五金业、杂工业，共有1782家作坊，从业人数有19912人。

定县农村工业的调查，有概况与详细之分。家庭工业调查，概况调查以村为单位，包括定县453村的状况，详细调查以家为单位，包括几种家庭工业集中的村庄。作坊工业调查，包括定县城关及453村，城关作坊工业的调查以家为单位，453村的作坊工业调查以村为单位。调查所采用的方法包括以下两种。（1）有的材料采用问题表搜集：有村概况与以家为单位的家庭工业问题表两种，村概况与以家为单位的作坊工业问题表两种，共四种。（2）有的材料不能用问题表去搜集，就根据问题的性质，拟成详细的纲目，分别去调查。如对于各种工业的历史与沿革，各种工业制度的演进，工业品制造工序与方法，所用机械的种类与构造，与工业有关系的各种商业组织，学徒制度内容，包装运销的方法，经济税佣的情形，工业品输出的状况等均采用调查大纲的方法。无论采用问题表方式还是调查提纲的方式，调查者均是在定县实地观察中进行调查。整个调查包括了农村各种工业的历史与分布、原料、劳工、制造方法、工业制度、运销及捐税。

① 四川民族出版社，1991。

张世文用了三四年时间，在翔实的调查研究的基础上，对中国乡村家庭工业的前途问题、中国工业制度的问题、发展建设与改造中国工业的原则、建设中国工业的步骤与办法提出自己的看法和建议。张世文等人认为中国乡村家庭手工业的前途已陷入危机。他们认为虽然中国家庭手工业当时的存在是有理由的，一是农村有家庭手工业制品的原料，二是农家利用农闲从事家庭手工业，三是乡村家庭工业产品的运输和销售都十分便利，四是从事家庭工业不但可补助家庭进款，而且多能得到副产物的收入；但是，一方面由于家庭手工业技术的落后，生产者的无组织，无法与外国的与本国的大工厂的廉价商品竞争，另一方面由于工商业渐渐的发达，乡村人口大量流入城市，与家庭手工业争原料、争市场，再者乡村建设、合作运动及政府对乡村工业的现代化改造，必然影响家庭手工业，致使家庭手工业衰败。

因此，张世文提出中国的工业制度，应集中与分散两者并重。集中的工业应是国防工业、交通工业、机器工业及其他国营的工业，如矿产、动力的供给等国家的命脉工业，这样便于统一集中管理，严密保护和集中运用。关于人民日常生产需要的种种工业，除了非大规模经营不可的，应尽量分散在各地乡村，根据人口的多少、原料的生产、教育的状况、生活的程度、农业的经营、人民的副业和习俗的不同，以及全国整个经济产业发展的计划去分配，去建设。人民日常生活需要的工业分散在乡村有许多好处：（1）节省原料品与制造品的运输费用，从而减少消费者的负担；（2）可以吸收农村剩余的劳动力，以避免大量流入都市而产生的许多问题；（3）可以增加农村的财富；（4）自然吸引城市金融流入农乡；（5）战时免于敌人整个摧毁工业；（6）尤其是在外有帝国主义的经济侵略，内有农村经济破产的情况下，大工业无从发展，而分散在民间的工业，则可以利用当地与附近的廉价的原料与劳工，供给当地与附近的需求，如再利用合作统制的组织，则可以与外国资本竞争与抗衡，使我们的民族工业能够建树起来，解决民族生计问题，打破民族经济的生死关头。

至于发展、建设与改造中国的工业，应把工业建设作为全国整个经济计划里的一部分，并着眼于民族生存的基本需要，能够达到民族经济的自给自足就行，如要向外开拓市场，应发展以农产品为基础的工业品制造。作为中国工业建设应当根据三个中心去发展：一是以国防为中心，发展军事与交通工业；一是应当以富源为中心去发展地带工业；一是应以人民需要为中心，去发展县单位的工业。为了中国工业的建设要与教育中培养现代生产技能的内容和有计划的训练培养人才相结合。

张世文根据调查研究的结果，提出中国工业的理论步骤与办法：要把中国的工业整个地、有计划地建设起来，首先要进行全国大规模的调查与研究，在调查研究的基础上，提出国家工业、省工业与县工业的建设方案，并指出私人经营的工业，也得与政府的工业计划连接起来，受政府的统制。尤其指出县单位的建设，问题比较复杂，必须先作实验然后再推广。

晏阳初在其为《定县农村工业调查》所作的序言中表述了自己的观点："中国以往未曾——以后也将无由走入工业资本主义之路，则农村仍未尝不可以保持经济自足的局面。如果应用合作的原则，把分散的原始式的小手工业，组织联合起来，作共同之经营又加以技术方面的研究改良，则农村经济之复兴方可有望。"

当时对发展农村工业也有许多不同的观点，李景汉在《定县农村工业调查》序中说："有人以为……分散的与小规模的农村工业亦可以以合作的原则联合起来，俾能得到大规模工业的一切利益，而尽力免除资本家的操纵与剥削。还有人以为农村手工业，根本没有维持的可能，机械工业迟早是要打倒手工业的。也有人以为若要保存农村工业，非使现在的农村工业从速现代化不可。也有人主张轻便的小工业是应该分散于农村，不应该使工业都集中于都市。此外，对于农村工业尚有许多不同的见解。"总之，张世文、李景汉认为，以中国农民之众，农闲之多，与人力之贱，得到合宜有利的农村副业，是与农村经济大有关系。若仍任其自然变化，而不加以指导与统制，则中国农村工业的没落必更甚，结果是不堪设想的。要想对中国农村工作得出有把握的结论与提出解决的办法，一方面自然是要看清世界经济的趋势，一方面也须明了本国农村工业的事实。张世文详细周密的调查就是本着此意进行的，该调查具有一般的代表性，不但对认识当时的农村工业的现状有实际的用处，而且也是一部中国农村工业的重要史料。

（二）费孝通对江村改革蚕丝业的调查

社会学家不但对农村工业情况进行调查，而且对如何改革农村工业也进行了调查和研究。1936年费孝通在江村经济调查中，对蚕丝业的改革进行了观察。在靠近发达大城市的江村，蚕丝业是江村居民收入的第二个主要来源，蚕丝业的衰落深深地影响了农村人民的生活，因此江苏女子蚕业学校在江村开展了改革蚕丝业的实验。费孝通正是对这样一个有意识地进行经济改革的过程中所遇到的各种可能性和困难进行了具有特殊意义的观察。

费孝通通过调查与研究，概括出影响农村工业发展的两种力量，即促使变化的外界力量和承受变化的传统力量，这两种力量的互相作用导致了情况的变化。30年代，世界经济在衰退，而蚕丝业在世界性范围内向采用科学生产方法的工厂企业发展。西方国家纺织工业技术的发展对生丝生产提出了新的精确的标准。以大批生丝出口的江村，用传统手工缫丝是不能满足这种需要的，因此，生丝需求量下降，价格下跌，家庭蚕丝业衰退，农村经济发展遇到了前所未有的困难。为了与西方国家纺织技术发展相适应，必须把科学方法引进村。但是如果没有社会组织的相应变革，技术变革是不可能的，必须引起一种从家庭个体劳动到工厂集体劳动的变革。在这样一个集体系统下，生产资料和劳动之间的关系也变得更加复杂，因此，在组织新工业中选择的社会原则应是与人民的利益相关，即新工业组织的原则应是“合作”的。

科学方法的引进，机器的使用，是增添人类幸福，而不是相反。改革是寻找一种正当的办法使用机器，即人不应当成为机器的奴隶，而人应拥有作为生产资料的机器，只有坚持合作的原则，从技术改革所得到的利益才能归于参加生产的人们。费孝通认为改革的蚕丝工业应该继续是一种乡村工业，而且中国工业的发展不应以牺牲穷苦农民的利益为代价。

当时，为了使进步的技术为人们所接受，并为学生找到职业，村庄的工业改革便成为作为变革力量的江苏女子蚕业学校迫切需要解决的问题。技术学校成立了推广部门，负责向农村地区传播新的技术知识。为了使新的技术知识为农民群众所掌握，在当地领导人和执行委员会的领导下，以入股合作原则组织了工厂，工厂遵照改革者和蚕业学校的意见行事，工厂属于合作社的社员所有。费孝通的姐姐费达生等人于1929年开办起小规模的实验工厂，并于1935年重新装备了新机器，出口了最佳产品。

在江村缫丝工厂的实验中遇到的困难，一是改革者无法控制市场的价格；二是资金的短缺；三是农民缺乏受教育的机会，不熟悉投股制度以及行使投票的权利来管理工厂，只关心以利润形式分给他们的实际利益，对工厂的其他工作不了解，无法成为真正的主人；四是机器的使用，引起的失业人口增加反响较大；五是城市工业的发展引起农村青年人口向城市的流动，造成农村劳动力素质下降。

费孝通对江村蚕丝业改革的观察，及费达生对改革蚕丝业的实验，他们的目的是，通过引进科学的生产技术和组织以合作为原则的新工业，来复兴乡村经济。江村经济的调查是费孝通对乡村工业研究的前身，也是对农村现代化道路探索之开端。

（三）张之毅的《易村手工业》①

抗战期间，燕京大学与云南大学合办的社会学研究室，由费孝通领导。费孝通、张之毅等对不同社区进行调查，研究了各种社区所遇到的现代化的问题。张之毅于1939年对云南省易门县一个以手工业著称的农村（简称易村）进行了实地调查。

张之毅很仔细地解剖了远离城市的典型内地的易村的经济结构，阐明了乡村工业在整个结构中所占的位置。易村人多地少而贫，全村23家共33人从事编织篾器，占全村户数的42.6%。这23家中22家都是田地的收获不够全家人食用，其中11家连食米都不够，编织篾器的家庭手工业在易村经济中占据着十分重要的地位。编织篾器这种家庭手工业是在农闲时用来解决生计困难的工业活动。这种地域性专门工业的发展，并不一定引起工业和农业的分离，这类工业分散在多数的农家，在家庭经济上，农业和工业互相依赖的程度反而更密切。中国的传统工业，就是这样分散在乡村中。

中国乡村工业在农村经济中是必要的部分。人多地少是中国农村的普遍现象，单靠农业不能维持生活，农民因生活所迫，不能不乞助于工业，而乡村工业正是帮助了农业来维持中国这样庞大的人口的生计。农村之所以要维持这样庞大的人口，一方面是都市工业没有发达的社区，人民除了乡村没有更好的去处，没有出卖劳力的机会，而农村手工业又利益不高，

---

① 商务印书馆，1943。

不能离开土地而单独靠工业谋生。另一方面农业技术的低下，非拖住大批人口在乡下不可，因为农业是有季节性的劳动，所以劳力得养着以备农忙之用。这样在农村，一方面要拖住大批的人口，另一方面又不能在农业里充分利用他们的劳力，再一方面农业的收入又不足于养活他们，因此在农闲基础上用于解决生计困难的乡村工业就发展起来。

张之毅在易村手工业调查中，将农村工业分为两种，一种是家庭手工业，在易村主要是编织篾器，另一种是作坊工业，在易村是造土纸的作坊，这是传统工业中的一个重要形式。家庭手工业在人多地少的农村是利用过剩的劳力，而易村的作坊工业，是发生在土地贫瘠的乡村中，它是利用过剩的资本，并有专门工作场所的工业。易村的土纸坊，投资的利息高至六分，比农业利息高五倍，而得利高的是工具的所有者，并不是劳动者。尽管雇主与雇工大多是亲戚关系，但还是具有剥削的性质。作坊工业如果算是传统经济中的资本主义的萌芽，那么这种萌芽在运输困难和市场狭小的阻碍下被遏制了，从易村的土纸作坊的经营中可以找到中国资本主义萌芽难以取得发展的原因。由于作坊工业的资金不能在工业里发展再生产，最后又把“魔掌”伸向土地，使土地集中在少数人的手里。张之毅在这里说明了家庭手工业和作坊工业对于农民生活的不同影响，家庭手工业是救济他们的力量，补助其生活之不足，而作坊工业更促成了乡村中的贫富对立。

张之毅在易村调查正值抗战期间，此时乡村经济崩溃，手工业衰落，乡村工业受破坏。费孝通在自己原有的调查和张之毅调查的基础上，对乡村工业的复兴和前途提出了看法。他在《易村手工业》一书的序言中说：“我们现在所要注意的是都市工业兴起后对于乡村经济的影响。这些影响若是有害于民的，我们得用什么方法来补救，这是第一层。乡村工业本身是否必须以手工业为基础的？我们能不能改变乡村工业的性质使它可以和都市工业并存？这是第二层。从乡村工业到都市工业是世界经济史上的普遍现象。可是在中国却另外还有一种新的意义，因为中国本国的都市工业，在西洋先进工业的压力下无法发展。”因此，他提出将一部分可以不集中的工业分散到农村，这样一方面可以不降低广大乡村里农民的生活水平，来换取我们的新工业，一方面又不至于使都市与乡村在发展工业上产生锐利冲突。费孝通特别强调，乡村工业要生存，要立足于战后的新世界，必须在技术上和在组织上发生质变。

乡村工业质变的第一步是引用机器，使乡村工业不完全等于手工业，把比较精制的部分交给机器生产，那些不必须使用机器的部分留给手工业，借以利用乡村里的多余劳力。乡村工业部分机器化，就是将家庭手工业和作坊工业在技术上加以联系构成相辅的生产部分。家庭手工业和作坊工业单有技术上的联系，对农村的经济贡献还不会宏大，因为这种新式乡村工业的发展反而会引起乡村贫富的悬殊。因此，还要家庭手工业和作坊工业在组织上的联系，要采取合作的方式。这样可以不致使生产工具的所有权集中到少数有资本人的手里，而是分散到所有参加生产的农民手上。用合作的方式组织乡村工业，可以避免张之毅所说的，作坊工业成为集中土地权的魔手，而使农村贫富悬殊。

（四）确立民族工业，走乡村工业之路

费孝通经过30、40年代对不同社区的调查及对比研究，进入理论研究阶段。在1948年出版的《乡土重建》中，明确提出确立我们民族工业阵地，在策略上走乡村工业的路子。

乡村工业主要从事的是轻工业、日用品的制造业、作为工业原料的农产品的加工业。在重工业里大规模的制造单位是技术上所必需的，但是很多的轻工业中制造单位一向并不很大，如果建立在乡村里，比集中在城市，对于乡村人民经济上的帮助一定是更可观的。况且手工业和机器工业是可以配合的，事实上即使是在高度机械化的制造工业里，手艺还是有重要的地位，在普通的轻工业中手工的成分也常占很大部分。在乡土工业里手工部分尽可保留在家庭里，而把机器的部分集中在小型工厂里，手工和机器配合起来，这样可以说是工厂社区化，整个乡村可以说是一个工厂，小型工厂是个核心，核心的规模可以技术的需要而规定。

再者，乡土工业在经济上的优点却是都市工业所不易得到的，最主要的是乡村工业中工资较低。维持同样的生活水平，乡村中所需的费用较都市里便宜，况且乡间生活水平比都市低，因之乡间居民维持生活的费用也低。当然最终城乡生活是要拉平，但在竞争中，在技术、组织、经营各方面乡土工业在初期必处劣势，所以可能设法减低成本的主要因素在工资一项。费孝通特别强调，以便宜劳力来减少成本并不是指资本主义工业组织

中的剥削方式，而是在劳动者自有或公有生产工具的组织中出现的方式。尤其是在我们的技术、组织、经营方式一时难以赶上西方的情况下，即使是取消了剥削，我们还得在较低的生活水平上去和西方工业相竞争才有希望。他指出，“在已经成熟的西洋侵略性的工业经济的滩头，要确立我们民族工业阵地，在策略上，大概不能避免走上复兴乡土工业的路子”，“如果我们民族工业的建立，必然要经过一段艰难的过程，这艰难的过程中不允许担负很高的工资的话，乡土工业是最能适应这过程中的条件的”（费孝通，1948：114，115）。

费孝通指出，要确立民族经济，走乡土工业之路，这乡土工业必须要有新形式。一方面在技术上求改进，技术的改进是提高生产力所必需的条件，一个社会的生活程度最后也取决于生产力发展水平。但是单就技术上求改进却并不一定能提高社会上大多数人民的生活水平，因为这里面还包含着一个分配问题，所以要使乡土工业成为增进农家收入的生产事业，单在技术上求改进是不够的。另一方面还要建立乡村工业的合作组织。我们说中国传统工业大体上可以分三种性质：（1）皇家的独占工业；（2）民间的作坊工业；（3）家庭工业。皇家工业是官方所独占的。民间工业中的家庭工业，是在农闲基础上用来解决生计困难的工业，是以农业剩余劳力为基础的；而乡村的作坊工业则不然，它的基础是农业里累积下来的资本，它需要特殊设备，雇用技术工人，这种作坊工业可以看作资本主义经济的起点。这种工业因为原料、运销的限制，企业不易扩大，资本如不能吸收到工业上的再生产，反而会成为集中土地的魔手。因此，在传统作坊工业中单引入新技术，将会加速土地集中过程，形成更大的贫富鸿沟。因此，要复兴乡土工业，在组织上不能不运用新的形式，这就是工业的所有权属于参加工业的农民，这种工业的组织应当是合作性质的。只有生产者是整个生产过程的主体的合作方式，才能保证生产者获得全部利益的权利，取消剥削成分。

中国的民族工业要发展必须以先进的科学技术服务于人民群众。费孝通通过对女蚕校推广部在江村办丝厂实验的观察指出，“数千年来没有受教育机会的农民和现代技术之间必须有一个桥梁，这桥梁不能被利用来谋少数人的利益，而必须是服务性的。技术专门学校可能是最适当的桥梁”。因此，在技术的需要之下，可以在合作基础上成立服务工厂，把那一部分不宜分散在农家的集中到村单位的小型工厂里，再把不宜分散在村子里的，集中到中心村里为一个区域中的原料生产者服务。

中国的经济复兴资本从哪里来？费孝通指出，乡土是我们复兴的基地。假如土地问题解决了，农村中的财富平均分配了，在提高农民生活水准到不饥不寒的程度是可以做到的。在此水准上要开始节约，为了长期打算，我们要征服贫穷，只能把当前的享受延迟下去。延迟享受有两条路，一条是强迫，一条是自愿。费孝通的观点是偏重于自愿。因为在中国乡土社会中，最有力的动机是“创立家业”，一个勤俭起家的农户经常是要几代不懈的努力。客观地讲这种乡土意识有很多方面已不合现代要求，但是我们不能不承认这是客观存在的事实，我们要自力更生积累资本，要求广大人民抛弃享受的欲望勤俭节约，还得通过传统的意识，来完成这艰巨的任务。因此，费孝通认为，中国积累资本的能力还在乡土的基层，只要土地制度改了，从传统勤俭的美德下手，在所得归所有者支配的奖励下，表现出这美德的实际利益。在乡土基层上着手开始积聚资本，充实生产，中国的经济现代化才有着落。

费孝通先生的这些理论，1979 年以后得以实现并对推进中国农村的改革发挥了巨大的指导作用。

二　发展农村工业是提高农民生活水平的必由之路

1949 年至今，我国农村发展的经验和教训证明了发展农村工业是提高农民生活水平的必由之路。1957 年费孝通对江村的重访；1979 年恢复重建社会学后，在费孝通教授指导下社会学科研和教学单位的社会学者对江苏小城镇的调查研究；以及 80 年代费孝通从沿海到边区的考察，都证实了上述的观点。

（一）未恢复的农村工业

1957 年费孝通教授重访江村时，与 21 年前他在江村调查时的社会性质发生了根本改变，1952 年进行了土地改革，农民成为土地的主人，取消了剥削制度，经过社会主义改造运动，农村成为集体所有制的社会。当时已经不是选择哪条道路的问题，而是怎样更顺利地在这条已经选定了的道路上前进的问题。

50 年代解放了的农民积极性空前高涨，农业总产值也有显著增加，由于扩大了复种面积、水利上的改进、肥料的增加，农业大约增产 60%。如果农民的收入来源只是农业，那么农业增产农民收入必然提高，但对于收入来源不只是农业的江村来说就不然，农民的收入是否提高还要看其副业的收入以及农副业的比例。江村当时农业收入大约占 5%，而农业虽增产了大约 60%，但还是抵不过全部副业收入。农民收入是否增加的关键是副业，尤其是对于人多地少的地区更是如此。江村的纺织业、养蚕、养羊、养猪业得不到发展，船运也已停止，靠单一的种植业要提高农民的生活水平是困难的。农民生活水平提不高的主要原因是副业方面的水平低，1936 年江村的副业占农副业总收入的 40%，而 1956 年却不到 20%。副业下降的账不能算在合作化的账上，而主要是没有很好贯彻多种经营的“统筹兼顾”、适当安排的方针。尤其是在这个人多地少的具体情况下，只有农业和工业之间配合联系才能发展社会主义经济。工业分散到乡村可以避免集中到都市所出现的许多问题，尤其是人口的过于集中。乡村工业是农业技术改革的动力，对经济技术的发展都有好处，但当时乡村工业没有得到恢复，这种情况使费孝通忧心忡忡。

1966 ~ 1976 年在农村以粮为纲，集体副业和家庭副业都受到了限制，农村的集体经济强调统一管理，不考虑地区差异，加之分配上的平均主义，使农业经济进入停滞状态。由于“单打一”抓粮食，忽视了工、副业生产，在粮食生产上又忽视了节约成本开支的重要性，加之人口的增长，个人收入停留在 1966 年的水平上，1979 年以后这种状态才得到了全面改变。

（二）乡镇企业的崛起

1981 年费孝通三访江村，对江村进行了追踪调查。他看到了 1978 年后由于改变了抑制农民积极性的错误政策，恢复和发展了农民的家庭副业，使农民的收入得到增加。农民生活的改善、生产积极性的提高，同时也促进了集体经济的发展。虽然 1981 年在农村实行了责任制，这只是在集体经济的基础上，根据各地生产技术和群众的觉悟水平，改善经营方式和贯彻按劳分配，并不是经济制度性质的改变，但引起了农村经济结构的变化。这就是：在农村经济结构中个体经济的增长，在农村集体经济中农业比重下降，副业有所增加，工业激增。江村的乡村工业的发展使这个村的集体经济结构发生了重大变化，以江村的一个大队来说，1979 年农业收入占 50%，副业占 23%，工业占 27%；1980 年农业占收入的 41%，副业占 19%，工业占 40%。由于这个结构变化是在农、副、工三方面都增产中发生的，尤其是乡村工业的发展，增加了农民的收入，1980 年比 1978 年人均收入增加约 1/3。在苏州地区农村集体经济结构中的比例，1980 年农业占 19.6%，副业占 13.2%，而工业已占到 67.2%。

费孝通指出，从农村经济结构中农、副、工三个方面来看，发展前途最大的显然是工业。乡村工业还可以分为两种，一种是用本地区所产的原料加工制造，中国称作“农工商一条龙”，另一种是为都市里的大工厂制造零件。由于乡村工业的发展，苏州地区的农村居民的职业结构发生了重大变化，在一些村庄里主要从事工业的人口在比例上超过了主要从事农业的人口。费孝通意味深远地说：“我觉得特别兴奋的是在这里看到了我几十年前所想象的目标已在现实中出现，而且为今后中国经济的特点显露了苗头。在人口这样众多的国家，多种多样的企业不应当都集中在少数都市里，而应当尽可能地分散到广大的农村里去，我称之为‘工业下乡’。工业下乡同样可以在国家经济结构中增加工业的比重，但是在人口分布上却不致过分集中，甚至可以不产生大量完全脱离农业生产的劳动者。在这个意义上，为具体实现工农结合，或消除工农差距的社会开辟了道路。”（费孝通，1986：263）

80 年代初费孝通指导一个实行分工合作、集体讨论的研究队伍，从对农村的研究进入对集镇的研究，其研究的着眼点首先是把集镇看作城乡的接合部。费孝通从这个角度提出“类别、层次、兴衰、分布、发展”的十字研究课目。他采取的是实地观察法，是“解剖麻雀”、由点及面、从定性到定量的研究方法。集镇 50 年代进入衰落时期，人口下降，70 年代陷入谷底，出现冷冷清清的局面，而 80 年代初期，正是中国各地小城镇开始复兴的时刻。各地的集镇怎么会兴旺起来呢？这个问题吸引了费孝通等人的注意。

1982～1984 年费孝通等对江苏省的苏南四市（苏州、无锡、常州、南通）、苏北四市（徐州、连云港、盐城、淮阴）、苏中三市（南京、镇江、扬州）进行了调查，看到江苏各地的发展是快的，但也是不平衡的。江苏省的经济水平呈由北而南逐步提高的趋向，北部经济发展水平较低地区的工农比例是“工三农七”，接近长江北岸的中部工农的比例，过江偏东的苏南已达“工七农三”，靠近上海一些乡村，已出现“工九农一”的比例。费孝通综合这些情况指出，发展乡村工业确是农村经济由贫致富的有效途径。

费孝通30年代调查江村是由当时该村举办的生丝产销合作社引起来的，调查后得出了“人多地少，工农相辅”这个对当地农村经济结构的概括，从此得出了发展农村工业是提高农民生活水平的必由之路的观点。30年代后期和40年代初期的云南内地农村调查，费孝通在《乡土中国》一书中，又同样指出，在一个人口众多、土地有限的国家里，要进一步提高农民的生活水平，重点应放在发展乡村工业上。时隔30年，费孝通教授的观点变成了现实，事实证明了他的一贯主张是极为正确的。

（三）农村经济发展的模式

1984年费孝通除继续在江苏各地跟踪观察外，从沿海到边区，东西穿梭，南北奔走，到1988年底足足用了四年的时间，对各种农村经济发展进行对比研究，在此基础上提出苏南模式、温州模式、珠江模式。费教授特别强调，模式主要是在显示它的特点、不同于其他地区的个性，今后中国农村的发展，应当避免强制令不同条件的农村仿效一个样板。他所说的“模式”，是指在一定地区，一定历史条件下具有特色的经济发展过程。

1. 苏南模式

苏南地处沿海，人口密集，人多地少，历史上是农村手工业发达的地方，以“工农相辅”来维持农民生活。即使在计划经济的情况下，也曾有过一段时期为了外贸的需要，维持了一定限度的传统家庭副业。在人口压力日益增长的情况下，“文革”时期大中城市大量技工回乡，在原有“工农相辅”的传统下，农民办起了公社和生产队的小工业。农业体制改革中农村里的大量剩余劳动力解放了出来，进入了社队工厂。在苏南公社体制解体后，农工分了手，农业经营承包到户，而社队办的企业却没有分，社队企业改称乡镇企业。乡镇企业可以称作地方干部经营的社区所有制，所有权是属于乡或村全体居民的，管理权在各级行政领导手上。费孝通认为苏南模式中的社区所有制在一定意义上也是家庭所有制的发展，因为在生产队的具体运作中他看到了传统大家庭的影子。

2. 温州模式

温州虽也是沿海，人口密集，人多地少，但温州是个侨乡，该地农民一向有到海外经营小商业、用侨汇补贴家用的传统。温州不靠近工业城市，“文革”期间也没有条件发展社队工业。由于有经商的传统，在人口的压力下，起初只是卖工卖艺并偷偷地进行地区间的贩运。1984 年改革的政策承认长途贩运的合法，温州大批流动人口成为一支公开的流通大军，在国内开辟了大市场。这支流通大军，为了供应已开辟的市场，回乡开办了家庭工厂。温州的家庭企业、家庭作坊属个体所有，其经济类型属私有制。现在这些家庭作坊已出现“走向联合”的趋势，这是一种合作性质的集体所有制，这种合作组织常是以“亲戚”或街坊关系组成的作坊。温州和苏南两个地方由贫致富是一致的，但由于境遇不同，结果两地的经济结构也各有特色，形成不同的经济发展模式。

目前，股份制企业在中国农村迅速发展，股份制企业当然不全是家庭企业的联合，但对于在浙江省温州市的股份制企业试点区来说，这种股份制企业的试点正符合当地家庭企业联合的趋势。在温州市，这种股份制企业的产值占全部工业产值的 1/3，股份制企业已达 1.3 万家，其产值在 1989 年为 21 亿元，到 1990 年已达到 31 亿元。

3. 珠江模式

费孝通（1990：176）认为，“珠江模式是抓住了香港和内地工资差和地价差，不失时机兴起的，是香港经济的扩散”。它是以香港为中心向内地扩散，形成了若干层次的同心的环形地带。第一环是深圳和珠海，这些地方已成为经济特区。第二环是广州附近的东莞、中山、顺德、南海四个县。香港把许多劳动密集型的工厂或车间向珠江三角洲转移，因而引起了珠江三角洲原来用在农业上的劳力和土地向这些新兴工业转移，引起了珠江三角洲附近地区农村的变化，形成了珠江三角洲工业发展区。香港工业如果进一步扩散，由珠江三角洲沿西江和北江延伸出去，前哨达到粤北和桂东地区，形成一个为香港和珠江三角洲这个经济中心服务的农副产品的供应地带，这也可以称作是第三环。

至于以香港为中心，向内地扩大得多快和多大，费孝通（1990：117）

认为："并不决定于香港的实力，而决定于我们的政策和投资条件。香港是个国际金融市场，资金是唤之即来，挥之即去的，其来其去决定于利润的高低和风险的大小。如果我们国内安定，开放政策不发生变动，最后限制这阵港风的将是具体的投资环境，其中水电和交通是决定性的条件。这个机遇能否抓得住，那要看我们自己是否有随势应变的能力。"

香港的工业和温州模式都是由商业带出来的，相同的是都属于小型工业，不同的是温州的市场在国内而香港却面向世界。再说上海的经济扩散力和香港的经济扩散力相比，所形成的长江三角洲与珠江三角洲的企业比是相形见绌的，苏南乡村企业发展紧靠上海这个工商中心，而上海却比不上香港，因为它本身还需要转轨，况且现在世界经济中心已经不以工业为主，而是以信息为主了，在这方面香港比上海是居优势的。通过对各种不同类型的经济发展模式的研究，费孝通教授一再强调，要从"因地制宜，多样模式"到"随势应变，不失时机"发展我们的经济。

（四）需要进一步研究的问题

费孝通在《从沿海到边区的考察》一书中提出，对中国社会的发展，从乡土社会发展到工业化后的现代社会，在这条道路上传统文化会起什么作用的问题。他认为，对传统文化的消极和积极的两个方面，都值得我们平心静气地加以分析和评估。要做到这点就不能从概念到概念，而是要从活生生的一个个人的具体生活、思想和精神状态中去观察和体会，以求得深刻的理解。

对于乡镇企业的发展前景，费孝通（1990：221）的观点是："乡镇企业应从家庭工业化走向现代企业化，在保存集体所有，为农民服务，中小规模等特色的基础上，加强科学管理，引进现代技术。"在这个过程中，乡镇企业的领导者要加强理论学习，去掉多吃多占、任用亲朋好友等带有封建色彩的习气，尽快缩短由农民企业家变成现代企业家的距离。如果九亿农民在越来越多的优秀企业家的带动下真正富裕起来，中国的经济就走上了光明大道。

参考文献

费孝通，1948，《乡土重建》，上海观察社。

费孝通，1986，《江村经济》，江苏人民出版社。

费孝通，1990，《从沿海到边区的考察》，上海人民出版社。

在中国的日资企业中职工的转职意愿及其国际比较*

邵道生　冯伯麟

摘　要：改革开放以来，三资企业一度成为人们热切期望选择的工作场所。近几年，随着改革的深化、人们对三资企业的日趋了解以及三资企业自身问题的逐渐显露，一部分三资企业职工的工作流向出现倒流。本文对这一现象进行了调查分析。

一　一个值得重视的问题

自中国改革开放以来，三资企业一度是人们热切希望选择的工作场所。但是，随着中国社会改革的发展，随着人们对三资企业的日趋了解，三资企业中的问题也逐渐呈现出来，在若干地区，在工作流向上已经出现了“倒流”的问题，即从“三资企业”倒流到职工原来所在的国营企业之中。在一些三资企业，过去是职工害怕、担心被三资企业“炒鱿鱼”，而现在则是职工“自己炒自己的鱿鱼”自觉自愿地离开三资企业。三资企业中的职工的不稳定性和强烈的转职意愿也引起了三资企业外方经营者的重

---

* 本文是中国（参加单位有中国科学院心理所、中国社会科学院社会学所和北京社会心理学研究所）和日本（亚洲社会问题研究所）的合作课题“中国和东南亚三国的日资企业职工的日本人观和劳动意识的比较研究”的一个子题。

本研究调查数据取自我国沿海四大地区、11 个城市、37 个中日合资企业约 6500 人的调查问卷，使用了 SPSS 社会统计软件包对数据进行了主成分分析、相关分析和方差分析。在调查中还配以 5% 数量的访谈。

本文引用的东南亚三国的调查结果是由日本亚洲社会问题研究所委托东京工业大学今田高俊教授的调查组在泰国、马来西亚和印度尼西亚的日资企业的调查结果。

原文发表于《社会学研究》1993 年第 4 期。

视。众所周知，在日本国内的企业中，日本劳动者是非常忠于自己的企业群体的，然而不仅在东南亚，而且在中国，居然有那么多的人试图要离开三资企业，转职意愿是那样的强烈，要到其他企业中去工作，对日本企业家来说，简直是不可思议的事。

那么，为什么在日资企业中会产生这样的问题？本文从我们的调查研究出发，分析了在日资企业工作的中国职工转职意愿的实态，从对日资企业工作条件与待遇的满意度和对日本人印象两个方面进行分析，试图找出问题的答案。

二　日资企业职工的转职意愿的基本情况

（一）转职意愿的基本情况

首先让我们看一看在日资企业中职工的转职意愿的基本情况（见表 1）。

表 1　将来，你有没有想转到别的企业去的打算

单位：%

问　　题	总计	华北	华东	华南	华南独资	一般工人	管理人员
①即使有比现在的工资高一点的企业，我也不想调动	32.6	40.6	37.4	30.7	17.0	30.6	43.4
②如果有比现在的工资稍高一点的企业，我就想调动	42.4	35.9	38.9	41.8	58.5	44.3	32.3
③如果有与现在的工资一样的企业，我就想调动	7.4	7.3	7.4	7.7	6.8	7.8	5.2
④即使有比现在的工资稍低一点的企业，我也想调动	6.8	7.1	6.1	7.1	6.9	7.3	4.4
无回答	10.8	9.2	10.2	12.7	10.8	10.1	14.6

从表 1 的数据来看，有以下两个特点。第一，职工从一个企业向另一个企业的转职意愿有着“明显的地区差异”，即越是“开放”的地区的职工，其转职意愿就越是强烈。具体次序如下：①华南独资，②华南，③华东，④华北。第二，一般工人的转职意愿比管理人员的转职意愿强。如对“即使有比现在的工资高一点的企业，我也不想调动”的回答，一般工本

是30.6%，而管理人员是43.4%，一般工人“不想调动”的比例要比管理人员的低。对“如果有比现在的工资稍高一点的企业，我就想调动”的回答，一般工人是44.3%，管理人员则是32.3%，工人“想调动”的愿望要比管理人员的强。对“如果有与现在的工资一样的企业，我就想调动”的回答，一般工人是7.8%，管理人员是5.2%，同样显示工人“想调动”的意愿要强。而对于“即使有比现在的工资稍低一点的企业，我也想调动”的回答，一般工人是7.3%，而管理人员则为4.4%，“想调动”的比例仍然是工人的高。

如果将在我国的调查结果与对泰国、马来西亚、印度尼西亚三国的调查结果相比较的话，则可以发现，我国在日资企业的职工的转职意愿要强一些：表现在对表1“想调动”的问题（问题②、③、④）的肯定性的回答要高于三国，我国的职工为56.6%，而三国的职工为51.4%，对“不想调动”的问题（问题①）的肯定性回答，我国的职工为32.6%，而三国职工的回答则是45.3%，两者竟相差12.7个百分点。

那么，为什么有上述那样的结果？职工的转职意愿与对三资企业的“满意度”之间究竟有什么关系？我们可以从职工们对“你对现在的工资是否满意”这一问题的回答中得到大致的答案（见表2）。

表2 日资企业中中国职工对现在的工资满意的程度

单位：%

你对现在的工资是否满意	总体	华北	华东	华南	华南独资
满意	12.6	13.2	18.9	13.1	2.4
谈不好	20.3	18.7	26.1	23.0	10.4
不满意	60.9	64.5	49.9	55.4	80.0

从表2总体上来看有60.9%的职工回答“不满意”和只有12.6%的职工回答“满意”的结果来看，中国职工对于在日本三资企业的工资并不是太满意的，尤其是华南独资和华南地区的职工对工资的满意度更低。如华南独资的职工对工资的“满意率”仅2.4%，“不满意”的比率竟高达80.0%；华南地区职工对工资的“满意率”为13.1%，“不满意率”高达55.4%。显然，对工资的满意程度如此之低必然决定了职工具有强烈的职业调动意愿。

如果将这一结果与泰国、马来西亚、印度尼西亚三国的调查结果相比较，则可以看到：第一，“不满意度”是中国职工的最高（60.9%），接下来是泰国（60.4%）、马来西亚（55.8%）和印度尼西亚（47.5%）；第二，从“满意度”来看，依次为泰国（21.7%）、马来西亚（20.7%）、中国（12.6%）和印度尼西亚（10.1%）。

表3　中国、泰国、马来西亚和印度尼西亚在日资企业的职工对工资的满意程度

你对现在的工资是否满意	中国	泰国	马来西亚	印度尼西亚
满意	12.6	21.7	20.7	10.1
谈不好	20.3	13.8	21.5	38.7
不满意	60.9	60.4	55.8	47.5

显然，中国职工具有强烈的职业调动意愿是与他们在日资企业工作的“极低的满意度”密切联系在一起的。

问题是：同样是日资企业为什么会产生上述的地区差异呢？

在“满意度”上产生中国国内明显的地区差异的原因大致如下。第一，与地区的开放程度相关：华南独资是独资企业，又在中国最开放的深圳、蛇口地区，相对而言，这一地区的职工已经“习惯”于职业的调动，而华北地区相对于上述三个地区而言，开放程度和范围不那样深广，在“职业的调动”问题上反映出一种“慎而又慎”的心态来，必然影响他们的职业调动意愿。第二，与地区的经济发展程度有关。近10年来，我国的经济发展呈现出明显的地区差异，发展得最快的地区是深圳、蛇口地区，其次是华南、华东，这些地区，新建的企业（包括三资企业）多，对职工来说，他们对企业或三资企业的选择的余地比较多，经济搞得活，这就必然刺激职工的就职意愿：只要对本企业感到不满，而其他企业有吸引力，他就想向其他企业发展。第三，与职工实得的工资水平相关。据我们的调查，华南独资企业在深圳、蛇口地区是属于收入较低的企业，甚至低于有的国营企业。职工对此很不满意，因而表现出强烈的调动职业的意向。

有关在日资企业的职工具有较为强烈的调动职业意向，还表现在对“比较而言，你愿意在日本企业工作，还是愿意在中国企业工作”、“你更愿意在日本企业工作，还是更愿意在欧美企业工作”和“比较而言，你更愿意在日本企业工作，还是更愿意在韩国或中国台湾、中国香港企业工作”的回答之中（见表4、表5和表6）。

表4 “比较而言，你愿意在日本企业工作，还是愿意在中国企业工作?”

单位：%

问题	总体	华北	华东	华南	华南独资
条件同样的话，我愿意在中国企业工作	42.2	47.1	42.3	36.9	6.6
条件同样的话，我愿意在日本公司里工作	11.6	14.1	14.8	8.9	7.8
条件同样的话，在哪个公司工作都可以	39.3	34.2	36.4	44.9	41.5

表5 “你更愿意在日本企业工作，还是更愿意在欧美企业工作?”

单位：%

问题	总体	华北	华东	华南	华南独资
在同等条件下，我更愿意在欧美企业工作	26.1	36.6	31.1	12.6	25.9
在同等条件下，我更愿意在日本企业工作	10.2	9.9	10.5	12.1	7.9
在同等条件下，在哪国公司工作都无所谓	56.0	47.1	51.8	65.0	60.2

表6 “比较而言，你更愿意在日本企业工作，还是更愿意在韩国或中国台湾、中国香港企业工作?”

单位：%

问题	总体	华北	华东	华南	华南独资
如果条件相同，我更愿在韩国或中国台湾、中国香港公司工作	21.3	21.3	21.3	16.8	29.2
如果条件相同，我更愿在日本公司工作	15.3	19.3	15.5	14.8	9.4
如果条件相同，我在哪国或地区的公司工作都无所谓	55.5	52.4	55.9	58.5	54.9

表7 有关四国职工对“比较而言，你愿意在日本企业工作，还是愿意在本国企业工作?”的回答的比较

单位：%

问题	中国	泰国	马来西亚	印度尼西亚
条件同样的话，我愿意在本国企业工作	42.2	27.6	9.6	37.7
条件同样的话，我愿意在日本公司里工作	11.6	13.8	21.5	38.7
条件同样的话，在哪个公司工作都可以	39.3	50.2	69.2	49.5

表 8　有关四国职工对“你更愿意在日本企业工作，还是更愿意在欧美企业工作?”问题回答的比较

单位：%

问　题	中国	泰国	马来西亚	印度尼西亚
在同等条件下，我更愿意在欧美企业工作	26.1	32.9	14.1	15.4
在同等条件下，我更愿意在日本企业工作	10.2	17.0	25.4	19.0
在同等条件下，在哪国公司工作都无所谓	56.0	46.9	58.3	62.5

表 9　有关四国职工对“比较而言，你更愿意在日本企业工作，还是更愿意在韩国或中国台湾、中国香港企业工作?”问题的回答比较

单位：%

问　题	中国	泰国	马来西亚	印度尼西亚
如果条件相同，我更愿在韩国或中国台湾、中国香港企业工作	21.3	4.4	3.1	8.0
如果条件相同，我更愿在日本企业工作	15.3	48.6	43.4	32.6
如果条件相同，我在哪国或地区的企业工作都无所谓	55.5	43.4	51.2	55.9

如果我们将中国职工对上述问题的回答与泰国、马来西亚、印度尼西亚兰国的职工对同样的问题回答的结果进行比较的话（见表 7、表 8 和表 9），那么，将可以发现有以下的差异。

第一，从表 7 可以知道，对于“条件同样的话，我愿意在本国企业工作”这一问题，中国职工肯定性的回答为 42.2%，远远高于泰国（27.6%）和马来西亚（9.6%），也高于印度尼西亚（37.7%）。而对于“条件同样的话，我愿意在日本公司里工作”的比例，中国职工的回答只有 11.6%，低于泰国（13.6%）和马来西亚（21.5%），远远低于印度尼西亚（38.7%）。这说明，中国的职工更喜欢在自己国家的企业工作。当然，产生这一结果的原因是相当复杂的：一方面中国的企业“社会主义”的特色更强一点，企业对职工的生老病死无所不包；另一方面中国的企业有“铁饭碗”“大锅饭”之特点，风险性较小。

第二，从表 8 可以知道，对于“你更愿意在日本企业工作，还是更愿意在欧美企业工作”的问题，中国的职工更愿意选择的是“欧美企业”，为 26.1%，高于马来西亚（14.1%）和印度尼西亚（15.4%），低于泰国

(32.9%)。但是在对“在同等条件下，我更愿意在日本企业工作”的回答，中国职工“愿意率”是最低的，仅为10.2%，既低于马来西亚(25.4%)和印度尼西亚（19.0%)，也低于泰国（17.0%)。说明“同等条件”下，欧美在中国的三资企业比日本的三资企业更具有竞争性。

第三，从表9的结果来看，如果让中国的职工在“同等条件下”对“日本企业”和“韩国或中国台湾、中国香港企业”，这两者中进行选择，那么中国的职工更愿意选择在“韩国或中国台湾、中国香港企业”中工作，其回答的比例为21.3%，要远远高于泰国（4.4%)、马来西亚（3.1%）和印度尼西亚（8.0%)，对“日本企业”选择比率较低，为15.3%，远远低于泰国（48.6%)、马来西亚（43.4%）和印度尼西亚（32.6%)。为什么中国的职工对这一个问题的回答与泰国、马来西亚、印度尼西亚三国的职工的回答有如此大的不同，这的确是需要思考的问题。按照笔者的观点，一方面可能是中国的职工是从“血缘”的观点来选择中国香港和中国台湾在大陆的三资企业，另一方面也反映了在中国一部分的国民中存在的那种鉴于“长期的历史恩怨”而留在内心深层的一种“不信任感”。

总之，从上述结果的比较来看，中国职工对日资企业的满意度是最低的，究其原因是与中国职工对日资企业工作条件的满意度有密切的关系。

(二) 转职意愿和对工作条件的满意度

整个问卷作了这样一个假设：企业职工的转职意愿与对企业工作条件的满意度之间有着非常密切的关系。我们假设的工作条件是：职业稳定、有晋升的机会、对顶头上司的态度、对现在的工资、对工资的增长、对工作时间的长短和假日次数和对福利保健等。表10就是对日本在中国的日资企业调查中关于转职意愿和满意度之间的关系。

从表10的数据中我们得出以下结论。

第一，从总体上来说，在日资企业的职工们的“职业调动意愿”与“现在的工作和待遇”之间的关系是非常密切的，在我们列举的7个“满意”和“不满意”的因素中，尤与“对现有的工资”“对工资的增长”“对顶头上司的态度”“有晋升的机会”“对福利保健”等因素有关。例如，在职工的“满意层”中，有一半以上的职工对“即使有比现在的工资高一点的企业，我也不想调动”的问题做了肯定性的回答。

第二，从对“现在的工作和待遇”回答“不满意”的职工来说，对我们列举的7个因素都强烈地显示出其“不满意”的倾向来，他们对“即使有比现在的工资高一点的企业，我也不想调动”的问题，其肯定性回答的比例极低，最低的是“对顶头上司的态度”和“职业稳定”，其比例分别为16.0%和16.1%；最高的是“对工作时间的长短和假日次数”和“对现在的工资”，分别为24.4%、24.1%。

第三，我国职工的转职意愿与满意度之间的关系大致与泰国、马来西亚和印度尼西亚三国职工相同，但是也有若干的不同：最显著的特点是中国的职工更为直截了当地表达其“不满意”的情绪倾向，如在对“即使有比现在的工资高一点的企业，我也不想调动”的回答中，在全部可比的6个项目中，回答“不满意”的比例，中国职工的肯定性回答的比例大大低于三国。此外，从统计数字可以看到，泰国、马来西亚和印度尼西亚三国的职工则相对来说是“比较含蓄”一些。三国职工回答“谈不好”的比例相当大，大致在40%～50%，都要高于中国职工回答的比例。

表10　转职意愿和满意度的关系

单位：%

问题	满意	谈不好	不满意	调查地区
①职业稳定（不担心被解雇）				
即使有比现在的工资高一点的企业，我也不想调动	45.1	8.3	16.1	中国
	50.6	44.1	37.6	泰、马、印尼三国
如果有比现在的工资稍高一点的企业，我就想调动	40.0	47.0	47.8	中国
	42.0	49.0	52.3	泰、马、印尼三国
②有晋升的机会				
即使有比现在的工资高一点的企业，我也不想调动	52.3	35.7	18.6	中国
	53.8	40.8	38.8	泰、马、印尼三国
如果有比现在的工资稍高一点的企业，我就想调动	34.5	44.7	50.8	中国
	40.4	51.6	51.0	泰、马、印尼三国
③对顶头上司的态度				
即使有比现在的工资高一点的企业，我也不想调动	52.8	25.9	16.0	中国
	60.9	39.9	29.6	泰、马、印尼三国

续表

问题	满意	谈不好	不满意	调查地区
如果有比现在的工资稍高一点的企业，我就想调动	35.0	50.0	49.4	中国
	31.4	55.4	57.0	泰、马、印尼三国
④对现在的工资				
即使有比现在的工资高一点的企业，我也不想调动	67.5	40.5	24.1	中国
	71.5	48.3	36.1	泰、马、印尼三国
如果有比现在的工资稍高一点的企业，我就想调动	20.6	38.0	50.8	中国
	20.1	45.4	55.9	泰、马、印尼三国
⑤对工资的增长				
即使有比现在的工资高一点的企业，我也不想调动	56.7	41.5	23.2	中国
如果有比现在的工资稍高一点的企业，我就想调动	31.7	38.5	50.4	中国
⑥对工作时间的长短和假日次数				
即使有比现在的工资高一点的企业，我也不想调动	45.8	34.0	24.4	中国
	53.6	34.4	39.1	泰、马、印尼三国
如果有比现在的工资稍高一点的企业，我就想调动	38.9	44.2	48.1	中国
	39.4	59.7	50.1	泰、马、印尼三国
⑦对福利保健				
即使有比现在的工资高一点的企业，我也不想调动	51.8	36.1	22.7	中国
	62.5	41.8	35.5	泰、马、印尼三国
如果有比现在的工资稍高一点的企业，我就想调动	33.3	44.9	50.1	中国
	31.0	52.0	54.5	泰、马、印尼三国

三　对日本人印象及其对日资企业的评价

（一）从访谈结果看在日本三资企业的中国职工对日本人印象和转职意愿的关联性

我们在华北、华东、华南和华南独资的日本三资企业做了对日本人印象和转职意愿的访谈。当然，不同的人对日本人印象是不同的。既有人认为“日本人是不错的”，也有人认为“日本人不怎么样”。有的人因为与日本人交往甚少，只是凭自己的感觉表述对日本人的表面印象，有的与日本人交往比较多，因此对日本人的评价就比较成熟。以下我们想介绍的是：从我们访谈中所看到的中国职工对日本人的印象和转职意愿之间的关系。

中国职工对日本人肯定的印象有："工作一丝不苟，工作讲究规范""拼命地工作""勤恳刻苦""注意质量""自我要求很严""讲礼貌""效率高""管理严格""责任心强"等。对于这些印象和评价，与我们谈话的中国职工都比较直率地说："这些都是我们应该学习的。"中国的职工在谈到日本人的"精明"时，还带有一种"既肯定又否定"的情绪色彩。在访谈中，我们发现很少有职工对日本人在金钱上的"富有"发表什么见解，甚至有一种不值一谈之感。有不少人说"在日本人中正直的人还是比较多的"。

对日本人的否定性印象有："日本人保守""活得太累""日本工人的知识面不广""考虑员工的需要不多""对日本人摸不透""过于小气""主要是为了钱""比较主观""不太了解中国的情况""爱挑剔""训人不留情面""怀疑心强"等。总之，对日本人的否定性印象集中在"日本人的经济观"和"过于内向"的人格特征上。

从我们的访谈中，我们可以得出这样一种趋向：在日资企业工作的职工因为其"个人出身"和"经历"的不同，对日本人的印象和评价就不同。例如，在日资企业劳动力密集型工厂工作的职工中，有相当一部分来自农村的年轻人，相对来说，这部分人经历简单，原来又生活于农村（相对于城市来说）比较艰苦的地区，需要比较简单，对日资企业"不满意"色彩比较少，因而对日本人肯定性评价多，也不太想离开日资企业。而对于来自原来国营工厂、企业的职工来说，他们之所以到日资企业工作，对"工资"的考虑是一个相当重要的因素，当他们感到在日资企业的工资增加（比原来的单位）有限，而在其他方面受到的约束又比较多时，对日资企业的管理上的不适应性，以及由于国民价值观的不同而产生的人际矛盾和人际冲突（大部分表现为"隐性的"）就容易产生，因而这一层次的人容易产生"不满感"，尤其是在"文化层次比较高的知识分子"中更有一种"失落感"。这种"不满意""失落感"容易反映在对日本人的否定性评价之中。因此，有不少人说："如果企业条件相同的话，我为什么要为日本人干活呢?"而且，由于欧美资企业和中国香港、中国台湾、韩国三资企业在大陆的增多，不可避免地产生中国职工对各种类型的三资企业进行“横向比较”，包括对工作条件（如工资）、三资企业的管理风格和管理者的人格特点的比较。这种比较，有的确是对实际现状的比较，有的则是根据“传闻”的比较，但是，这种“比较”的最重要特点是：将自己所在企业的弱点与其他企业的长处进行比较。显然，这种比较必然增强了转职意愿：“如果有比现在的工资稍高一点的企业，我就想调动。”

（二）对问卷调查的分析

为了分析对日本人印象和转职意愿之间的关系，一定要对日本人印象和对日资企业的评价之间的关联性进行认真的分析，如对日本人印象和转职意愿、选择本国企业或日本三资企业、选择欧美资企业或日资企业、选择中国香港、中国台湾、韩国资企业或日资企业等问题进行交叉分析比较。在转职意愿中其问题是“即使有比现在的工资高一点的企业，我也不想调动”“如果有比现在的工资稍高一点的企业，我就想调动”；对所要选择企业的问题是“条件如果相同，就选择本国（或欧美，或中国香港、中国台湾、韩国）三资企业”“条件如果相同，就选择日本三资企业”。表11是对日本人印象（工作努力）和转职意愿之间相关的分析表。

从表11的结果中我们可以看到在日资企业中工作的中国职工有这样的倾向。第一，在“同意”日本人“工作努力”的职工中，有34.3%的人对“即使有比现在的工资高一点的企业，我也不想调动”做了肯定性回答，其比例比泰国、马来西亚、印度尼西亚三国（47.33%）要低；在“不同意”层中则有23.0%的人对此做了肯定性的回答，其比例比泰国、马来西亚、印度尼西亚三国（33.7%）也低。说明对中国职工来说，对日本人的这一评价与转职意愿的相关程度要比东南亚三国低。

表11　对日本人印象和日本三资企业评价的关联性

单位：%

	工作努力		调查地区
	同意	不同意	
（1）转职意愿			
即使有比现在的工资高一点的企业，我也不想调动	34.3	23.0	中国
	47.33	33.7	泰、马、印尼三国

续表

	工作努力		调查地区
	同意	不同意	
如果有比现在的工资稍高一点的企业，我就想调动	43.2	41.6	中国
	44.68	58.24	泰、马、印尼三国
（2）本国企业或日本三资企业			
条件如果相同，就选择本国的企业	41.4	50.2	中国
	26.57	37.36	泰、马、印尼三国
条件如果相同，就选择日本三资企业	13.4	8.6	中国
	15.86	9.89	泰、马、印尼三国
（3）欧美三资企业或日本三资企业			
条件如果相同，就选择欧美三资企业	25.4	51.2	中国
	19.62	28.57	泰、马、印尼三国
条件如果相同，就选择日本三资企业	11.6	6.7	中国
	21.23	10.99	泰、马、印尼三国
（4）中国香港、中国台湾、韩国三资企业或日本三资企业			
条件如果相同，就选择中国香港、中国台湾、韩国三资企业	20.7	39.2	中国
条件如果相同，就选择日本三资企业	17.4	11.0	中国

第二，在日资企业工作的中国职工在选择本国企业或日资企业，欧美资企业或日资企业，中国香港、中国台湾、韩国资企业或日资企业的项目中，其结果都是选择前者的多，选择日资企业的少，尤其是在回答“不同意”的职工中，这种倾向更为明显。

表 11 仅仅是对日本人一个印象（即工作努力）的反映。而表 12 是对日本人众多评价和在日本三资企业转职意愿之间的相关分析（表 12 数据仅来自中国的调查）。

表 12　对日本人印象和在日本三资企业职工转职意愿之间的相关系数

对日本人印象	转职意愿	日资企业 或本国企业	日资企业 或欧美三资企业	日资企业 或中国港台三资企业
工作努力	0.18	0.31	0.56	0.50
有钱（富裕）	0.07	0.19	-0.11	0.21

续表

对日本人印象	转职意愿	日资企业或本国企业	日资企业或欧美三资企业	日资企业或中国港台三资企业
聪明	0.06	0.05	0.49	0.15
友好	0.50	0.39	0.74	0.61
灵巧	0.20	0.14	0.56	0.39
傲慢	-0.27	-0.36	-0.65	-0.38
狡猾	-0.45	-0.35	-0.68	-0.45
贪婪	-0.47	-0.34	-0.72	-0.47
爱发脾气	-0.22	-0.31	-0.58	-0.31
爱挑剔（过于仔细）	-0.26	-0.15	-0.30	-0.13
守规则（一丝不苟）	0.29	0.30	0.54	0.52
尊重当地的做法和价值观	0.46	0.44	0.67	0.55
不歧视当地人	0.34	0.31	0.70	0.48
不明确地表示自己的意见	-0.12	-0.06	-0.38	-0.22
把日本人的做法强加于人	-0.34	-0.33	-0.57	-0.37
只与日本人交往	-0.13	-0.10	-0.44	-0.18
心胸狭窄	-0.38	-0.30	-0.70	-0.48
慷慨大方（不吝啬）	0.43	0.21	0.68	0.40
团体主义（齐心）	0.20	0.44	0.47	0.59
忠于组织	0.22	0.14	0.27	0.44
性格内向	0.01	-0.03	-0.16	0.02
精打细算	-0.34	0.10	-0.28	0.03
刻板（缺乏灵活性）	-0.06	-0.07	-0.56	-0.23
进取心强	0.15	0.14	0.48	0.40
爱面子	-0.30	-0.16	-0.58	-0.34
善于经营	0.14	0.16	0.51	0.49
虚伪	-0.40	-0.31	-0.79	-0.55
善于学习别人的东西	0.80	0.37	0.47	0.47

第一，在“对日本人印象”和“日资企业职工的转职意愿”的相关分析中我们可以看到以下几点。两者存在正相关的日本人的人格因素是（按正相关的次序）：①善于学习别人的东西（0.80）；②友好（0.50）；③慷慨大方（0.43）；④守规则（0.29）；⑤忠于组织（0.22）；⑥团体主义和

灵巧（0.20）；⑦工作努力（0.18）。两者存在负相关的日本人的人格因素是：①贪婪（-0.47）；②狡猾（-0.45）；③虚伪（-0.40）；④心胸狭窄（-0.38）；⑤精打细算（-0.34）；⑥爱面子（-0.30）；⑦傲慢（-0.27）；⑧爱发脾气（-0.22）。如果我们将正相关和负相关的数值作一比较，就可发现：与负相关相关的人格因素要多于正相关的人格因子，而且负相关系数的绝对值要大于正相关系数的绝对值，这也是在日本三资企业职工的转职意愿比较强烈的原因。

如果我们将中国职工对日本人的前16项的人格因子与泰国、马来西亚、印度尼西亚三国的职工进行比较，可以得出以下的结论。①两者的趋势大致相同，即正相关与负相关的人格因子大致相同。②相关的程度上有所不同：无论是正相关或负相关，中国职工的转职意愿与对日本人印象之间的相关值更大，说明中国职工更重视对日本人的印象分析和评价。③在一些具体人格因子的差别比较大：如在对“聪明”与“转职意愿”的相关的分析中，三国的相关系数是0.478，相关高，而在中国则为0.06，几乎不相关，表明中国职工对日本人的“聪明”并不太“敏感”；而在对“狡猾”与“转职意愿”的相关分析中，三国的相关系数是-0.26，而中国的相关系数则为-0.46，表明中国职工对“狡猾”更为敏感。

第二，在选择日资企业和本国企业中，如表4所示，在条件相同的情况下，选择在中国企业的比例是42.2%，远远高于选择日资企业的11.6%。从结果来看，与选择日资企业的人格因子是：①尊重当地的做法和价值观，团体主义（0.44）；②友好（0.39）；③善于学习别人的东西（0.37）；④工作努力，不歧视当地人（0.31）；⑤慷慨大方（0.21）；⑥善于经营（0.16）。而以下这些人格因子加强了在日资企业的职工选择本国企业的意愿：①傲慢（-0.36）；②狡猾（-0.35）；③贪婪（-0.34）；④把日本人的做法加强于人（-0.33）；⑤爱发脾气（-0.31）；⑥心胸狭窄（-0.30）；⑦爱面子（-0.16）；⑧爱挑剔（-0.15）。如果将这一结果与泰国、马来西亚、印度尼西亚三国的调查相比较，可以发现大致趋势相同。但是，也有着若干因子在相关性质上的差别，如“守规则”因子，对中国职工来说，是正相关，而对三国职工来说，则是负相关；也有若干因子在相关大小上的差别，如“聪明”这一因子，对于中国职工来说，相关似乎不大，只有0.05，而对于三国职工来说，则为0.547，相关较大，再如“把日本人的做法强加于人”来说，对中国职工来说，负相关约值较大，是 -0.33，对三国职工来说，则是 -0.083，几乎不相关，在傲慢、贪婪人格因子上也有一定程度的差别，总是显示出中国职工有“受不了的倾向”。

第三，在选择日资企业和欧美资企业中，如表 5 所示，在条件相同的情况下，选择在欧美资企业的比例为 26.1%，选择在日资企业的比例为 10.2%，其选择结果与泰国、马来西亚、印度尼西亚三国的调查结果相反（前者为工 19.8%，后者为 20.1%）。从结果来看，与选择日资企业的人格因子是：①友好（0.74）；②不歧视当地人（0.70）；③慷慨大方（0.68）；④尊重当地的做法和价值观（0.67）；⑤工作努力，灵巧（0.56）；⑥守规则（0.54）；⑦善于经营（0.51）；⑧聪明（0.49）；⑨进取心强（0.48）；⑩团体主义，善于学习别人的东西（0.47）。而以下这些人格因子加强了中国职工选择欧美资企业：①虚伪（-0.79）；②贪婪（-0.72）；③心胸狭窄（-0.70）；④狡猾（-0.68）；⑤傲慢（-0.65）；⑥爱发脾气（-0.58）；⑦把日本人的做法强加于人（-0.57）；⑧不明确地表示意见（-0.38）；⑨爱挑剔（-0.30）；⑩精打细算（-0.28）。如果将这一结果与泰国、马来西亚、印度尼西亚三国的结果相比较，那么就可以发现，趋势大致相同，但是中国职工选择日资企业或欧美资企业与对日本人印象之间的相关更明显，在许多项目上反映出一定程度的差别来。

第四，在选择日资企业或中国香港、中国台湾、韩国三资企业中，如表 6 所示：在“条件相同的情况下”，选择在中国香港、中国台湾、韩国的三资企业的中国职工的比例为 21.3%，选择在日资企业的中国职工的比例则为 15.3%，低于前者。从结果来看，与选择日资企业正相关的人格因子是：①友好（0.61）；②团体主义（0.59）；③尊重当地的做法和价值观（0.55）；④守规则（0.52）；⑤工作努力（0.50）；⑥善于经营（0.49）；⑦不歧视当地人（0.48）；⑧善于学习别人的东西（0.47）；⑨忠于组织（0.44）；⑩进取心强（0.40）。而以下这些对日本人评价的人格因子则加强了中国职工选择中国香港、中国台湾、韩国的三资企业：①虚伪（-0.55）；②心胸狭窄（-0.48）；③贪婪（-0.47）；④狡猾（-0.45）；⑤傲慢（-0.38）；⑥把日本人的做法强加于人（-0.37）；⑦爱发脾气（-0.31）；⑧不明确地表示自己的意见（-0.22）。

四 几点启示

通过对在中国的日资企业职工的转职意愿及其与东南亚三国的比较研究，我们得到以下几点结论和启示。

第一，如表1所示，在日资企业工作的中国职工约有56.6%具有转职意愿（问题②问题③和问题④的总和），有32.6%的人明确表态不想调动，大约有10.2%的职工没有表态。数字表明，中国职工的转职意愿是比较强烈的。而且与日本在泰国、马来西亚、印度尼西亚工作的日资企业的职工相比较，不想调动的意愿低（中国："东南亚三国" =32.6∶45.3）。

第二，在"如果条件相同"的二类企业的选择中（本国企业与日资企业，日资企业与欧美资企业，日资企业与中国香港、中国台湾、韩国三资企业），中国职工更愿意选择的是本国企业，欧美资企业，中国香港、中国台湾、韩国三资企业。在条件相同时，选择什么企业的比例之比是：①本国企业：日资企业是42.2∶11.6；②欧美资企业：日资企业是26.1∶10.2；③中国香港、中国台湾、韩国三资企业：日资企业是21.3∶15.3。

第三，为什么在日资企业中的中国职工的转职意愿如此强烈？原因当然是比较复杂的，但是有两个因素值得注意：一是与工作和待遇的满意度有关，另一个是对日本人的印象有关。前者最为关系的因子是："对现有的工资""对工资的增长""对顶头上司的态度""有晋升的机会""对福利保健"等。在对日本人的印象中，对日本人评价肯定的人格因子，即与选择日本三资企业有关的人格因子是："友好""尊重当地的做法和价值观""不歧视当地人""善于学习别人的东西""慷慨大方""守规则""工作努力"等；对日本人否定的人格因子，即与选择本国企业、欧美三资企业、中国香港、中国台湾、韩国三资企业有关的人格因子（负性人格因子）是：狡猾、傲慢、虚伪、心胸狭窄、爱发脾气、爱挑剔、爱面子等。从调查的结果而言，为了使在日资企业工作的中国职工更能安心，注意并改善以上两个方面的条件和问题，是非常必要的。

第四，去春以来，随着中国加快改革开放的步伐，"外资"（包括外国的和港澳台的资本）以更快的速度进入中国大陆，这就必然加剧了日资企业与其他三资企业之间在中国职工和人才问题上的竞争。此外，随着中国大中型企业的经营机制的转变，随着集体企业、民办企业和乡镇企业的大量增加，也在一定程度上降低了原有日资企业在工资上的优势。因此，如果日资企业认识不到这一点，还未采取相应对策，那么在争夺中国市场时，是难于占据有利的位置的。

第五，日本式的管理方式是世界公认的，但是，中国职工对它的评价却并不是很高。这就说明，原封不动地将日本式的管理方式引进中国，是很难适合中国的国情、文化和国民特性的。目前三资企业越来越多，在中国国民经济中的重要性也越来越突出，因此，这一课题的研究也表明了对三资企业的“软件研究”——“管理和文化的研究”——已经提到了议事日程上来了。

中国大陆私营经济的再生与发展*

张厚义

摘　要：本文较系统全面地回顾了私营经济在我国大陆的再生与发展过程，将这一过程划分为四个阶段：1978～1982 年的起步阶段、1983～1985 年的高速发展阶段、1986～1988 年的稳定发展阶段与 1989～1992 年的调整巩固阶段。同时又从私营企业的户数与从业人数、私营企业的规模等方面对私营经济的发展现状进行了探讨，提出了私营经济在发展过程中出现的若干规律。

我国在完成对资本主义工商业的社会主义改造以后，大陆的"资本主义经济"便基本上绝种了，现实中存在的私营经济，是最近 10 多年来重新产生的。从基本绝种到重新产生，中间隔了 20 多年。私营经济重新产生以后，由少到多，不断扩大，经历了一个逐步发展的过程。按照逻辑顺序把这个过程描述清楚，将有助于我们进一步深化对存在着雇佣劳动关系的私营经济的认识，以及对私营企业主的认识，从而准确地把握我国经济社会结构的变迁。

一　私营经济的发展过程

改革开放以来，党和政府调整了经济社会政策。私营经济在个体经济恢复和发展的基础上，在我国城乡各个领域重新出现，到目前为止，大致经历了四个发展阶段，即起步阶段，高速发展阶段，稳定发展阶段，调整、巩固阶段。

---

* 原文发表于《社会学研究》1993 年第 4 期。

需要说明以下几点。一是在《中华人民共和国私营企业暂行条例》（1988 年 6 月）颁布以前，由于对私营企业的概念理解不同，有关部门在调查统计时，往往使用了雇工大户、雇工企业等概念，未将私营企业与个体工商户区分开来，因而数字很难准确，全国、全省（自治区、直辖市）的统计数字根本没有。二是私营经济是在个体经济恢复与发展的基础上发展起来的，因此，它们发展的阶段性有十分相似之处，只不过私营经济表现出一定的滞后性。三是对私营经济调查研究较早、较系统的是农村政策研究部门，着眼点在农村，并且是以雇工经营为主题进行调查研究的。现在我们对私营经济发展阶段的划分，在 1988 年以前，主要以农村雇工经营和私营企业的发展状况为依据，同时，参照全国城乡个体工商户的发展状况。

（一）私营经济的起步阶段（1978～1982 年）

党的十一届三中全会以后，党和政府在全国复查和平反冤假错案，对小商贩和民族资产阶级也落实了政策。1979 年 11 月，经党中央批准，在全国范围内进行了一次区别工作，即把一大批参加公私合营企业，但没有雇工剥削或只有轻微剥削的小商、小贩、小手工业者及其他劳动者，同本来属于资产阶级范畴的资本家、资本家代理人加以区别，明确他们原来就是劳动者。根据这次区别后的统计，原来属于劳动者的约 70 万人。原来是资本家、资本家代理人的约 16 万人。在这 16 万人当中，绝大多数人也已经改造成了劳动者。1979 年 12 月，中共中央在批转的《关于对原工商业者的若干具体政策的规定》中决定：从这一年的 7 月起，原工商业者改变资本家成分，按其职业，担任干部的就是干部，和工人一样参加生产劳动的就是工人。同时，发还他们在“文化大革命”中被查抄的存款、公债、金银和其他财物，恢复他们原来的薪金，归还一些人被占用了的私房，适当调整他们的工作。

这时，理论界对个体经济的地位与作用等问题进行了热烈的讨论。党的政策开始松动。1979 年 9 月 29 日，叶剑英同志在庆祝中华人民共和国成立 30 周年大会上的讲话中指出：“目前在有限的范围内继续存在的城乡劳动者个体经济，是社会主义公有制经济的附属和补充。”1980 年 8 月 17 日，中共中央在关于转发全国劳动就业会议文件的通知中明确提出，要鼓励和扶植城镇个体经济的发展。文件写道："宪法明确规定，允许个体劳动者从事法律许可范围内的，不剥削他人的个体劳动。这种个体劳动是社会主义公有制经济的不可缺少的补充，在今后一个相当长的历史时期内都将发挥积极作用，应当适当发展。有关部门对个体经济要积极予以支持，不得刁难、歧视。一切守法的劳动者，应当受到社会的尊重。"1981 年 7 月 1 日，国务院关于城镇非农业个体经济若干政策性规定指出："个体经营户，必要时，可以请一二个帮手，技术性较强或者有特殊技艺的，可以带两、三个最多不超过五个学徒。"这样，个体经济就在全国城乡迅速地得到恢复并且发展起来。1982 年与 1980 年比较，城镇个体工商户的户数、从业人数和注册资金数，分别增长了 1.39 倍、1.46 倍和 5.55 倍。农村个体工商户的户数、从业人数和注册资金数，1982 年与 1981 年比较，也分别增长了 4.57 倍、0.51 倍和 0.94 倍。

在个体经济发展的基础上，一些雇工经营的私营企业也在各地陆续出现了，不过当时都隐形于专业户、个体工商户、新经济联合体之中。据原国务院农村发展研究中心组织的全国 28 省、自治区、直辖市的 272 村 37422 户调查，1984 年参加新经济联合体的农户占总数的 3.2%，专业户占总户数的 3.5%，个体工商户占总户数的 4.4%。其中，新经济联合体雇工经营的占其总数的 51%，平均每个联合体雇工 7.9 个，合 1204 个工日；专业户雇请长工的共 203 户，占总户数的 0.55%，占专业户数的 15.7%，平均每户雇长工 4.1 个。按收入划分，家庭纯收入 6000 ~ 9000 元的户，占调查户的 3%，而所雇长工却占长工总数的 50%；家庭纯收入 9000 元以上的户，占调查户的 1%，而所雇长工却占 40%。在私人雇工户中，雇工 8 人以上的有 25 户，占调查户的 0.07%，占私人雇工户的 12.3%，平均每户雇工 18.5 人（参见中共中央农村政策研究室资料室，1987：20、23）。

雇工经营出现以后，党内党外，上上下下，各个方面的看法很不一致。有的支持，有的反对，有的观望。对此，中央领导同志明确指出，这冲击不了社会主义，可以看一看、等一等再定。为了统一和提高人们的认识，中央、省、市、地区与县里的政策研究部门、农村工作部门、科学研究单位与大专院校，陆续组成调查组到农村、城镇进行调查研究。原国务院农村发展研究中心、中国社会科学院等单位，先后多次召开各种形式的理论研讨会。传播媒介也作了报道。1981 年 5 月 29 日至 9 月 19 日《人民日报》就陈志雄雇工承包鱼塘的问题，在报纸上开展了专题讨论。陈志雄是广东省高要县沙浦公社农民，1979年开始承包鱼塘8亩；1980年增加到105亩，雇用长年工1人，临时工40个工日，获得较高的效益，陈志雄本人年获净收入1万多元。讨论中，《人民日报》先后刊登了19位读者的意见。比较一致的看法是“发挥了‘能人’的作用”，“即使有一点剥削也不应大惊小怪”。接着，《人民日报》又于1981年12月8日报道了福建省仙游县农民李金耀承包荒山1200亩，招聘20多个社员办林场的事迹，同时也展开了讨论。

围绕雇工经营问题，其他报刊也展开了讨论。讨论中，对于私营经济的性质，大致有三种观点。第一种观点认为，它是“非资本主义企业”，“公有经济的补充”，“现在中国新存在的各种因素不管如何不同，都不是原来意义上的资本主义因素”。[①] 第二种观点认为，现阶段的雇工经营是“依附于社会主义的资本主义经济性质”。第三种观点认为，从生产资料私人所有、雇工经营和企业主占有剩余劳动等方面看，现阶段的私营经济是带有资本主义因素的经济成分。大家一致认为，私营经济对于促进社会生产力和商品经济的发展，有着其他经济形式不可替代的作用，但也暴露出它本身固有的弊端。权衡利弊，还是利大于弊。

值得指出的是，在私营经济刚刚产生时，这种在调查研究基础上、心平气和、不打棍子的同志式的讨论，对于创造生动活泼的政治局面，对于拨乱反正、统一人们的认识起到了积极的作用，也为私营经济的起步消除了顾虑，廓清了思想障碍。

（二）私营经济的高速发展阶段（1983～1985年）

1983年以后，私营经济进入了高速发展阶段。据原国务院农村发展研究中心农村调查办公室1987年组织对全国28个省（自治区、直辖市）的36667户周密系统的调查，1984年雇长工（每年雇工6个月上）的农户，占调查户总数的0.55%，所雇长工人数占样本农户劳动力总数的1.84%；1986年雇长工的农户，占调查户总数的0.74%，所雇民工人数相当于样本农户劳动力总数的4.2%。雇工人数在农村劳动力中所占的比重，两年增

① 参见《农业经济丛刊》1984年第2期。

长 1 倍以上。

下面用部分省、市的调查数字，说明私营经济较快的发展速度（这些数字是政策研究人员和理论工作者在当地政府支持下，通过艰苦细致的调查研究统计出来的）。

湖北省汉阳、京山、应城、蒲圻 4 县、市对农村雇工经营进行了追踪调查，雇工户占总农户的比重分别为：1953 年占 0.16%，1984 年占 0.57%，1985 年占 0.78%；雇工人数相当于当地劳动力总数的比重分别为：1983 年占 0.51%，1984 年占 1.62%，1985 年占 2.38%。雇工户由 1983 年的 509 户增加到 1985 年的 2543 户，雇工人数由 3246 人增加到 15838 人。雇工户和雇工人数在 3 年时间内，差不多都增长了 4 倍。

安徽省对全省 5556 家私营企业的开业时间进行了统计，它们分别是：1983 年及其以前为 370 家，1984 年 644 家，1985 年 1336 家，1986 年 1642 家，1987 年 1640 家。1984 年比 1983 年及以前增长了 74.1%，1985 年又比 1984 年增长了 107.5%。

陕西省周至、乾县、富平、咸阳市秦都区和华阴县岳庙公社，1983 年 4 月调查统计，雇工企业占总农户的比重为 1.5%，雇工人数占劳动力总数的比重为 2.7%；1984 年 6 月和 9 月对周至、蒲城、长安、临潼、三原和咸阳市秦都区的 18 个乡、镇调查统计，上述两项比重分别为 3.3% 和 7.8%。其中蒲城县坡头乡对雇工经营户的追踪调查，1981 年为 1 户，1982 年 12 户，1983 年 46 户，1984 年 81 户。

辽宁省调查统计，1983 年有雇工企业（包括有雇工的个体工商户、专业户和私营企业）5220 个，雇工人数 40478 人；1984 年比 1983 年分别增长了 2.57 倍和 2.28 倍；1985 年又比 1984 年分别增长了 95% 和 90%。

天津市农村雇工人数占全市农村劳动力总数的比重，1983 年为 0.3%，1984 年为 0.77%，1985 为 1.9%。

河北省保定地区农村雇工户数和雇工人数，1984 年比 1983 年分别增长了 2.27 倍和 1.21 倍。不仅雇工户数增加，而且经营规模扩大。该省三河、香河、永年 3 县调查统计，1984 年与 1983 年比较，雇工经营的户数增加 3.2 倍，雇工人数增加 1.2 倍，固定资产原值增加 1.5 倍，流动资金总量增加 1.3 倍，总产值增加 0.75 倍，利润总额增加 1.38 倍。其中，雇工7人以下的雇工户在其总户数中的比重下降了4.1%，而雇工大户明显增加，雇工人数50人以上的大户由49家增加到159家，有10家雇工人数在10人以上，3家雇工人数超过200人。

为什么私营经济的发展速度，在1983年至1985年如此之快呢？据笔者分析，有以下几方面的原因。

第一，农村经济的迅速发展，为私营经济高速增长提供了可能。农村推行家庭联产承包制，农民家庭成了经营的主体，极大地调动了农民的积极性、创造性。农业生产获得了创纪录的丰收，全国粮食总产量1978年为6000多亿斤，1982年为7000多亿斤，1984年为8000多亿斤。1984年同1975年相比，粮食、棉花、食用植物油的商品量（收购量）分别增长了131.2%、148.7%和184.2%。它们的商品率在同一时期内，也分别由20.3%、94.3%和5.9%提高到34.8%、95.3%和67.4%。再加上对农产品收购价格的提高，对流通渠道的疏理，等等，这一切都为农村发展非农产业、发展私营企业打下了基础。

第二，农民收入增加，剩余资金增多。1983年同1978年比较，全国农业总产值增加910亿元，增长46.3%。1979~1985年的7年间，农民人均纯收入累计增加264.03元，平均每年增加37.7元，递增16.9%，农民人均纯收入增加多、增长快、持续时间长，是新中国成立以来从未有过的。据陕西省农业银行资料，截至1984年10月底，全省农户存款余额为11.33亿元。其中，约有30%的农户拥有60%的货币量，而70%左右的农户只拥有40%的货币量。另据湖南省永兴县鲤鱼塘乡信用社资料，1983年同1978年相比，农民存款余额增长13倍多；该县马田乡的存款余额由1980年的34万元，增加到1984年上半年的125万元，增长2.6倍，其中，存款额1000元以上的有800户，10000元以上的有10户。农民剩余资金的投向，不外是购置必需的生活资料和扩大家庭经营规模的生产资料。家庭经营规模扩大到一定程度，要么就走合作、联营的道路，要么就要雇工经营。这时，农村潜在的剩余劳动力开始摆脱土地的束缚，在更大范围内自由流动形成了一支待雇的队伍。

第三，资金扶持。1984年2月27日，国务院颁布了《关于农民个人或联户购买机动车船和拖拉机经营运输业的若干规定》。接着，中国农业银行就此专门发出通知，给予农民个人或联户购买机动车船和大中型拖拉机的贷款支持。有些地方，在“产值翻一番”的号召下，把私营企业当作新经济联合体，给予大力扶持，如提供平价原材料、能源，减免税收，低息贷款，甚至主动送大额贷款上门；并且，有的经营者被选为劳动模范、人大代表，或推荐为政协委员，甚至吸收加入共产党组织，担任基层政权领导职务，实际上是在有意无意地人为地“垒大户”。

第四，政策环境宽松。1983 年中央 1 号文件提出：“允许资金、技术、劳力一定程度的流动和多种方式的结合”，对于雇请较多帮工的私营企业，采取“不宜提倡，不要公开宣传，也不要急于取缔”的方针。这包含有看不准的就不急于简单地肯定或否定，更不打棍子、不戴帽子的意思，也包含有尊重群众的创造和选择的意思。在干部中，有的虽然反对雇工，但看到中央文件规定“不要急于取缔”，也就听之任之，即采取不说话、不调研、不表态的办法对付，也有的是默认与支持。

第五，市场需要。随着城乡市场的放开，特别是由于农民收入的提高，纷纷要求改善居住条件，拆掉草房建瓦房，因而雇工经营砖、瓦、水泥、预制件等建筑材料和建筑行业的企业随之增加。同时，其他行业也陆续地发展起来。

第六，无本经营的私营企业大量涌现。不少地方包干到户简单地推广到社队企业上，很快就演变成包干提留的“一脚踢”式的、雇工经营的私营企业。这种无本经营的私营企业，在 1983 年以后发展很快。

另外，“有水快流”、小矿放开的资源开发方针，也促进了雇工经营小矿的发展。

（三）私营经济稳定发展阶段（1956～1955 年）

在这个阶段，党和政府对私营经济的政策逐渐明确。中共中央在 1987 年的有关文件中指出：对农村各类自营专业户、个体经营者要实行长期稳定的方针，保护其正当经营和合法权益；要尊重他们选择经营形式的自由，不可任意强制改变他们的生产方式；对于私营企业，也应当采取允许存在，加强管理，兴利抑弊，逐步引导的方针。同年 10 月，在党的十三大报告中，对私营经济的政策进一步做了阐述。报告指出：在公有制为主体的前提下继续发展多种所有制经济。“目前全民所有制以外的其他经济成份，不是发展得太多了，而是还很不够。对于城乡合作经济、个体经济和私营经济，都要继续鼓励它们发展。……在不同的经济领域，不同的地区，各种所有制经济所占的比重应当允许有所不同。”“私营经济是存在雇佣劳动关系的经济成分。但在社会主义条件下，它必然同占优势的公有制经济相联系，并受公有制经济的巨大影响。实践证明，私营经济一定程度的发展，有利于促进生产，活跃市场，扩大就业，更好地满足人民多方面的生活需要，是公有制经济必要的和有益的补充。必须尽快制定有关私营经济的政策和法律，保护他们的合法利益，加强对它们的引导、监督和管理。”接着，第七届全国人民代表大会第一次会议于1988年4月12日通过的宪法修正案写道：“宪法第十一条增加规定：国家允许私营经济在法律规定的范围内存在和发展。私营经济是社会主义公有制经济的补充。国家保护私营经济的合法的权利和利益，对私营经济实行引导、监督和管理。”从此私营经济在我国有了明确的法律地位。同年6月，国务院相继发布了《中华人民共和国私营企业暂行条例》《私营企业所得税暂行条例》《关于征收私营企业投资者个人收入调节税的规定》。这样，国家对私营企业的监督和管理，逐步走向规范化。工商行政管理部门开始了对私营企业的登记、注册工作。

1985年下半年以后，整个国民经济发展的势头一度下降，特别是银根紧缩后，经济环境由宽松转向偏紧，对私营经济等非公有制经济的资金、原材料等优惠政策开始减少。同时，有条件创办私营企业的人员，在前几年大多数都创办了私营企业。现在，这些人数也相对少了。乡、村集体企业准备承包、租赁出去的，早已签订了承包、租赁合同。经过连续几年的高速度发展，一部分私营企业在经济环境改变后歇业了，大部分需要完善、巩固，适应市场，新创办的私营企业也较前段时期有所减少。在上述诸多因素的综合作用下，这个阶段私营经济的发展速度放慢了，但还是稳步发展的。

根据1988年初对11省120个农村固定观察点中97家私营企业的调查，其创办时间分别为：1983年及其以前的有25家，1984~1985年的有39家，1986~1987年的有33家。

湖北省汉阳、蒲圻、应城、京山4县、市追踪调查表明，农村雇工经营1982年开始出现，随后的3年发展较快，而且一年比一年快，1985年是最多的一年。1986年速度放慢，雇工户数减少到2477户，占总农户的

0.76%；雇工人数减少到12214人，占农村总劳动力的1.34%。雇工户数和雇工人数分别比上年减少66户和3624人。1987年雇工户数继续减少到2090户，占总农户的0.65%，比上一年减少387户，但雇工人数却比上一年增加了2145人，占农村总劳动力的1.51%。安徽省对全省5556家私营企业的开业时间的统计结果是，1986年比1985年增加22.9%，而1987年却比1986年减少0.1%。河北省永年县的调查统计，私营企业数：1985年增长了10.2倍，1987年比1985年只增长0.49倍（国家“七五”期间中国私营经济研究课题组，1989：161、87）。

（四）调整、巩固阶段（1989～1992年）

1989年下半年以后，私营经济的发展由于受到下列诸多因素的影响，进入了一个调整、巩固的“马鞍形”阶段。

从1988年下半年起，由于通货膨胀等原因，国家开始治理经济环境，整顿经济秩序。经济环境明显地由宽松变为偏紧。1989年下半年开始，社会环境也有所变化。在宣传舆论方面，讲私营经济的“弊”多“利”少了。有的文章甚至说，个体户、私营企业的较高收入，都是靠偷漏税、坑蒙拐骗得来的；“私营经济是资产阶级自由化的社会基础”；“发展私营经济是搞私有化”；“私营企业主是制造动乱的中产阶级”；等等。而在基层，则更加离奇了。一些地方，把私营企业主当作“革命对象”“阶级异己分子”，打入“另册”。例如，有个村庄召开村民大会，通知规定：“全体村民一律参加，私营企业主除外。”一位乡长在干部会上说：“苏联（解体）的教训就是个体私营经济搞多了，我们就是逼迫他们干不下去。”有一个县在“社教”活动中宣传：集体经济是苗，个体私营经济是草，杂草不除，苗就长不起来。一位县委负责人在大会上说：“就是要把他们整得倾家荡产。”还有一些地方党组织给党员企业主提出一个“讲不清、道不明、想不通”的问题：“要党还是要厂？”这类事例，虽很典型，但非极端；为数极少，影响却很深远、广泛。不能不给私营企业主增加后怕与困扰。同时在全国范围内开展了对个体户、私营企业的税收大检查。在这个过程中，对一些个体户、私营企业出现惩罚过重的现象。有的地区以“抗税”等名义，拘留了一些个体户主和私营企业主。群众说：“上半年戴花（座上宾），下半年戴枷（阶下囚）。”

在这种情况下，1989 年下半年以来，在私营经济中出现了一些新情况。

第一，奉献。有些私营业主主动提出，把企业无偿奉献给集体，变成集体企业。如山东省沂蒙山区的一位农民将 580 万元资产、1000 万元产值的私营白瓷厂，于 1989 年底奉献给本村，变成村办集体企业。同时，他本人加入了共产党组织，并被选为村民委员会主任，一年后又任该村党支部书记。河北省三河县小胡庄和头镇的两位私营企业主，都于 1989 年 8 月间，分别将自己资产 20 多万元和 100 多万元的私营工厂，无偿奉献给了集体。

第二，改变性质，成为国营企业或集体企业。据河北省保定地区的调查分析[①]，该地区 1991 年 1 ~4 月私营企业注销 286 户，比 1990 年底（全区共 1614 户）下降 17.7% 。其中，改变性质的有 65 户（2 户变成国营企业，63 户变成集体企业），占注销户总数的 22.72% 。改变性质的原因，一是有关部门规定有些项目、有些场所，非公有制经济不准经营与涉足，如国营商场不准个体户与私营企业租赁柜台；有关部门不准非公有制企业经营某些行业如酿酒业、化妆品等。容城县有 6 家私营服装厂，为取得经营权利而变成了集体企业。徐水县有 14 家私营酒厂为能领到“准酿证”而变为集体企业。廊坊市大城县权村乡有家私营洗发香波厂，为能领到“卫生许可证”也不得不挂上集体企业牌子。二是“名变实未变”。校办企业、福利企业同私营企业比较，有很多优惠的地方。于是，一些私营企业挂上“校办企业”“福利企业”的牌子，交一定数量的“承包费”，实际上仍是私营企业，所得纯利润比原来高得多。三是“想发大财就干私营，要干事业就得搞集体”。私营企业在发展中，因为场地狭小、资金短缺、能源不足等矛盾难以解决，有些有开拓精神的私营企业主想干一番事业，只得变成集体企业。

第三，减少雇工，缩小规模，“八下七不上”[②]。保定地区因减少雇工，改变企业类型的有 58 户，占注销户总数的 20.28% 。

第四，有意停业或歇业。据河北省保定地区调查，因资金短缺、无力

① 参见《工商管理》1991 年第 20 期，第 39 ~40 页。

② “八上七不下”，雇工 8 人以上为私营企业，雇工 7 人以下为个体工商户。一些私营企业用减少雇工人数来改变企业性质。

继续经营而停歇业的，占私营企业注销总数的 19%。其中的原因，有借资无门，有银行收贷，有受“三角债”影响等。因为市场萧条、产品积压造成停歇业的，占私营企业注销总数的 38%。据 1991 年 4 月中旬，对该地区蠡县现有的 293 家私营企业调查，正常生产的 59 户，占 20.1%，其中，满负荷生产的只有 7 户；由原来的“三班”变为“二班”或“一班”的 52 户，时开时停的 32 户，共占 28.67%；停业的 143 户，占 48.8%；歇业的 1 户。全县私营企业共积压产品价值达 4610 万元。

由于上述多种原因，这个阶段的个体经济和私营经济出现了先是下降、后是缓慢上升的情况。个体工商户的户数与从业人数：1988 年底分别为 1452.7 万户和 2305 万人，1989 年底分别为 1247.2 万户和 1941.4 万人，1990 年底分别为 1328.3 万户和 2092.8 万人，1991 年底分别为 1416.8 万户和 2258.0 万人。个体户的户数和从业人数，1989 年同 1988 年比较，分别下降 14.2% 和 15.8%；1990 年开始回升，这两项指标分别比上年增长 6.5% 和 7.8%；1991 年底，又比上年同期分别增长 6.7% 和 7.9%。但是，1991 年同 1988 年比较，个体户的户数和从业人数仍然分别减少 35.9 万户和 47 万人，分别下降 2.47% 和 2.04%。

私营企业的发展情况类似于个体工商户。1989 年底，全国登记、注册的私营企业 90581 户，投资者（企业主）21 万人，雇工人数 1425827 人（户均雇工 15.74 人），注册资金总额 844776 万元（户均注册资金 9.33 万元）。1990 年 6 月底，私营企业的户数下降到 8.8 万户。以后又缓慢回升，是年底，私营企业的户数达到 98141 户，投资者 22.4 万人，雇工人数 147.8 万人（户均雇工 15.08 人），注册资金总额 951552 万元（户均注册资金 9.7 万元），分别比上年增长 8.3%、6.7%、3.7% 和 12.6%。1991 年底，私营企业为 107843 户，投资者 241394 人，雇工人数 1597556 人（户均雇工 14.8 人），注册资金总额 1231689 万元（户均注册资金 11.4 万元），分别比上年增长 9.9%、7.7%、8.1% 和 29.4%。

1992 年初，邓小平同志视察南方发表重要谈话，科学地总结了现代化建设的基本实践和基本经验，明确地回答了经常困扰和束缚我们思想的许多重大认识问题。接着，党中央和国务院作出关于加快改革开放和经济发展的一系列决定。在实践中，经过反复比较，人们逐步形成共识与认同：判断各方面工作的是非得失，归根到底，要以是否有利于发展社会主义社会的生产力，是否有利于增强社会主义国家的综合国力，是否有利于提高人民的生活水平为标准；“和平演变”的主要危险不是来自经济领域；私营经济要在相当长的历史时期内存在与发展，不能把现在的私营企业主同50年代的私营工商者简单地等同与类比，更不能对他们进行“社会主义改造”。同时，为进一步完善关于私营经济的政策，对于私营企业主的方针，中央提出：“团结、帮助、引导、教育”。这样，个体私营经济度过了波谷，进入了正常的发展阶段。

1992年底，全国登记、注册的个体工商户的户数、从业人数、注册资金数分别为1533.9万户、2467.7万人、6000516万元，分别比上年增长8.3%、9.3%和23.1%，第一次超过了发展总量最高的1988年。同1988年比较，上述三项指标分别增长5.59%、7.06%和94.84%（注册资金额没有扣除价格因素）。与此同时，私营企业也得到迅速发展。全国登记、注册的私营企业139633户，投资者303095人，雇工人数2015347人（户均雇工14.43人），注册资金总额2211615万元（户均注册资金15.8万元）。

二　私营经济的发展现状

谈到私营经济的发展状况，不能不首先指出：由于现阶段私营企业主的经济活动、经营状况，乃至产权关系，有的极其隐蔽、模糊，加上私营经济的发展还处于初始阶段，有关管理部门还没有来得及对它进行规范管理，连登记、注册的工作都没有全面展开。因此，要想准确无误地、非常清晰地描述它的发展现状，难度是相当大的。本文只能根据有关部门的统计数据，有关地区的调查材料和笔者的实地考察，以及已经登记、注册的私营企业情况，做一些粗线条的勾勒。

（一）私营企业的户数与从业人数

在《中华人民共和国私营企业暂行条例》公布以前，因为没有确定划分标准，也没有单独登记，私营企业大都隐形于其他经济形式中。据国家工商行政管理局的典型调查推算，1987年底，在全国1300多万个个体工商户中，雇工人数超过8人的私营企业约有11.5万家，雇用工人18.7万人。在全国28.3万个合作经济组织中，属于私营性质的企业约6万家，雇用工人 96 万多人。此外，以集体企业名义登记，实际上是私营性质的企业约有 5 万家，雇用工人 80 多万人。以上三种类型的私营企业共有 22.5 万家，雇用工人总数 360.7 万人。原国务院农村发展研究中心农村调查办公室 1987 年对农村雇工经营和私营企业的发展情况，按照类型抽样的原则，对全国 28 个省区市近 300 个农村固定观察点，进行了连续的系统的调查，称之为全国农村社会经济典型调查（其中，包括陕西省 3 县 6 乡和湖北省 4 县的跟踪调查），获得的情况是：1986 年私营企业数占被调查农户总数的 0.2%，陕西省 3 县 6 乡占 0.27%，湖北省 4 县占 0.15%。农村调查办公室根据这些材料确定全国农村私营企业占农户总数的 0.2%（当年全国农户总数为 20000 万户）。以此推算，全国农村约有私营企业 35 万家，相当于全国农村乡、村集体企业总数的 23%。

笔者根据实地考查和手头掌握的调查资料测算，认为国家工商行政管理局估计的数字可能偏低，农村调查办公室的推算可能更接近实际情况。1988 年 5 月初至 7 月中旬，我们曾与当地政策研究部门的同志一道，对河北省三河县的私营企业发展情况，进行了逐乡逐村的调查统计，全县城乡有私营企业 341 家，约占全县城乡居民总户数的 0.34%。中共河北省委研究室组织力量对该省保定地区 20 个县、市私营企业发展情况，进行了为期 3 个月的全面调查，截至 1988 年 9 月底，全区有私营企业 9696 家，约占全区农户总数的 0.48%。1988 年 6 月中旬，笔者在福建省晋江县调查，有关部门提供的该县私营企业数为 4565 家，约占该县城乡居民总户数的 1.8%。上述地区的私营企业比较多，所占比重高于全国的平均数，考虑到各种因素，1988 年底，全国城乡私营企业数占全国总户数应在 0.2% 左右。就是说，1983 年底，全国城乡约有私营企业 50 万家。根据近几年的发展速度，1992 年底，全国的私营企业数至少要比 1988 年的数字增长几十个百分点。但是，由于众所周知的原因，它们之中的绝大多数没有登记、注册，而是戴着“红帽子”，混迹于各种各样的集体企业之中，或以个体工商户的身份开展经营活动。这是现阶段我国私营经济发展过程中的一个重要特征。

为了具体说明私营企业的发展现状，我们根据国家工商行政管理局的统计对 1992 年底已经登记、注册的私营企业，作如下进一步的分析。

从投资形式看，以独资企业和合伙企业占绝大多数，有限责任公司较少。全国独资企业和合伙企业共 121960 户，从业人员 1963218 人，分别占总数的87.34%和84.68%。其中，独资企业77268户，从业人员1104459人，分别占其总数的55.34%和47.64%；合伙企业44692户，从业人员858759人，分别占其总数的32.00%和37.04%；有限责任公司17673户，从业人数355224人，分别占其总数的12.66%和15.32%。由于有限责任公司领取的是企业法人营业执照，因而给企业在开展经营活动时带来了一定的便利条件，1992年办理登记、注册的私营有限责任公司明显增加。同上年比较，户数和从业人数分别增长1.65倍和1.31倍，增长幅度远远高于独资企业和合伙企业。独资企业增长也比较快，1992年比上年增加16655户，占当年私营企业增加总户数的52.39%，与上年相比，户数和从业人数分别增长27.51%和24.28%。许多合伙企业的投资者在合伙经营过程中矛盾较多，合作关系往往难以长久维持，因而发展较慢，有些地方甚至出现了下降的趋势。据统计，合伙企业的户数和从业人数，同上年相比，仅分别增长10.21%和7.8%（见表1）。

表1　1992年私营企业户数与从业人数（按投资形式分）

单位：户，人，%

项目			独资企业		合伙企业		有限责任公司	
			数量	比重	数量	比重	数量	比重
户数		139633	77268	55.34	44692	32.00	17673	12.66
从业人数		2318442	1104459	47.64	858759	37.04	355224	15.32
其中	投资者	303095	77268	25.50	169345	55.88	56482	18.62
	雇工	2015347	1027191	50.97	689414	34.21	298742	14.82

私营企业的户数与从业人数，农村多于城镇。农村私营企业的户数与从业人数分别占其总数的52.74%和57.82%，城镇私营企业的户数和从业人数则分别占其总数的47.26%和42.18%。这主要是农村在提供剩余劳动力、经营场地和资源等方面要优于城镇。但是，城镇私营企业的发展速度却明显高于农村。同上年比较，城镇私营企业的户数与从业人数分别增长46.02%和43.58%，而农村的这两项指标则分别为17.5%和15.78%。而且，在私营企业的总量中，城镇私营企业所占的份额呈逐年上升的趋势，而农村私营企业所占的份额呈下降趋势。表2用户数与从业人数两项指标分别说明城镇与农村私营企业所占份额的变化情况。

1989～1992 年的 4 年中，城镇私营企业的户数和从业人数差不多都增长了 11 个百分点，而农村私营企业户数和从业人数则差不多下降了 11 个百分点（见表 3）。

表 2　1992 年私营企业户数与从业人数

单位：户，人，%

项目			城镇		农村	
			数量	比重	数量	比重
户数		139633	65987	47.26	73646	52.74
从业人数		2318442	977828	42.18	1340614	57.82
其中	投资者	303095	135958	44.86	167137	55.14
	雇工数	2015347	841870	41.77	1173477	58.23

表 3　城镇与农村私营企业所占的份额

单位：%

年份	1989		1990		1991		1992	
	户数	从业人数	户数	从业人数	户数	从业人数	户数	从业人数
城镇	36.38	31.18	38.4	33.4	41.9	37.0	47.26	42.18
农村	63.62	68.82	61.6	56.6	58.4	63.0	52.74	57.82

按投资形式分，城镇的独资企业 34726 户，占 44.04%，农村 42542 户，占 55.06%；城镇的合伙企业 17071 户，占 38.20%，农村 27621 户，占 61.80%；城镇的有限责任公司 14190 户，占 80.29%，农村 3483 户，占 19.71%。

生产型企业所占比重较大。工业、建筑业这类第二产业共有私营企业 91231 户，从业人数 1713578 人，分别占其总数的 65.3% 和 73.9%。而以采掘业和制造业为主的工业行业的户数与从业人数则分别占其总数的 62.4% 和 69.5%。第三产业的户数与从业人数分别占其总数的 34.7% 和 26.1%，其中商业行业的户数与从业人数则分别占其总数的 24.1% 和 16.8%。在这些行业中，包括高新科技产业在内的科技咨询业增长速度最快。同 1991 年比较，它们的户数、从业人数与投资者分别增长 1.5 倍、1.37 倍和 1.38 倍。这三项指标，在其总量中所占的份额也由 1991 年的 0.87%、0.68% 和 1.0%，分别增长到 1.7%、1.3% 和 1.9%。

表 4　1992 年私营企业户数与从业人数（按行业分）

单位：户，人，%

行业	户数		从业人数					
			小计		投资者人数		雇工人数	
	数量	比重	数量	比重	数量	比重	数量	比重
	139633	100	2318442	100	303095	100	2015347	100
工业	87143	62.4	1611532	69.5	190009	62.7	1421533	70.5
建筑业	4088	2.9	102046	4.4	8206	2.7	93840	4.7
交通运输业	1612	1.2	34834	1.5	8549	2.8	26285	1.3
商业	33626	24.1	389451	16.8	69736	23.0	319715	15.9
饮食业	2934	2.1	40707	1.8	4187	1.4	36520	1.8
服务业	3878	2.8	51867	2.2	8065	2.7	43802	2.2
修理业	2138	1.5	28739	1.2	3707	1.2	25032	1.2
科技咨询业	2348	1.7	29712	1.3	5867	1.9	23845	1.2
其他行业	1866	1.3	29544	1.3	4769	1.6	24775	1.2

（二）私营企业的规模

考察私营企业经营规模的指标，包括雇工人数、资产规模（固定资产与流动资金）、年产值（经营收入）、年利润等。由于前述原因，我们只能搜集到雇工人数、资产规模等指标。现在仅以这两项主要指标来分析私营企业的经营规模。

国家工商行政管理局对全国 22.5 万家私营企业 1987 年度的经营规模进行了初步分析：平均每家企业雇工 16 人。其中，雇用工人在 30 人以下的企业占总数的 70% ~80%，超过 100 人的不到总数的 1%。平均每家企业占有资金 5 万元左右，交通运输业占有资金多一些，服务业占有资金少一些。东南沿海地区的私营企业户均占有资金多一些（广东、福建、浙江等省私营企业户均占有资金在 10 万元左右），内地省、区占有资金少一些（山东、吉林等省户均占有资金约为 3 万元）。1989 年初，国家工商行政管理局公布《私营企业暂行条例》以后，已经登记注册的 40634 家私营企业（约占预测估算的 22.5 万家的 17%）。根据统计数据分析，平均每家私营企业雇工 17.8 人，注册资金 8.09 万元。

根据全国 11 个省 120 个农村固定观察点中 97 家私营企业的统计分析，

1987 年底的经营规模为：平均每家企业雇用工人 22.8 人。其中，雇工 20 人以下的约占 71.1%，雇工 21～50 人的占 22.7%，51～100 人的占 4.1%，101 人以上的占 2.1%。雇工人数最多的一家为 208 人。平均每家企业的资产规模为 24.4 万元，其中，5 万元以下的占 10.3%，5 万～10 万元的占 9.3%，10 万～29 万元的占 52.6%，20 万～50 万元的占 18.6%，50 万～100 万元的占 6.2%，100 万元以上的占 3.1%。资产规模最大的一家为 430 万元。河北省保定地区 9696 家私营企业的平均规模为：雇用工人 25 人，资产 15.69 万元，较全国私营企业规模稍大。

截至 1988 年 6 月底，辽宁省的私营企业已逾万家，其中，有 3000 多家挂靠在国营或集体单位。据对 6403 家私营企业的统计，雇工总数为 11.8 万人，其中，雇工 8～20 人的 5470 户，占总数的 85.6%，雇工 21～50 人的 724 户，占 11.3%；雇工 51～100 人的 183 户，占 2.8%；雇工 100 人以上的 17 户，占 0.3%。雇工最多的是沈阳市希贵运输公司和旅顺热工仪表厂，都达 260 多人。全省平均每户雇工 18.4 人。注册资金总额 2 亿多元，平均每户 3.2 万元。其中，5 万元以下的 5574 户，占总户数的 87.0%；5 万～10 万元的 575 户，占 9.0%；10 万～30 万元的 226 户，占 3.6%；30 万～50 万元的 30 户，50 万元以上的 8 户，共占 0.6%。注册资金最多的是希贵运输公司，达 520 万元（固定资产 440 万元，流动资金 80 万元）。1987 年底，私营企业总产值为 4.3 亿元（不包括商业、饮食业、服务业等行业的营业额），占有社会总产值的 0.29%。其中，从事工业、手工业的 3865 户，产值为 3.7 亿元，占全省工业总产值的 0.41%。已经领取私营企业执照的 3572 户的产值近 2 亿元，占全省社会总产值的 0.135%。若按全省万户私营企业推算，其总产值约占全省社会总产值的 0.81%（程湘清等，1989）。

总的来说，私营企业的经营规模各个地区、各个行业差异很大，企业的平均规模有逐年扩大的趋势。

为了具体描述私营企业的规模，我们再作些统计分析（见表 5）。

从表 5 中可以看出，就从业人数和注册资金的平均数而言，独资企业规模最小（分别为 14.29 人和 9.65 万元），合伙企业次之（分别为 19.25 人和 11.23 万元），有限责任公司较大（分别为 20.1 人和 54.55 万元）。从城镇与农村看，私营企业的平均规模，在从业人数上，农村高于城镇

22.81%，而在注册资金上，城镇高于农村80.65%。就是说，比较而言，农村私营企业的劳动密集程度较高，城镇私营企业的资金密集程度较高。

表5　1992年私营企业的平均规模

单位：人，万元

项目		全国平均	按投资形式分			按城镇农村分	
			独资企业	合伙企业	有限责任公司	城镇	农村
平均每户	从业人数	16.6	14.29	19.25	20.1	14.82	18.20
	投资人数	2.17	1.0	3.79	3.2	2.06	2.27
	雇工人数	14.43	13.29	15.43	16.9	12.76	15.93
	注册资金	15.84	9.65	11.23	54.55	20.72	11.47

就平均规模而言，私营企业出现了雇工人数减少、投资规模扩大的小型化趋势。一些私营企业以压缩雇工人数、降低劳动力成本的办法，实现利润的相对增加。全国私营企业户均雇工人数：1990年为15.06人，1991年为14.8人，1992年为14.43人。而雇工人数在100人以上的较大型私营企业，则由下降转为上升。雇工100~499人的私营企业，由1990年的693户减少到1991年的582户，减少16%，雇工500人以上的企业由23户减少到20户。但是，1992年，雇工100~449人的企业发展到712户，较上年增加22.34%，雇工500人以上的企业为54户，较上年增加1.7倍。同时，为了增加企业的竞争能力，提高企业的资本有机构成，许多私营企业增加资金投入。全国私营企业的户均注册资金：1990年为9.7万元，1991年为11.4万元，1992年为15.84万元。它们的增长幅度，1991年为17.53%，1992年为38.95%。其中，注册资金在100万元以上的私营企业，1991年为662户，占其总户数的0.6%，1992年为1801户，较上年增长1.72倍，占其总户数的1.29%。

下面就从业人数、投资者人数、雇工人数、注册资金额、总产值、销售总额或营业收入等项指标，来看1992年登记注册的私营企业各个行业的平均规模（见表6）。

在第二产业中，建筑业企业的从业人数与注册资金均高于工业（分别为35%和41%），而它们的当年产值却相差无几。注册资金最多的为其他行业（31.58万元）和交通运输业（31.1万元），注册资金最少的为修理

表 6　1990 年私营企业各行业的平均规模

单位：人，万元

项目	从业人数	投资者数	雇工人数	注册资金	总产值	销售总额或营业收入
全国平均	16.6	2.17	14.43	15.84		
1. 工业	18.49	2.18	16.31	12.24	21.74	
2. 建筑业	24.96	2.0	22.95	17.26	21.00	
3. 交通运输业	21.61	5.3	16.31	31.10		44.01
4. 商业	11.58	2.07	9.5	23.34		26.27
5. 饮食业	13.87	1.43	12.45	15.31		29.28
6. 服务业	13.37	2.08	11.29	21.36		14.58
7. 修理业	13.44	1.73	11.71	8.06		16.33
8. 科技咨询业	12.65	2.5	10.16	15.16		18.24
9. 其他行业	15.83	2.56	13.28	31.58		17.36

业（户均 8.06 万元）。销售总额或营业收入最高的为交通运输业（户均 44.01 万元），其次为饮食业（户均 29.28 万元）、商业（户均 26.27 万元）、科技咨询业（18.24 万元）、其他行业（户均 17.36 万元），最低的为服务业（户均为 14.58 万元）。

（三）一支不可忽视的力量

私营经济在我国重新产生以来，经过十多年的发展，目前在经济社会结构中，已经初具规模，占有一定的份额。据统计，到 1992 年底，已经登记、注册的个体工商户、私营企业的从业人员达 2699.6 万人，占全社会劳动者总数的 4.5%；注册资金 879.6 亿元，相当于国营、集体企业注册资金的 3.4%；创造工业产值 1174.3 亿元，占全国工业总产值的 4.1%；实现营业额 2386.5 亿元，其中商品零售额达 1969 亿元，占社会商品零售额的 18.1%；上缴国家税收 203 亿元，占全国工商税收的 7.8%。

引人注目的是，科技型、外向型企业迅速增长。1992 年底，私营企业中的科技咨询业达 2348 户，从业人员 23845 人，分别比上年增加 1412 户和 11333 人。出口创汇的私营企业由上年 1251 户增加到 2230 户，出口创汇额由 53979 万元增加到 95722 万元（增长 77.42%）。与外商举办合资、合作的私营企业约 300 家，仅辽宁、山东、江苏、天津、广州、宁波六省、市的私营企业，就吸收外资2亿多元（人民币）。另据全国9省、区17个口岸城市统计，参加边境贸易的个体工商户达15400户、私营企业达1447户。

正在形成和发展中的私营企业主阶层，是我国社会结构变迁的一个显著特点。已经登记注册的私营企业主有30多万人，而戴“红帽子”的也很不少。阶层意识正在形成，阶层力量逐步显现。前些年，他们的要求比较集中在法律地位上（即宪法承认），这一点已于1988年4月实现。他们欢迎社会稳定，拥护改革开放政策，特别是拥护建立社会主义市场经济体制，对国家政治生活有参与的要求，对参政议政有明显兴趣，对法律地位敏感，对不公正待遇反应强烈，要求行使法律和政策赋予的合法权利，要求自身的发展。目前，中央已经明确，工商业联合会的主要工作对象之一是私营企业主，做他们中间代表人士的工作，对他们进行爱国、敬业、守法的教育，并维护他们的合法权益，反映他们的正确意见。

三　私营经济在发展过程中所出现的一些规律性现象

第一，部分私营企业主的资产积累速度很快，有的在几年时间内就变成了百万富翁。对这种经济现象较早做调查研究的是中共浙江省温州市委政策研究室。他们把家庭财产包括企业资产划分为五个档次，即1万元、10万元、20万～30万元、50万元和100万元。据他们实地考察，每上一个档次，大约需要5年时间。其中，30%保本或亏本，也有破产倒闭的，70%能够成功。在成功者当中，有少数跳跃前进，迅速地成为百万富翁。这个观察结果具有一定的代表性。我们在对全国150家较大型私营企业的资料分析中，也得出类似的结论。这150家较大型私营企业，1988年的户均资产规模为208.4万元。其中，资产规模在100万元以上的有99家，其开业时间平均为6.5年，最短的只有4年，最长的不过9年。在如此短暂的时间内，积累了如此规模的资产，可见私营企业资产积累速度之快！

从对私营企业主经营活动的实证研究中可以看出，私营企业的资产积累实际上是由两个部分组成的。一是正常的积累。企业在创办初期，通过改善经营管理，进行积累。据调查测算，从1984年到1987年的4年间，河北省保定地区私营企业的积累率分别为57%、67%、64%和67%。不难看出，企业净利润大部分以追加投资的方式重新进入生产领域，进入消费领域的部分并不多。二是看不见、摸不着的极其隐蔽的“关系”积累。即通过不正常的、非市场化的手段，打通关节，获得国家计划内平价供给的原材料和低息贷款，甚至减、免或偷、漏税款等。在国营大中型企业还没有搞活、市场发育不够健全、国家对私营企业的管理还没有跟上去的今天，有些私营企业确实也钻了空子。不过具体到某家私营企业，其差别就很大了。但是，少数私营企业的资产积累速度很快，在短短几年之内就成了“百万富翁”，这已经被事实所证明了。

那么，私营企业中的“百万富翁”（指私营企业积累的私有资产达到或超过100万元的）有多少呢？据原国务院农村发展研究中心农村调查办公室1988年初对农村97家私营企业的调查分析，私有资产积累超过100万元的有3户，占其总数的3.1%。河北省保定地区9696家私营企业中，资产累积累超过100万元的也占总数的3.1%。据统计分析，保定地区9696家私营企业，共有企业主22377人（每家企业2.3人），拥有资产总额51949万元，平均每人拥有2.3万元。其中，自有资产在10万元以上的9174人，在100万元以上的110人。我们在河北省三河县实地调查的314家私营企业中，积累资产在100万元以上的有6家，占其总数的1.76%。天津市有关部门测算，在全市2500家私营企业中，积累资产超过100万元的有30家，占其总数的1.2%。据统计分析，在1990年登记注册的9.8万家私营企业中，注册资金达到或超过100万元的有398家，占其总数的0.4%；在1991年登记注册的10.78万家私营企业中，注册资金达到或超过100万元的662家，占其总数的0.6%。1992年，注册资金达到100万元及以上的有1081户，占其总数的1.67%。考虑到各种情况的不同，我们估计，私营企业积累资产在100万元以上的，1988年底，全国有四五千家。

第二，私营企业的发展与市场的联系十分紧密。一般地说，私营企业较多的地区，必然是市场发育程度较高的地区。在专业市场周围，往往形成许多私营企业。而且专业市场的兴衰同私营企业的成败息息相关。温州地区近万家私营企业兴旺发达、长盛不衰，就因为有200多个专业市场支撑着。特别是产销基地型的专业市场，与私营企业的联系更加紧密。这类市场多形成于家庭工业、私营企业密集成片之处，家庭工业和私营企业生产什么，市场就销售什么，前店后厂（场、坊），产销结合，是名副其实的“产销基地”。在温州农村，这类颇具特色、年成交额达1000万元以上的市场有20个。这类专业市场可分为两种。一种是有专门交易场所的专业市场。如柳市区电器市场是在2000多家乡镇企业、10000多家民营工业的基础上形成的。该区柳市、白象、翁墙三镇有电器门市部2000多间，经营1200多个电器品种，吸引了全国5万多个客户前来做生意，日客流量达1万~2万人。1986年，该市场成交额达3亿多元。另一种则是没有集中固定交易场所的无形专业市场。温州农村年产值超过百万元的专业村有400个左右，年产值超过1000万元的乡、镇有100个。家家户户从事专业生产，一村一品，一乡一品，配套齐全。有的产销直接见面，在家交易，有的以供销员为媒介，销往各地，形成了众多无形的专业市场（张留征，1990：126）。

第三，出现了向一些村镇集中的趋势。私营企业在发展过程中，积累了一定数量的资金后，表现出两种集中化的趋势。一是在初具规模后，逐步向中心集镇或县城转移；一是向交通要道和市场周围集中。

私营企业最关心的是投资环境、经济效益和工作效率，而不像集体性质的乡村企业，在企业选址问题上受本社区劳动就业、干部管理等牵制。而中心集镇和县城，是农村社区经济、政治、文化和各种社会活动的中心。同村庄比较，中心集镇和县城生活方便、交通便利、信息灵通、基础设施较好，有利于开展购销业务和各种经济活动。同时，这里的居民文明程度较高，社会经济管理要规范化一些，有更多的安全感、稳定感。而交通要道与市场周围，也具备这些条件。所以，一些乡村中分散的私营企业资产积累达到一定规模后，有的就撤到中心集镇或县城雇工经营，务工经商。福建省石狮镇，每天客流量3万~4万人次，年成交额1亿多元。如此繁荣兴旺的直接原因是，镇上及其周围集中了几百家私营企业和乡镇企业、几千家个体工商户，还有许多的国营和集体的工商企业。

再就是有一些私营企业主，为了创造一个更加适宜生存和发展的环境，在地方政策指导下，到交通便利的处所，集资兴建新的集镇。被称为“中国第一座农民城”的温州市苍南县龙港镇，现有4万多人，占地4.26平方公里，1987年工农业总产值8582.5万元。可是，在1984年以前，这里只不过是一座渔村。因为它地处交通要道，在当地政府组织下，由三省七县5000多户先富起来的农民，集资2.36亿元兴建起来。今天，龙港镇上拥有100多家私营企业、1000多家个体工商户、几百家国营与集体企业，办起了200多家工厂，上千家商店和作坊，还有学校、影剧院等公用设施。

另外，私营经济在发展过程中，在地区分布上呈现出极大差异性。在发展总量上，东部地区占私营企业总户数的70.5%，西部地区仅占1.6%。而且户均注册资金，东部地区（16.5万元）高出西部地区（13.9万元）18.7%。登记注册的私营企业超过万户的广东、浙江、辽宁、山东四省，占全国私营企业总数的45.75%，仅广东省（32833户）就占全国总户的23.51%，相当于按户数多少为序排列的第13~30位的18个省、区、市户数的总和。从注册资金看，全国共计为2211615万元，其中超过10亿元以上的有广东（667570万元）、海南（197166万元）、辽宁（116847万元）、福建（111864万元）、浙江（109807万元）、山东（105755万元）。户均注册资金最高的为海南（达51.39万元），高出全国平均数2.23倍。

私营企业在激烈的市场竞争中，优胜劣汰明显。1992年，个体工商户新开业316.2万户，歇业199.1万户，净增117.1万户，歇业率为14.1%。私营企业新开业4.3万户，歇业1.2万户，净增3.1万户，歇业率为11.1%。

参考文献

中共中央农村政策研究室资料室编，1987，《中国农村社会经济典型调查（1985）》，中国社会科学出版社。

国家“七五”期间中国私营经济研究课题组编，1989，《中国私营经济》，中国社会科学出版社

程湘清等，1989，《私营企业发展状况与面临的问题》，《中国农村经济》第2期。

张留征主编，1990，《中国农村经济发展探索》，中国经济出版社。

中国单位现象与城市社区的整合机制*

李汉林

摘　要：本文系作者近年来对城市发展问题课题进一步深化研究的成果，其着重点在于密切注视改革开放十几年来城市发展的动态与趋势。文章指出，近年来因国家统一集中管理，占有和分配各种资源的体制格局已经打破并逐步松动和瓦解，单位对国家和上级单位的依赖性在不断地弱化；社会化服务的发展以及人们需求满足和利益实现方式和途径的日益多样化，也使得个人及单位成员对单位组织的依赖性在逐步地弱化。同时，作者对这种现象的意义与发展趋势进行客观的分析与预测。

中国单位现象主要是指社会各阶层人们的社会行为通过组织功能多元化的特殊社会方式逐一整合到一个个具体的社会组织即“单位”之中，从而由这种单位组织代表他们的利益，满足他们的基本需求，给予他们社会行为的权利、身份和地位，左右和控制他们的行为，逐步实现人们社会行为以单位组织为基本单元的社会现象。正是由这种独特的中国单位现象构成了现代中国社会极其独特的两极结构：一极是权力高度集中的国家和政府，另一极则是大量相对分散和相对封闭的一个个的单位组织。国家对社会的整合与控制，不是直接面对一个一个单独的社会成员，更多的是在这种独特的单位现象的基础上，通过单位来实现的。虽然，随着今天改革的不断深入，中国社会的这种两极结构正在逐步地松动，但是，在全国的范围内，这种基本的结构特征仍具有典型的意义。

---

* 在本文的修改和完善过程中，曾与李路路、王奋宇、陈小雅同志以及德国波鸿大学的 B. Gransow 研究员和瑞士国际发展研究科学院的 P. Atteslander 教授进行过反复多次的讨论，他们提出了许多中肯的意见和建议，在此一并表示感谢。

原文发表于《社会学研究》1993 年第 5 期。

一

为了理解中国城市社区的整合机制，必须首先理解中国城市社区中的单位现象。对这种单位现象的分析可以从两个角度展开。一个是从单位成员分化的角度，另一个则是从单位组织分化的角度。

在一个城市社区中，社会成员总是隶属于一定的单位。在学校属于学校单位，参加工作属于工作单位，退休以后不仅仍属于原工作单位，同时也隶属于街道单位，总之，从摇篮到墓地，人们离不开单位。在中国，单位不仅通过社会成员的工作使之取得一定的经济报酬，通过分配住房，公费医疗，兴办托儿所、幼儿园、食堂、澡堂以及为职工子女就业需要的服务公司或集体企业等，为单位成员提供各种社会保障和福利方面的服务，更多地，还给予单位成员在单位内外行为的权力（利）、社会身份以及社会政治地位。比如到别的单位去联系工作、购买飞机票、住宿乃至私人生活上的结婚登记、个人的身份公证以及办理离婚的手续，都需持单位的介绍信或通过单位进行办理。其他单位的成员则更多地根据单位介绍信中所确认的对方的社会身份和地位来决定自己与对方行为互动的方式和态度。单位通过为其成员提供各种各样的社会服务来满足单位成员基本物质的、精神的、政治的、文化的等各方面的需求。一旦社会成员进入某一个工作单位，那么他的基本需求的满足与实现以及在社会上行为的权利、身份和地位就有了最根本的保障。

在一个城市社区的单位中，单位成员总是处于不同的社会层次上。有的处于领导地位，或者具有较高的行政级别，或者代表或属于单位内实力雄厚的利益集团或利益群体，因而能更多地、更方便地去占有和分配单位所拥有的短缺资源，获取较多的发展机会和政治、经济、文化及社会诸方面的利益。有的则处于被领导地位，或者具有较低的行政级别，或者不属于单位内实力雄厚的利益集团或利益群体，相比较而言，他们的资源占有量以及获得的机会和利益就少得多。正是由于在中国各种主要短缺资源的分配不是通过社会而主要是通过单位来实现的，因而不可避免地使得单位社会成员之间在占有和分配短缺资源，以及获取发展机会和各种利益的过程中发生尖锐的冲突和矛盾，形成单位内错综复杂的社会关系网以及各种根据“以我为中心向外推”的差序格局（费孝通，1985：25）。单位组织内部的社会关系，更多的是靠一种初级的社会规范来维系，在很大的程度上取决于单位成员个人与单位内的某些利益集团或利益群体的“面子”“交情”“义气”，以及个人道德，更多地表现出的是一种利益和资源的结合和交换，这就使得这种社会互动带有很大的不确定性和不稳定性。因此，在某种意义上可以毫不夸张地说，如果我们不了解中国单位内部的社会分层状况，那么，我们就不能从根本上理解中国的单位现象，进而也就不能更深入地理解和分析中国社会的社会分层。

在中国城市社区中，单位是有级别的。无论单位被划分为行政单位、事业单位还是企业单位，无论单位被归纳为何种不同的所有制，或者说，无论单位隶属于何种行业范围和领域，都一一被赋予了不同的行政级别。比如有部级的企业和医院，省级的公司和研究所，地市级的学校和商店，处县级的供销合作社，等等。单位的级别从一个角度反映了单位间的社会分层状况。在一般的情况下，单位的级别愈高，权力就愈大，在社会上行为的政治与社会地位就愈高，其占有的各种资源、利益和机会就愈多。

观察单位分化的另一个角度是所有制。在中国城市社区中，单位总是隶属于一定的所有制。按照国家统计局的分类，目前中国单位的所有制形态主要有 8 种类型，即全民所有制、城镇集体所有制、全民与集体合营、全民和私人合营、集体与私人合营、中外合营、华侨或港澳工商业者经营、外资经营（国家统计局，1988）。在通常的情况下，人们习惯于把单位的所有制形态简单地归纳为国营的、集体的（大集体、小集体）、私营的和个体的。和单位的行政级别一样，特别是在传统的经济与政治体制下，单位的所有制层次愈高，其所能占有的各种资源、机会和利益就愈多，在社会上行为的地位和声誉就愈高，与其他单位进行行为互动的交易成本就愈小。

在严格的意义上，中国城市社区中没有独立的单位。在行政级别上，它总是隶属于一定的“上级单位”，接受“上级单位”的领导。在行政隶属关系上，其单位的领导总是受“上级单位”的任免和管辖。在这里，我们可以看到，政府部门和单位组织的界限是模糊的。对任何下级单位，它可能是政府部门的一部分，但是，对其自身的上级单位来说，无论它本身是否可以归纳为政府部门的一部分还是本身是行政管理部门，它又都演变成下级单位。所谓“政企不分”“党政不分”，在某种程度上反映单位组织界限和单位组织角色的模糊性和不确定性。在具体的行为过程中，单位实际上扮演着双重角色。

一方面，单位组织对下、对自己的单位成员总是力图通过整合各种社会功能于一身的方式，尽可能地为其成员提供各种各样的社会服务，自觉或不自觉地使自身逐步演变为一个功能多元化的综合体，有意识或无意识地使自己逐步做到“万事不求人”，把单位逐渐地封闭或半封闭起来。所谓“企业（单位）办社会”描述的就是这样的一种状况。

另一方面，单位组织对上、对自己的上级单位又百般依赖，倾向于成为其上级单位的一部分。在没有从根本上解决单位自身“谁来代表，由谁负责”问题的时候，自动丧失其独立的意志和利益要求。这里，起码有两个基本条件对形成单位组织的这种行为特征具有决定性的影响。一个是单位的领导总是受“上级单位”的任免和管辖，这在对权力看得很重的宏观社会环境中，对于那些总是期望担负更大的行政责任以及总是倾向于“趋升避降”的单位领导来说，无疑具有了举足轻重的意义，使得单位在自身的行为过程中不敢不也不得不服从、逢迎和执行上级单位的行为或指令。另一个是单位中所需的各种资源以及所得到的可供支配的各种利益和机会大都来自“上级单位”。以传统经济体制为例，其基本的管理方式是：按照部门（即“条条”）和地区（即“块块”）建立纵向的层层隶属的等级体制，所有企业单位分别隶属于省、市、县各级政府的主管部门，每一级生产领导者都只对他们的上级单位负责，国家行政部门成为产供销、人财物的直接分配者，计划指标按条块层层分解下达，基建项目按条块安排，资金和物资按条块分配、调拨，企业单位的利润也按条块隶属关系层层上缴。换句话说，财务统收统支，资金统一无偿供应，劳动力统包统配，生产资料统一调拨，产品统购统销，生产统一指令，是这一体制的最根本特征。很显然，这种传统体制使得资源配置和生产要素的组合完全按照行政的力量，从而使资源利用和经济行为主体行政化。在这种体制下，下级单位只能被动地接受上级单位行政指令的安排，没有自己行为的自主权。一项调查表明，在传统体制中，一般国营工厂的厂长只有审批单价为 200 ~ 500 元低值易耗品的财务机动权。像首钢、鞍钢和武钢这样的大企业经理，其权限也只有审批不能高过单价 800 元的产品。在 20 世纪 60 年代，中央政府直接管理的工农业产品达到工农业总产值的60%～70%，零售商品占社会零售商品总额的70%（卢中原，1992：8）。这种状况造成的一个不可避免的后果是，下级单位更加依赖于上级单位，进而使其在上级单位父爱主义无边恩泽的保护下，在不断地与其讨价还价的“撒娇”过程中，成为长不大的“老小孩”，如图1所示。

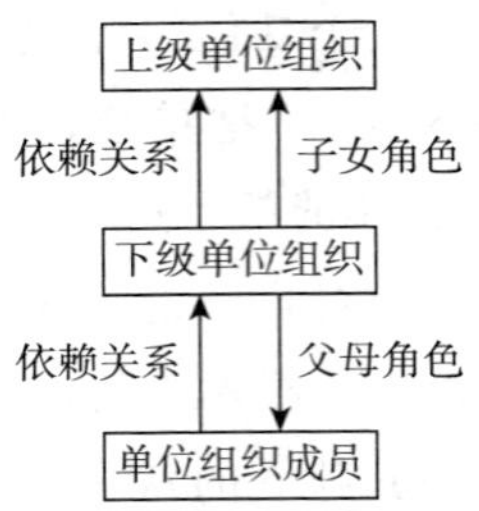

图1　单位组织的双重角色

形成单位自身的功能多元化状况以及单位对上级单位的依赖性的原因是复杂的。

从体制上说，为了应付险恶的国际环境以及各种势力对新生政权的挑战，完成极其艰巨的建设任务，国家必然地要把集中统一作为自身的重要使命；在战争时期形成的“一元化”领导体制和军事模式由于当时有很强的适应性，也自然而然地移入了正在形成的高度集中统一的体制之中；对当时唯一的苏联社会主义道路和社会体制的效仿，进一步加剧了人们对“下级服从上级，全党服从中央”的强调，自身传统文化的影响和历史发展的惯性作用，则更有力地推动了这种体制的发展。这样一来，“服从上级领导，听从上级指挥，贯彻上级意图”的上传下达的状况作为单位行为的主要取向和方式也就顺理成章地变得不可避免了（李汉林等，1988：238～289）。

从政府行为上分析，共和国诞生之后，新政府必须具备极强的资源动员、配置和调度的能力，才能够应付和适应当时国际国内极其严峻的社会、经济和政治形势及挑战。而要做到这一点，必须首先要实现政府对社会各种资源的全面占有和控制，对社会生产和社会生活的全面管制和干预，对社会成员的基本生活需要的全面包揽和满足。因为只有这样，才能够最大限度地配置和调动有限的资源为社会主义经济建设的重点服务，才能够保证高积累低消费的工业化战略得以在稳定的社会环境中顺利实施。事实上，根据当时的中国国情，如果仅仅靠市场机制自发调节资源流向，筹措工业化所需的巨额资金，调节供求关系，那么，势必难以确保发展重点，造成物价暴涨，甚至引起社会动荡。因此，只有依靠超经济的强制手段，通过压低消费，实行工农业产品的不等价交换，才能够为支撑工业化的高速度提供高额积累；也只有求助于行政手段和指令性计划，对紧缺的生产和生活资料实行固定价格和定量配给，才能够维持一种低水平的生活消费和紧张的市场平衡（姜小星，1991：93；卢中原，1992：6）。这样的一种政府行为特征也就决定了单位行为过程中人们对“一切行动听指挥”的强调，同时也就决定了单位作为国家和政府的派出机构在某种程度上代表国家和政府去全面包揽和满足其单位成员的各种物质的、精神的、社会的和文化的基本需要。这无疑地不断加剧了单位的封闭与半封闭性。

从单位行为上观察，单位组织大包大揽、功能多元化的行为与结构特征，一方面是由于长期以来中国传统体制社会分工的一种结果。城市社区中的社会化服务不断地萎缩，而单位中的“企业办社会”却过度地发育，尽管如此，“企业办社会”、单位功能多元化以及为其单位成员提供各种各样的社会服务却没有作为一种激励手段被人们所认识，而更多的是作为一种“理所当然”被人们所接受。一项城市居民问卷调查的结果表明，大多数单位成员认为，单位为他们提供的各项服务是“应该”的。如果把表1中单位所承担的14项责任合起来作为一个新的变量，然后和年龄、工资、教育程度和性别四个变量进行因素分析，我们就可以清楚地看到他们之间具有相当高的相关系数，分别为0.79、0.64、-0.53、-0.57。[①] 另一方面，由于城市社区的社会化服务水平和质量都很低，所以，“企业办社会”的水平和质量在某种程度上弥补了这种不足，并在事实上成为了提高单位成员的生活水平、满足他们日益增长基本需要的一个极其重要的途径。单位领导在其行为过程中“趋升避降”的行为取向和行为动机以及单位成员和上级单位对单位领导政绩的评价和考核，也总是直接地或间接地、自觉地或不自觉地与“企业办社会”的水平和质量联系在一起，这就在客观上强化了“企业办社会”，强化了单位功能多元化的行为意识。一项对厦门特区中的36位企业厂长的调查结果表明，67%的厂长认为，企业为职工提供各

① 这项城市居民的问卷调查由中国社会科学院社会学所城乡室城市发展课题组于1987年组织实施。问卷以随机方式对全国30个城市发放3000份，回收有效问卷2348份，回收率78%。

种生活服务是企业单位不可推卸的责任；尽管企业存在不同程度的冗员，但72%的厂长仍然认为企业单位不应加以裁减（李汉林等，1988：323～327）。由于国家和政府对资源的高度集中和垄断，也使得单位只能从其隶属的上级单位打交道的过程中才可以获得他们包括“企业办社会”在内所需要的各种短缺资源，这就使得他们对上级单位的依赖性和顺从感在这种行为交换和行为互动过程中得以不断地强化。

表1　对下列项目，您认为单位应在何种程度上对您负责

单位：%

项目与实际样本数	单位应该负责	单位不应该负责
退休保险（2105）	96.6	3.4
医疗保险（2152）	97.5	2.5
文化教育（1962）	89.3	10.7
技术培训（1940）	88.5	11.5
调解纠纷（1979）	85.9	14.1
子女上学就业（1952）	82.3	17.7
生活服务（1964）	86.7	13.3
住房（2129）	91.8	8.2
文体活动（1891）	77.7	22.3
政治思想状况（1951）	89.6	10.4
计划生育（1808）	79.3	20.7
党团组织生活（1822）	87.4	12.6
离婚（1657）	45.1	54.9
婚姻恋爱（1703）	37.2	62.8

样本总数=2348

从中国文化传统上思考，中国传统的家族制度以及相应的家族文化、家国一体的意识形态以及中央集权和大一统的政治思想与行为方式，都对现代单位组织的形成和发展产生着或继续产生着潜移默化的深刻影响。事实上，我们可以从单位组织行为中的大包大揽、功能多元化的现象中寻觅到中国传统家族组织中的大包大揽、功能多元化的痕迹。同样，也可以从单位成员对单位的依赖中观察到传统家族组织中家族成员对家族全面依赖的影子。

正是在单位对上级单位、单位成员对单位组织高度依赖性以及单位功能多元化等主要特征的基础上，实现了中国城市社区对其社会成员高效率的整合和控制。

二

对城市社区整合与控制机制的分析，可以沿着国家政府—单位组织—单位组织成员的思路逐步展开。

中国城市社区中的整合与控制，说到底主要是指社区政府代表国家和政府的利益和意志，根据国家所倡导的行为规范与价值取向影响、制约和整合城市中社会成员行为的社会过程与机制。但是在事实上，城市社区的政府从来没有直接地作用和影响其城市社会成员的行为，而往往总是通过一个个具体的单位来实现其整合和控制。

根据以上的分析我们已经知道，单位组织的一个很重要的特征是对其上级单位组织具有极强的依赖性。每一个上级单位都根据自己所能够占有、分配和控制的社会资源以及对下级单位的任免权力把其所管辖的下级单位牢牢地捆在自己身上，使其成为自身的附属物。而每一个上级单位，无论是属于“条条”（即中央部门）还是“块块”（即地方行政区域），都是国家和政府的派出机构，都必须要在“一切行动听指挥”的原则下，保证国家意志和中央指令的贯彻。这就为在处理国家政府和各级单位组织的关系上，国家和政府始终具有至高无上的权威和权力奠定了较坚实的组织和结构基础。

根据以上的分析我们同时还知道，城市社区的每一个单位组织都在不同程度上形成一个功能多元化的综合体。国家通过单位为个人提供各种各样的社会服务，满足个人最基本的社会经济需求。单位在提供社会服务的过程中，同时给予了单位成员在单位内外行为的身份、权力（利）和地位。对于每一个单位成员来说，这同时也意味着，他必须全方位地依赖于单位才能够满足自己的基本需要，实现自己的行为目标，进而同时也取得在社会上行为的身份、地位和资格。所谓城市中的“盲流”，在相当长的时间内主要是指那些在特定城市社区中没有单位和户口的个人。正是因为他们在那里没有单位的身份和地位，所以他们没有在那里行为的权利，他们的行为被斥为“非法”，由公安机关遣返回原社区和原单位，自然也就成为题中之意了。

按照社会学的观点，在任何社会互动的情境中，人与人之间、群体与群体之间、组织与组织之间都可能有优势和劣势的不同情境的区分，进而形成一种支配的关系。这就是说，居优势地位的组织、群体和社会成员具有影响、决定和控制处于劣势地位的组织、群体和社会成员的机会和能力，并在这个基础上，形成一种支配与被支配、依赖与被依赖的社会互动关系形式，特别是当一些组织、群体和社会成员掌握和占有较多短缺社会资源的时候，它就会自然而然地产生一种向外发散的要求，以期达到扩展自己的权力、利益和影响力的目的（Georg Simmel，1968：109－149）。

从这一社会学的观点出发我们可以看到，在国家和单位的关系上，国家全面占有和控制社会各种资源，处于一种绝对的优势地位，形成对单位绝对领导和支配的关系。在单位和单位成员的关系上，单位全面占有和控制单位成员发展的机会以及他们在社会、政治、经济及文化生活中所必需的资源，进而处于一种绝对的优势地位，形成对单位成员的支配关系。换句话说，单位功能多元化的一个直接和突出的社会后果是在极大的程度上强化了单位成员对其单位的全面依赖性。正是从中国的这一基本国情出发，国家通过城市社区政府对社会成员按照国家所倡导的行为规范和价值取向进行整合和控制，根本不需要也不可能直接作用于社会成员，而仅仅需要通过控制其隶属的单位就能实现自己的行为目标。这就是说，在城市社区中，国家对社会成员的整合和控制主要是通过单位来实现的，而单位在单位成员中贯彻国家整合和控制的意志则主要是基于单位成员对单位的全面依赖性、通过单位自身的功能多元化的过程来实现的。因为，在任何依赖的社会情境中，人们只有通过服从作为代价才能换取资源，进而获得行为的身份、自由和权力。在国家和单位的关系上，对单位是如此；在单位和单位成员的关系上，对单位成员也是如此。

由此，我们不难理解，在改革的过程中，为什么对企业单位的“让利放权”总是没有达到所设想的预期，却偏偏总是使得“企业办社会”的趋势在“让利放权”的喧哗声中得以加强。① 由此，我们同样不难理解，为

① 一项调查表明，1988 年在城镇居民从单位中获取的全部货币收入中，工资外收入（这包括各种名目的奖金、津贴补贴、实物收入等）已占到 40%。如果扣除银行渠道能够反映的部分外，由单位发放的隐蔽性工资外收入约为 700 亿元，而在银行能够反映的部分中，估计由单位发放个人的劳保补贴性收入不低于 600 亿元。两项合计约为 1300 亿元，相当于工资总额的 40% 左右。参看黄苇町（1992：193）。

什么一项旨在强化各种类型单位组织专业功能的精兵简政的机构改革措施却总是陷入了减了又增、增了又减、愈减愈增的恶性循环之中，形成精简—膨胀—再精简—再膨胀的怪圈。[①] 这主要是因为，这两项旨在改变单位行为的改革措施却在有意或无意之中触及了中国社会的最基本结构，牵动了整个中国社会的整合和控制机制。当在宏观上中国社会结构变迁以及整合与控制机制重组的条件还不具备和还不成熟的时候，简单的改革措施也就不可避免地会陷入步履艰难的困境。而恰恰在这个层次上理解、分析和研究中国的单位现象，对于我们在宏观上把握中国社会的结构变迁和中国城市社区乃至整个中国社会的整合与控制机制，具有了举足轻重的深远意义。

三

改革的不断深入，经济特区和广东沿海一带区域经济社会高速度发展的现实，使我们日益明显地感觉到，中国社会的那种由高度集中的国家与政府和相对分散及相对封闭的单位组织所构成的两极结构正在逐步地松动，与此同时，一些新的结构性要素也正在逐步地产生，并日益发育成熟起来。这具体地表现在以下几点。

——由国家集中控制和统一分配资源的状况在逐步改变。根据 1986 年的统计，就全国范围而言，国家计委管的工业指令性计划产品已从 1984 年的 120 种减到 60 多种；国家统配物资已从 1984 年规定的 256 种减少到 23 种；建设资金由政府渠道开支的已从 1978 年的 76.6% 下降到 1986 年的 31.6%，由银行渠道解决的已从 23.4% 上升到 68.4%。1986 年工农业产品的商品率已达 63.9%，主要生产资料由企业自销的比重上升，1986 年钢材自销达 32%、水泥 48%、煤炭 25%。在 1986 年，各类商品已实行浮动价和市场价的比重，农产品占 65%，工业消费品占 55%，生产资

① 一项统计表明，1990 年，全国机关单位数比 1984 年增加 5.5 万个，平均每年增加 0.9 万个。1990 年，全国各地各级机关共超编 50 万人。全国干部队伍以每年 100 万人的速度增长，目前总数已接近 3400 万人。国家干部队伍每年经费达 1000 亿元，占国家财政支出的 30%（苏娅、贾鲁生，1992：86）。

料占 40%。[①] 而到了 1992 年底，由市场决定价格的比重已经由 5 年前的 50% 左右扩大到 80% 左右。[②] 作为改革前沿的经济特区和广东沿海一带，这方面的步伐就迈得更大。特别是邓小平南方谈话以及党的十四大确立建立和发展“社会主义市场经济”的发展战略以后，完全可以有理由预计，这种由国家集中控制和统一分配资源的状况会有更大程度和范围上的改观。

——城市中的社会化服务有了长足的发展。据统计，城市中的社会商品零售总额从 1978 年的 748.2 亿元增加到 1990 年的 3716 亿元；1978 年，全国零售商业、饮食业、服务业共 125.5 万个，从业人员 607.8 万人，到 1990 年，分别发展为 1186 万个，从业人员达 2909.4 万人。1978 年每万人口中有服务网点数为 13.5 个，而在 1990 年已发展到 103.7 个（国家统计局，1991）。住宅商品化以及医疗、退休养老、失业救济等各种形式的社会保障制度也在不断地发育、发展和完善，劳动力市场也空前地活跃起来，据 1989 年统计，全国共有 3000 多所劳务市场，介绍城镇待业人员达 180 多万人；就业培训中心 1800 多所，每年可为 2000 多万待业人员组织培训，全国已建立 2700 多个社会保险机构，为 10 万多待业职工提供了失业救济；此外，劳动服务公司的 24 万个生产经营网点还提供了 800 多万个就业岗位（卢中原：1992：28）。

——社会化服务长足发展，伴之而来的是人们需求满足日益趋于多样化。人们不再满足于实现其基本的物质要求，而是不断地追求需求在更高层次上的满足，所谓新四件（彩电、冰箱、洗衣机、录音机）在中国城市社区中的普及，仅用了短短的几年时间，其中大城市的普及率已达 80% ~ 90%。而且也是在短短的几年时间里，相当多的城市居民还完成了从黑白电视机、单缸洗衣机、单门电冰箱向大屏幕彩电、双缸式或全自动洗衣机、双门大冰箱、高级组合音响等高档耐用消费品的更新换代过程。国产摩托车在国内市场上每年的消费量已达 1 万辆以上，私人安装空调 1991 年比上一年增长 5 倍，每户耗资数千元的居民室内装饰，已成为由单位分配到新房人们的带有普遍性的选择（黄苇町，1992：186 ~ 187）。

---

① 《世界经济导报》1987 年 7 月 6 日。

② 《经济日报》1993 年 3 月 16 日。

通过这些数据我们可以看到，由国家统一集中管理、占有和分配各种资源的体制格局已经打破并逐步松动和瓦解，单位对国家和上级单位的依赖性在不断地弱化；与此同时，社会化服务的发展以及人们需求满足和利益实现方式与途径的日益多样化，也使得个人及单位成员对单位组织的依赖性在逐步地弱化。一些单位在逐步地从国家和上级单位的控制之下游离出来，形成“没有上级的单位”，比较典型的是一些私营企业、中外合资的公司以及一些股份制企业集团。一些个人及单位成员也逐步地从对单位组织的强烈依赖中解脱出来，产生了一些“没有单位的个人”，这主要反映在个体劳动者或从事第二职业、停薪留职、另谋出路的现象大量涌现（王颖、折晓叶、孙炳耀，1992：259～262）。尽管在严格的意义上，他们还没有彻底脱离开上级单位或单位组织脐带，他们和上级单位或单位组织总是还存在着这样或那样的联系，比如，他们还必须保留一些行政关系，挂靠到某些集体、国营或行政单位，就是那些所谓完全没有“单位”的个体劳动者也还必须与居住或隶属的街道单位发生这样的或那样的联系。但是，有一点可以肯定地说，他们已经不再是原来严格意义上的单位和单位成员了，他们对上级单位和单位组织的依赖性已大大地削弱了。

按照社会学的理论，当一个社会系统在其行为的过程中不再仅仅依赖于某一个环境系统，而同时依赖于多个环境系统、与多个环境系统发生社会互动关系的时候，那么这个社会系统就能够在较大的程度上支配自己的行为，进而从依赖的关系和情境中解脱出来，获得自身行为的自主权和较大的自由度（N. Luhmann，1971）。如果我们据此来思考在中国城市社区中产生单位对国家、个人对单位的依赖性不断弱化的这两个基本事实的原因的时候，我们就会感到，这并不是因为依赖关系的消失，而主要是因为人们对环境的依赖由一元变成了多元。正是在这利多元依赖的过程中，人们才获得了自身行为的自主权和较大的自由度。

单位对国家、个人对单位依赖性的弱化以及单位和个人在其行为过程中自由度的增强，对整个中国社会的基本结构，尤其是对中国城市社区中的整合与控制机制产生着极为深刻的影响。这起码预示着，中国城市社区整合与控制机制得以运行的重要基础——单位对国家和上级单位的全面依赖，单位成员对单位组织的全面依赖——已经开始动摇；国家和政府已经逐渐地不再可能像以前那样（起码目前在一些发展较快的局部地区不能像以前那样）仅仅通过单位就能够实现对社会成员的控制和整合了。这样一来，国家与单位两极构造所形成的中国社会的基本结构必然会因此而开始松动。这种松动还没有从根本上导致中国社会的这种基本结构的完全解体，因为单位成员对单位基本需求满足的依赖以及单位对国家在资源分配上的依赖虽然开始弱化，但在全国的范围内，单位成员仍然需要通过单位来确认自己的社会身份和在社会上行为的合法性；在单位体制外的一些社会组织中，比如一些民办的公司和私营企业，人们社会行为及行为互动所应承担的风险仍远大于在单位体制内，其所获得的行为效益仍远小于单位体制内；国家对单位领导管辖和任免的权力和对金融等关键行业的垄断性管理以及在投资和信贷上对国营及集体企事业单位的倾斜都在很大的程度上仍然对单位行为产生着举足轻重的影响。尽管如此，中国社会发展与变迁的趋势已经使人们日益明显地感觉到，中国的发展，需要中国城市社区整合与控制机制的重组，中国社会的变迁，呼唤着中国社会基本结构的分化和重组。

必须看到，在一个社会急剧变迁、新旧体制转换的非常时期，许多传统的东西虽然在制度上已经破裂，但许多崭新的东西却不可能马上被人们普遍地接受，并迅速地在人们的价值观念和行为规范上确立起来。特别是当双重体制带来双重价值观念和行为规范上的摩擦、冲突的时候，更是会造成人们价值取向上的混乱，迸生出疏离感、颓废感和无规范感。失范正是这种发展的一种必然结果。

如何适应这种急剧的社会变迁，重组城市社区中的整合和控制机制，把失范所带来的负效应以及由此所产生的“社会震荡”降到最低限度，从而促进一个城市社区的经济、社会的协调发展，是摆在每一个社区政府面前的重要任务。尤其是那些改革发展比较迅速、比较深入的经济特区和广东沿海一带区域，完成这一任务更具有迫切的意义。

要实现重组城市社区的整合和控制机制，首先是要顺应社会的发展与变迁，进一步加强城市中社会化服务的建设，使单位中的一些非专业功能逐步地从单位中分化出来，至少使“企业办社会”在原来的规模、范围、形式和内容上逐步萎缩，使单位行为中的专业目标逐渐占主导地位，政治目标或其他的非专业目标逐渐退化，使在单位中由于各种原因仍还保留着的非专业化功能以及为单位成员所提供的各种社会服务不再作为“应该的给予”，而是真正作为一种激励的手段与方式被人们所认识和接受，从而在较短的时间内尽快结束原有的整合和控制机制的运行，减少双重机制的摩擦和冲突。

其次，在一些非专业化功能逐步从单位中分化出来的同时，尽快地使对单位成员的单位管理转变为社会管理，使他们的单位身份变成社会身份，单位规范转变为社会规范，弱化他们的单位意识，与此同时，加强他们的社会意识，真正使他们实现从“单位人”到“社会人”的飞跃和转变。

最后，社区政府的整合与控制行为逐步间接化。这主要是指社区政府不再对单位行为的后果负责，而主要是对单位行为互动赖以进行的环境和秩序负责。从社会学的角度来看，政策、法律和法规是一种指导人们社会行为的行为规范，它一方面给行为者一种强制性的社会约束；另一方面也为人们的行为建立起一种行为秩序，进而使人们的行为有了一定的规则、取向，促使人们自觉地防止行为的“犯规”。在处理城市社区政府与单位组织关系问题上的基本出发点，也应该放在建立和不断完善保障这种社会互动关系的社会秩序上。据此，社区政府对单位行为的影响，应主要局限在政策投入、经济与社会立法、规划、经济杠杆和伦理调节五个方面，进而从总体上把握和影响单位行为。这同时还意味着，要尽快弥补对社会成员的单位管理弱化后所形成的真空，建立各种社会行为规范，完善各种法律法规，倡导新的伦理道德，从而以法律控制与伦理调节交互作用的方式实现城市社区整合机制的重组。

这里，在结束本文对中国单位现象和中国城市社区整合机制问题初步讨论的时候，我们还想指出一个意味深长的现象，那就是在那些号称“中国第一村”的地方，比如像天津的大邱庄、河南的刘庄、江苏的华西村以及广东深圳的万丰村，都是目前中国小型社区中经济实力极强、经济发展极其迅速、人民生活水平获得极大提高的地方。恰恰在这些地方，从“摇篮到墓地”的单位管理方式同时也得到了充分的发育，以村为基础的单位整合与控制的效率极高，社区成员对其单位的认同感和依赖性极强，“开除村籍”对于每一个村民来说都有着极大的威慑力。我们指出这一点只是想说明，中国单位现象的形成和发展有着极其深刻的社会、政治、经济和文化的背景，绝不完全是某一个政权的产物、更多的是中国文化的产物、中国传统的产物。中国的单位可能会随着时间的推移和中国社会的变迁逐步改变其客观存在，但是绝不会很快地在这块具有几千年文化传统的古老和神圣的土地上消失。认真地研究这种单位现象，对于我们深刻地理解中国的社会，是有益的。

参考文献

北大“社会分化”课题组，1990，《现阶段我国社会结构的分化与整合》，《中国社会科学》第 4 期。

费孝通，1985，《乡土中国》，三联书店。

国家统计局，1988，《中国统计年鉴》，中国统计出版社。

国家统计局，1991，《中国统计摘要》，中国统计出版社。

黄苇町，1992，《中国的隐形经济》，中国商业出版社。

姜小星，1991，《社会政策发展报告》，载陆学艺、李培林《中国社会发展报告》，辽宁人民出版社。

李汉林等，1988，《寻求新的协调》，测绘出版社。

李路路、王奋宇，1992，《当代中国现代化进程中的社会结构及其变革》，浙江人民出版社。

卢中原，1992，《无法回避的冲击——市场发育在中国》，中国社会科学出版社。

路风，1989，《单位，一种特殊的社会组织形式》，《中国社会科学》第 1 期。

苏娅、贾鲁生，1992，《白猫、黑猫——中国改革现状透视》，湖南文艺出版社。

谭深，1991，《城市“单位保障”的形成及特点》，《社会学研究》第 5 期。

王颖、折晓叶、孙炳耀，1992，《社会中间层——改革与中国的社团组织》，中国发展出版社。

于显洋，1991，《单位意识的社会学分析》，《社会学研究》第 5 期。

Bian, Yanjie, 1990, *Workunit Siructure and Status Attainmant*, Diss. Suny at Alban.

Cell, C. O. , 1977, *Revolution at Work*, New York.

Georg Simmel, 1968, *Soziologie, Untcrsuchùngen ueber die Form der Vergesellschaftung*, Berlin.

Gransow, B. , 1983, *Soriale Klassen and Schichten in der VR China*, Muenchen.

Hebel, J. , 1990, “Der Berieb als kleine Gesellschaft” in *Soziale welt*, No. 2.

Li Hanlin, 1991, Die Grundstruktur der chinesischen Gesellschaft-vom traditionellen Klansystem zur modernen Danwei-Organisation, Opladen.

N. Luhmann, 1971, *Soziologische Aufklaerung*, Opladen.

Walder, A. G. , 1986, *Communist and New-Traditionalism*, Berkeley.

Weggel, O. , 1987, *China*, Muenchen.

Whyte, M. K. and William, L. P, 1984, *Urban Life in Contemporary China*. Chicago.

特区发展及其在全国城市发展中的地位*

朱庆芳

摘　要： 本文以经济社会发展指标体系分析评价了深圳、珠海、汕头、厦门4个特区市的综合发展状况，指出特区在社会发展水平、增长速度、实现小康目标诸方面均居于全国城市的领先地位，高速度与高水平为其经济社会发展的特色。但是，人口素质处于全国城市后列，文化教育卫生投入相对较低，城市交通、通信邮电、环保、卫生、水电煤气供应等设施与经济发展不适应，社会治安问题较突出，党员干部违纪案件上升，交通事故火灾事故发生率较高，人口控制问题较多，诸方面问题亟待解决。

一　特区建设的成就和特点

在邓小平同志特区建设思想的指导下，深圳、珠海、汕头、厦门4个经济特区利用地处沿海港口和毗邻港澳的有利条件，加上中央给予特区的特殊政策和优惠措施，形成了良好的投资环境。特区作为改革的“试验场”，根据本地的实际情况，大力引进资金和技术，创办了第一批三资企业，承接来料加工，打开了利用外商直接投资的大门，坚持四项基本原则，艰苦创业，逐步建立了自我积累、自我发展的机制。改革10多年来，特区经济发生了巨大变化，取得了令人鼓舞的成就。其主要成就和特点有以下几方面。

（一）创造了“特区速度”，保持了持续、高速、协调发展的局面

4个特区市自1980年以来，都进行了大规模的基础设施建设，以高速

* 原文发表于《社会学研究》1993年第5期。

度建造了良好的投资环境。1992年特区的工业总产值达593亿元，工业资金总额达294亿元，地方财政收入6亿元，比特区建立时的1980年均增长几十倍。1991年特区国内生产总值为275亿元，按可比价格计算，比1980年增长了30倍，平均每年递增36.8%，其中深圳增长最快，增长50倍，其次是珠海增长27倍，汕头增长5.8倍，厦门增长4.8倍，平均每年递增速度分别为43%、35%、19%和17%。邓小平同志南方谈话以后，特区人民思想进一步解放，加快了改革步伐，1992年深圳国内生产总值在基数增大的基础上仍保持了33.6%的高速增长。特区的高速度是建立在高效益基础上的，因此能保持稳定协调发展的局面。据1991年7个主要经济效益指标综合得分，特区4市经济效益得分居全国188个地级以上市的前列，深圳居第1位，厦门第3位，珠海第6位，社会劳动生产率均居前三名，另据1992年工业经济效益综合指数排序，深、珠二市居广东省第2、5位。

（二）充分利用本地优势，发展外向型经济

4个特区市通过“外引内联”已办起了一大批三资企业，1992年4市实际利用外资16.5亿美元，占全国同期实际利用外资总额的14.6%，相当于14个沿海开放城市的32%，深圳1980～1992年累计实际利用外资达45.5亿美元。对外贸易也有迅速发展，1992年4市的出口总额达84.7亿美元，占全国出口总额的10%，相当于14个沿海城市的56%，其中深圳出口额由1980年的0.11亿美元增至1992年的51亿美元，速度是惊人的。

4个特区市通过城市建设已建成了环境优美、广厦林立、交通发达、设施配套、各具特色的现代化新兴城市，吸引了大批国内外游客。1992年4市共接待国际旅游者和港澳台同胞270多万人，旅游外汇收入25亿元（外汇券），比1980年增长35倍，相当于14个沿海城市的40%，其中深圳旅游外汇收入由1980年0.01亿元增至1991年11.05亿元，珠海由0.01亿元增到7.5亿元。1992年是旅游观光年，4市的外汇收入约比上年增长45%，住房率高达80%～90%。

外向型经济的发展，使特区发挥了“窗口”和基地的作用，境外的大量先进技术信息通过特区向内地传递，并培养了一批管理干部和熟练工人，通过“窗口”，向各国展示了我国改革开放的形象，对实现一国两制

的构想产生了深远影响。

（三）第三产业发展迅速，正在成为效益较好的支柱产业

各国经济发展的实践表明，第三产业比例的上升反映社会化、现代化程度的提高。特区经济的发展也反映了这一特点。4 市 1991 年第三产业劳动者占社会劳动者的比例为 44.4%，比 188 个市平均的 31.3% 高 13 个百分点。在国内生产总值中，第三产业占 38.6%，其比例也高于其他各城市。按 188 个市第三产业劳动者比例排序，4 特区市均居于前列，以汕头、珠海占 56.9% 和 47.3% 为最高。

在第三产业中，已形成了以商贸、金融、运输邮电、房地产和旅游为主的五大支柱行业，而且开创了全民、三资、集体、个体一起上的繁荣局面。在经济效益方面，从深圳 1991 年的劳均增加值看，平均为 2.7 万元，其中金融业最高达 18.6 万元，房地产 12.3 万元，运输邮电 4.9 万元，创利税也是这三个行业最高。1992 年外商对特区房地产、金融业和零售商业等第三产业的投资极其活跃，第三产业已成为投资热点。

特区第三产业的迅速发展，对推进社会进步、完善城市功能、积累资金、提高居民生活质量方面都发挥了巨大作用，同时也为全国率先发展第三产业创造了经验和提供了信息。

（四）特区将率先步入小康，向富裕迈进

根据党中央提出的小康目标，中国社会科学院社会指标课题组选择了 39 个指标组成小康指标体系，对各市进行了小康实现程度的综合评价。根据 1991 年统计资料评价结果，特区 4 市得分较高，实现 2000 年小康目标的程度较高，深圳、珠海已实现小康目标 98.6% 和 97.1%，居 188 个市的第 1 和 3 位，厦门和汕头实现 88.9% 和 79.6%，居第 10 和 41 位。详见表 1。

表 1 中数据表明，深圳、珠海二市虽从整体上已接近小康，但从各子系统实现程度来看，发展是不平衡的，二市经济效益和生活质量都已提前实现了小康目标，但人口素质、社会秩序、城市化水平和基础设施还未实现，尤其是人口素质和社会秩序差距较大，若能加强这两方面的薄弱环节，便能从总体上提前实现小康目标而向富裕目标迈进。

表 1

	实现小康目标总水平	城市化水平和基础设施	人口素质	经济效益	生活质量	社会秩序
188 个市平均	75.6	75.0	70.2	81.0	71.3	88.2
居 188 市位次						
1　深圳	98.6	87.1	63.6	124.3	117.8	85.3
3　珠海	97.1	95.5	50.4	121.6	115.8	76.5
10　厦门	88.9	79.9	60.3	107.4	97.5	102.9
41　汕头	79.6	67.9	54.5	75.7	96.5	120.6

需要说明的是，以上评价和 2000 年目标的制定是采取了同一标准的“一刀切”，虽方法简单，地区之间有可比性，但由于地区之间发展不平衡，用全国同一目标衡量，对不发达地区来说，目标显得过高；对发达地区则目标显得过低，都能提前实现。因此还应从本地实际出发，制定出适合本地区的小康目标，例如特区的小康目标就应比其他地区定得高一些，应按高标准检查实现状况并找出薄弱环节，率先实现小康目标。

二　特区社会经济水平在全国城市中的地位

社会指标课题组选择 39 个经济社会主要指标，用综合评分法对 188 个地级以上市的经济社会发展水平进行的综合评价已进行了四次，这种方法能全面、概括地反映各城市的综合社会发展水平，还能客观地反映经济与社会的协调发展程度与问题，根据 1991 年统计资料的评价结果如下。

特区 4 市的综合发展水平在各城市中均名列前茅。深圳综合得分 69.3 分，居 188 个地区级市的第 3 位；厦门、珠海均为 66.5 分，居 10、11 位；汕头 61.3 分，居 33 位。4 市平均得分 66.7 分，比 188 市平均 58.3 分高 14%（见表 2）。

表 2

	综合得分						位次					
	合计	社会结构	人口素质	经济效益	生活质量	社会秩序	合计	社会结构	人口素质	经济效益	生活质量	社会秩序
188 个市平均	58.3	9.7	9.3	12.1	20.9	6.3						

续表

	综合得分						位次					
	合计	社会结构	人口素质	经济效益	生活质量	社会秩序	合计	社会结构	人口素质	经济效益	生活质量	社会秩序
特区4市	66.7	11.0	5.6	17.8	27.2	5.1						
深圳	69.3	12.1	5.3	18.2	30.0	3.7	3	10	176	1	1	184
珠海	66.5	9.4	5.9	16.9	29.2	5.1	11	133	160	6	2	176
厦门	66.5	10.7	6.8	17.9	25.2	5.9	10	70	132	3	6	156
汕头	61.3	11.5	6.6	12.7	22.8	7.7	33	21	139	60	18	74

分五个子系统来看，经济效益和生活质量得分较高，特区4市均居前列，并大大高于188市和14个沿海开放城市的平均水平，社会结构也略高于188个市平均水平，只有人口素质和社会秩序得分较低。

（一）社会结构

社会结构是由非农业人口比例、第三产业比例等6个指标组成，反映了城市化、现代化、社会化程度。4个特区平均得分为11.0分，略高于188市平均9.7分的水平。其中深圳为12.1分居第10位；汕头11.5分，居21位；厦门10.7分，居70位；珠海9.4分，居133位。

从主要指标看，特区市非农业人口比例都较高，为71.8%，其中以深圳最高，达89.5%。第三产业劳动者比例，特区平均为44.4%，比188市和沿海14市平均高13和8个百分点，以汕头和珠海为最高分别达56.9%和47.3%，居188市的第2、4位，海口居第1，占57.7%。

（二）人口素质

它的高低对社会发展起着决定性作用，同时它又是社会发展成果的体现。由每万人口中学生数，每万职工自然科技人员等5个指标组成，反映了教育科技水平、人口控制和医疗水平。4市平均得分仅5.6分，低于188市平均9.3分的3.7分，低40%，以深、珠二市为最低，为5.3和5.9分，居176位和160位，厦门、汕头为6.8分和6.6分，居132位和139位。

反映科技水平的每万职工自然科技人员4市平均仅544人，深圳仅385人，比188市平均900人低很多，仅为沿海14市1188人的一半；每万人口医生数4市平均为30人，比188市平均41人少11人；人口自然增长率高达12.5‰，比188市7.5‰和14沿海市3.3‰高5~9个千分点。

（三）经济效益

经济效益的提高是经济社会发展和生活质量提高的物质基础，同时也是社会结构优化、人口素质提高的结果。由人均国内生产总值、工业资金利税率等7个指标组成，大致反映了全社会的劳动效益、生产、投资和流通效益。4市平均为17.8分，高于188市平均12.1分的47%。深圳得分为全国城市的首位，18.2分；厦门17.9分，居第3位；珠海16.9分，居第6位；汕头12.7分，居第60位。

反映综合效益的人均国内生产总值，4市平均为9464元，社会劳动生产率1.5万元，分别比188市平均高1.2倍和1.1倍；工业企业资金利税率16.3%，比188市高3.8个百分点；人均地方财政收入1688元，比188市高1.6倍。分市看，深圳和珠海的人均国内生产总值为最高，都达万元以上（深圳人口包括了暂住人口，珠海未包括，其他指标同），社会劳动生产率均在2万元以上，均比188市平均高出2倍左右。

（四）生活质量

生活质量既是社会发展的结果，又是社会发展的动力，它的提高是以经济效益提高为前提的。选择了反映收入水平、公用事业、物价、储蓄、环保等17个指标。4市得27.2分，高于188市20.9分30%，其中深圳最高，为30分，居188市的首位；珠海29.2分，居第2位；厦门25.2分，居第6位；汕头22.8分，居第18位。

城镇居民人均收入特区平均为3187元，比188市高82%。深圳、珠海居全国第1、2位。人均居住面积9.3平方米，也以深圳为最高，达11.3平方米，比188市平均高4平方米。由于特区是新建的现代化城市，基础设施建设比其他老城市水平高，如人均道路铺装面积，4市为7.3平方米，比188市3.3平方米高4平方米；每万人拥有公共车辆3.5辆；燃气普及率58%；人均生活用电量246千瓦·小时；每百人拥有彩电和电话为95台和15台；绿化覆盖率50%，每万人拥有的商、饮、服人员高达920人，人均储蓄余额4755元，均比188市平均数高出很多，反映了特区居民生活水平和生活质量均有大幅度提高。唯有 2 个环保指标工业废水、废气处理率略低于平均数。

（五）社会秩序

社会秩序是社会稳定的前提，由刑事案件立案率、交通、火灾事故等 4 个指标组成。特区平均得分较低，仅 5.1 分，低于平均数 6.3 分 19%。以深圳为最低，仅 3.7 分，居 184 位；珠海 5.1 分，居 176 位；厦门 5.9 分，居 156 位；汕头 7.7 分，居 74 位。深圳每万人口的刑事案件立案率较高，达 53.4 件，比 188 市平均高出 1.4 倍。4 市的交通事故和火灾发生率也均比 188 市和沿海 14 市的发生率要高。

三　特区综合发展速度与各城市的比较

为了综合反映城市经济社会的发展速度，我们选择了 21 个主要指标，以 1991 年与上年比较用综合指数法进行综合分析，这种方法避免了用单一指标的片面性，而且可以从各子系统的速度中找出薄弱环节。计算结果是：188 个市的综合指数为 110.2%，即比上年增长 10.2%，4 个特区市增长 21.0%，其中汕头增长最快，为 24.3%；深圳 22.4%；珠海 20.5%；厦门 17.1%，均比 188 市平均快 10 个左右百分点。分子系统看，以 6 个经济总量指标增长最快，4 市平均增长 32.1%（国内生产总值、工业总产值、社会商品零售额、外贸收购额、固定资产投资、邮电业务量，其中 1、2、6 项是按可比价计算的），比 188 市平均 16.5% 快了一倍，其次是经济效益增长 17.8%，比 188 市的 5.0% 快 2.6 倍。各市比较见表 3。

表 3

	188 市平均	4 个特区	深圳	珠海	汕头	厦门
21 个指标平均	10.2	21.0	22.4	20.5	24.3	17.1
社会结构	11.3	16.8	37.0	-5.7	23.0	17.0
经济效益	5.0	17.8	10.4	28.8	21.3	11.7
生活质量	5.3	13.9	13.0	7.4	17.0	18.7
经济总量	16.5	32.1	28.0	44.0	33.7	23.7
其中国内生产总值	11.0	32.9	22.5	67.5	27.9	19.0

从表3比较看，深圳和厦门生活质量的增长快于经济效益的增长；珠海的经济总量增长过快，达44.0%，而社会结构下降了5.7%，从主要指标看，珠海国内生产总值比上年增长67.5%，而人均财政收入却下降了11.0%，这种反差过大的现象反映了发展中不协调。

四　特区经济社会发展中需注意的几个问题

从以上评价比较中，特区在总体上，无论是社会发展水平还是增长速度、实现小康目标都处于全国城市的领先地位，如实地反映了特区发展的总成果——高速度和高水平，但是，在各子系统和主要指标的评价中也存在发展不平衡和不协调之处，还有不少薄弱环节，如在社会发展水平的39个指标中，特区有16个指标尚低于全国188个市的平均水平，在5个子系统比较中人口素质和社会秩序方面是发展中的薄弱环节。

（一）人口素质的低水平与特区经济的高速发展不相适应

人口素质主要指文化和科技素质，它对经济社会的发展和精神文明建设都起着决定作用。特区外来人口和劳动力的比例较大，深、珠二市约占一半以上，外来人口文化素质较低，本市常住人口素质也有待提高，这就需要加大智力投资。而特区文教卫生的投入相对较低，1991年4市仅占财政支出12.5%，比188市平均21.5%低9个百分点。深圳的教育和科研投入1991年总共只有3亿元，仅占国内生产总值的2%左右，其中科研投资、事业费和科技三项费用总共只有0.47亿元，仅占国内生产总值的0.3%。4市的每万职工拥有的科技人员只有544人，每万职工成人高校生130人，每万人口中学生仅390人，分别比188市平均低40%、17%和25%，每万人口的医生数只有30人，也低于平均水平。4个特区市人口素质的得分居188市的132~176位，而经济效益和生活质量均居1~18位。教育和科技滞后于经济的发展，这种反差与特区经济发展是不相适应的，在社会主义市场经济发展中经济的振兴、市场的竞争关键是科技和教育的竞争，要使特区经济保持高速、高效增长，必须重视教育和科技的投入，使其比例在近期有较大的提高。

（二）加强基础设施建设、疏通市内交通

特区大多是新建的现代化城市，基础设施的水平高于其他城市，但由于特区经济发展迅速、流动人口和旅游人数剧增、各种车辆成倍增长，原有基础设施仍赶不上经济和人口、车辆的增长，如今特区道路狭窄，人流、车流迅速增长，交通事故频繁，特区的交通事故每10万人死伤率42人，高于188市平均35人。行车难和交通堵塞问题日益严重，其他如水、电、电话、住房、卫生、环保、煤气供应等问题也日趋紧张。为使特区能保持持续高效发展，进一步改善居民生活质量，吸引更多的外资，必须进一步加强基础设施建设，做到适当超前，加快运输邮电、道路的建设，创造一个水电供应充足、道路畅通、生活环境优雅清洁的投资环境。

（三）要加强社会治安的综合治理

在体制转换过程中，社会结构的急剧变化，西方腐朽文化与生活方式的侵蚀，收入分配不公而产生的利益矛盾，法制不健全等原因都会诱发犯罪率的上升。特区除上述原因外，又毗邻港澳，流窜犯聚集，社会治安问题比其他城市更为严峻，特区的刑事案件1991年为每万人33件，高于188个市平均22.6件，4市中尤以深圳立案率最高，达53.4件，在188个市中属高发案之列，而且大案要案多、情节严重、破坏性大，外地流窜犯作案比例大。近年来车匪路霸、抢夺扒窃、赌博、吸毒、卖淫嫖娼、黑社会活动、传播淫秽物品等社会丑恶现象滋长蔓延，群众反映强烈。此外，在商品经济发展中，由于管理手段的弱化，“权钱交易”、化公为私、以权谋私等腐败现象滋长，出现了党政机关经商办企业、炒买炒卖外汇、滥发钱物的不正之风。如深圳10年来查处的违纪案件有1200多宗，处分党员1420多人，受处分的处级以上干部有100多人。

特区的交通事故、火灾事故发生率也较高，在全国188个市的综合评价中，特区的社会秩序得分较低，居于各市的后列，反映出“经济超前、安全滞后”的局面。为了社会稳定和经济的高速发展，特区应将社会治安的综合治理放在重要的议事日程上，要加强社会治安的调控手段，增加民警编制，改善公安装备，加强法制建设，进行综合治理，依靠群众，建立严密的治安控制体系。

（四）要严格控制人口的增长

1991 年 4 个特区人口自然增长率，以珠海为最高，达 17.05‰；其次是深圳 16.26‰；汕头 21.83‰；厦门 7.83‰，均大大高于 188 个市平均 7.51‰的增长率。特区人口出生率高，固然与人口结构年轻化有关，但控制不严也是原因之一。以上仅是常住人口的增长率，还不包括暂住人口和流动人口的增长率，而深圳和珠海暂住人口均超过了常住人口。对这两部分人管理不严，也会造成超生现象。控制人口是基本国策，绝不能有丝毫放松，尤其人口对特区经济的发展关系密切。因此要坚持不懈地抓好计划生育工作，同时要加强对暂住人口和流动人口的管理，确保人口增长率控制在计划指标之内。

（五）特区三资企业职工的劳动保护设施差

尤其是“三来一补”企业劳动保护设施极差，职工伤亡事故时有发生，有毒有害物质造成环境污染，导致职业病危害，严重影响职工的身体健康。为加强安全生产应建立和健全劳动保护、安全生产的管理机构，坚持“三同时”，做好环保工作，并加强立法和执法工作，健全劳保法规①。

---

① 文中数据引自 1992 年城市统计年鉴，深圳、珠海统计年鉴等。均为市区数，不包括市辖县。

论村落文化*

李银河

摘　要：本文在实地调查的基础上，提出了关于村落文化的理论。文章认为，1949 年以后，随着宗族势力的消退，村落成为中国农村社会最基本的组织形式，而以信息共有为其主要特征的村落文化则是中国农村最具特色的文化形式。村落文化对目前中国农村社会状况及人的行为具有相当的概括和解释力。

一

这是一篇讨论村落文化的论文。笔者依据 1991 年、1992 两年在浙江余姚南阳村、山西沁县南山头村两地的实地调查，提出了关于村落文化的理论。这一理论尝试用农民的生活环境对其行为作出解释，这个生活环境就是“村落”，村落中的一套行为规范及价值观念被称为“村落文化”。

有多位社会学大师都曾使用过“两分法”来概括人类社会，即将人际关系划分为两大类，“一种并没有具体目的，只是因为在一起生长而发生的社会，一种是为了要完成一件任务而结合的社会”（费孝通，1985：5）。例如，滕尼斯的“通体社会”和“联组社会”；迪尔凯姆的“机械团结”和“有机团结”；库利的“首属群体”和“次属群体”；吉丁斯的“形成社会”和“组织社会”；等等。费孝通则使用了“礼俗社会”和“法理社会”这一对概念。在我调查所及的村庄，人们之间的关系显然更接近于前引库利的“首属群体”关系、滕尼斯的“通体社会”关系、费孝通的

* 原文发表于《中国社会科学》1993 年第 5 期。

“礼俗社会”关系。这种关系的范围已经由年代久远的繁衍生息固定在一个小小的自然村里。我将这一类型的人类群体称为“村落”。我所说的“村落文化”与前引一系列概念的区别在于：第一，村落文化不是抽象的概括，而是一种切实存在的社会群体及其所拥有的文化形式；第二，我的村落文化概念是以村落内部的信息共享为主要特征的，这一特征既是村落文化的先决条件，又是其内容。研究中国农村的黄宗智曾提出，在分析中国农村社会结构的时候，应当把村庄作为一个基本的研究要素。当然，他的研究主要是侧重于经济而非文化方面。

二

所谓村落文化是相对于都市文化而言的，它指的是以信息共有为其主要特征的一小群人所拥有的文化（包括伦理观念和行为规范）。这个小群体既可以是一个二三百人的自然村，也可以是规模更大的自然村落（母群体）里的一个小群体（子群体）。在这个小群体中，每个人对群体内其他成员的情况都谙熟于胸；发生于这群人之间的一切事件都不会逃过每个成员的视野；一言以蔽之，小群体中的一切信息都是共享的。

除了这一基本特征之外，村落文化的其他主要特征可以被概括为以下数点。

第一，村落的规模以一般人相互熟知的极限为其极限。假如说一个人能熟知的人数不大可能超过几百人，那么这个小群体的人数的上限就应当是几百人。以沁县为例，农村乡（镇）总人口在 1986 年为 141634 人，自然村 773 个，平均每个自然村 183. 2 人；1987 年共计 141132 人，自然村仍是 773 个，平均每村 182. 6 人。这就是我所谓“村落”的典型规模。村落中唯一值得一提的外来成员是姻亲，而即使姻亲也很少超出方圆数里的范围。经统计，南阳村 74 个媳妇的娘家地点离本村的平均距离为 6. 4 里，中位值为 4 里，众值为 3 里。因此，即使算上姻亲，南阳村人的生活范围也不会超过二三百人和方圆五六里的范围。将南阳村和南山头村媳妇娘家地点的分布状况加以比较之后发现，它们惊人地相似：本乡（除本村）和本县（除本乡）的娘家所占比例最大，都分别占到 33% ~35%；本行政村（包括自然村）的在 20% 上下；外县的不足 10%。总之，本村的村民加上这些姻亲，大致就是一个农民生活的范围，也是他们视野的极限。

第二，村落成员的流动性不大。要熟知一个人需要时间，如果像市场上的顾客与售货员之间那样短暂的接触，就很少有可能熟知对方。

第三，村落中的人有相互竞争的倾向。如果说这个小群体中有若干成功与失败的指标，那么，人们就总是要竭力在这些方面超过群体内的其他成员，获取较高的评价。例如，世世代代生活在一个村庄里的农民要相互比赛，看谁的房子盖得更好，谁家盖房子能请到的帮手更多，谁的儿子婚礼办得气派更大，谁的坟墓修得更豪华，谁家男孩生得最多，等等。总之，要在生活的一切方面超过这个村落里的其他成员。

第四，村落中的成员有在生活的各个方面趋同的压力。例如，如果这个群体中的大多数成员到了成年时要结婚，单身的人就会感到趋同的压力；这个群体中人人都要生儿子，没有生儿子的人也会感到趋同的压力。那些作了与众不同的选择的人，不会被看作仅仅作了一种选择而已，而会被村落中的其他成员视为一个犯规者，甚至是一个失败者。

为了更精确地解释村落文化的特征，再以与村落文化相悖的情况作为反衬加以说明。

第一，如果生活范围超过了一定规模，比如某人处在一个大都市环境中，他的家庭亲属群体很可能与他所属的工作单位基本上不共享信息，一个工作单位里的人也并不全都相互熟悉，至少并不在生活的一切方面相互熟知。在这种情况下，他的生活环境就基本上不属于村落文化的范畴。有人曾提出过“单位所有制”的概念，即在城市环境中，某个工作单位把个人生活中的一切内容包揽起来，包括住房、托儿、食堂，甚至包括个人的婚姻恋爱，这样的单位也就在一定程度上具有了村落文化的性质，因为它囊括了人们生活的一切方面，使这个群体的成员共同拥有了所有的信息，达到相互熟知的程度。

第二，在大都市，人们有较大的流动性。每搬一次家，邻居就全都换过。现在许多新式单元楼的邻居们，相互完全是陌生人，这种邻居关系与农村世世代代居住在一起的邻居之间的关系形成鲜明的对照。而每调动一次工作，人也就退出了原来所熟悉的群体，进入一个完全陌生的群体，单位的同事完全更换了一批。当然，许多人一生未调动过工作，但是他的确拥有调动工作的可能性，这就同没有这种可能性的环境大不一样了。此外，父母兄弟姐妹往往四散居住，甚至不在一个城市之中，这也同农村的家庭亲属关系有极大的不同。

第三，大都市的人们也在与人竞争，但是他们参与竞争的范围比村落文化的范围大了许多。例如，一位城市个体商人的竞争对手绝不仅仅限制在几百人的群体内，他的目标是要超过所有贩服装的人，贩水果的人，或贩蔬菜的人；从另一个角度也可以说，他完全能够根据自己的意愿退出竞争，过一种与世无争的独立生活。有些在村落文化中被列入竞争项目的事情，由于生活范围的绝对扩大而丧失了意义。例如生儿子。在一个小村庄里，在人们的心目中，某人生了两个儿子，就比只生了一个儿子的人在竞争中得分高些，生三个的又高于生两个的，生四五个的就更会成为人人羡慕的对象。然而，当一个人的生活圈子绝对扩大之时，人们已不再相互熟识，甚至根本是陌生人，互相之间漠不关心。这时一个人生了四个儿子就是生了四个儿子而已，没有人会赞扬他，羡慕他，给他打什么高分。因为别人与此无关。四个儿子长大以后，不过是社会上四个单个的个人而已，与其他人家的独生子没有任何区别，绝不会像在村落文化中那样，成为一种实实在在的“势力”。

第四，由于都市生活中的每个人的生活范围绝对大于村落，遂使趋同变得无意义。既然人们互不相识，也就不会相互造成太大的压力。于是，有些人可以做到“我行我素”，即按照自己的意愿选择生活方式。这正是城市里自愿不结婚、不生孩子的比例高于农村的原因之一。

村落文化中这种相互竞争又相互趋同的现象被心理学称为“从众行为”，所谓“从众行为”是指团体对个体心理和行为的影响，指个人在团体中，因受到团体的影响和压力，使其在知觉、判断及行为上倾向于与团体中多数人一致的现象。从众行为的原因之一是强大的团体规范。团体成员都愿遵守团体规范，谁也不愿成为越轨者或“不合群者”。人们在团体中害怕受到孤立、惹人注目、丢面子或受惩罚，而愿意与团体中其他成员保持相同的看法。村落文化就是一个造就从众行为的典型环境。一个人要想超脱于从众行为之外，唯一的办法只有设法脱离村落文化环境。否则，仍生活在村落文化中而不“从众”，为此付出的代价将会令人不堪重负。即使他的做法一时看来是有利的，但到头来终会感到得不偿失，悔不当初就“从众”。

在村落内部，能不能生育一个男孩子，是至关重要的事。这是因为只有男孩子才能留在村落里，女孩子不免最终嫁到外乡。像这样的差别在城市里就不会如此鲜明，在城里不管男孩女孩，长大了各自组织家庭，到各自的单位里去上班，故而独女户也没有什么特别的心理压力。这样的事实提醒我们特别注意一件事，就是像传宗接代这一类的传统观念为什么在农村特别有人坚持。

一个生活在城市里的人很容易想到把自己的宗传下去是件很没有意义的事，因为世界上的宗已经太多了。在中国目前数以亿计的宗中，多或者少一个宗，几乎是难以辨识的。其实，生活在农村里的人面对的也是同样一个世界。所以传宗接代并不一定意味着要把宗在世界上永远继续，虽然从表面看是这样。事实上是要把它在自己的村落里永远继续下去。一个村落里只有有数的一些人，自己的宗在这里是可以辨识的一种存在。因为村落的存在，世界就变小了。当然，这里谈到的只是生活在村落环境中的人们自己的感觉。

村落里的人有时候是很自大的。比方说，在南阳村，富裕农民修的祖坟，和在西方国家见过的墓地就很不一样。在西方人的墓地里，大多只能见到很朴素的墓碑，写着死者的生卒年月和兵役情况，表明这一位上帝的子民生活过，并为国家尽过忠。假如没来由地修上一座豪华的祖坟，应该是让死者蒙羞的事。另外，南山头村人修的高高的院墙倘若出现在一座大城市中心，也是很扎眼的。而这种事出在偏僻小村里就属正常，因为对他们来说，世界上仿佛只有几十户人家。自己作为这几十户之一，似乎有权利做这样的事。

在南阳村和南山头村做调查时，很容易感到本村的事和村外的事在村民眼里是不一样的，前者有一等的意义，后者只有二等的意义。故而仿佛有一道壁垒，立在本村与外面世界的地理边际处，也立在村里人与村外人的心理边际处。壁垒内是个很近的世界，外面的世界很遥远。在城市里情况是不一样的，没有人把自己居处方圆数里之外的事都看得遥远。当然，谁都有较亲近者组成的圈子，但是这些人又各自有自己的圈子，合起来就没有了固定的边界。由于这种生活环境的区别，看问题的方式就会很不一样。举例言之，假如世界小了，自己就变得更加重要，自己的宗就会变得大起来，家也会成为一个相对较大的单位。总之，在这样一座人际关系的孤岛上，有关自己的一切都被放大了。由此产生的一些做法，在其他环境中，是不可想象的。我以为，中国传统文化的大多数特异之处，放到村落文化的背景下，都显得格外合理；故而用村落这种独特的文化环境来解释中国文化的这些特异之处或许比其他解释更接近真实。

三

在村落文化中，人们由于世世代代生于斯死于斯，仅仅用“熟悉”已不能概括他们之间的关系，整个村落笼罩着一种“爱得也深恨得也深”的气氛，人际关系呈现盘根错节的局面。首先，由于大家都是世代居住繁衍在一起的乡里乡亲，人们之间的联系极为紧密，“胶着”在一起。“送年节”习俗的普遍存在就是这种关系的反映。我在南山头村调查时，正赶上端午节包粽子，家家户户都到河塘去打芦苇叶，包上当地产的黄黏米，做好几大盆粽子到亲戚邻居家去送。我正在借住的那家与人聊天，忽听孩子们嚷成一片：“××家送上端午来了!”只见他家一位远房亲戚端着一大海碗粽子送上了门。

在南山头村，“人情费”在村民少得可怜的开支中，占了不小的分量。每户人家都有一个不可不“打点人情”的圈子。除去年节，对这个圈子里发生的一切婚丧嫁娶事宜，已经形成了一个固定的送礼格式。如嫁女：送裤子（6~7元）、被面（1.2丈，15元）。亲戚多、人缘好些的人出嫁会收到二三十条裤子。娶媳：送被面（15元）、现金（远亲5~6元，近亲30~50元）。孩子满月：远亲送小袄、近亲送小帽，小被面（6尺，7元），现金（自家女儿生儿子作满月，娘家要送200元），蒸馍20~120个。孩子过6月半：与满月相似，只是娘家不再给200元钱。孩子过12岁生日：送裤子、现金若干。发丧：送蒸十（10个大馍，每个半斤到6两重）、现金若干。

全村89户人家，每家的“人情费”一年少则20元，多则达到500元，平均每户140多元，中位值和众值都是100元。这在贫困地区农民十分拮据的生活中的确要算一笔不小的开支。南山头村主任告诉我，因为近年来物价上涨，“人情费”也水涨船高。以前一般人（非亲属）参加别人家的红白喜事，送上两块钱就够了，现在已经涨到五六块、十来块钱了，关系好的要送20块钱。他说："人情世故费很重要。关系不错的都来来往往，亲戚关系就更不能怠慢。"

然而，就像钱币的一面永远离不开另一面，由于世代居住在一起，人们之间联系过于紧密，有了隔阂也不可能一走了之、从此不再见面，村落文化的邻里之间又常常会形成一种经世的仇恨。这种仇恨能使人们从见面不理不睬，到明枪暗箭无所不用其极。这关系就像是一筐螃蟹，互相你挤我压，可又紧紧纠缠在一起，谁也爬不出这个螃蟹筐。在这种深爱深恨的关系中，人们活得很不轻松。人与人之间既没有那种肤浅关系中的彬彬有礼，也没有陌生人之间的疏远淡漠，只有深厚的情义和痛切的仇恨。

我在南山头村借住的那家农户同紧邻的一家人就完全不搭话。问及原因，答曰：没什么大不了的事，就因为一条路。原来从坡下到这家有一条必经之路要从那家房前过，这家拉小平车时需要路宽些，那家却为了自家房子牢固，要在路边开条流水沟，把路挖得只剩一窄条。结果是那家挖，这家填，挖了填，填了挖，弄到两家反目成仇，见面不说话。

余姚南阳村也有这么两家近邻，还是亲兄弟俩。弟弟盖了一串房，哥哥的房准备盖在弟弟房的东边。按说取齐就好，哥哥偏要把房盖得比弟弟的房更高、更阔，于是他家房子的前墙更靠南些，这就挡住了夏天天气闷热时极难得的东南风。而且据懂得风水的人说，房子这样盖法叫作"青龙压白虎"，结果弄得兄弟不和，两家仇恨难解。

南山头村有一桩尽人皆知的世仇，是老会计和现任会计这两家的仇恨。两家人还是同姓，都姓何。小会计家是三世单传，父亲早逝，只剩个老奶奶养活着他和两个姐姐。因为没有兄弟，也没有叔伯，这家人在村里显得势力特别单薄，一直受人欺负，尤其是那位老会计，更是凶狠。老奶奶是个很倔强的人，她在极其困难的情况下，节衣缩食供小孙子读书，小孙子也很争气，长大成人以后终于从仇人手里把会计的职位夺了下来。老会计家还开了当时村里唯一一家油坊，小会计最后花2000元买下了这家油坊。老会计干了一辈子油坊，却生生被小会计兼油坊老板"炒了鱿鱼"。老会计实在咽不下这口气，自己又办了一家油坊，和小会计对着干。这就是村里现有两家油坊的来历。现在两边暗暗较上了劲，同行是冤家，何况原本就有世仇。

在村落文化中，正因为人们之间是这样一种爱恨交错的关系，所以每个人都“盯着”别人也被别人所“盯”，绝不会忽略生活中的一切方面、一切细节。而且，每个人家都要在一切方面与村里的其他人家竞争，争取获得满分；或即使得不到满分，至少也要争取超过其他人家。其实，“得分”这一说法就是直接从农民的谈话中获得的。南阳村一位村民在讲到自己有一儿一女时，带着一副心满意足的表情说：“我得的是 100 分。”接着非常仔细地给我解释了这个“满分”的意义，他说：即便是生了一男一女，如果不是女大男小，也不能算满分，因为如果是男孩大，先娶了妻，家里就有了个外人。媳妇气量再大，也总不免要和小姑子闹矛盾，这就不够完满了。可如果是女孩大，先嫁了，家里干干净净，清清爽爽，再给男孩娶亲，这就最圆满不过了。这位村民还把先生女后生男戏称为“先开花后结果”，说时，脸上笑开了一朵花。

在生儿育女、婚丧嫁娶、盖房修墓这些大事上，村落文化中的每个人都感受到压力，要求他们按既定规矩来办，而且争取超过别人。超过了就有“面子”，不如人就失“面子”。调查中我得到这样一种印象：村民在所有这些事情上似乎全都显出一种“身不由己”的样子。为什么一定要生儿子？因为不生的话别人要骂“绝后”。为什么婚事一定要大办？因为“丢不起面子”。在村民心中重得不得了的“面子”“别人的闲话”，其实就是村落文化规范的压力，这种行为规范的形成，既决定于那个农民生活于其中的狭小社区的空间因素，又决定于延续了数千年之久的习俗所蕴含的时间因素。在村落文化的狭小空间里生活，人们不仅是被周围的环境胁迫着去循规蹈矩，而且会全身心地投入进去，加入整个村落的竞争“游戏”，这是一种以人的一生为单位时间的投入。

在村落文化中，生儿育女就是人人都逃避不掉的一个“比赛项目”。在南阳村媳妇娶进门才几个月，就有人关心她是不是有了妊娠反应，要是结婚一年还不怀孕，就会议论纷纷——“这人会不会生孩子？”村里一位苏北媳妇，因为久婚不育，引起村人议论。有一年大家在生产队地里劳动，她和别人起了争执，别人就挖苦她是“孤老相”，她气极，当场拿起农药喝了下去，幸好大队赤脚医生就在附近，灌下肥皂水才救过来。由此可见，能不能生孩子在农民心中有多么重的分量。

在南阳村这样的富裕农村，农民的物质生活水平与城市居民已没有太大区别，有彩电，有洗衣机，甚至有电冰箱，住房条件好的更比城市居民宽敞高级许多。但他们的生育愿望仍旧那么强烈，每个人都不但一定要生育，而且要在政策允许的范围内最大限度地生育，只是在政策的强迫下才不敢再多生。当我向一位村民提到城里有人自愿不育时，他说："他们可以过独往独来的生活，所以可以不要孩子，我要是不要孩子，周围的人要说话。"这就一语道破了村民与市民生活环境的一个最大区别。市民可以按照自己喜欢的方式去生活，没有人会过多地关心、干涉他的私人生活，说闲话，给他太大的压力。他有没有孩子，有没有男孩，基本上与别人无关。而村民就无法选择独往独来的生活方式，他的生活范围从一生下来，就固定在一个20人左右的小圈子里（如南阳村，大村也不过数百人）。所有的人都互相熟识，互相制约，互相评头品足，每个人的一举一动都在别人的注视之下。正因为如此，他们才会感到"丢不起面子"，他们的生育愿望才会如此强烈，如此执着。

在村落文化中，生育的压力比城市里要大得多，使人难以超脱。一个人如不按照规范办事，就会蒙受沉重的失败感，有些甚至会成为终生的失败感，就像我们在南阳村见到的那位全村唯一的老单身汉那样——他是全村人怜悯的对象，是给村里所有的年轻人作出的一个活生生的反面榜样。或许他的生活方式有他的理由，有他的好处，甚至他可以自以为活得很潇洒，但他无力改变村落中人认为他的一生是个失败这种看法。在那样一个狭小的环境里，这种压力是一般人难以承受的，因此是一般人无论如何也不愿冒险一尝的滋味。都市人尽管也有压力，但远不如村落文化中的从众压力那么强大，如果某人想对它"不屑一顾"，那也只是在他的一念之中就真的可以做到。在城市里，自愿不育者和独身者们并不需要超人的勇气和决心，就能够作出这样的选择。这也表明，在目前中国的大都市中，人们已经可以自愿选择参加哪些比赛，而不必像村落中人那样，几乎是被迫走上每一个赛场。

办婚事是村落文化中人们竞争的另一个项目。在南山头村，结婚少些要花上千元，多的花到三四千元，一般的水平在两千元上下。南阳村由于富裕程度远远高于南山头村，婚事行情也水涨船高，达到一万五千元左右。那里的农民尽管钱多，还是有不少人为子女的婚事负债。例如，我们在南阳村访问到的一个刚结婚不久的年轻人，结婚时借了不少钱，全家分担债务，分到他头上的债就有好几千元。因为还不上债，父母子女常常吵架。还有不少人家，一下还不起钱，要分好几年来还。

南阳村一位村民在回答“为什么要倾其所有为孩子办喜事”这一问题时说：因为人活着不能没有面子。事情如果办得不像样就要丢面子。当我问到可否“旅行结婚”时，一位村民说：“旅行结婚回来发点喜糖，亲友会不高兴，埋怨说酒都不办。我们作父母的负担很重，酒宴一项就要8000元，所以作父母的最怕儿子结婚。天下父母心，都想自己子女好。别人家那么阔气，也不能委屈了自己孩子呀。”除此之外，由于人人都已接受过村里其他人的礼，到别人办事时不去还礼就根本不可能。一位目前在余姚城里工作的村民这样说：“送礼是礼尚往来，不办喜酒可不行。虽然有人思想好不办，有人办不起不办，一般人还是要办。而且现在办酒越办越大，要到宾馆里去办，每个出席的人要送100元。”

南阳村有一户人家娶媳妇，为省点钱，没雇小轿车，而是用一种价格较便宜的三轮卡车去接的新娘，结果就遭到村人的耻笑。可想而知，在村落文化中这类“大事”的投资数目上，个人选择的余地是多么小，趋同的压力是多么大，人们之间的竞争又是多么激烈。没有一个人敢去违背办这些事的惯例，一旦违背，仅仅村人的议论就能把一个人彻底毁掉。甚至可以说，没有一个人稍稍起过越轨的念头。听到这样的事例越多，我就越常常想到：假如有一位村民纯粹出于幽默感，在儿子结婚时不办酒宴，结果会怎样呢？结论却是：他们完全不可能在如此严重的事情上有一丝一毫的幽默感。因为他们还要在此地和这个村落中的人们生活一辈子，“生于斯，死于斯”；他们不可能一走了之，置别人的议论于不顾；他们绝不可能用关系到自己终身名誉、地位（在村落中的地位）这样的大事来开玩笑。他们唯一的出路是，认认真真甚至是战战兢兢地来办好这件事，办好每件事。

村落文化中还有一个竞争项目，那就是盖房。用城里人的标准看，农村人在盖房子上是过于浪费了。在南山头村，人们一有了点钱就要盖房。新房子盖好后，老房子就闲置在那里。南阳村则是另一种做法，浪费得更厉害：由于那里人口密度高，人均耕地少，宅基地比南山头村要紧张得多，人们便常常把半新的房子拆掉再建新房。村人说：“前几年盖了房子，那时没钱，房子样式落伍了，所以有了钱就拆了重盖。”南阳村的房子分三代：最老一代是古旧的瓦房；第二代是20世纪70年代的两层小楼；第三代是 80 年代中期以后的带现代卫生设备的豪华楼。这一拆一建是多么大的财力浪费，而且一个四口之家住三层楼十来个房间也真是过于奢华了。

除了比着盖现世的居室，村人们还要比着盖“阴宅”——坟墓。一位南阳村民这样说：“修墓就像娶媳妇修房子一样，也互相比着呢。前几年经济情况不好，修的墓不好。现在有钱了，墓也越修越好了。”我在南阳村后的小山上看到许多新坟，与朴实的老坟相比，它们要豪华得多，造价在 1000～3000 元。左近村庄最豪华的坟墓，据估计价值在万元以上，有石雕的鸟兽装饰在墓碑左右，还有一座带台阶的大平台，两边设有条石长凳，凭吊的人可以拾级而上，累了还可以在石凳上休息。

葬礼是村落文化中竞争激烈的另一件事，村落中家家要在这上面争满分的。在沁县这个贫困县，人们在自己微薄的经济力量许可的范围内，花掉大到不成比例的一份在葬礼上。丧葬的费用主要由两部分组成，一是造坟墓、打寿材的费用，二是操办葬礼的费用。据我在当地的调查，一般普通农家都要为丧葬花掉数百上千元。南山头村的支书告诉我，在这个村子里，丧事一般要花 500 元左右，其中寿材 200～300 元，葬礼也要二三百元。大办起来则要花到 1000～2000 元。村里老主任去世时，丧事共花掉 1300 元，这种规模在村里算是相当排场的。

我在南山头村调查时，遇到这样一个事例：村里有二三十人新近信了基督教，教里要求教民丧事从简。一位 60 岁上下的女教徒死了老伴，就按照教里的规定从简办了丧事。她的做法在村里引起极大不满，人们对此议论纷纷，以致在我提出要访问这位大嫂时，她那不信教的女儿和女婿竟希望我来劝劝他们的母亲，不要再信那个教了。由此可见，村落文化在一切事情上趋同的压力有多么大。

1979 年 5 月 29 日，沁县火葬场正式落成，但落成后极少有人问津。尽管火化一具尸体收费仅 12 元，但是直至 1985 年底的 6 年半时间里，全县仅火化尸体 33 具，基本上是外省市来沁县工作的人，或是过路意外致死的人，本县人一具也没有。这里除了迷信的习俗之外，一个重要因素当是村落文化中把葬礼的排场也列在了竞争指标里。人们宁愿在这件事上多花些钱，也不肯把它省下来去做其他事情，他们不愿意在葬礼这个竞争项目上丢分，用农民自己的话来说又是：丢不起这个脸。

在余姚，不但乡下人大办丧事，城里人的观念同大都市里人们的观念也还有着不小的距离。上级要求城区居民死后全部火葬，并规定，如有干部、工人偷偷土葬，丧葬费和生活补助费一概取消。只是用这种惩罚性的硬性规定，才勉强改变了人们的丧葬习俗，但人们的观念是否也随之改变却大可置疑。

除去红白喜事丧葬嫁娶这些大事，在许多小事上也可以感觉到村落文化的规范力，例如乔迁这类事情。南阳村有一位村民，参军后转业在余姚城里工作，现已定居在那里。即使是这样的人，做了违反规矩的事，还是会招致村人的议论，因为他有近亲在村里。他对我讲了这样一件事："当初单位分给我一套住房，乔迁时没有办酒，亲戚讲了我很多话。他们说：'不知你住在哪儿呀，是不是不欢迎我们来啊？'"他自称是个"思想开通"的人，可还是顶不住村落文化的压力。

世界上有不少学者用罪感和耻感来概括东西方的文化差异，认为西方社会是"罪感社会"，东方社会（尤其中国社会）是"耻感社会"；前者产生"罪感取向人格"，后者则造就"耻感取向人格"。我认为，村落文化就可以说是一种耻感文化。正因为人生活在这样一个没有陌生人的地方，每个人都熟悉他，注视他，评说他，他才会在做"错事"时产生羞耻的感觉。因此可以说，村落文化既是耻感文化所由产生的源头，又是它的载体。如果用一个例子来说明村落文化内人们生活的情形的话，它就像个古典奥运会，每个人都是全能型的运动员，在每个项目上投入竞赛——盖房子，修坟墓，生孩子，操办儿女婚事，等等。这种比赛到死方休。

四

要想用村落文化的概念来概括目前中国农村的基本文化形态并以此解释生活在那里的人们的行为，还不得不将村落与宗族这两个概念分辨清楚：村落是世代生活居住繁衍在一个边缘清楚的固定地点的人群，其典型形态是自然村；宗族则是拥有共同祖先的同姓亲属群体。许烺光在论述中国的宗族时，为它概括出以下 15 个特征：（1）名称；（2）外婚；（3）单系共同祖先；（4）作为核心的性别——父系宗族为男性，母系宗族为女性；（5）在所有或大多数成员之间相互交谈或指某个人时使用亲族称呼；（6）许多社会的宗族还有某种形式的公共财产；（7）某种程度的连带责任；(8) 父方居住；(9) 因婚姻关系妻子自动成为其配偶所属宗族之成员；(10) 有用来教育和公共福利的财力；(11) 共同的祖先崇拜仪式；(12) 宗族的祠堂；(13) 宗族的墓地；(14) 行为规则的判度；(15) 有一个进行裁决、平息纷争的宗族长老会议（许烺光，1990：64～65）。像好几位以1949年以前中国农村状况为依据作研究的学者一样，许烺光是把宗族作为中国社会的基本特征来看的。他曾用“三C”（clan，中国的宗族；caste，印度的种姓；club，美国的俱乐部）来概括中国、印度和美国这三种文化的主要特征。

然而，在我调查所涉及的当代农村社会中，同姓宗族之间的共同利益所剩无几，人们的利益单位只限于直系亲属及近亲，而他们真正生活于其中共享信息的社会群体则是村落。这一点无论在姓氏混杂的村子（南山头村）还是单姓村（南阳村）都可以看得很清楚。如果将目前的情况与许烺光、林耀华等人以1949年以前的资料为依据所描绘的中国农村状况相比，就会发现情况已改变很多。或许可以这样说：自1949年以来，中国农村社会结构最大的变化之一就是宗族势力的消退。家庭社会学家古德曾谈到过这一问题，他说：“对西方人来说，无论在中国的南部或是北部，有相当多的乡村是中国宗族制度的象征，因为同一个乡村的几乎每个人都使用同一个姓。从行政观点来看，宗族制度的意义表现在以下方面：在帝国的统治下，行政机构的管理还没有渗透到乡村一级，而宗族特有的势力却维持着乡村的安定和秩序。”但是，古德也注意到，这种情况在1949年后起了很大的变化，国家政权的力量渗透到乡村一级，宗族的势力有很大的消退。他说：“这种宗族制度一直持续到1949年共产党掌握政权为止，尽管这种制度的重要性在城市、在大西北以及从1930年起在共产党控制下的解放区就已经逐渐削弱。”（古德，1986：165～166）

今天，即使在宗族传统很重的南方农村，也不再有家族的共同财产了。在我调查所到的南山头村和南阳村，宗族势力早已荡然无存。除了同姓者大都能追溯到同一祖先那里去这一事实——例如南阳村的陈姓村民全部可以追溯到共同的祖先那里去——以及人们仍使用亲族称呼之外，许烺光前面提及的其他各项宗族特征均已丧失殆尽。因此可以说，除了人们不能否认的血亲关系之外，宗族已经名存实亡了。许烺光开列的另外一些宗族特征，有的仍保留着痕迹，但是性质已经改变了。例如在沁县的许多村庄，人们仍然遵循着同姓不婚的戒律。离南山头村仅三里地的乔村，有一位王姓女青年（她已经考上大学，成了个城里人），就是因为其父坚决反对她同一个自由恋爱的王姓男青年结婚，而最终嫁给了一位杨姓青年的。但是，这种做法只不过是在村里残留下来的一点略带迷信色彩的习俗而已，并非强制性的宗族规定。在南阳村，媳妇们的娘家虽然都不出方圆数里，但双方都是本自然村的夫妇在全村仅有一对。这两位自由恋爱的陈姓男女，不但是同姓婚姻，而且按辈数算，两人还差着一辈。他们的成功结合表明，“外婚”的规矩已经破掉了。只要不是近亲，人们也并不认真将他们看作辈数不同的亲戚——如果认真，这一对男女是无论如何不能结婚的。宗族的公共财产、公共祠堂、公共福利就更谈不上。南阳村北面有一座小山坡，是附近几个自然村的墓地。各村的人都在那里散乱地埋葬死者，根本没有宗族共同的墓地。每到清明，各家不过去为上一两代的祖辈扫扫墓而已，并无共同的祭祀，更无长老会议来决定村中的事情，在村里调查时还得到这样的印象，即族亲之间的关系还不如姻亲。族亲中多有利益冲突，姻亲却是利益加感情的结合。姻亲是夫妻的合二而一，族亲却是兄弟的一分为二。

宗族势力的消退有这样几个历史原因。首先，在新中国成立后占统治地位的意识形态中，族权曾经被当作旧社会压迫人民的势力予以打击。毛泽东曾把族权与皇权、神权、夫权并列为束缚人民的四种权力，号召人民去推翻它们。经过 1949 年以来的一系列政治运动，过去强大的族权已减弱，至少在意识形态上已经成了一个负面的形象，在不少地方，它的确已经丧失殆尽。其次，在有宗族势力的那些地方，担任宗族首领的人大多是地主、富农和乡绅，他们大都在土改运动中遭到了沉重的打击。土改运动的一个副产品就是从组织和人员上摧毁了许多宗族组织。最后，由于新中国成立以来实行的是强度很高的中央集权体制，县乡两级由具有非农身份的国家干部严格掌握，村级行政虽然大多不在国家委派的干部手中，而是由那些靠村民的产值提成补贴的 3 ~5 名干部来掌握，但他们毕竟也算是集权体制权力金字塔中的最低一级行政机构，具有村一级的行政职能，掌握着村里的政治和经济权力，赋有管理村级集体经济财产，收缴农业税，计划生育，以及购买化肥、种子一类的职能。这一级行政组织虽然可能同新中国成立前的族权有着千丝万缕的联系（尤其在单姓村里），但它毕竟丧失了宗族组织的名义，也不能做建祠堂、续族谱、组织集体祭祀活动这一类的事情了。在过去，由于中央的行政力量难以渗透到乡村一级，才有宗族势力来填补这一权力真空；一旦中央行政力量渗透下来，宗族的力量就不得不让位了。

值得注意的是，近年来，宗族势力在其渊源较远的广东、广西、福建、江西、湖南等地，有死灰复燃之势。有些地方的宗族开始重新续写家谱，修复祠堂，重建族长会议，等等。但在山西和浙江我调查所到之处，尚未见到这种情况。

总而言之，将我对目前农村社会的观察，同那些以1949年以前的资料为依据对中国农村社会所作的分析相比，有十分不同的发现。在我看来，村落才是当今中国农村社会最基本的组织形式；它不会像宗族的命运那样，由于“打击”而消退，只有工业化和都市化的进程才能最终动摇它的根基；它的极端形式可以追溯到保甲制度及50年代以来的“三级所有，队为基础”。因此可以说，村落文化才是目前中国农村最具特色的文化形式，才是对目前中国农村社会状况及人的行为最具概括力及解释力的一个概念。依我之见，只有将许烺光有关“三C”（宗族、种姓和俱乐部）的理论概括中之宗族一项置换为村落，才会令这一概括更加符合于中国农村社会的现状。

参考文献

M·薄兹等，1991，《社会与生育》，天津人民出版社。
费孝通，1981，《生育制度》，天津人民出版社。
费孝通，1985，《乡土中国》，三联书店。
W. 古德，1986，《家庭》，社会科学文献出版社。
黄宗智，1986，《华北的小农经济与社会变迁》，中华书局。
林耀华，1989，《金翼》，三联书店。
马文·哈瑞斯，1989，《文化唯物主义》，华夏出版社。
迈克尔·米特罗尔等，1987，《欧洲家庭史》，华夏出版社。
F. 缪勒利尔，1990，《家族论》，商务印书馆。
托马斯·哈定等，1987，《文化与进化》，浙江人民出版社。
E. 希尔斯，1991，《论传统》，上海人民出版社。
许烺光，1989，《美国人与中国人——两种生活方式比较》，华夏出版社。
许烺光，1990，《宗族·种姓·俱乐部》，华夏出版社。

中国违法婚姻现状分析*

张　萍

摘　要：1950年制定的婚姻法已颁布40余年，1980年制定的婚姻法也已实施10余年，但是违法婚姻在我国城乡仍有不同程度的存在，在某些农村地区甚至相当盛行。本文首先对违法婚姻的概念进行了界定，然后详细分析了违法婚姻的现状、特点及其危害，最后指出，违法婚姻的存在主要由下述因素所致：（1）封建的传统旧婚俗目前仍支配、影响着一些农民的生活；（2）农村家庭的生产功能重新恢复和加强；（3）男女比例严重失调；（4）精神生活的贫乏与淫秽物品的侵蚀；（5）农民法制观念淡薄；（6）法制不健全；（7）执法不严；（8）农民文化水平低；（9）缺乏社会制约机制。最后作者对治理违法婚姻的措施提出了自己的看法。

在现代社会，结婚是指男女双方依照法律规定的条件和程序确立夫妻关系的民事法律行为，符合法律规定而缔结的婚姻一般被视为合法的正常婚姻，不符合法律规定而缔结的婚姻则被视为违法婚姻。但是，判断婚姻合法与否的标准并不是一成不变的，它不仅因社会制度的不同而异，而且随时代的变迁而发生变化。在我国，目前进行这种判断的唯一尺度是1981年1月1日开始实施的新婚姻法。该法总则规定：中国“实行婚姻自由、一夫一妻、男女平等的婚姻制度”；“禁止包办、买卖婚姻和其他干涉婚姻自由的行为。禁止借婚姻索取财物”；“禁止重婚”。第四条强调：“结婚必须男女双方自愿，不许任何一方对他方加以强迫或任何第三者加以干涉。”第五条要求结婚者的年龄“男不得早于二十二周岁，女不得早于二十周岁”。第六条对禁止结婚的对象作了规定：当事人为“直系血亲和三代以

* 原文发表于《社会学研究》1993年第5期。

内的旁系血亲，患麻风病未经治愈或其他在医学上认为不应当结婚的疾病”者，不得结婚。第七条规定：“要求结婚的男女双方必须到结婚登记机关进行结婚登记。”由此我们可以断定，今天社会上依然存在的当事人一方或双方未达到法定婚龄的婚姻（早婚）、包办婚姻、买卖婚姻、重婚纳妾、近亲结婚、一方或双方当事人患有禁止结婚的疾病的婚姻、没有依法履行结婚登记的私婚即违法婚姻。

一 早婚

如前所述，所谓早婚，即男女一方或双方未达到法定结婚年龄而缔结的婚姻，是中国古已有之的早婚传统在今天的延续。

众所周知，中国古代人口稀少，尤其在战乱时期，常常出现人口剧减、经济凋敝的状况，为了增殖人口、加强国力，很多统治者制定了鼓励早婚早育的政策。春秋战国时期的越王勾践为了报仇雪耻，规定：“凡男二十，女十七不婚者，有罪及父母。”（《春秋外传》）汉惠帝为了增加户口税收入，曾发令：“女子十五以上不嫁者，五算。”（《汉书·惠帝纪》）即 15 岁以上还未出嫁的女子，在征收人头税时一人要按五倍计算。西晋武帝规定：“女年十七父母不嫁者，长吏配之。”（《晋书·武帝纪》）南北朝时期北齐后主的法令更为严厉：“女子二十以下十四以上未嫁悉集省，隐匿者家长处死。”（《魏书·本纪》《北史·高允传》）以征集妇女、处死家长相威胁，强迫人们早婚。北周武帝建德三年诏：“自今以后男年十五、女年十三以上，所在军民须依时嫁娶。”（《周书·武帝纪》）这一婚龄规定在我国历史上可算是最低的了。唐代初期婚龄稍有提高，但是到了中期又将法定婚龄降到北周时的年限。自宋至清法定婚龄一般都是男 16 岁、女 14 岁，民国时期的《民法·亲属编》虽将法定婚龄提到男 18 岁、女 16 岁，但是由于“早结婚，早得子，早享福”的思想已牢牢扎根于民众之中，很多人的实际婚龄仍低于法定婚龄。据《中华全国风俗志》记载，当时湖南汝城地区，“结婚自童幼，大家（富户）无十岁未聘之子”；奉天（辽宁）满族的早婚，“在全国可居第一，男女十三四岁即结婚”。从民间习俗来看，在新婚闹房时，人们常常在婚床上藏红枣、桂圆、花生、栗子等果品，取其谐音（在文盲占人口多数，尤其占女性人口绝大多数的情况下，一般人不知谐音与正音之分，故谐音即作正音）为早（枣）生贵（桂圆）子、儿女齐全（花生）或早（枣）立（栗子）子之意，在相当部分的农村还有收养童养媳的习俗。

新中国成立以后，为了破除早婚陋俗，保护人民的身心健康，控制生育，1950 年颁布的婚姻法将婚龄提高到男 20 岁、女 18 岁。1981 年实施的新婚姻法又将婚龄提高到男 22 岁、女 20 岁。随着人民法律意识的增强、青年男女在校学习时间的延长及妇女经济地位和社会地位的提高，男女的实际结婚年龄也不断自行推迟，尤其是女性，1982 年与 1940 年相比，平均初婚年龄提高了 4.45 岁，其中农村提高了 3.95 岁，城镇提高了 6.20 岁。[①] 不满 18 岁结婚的女性越来越少，1987 年与 1949 年相比，城镇的这一比例由 39.1% 降到 0.1%，农村的这一比例由 51.1% 降到 3.4%，而 23 岁以上结婚的女性越来越多，由 1949 年的 6.6% 上升到 1987 年的 54.4%（国家统计局社会统计司，1990：37）。但是，近几年随着农村人民公社的解体和家庭联产承包责任制的实行，流动人口剧增，部分地区的早婚早育比重又呈回升趋势。湖南省通道侗族自治县团头乡汉族人口中，20 岁以前结婚的占 90% 以上，最小的只有 14 岁，16 岁生孩子的已非个别现象，17、18 岁结婚的相当普遍，1982 年至 1986 年结婚者中正式领取结婚证的不足 5%。[②] 陕西省从 1982 年到 1991 年的 10 年间，早婚率一直在 20% 以上，陕南、陕北尤其突出，陕南安康市叶坪区 1989 年的结婚者中有 70% 属早婚，年龄多在 16、17 岁，最小的只有 13 岁（王高利等，1992）。就全国而言，1990 年与 1982 年相比，15 ~ 19 岁女性人口中的已婚比例由 4.38% 上升到 4.71%，15 ~ 21 岁男性人口中的已婚比例由 2.32% 上升到6.51%[③]

我国早婚人口目前主要有下述四个特征。

第一，从性别结构来看，男性多丁女性。1990 年，15 ~ 21 岁男性早婚人口约为 579 万人，15 ~ 19 岁女性早婚人口约为 276 万人，男性是女性的 2.1 倍。两性早婚人口数差，主要是由于男性法定结婚年龄较女性提高 2 岁所致，若按同年龄组计算，则 15 ~ 19 岁女性早婚人口约比同年龄男性早

① 《1985 年中国人口年鉴》，中国社会科学出版社，1986，第 267 页。

② 《中国人口报》1988 年 10 月 21 日。

③ 1990 年人口普查 10% 抽样资料。

婚人口多164万。[①]

第二，从文化构成来说，主要为不识字和低文化人口。根据1987年全国1%人口抽样调查资料，文盲半文盲和小学文化者在15～21岁男性早婚人口中占40.99%，在15～19岁女性早婚人口中占79.69%。

第三，就地区分布而言，主要集中在农村。1990年的人口普查表明，276万15～19岁的女性早婚人口中，农村女性占89.65%，镇女性占3.55%，城市女性占6.80%；579万15～21岁男性早婚人口中，农村男性占87.81%，镇男性占4.38%，城市男性占7.81%。[②]

第四，早婚人口在各民族间差别较大。据1987年全国1%人口抽样调查，在百万人口以上的民族中初婚年龄15～19岁年龄组的比重，以维吾尔族最高，占56.75%，以朝鲜族最低，为17.84%，人口最多的汉族居倒数第七位，为26.72%。[③]

如果说达到法定婚龄而缔结的婚姻是一枚成熟的果实，那么，尚未谙得婚姻真谛的少男少女的结合，则是一枚未熟即食的苦涩之果，不仅给当事人自身带来烦恼，而且也不利于社会发展和后代的养育。

从当事人自身来看，十几岁正是一个人一生身心发育的重要时期，对生活和社会的认识都刚刚开始，未成熟，缺乏独立承担生活重担的心理准备，如果这个时候就糊里糊涂地做了新娘新郎，对个人的身体和智力发展都不利。而且，由于夫妇都没有脱离孩子气，独立生活能力都不强，势必容易为家务琐事发生争吵，影响婚姻的质量。夫妇不睦则必然影响孩子的成长和发育，使后代不能得到很好的教育，影响整个民族素质的提高。早婚对女性的身体损伤最大，医学研究表明，早婚早育和多产妇女的子宫癌发病率比一般妇女高好几倍，也比一般妇女易患其他妇女病。尤其是那些13、14岁身体尚未发育成熟就嫁作人妻的少女和被拐卖成婚的少女，其身心受到的摧残更为严重。广西某县对3万5千名早婚妇女的调查，发现患有各种妇女病的占40%以上。[④]

---

① 1990年人口普查10%抽样资料。

② 1990年人口普查10%抽样资料。

③ 需要指出的是，内蒙古、新疆、西藏、宁夏四个自治区结合少数民族婚姻习俗的实际情况，在执行婚姻法时对有些条款作了变更，其中规定“结婚年龄，男不得早于二十周岁，女不得早于十八周岁”。

④ 《青海日报》1991年7月26日。

早婚对社会的危害更大，首先直接威胁计划生育政策这一基本国策的贯彻执行。早婚导致早育，据有关部门测算，现在全国每年未达法定婚龄的早婚者占实际成婚总数的20%左右，全国每年因早婚早育出生的婴儿约占新增人口的10%，占计划外出生人数的1/5。① 人口普查资料表明，我国20世纪80年代末15～19岁女性人口数比80年代初减少了近70万人，然而该年龄段妇女所生育的孩子数量却大为增加，由38万人增加到135万人，增长了2.6倍。从早婚女性生育胎次看，1989年早婚母亲生育孩子中有14万人为第二胎，这个数字是1981年相应数字的6倍，三胎以上者几乎增长了近10倍。② 这既加大了人口出生的数量，加剧了人口出生高峰期的诸多矛盾，使现行的计划生育政策的贯彻和人口控制目标难以实现，同时也缩短了人口的世代间隔，影响到下一个世纪的人口控制，贻害子孙后代。其次，一个地区的早婚比重高还会引起彩礼上涨、定“小亲”（娃娃亲）者增多等不良连锁反应，近几年来，在经济文化较为落后的地区，10来岁乃至4、5岁就定下亲事的现象越来越普遍。定亲早必然结婚早、生育早，形成恶性循环。再次，由于早婚大都是违背当事人意愿的由父母包办的婚姻，容易引起婚姻破裂以及相关的刑事案件。1991年仅陕西省就发生多起因早婚引起的刑事案件，1986年至1989年，该省耀县受理的39件离婚案中有5件与早婚有关（王高利等，1992）。

二　包办买卖婚姻

在中国传统社会“父母之命，媒妁之言”是婚姻的一般原则，不是父母安排、媒妁通言的婚姻则受到社会的鄙视。法律对婚姻的规定也是以家族为本位，漠视当事人的意见，如《明会典》就规定：“凡嫁娶，皆由祖父母、父母主婚，祖父母、父母俱无者从余亲主婚。”唐朝、明朝和清朝的法律还规定，子女即使远在异乡，也不得私自订婚、反抗家长为他们订的婚约，违反者要处以一百杖或八十杖。与父母包办相伴生的是“纳采”、“纳徵”、致送聘礼，“非受币不交不亲”（《礼记・曲礼》），没有过聘礼的

① 《中国人口报》1992年7月14日。

② 《新华每日电讯》1993年2月26日。

男女，不仅不交不亲，而且不能相见。

新中国成立后，在法律上废除了封建的包办买卖婚姻制度，确立了男女婚姻自由、尊重当事人意愿的原则，包办买卖婚姻逐渐减少，但是一直没有绝迹，现在主要有以下几种表现形式。

（一）定娃娃亲，亦即子女尚在孩提时期就由父母定下终身大事

这是新中国成立前中国农村普遍存在的旧婚俗，新中国成立后曾一度有所减少，但是80年代后又呈上升趋势。据陕西省榆林妇联1985年调查，该县已订婚人口中有30%是父母包办的婚姻，尤其是北部农村，80%以上的7、8岁的女孩都由父母定了娃娃亲，有的甚至是指腹为婚（陕西省榆林县妇联，1985）。中国社会科学院社会学研究所1987年对湖北省安陆市王义贞镇的调查显示，已定亲者在0~5岁人口中占1.9%，在6~13岁人口中占33.6%（中国婚姻家庭研究会，1988：225）。浙江省定娃娃亲的现象也比较普遍，有关部门推算，1988年该省农村未成年人口中，有10%以上的人已由父母包办定下了娃娃亲。[①] 1987年山东省乐陵市对本地区3107名8~14岁少年儿童抽样调查发现，已定亲者占20.7%，该省商河县东部贫困乡村，50%以上的少年儿童由父母包办定了亲。[②] 尤其是贵州少数民族地区，2/3以上的婚姻是定小亲后缔结的（陈柏，1989）。随着定小亲的回潮，有些地方还出现了抱养童养媳的现象，即经男女双方父母商定，男孩父母将对方所生女婴抱到家中抚养，待双方长大成人就让他们结婚，如安徽省肥东县路集乡，1981年至1989年有6名童养媳成婚，1989年时还有尚未成婚的童养媳10余人。[③]

（二）换亲、转亲

所谓换亲，即将女儿嫁给某家的儿子，又从某家娶回一个儿媳，两家获得的利益相等，都是嫁出一个女儿娶回一个儿媳，不赔不赚，花费也少。以此形式涉及数家之间的换亲被叫作转亲。在江苏省泗洪县，仅1985

① 《法制日报》1989年6月29日。

② 《中国人口报》1991年3月10日。

③ 《农民日报》1989年11月24日。

年上半年就发生了298起换亲、转亲事件。[①] 另据山东省菏泽地区妇联对鄄城、郓城、成武、巨野等7个县市的调查，1986年登记结婚的青年有62428对，其中转亲、换亲的就有1797对，占结婚总数的2.9%，而且转亲牵扯面越来越广，4转、6转、9转已不足为奇，巨野县竟出现了26转亲，涉及2县4乡23个村。[②] 在安徽省，1988年全省换亲的有5400多人，约占全省农村青年结婚总数的6.4%。[③] 从转亲、换亲的年龄看，多是男方大女方小，大的相差20多岁，从自身条件看，一般也是男方较差，不是相貌丑陋，就是痴呆或有生理缺陷。在换亲、转亲中得到了利益的都是儿子，作出了牺牲的都是女儿，没有一对父母是为了女儿的利益而加入换亲、转亲行列的。他们所以会不惜牺牲女儿的幸福来为儿子娶亲，这里不仅有传宗接代的封建传统在起作用，而且也有“嫁出的姑娘泼出的水”“男尊女卑”这种封建意识在作祟。

（三）借嫁女索取高额彩礼

在农村，父母包办与买卖婚姻是一脉相承的两个癌瘤，父母包办多与婚姻的买卖有关，而买卖婚姻又大都是父母或他人包办的婚姻。由于男婚女嫁从夫居是农村的主要婚姻方式，所以，男子继承财产并赡养父母、女子出嫁而无赡养父母的责任仍是广泛通行的习俗。因此，许多农村父母认为，辛辛苦苦把女儿养大，不能白白送给别人，收回抚养费作为补偿是天经地义的。有的父母在女儿出嫁时竟然从女儿出生的“尿布费”算起，以各种名目向男方索要钱财，有的地方的彩礼名目多达30余种。特别是1979年经济改革以后，农民的生活条件有了明显的好转，而彩礼的价格也在年年上涨。在福建省清流县，1981年的彩礼总额平均为2341元，1982年上升到2960元，1983年为3068元，1984年为3312元，1985年涨到4126元（张艳华等，1986）。在生活还不富裕的河北青龙县、宽城县农村，1990年的婚姻彩礼少则2000元，多则高达12000元，平均3600元左右，是当地一个普通农业劳动力年收入的3倍以上。[④]

① 《中国妇女报》1985年9月25日。

② 《文摘报》1987年2月26日。

③ 《农民日报》1989年11月24日。

④ 《农民日报》1990年4月12日。

(四) 买亲，即从人贩子手中买女子为妻

把妇女当作商品买卖的违法犯罪问题，在新中国成立后曾一度销声匿迹，但是自70年代以来特别是在80年代末、90年代初，又成了严重的社会问题。全国绝大部分省区都出现了买卖妇女的现象，较为严重的省区有四川、河南、河北、广西、云南、贵州、湖南、山东、安徽、福建、内蒙古等。从买卖对象看，不仅有农村妇女，而且有城市女工、学生；不仅有汉族妇女，而且有边疆地区的少数民族妇女；不仅有本国妇女，而且有非法入境的外国妇女；年龄最大的50多岁，年龄最小的仅12、13岁。妇女被卖的直接效用是与男性缔结婚姻，其中除了一些自愿出卖自身的妇女之外，相当部分是被迫当作商品出卖的，亦即人贩子采取欺骗、利诱、胁迫等手段拐卖的。参与拐卖妇女的人贩子绝大部分是农民，被拐卖的妇女也绝大多数被卖给农民为妻。一些调查材料表明，农村越是贫困的地方，人贩子的活动越猖獗，一方面是拐骗希望过富裕日子的年轻女子离家出走，另一方面则是坑骗找对象困难的大龄未婚男子。1980年以来全国究竟有多少妇女被拐卖，没有准确的统计，但是各地的一些调查可以帮助我们了解这一问题的严重性，据近年经济发展比较迅速、生活相对富裕的山东省统计，最近几十年流入山东省妇女约8万人，其中有3万多人是被人贩从全国十几个省区市拐卖进来的（庄平，1991）。1983年至1989年流入江苏徐州各县的妇女有4万余名，其中近1/4是被拐骗来的（何国权，1990）。《人民日报》1989年12月4日披露，近年来在流入安徽怀远县的约2.5万名外地妇女中，大多数是被拐骗的受害者。在安徽宿县地区，1980年至1989年被拐卖流入的妇女就有32632名（陈荣升，1990）。更令人忧心的是，一些农民和农村干部并不认为买卖妇女违反国法，他们认为，一方愿买，一方愿卖，合情合理合法。有些农村干部不仅对拐卖妇女的犯罪活动听之任之，而且认为拐进来的妇女解决了本地大男的婚姻问题，是“成人之美”“办好事”，不仅不配合公安人员解救被拐卖妇女，而且包庇、袒护人贩子和买主，甚至和落后群众一起围攻、谩骂、殴打、绑架解救被拐卖妇女的公安人员。

由上可见，包办买卖婚姻牺牲的多是女性的利益，如果说男女性别比的失调和重男轻女、传宗接代的封建意识是包办买卖婚姻赖以存在的社会

基础，那么，经济的贫困和区域之间的巨大差别则是包办买卖婚姻无法绝迹的深厚物质基础。在贫困的捉弄下，女性成了长期畅销的活通货，父母为了解决儿子的婚事以女换钱、以女换亲、以钱买亲，并由此引发了各种社会问题。

第一，包办买卖婚姻严重地干涉了年轻一代的婚姻自由，不仅毁掉了他们一生的幸福，而且是导致青年自杀的重要原因，特别是那些被定了娃娃亲的孩子，年幼时在学校里整天受同学的嘲讽，学习成绩下降，自尊心受到伤害，有的人只好中途辍学，也有的婆家怕女孩远走高飞，想方设法阻止她们上学。随着年龄的增长，年轻人开始以各种方式反抗父母包办的婚姻，一些人要求退婚，退婚不成者往往会产生悲观厌世的情绪，走上自杀的道路。浙江省泰顺县 1985 年非正常死亡 72 人，其中绝大多数是因定娃娃亲引起的纠纷而自杀的（绿苗，1987）。1992 年 11 月，河南省夏邑县某乡的女青年彭某的父母强迫她与比她大 18 岁的痴呆男子结婚以为其兄换嫂，彭某走投无路，在举行婚礼的前一天一头跳入 20 米深的机井。[①] 陕西省一农村女青年和本村一男青年相爱，但拗不过父母强行包办的婚姻，两次出逃未成，最后双双上吊自杀。

第二，包办买卖婚姻将性情不和的男女强扭在一起，婚姻很难甜美。浙江省瑞安县 1985 年调解婚姻案有 1315 件，其中因定小亲闹纠纷的占 70%（绿苗，1987）。1968 年贵州省各级妇联接待为婚姻问题来访人员 17701 人次，其中因包办婚姻而上访的占 29%（陈柏，1989）。有人对山东临沭县 180 起 650 人的转、换婚姻走访调查发现，夫妻感情较好的仅占 10%，迫于家庭压力迁就凑合的占 75%，夫妻感情濒于破裂的占 15%，[②] 尤其是转亲者一转数家，一家不睦，数家不安，一对闹离婚，数对皆要离，引发连锁反应。如山东省泗水县泉林区马家庄乡的一件离婚案，由于是转亲而导致 3 个县 11 个村的 12 对夫妇也提出离婚，经过有关部门三番五次地做工作，才使其中的 9 对夫妇撤诉，其余 3 对调解无效后判离婚。夫妻长期不睦还会引起凶杀等刑事案件的发生。有的丈夫认为，“娶来的媳妇买来的马，任我骑来任我打”，肆意虐待妻子，当这种虐待超过女性

① 《中国社会报》1992 年 12 月 22 日。

② 《农民日报》1991 年 8 月 26 日。

心理和肉体承受的极限时，女性就会铤而走险，反抗虐待她的对手。贵州一位妇女16岁时在父母的强迫下嫁给了一个比她年长一倍的男子为妻，婚后忍受不了丈夫的虐待，多次逃跑，均被丈夫带人追回打得死去活来，并被用加石锁的铁链捆绑起来关在阴暗、潮湿不见阳光的小屋里长达3年之久。她多次提出离婚，丈夫的回答则是变本加厉地虐待，万般无奈下，便乘丈夫生病之机用农药将其毒死，然后向公安机关投案自首。

第三，包办买卖婚姻影响社会的安定。农村的一些地方十分重视私订的婚约，无论姑娘还是小伙，若被对方毁了亲，名誉都会受到损害，因此，一旦一方提出毁约，亲家就变成了冤家，恋人就变成了仇人。如果女方先提出解除婚约或离婚，男方往往向女方索取“名誉损失费”“青春赔偿费”“劳动补偿费”等名目繁多的费用，由此而引起的“打冤家”“砸破庙”和毒打、侮辱女青年的事件也时有发生。1993年2月24日的《光明日报》报道了这样一件荒唐事：20年前，河南省夏邑县大平乡的韩明义、辛保同同时因病住院成了亲密的病友，而双方的妻子又都怀了孕，为使友谊地久天长，两对夫妻指腹为婚。韩妻、辛妻先后生下女儿和儿子，随着时光的流逝，韩的女儿出落得越发标致，在县城学裁剪，并有了男朋友，而辛的儿子从小贪玩，6岁时从树上摔下来成了残疾。1992年5月，辛保同领着跛脚儿子到韩家，请韩明义挑选良辰吉日以了却20年前的“婚约”，韩看着跛脚女婿心中苦不堪言，但想起婚约是自己提出来的又无可奈何。在父亲的逼迫下，1992年10月1日韩姑娘到辛家“走亲戚”，辛保同见韩姑娘对儿子的态度冷淡、唯恐婚事有变，便指令家人一边将她扣留一边操办婚礼，当夜，辛保同伙同妻子、女儿、女婿将韩姑娘按在床上，令其跛脚儿子辛家林当众强奸韩姑娘，企图造成事实上的婚姻。消息传到韩家，韩明义捶胸顿足，再也不顾“兄弟”之情向派出所报了案。夏邑县人民法院对犯有强奸罪的主犯辛家林，从犯辛保同夫妇及其女儿、女婿分别判处有期徒刑5年至10年。湖北某地农村一位16岁的女青年被父母包办订了婚，男方怕夜长梦多，通过各种不正当的关系背着女方骗取了结婚证，女方以死相拒坚决不结婚，男方恼羞成怒，带领族人将女方家庭财产洗劫一空，并将其房屋拆毁，自己也因触犯法律被判刑入狱。在湖南兴化市农村，1990年共发由婚约纠纷2456起，经调解有2308起解除了婚约，但是也有一些婚约纠纷因未得到及时、有效、合法的处理而转化为刑事案件，仅 1988 年至 1990 年三年中就发生这类案件 200 多起。[①]

第四，包办买卖婚姻的盛行也给人贩子造成可乘之机，对拐卖妇女的犯罪活动起了推波助澜的作用。70 年代以来，公安机关多次对拐卖妇女的犯罪活动进行了严厉打击，并耗费了大量人力物力解救被拐卖妇女，但是这种犯罪活动却屡禁不止，且有愈演愈烈之势，其根本原因就是有农村这个庞大的买方市场的存在。可以说，只要农村还有包办买卖婚姻，拐卖妇女的犯罪活动就不会绝迹。

第五，包办买卖婚姻也是导致早婚、早育、结婚不登记问题的重要原因。父母包办的婚姻往往订婚早，从订婚到结婚要经过若干年，在这段时间，男方家庭经常为女方花钱，又担心夜长梦多，于是千方百计地让孩子早结婚。早婚的人知道自己未到结婚年龄，登记通不过，就干脆不去办手续。湖北省松滋县民政局 1992 年 9 月对街河市镇 1990 年 1 月至 1992 年 8 月的结婚状况进行了调查，发现无证结婚者占成婚总数的 35.8%，而早婚又占无证结婚者的 44%。[②] 结婚早必然导致生育早，有一个女青年 16 岁结婚，还不到 20 岁就生了三个孩子。有的妇女刚刚 30 多岁就当了奶奶。越是包办买卖婚姻盛行的地区，早婚早育的妇女就越多。

第六，包办买卖婚姻还容易导致重婚案件的发生。1984 年，安徽省肥东县发生了 21 起重婚案，重婚者都是农民，有 10 件是因包办买卖婚姻所致，其中父母逼迫成婚 7 件，换亲的 2 件，拐卖成婚的 1 件（项光荣，1985）。

第七，包办买卖婚姻加重农民家庭生活负担，阻碍农村经济发展。安徽省固镇县 1989 年对买卖的 359 户农民进行调查时发现，属于自筹资金买妻的有 86 户，借贷买妻的有 273 户，共花买妻款 586600 元，负债率达 76%。该县石湖乡农民石怀营三次买妻花钱 8000 元，三次买来的妻子都跑掉了，人财两空，石怀营一气之下自杀身亡。[③] 还有一些家庭因彩礼支出过多债台高筑，致使新婚夫妻反目，翁婿成仇，婆媳不和。

---

① 《农民日报》1991 年 3 月 4 日。

② 《中国妇女报》1992 年 11 月 6 日。

③ 《农民日报》1989 年 11 月 24 日。

三　重婚纳妾

从很早的时代起，中国就建立了一夫一妻制度，既禁止一妻多夫，也禁止一夫同时拥有多个地位相同的妻子，尽管有些权势者从个人的利益出发，无视宗法礼教的制约，致使并后、双娶、二嫡的现象时有发生，但是一夫一妻制始终是中国婚姻的主流。同时，作为这种婚制的补充，殷商时代又形成了完备的嫡庶有别的妻妾制，以多妾来满足男性对女性的占有欲，维护男权的统治，从殷商至民国，政权多次更迭，但是都没有改变这种基于宗法文化的婚姻模式，直到中华人民共和国成立，才从法律上、政治上、道德上彻底否定了纳妾制度，实现了真正的一夫一妻制。新中国的婚姻法明确规定，一个男人只能有一个妻子，一个女人只能有一个丈夫，凡有配偶而与他人成婚或明知他人有配偶而与之结婚的行为，都构成了重婚。重婚与通奸的主要区别在于：重婚有比较固定的生活环境和较长的同居时间。重婚行为不仅违反婚姻法，而且是触犯刑律的犯罪行为。刑法第 180 条规定，对重婚罪判处二年以下有期徒刑或拘役。就社会意识而言，经过 40 余年的婚姻法宣传，一夫一妻的思想已扎根于民众之中，重婚纳妾的行为为人们所鄙视。尽管如此，仍不时有人明知故犯，践踏法律和社会道德。尤其是 1979 年以后，随着生活的富裕，重婚纳妾这一旧时代的沉渣又有泛起之势，在城乡都有出现，沿海富裕地区和农村较为严重。据全国最高人民法院统计，重婚罪占妨碍婚姻家庭罪（除重婚外，还包括暴力干涉婚姻自由、破坏军婚、虐待、遗弃、拐骗儿童等）的比重 1983 年为 63.47%，1985 年为 67.98%，1990 年为 78.36%，1992 年为 76.07%。造成重婚的原因也比过去复杂，归纳起来，主要有以下几种。

第一，因经济地位变化导致的重婚。犯罪者多为富裕农民、城乡个体户、建筑承包商、供销采购人员等。经济改革使城乡涌现出了一批腰缠万贯的“大款”。与此同时，“妾”这具封建僵尸也借着金钱的力量开始还魂，有的人因经商往来于全国各地，便不管家乡已有妻室儿女的事实，在异地以金钱开路另寻新欢。河北廊坊市安次区检察院 1988 年至 1991 年 6 月共受理 19 件重婚案，涉及的 32 名重婚犯人中有 28 名系流动人口，占总数的 87.5%。[①] 也有人干脆在家乡明目张胆地纳妾，逼迫妻妾同居一房，而当事者的妻子为了自己的经济利益竟忍气吞声，一些好逸恶劳、贪图享受的女子明知对方已婚，也心甘情愿地做人家的妾，成了重婚同案犯。

第二，因社会地位变化导致的重婚。犯罪者多为因工作变动而夫妻两地分居者，如在农村参军后来复员到城市工作的人，或因上大学、读研究生等而离开家乡的人，随着社会地位和社会关系的变化，感情发生变异，结识了新的恋人，又不便与原配离婚，或原来的妻子坚决不肯离婚，只好采取欺骗的手段与新恋人结婚，造成重婚。

第三，因离婚难而导致的重婚。多发生在农村，而且与包办婚姻密切相关。如前所述，包办婚姻大都是违反当事人一方或双方意愿的强制性结合，被包办者不满意婚后的生活，想要离婚又离不成时，就容易产生重婚问题。辽宁省妇联 1988 年对沈阳第一劳改管教大队（女监）在押女犯中重婚犯罪的情况进行了调查，发现重婚犯罪人数占投监改造总人数的 16%，其中农村妇女占重婚犯罪总数的 93%，因离婚难而导致的重婚犯罪占 70%左右（辽宁省妇联，1988）。目前农村妇女提出离婚主要会受到三方面的阻碍：一是宗族、亲友的干涉，二是来自“好心”干部无休止的调解，三是法院久拖不决。要求离婚的妇女回婆家怕丈夫打，回娘家又不留，失去生活来源，无奈另找靠山，导致重婚。

第四，因缺乏法律意识而导致的重婚，犯罪者多为低文化的农民。如有些夫妻协议离婚，不是到婚姻登记机关办理离婚登记，而是模仿传统戏剧中的情节，俩人各执一份“休书”，上面写着“男婚女嫁，今后各不相干，互不追究”，然后各自再婚，造成重婚。也有的妇女与丈夫性情不合或贪图某地的优越生活条件，便只身一人离家出走，到另一地隐瞒婚史，与一些家庭或自身条件差、长期打光棍或丧偶后难以续弦的鳏夫重婚。如浙江省桐乡县对 1987 年后进入的外来妇女进行调查时，就发现有 39 人在原籍有配偶，未办离婚手续又与桐乡县的农民入了洞房（徐天琪等，1992）。

第五，因被拐卖而造成的重婚，多为农村妇女。这些妇女有的是被人贩子欺骗卖作人妻的，有的是被人贩子绑架后卖作人妻的。据山东省高级人民法院对 500 名被拐卖妇女的调查，在原籍有配偶的就有 202 人（孙元

① 《河北日报》1991 年 9 月 29 日。

华，1992：54），占被调查者的40.4%。

第六，丈夫有病、懒惰或无致富技能，家庭生活困难，自愿引诱妻子招夫（俗称“拉帮套”），导致妇女重婚犯罪。黑龙江省妇联1986年对全国6省9个地区23个村进行农村婚姻家庭抽样调查时，发现了13起这样的重婚案件（张一兵等，1989：79）。

第七，为传宗接代“典妻”而造成的重婚。所谓“典妻”，即甲男的妻子因生理障碍或其他原因不能生子，租借乙男的妻子一年或两年到甲男的家庭，为甲男生子，待为甲男养子断奶后返回乙男家庭，甲男付给乙男家庭现金若干。这种以金钱交易妇女生育功能的现象，旧社会曾盛行于浙、闽农村地区，近几年在沿海地区农村、城市又有出现。也有一种情况是妻子虽然有生育能力，但是只生女儿不生儿子，丈夫为续“香火”而重婚，或丈夫无生育能力，为“借种”传代而唆使妻子重婚。

第八，因夫妻长期分居而引发的重婚。这种重婚犯罪一般原来夫妻感情较好，但是由于一方从军、出国、外出经商做工或在异地工作，两人长期分居，感情逐渐淡漠，一方忍受不了孤单寂寞的生活移情别恋，导致重婚。

总之，目前重婚犯罪的原因复杂多样，既有贪图享受、追求腐朽生活的重婚犯，也有包办买卖婚姻的受害者，既有公然践踏法律的明知故犯者，也有对法律一无所知的法盲。有的使人憎恶，有的令人同情。但是，无论怎样的原因，他们的行为都是对一夫一妻婚姻家庭制度的破坏。重婚犯罪破坏了正常的婚姻家庭关系，影响社会生活秩序和道德风尚，腐蚀人们的灵魂，不仅给配偶、子女带来痛苦，而且还会引起人身纠纷、经济纠纷以及其他刑事犯罪，如虐待、遗弃、破坏军婚、凶杀等，直接威胁社会的安全。当然，重婚者自己最终也常常自食苦果。不过，值得注意的是，由于流动人口中的重婚较为隐蔽、难于发现，加上某些基层公安机关执法不严，对重婚采取“民不举，官不纠”的态度，现在仍有相当多的重婚者逍遥法外，尚未得到应有的纠正和法律制裁。

四　近亲结婚和违反疾病禁忌的婚姻

人口素质，亦称人口质量，包括人口的身体素质、文化素质和思想素质三个方面，它反映了人口总体认识世界和改造世界的条件和能力，具有社会和生物两种属性。其中，与人的体质和智力有关、受先天遗传因素制约的生物属性，是人口质量发展的自然基础。遗传是遗传病的发病原因，近亲结婚即是遗传病发病的重要途径之一。根据国际卫生组织的调查，近亲结婚后代遗传病的发病率几乎比非近亲结婚后代的发病率高 150 倍；近亲结婚子女的死亡率为 80‰，而非近亲结婚子女的死亡率仅为 24‰，前者比后者高 2 倍多。遗传病患者结婚也是传播遗传病的一个重要原因。从医学角度看，如果父母一方携带显性致病基因，后代就立即出现遗传病，如果父母一方携带隐性致病基因，后代虽然不会马上产生遗传病，但是到了第二代也会出现遗传病，即隔代遗传。为了减少遗传病在我国的发生和蔓延，1981 年婚姻法第 6 条第 1 款规定“直系血亲和三代以内的旁系血亲”禁止结婚。所谓直系血亲是指具有直接血缘关系的亲属，即生育自己和自己所生育的上下各代亲属。三代以内的旁系血亲，即除直系血亲以外出自同一祖父母、外祖父母的血亲，包括：（一）兄弟姊妹，包括同父异母、同母异父、同父同母的兄弟姊妹；（二）伯叔、姑与侄、侄女，舅、姨与甥、甥女；（三）堂兄弟姊妹、表兄弟姊妹等。该法第 6 条第 2 款规定“患麻风病未经治愈或患其他在医学上认为不应当结婚的疾病”者不得结婚。这里禁忌的疾病除了尚未治愈的麻风病以外，“其他医学上认为不应当结婚的疾病”目前一般主要有两种：（一）精神方面的疾病，如精神病、白痴、精神耗弱等，这些人由于存在精神障碍，通常不能正确辨认和理解周围的事物，也不能意识到自己的行为的法律后果，无法正确表达自己的意识和感情，甚至生活都不能自理，所以禁止其结婚；（二）重大不治的传染病和遗传性疾病，如未治愈的性病等，这种人结婚将会扩大疾病的传染面，给他人带来痛苦，因此也禁止他们结婚。为了防止患有法律禁止结婚的疾病的人结婚，1986 年 9 月 1 日，民政部、卫生部还曾联合发出《关于婚前健康检查问题的通知》，规定：“婚姻登记机关在办理结婚登记时，应要求当事人出具《婚姻登记办法》规定的禁止结婚疾病的检查证明。”

但是，由于传统婚俗的影响、经济文化的落后和婚姻法贯彻的不力，我国的近亲结婚率目前仍达 1.5%，远远高于欧美的 0.1% ~0.5% 的比率，少数民族地区的情况更为严重。贵州医学院以汉、蒙、回、藏等 30 多个民族的 71779 对夫妇为对象的调查表明，近亲率达 7.5%，最高的是四川省的傈僳族，竟达58.19%（王若毅，1990）。云南有关部门1982年和1985年对云南9个民族或人群（傣、哈尼、彝、布朗、基诺、拉祜、苦聪、回、汉）11589对夫妇的调查发现，其平均近亲结婚率为7.6%，并有如下三个特征。（一）城乡之间、各民族与各地区之间，近亲结婚率有明显差异。从城乡来看，农村的近亲结婚率为8.4%，城镇的近亲结婚率为1.3%；在各民族中，汉族的近亲结婚率最低，为3.2%，苦聪人的近亲结婚率最高，为31.6%；就地区而言，交通便利、经济富裕、文化水平较高的民族杂居地区，近亲结婚率较低，反之则较高，如近亲结婚率最高的苦聪人，世代居住在哀牢山等高海拔山区，交通不便，形成大大小小的自然隔离群，有近亲结婚的风俗，当地群众相信："亲亲戚戚好说话，表兄表妹好成亲。"（二）许多民族的近亲结婚率均较国内发达地区同一民族高，平均近交系数也较国内发达地区同一民族高，即使平均近交系数最低的汉族（0.001935），也明显高于北京城区（0.000329）、湖北宜昌市（0.000656）以及新疆沙湾地区（0.00664）的汉族的平均近交系数。（三）姑舅亲、倒姑舅、两姨亲等占近亲结婚总数的84.7%，特别是哈尼、布朗、苦聪、傣和彝5个民族或人群，倒姑舅的比例很高，这与其舅家娶姑姑的女儿有优先权的风俗密切相关（王洪林，1988）。

除边远少数民族地区之外，内地的一些经济文化落后、人口流动不大的穷乡僻壤，近亲结婚率也相当高。湖北省英山县1987年调查的1212名45岁以下已婚妇女中，近亲结婚者占6.27%；1983年湖北红安县卫生局对51个村的28853名已婚者进行了调查，发现近亲结婚者1250人，占被调查已婚者总数的4.33%（刘佐庭等，1990）。安徽省霍邱县陈埠乡1987年上半年结婚的91对夫妇中，属近亲结婚的就有13对，占成婚总数的14.3%。[①]

近亲结婚往往给后代带来恶果。据陕西省佛坪县调查，该地区低能人口中有20%以上系近亲结婚所致。陕西省平利县女娲山乡痴、呆、傻88人中，因近亲婚配造成的先天愚型患者25人，占28.4%（田遇春，1992：107）。江苏省对某县54万人的调查，发现近亲结婚者3355对，所生子女5227人，其中智力低下、痴呆、四肢缺陷者1880人，占35.97%，比同地

① 《农民日报》1989年11月24日。

区非近亲结婚所生子女患同类病的高出145倍（王若毅，1990）。湖南省湘潭市妇联对6个乡34个村的调查也发现121对近亲结婚者，占已婚夫妇总数的1.25%，这121对近亲结婚者共有第一代子女302人，其中98人患遗传性疾病，占32.45%。近亲结婚还祸及第二代子女。如湘潭市某中学一对近亲夫妇生育三胎，其中两个女儿均为智力低下者，表征正常的儿子与一健康女子结婚后，生育三胎均为严重畸形。[①] 因一曲民歌《达坂城的姑娘》而闻名遐迩的新疆达坂城，200多年前清政府从陕甘宁各地移民到此屯垦，血缘很远的移民间的相互通婚曾造就了不少漂亮的姑娘。然而，由于这里交通闭塞，加之一些移民的后代盛行近亲结婚，遂使人口自然素质下降，痴呆的傻姑娘已随处可遇。据达坂城1986年普查，近亲结婚率为10%以上，1991年，仅东沟乡和西沟乡就有五类残疾人20名，大多数是近亲结婚的夫妻所生。如东沟乡的近亲结婚率达11.2%，西沟乡雷家沟9队的部分家庭上溯6代拥有共同的祖先，近亲婚配率达34.48%。[②]

遗传病患者结婚的后果也十分严重。尽管婚姻法对婚姻的疾病禁忌做了明确规定，但是执行起来却很困难。一些父母生了呆傻孩子，仍然坚持“男大当婚女大当嫁”，煞费苦心地帮孩子成婚。家居城市的以帮助找工作、帮助办城市户口为诱饵，从农村给孩子找对象。如某市一工厂厂长的儿子是个身高一米二的弱智人，城里找不到对象，只好将“丘比特之箭”射向农村，很快便射中一位身高正常、相貌端正的村姑，三个月后“喜结良缘”。家居农村的富裕户仗着财大气粗，也不愁痴儿傻女结不成婚。既无权又无钱的父母也有办法，专门找也有呆傻孩子的人家结亲，两家不赔不赚，既解决了子女的婚姻问题，传宗接代也有了指望。例如，安徽省岳西县来榜区有870名痴呆病人，其中117对相互婚配，并生育子女199人，其中痴呆者63人，占生育子女数的31.66%。[③]

还有些父母，自己的孩子得了精神病，却误以为是“花痴”，相信结了婚冲一冲就会好，于是绞尽脑汁地为孩子找对象，实在找不到正常人就也找个所谓的“花痴”，期待通过两个“花痴”的结合克掉病魔。

更令人担忧的是，由于我国男女性别比的不平衡，农村那些过了结婚

---

① 《中国妇女报》1992年5月8日。

② 《内蒙古日报》1991年11月20日。

③ 《人民日报》1992年6月6日。

适龄期的大龄未婚男子，面对着几乎无偶可寻的困境，不得不放弃对女方的各种要求，很多人都抱着只要能找个女的结上婚就行的态度，因此，无论是有残疾的姑娘，还是呆傻或精神不正常的女子，都有人去提亲。在河北省康保县，有一个被大山包围着的偏僻而贫穷的南流水乡，因为贫穷，当地的姑娘纷纷外嫁，而外面的姑娘又要不进来，1985 年，全乡 22 岁以上的未婚男性有 262 人，同龄的未婚女性只有 20 人，结果，一位健康的男子娶了一个有精神病的女子，结婚时是用绳子把她捆来的。也有人娶的媳妇是白痴。类似这样的夫妻全乡有 20 多对。这些女子结婚后，生了孩子也不会养，有的需要别人抱着奶孩子，有的睡觉时活活把孩子压死，还有人用开水给孩子洗澡，把孩子生生烫死……那些侥幸活下来的孩子身心健康的也不多，有的快 10 岁了才会走路（斯平，1987）。

对于一个家庭来说，养活一个痴呆人或一个精神病人，不仅仅是经济上的压力，还要承受无法言说的精神折磨和痛苦。辽宁凤城县一位 75 岁的农村老妪，本是到了应该享受子女孝心的年龄，却仍在为自己因近亲结婚而生育的 4 个成年痴呆儿女终日操劳。江苏省的一位近亲结婚的受害者悔恨万端地说："我是个土生土长的农家人，20 年前，在'亲上加亲亲更亲'观念的影响下，与表妹结了婚。婚后生下一个男孩，我们全家很高兴。可是过了一段时间，我发现小孩的头始终歪向一边，抬不起来，老是傻笑。抱到医院一看，医生说是痴呆，无法医治。我的心一下就凉透了。妻子劝我说，我们再生一个看着，就这样，第二个孩子又出世了，仍是白痴。我和妻子一面怨命苦，一面仍不死心，到处求神占卜，烧香许愿，并听信风水先生的话，重砌了房子，迁了祖坟，祈望时来运转，生一个全全美美的儿子。谁知生下的却又是一个短膀残疾儿。看着三个残疾孩子，我和妻子彻底绝望了，眼泪不知流了多少。亲友的再三劝说，才使我们鼓气起生活的勇气。可抚育孩子的重担压得我们喘不过气来，工余饭后，时常叹息自己命苦。"山东省莱州市某镇的一对农村夫妇的命运更惨，他们有个 19 岁的儿子在读初中时即已显露出精神病症状，但是他们怕被别人知道将来娶不上媳妇，也不给他医治，结果儿子的病越来越重，一天夜里大发作，用铁管子将父亲打死，将母亲打成重伤，最后点上一把火将房屋、家具、粮食等统统烧毁了。

近亲结婚和违反疾病禁忌的婚姻也给社会发展带来了巨大的压力。据有关部门统计，目前我国有视力、听力、语言、智力、肢体五类残疾人5200余万人，先天残疾占20%；14岁以下残疾人有817万人，其中先天残疾占51.3%；患有各种遗传病患者2200多万；在3亿多儿童中，智力低下者有1000多万，痴、呆、傻儿400多万；而且每年还有近35万缺陷儿出生。全国有五类残疾人的家庭占家庭总数的18.1%，[①] 这种家庭的生活多数处于贫困状态，为了救助这些家庭，国家耗费了大量钱财。有关部门在辽宁省本溪市调查出的697户有痴、呆、傻人的家庭中，有526户靠国家救济度日，年救济金达79000余元，除了救济以外，村里还要帮他们盖房，花钱雇人从春耕到秋收、从种子到化肥替他们一包到底。[②] 甘肃省有痴、呆、傻人26万多，政府每年用于他们的救济粮多达4000多万公斤，各种补助款1400多万元（曲兰等，1992）。在陕西省和湖北省，一些地区每年发放的救济款中，70%左右用于痴、呆、残、盲等特困户身上。由于这些家庭的成员能力低下，政府的帮助往往只起到“输血”的作用，而达不到提高自身“造血”功能的目的，成了一个填不完的无底洞。另外，农村一些患有痴呆病的妇女仍在多胎生育，成为计划生育工作的一个死角。

五　私婚

人类自进入文明社会以来，结婚都采取一定的形式以获得社会的承认。迄今为止，各国的结婚形式主要有仪式制、登记制、仪式与登记结合制三种。在我国古代，结婚很重视仪式，一般要经过纳采、问名、纳吉、纳徵、请期、亲迎六道程序。辛亥革命以后，国民政府制定的《民法·亲属编》规定：“结婚应有公开之仪式及有二人以上证人，不具备结婚仪式者，其结婚无效。”新中国成立后，1950年的婚姻法和1980年的婚姻法都采取婚姻登记制，规定结婚当事人除具备法定的结婚条件外，还必须履行结婚登记程序，才能形成合法的夫妻关系。登记后，不论其是否同居，是否举行结婚仪式，在法律上都承认其夫妻关系。未履行结婚登记而私自结合者一般被称作“私婚”或“事实婚姻”。关于私婚的界定，有两种不同

① 《中国人口报》1992年10月21日。
② 《中国人口报》1992年10月21日。

的看法，一种观点认为，私婚与重婚、包办婚、买卖婚等违法婚姻不同，它具有下述四个特征：（一）男女双方无配偶；（二）双方以夫妻名义共称；（三）双方以长久生活为目的；（四）除未进行合法登记外，当事人双方具备全部结婚法律要件。另一种观点认为，无论当事人双方是否全部具备结婚法律要件，只要他们没有履行结婚登记手续并以夫妻名义公开同居，就已构成事实婚姻即私婚。在很多情况下，早婚、重婚、包办婚、买卖婚等，与私婚是一种因果关系。笔者赞成后一种观点，并据此展开对这一问题的分析。

经过40余年的婚姻法宣传，私婚在我国城镇已不多见，城镇的结婚登记率近年一直保持在95%以上。但是在农村，私婚仍占有相当大的比例，个别地区甚至占结婚总数的80%以上。同是私婚，其违法原因和表现方式各异，目前主要有以下几种类型。

第一，男女双方都已具备结婚的法定条件，但是法律意识淡薄，认为自己既然已经举行了传统的“拜天地”仪式，就是合法夫妻。

第二，民政部1986年发布的《婚姻登记办法》规定：“男女双方自愿结婚的，必须双方亲自到一方户口所在地的婚姻登记机关申请结婚登记。”而大量流动到外地做工、经商的农村人口，在流动过程中结识了合适的对象，又懒得回乡办理结婚登记，于是自行以夫妻关系同居。

第三，包办买卖婚姻造成的私婚。如换亲、转亲、买妻者，大都是违反女方意愿的强迫型结合，男方家庭怕事多生变，一般都不办理结婚登记。另一方面，也有不少青年为了逃避包办买卖婚姻跑到恋人家中同居，或与恋人结伴逃到外地以夫妻名义共同生活。原来没有恋人的青年逃到外地后，结识了恋爱对象，又不敢回乡办理结婚证明，只好私自成婚。

第四，男女一方或双方未到法定婚龄，或属三代以内血亲，或患有不允许结婚的疾病，怕结婚登记审查通不过而私自结婚。

第五，婚姻登记机关工作中的失误造成的私婚。有的是由于当事人未达到晚婚年龄，但是已达到法定婚龄，而婚姻登记机关却不予登记；有的则是婚姻登记机关由于当事人单位不给开介绍信而不给登记；还有的是由于婚姻登记机关经常不办公或收取过高的手续费，当事人感到麻烦或经济上承受不起索性自行结婚。

第六，为逃避计划生育而不办理结婚登记。在农村的一些地方，如果男女双方未领结婚证，女方所在村就无权注销女方户口，有些男女青年为生男孩或多生子女便不领结婚证而同居，女方仍住在娘家，男方所在村无法要求女方采取计划生育措施，女方所在村则认为女方的户口早晚会迁走，也对女方的生育不闻不问，使女方在没有管束的情况下随心所欲地生育。

第七，男女一方或双方已有配偶的重婚型私婚。

第八，离婚者复婚不登记造成的私婚。

私婚的危害表现在对社会和对当事人两个方面。从社会危害来看，私婚破坏了婚姻法的严肃性，会造成婚姻关系混乱、家庭不稳定、人口增长失控等弊端。凡是私婚普遍存在的地区，早婚、包办买卖婚姻和早育多育的现象也往往比较突出，婚姻登记工作和计划生育工作都难以顺利进行。就对当事人的危害而言，由于私婚是未经法律承认的两性结合，所以不发生合法婚姻的效力，也不受法律的保护，在某种情况下当事人的利益会因此而受到损害。因为由登记而确立的婚姻关系将导致一系列法律后果，除产生婚姻法上的效力外，还会产生民法、刑法、劳动法等法律上的效力。如在民法上，受害人的配偶有损害赔偿的请求权，死亡人的配偶可依继承程序取得遗产；在刑法上，有配偶者再行结婚是构成重婚罪的要件，某些虐待、遗弃罪也是以犯罪人和被害人之间具有配偶身份为要件；在劳动法上，配偶有抚恤金的请求权；在诉讼法上，配偶身份是回避的原因，被告人可由配偶担任辩护；等等。没有法律保护的私婚不仅会给一些品质不端的人任意虐待、遗弃配偶、子女，任意解体家庭造成可乘之机，而且也会给当事人在遗产继承等问题上带来不必要的烦恼。如一王姓女青年与一刘姓男青年相爱结婚，因嫌婚前体检等手续麻烦而未履行登记，当王女生下一子不久，刘突遇车祸身亡，刘的父母为占有儿子遗产，以王女并未与刘男履行结婚登记为由，不承认王女是自己的儿媳，并将其母子赶出家门，后来在有关部门的多次干预下，遗产问题才得以妥善解决。

六　成因与防治

综上所述，早婚、包办买卖婚姻、重婚纳妾、近亲结婚、违反疾病禁忌的婚姻和私婚现象在我国城乡都有出现，但是主要发生在农村，它的存在和发展与下述一些复杂的历史因素及现实社会因素密切相关。

第一，旧婚俗的影响。我国人口的大多数是农民，而封建的传统旧婚俗目前仍然支配、影响着一些农民的婚姻生活。旧婚俗是农业社会的产物，农民是中国旧文化的载体，也是中国旧婚俗的顽强卫士，尤其在现代农业尚未完全取代传统农业、农民的文化水平普遍不高的情况下，旧婚俗仍然有它生存的社会经济基础。例如，“父母之命，媒妁之言”“重男轻女”的封建宗法观念是包办婚、买卖婚发生的重要原因；“早结婚，早抱孙”的传宗接代意识是促成早婚的重要因素；“亲加亲，辈辈亲，打断骨头连着筋”的血缘观念是近亲联姻的祸根；“男大当婚，女大当嫁”和任何人也不能“绝后”的思想是违反疾病禁忌的婚姻存在的原因；而重传统婚礼、轻婚姻登记的习俗则是产生私婚的主要原因。

第二，家庭功能的强化。农村家庭联产承包责任制的实行，重新恢复和强化了在人民公社时作被弱化了的家庭的生产功能，而在手工劳动仍占主要地位的生产力水平低下的条件下，又使劳动力成为农民家庭发家致富的重要因素，于是，尽早为儿子完婚便成了迅速获得新劳动力的一条捷径。同时，由于农村的社会保障制度尚未健全，农民“老有所养”的问题还未解决，农民必然认为“早娶媳妇早得子，早生儿子早得力”是最可靠的依托。

第三，经济的贫困与人口性别比的不平衡。近代以来，我国人口的性别比一直是男多女少，男婚女嫁从夫居的婚俗又使农村女性形成了以婚姻为媒介从贫困地区向富裕地区流动的趋向，致使贫困地区的男子成婚更难，1990 年我国 28～49 岁从未有过婚史的男子就有 1 千余万，其中的 80% 为农村男性。[①] 为了使自己的儿子免遭一辈子打光棍之苦，不少父母不得不早早地托亲友、找媒婆，想方设法地为儿子定亲、娶亲，越是贫困的地方，婚龄人口的性别比越不平衡，早婚、包办婚、买卖婚的现象就越严重。而日益看涨的高额彩礼又促使不少农民从亲戚中为儿子物色对象，以求免去一些线济负担，节约钱财，从而导致近亲婚姻的发生。

第四，精神的空虚。改革开放以来，农民的物质生活得到了改善，但是精神生活仍很贫乏，与城市相比，农村文化设施少，人际交往的频率也

① 1991 年人口普查 10% 抽样资料。

很低，尤其在以家庭为生产单位的情况下，生活更显得单调、乏味，黄色书刊、音像制品和黑艺人的黄色节目乘虚而入，致使少男少女受低级庸俗的黄色文化的侵蚀，早食禁果，早恋早婚，也使一些已婚者“饱暖思淫欲”，纳妾重婚。

第五，法制教育不力，农民法制观念淡薄。尽管我国第一部婚姻法已颁布40余年，新婚姻法也已公布10余年，但是在一些偏僻地区，仍有不少人不知婚姻法为何物，不知早婚、包办买卖婚姻、重婚纳妾、近亲结婚和违反疾病禁忌的婚姻是违法的。特别是宗教活动比较盛行的地方和少数民族地区，以宗教教规对婚姻的规定和传统婚俗代替婚姻法的现象仍普遍存在。不少人把“爱亲对亲”看作“尊重祖宗”的表现，近亲结婚受到人们的赞美，而无血缘关系的同姓男女青年结婚反而会受到一些人群起而攻之。也有一些人虽然知道早婚、重婚等是违法行为，却依然我行我素，漠视法律的存在，或者贿赂村干部和婚姻登记管理人员，开假证明办理登记。

第六，法律不健全。在现行的包括婚姻法在内的全国性法律中，除了对重婚有明确的处罚规定外，对早婚、近亲结婚、包办婚、买卖婚和违反疾病禁忌的婚姻没有规定具体的处罚办法，违法者自违之，执法者无奈何，使婚姻法失去了法律的强制力量，造成人们的轻法心理，违法婚姻日益严重，个别地区近于失控。

第七，有法不依，执法不严。不少地方政府对婚姻管理工作不重视，致使这一工作长期处于无牌子、无章子、无专职人员的状况，有的地方办理婚姻登记时乱收费，吓跑了农民，也有的地方让其他工作人员兼管婚姻登记，其中有的人或不熟悉法律，或工作敷衍了事，或本身深受传统婚俗的影响，同情违法结婚者，徇私枉法，从而助长了违法婚姻的蔓延。

第八，农民文化水平低，直到1990年，农村15岁以上人口中还有26.3%的人为文盲半文盲，女性的这一比例则高达37.2%，[①] 给婚姻法的贯彻执行和优生优育教育的开展带来很多困难。特别是近亲结婚者中，很多人不懂得近亲不能结婚的科学道理和起码的卫生常识。

第九，缺乏社会制约机制。在20世纪六七十年代，农村女青年出嫁，

---

① 1991年人口普查10%抽样资料。

要凭结婚证才能将户口迁到婆家所在地，客观上要求当事人去办理结婚手续。农村实行承包制后，耕地到户，一般十几年不变，中间添人不增田，户口、口粮都不需要了，既然结婚登记不能带来任何利益，农民便不愿办理结婚登记，使一些违法婚姻不能得到及时的纠正。

综上所述，违法婚姻的产生是一个复杂的社会现象，既有历史的、宗教的、民俗的原因，也有现实的经济的、文化的、人口的、道德的原因。就我国目前的情况看，我以为要彻底清理违法婚姻并防止违法婚姻的再发生，必须从以下几个方面进行综合治理。

第一，要尽快制定全国性的违法婚姻惩治法规，使基层政府在清理违法婚姻时有法可依。目前只有23个省、区、市的计划生育条例规定对早婚早育者要进行处罚（主要是经济处罚，是国家干部的还要给予行政处分）。这些地方性法规只能解决局部地区的问题，未从根本上治理违法婚姻，必须制定全国性的法规。

第二，要在农村特别是偏僻山区和少数民族地区广泛、深入地开展学习、维护、执行婚姻法和《婚姻登记办法》的活动，增强农民的法制观念，破除旧婚俗，树立文明新风。

第三，为杜绝重婚，要加强对城乡个体工商户、供销采购人员和外出流动人员的管理，并加强对个体旅馆、招待所、供出租的私房以及户籍管理，堵塞重婚者的落脚点。同时，对那些已构成重婚犯罪的，要依法及时予以打击和制裁，防止放任自流。

第四，发展农村经济，建立相应的社会保障制度，使农民摆脱“养儿防老”“重男轻女”的婚育观念。

第五，在农村普及九年义务教育，并以成人为对象开展扫盲运动，同时开展优生优育教育，使农民了解早婚、近亲结婚和违反疾病禁忌的婚姻对自身、后代和社会的危害。

第六，完善农村的婚姻管理体制，对婚姻登记人员定期进行业务培训和考核，提高其业务素质和职业道德水平，使婚姻管理工作实现规范化。

中国 1980～1992 年诉讼离婚状况

单位：件

年份	收案	结案						其他
		调解			判决			
		调解离婚	调解不离	合计	判决离婚	判决不离	合计	
1980	272311	139926	54459	194385	20757	4618	25375	50564
1985	402718	227480	79292	306772	34508	14803	49311	52502
1990	811833	388456	122764	511220	110889	40203	151092	147513
1992	896709	402847	128368	531215	131567	53555	185122	181434

注：各年结案数中包括上年旧存数。

资料来源：最高人民法院统计。

参考文献

陈柏，1989，《贵州农村青年包办婚姻问题》，《青年研究》第 1 期。
陈荣升，1990，《解救受害妇女，保护无辜儿童》，《社会》第 8 期。
国家统计局社会统计司编，1990，《中国社会统计资料（1990）》，中国统计出版社。
何国权，1990，《拐卖人口透视》，《安徽人口》第 3 期。
辽宁省妇联，1988，《她们为啥犯重婚罪》，《婚姻与家庭》第 4 期。
刘佐庭等，1990，《山区人口素质的一个严重问题》，《人口研究》第 4 期。
绿苗，1987，《浙江部分农村订小亲严重》，《婚姻与家庭》第 3 期。
曲兰等，1992，《呼唤法的时代》，《啄木鸟》第 6 期。
陕西省榆林县妇联，1985，《包办买卖婚姻亟待制止》，《婚姻与家庭》第 5 期。
斯平，1987，《塞外随想曲》，《女子世界》第 2 期。
孙元华主编，1992，《婚姻继承法新论》，群众出版社。
田遇春主编，1992，《困扰与希望——陕西人口问题探析》，三秦出版社。
王高利等，1992，《陕西省早婚现象透视》，《中国社会报》7 月 14 日。
王洪林，1988，《云南九个少数民族的近亲结婚调查》，《人类学报》第 11 期。
王若毅，1990，《近亲婚配的悲哀》，《社会》第 5 期。
项光荣，1985，《关于重婚问题的调查与思考》，《中国妇女报》9 月 25 日。
徐天琪等，1992，《浙江外来女性人口探析》，《人口学刊》第 2 期。
张艳华等，1986，《高额彩礼成为农民负担》，《中国妇女》第 12 期。
张一兵等，1989，《裂与变》，黑龙江出版社。
中国婚姻家庭研究会编，1988，《说不尽的话题》，中国妇女出版社。
庄平，1991，《关于我国买卖妇女社会现象的分析》，《社会学研究》第 5 期。